張文治編

國學治要
第七編

書目治要

中華書局印行

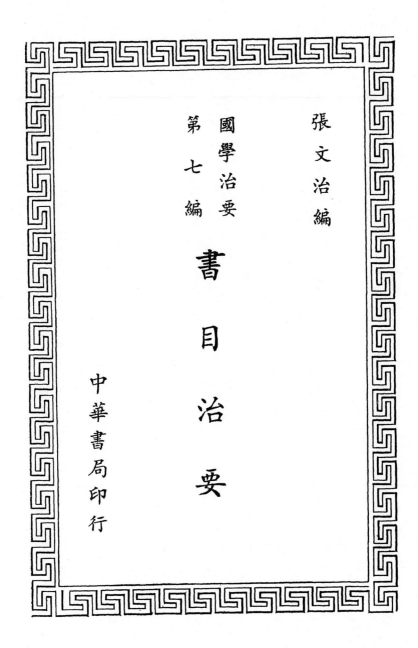

書目治要序

書目三種

目錄學之爲讀書門徑。近代通人言之詳矣。惟求其包舉廣博。論列精善者。實不多覯。往者私人著述。多爲藏書而作。固不足貴。卽如晁志陳錄。其解題世稱典核。然論者終病其統紀不明。不切於學者之考覽。獨正史中之漢隋二志。於吾國學術流別。書籍部次。一窮其淵源。一考其變遷。詳簡適中。最宜熟究。清代四庫全書總目提要。網羅宏富。考論詳審。又突過二志之上。不愧爲斯學之總滙。後阮元復作四庫未收書目提要奏之。以補其闕。故張文襄語人讀書之法。屢稱其書爲讀羣書之門徑。良有以也。所惜者是編本爲初學講習而立。篇幅有限。不能盡錄全書。以資博考。因特摘其書中之序目。略同漢隋二志之體。而以爲殿焉。凡錄三種。雖目錄之學茫乎無涯。而其最精善者。固無加於此矣。有志之士。誠能勤而讀之。博覽深造。又豈特聊窺讀書之門徑而已耶。書目之切於讀書者。舍本編所錄三種外。當首推清張之洞書目答問。元馬端臨文獻通考中經籍考二種。最爲精要。餘種讀者可展轉求得。今不煩舉。

書目治要卷一目錄

國學治要七

漢書藝文志

六藝略　一易　二書　三詩　四禮　五樂　六春秋　七論語　八孝經　九小學

諸子略　一儒家　二道家　三陰陽家　四法家　五名家　六墨家　七從橫家　八雜家　九農家　十小說家

詩賦略

兵書略　一兵權謀　二兵形勢　三陰陽　四兵技巧

數術略　一天文　二曆譜　三五行　四蓍龜　五雜占　六形法

方技略　一醫經　二經方　三房中　四神仙

書目治要卷二目錄

國學治要七

隋書經籍志

經部　一周易　二尚書　三詩　四禮　五樂　六春秋　七孝經　八論語　九讖緯
十小學

史部　一正史　二古史　三雜史　四霸史　五起居注　六舊事　七職官　八儀注
九刑法　十雜傳　十一地理　十二譜系　十三簿錄

子部　一儒　二道　三法　四名　五墨　六從橫　七雜　八農　九小說　十兵
十一天文　十二曆數　十三五行　十四醫方

集部　一楚辭　二別集　三總集

附道經佛經

附通志校讎略

書目治要卷三目錄

國學治要七

清四庫全書序目

書目治要卷一

漢書藝文志

後漢班固撰。固安陵人。字孟堅。明帝時。典校秘書。父彪作史記後傳數十篇。固承其志。復采集所聞。作漢書百卷。此志乃書中十志之一。大抵根據劉向劉歆之七略而成。向漢元王之四世孫。字子政。歆向之子。字子駿。皆博學能文。成哀間父子受詔領校祕書。遂集周秦以來六藝羣書。條其源流。論其利弊。爲七略以奏之。今其書久佚。所幸班志存其六略。其輯略已亡。殊可痛惜。惟一說班志每略敍論之辭。卽七略之輯略。故劉氏原書實未嘗殘闕。所異者每略每類之書目。班氏稍有增附出入而已。今案此說甚是。但據見存而言。則此志實爲吾國歷代言經籍目錄學者之權輿。至其志之條列精審。議論明切。使三代秦漢之典籍。經傳諸子之源流。粲然秩然而傳於今日者。其功尤爲不小。是故清儒金榜曰。不通漢藝文志。不可以讀天下書。藝文志者。學問之眉目。著述之門戶也。可謂知言者矣。

昔仲尼沒而微言絕。李奇曰、隱微不顯之言也、師古曰、精微要妙之言耳、七十子喪而大義乖。師古曰、七十子謂弟子達者七十二人、舉其成數、故言七十、故春秋分爲五。韋昭曰、謂左氏公羊穀梁鄒氏夾氏也、詩分爲四。韋昭曰、謂毛齊魯韓、易有數家之傳。戰國從衡。眞僞分爭。師古曰、從音子容反、諸子之言。紛然殽亂。師古曰、殽雜也、至秦患之。乃燔滅文章。以愚黔首。師古曰、燔燒也、秦謂人爲黔首、言其頭黑也、燔音扶元反、黔音其炎反、又音琴、漢興。改秦之敗。大收篇籍。廣開獻書之路。迄孝武世書缺簡脫。禮壞樂崩。師古曰、編絕散落、故簡脫、脫、音吐活反、聖上喟然而稱曰。師古曰、喟歎息之貌也、音丘位反、朕甚閔焉。於是建藏書之策。如淳曰、劉歆七略曰、外則有太常太史博士之藏、內則有延閣廣內祕室之府、置寫書之官。下及諸子傳說。皆充祕府。至成帝時。以書頗散亡。使謁者陳農求遺書於天下。詔光祿大夫劉向校經傳諸子詩賦。步兵校尉任宏校兵書。太史令尹咸校數術。師古曰、占卜之書、侍醫李柱國校方技。師古曰、醫藥之書也、每一書已。師古曰、已畢也、向輒條其篇目。撮其指意。錄而奏之。師古曰、撮、總取也、音千括反、會向卒。哀帝復使向子侍中奉車都尉歆卒父業。師古曰、卒、終也、歆於是總羣書而奏其七略。故有輯略。師古曰、輯與集同、謂諸書之總要、有六藝略。師古曰、六藝六經也、有諸子略。有詩賦略。有兵書略。有術數略。有方技略。今刪其要以備篇籍。師古曰、刪去浮冗、取其指要也、其每略所條家及篇數、有與總凡不同者、傳寫脫誤、年代久遠、無以詳知、

易經十二篇施孟梁丘三家。師古曰、上下經及十翼、故十二篇、

易傳周氏二篇字王孫也、

服氏二篇師古曰、劉向別錄云、服氏齊人、號服光、

楊氏二篇名何、字叔元、菑川人、

蔡公二篇衞人、事周王孫、

韓氏二篇名嬰、

王氏二篇名同、

丁氏八篇名寬、字子襄、梁人也、

古五子十八篇自甲子至壬子、說易陰陽、

淮南道訓二篇淮南王安聘明易者九人、號九師法、

古雜八十篇雜災異三十五篇神輸五篇圖一師古曰、劉向別錄云、神輸者王道失則災害生、得則四海輸之祥瑞、

孟氏京房十一篇災異孟氏京房六十六篇五鹿充宗略說三篇京氏段嘉十二篇蘇氏曰、東海人爲博士、晉灼曰儒林不見、師古曰、蘇說是也、嘉卽京房所從受易者也、見儒林傳及劉向別錄、

章句施孟梁丘氏各二篇

凡易十三家二百九十四篇

易曰、宓戲氏仰觀象於天、俯觀法於地。觀鳥獸之文與地之宜。近取諸身。遠取諸物。於是始作八卦。以通神明之德。以類萬物之情。（師古曰、下繫之辭也、鳥獸之文、謂其跡在地者、宓讀與伏同、）至于殷周之際。紂在上位。逆天暴物。文王以諸侯順命而行道。天人之占可得而效。於是重易六爻。作上下篇。孔氏爲之彖象繫辭文言序卦之屬十篇。故曰易道深矣。人更三聖。（韋昭曰、伏羲文王孔子、師古曰、更、經也、音工衡反、）世歷三古。（孟康曰、易繫辭曰、易之興、其於中古乎、然則伏羲爲上古、文王爲中古、孔子爲下古、）及秦燔書。而易爲筮卜之事。傳者不絕。漢興。田何傳之。訖于宣元。有施孟梁丘京氏列於學官。而民間有費高二家之說。（師古曰、費、音扶味反、）劉向以中古文易經校施孟梁丘經。（師古曰、中者天子之書也、言中以別於外耳、）或脫去無咎悔亡。唯費氏經與古文同。

尙書古文經四十六卷（爲五十七篇、師古曰、孔安國書序云、凡五十九篇、爲四十六卷、承詔作傳、引序各冠其篇首、定五十八篇、鄭玄敍贊云、後又亡其一篇、故五十七、）　經二十九卷（大小夏侯二家、歐陽經三十二卷、師古曰、此二十九卷、伏生傳授者、）　傳四十一篇　歐陽章句三十一卷　大小夏侯章句各二十九卷　大小夏侯解故二十九篇　歐陽說義二篇　劉向五行傳記十一卷　許商五行傳記一篇　周書七十一篇（周史記、師古曰、劉向云、周時誥誓號令也、蓋孔子所論百篇之餘也、今之存者四十五篇矣、）　議奏四十二篇（宣帝時石渠論、韋昭曰、閣名也、於此論書、）　凡書九家四百一十二篇（入劉向稽疑一篇、師古曰、此凡言入者、謂七略之外、班氏新入之也、其云出者、與此同、）

易曰。河出圖。雒出書。聖人則之。（師古曰、上繫之辭也、）故書之所起遠矣。至孔子篹焉。（孟康曰、篹音撰、）上斷於堯。

下訖於秦。凡百篇。而爲之序。言其作意。秦燔書禁學。濟南伏生獨壁藏之。漢興亡失。求得二十九篇。以敎齊魯之間。訖孝宣世。有歐陽大小夏侯氏。立於學官。古文尙書者。出孔子壁中。師古曰、家語云、孔騰字子襄、畏秦法峻急、藏尙書孝經論語於夫子舊堂壁中、而漢記尹敏傳云、孔鮒所藏、二說不同、未知孰是、武帝末。魯共王壞孔子宅。欲以廣其宮。而得古文尙書及禮記論語孝經凡數十篇。皆古字也。共王往入其宅。聞鼓琴瑟鐘磬之音。於是懼。乃止不壞。孔安國者。孔子後也。悉得其書。以考二十九篇。多得十六篇。師古曰、壁中書多、以考見行世二十九篇之外、更得十六篇。安國獻之。遭巫蠱事。未列於學官。劉向以中古文校歐陽大小夏侯三家經文。酒誥脫簡一。召誥脫簡二。師古曰、召讀曰邵、率簡二十五字者。脫亦二十五字。簡二十二字者。脫亦二十二字。文字異者七百有餘。脫字數十。書者古之號令。號令於衆。其言不立具。則聽受施行者弗曉。古文讀應爾雅。故解古今語而可知也。

詩經二十八卷魯齊韓三家應劭曰、申公作魯詩、后蒼作齊詩、韓嬰作韓詩、　魯故二十五卷師古曰、故者通其指義也、它皆類此、今流俗毛詩、改故訓傳爲詁字、失眞耳、　魯說二十八卷　齊后氏故二十卷　齊孫氏故二十七卷　齊后氏傳三十九卷　齊孫氏傳二十八卷　齊雜記十八卷　韓故三十六卷　韓內傳四卷　韓外傳六卷　韓說四十一卷　毛詩二十九卷　毛詩故訓傳三十卷　凡詩六家四百一十六卷。

書曰。詩言志。歌詠言。師古曰、虞書舜典之辭也、在心爲志、發言爲詩、詠者、永也、永、長也、歌所以長言之、故哀樂之心感。而歌詠之聲發。誦其言。謂之詩。詠其聲。謂之歌。故古有采詩之官。王者所以觀風俗。知得失。自考正也。孔子純取周詩。上采殷。下取魯。凡三百五篇。遭秦而全者。以其諷誦。不獨在竹帛故也。漢興。魯申公爲詩訓故。而齊轅固燕韓生皆爲之傳。或取春秋。采雜說。咸非其本義。與不得已。魯最爲近之。師古曰、與不得已者、言皆不得也、三家皆不得其眞、而魯最近之、三家皆列於學官。又有毛公之學。自謂子夏所傳。而河間獻王好之。未得立。

禮古經五十六卷。經七十篇。后氏戴氏。○劉敞曰、此七十與後七十、皆當作十七、計其篇數則然、記百三十一篇。七十子後學者所記也、 明堂陰陽三十三篇。古明堂之遺事、 王史氏二十一篇。七十子後學者、師古曰、劉向別錄云、六國時人也、 曲臺后倉九篇。如淳曰、行禮射於曲臺、后倉爲記、故名曰曲臺記、漢官曰、大射於曲臺、晉灼曰、天子射宮也、西京無太學、於此行禮也、○宋祁曰、景本曲臺下有至字、 中庸說二篇。師古曰、今禮記有中庸一篇、亦非本禮經、蓋此之流、 明堂陰陽說五篇。 周官經六篇。王莽時、劉歆置博士、師古曰、即今之周官禮也、亡其冬官、以考工記充之、 周官傳四篇。 軍禮司馬法百五十五篇。 古封禪羣祀二十二篇。 封禪議對十九篇。武帝時也、 漢封禪羣祀三十六篇。 議奏三十八篇。石渠、 凡禮十三家。五百五十五篇。入司馬法一家、百五十五篇、

易曰。有夫婦父子君臣上下。禮義有所錯。師古曰、序卦之辭也、錯、置也、音千故反、 而帝王質文。世有損益。至周曲爲之防。事爲之制。師古曰、委曲防閑、每事爲制也、 故曰。禮經三百。威儀三千。韋昭曰、周禮三百六十官也、三百舉成數也、臣瓚曰、禮經三百、謂冠婚吉凶、周禮三百、是官名也、師古曰、禮經三百、韋說是也、威儀三千、乃謂冠婚吉凶、蓋儀禮是也、 及周之衰。諸侯將踰法度。惡其害己。

皆滅去其籍。自孔子時而不具。至秦大壞。漢興。魯高堂生傳士禮十七篇。訖孝宣世。后倉最明。戴德戴聖慶普皆其弟子。三家立於學官。禮古經者。出於魯淹中。蘇林曰、里名也、○劉敞曰、讀當云禮古經者出於魯淹中及孔氏、孔氏則安國所得壁中書也、及孔氏學七十篇文相似。多三十九篇。○劉敞曰、學七十篇當作與十七篇文相似、五十六卷除十七、正多三十九也、及明堂陰陽王史氏記所見。多天子諸侯卿大夫之制。雖不能備。猶瘉倉等推士禮而致於天子之說。師古曰、瘉與愈同、愈、勝也、

樂記二十三篇　王禹記二十四篇　雅歌詩四篇　雅琴趙氏七篇名定、勃海人、宣帝時丞相魏相所奏、雅琴師氏八篇名中、東海人、傳言師曠後、雅琴龍氏九十九篇名德、梁人、師古曰、劉向別錄云、亦魏相所奏也、與趙定俱召見待詔、後拜爲侍郎、

凡樂六家百六十五篇出淮南劉向等琴頌七篇、

易曰。先王作樂崇德。殷薦之上帝。以享祖考。師古曰、豫卦象辭也、殷、盛也、故自黃帝下至三代。樂各有名。孔子曰。安上治民。莫善於禮。移風易俗。莫善於樂。師古曰、孝經載孔子之言、二者相與並行。周衰俱壞。樂尤微眇。以音律爲節。師古曰、眇、細也、言其道精微、節在音律、不可具於書、眇亦讀曰妙、又爲鄭衞所亂。故無遺法。漢興。制氏以雅樂聲律。世在樂官。頗能紀其鏗鏘鼓舞。而不能言其義。師古曰、鏗、音初耕反、六國之君。魏文侯最爲好古。孝文時。得其樂人竇公。師古曰、桓譚新論云、竇公年百八十歲、兩目皆盲、文帝奇之、問曰、何因至此、對曰、臣年十三失明、父母哀其不及衆技、教鼓琴、臣導引無所服餌、獻其書。乃周官大宗伯之大司樂章也。武帝時。河間獻王好儒。與毛生等共采周官及諸子言樂事者。以作樂記。獻八佾之舞。與制氏不相遠。其內史丞王定傳之。以授常

山王禹。禹成帝時爲謁者。數言其義。（師古曰、數、音所角反、）獻二十四卷記。劉向校書得樂記二十三篇。與禹不同。其道寖以益微。（師古曰、寖、漸也、）

春秋古經十二篇　經十一卷（公羊穀梁二家、）　左氏傳三十卷（左丘明、魯太史、）　公羊傳十一卷（公羊子、齊人、師古曰、名高、）　穀梁傳十一卷（穀梁子、魯人、師古曰、名喜、）　鄒氏傳十一卷　夾氏傳十一卷（有錄無書、師古曰、夾、音頰、）　左氏微二篇（師古曰、微、謂釋其微指、）　鐸氏微三篇（楚太傅鐸椒也、）　張氏微十篇　虞氏微傳二篇（趙相虞卿、）　公羊外傳五十篇　穀梁外傳二十篇　公羊章句三十八篇　穀梁章句三十三篇　公羊雜記八十三篇　公羊顏氏記十一篇　公羊董仲舒治獄十六篇　議奏三十九篇（石渠論、）　國語二十一篇（左丘明著、）　新國語五十四篇（劉向分國語、）　世本十五篇（古史官記黃帝以來訖春秋時、諸侯大夫、）　戰國策三十三篇（記春秋後、）　奏事二十篇（秦時大臣奏事、及刻石名山文也、）　楚漢春秋九篇（陸賈所記、）　太史公百三十篇（十篇有錄無書、）　馮商所續太史公七篇（韋昭曰、馮商受詔續太史公十餘篇、在班彪別錄、商字子高、師古曰、七略云、商陽陵人、治易、事五鹿充宗、後事劉向、能屬文、後與孟柳俱待詔、頗序列傳、未卒、病死、）　太古以來年紀二篇　漢著記百九十卷（師古曰、若今之起居注、）　漢大年紀五篇　凡春秋二十三家九百四十八篇（省太史公四篇、）

古之王者。世有史官。君舉必書。所以愼言行。昭法式也。左史記言。右史記事。事爲春秋。言爲尙書。帝王靡不同之。周室既微。載籍殘缺。仲尼思存前聖之業。乃稱曰。夏禮吾能言之。杞不足徵也。殷禮吾能言之。宋不足徵也。文獻不足故也。足則吾能徵之矣。（師古曰、論語載孔子之言也、徵、成也、獻、賢以魯周公之國。禮文備物。史官有法。故與左丘明觀其史記。據行事。仍人道。師古曰、仍、因也。因興以立功。敗以成罰。假日月以定曆數。藉朝聘以正禮樂。有所褒諱貶損。不可書見。口授弟子。弟子退而異言。師古曰、謂人執所見、各不同也。丘明恐弟子各安其意。以失其眞。故論本事而作傳。明夫子不以空言說經也。春秋所貶損大人當世君臣。有威權勢力。其事實皆形於傳。是以隱其書而不宣。所以免時難也。及末世口說流行。故有公羊穀梁鄒夾之傳。四家之中。公羊穀梁立於學官。鄒氏無師。夾氏未有書。

論語古二十一篇出孔子壁中。兩子張。如淳曰、分堯曰篇後子張問何如可以從政已下爲篇、名曰從政。　齊二十二篇多問王知道。如淳曰、多問王知道、皆篇名也。

魯二十篇傳十九篇師古曰、解釋論語意者。　齊說二十九篇　魯夏侯說二十一篇

魯安昌侯說二十一篇師古曰、張禹也。　魯王駿說二十篇師古曰、王吉子。　燕傳說三卷　議奏十八篇石渠論。

孔子家語二十七卷師古曰、非今所有家語。　孔子三朝七篇師古曰、今大戴禮有其一篇、蓋孔子對魯哀公語也。三朝見公、故曰三朝。

孔子徒人圖法二卷　凡論語十二家二百二十九篇

論語者。孔子應答弟子時人及弟子相與言而接聞於夫子之語也。當時弟子各有所記。夫子既卒。門人相與輯而論篹。故謂之論語。師古曰、輯與集同、篹與撰同。　漢興。有齊魯之說。傳齊論者。昌邑中尉王吉。少府宋畸。師古曰、畸、音居宜反。御史大夫貢禹。尚書令五鹿充宗。膠東庸生。唯王陽名家。師古曰、王吉字子陽、故謂之王陽。　傳魯論語者。常山都尉龔奮。長信少府夏侯勝。丞相韋賢。魯扶卿。前將軍蕭、

望之。安昌侯張禹。皆名家。張氏最後而行於世。

孝經古孔氏一篇 二十二章。師古曰，劉向云，古文字也，庶人章分爲二也，曾子敢問章爲三，又多一章，凡二十二章。 孝經一篇 十八章，長孫氏江氏后氏翼氏四家。 長孫氏說二篇 江氏說一篇 翼氏說一篇 后氏說一篇 雜傳四篇 安昌侯說一篇 五經雜議十八篇 石渠論。 爾雅三卷二十篇 張晏曰，爾，近也，雅，正也。 小雅一篇 ○宋祁曰，小字下邵本有爾字。 古今字一卷 弟子職一篇 應劭曰，管仲所作，在管子書。 說三篇 凡孝經十一家五十九篇

孝經者。孔子爲曾子陳孝道也。夫孝天之經。地之義。民之行也。舉大者言。故曰孝經。漢興。長孫氏博士江翁。少府后倉。諫大夫翼奉。安昌侯張禹傳之。各自名家。經文皆同。唯孔氏壁中古文爲異。父母生之。續莫大焉。故親生之膝下。諸家說不安處。古文字讀皆異。臣瓚曰，孝經云，續莫大焉，而諸家之說各不安處之也。師古曰，桓譚新論云，古孝經千八百七十二字，今異者四百餘字。

史籒十五篇 周宣王太史作大篆十五篇，建武時亡六篇矣，師古曰，籒音胄。 八體六技 韋昭曰，八體，一曰大篆，二曰小篆，三曰刻符，四曰蟲書，五曰摹印，六曰署書，七曰殳書，八曰隸書。 蒼頡一篇 上七章，秦丞相李斯作，爰歷六章，車府令趙高作，博學七章，太史令胡母敬作。 凡將一篇 司馬相如作。 急就一篇 元帝時，黃門令史游作。 元尚一篇 成帝時，將作大匠李長作。 訓纂一篇 揚雄作。 別字十三篇 蒼頡傳一篇 揚雄蒼頡訓纂一篇 杜林蒼頡訓纂一篇 杜林蒼頡故一篇 凡小學十家四十五篇 入揚雄杜林二家三篇。

易曰。上古結繩以治。後世聖人易之以書契。百官以治。萬民以察。蓋取諸夬。師古曰，下繫之辭。 夬。揚

於王庭。師古曰、夬卦之辭、言其宣揚於王者朝廷、其用最大也。古者八歲入小學。故周官保氏掌養國子。教之六書。師古曰、保氏地官之屬也、保、安也、謂象形。象事。象意。象聲。轉注。假借。造字之本也。師古曰、象形、謂畫成其物、隨體詰屈、日月是也、象事、卽指事也、謂視而可識、察而見意、上下是也、象意、卽會意也、謂比類合誼、以見指撝、武信是也、象聲、卽形聲、謂以事爲名、取譬相成、江河是也、轉注、謂建類一首、同意相受、考老是也、假借、謂本無其字、依聲託事、令長是也、文字之義、總歸六書、故曰立字之本焉、漢興。蕭何草律。師古曰、草、創造之、亦著其法。曰。太史試學童。能諷書九千字以上。乃得爲史。又以六體試之。課最者以爲尙書御史史書令史。韋昭曰、若今尙書蘭臺令史也、臣瓚曰、史書今之太史書、○劉奉世曰、史與書令史二名、今有書令史、吏民上書。字或不正。輒舉劾。六體者。古文。奇字。篆書。隸書。繆篆。蟲書。師古曰、古文、謂孔子壁中書、奇字、卽古文而異者也、篆書、謂小篆、蓋秦始皇使程邈所作也、隸書亦程邈所獻、主於徒隸、從簡易也、繆篆、謂其文屈曲纏繞、所以摹印章也、蟲書、謂爲蟲鳥之形、所以書幡信也、皆所以通知古今文字。摹印章。書幡信也。古制書必同文。不知則闕。問諸故老。至於衰世。是非無正。人用其私。師古曰、各任私意而爲字、故孔子曰。吾猶及史之闕文也。今亡矣夫。師古曰、論語載孔子之言、謂文字有疑、則當闕而不說、孔子曰、言我初涉學、尙見闕文、今則皆無任意改作也、蓋傷其寖不正。師古曰、寖、漸也、史籀篇者。周時史官敎學童書也。與孔氏壁中古文異體。蒼頡七章者。秦丞相李斯所作也。爰歷六章者。車府令趙高所作也。博學七章者。太史令胡母敬所作也。文字多取史籀篇。而篆體復頗異。所謂秦篆者也。是時始造隸書矣。起於官獄多事。苟趨省易。師古曰、趨讀曰趣、謂趣向之也、易、音弋豉反、施之於徒隸也。漢興。閭里書師合蒼頡爰歷博學三篇。斷六十字以爲一章。凡五十五章。幷爲蒼頡篇。師古曰、幷、合也、總合以爲蒼頡篇也、武帝時。司馬相如作凡將篇。無復字。師古曰、復、重也、音扶目反、後皆類此、元帝時黃門令史游作急就篇。成帝時將作大匠李長作元尙篇。皆蒼頡中正字也。凡將則頗有出矣。至元始中。徵天下通小學者以百數。各令記字於庭中。揚雄取其有用者以作訓纂篇。順續蒼頡。又易蒼頡中重復之字。凡八十九章。臣復續揚雄作十三章。章昭曰、臣班固自謂也、作十三章、後人不別、疑在蒼頡下篇三十四章中、凡一百三章。無復字。六藝羣書所載略備矣。蒼頡多古字。俗師失其讀。宣帝時徵齊人能正讀者。張敞從受之。傳至外孫之子杜林。爲作訓故。幷列焉。

凡六藝一百三家。三千一百二十三篇。入三家一百五十九篇、出重十一篇、

六藝之文。樂以和神。仁之表也。詩以正言。義之用也。禮以明體。明者著見。故無訓也。書以廣聽。知之術也。春秋以斷事。信之符也。五者蓋五常之道。相須而備。而易爲之原。故曰易不可見。則乾坤或幾乎息矣。蘇林曰、不能見易意、則乾坤近於滅息也、師古曰、此上繫之辭也、幾、近也、音鉅依反、言與天地爲終始也。至於五學。世有變改。猶五行之更用事焉。師古曰、更、互也、音工衡反、古之學者耕且養。三年而通一藝。存其大體。玩經文而已。是故用日少而畜德多。師古曰、畜讀曰蓄、蓄、聚也、易大畜卦象辭曰、君子以多識前言往行、以畜其德、三十而五經立也。後世經傳既已乖離。博學者又不思多聞闕疑之義。師古曰、論語稱孔子曰、多聞闕疑、愼言其餘、則寡尤、言爲學之道、務在多聞、疑則闕之、愼於言語、則少過也、故志引之、而務碎義逃難。便辭巧說。破壞形體。師古曰、苟爲僻碎之義、以避他人之攻難者、故爲便辭巧說、以析破文字之形體也、說五字之文。至於二三萬言。師古曰、言其煩妄也、桓譚新論云、秦近君能說堯典篇目、兩字之說、至十餘萬言、但說曰若稽古三萬言、後進彌以馳逐。故幼童而守一藝。白首而後能言。安其所習。毀所不見。師古曰、己所常習則保安之、未嘗所

見者、則安毀誹、終以自蔽此學者之大患也。序六藝爲九種。

晏子八篇名嬰、謚平仲、相齊景公、孔子稱善與人交、有列傳、師古曰、有列傳者、謂太史公書、子思二十三篇名伋、孔子孫、爲魯繆公師、曾子十八篇名參、孔子弟子、漆雕子十三篇孔子弟子漆雕啓後、宓子十六篇名不齊、字子賤、孔子弟子、師古曰、宓讀與伏同、景子三篇說宓子語、似其弟子、世子二十一篇名碩、陳人也、七十子之弟子、魏文侯六篇李克七篇子夏弟子、爲魏文侯相、

公孫尼子二十八篇七十子之弟子、孟子十一篇名軻、鄒人、子思弟子、有列傳、師古曰、聖證論云、軻字子車、而此志無字、未詳其所得、

孫卿子三十三篇名況、趙人、爲齊稷下祭酒、有列傳、師古曰、本曰荀卿、避宣帝諱、故曰孫、芊子十八篇名嬰、齊人、七十子之後、師古曰、芊音弭、

內業十五篇不知作書者、周史六弢六篇惠襄之間、或曰顯王時、或曰孔子問焉、師古曰、郎今之六韜也、蓋言取天下及軍旅之事、弢字與韜同也、

周政六篇周時法度政敎、周法九篇法天地、立百官、河間周制十八篇似河間獻王所述也、讕言十篇不知作者、陳人君法度、如淳曰、讕音粲爛、師古曰、說者引孔子家語云、孔穿所造、非也、功議四篇不知作者、論功德事、甯越一篇中牟人、爲周威王師、

王孫子一篇一曰巧心、公孫固一篇十八章、齊閔王失國、問之、固因爲陳古今成敗也、李氏春秋二篇羊子四篇百章、故秦博士、董子一篇名無心、難墨子、俟子一篇李奇曰、或作侔子、徐子四十二篇宋外黃人、魯仲連子十四篇有列傳、平原老七篇朱建也、○宋祁曰、老一作君、虞氏春秋十五篇虞卿也、高祖傳十三篇高祖與大臣述古語、及詔策也、陸賈二十三篇劉敬三篇孝文傳十一篇文帝所稱及詔策、賈山八篇太常蓼侯孔臧十篇父聚、高祖時以功臣封、臧嗣爵、賈誼五十八篇河間獻王對上下三雍宮三篇董仲舒百二十三篇兒寬九篇公孫弘十篇終軍八篇吾丘壽王六篇虞丘說一篇難孫

卿、也、莊助四篇　臣彭四篇　鉤盾兄從李步昌八篇宣帝時數言事、○宋祁曰、兄、當作冗、　儒家言十八篇不知作者、　桓寬鹽鐵論六十篇師古曰、寬、字次公、汝南人也、孝昭帝時、丞相御史與諸賢良文學論鹽鐵事、寬撰次之、　劉向所序六十七篇新序說苑世說列女傳頌圖也、　揚雄所序三十八篇太玄十九、法言十三、樂四、箴二、　右儒五十三家八百三十六篇入揚雄一家三十八篇、

儒家者流。蓋出於司徒之官。助人君順陰陽。明敎化者也。游文於六經之中。留意於仁義之際。祖述堯舜。憲章文武。宗師仲尼。以重其言。師古曰、祖、始也、述、修也、憲、法也、章、明也、宗、尊也、言以堯舜為本始、而遵修之、以文王武王為明法、又師尊仲尼之道、於道最為高。孔子曰。如有所譽。其有所試。師古曰、論語載孔子之言也、言於人有所稱譽者、輒試以事、取其實效也、譽音弋於反、唐虞之隆。殷周之盛。仲尼之業。已試之效者也。然惑者既失精微。而辟者又隨時抑揚。違離道本。師古曰、辟讀曰僻、苟以譁眾取寵。師古曰、譁、諠也、寵、尊也、譁、音呼華反、後進循之。是以五經乖析。儒學寖衰。此辟儒之患。師古曰、寖、漸也、辟、讀曰僻、

伊尹五十一篇湯相、　太公二百三十七篇呂望為周師尚父、本有道者、或有近世又以為太公術者所增加也、師古曰、父讀曰甫也、謀八十一篇言七十一篇兵八十五篇　辛甲二十九篇紂臣、七十五諫而去、周封之、　鬻子二十二篇名熊、為周師、自文王以下問焉、周封為楚祖、師古曰、鬻、音弋六反、　筦子八十六篇名夷吾、相齊桓公、九合諸侯、不以兵車也、有列傳、師古曰、筦讀與管同、　老子鄰氏經傳四篇姓李名耳、鄰氏傳其學、　老子傅氏經說三十七篇述老子學、　老子徐氏經說六篇字少季、臨淮人、傳老子、　劉向說老子四篇　文子九篇老子弟子、與孔子並時、而稱周平王問、似依託者也、　蜎子十三篇名淵、楚人、老子

弟子、師古曰、蜎、姓也、音一元反、）　關尹子九篇（名喜、為關吏、老子過關、喜去吏而從之、）　莊子五十二篇（名周、宋人、）　列子八篇（名圄寇、先莊子、莊子稱之、）　老成子十八篇　長盧子九篇（楚人、）　王狄子一篇　公子牟四篇（魏之公子也、先莊子、莊子稱之、）　田子二十五篇（名駢、齊人、游稷下、號天口駢、師古曰、駢、音步田反、）　老萊子十六篇（楚人、與孔子同時、）　黔婁子四篇（齊隱士、守道不詘、威王下之、師古曰、黔、音其炎反、下、音胡稼反、）　宮孫子二篇（師古曰、宮孫姓也、不知名、）　鶡冠子一篇（楚人、居深山、以鶡為冠、師古曰、以鶡鳥羽為冠、）　周訓十四篇（師古曰、劉向別錄云、人間小書、其言俗薄、）　黃帝四經四篇　黃帝銘六篇　黃帝君臣十篇（起六國時、與老子相似也、）　雜黃帝五十八篇（六國時賢者所作、）　力牧二十二篇（六國時所作、託之力牧、力牧、黃帝相、）　孫子十六篇（六國時、）　捷子二篇（齊人、武帝時說、）　曹羽二篇（楚人、武帝時說於齊王、）　郎中嬰齊十二篇（武帝時、師古曰、劉向云、故待詔、不知其姓、數從游觀、名能為文、）　臣君子二篇（蜀人、）　鄭長者一篇（六國時、先韓子、韓子稱之、師古曰、別錄云、鄭人、不知姓名、）　楚子三篇　道家言二篇（近世、不知作者、）　右道三十七家九百九十三篇

道家者流。蓋出於史官。歷記成敗存亡禍福古今之道。然後知秉要執本。清虛以自守。卑弱以自持。此君人南面之術也。合於堯之克攘。（師古曰、虞書堯典稱堯之德、曰允恭克讓、言其信恭能讓也、故志引之云、攘古讓字、）易之嗛嗛。一謙而四益。此其所長也。（師古曰、四益、謂天道虧盈而益謙、地道變盈而流謙、鬼神害盈而福謙、人道惡盈而好謙也、此謙卦象辭、嗛字與謙同、）及放者為之。則欲絕去禮學。兼棄仁義。（師古曰、放、蕩也、）曰獨任清虛可以為治。

宋司星子韋三篇（景公之史、）　公檮生終始十四篇（傳鄒奭始終書、師古曰、檮、音疇、其字從木、）　公孫發二十二篇（六國時、）　鄒子四十九篇（名衍、齊人、為燕昭王師、居稷下、號談天衍、）　鄒子終始五十六篇（師古曰、亦鄒衍所說、）　乘丘子五篇

六國時、杜文公五篇六國時、師古曰、劉向別錄云、韓人也、黃帝泰素二十篇六國時、韓諸公子所作、師古曰、劉向別錄云、或言韓諸公孫之所作也、言陰陽五行、以爲黃帝之道也、故曰泰素、南公三十一篇六國時、容成子十四篇張蒼十六篇丞相北平侯、鄒奭子十二篇齊人、號曰雕龍奭、師古曰、奭、音試亦反、閭丘子十三篇名快、魏人、在南公前、馮促十三篇鄭人、將鉅子五篇六國時、先南公、南公稱之、五曹官制五篇漢制、似賈誼所條、周伯十一篇齊人、六國時、衞侯官十二篇近世不知作者、于長天下忠臣九篇平陰人、近世、師古曰、劉向別錄云、傳天下忠臣、公孫渾邪十五篇平曲侯、雜陰陽三十八篇不知作者、右陰陽二十一家三百六十九篇

陰陽家者流。蓋出於羲和之官。敬順昊天。歷象日月星辰。敬授民時。此其所長也。及拘者爲之。則牽於禁忌。泥於小數。師古曰、泥滯也、音乃計反、舍人事而任鬼神。師古曰、舍、廢也、

李子三十二篇名悝、相魏文侯、富國彊兵、商君二十九篇名鞅、姬姓、衞後也、相秦孝公、有列傳、申子六篇名不害、京人、相韓昭侯、終其身諸侯不敢侵韓、師古曰、京、河南京縣、處子九篇師古曰、史記云、趙有處子、愼子四十二篇名到、先申韓、申韓稱之、韓子五十五篇名非、韓諸公子、使秦、李斯害而殺之、游棣子一篇師古曰、棣、音徒計反、鼂錯三十一篇燕十事十篇不知作者、法家言二篇不知作者、右法十家二百一十七篇

法家者流。蓋出於理官。信賞必罰。以輔禮制。易曰。先王以明罰飭法。師古曰、噬嗑之象辭也、飭、整也、讀與敕同、此其所長也。及刻者爲之。則無教化。去仁愛。專任刑法。而欲以致治。至於殘害至親。傷恩薄厚。師古曰、薄厚者、變厚爲薄、

鄧析二篇鄭人、與子產並時、師古曰、列子及孫卿並云子產殺鄧析、據左傳昭公二十年子產卒、定公九年駟歂殺鄧析、而用其竹刑、則非子產所殺也、　尹文子一篇說齊宣王、先公孫龍、師古曰、劉向云與宋鈃俱游稷下、鈃音形、　公孫龍子十四篇趙人、師古曰、即爲堅白之辯者、　成公生五篇與黃公等同時、師古曰、姓成公、劉向云與李斯子由同時、由爲三川守、成公生游談不仕、　惠子一篇名施、與莊子並時、　黃公四篇名疵、爲秦博士、作歌詩、在秦時歌詩中、師古曰、疵音才斯反、　毛公九篇趙人、與公孫龍等並游平原君趙勝家、師古曰、劉向別錄云、論堅白同異、以爲可以治天下、此蓋史記所云藏於博徒者。

右名七家三十六篇

名家者流。蓋出於禮官。古者名位不同。禮亦異數。孔子曰。必也正名乎。名不正則言不順。言不順則事不成。師古曰、論語載孔子之言也、言欲爲政、必先正其名、此其所長也。及謷者爲之。晉灼曰、謷、許也、師古曰、謷音工釣反、則苟鉤鈲析亂而已。師古曰、鈲、破也、音普革反、又音普狄反、

尹佚二篇周臣、在成康時也、　田俅子三篇先韓子、蘇林曰、俅音仇、　我子一篇師古曰、劉向別錄云、爲墨子之學、　隨巢子六篇墨翟弟子、　胡非子三篇墨翟弟子、　墨子七十一篇名翟、爲宋大夫、在孔子後、

右墨六家八十六篇

墨家者流。蓋出於清廟之守。茅屋采椽。是以貴儉。師古曰、采、柞木也、字作棌、本從木、以茅覆屋、以棌爲椽、言其質素也、采音千在反、養三老五更。是以兼愛。選士大射。是以上賢。宗祀嚴父。是以右鬼。如淳曰、右鬼、謂信鬼神、若杜伯射宣王、是親鬼而右之、師古曰、右猶尊尚也、順四時而行。是以非命。蘇林曰、非有命者、言儒者執有命、而反勸人修德積善、政教與行相反、故譏之也、如淳曰、言無吉凶之命、但有賢不肖善惡、以孝視天下。是以上同。如淳曰、言皆同可以治也、師古曰、墨子有節用兼愛上賢明鬼神非命上同等諸篇、故志歷序其本意也、視讀曰示、此其所長也。及蔽者爲之。見儉之利。因以非禮。推兼愛之意。而不知別親疏。

蘇子三十一篇名秦、有列傳、　張子十篇名儀、有列傳、　龐煖二篇爲燕將、師古曰、煖、音許遠反、　闕子一篇　國
筮子十七篇　秦零陵令信一篇難秦相李斯、　蒯子五篇名通、　鄒陽七篇　主父偃二十八篇
徐樂一篇　莊安一篇　待詔金馬聊蒼三篇趙人、武帝時、師古曰、嚴助傳作膠蒼、而此志作聊、志傳不同、未知孰是、　右
從横十二家百七篇
從横家者流。蓋出於行人之官。孔子曰。誦詩三百。使於四方。不能顓對。雖多。亦奚以爲。師古曰、論語載孔子之言也、謂人不達於事、誦詩雖多、亦無所用、　又曰。使乎使乎。師古曰、亦論語載孔子之言、歎使者之難其人、言其當權事制宜。受命
而不受辭。此其所長也。及邪人爲之。則上詐諼而棄其信。師古曰、諼、詐言也、音許遠反、
孔甲盤盂二十六篇黃帝之史、或曰、夏帝孔甲、似皆非、　大命三十七篇傳言禹所作、其文似後世語、師古曰、命、古禹字、○宋祁曰、一作命、
伍子胥八篇名員、春秋時爲吳將、忠直遇讒死、　子晚子三十五篇齊人、好議兵、與司馬法相似、　由余三篇戎人、秦穆公聘以爲大夫、
尉繚二十九篇六國時、師古曰、尉、姓、繚、名也、音了、又音聊、劉向別錄云、繚爲商君學、　尸子二十篇名佼、魯人、秦相商君師之、鞅死、佼逃入蜀、師古曰、佼、音絞、
呂氏春秋二十六篇秦相呂不韋輯智略士作、　淮南內二十一篇王安、　淮南外三十三篇師古曰、內篇論道、外篇雜說、○宋祁曰、雜邵本作新、
東方朔二十篇　伯象先生一篇應劭曰、蓋隱者也、故公孫敖難以無益世主之治、
荊軻論五篇軻爲燕刺秦王、不成而死、司馬相如等論之、　吳子一篇　公孫尼一篇　博士臣賢對一篇漢世、難韓子、商君、
臣說三篇武帝時作賦、師古曰、說者其人名、讀曰悅、　解子簿書三十五篇　推雜書八十七篇　雜家
言一篇王伯、不知作者、師古曰、言伯王之道、伯讀曰霸、　右雜二十家四百三篇入兵法、

雜家者流。蓋出於議官。兼儒墨。合名法。知國體之有此。師古曰、治國之體、亦當有此雜家之說、見王治之無不貫。師古曰、王者之治、於百家之道、無不貫綜、此其所長也。及盪者為之。則漫羨而無所歸心。師古曰、漫、放也、羨、音弋戰反、

神農二十篇六國時、諸子疾時怠於農業、道耕農事、託之神農、師古曰、劉向別錄云、疑李悝及商君所說、　野老十七篇六國時、在齊楚間、應劭曰、年老居田野、相民耕種、故號野老、〇宋祁曰、尹一作郡、　宰氏十七篇不知何世、　董安國十六篇漢代內史、不知何帝時、　尹都尉十四篇不知何世、　趙氏五篇不知何世、　氾勝之十八篇成帝時、為議郎、師古曰、劉向別錄云、使教田三輔、有好田者師之、徙為御史、氾音凡、又音敷劍反、　王氏六篇不知何世、　蔡癸一篇宣帝時、以言便宜、至弘農太守、師古曰、劉向別錄云、邯鄲人、　右農九家百一十四篇

農家者流。蓋出於農稷之官。播百穀。勸耕桑。以足衣食。故八政一曰食。二曰貨。孔子曰。所重民食。師古曰、論語載孔子稱殷湯伐桀告天辭也、言為君之道、所重者、在人之食、此其所長也。及鄙者為之。以為無所事聖王。師古曰、言不須聖王、天下自治、欲使君臣並耕。誖上下之序。師古曰、誖、亂也、音布內反、

伊尹說二十七篇其語淺薄、似依託也、　鬻子說十九篇後世所加、　周考七十六篇考周事也、　青史子五十七篇古史官記事也、　師曠六篇見春秋、其言淺薄、本與此同、似因託也、　務成子十一篇稱堯問、非古語、　宋子十八篇孫卿道宋子、其言黃老意、　天乙三篇天乙謂湯、其言非殷時、皆依託也、　黃帝說四十篇迂誕依託、　封禪方說十八篇武帝時、　待詔臣饒心術二十五篇武帝時、師古曰、劉向別錄云、饒、齊人也、不知其姓、武帝時待詔、作書名曰心術、　待詔臣安成未央術一篇應劭曰、道家也、好養生事、為未央之術、　臣壽周紀七篇項國圉人、宣帝時、　虞初周說九百四十三篇河南人、武帝時、

以方士侍郎號黃車使者、應劭曰、其說以周書爲本、師古曰、史記云、虞初洛陽人、卽張衡西京賦小說九百、本自虞初者也、百家百三十九篇

右小說十五家、千三百八十篇。○劉奉世曰、又少十篇、

小說家者流、蓋出於稗官。如淳曰、稗音鍛家排、九章細米爲稗、街談巷說、其細碎之言也、王者欲知閭巷風俗、故立稗官、使稱說之、今世亦謂偶語爲稗、師古曰、稗音稊稗之稗、不與鍛排同也、稗官小官、漢名臣奏、唐林請省置吏、公卿大夫至都官稗官、各減什三是也、街談巷語、道聽塗說者之所造也。孔子曰、雖小道、必有可觀者焉。致遠恐泥、是以君子弗爲也。師古曰、論語載孔子之言、泥、滯也、音乃細反、然亦弗滅也。閭里小知者之所及、亦使綴而不忘。如或一言可采、此亦芻蕘狂夫之議也。

凡諸子百八十九家、四千三百二十四篇。出蹴鞠一家、二十五篇、

諸子十家、其可觀者九家而已。皆起於王道既微、諸侯力政。時君世主、好惡殊方。師古曰、好音呼到反、惡音一故反、是以九家之術、蠭出並作。師古曰、蠭、與鋒同、各引一端、崇其所善。以此馳說、取合諸侯。其言雖殊、辟猶水火。相滅亦相生也。師古曰、辟讀曰譬、仁之與義、敬之與和、相反而皆相成也。易曰、天下同歸而殊塗。一致而百慮。師古曰、下繫之辭、今異家者各推所長。窮知究慮、以明其指。雖有蔽短、合其要歸。亦六經之支與流裔。師古曰、裔、衣末也、其於六經、如水之下流、衣之末裔、使其人遭明王聖主、得其所折中、皆股肱之材已。師古曰、已、語終之辭、仲尼有言、禮失而求諸野。師古曰、言都邑失禮、則於外野求之、亦將有獲、方今去聖久遠、道術缺廢。無所更索。師古曰、索、求也、彼九家者、不猶瘉於野乎。師古曰、瘉與愈同、愈、勝也、若能修六藝之術、而觀此九家之言。舍短取長、則可以通萬方之略矣。師古曰、舍、廢也、

屈原賦二十五篇（楚懷王大夫，有列傳，）唐勒賦四篇（楚人，）宋玉賦十六篇（楚人，與唐勒並時，在屈原後也，）趙幽王賦一篇　莊夫子賦二十四篇（名忌，吳人，）賈誼賦七篇　枚乘賦九篇　司馬相如賦二十九篇　淮南王賦八十二篇　淮南王羣臣賦四十四篇　太常蓼侯孔臧賦二十篇　陽丘侯劉隁賦十九篇（師古曰，隁音偃，）吾丘壽王賦十五篇　蔡甲賦一篇　上所自造賦二篇（師古曰，武帝也，）兒寬賦二篇　光祿大夫張子僑賦三篇（與王襃同時也，）陽成侯劉德賦九篇　劉向賦三十三篇　王襃賦十六篇　右賦二十家三百六十一篇　陸賈賦三篇　枚皐賦百二十篇　朱建賦二篇　常侍郎莊怱奇賦十一篇（枚皐同時，師古曰，七略云，怱奇者，或言莊夫子子，或言族家子，莊助昆弟也，從行至茂陵，詔造賦，）嚴助賦三十五篇（師古曰，上言莊怱奇，下言嚴助，史駮文，）朱買臣賦三篇　宗正劉辟彊賦八篇　司馬遷賦八篇　郎中臣嬰齊賦十篇　臣說賦九篇（師古曰，說名，音悅，）臣吾賦十八篇　遼東太守蘇季賦一篇　蕭望之賦四篇　河內太守徐明賦三篇（字長君，東海人，元成世歷五郡太守，有能名，）給事黃門侍郎李息賦九篇　淮陽憲王賦二篇　揚雄賦十二篇　待詔馮商賦九篇　博士弟子杜參賦二篇（師古曰，劉向別錄云，臣向謹與長社尉杜參校中祕書，劉歆又云，參杜陵人，以陽朔元年病死，死時年二十餘，）車郎張豐賦三篇（張子僑子，）驃騎將軍朱宇賦三篇（師古曰，劉向別錄云，驃騎將軍史朱宇，志以宇在驃騎府，故總言驃騎將軍，○劉奉世曰，其實惟脫一史字耳，）

右賦二十一家二百七十四篇（入揚雄八篇，）孫卿賦十篇　秦時雜賦九篇　李思孝景皇帝頌十五篇　廣川惠王越賦五篇　長沙王羣臣賦三篇　魏內史賦二篇　東暆令延年賦七篇師古曰、東暆縣名、暆音移、　衛士令李忠賦二篇　張偃賦二篇　賈充賦四篇　張仁賦六篇　秦充賦二篇　李步昌賦二篇　侍郎謝多賦十篇　平陽公主舍人周長孺賦二篇　雒陽錡華賦九篇師古曰、錡姓、華名、錡音魚綺反、　眭弘賦一篇師古曰、即眭孟也、眭音先隨反、　別栩陽賦五篇服虔曰、栩音詡、　臣昌市賦六篇　臣義賦二篇　黃門書者假史王商賦十三篇　侍中徐博賦四篇　黃門書者王廣呂嘉賦五篇　漢中都尉丞華龍賦二篇　左馮翊史路恭賦八篇　右賦二十五家百三十六篇

客主賦十八篇　雜行出及頌德賦二十四篇　雜四夷及兵賦二十篇　雜中賢失意賦十二篇　雜思慕悲哀死賦十六篇　雜鼓琴劍戲賦十三篇　雜山陵水泡雲氣雨旱賦十六篇師古曰、泡、水上浮漚也、泡音普交反、漚音一侯反、　雜禽獸六畜昆蟲賦十八篇　雜器械草木賦三十三篇　大雜賦三十四篇　成相雜辭十一篇　隱書十八篇師古曰、劉向別錄云、隱書者、疑其言以相問、對者以慮思之、可以無不諭、　右雜賦十二家二百三十三篇

高祖歌詩二篇　泰一雜甘泉壽宮歌詩十四篇　宗廟歌詩五篇　漢興以來兵所誅滅歌詩十四篇　出行巡狩及游歌詩十篇　臨江王及愁思節士歌詩四篇　李夫人及幸貴人歌詩三篇　詔賜中山靖王子噲及孺子妾冰未央材人歌詩四篇師古曰、孺子、王妾之有品號者也、妾、王之衆妾也、冰其名、材人、天子內官、　吳楚汝南歌詩十五篇　燕代謳雁門雲中隴西歌詩九篇　邯鄲河

間歌詩四篇　齊鄭歌詩四篇　淮南歌詩四篇　左馮翊秦歌詩三篇　京兆尹秦歌詩五篇　河東蒲反歌詩一篇　黃門倡車忠等歌詩十五篇　雜各有主名歌詩十篇　雜歌詩九篇　雒陽歌詩四篇　河南周歌詩七篇　河南周歌聲曲折七篇　周謠歌詩七十五篇　周謠歌詩聲曲折七十五篇　諸神歌詩三篇　送迎靈頌歌詩三篇　周歌詩二篇　南郡歌詩五篇　右歌詩二十八家三百一十四篇

凡詩賦百六家千三百一十八篇入揚雄八篇、

傳曰。不歌而誦謂之賦。登高能賦。可以爲大夫。言感物造耑。材知深美。師古曰、耑、古端字也、因物動志、則造辭義之端緒、可與圖事。故可以爲列大夫也。古者諸侯卿大夫交接鄰國。以微言相感。當揖讓之時。必稱詩以諭其志。蓋以別賢不肖。而觀盛衰焉。故孔子曰。不學詩無以言也。師古曰、論語載孔子戒伯魚之辭也、春秋之後。周道寖壞。師古曰、寖、漸也、聘問歌詠不行於列國。學詩之士逸在布衣。而賢人失志之賦作矣。大儒孫卿及楚臣屈原離讒憂國。皆作賦以風。師古曰、離、遭也、風讀曰諷、次下亦同、咸有惻隱古詩之義。其後宋玉唐勒漢興枚乘司馬相如下及揚子雲。競爲侈麗閎衍之詞。沒其風諭之義。是以揚子悔之曰。詩人之賦麗以則。辭人之賦麗以淫。師古曰、辭人言後代之爲文辭、如孔氏之門人用賦也。則賈誼登堂。相如入室矣。如其不用何。師古曰、言孔氏之門既不用賦、不可如何、謂賈誼相如無所施也、自孝武立樂府而采歌謠。於是有代趙之謳。秦楚之風。皆感於哀樂。緣事而發。亦可以觀風俗。知薄厚云。序詩賦爲五種。

吳孫子兵法八十二篇圖九卷、師古曰、孫武也、臣於闔閭、　齊孫子八十九篇圖四卷、師古曰、孫臏、　公孫鞅二十七篇　吳起四十八篇有列傳、　范蠡二篇越王句踐臣也、　大夫種二篇與范蠡俱事句踐、　李子十篇　娷一篇師古曰、娷、音女瑞反、蓋說兵法者人名也、　兵春秋三篇　龐煖三篇師古曰、煖、音許遠反、又音許元反、　兒良一篇師古曰、六國時人也、兒、音五奚反、　廣武君一篇李左車、　韓信三篇師古曰、淮陰侯、　右兵權謀十三家二百五十九篇省伊尹太公管子孫卿子鶡冠子蘇子蒯通陸賈淮南王二百五十九種、出司馬法入禮也、○劉奉世曰、種當作重、九下又脫一篇字、注二百五十九、恐合作五百二十一、篇數已在前、

權謀者。以正守國。以奇用兵。先計而後戰。兼形勢。包陰陽。用技巧者也。

楚兵法七篇圖四卷、　蚩尤二篇見呂刑、　孫軫五篇圖二卷、　繇敘二篇　王孫十六篇圖五卷、　尉繚三十一篇　魏公子二十一篇圖十卷、名無忌、有列傳　景子十三篇　李良三篇　丁子一篇　項王一篇名籍、　右兵形勢十一家九十二篇圖十八卷

形勢者。靁動風舉。後發而先至。離合背鄉。師古曰、背、音步內反、鄉、讀曰嚮、變化無常。以輕疾制敵者也。

太壹兵法一篇　天一兵法三十五篇　神農兵法一篇　黃帝十六篇圖三卷、　封胡五篇黃帝臣依託也、　風后十三篇圖二卷、黃帝臣、依託也、　力牧十五篇黃帝臣依託也、　鵊治子一篇圖一卷、晉灼曰、鵊、音夾、○宋祁曰、治、一作冶、　鬼容區三篇圖一卷、黃帝臣依託、師古曰、即鬼臾區也、　地典六篇　孟子一篇　東父三十一篇　師曠八篇晉平公臣、　萇弘十五篇周史、　別成子望軍氣六篇圖三卷、　辟兵威勝方七十篇　右

陰陽十六家二百四十九篇圖十卷

陰陽者順時而發推刑德隨斗擊因五勝假鬼神而為助者也。師古曰、五勝、五行相勝也、

鮑子兵法十篇圖一卷、　伍子胥十篇圖一卷、　公勝子五篇　苗子五篇圖一卷、　逢門射法二篇師古曰、即逢蒙、　陰通成射法十一篇　李將軍射法三篇師古曰、李廣、　魏氏射法六篇　彊弩將軍王圍射法五卷師古曰、圍、郁郅人也、見趙充國傳、　望遠連弩射法具十五篇　護軍射師王賀射書五篇　蒲苴子弋法四篇師古曰、苴、音子余反、　劍道三十八篇　手搏六篇　雜家兵法五十七篇　蹴鞠二十五篇師古曰、鞠以韋為之、實以物、蹴蹋之以為戲也、蹴鞠、陳力之事、故附於兵法焉、蹴、音子六反、鞠、音巨六反、　右兵技巧十三家百九十九篇省墨子重、入蹴鞠也、

技巧者習手足便器械積機關以立攻守之勝者也。

凡兵書五十三家七百九十篇圖四十三卷省十家二百七十一篇、重入蹴鞠一家二十五篇、出司馬法百五十五篇、入禮也、○劉奉世曰、此註二百七十一、又當作五百九十二、兩註篇數皆不足、蓋訛謬也、

兵家者蓋出古司馬之職王官之武備也。洪範八政八曰師。孔子曰為國者足食足兵。師古曰、論語載孔子之言、無兵與食不可以為國、　以不教民戰是謂棄之。師古曰、亦論語所載孔子之言、非其不素習武備、　明兵之重也。易曰古者弦木為弧剡木為矢弧矢之禮以威天下。師古曰、下繫之辭也、弧、木弓也、剡謂銳而利之也、音弋冉反、　其用上矣。後世燿金為刃。割革為甲。師古曰、燿讀與鑠同、謂銷也、　器械甚備。下及湯武受命以師克亂而濟百姓。動之以

仁義。行之以禮讓。司馬法是其遺事也。自春秋至於戰國。出奇設伏。變詐之兵並作。漢興。張良韓信序次兵法。凡百八十二家。刪取要用。定著三十五家。諸呂用事而盜取之。武帝時。軍政楊僕。○劉奉世曰、軍政當作正、捃摭遺逸。紀奏兵錄。師古曰、捃摭謂拾取之、捃音九問反、摭音之石反、猶未能備。至於孝成。命任宏論次兵書爲四種。

泰壹雜子星二十八卷　五殘雜變星二十一卷 師古曰、五殘、星名也、見天文志、　黃帝雜子氣三十三篇　常從日月星氣二十一卷 師古曰、常從、人姓名也、老子師之、　皇公雜子星二十二卷　淮南雜子星十九卷　泰壹雜子雲雨三十四卷　國章觀霓雲雨三十四卷　泰階六符一卷 李奇曰、三台謂之泰階、兩兩成體、三台故六、觀色以知吉凶、故曰符、○宋祁曰、淳化本六作陸、　金度玉衡漢五星客流出入八篇　漢五星彗客行事占驗八卷　漢日旁氣行事占驗三卷　漢流星行事占驗八卷　漢日旁氣行占驗十三卷　漢日食月暈雜變行事占驗十三卷　海中星占驗十二卷　海中五星經雜事二十二卷　海中五星順逆二十八卷　海中二十八宿國分二十八卷　海中二十八宿臣分二十八卷　海中日月彗虹雜占十八卷　圖書祕記十七篇　右天文二十一家。四百四十五卷。

天文者。序二十八宿。步五星日月。以紀吉凶之象。聖王所以參政也。易曰。觀乎天文以察時變。師古曰、賁卦象辭也、然星事殉悍。非湛滅者弗能由也。師古曰、殉讀與凶同、湛讀曰沈、由、用也、夫觀景以譴形。非明王亦不能服聽也。以不能由之臣。諫不能聽之主。此所以兩有患也。

黃帝五家曆三十三卷　顓頊曆二十一卷　顓頊五星曆十四卷　日月宿曆十三卷　夏殷周魯曆十四卷　天曆大曆十八卷　漢元殷周諜曆十七卷　耿昌月行帛圖二百三十二卷　耿昌月行度二卷　傳周五星行度三十九卷　律曆數法三卷　自古五星宿紀三十卷　太歲謀日晷二十九卷　帝王諸侯世譜二十卷　古來帝王年譜五卷　日晷書三十四卷　許商算術二十六卷　杜忠算術十六卷　右曆譜十八家六百六卷。

曆譜者。序四時之位。正分至之節。會日月五星之辰。以考寒暑殺生之實。故聖王必正曆數。以定三統服色之制。又以探知五星日月之會。凶阨之患。吉隆之喜。其術皆出焉。此聖人知命之術也。非天下之至材。其孰與焉。師古曰、與讀曰豫、道之亂也。患出於小人而强欲知天道者。壞大以爲小。削遠以爲近。是以道術破碎而難知也。

泰一陰陽二十三卷　黃帝陰陽二十五卷　黃帝諸子論陰陽二十五卷　諸王子論陰陽二十五卷　太元陰陽二十六卷　三典陰陽談論二十七卷　神農大幽五行二十七卷　四時五行經二十六卷　猛子閭昭二十五卷　陰陽五行時令十九卷　堪輿金匱十四卷師古曰、許愼云、堪、天道、輿、地道也、　務成子災異應十四卷　十二典災異應十二卷　鍾律災應二十六卷　鍾律叢辰日苑二十二卷　鍾律消息二十九卷　黃鍾七卷　天一六卷

泰一二十九卷　刑德七卷　風鼓六甲二十四卷　風后孤虛二十卷　六合隨典二十五卷　轉位十二神二十五卷　羨門式法二十卷　羨門式二十卷　文解六甲十八卷　文解二十八宿二十八卷　五音奇胲用兵二十三卷(如淳曰、音該、師古曰、許慎云、胲、軍中約也、)　五音奇胲刑德二十一卷　五音定名十五卷　右五行三十一家六百五十二卷

五行者。五常之刑氣也。書云。初一曰五行。次二曰羞用五事。(師古曰、周書洪範之辭也、)言進用五事以順五行也。貌言視聽思心失而五行之序亂。五星之變作。皆出於律曆之數而分爲一者也。(師古曰、說者在五行志也、)其法亦起五德終始。推其極則無不至。而小數家因此以爲吉凶而行於世。寖以相亂。(師古曰、寖、漸也、)

龜書五十二卷　夏龜二十六卷　南龜書二十八卷　巨龜三十六卷　雜龜十六卷　蓍書二十八卷　周易三十八卷　周易明堂二十六卷　周易隨曲射匿五十卷　大筮衍易二十八卷　大次雜易三十卷　鼠序卜黃二十五卷　於陵欽易吉凶二十三卷　任良易旗七十一卷　易卦八具　右蓍龜十五家四百一卷

蓍龜者。聖人之所用也。書曰。女則有大疑。謀及卜筮。(師古曰、周書洪範之辭也、言所爲之事有疑、則以卜筮決之也、龜曰卜、蓍曰筮、)易曰。定天下之吉凶。成天下之亹亹者。莫善於蓍龜。是故君子將有爲也。將有行也。問焉而以言。其受命也如嚮。無有遠近幽深。遂知來物。非天下之至精。其孰能與於此。(師古曰、皆上繫之辭也、亹

聲、深致也、言君子所爲行、皆以其言問於易、受命如嚮者、謂示以吉凶、其應速疾、如嚮之隨聲也、遂猶究也、來物謂當來之事也、嚮與響同、與讀曰豫、及至衰世。解於齊戒。而婁煩卜筮。師古曰、解讀曰懈、齊讀曰齋、婁讀曰屢、神明不應。故筮瀆不告。易以爲忌。師古曰、易蒙卦之辭曰、初筮告、再三瀆、瀆則不告、言童蒙之來決疑、初則以實而告、至於再三、爲其煩瀆、乃不告也、龜厭不告。詩以爲刺。師古曰、小雅旻之詩曰、我龜既厭、不我告猶、言卜問煩數、媟嫚於龜、龜靈厭之、不告以道也、

黃帝長柳占夢十一卷　甘德長柳占夢二十卷　武禁相衣器十四卷　嚏耳鳴雜占十六卷師古曰、嚏、音丁計反、　禎祥變怪二十一卷　人鬼精物六畜變怪二十一卷　變怪誥咎十三卷　執不祥劾鬼物八卷　請官除訞祥十九卷師古曰、訞字與妖同、　禳祀天文十八卷師古曰、禳、除災也、音人羊反、　請禱致福十九卷　請雨止雨二十六卷　泰壹雜子候歲二十二卷　子贛雜子候歲二十六卷　五法積貯寶藏二十三卷　神農敎田相土耕種十四卷　昭明子釣種生魚鼈八卷　種樹臧果相蠶十三卷　右雜占十八家三百一十三卷

雜占者。紀百事之象。候善惡之徵。師古曰、徵、證也、易曰。占事知來。師古曰、下繫之辭也、言有事而占、則觀方來之驗也、衆占非一。而夢爲大。故周有其官。師古曰、謂大卜掌三夢之法、又占夢中士二人、皆宗伯之屬官、而詩載熊羆虺蛇衆魚旐旟之夢。著明大人之占。以考吉凶。師古曰、小雅斯干之詩曰、吉夢維何、維熊維羆、男子之祥、維虺維蛇、女子之祥、無羊之詩曰、牧人乃夢、衆維魚矣、旐維旟矣、大人占之、維魚矣、實維豐年、旐維旟矣、室家溱溱、言熊羆虺蛇、皆爲吉祥之夢、而生男女、及見衆魚、則爲豐年之應、旐旟則爲多盛之象、大人占之、謂以聖人占夢之法占之也、畫龜蛇曰旐、鳥隼曰旟、蓋參卜筮。春秋之說訞也。曰。人之所忌。其氣炎以取之。訞由人興也。人失常則訞興。人

無釁焉訞不自作。師古曰、申繻之辭也、事見莊公十四年、炎爲火之光始餤餤也、言人之所忌、其氣餤引致於炎也、釁、瑕也、失常謂反五常之德也、炎讀與餤同、故曰德勝不祥。義厭不惠。師古曰、厭、音伊葉反、惠、順也、桑穀共生太戊以興。雊雉登鼎武丁爲宗。師古曰、說在郊祀五行志、然惑者不稽諸躬而忌訞之見。師古曰、稽考也、計也、是以詩刺召彼故老訊之占夢。師古曰、小雅正月之詩也、故老元老也、訊問也、言不能修德以禨災、但問元老以占夢之吉凶、傷其舍本而憂末。不能勝凶咎也。

山海經十三篇　國朝七卷　宮宅地形二十卷　相人二十四卷　相寶劍刀二十卷

相六畜三十八卷　右形法六家百二十二卷

形法者大舉九州之埶。以立城郭室舍形。人及六畜骨法之度數。器物之形容。以求其聲氣貴賤吉凶。猶律有長短而各徵其聲。非有鬼神數自然也。然形與氣相首尾。亦有有其形而無其氣。有其氣而無其形。此精微之獨異也。

凡數術百九十家二千五百二十八卷

數術者。皆明堂羲和史卜之職也。史官之字○宋祁曰、史官之字下、舊本有術字、廢久矣。其書既不能具。雖有其書而無其人。易曰。苟非其人。道不虛行。師古曰、下繫之辭、言道由人行、春秋時魯有梓慎。鄭有裨竈。晉有卜偃。宋有子韋。六國時楚有甘公。魏有石申夫。漢有唐都。庶得麤觕。師古曰、觕、粗略也、音才戶反、蓋有因而成易。無因而成難。故因舊書以序數術爲六種。

黃帝內經十八卷　外經三十七卷　扁鵲內經九卷　外經十二卷　白氏內經三十八

卷　外經三十六卷　旁篇二十五卷　右醫經七家二百一十六卷

醫經者。原人血脈經絡骨髓陰陽表裏。以起百病之本。死生之分。而用度箴石湯火所施。（師古曰、箴所以刺病也、石謂砭石、即石箴也、古者攻病則有砭、今其術絕矣、箴、音之林反、砭、音彼廉反、）調百藥齊和之所宜。（師古曰、齊、音才詣反、其下並同、和、音呼臥反、）至齊之德。猶慈石取鐵。以物相使。拙者失理。以瘉爲劇。以死爲生。（師古曰、瘉讀與愈同、愈、差也、）

五藏六府痺十二病方三十卷（師古曰、痺、風溼之病、音必二反、）　五藏六府疝十六病方四十卷（師古曰、疝、心腹氣病、音山諫反、又音刪、）　五藏六府癉十二病方四十卷（師古曰、癉、黃病、音丁韓反、）　風寒熱十六病方二十六卷　泰始黃帝扁鵲俞拊方二十三卷（應劭曰、黃帝時醫也、師古曰、拊、音膚、）　五藏傷中十一病方三十一卷　客疾五藏狂顛病方十七卷　金創瘲瘛方三十卷（服虔曰、音瘲引之瘲、師古曰、小兒病也、瘛、音充制反、瘲、音子用反、）　婦人嬰兒方十九卷　湯液經法三十二卷　神農黃帝食禁七卷　右經方十一家二百七十四卷

經方者。本草石之寒溫。量疾病之淺深。假藥味之滋。因氣感之宜。辯五苦六辛。致水火之齊。以通閉解結。反之於平。及失其宜者。以熱益熱。以寒增寒。精氣內傷。不見於外。是所獨失也。故諺曰。有病不治。常得中醫。

容成陰道二十六卷　務成子陰道三十六卷　堯舜陰道二十三卷　湯盤庚陰道二十卷　天老雜子陰道二十五卷　天一陰道二十四卷　黃帝三王養陽方二十卷　三家

內房有子方十七卷　右房中八家百八十六卷

房中者。情性之極。至道之際。是以聖王制外樂以禁內情。而爲之節文。傳曰。先王之作樂。所以節百事也。樂而有節。則和平壽考。及迷者弗顧。以生疾而隕性命。

宓戲雜子道二十篇　上聖雜子道二十六卷　道要雜子十八卷　黃帝雜子步引十二卷　黃帝岐伯按摩十卷　黃帝雜子芝菌十八卷師古曰、服餌芝菌之法也、菌、音求閔反、黃帝雜子十九家方二十一卷　泰壹雜子十五家方二十二卷　神農雜子技道二十三卷　泰壹雜子黃冶三十一卷師古曰、黃冶釋在郊祀志、　右神僊十家二百五卷

神僊者。所以保性命之眞。而游求於其外者也。聊以盪意平心。同死生之域。師古曰、盪滌一曰盪放也、而無怵惕於胸中。然而或者專以爲務。則誕欺怪迂之文。彌以益多。師古曰、誕、大言也、迂、遠也、非聖王之所以教也。孔子曰。索隱行怪。後世有述焉。吾不爲之矣。師古曰、禮記載孔子之言、索隱求索隱暗之事、而行怪迂之道、妄令後人有所祖述、非我本志、〇臣佖曰、志序神僊者內云、孔子曰、索隱行怪、顏師古註云、禮記載孔子之言、索隱求索隱暗之事、臣佖案禮中庸篇有云、子曰、索隱行怪、後世有述焉、吾弗爲之矣、鄭元註云、素讀如攻城攻其所傃之傃、傃猶鄉也、言方鄉避害、隱身而行佹譎、以作後世名也、弗爲之矣、恥之也、今志作索隱、師古從而解之、文注卽與禮記不同、意義亦不相遠、故索字不更刊、正作素字、

凡方技三十六家八百六十八卷

方技者。皆生生之具。王官之一守也。大古有岐伯俞拊。中世有扁鵲秦和。師古曰、和、秦醫名也、蓋論病

以及國原診以知政。師古曰、診視驗、謂視其脈及色候也、診音軫、又音丈刃反。漢興有倉公。今其技術晻昧。師古曰、晻與暗同、故論其書。以序方技爲四種。

大凡書六略三十八種五百九十六家萬三千二百六十九卷。入三家五十篇、省兵十家、

書目治要卷二

隋書經籍志

唐魏徵長孫無忌等撰。徵曲城人。字玄成。無忌洛陽人。字輔機。皆唐名臣。清四庫全書簡明目錄曰。隋書十志本名五代史志。蓋當時五史並修。故志亦賅五代。以隋書居末。故列於隋書之中。今案正史之敍錄典籍爲藝文志或經籍志者。自漢書後。惟隋書及新舊唐書宋明二史五種。而唐書以下諸志。其敍論率皆簡略。不及此志遠甚。詳覲此志所述經籍源流。實紹漢志而作。不但志五代也。又案吾國古代目錄家敍錄羣書。自劉歆七略後。多名爲七。（案劉歆七略。其名雖七。其實惟六略耳。覲班氏所志便明。）如宋王儉之七志。梁阮孝緒之七錄是也。惟晉祕書監荀勗因曹魏中經。更爲新簿。始有甲乙丙丁四部之名。甲部紀六藝小學。乙部紀諸子。丙部紀史。丁部紀詩賦圖讚。此志因之而移史部於子部之前。自是經史子集四部之名。垂爲定制。鮮有能異之者。誠不可不謂爲目錄學部次之一大改革焉。

夫經籍也者。機神之妙旨。聖哲之能事。所以經天地。緯陰陽。正紀綱。弘道德。顯仁足以利物。藏用足以獨善。學之者將殖焉。不學者將落焉。大業崇之。則成欽明之德。匹夫克念。則有王公之重。其王者之所以樹風聲。流顯號。美教化。移風俗。何莫由乎斯道。故曰。其爲人也。溫柔敦厚。詩敎也。疏通知遠。書敎也。廣博易良。樂敎也。絜靜精微。易敎也。恭儉莊敬。禮敎也。屬辭比事春秋教也。遭時制宜。質文迭用。應之以通變。通變之以中庸。中庸則可久。通變則可大。其教有適。其用無窮。實仁義之陶鈞。誠道德之橐籥也。其為用大矣。隨時之義深矣。言無得而稱焉。故曰不疾而速。不行而至。今之所以知古。後之所以知今。其斯之謂也。是以大道方行。俯龜象而設卦。後聖有作。仰鳥跡以成文。書契已傳。繩木棄而不用。史官既立。經籍於是興焉。夫經籍也者。先聖據龍圖。握鳳紀。南面以君天下者。咸有史官。以紀言行。言則左史書之。動則右史書之。故曰君舉必書。懲勸斯在。考之前載。則三墳五典八索九丘之類是也。下逮殷周。史官尤備。紀言書事。靡有闕遺。則周禮所稱。太史掌建邦之六典八法八則。以詔王治。小史掌邦國之志。定世繫。辨昭穆。內史掌王之八柄策命而貳之。外史掌王之外令及四方之志。三皇五帝之書。御史掌邦國都鄙萬民之治令。以贊冢宰。此則天子之史。凡有五焉。諸侯亦各有國史。分掌其職。則春秋傳晉趙穿弒靈公。太史董狐書曰。趙盾殺其君。以示於朝。宣子曰。不然。對曰。子為正卿。亡不越境。反不討賊。非子而誰。齊崔杼弒莊公。太史書曰。崔杼弒其君。崔子殺之。其弟嗣書。死者二人。其弟又書。乃舍之。南史聞太史盡死。執簡以往。聞既書矣。乃還。楚靈王與右尹子革語。左史倚相趨而過。王曰。此良史也。能讀三墳五典八索九丘。然則諸侯史官。亦非一人而已。皆以紀言書事。太史總而裁之。以成國家之典。不虛美。不隱惡。故得有所懲勸。遺文可觀。則左傳稱周志。國語有鄭書之類是也。暨夫周室道衰。紀綱散亂。國異政。家殊俗。褒貶失實。隳紊舊章。孔丘以大聖之才。當傾頹之運。歎鳳鳥之不至。惜將墜於斯文。乃述易道而刪詩書。修春秋而正雅頌。壞禮崩樂。咸得其所。自哲人萎而微言絕。七十子散而大義乖。戰國縱橫。眞僞莫辨。諸子之言。紛然淆亂。聖人之至德喪矣。先王之要道亡矣。陵夷踳駮。以至於秦。秦政奮豺狼之心。剗先代之迹。焚詩書。坑儒士。以刀筆吏爲師。制挾書之令。學者逃難。竄伏山林。或失本經。口以傳說。漢氏誅除秦項。未及下車。先命叔孫通草緜蕝之儀。救擊柱之弊。其後張蒼治律曆。陸賈撰新語。曹參薦蓋公言黃老。惠帝除挾書之律。儒者始以其業行於民間。猶以去聖既遠。經籍散逸。簡札錯亂。傳說紕繆。遂使書分爲二。詩分爲三。論語有齊魯之殊。春秋有數家之傳。其餘互有踳駮。不可勝言。此其所以博而寡要。勞而少功者也。武帝置太史公。命天下計書。先上太史。副上丞相。開獻書之路。置寫書之官。外有太常太史博士之藏。內有延閣廣內祕室之府。司馬談父子。世居太史。探采前代。斷自軒皇。逮於孝武。作史記一百三十篇。詳其體制。蓋史官之舊也。至於孝成。祕藏之書。頗有亡散。乃使謁者陳農求遺書於天下。命光祿大夫劉向校經傳諸子詩賦。步兵校尉任宏校兵書。太史令尹咸校數術。太醫監李柱國校方技。每一書就。向輒撰爲一錄。論其指歸。辨其訛謬。敍而奏之。向卒後。哀帝使其子歆嗣父之業。乃徙溫室中書於天祿閣上。歆遂總括羣篇。撮其指要。著爲七略。一曰集略。二曰六藝略。三曰諸子略。四曰詩賦略。五曰兵書略。六曰術數略。七曰方技略。大凡三萬三千九十卷。王莽之末。又被焚燒。光武中興。篤好文雅。明章繼軌。尤重經術。四方鴻生鉅儒。負袠自遠而至者。不可勝算。石室蘭臺。彌以充積。又於東觀及仁壽閣集新書。校書郎班固傅毅等典掌焉。並依七略而爲書部。固又編之以爲漢書藝文志。董卓之亂。獻帝西遷。圖書縑帛。軍人皆取爲帷囊。所收而西。猶七十餘載。兩京大亂。埽地皆盡。魏氏代漢。采掇遺亡。藏在祕書中外三閣。魏祕書郎鄭默。始制中經。祕書監荀勖。又因中經。更著新簿。分爲四部。總括羣書。一曰甲部。紀六藝及小學等書。二曰乙部。有古諸子家。近世子家。兵書。兵家術數。三曰景部。有史記舊事皇覽簿雜事。四曰丁部。有詩賦圖讚汲冢書。大凡四部。合二萬九千九百四十五卷。但錄題及言。盛以縹囊。書用緗素。至於作者之意。無所論辯。惠懷之亂。京華蕩覆。渠閣文籍。靡有孑遺。東晉之初。漸更鳩聚。著作郎李充。以勖舊簿校之。其見存者。但有三千一十四卷。充遂總沒衆篇之名。但以甲乙爲次。自爾因循。無所變革。其後中朝遺書。稍流江左。宋元嘉八年。祕書監謝靈運。造四部目錄。大凡六萬四千五百八十二卷。元徽元年。祕書丞王儉。又造目錄。大凡一萬五千七百四卷。儉又別撰七志。一曰經典志。紀六藝小學史記雜傳。二曰諸子志。紀今古諸子。三曰文翰志。紀詩賦。四曰軍書志。紀兵書。五曰陰陽志。紀陰陽圖緯。六曰術藝志。紀方技。七曰圖譜志。紀地域及圖書。其道佛附見。合九條。然亦不述作者之意。但於書名之下。每立一傳。而又作九篇條例。編平首卷之中。文義淺近。未爲典則。齊永明中。祕書丞王亮。監謝朏。又造四部書目。大凡一萬八千一十卷。齊末兵火。延燒祕閣。經籍遺散。梁初祕書監任昉。躬加部集。又於文德殿內。列藏衆書。華林園中。總集釋典。大凡二萬三千一百六卷。而釋氏不豫焉。梁有祕書監任昉殷鈞四部目錄。又文德殿目錄。其術數之書。更爲一部。使奉朝請祖暅撰其名。故梁有五部目錄。普通中。有處士阮孝緒。沈靜寡慾。篤好墳史。博采宋齊以來王公之家。凡有書記。參校官簿。更爲七錄。一曰經典錄。紀六藝。二曰記傳錄。紀史傳。三曰子兵錄。紀子書兵書。四曰文集錄。紀詩賦。五曰技術錄。紀數術。六曰佛錄。七曰道錄。其分部題目。頗有次序。割析辭義。淺薄不經。梁武敦悅詩書。下化其上。四境之內。家有文史。元帝克平侯景。收文德之書。及公私經籍。歸於江陵。大凡七萬餘卷。周師入郢。咸自焚之。陳天嘉中。又更鳩集。考其篇目。遺闕尚多。其中原則戰爭相尋。干戈是務。文教之盛。苻姚而已。宋武入關。收其圖籍。府藏所有。纔四千卷。赤軸青紙。文字古拙。後魏始都燕代。南略中原。粗收經史。未能全具。孝文徙都洛邑。借書於齊。祕府之中。稍以充實。暨於爾朱之亂。散落人間。後齊遷鄴。頗更搜聚。迄於天統武平。校寫不輟。後周始基關右。外逼彊鄰。戎馬生郊。日不暇給。保定之始。書止八千。後稍加增。方盈萬卷。周武平齊。先封書府。所加舊本。纔至五千。隋開皇三年。祕書監牛弘表請分遣使人。搜訪異本。每書一卷。賞絹一匹。校寫既定。本卽歸主。於是民間異書。往往間出。及平陳以後。經籍漸備。檢其所得。多太建時書。紙墨不精。書亦拙惡。於是總集編次。存爲古本。召天下工書之士。京兆韋霈南陽杜頵等。於祕書內補續殘缺。爲正副二本。藏於宮中。其餘以實祕書內外之閣。凡三萬餘卷。煬帝即位。祕閣之書。限寫五十副本。分爲三品。上品紅琉璃軸。中品紺琉璃軸。下品漆軸。於東都觀文殿東西廂構屋以貯之。東屋藏甲乙。西屋藏景丁。又聚魏以來古跡名畫。於殿後起二臺。東曰妙楷臺。藏古跡。西曰寶臺。藏古畫。又於內道場集道佛經。別撰目錄。大唐武德五年。克平僞鄭。盡收其圖書及古跡焉。命司農少卿宋遵貴載之以船。泝河西上。將致京師。行經底柱。多被漂沒。其所存者。十不一二。其目錄亦爲所漸濡。時有殘缺。今考見存。分爲四部。合條爲一萬四千四百六十六部。有八萬九千六百六十六卷。其舊錄所取。文義淺俗。無益教理者。並刪去之。其舊錄所遺。辭義可采。有所弘益者。咸附入之。遠覽馬史班書。近觀王阮志錄。挹其風流體制。削其浮雜鄙俚。離其疏遠。合其近密。約文緒義。凡五十五篇。各列本條之下。以備經籍志。雖未能研幾探賾。窮極幽隱。庶乎弘道設教。可以無遺闕焉。夫仁義禮智。所以治國也。方技數術。所以治身也。諸子爲經籍之鼓吹。文章乃政化之黼黻。皆爲治之具也。故列之於此志云。

歸藏十三卷晉太尉參軍薛貞撰、　周易二卷魏文侯師卜子夏傳、殘缺、梁六卷、　周易十卷漢魏郡太守京房章句、　周易八卷漢曲臺長孟喜章句、殘缺、梁十卷、又有漢單父長費直注周易四卷、亡、　周易九卷後漢大司農鄭玄注、梁又有漢南郡太守馬融注周易一卷、亡、　周易

五卷 漢荊州牧劉表章句、梁有漢荊州五業從事宋忠注周易十卷、亡、

周易十一卷 漢司空荀爽注、

周易十卷 魏衛將軍王肅注、

周易十卷 魏尚書郎王弼注六十四卦六卷、韓康伯注繫辭以下三卷、王弼又撰易略例一卷、梁有魏大司農卿董遇注周易十卷、魏散騎常侍荀輝注周易十卷、亡、

周易十卷 吳大常姚信注、

周易四卷 晉儒林從事黃穎注、梁有十卷、今殘缺、

周易九卷 吳侍御史虞翻注、

周易十五卷 吳鬱林太守陸績注、

周易十卷 晉散騎常侍干寶注、

周易三卷 晉驃騎將軍王廙注、殘缺、梁有十卷、

周易八卷 晉著作郎張璠注、殘缺、梁有十卷、

周易馬鄭二王四家集解十卷

周易荀爽九家注十卷

周易楊氏集二王注五卷 梁有集馬鄭二王解十卷、亡、

周易十卷 蜀才注、梁有齊安參軍費元珪注周易九卷、謝氏注周易八卷、尹濤注周易六卷、亡、

周易十卷 後魏司徒崔浩注、

周易十卷 梁處士何胤注、梁有臨海令伏曼容注周易八卷、侍中朱异集注周易一百卷、又周易集注三十卷、亡、

周易七卷 姚規注、

周易十三卷 崔覲注、

周易十三卷 傅氏注、

周易一帙十卷 盧氏注、

周易繫辭二卷 晉桓玄注、

周易繫辭二卷 晉西中郎將謝萬等注、

周易繫辭二卷 晉太常韓康伯注、

周易繫辭二卷 梁太中大夫宋褰注、又有宋東陽太守卞伯玉注繫辭二卷、亡、

周易繫辭二卷 荀柔之注、

周易集注繫辭二卷 梁有宋太中大夫徐爰注繫辭二卷、亡、

周易音一卷 東晉太子前率徐邈撰、

周易音一卷 東晉尚書郎李軌弘範撰、

周易音一卷 范氏撰、

周易幷注音七卷 秘書學士陸德明撰、

周易盡神論一卷 魏司空鍾會撰、梁有周易無互體論三卷、鍾會撰、亡、

周易象論三卷 晉尚書郎欒肇撰、

周易卦序論一卷 晉司徒右長史楊乂撰、

周易統略五卷 晉少府卿鄒湛撰、

周易論二卷 晉馮翊太守阮渾撰、

周易論一卷 晉荊州刺史宋岱撰、梁有擬周易八卷、范氏撰、周易宗塗四卷、干寶撰、周易問難二卷、王氏撰、周易問答一卷、揚州從事徐伯珍撰、周易難王輔嗣義一卷、晉揚州刺史顧夷等撰、周易雜論十四卷、亡、

周易義一卷 宋陳令范歆撰

周易玄品二卷

周易論十卷 齊中書郎周顒撰、梁有三十卷、亡、

周

易論四卷（范氏撰、）
周易統例十卷（崔覲撰、）
周易爻義一卷（干寶撰、）
周易乾坤義一卷（齊步兵校尉劉瓛撰、梁又有齊臨沂令李玉之、梁釋法通等乾坤義各一卷、亡、）
周易大義二十一卷（梁武帝撰、）
周易幾義一卷（梁南平王撰、梁有周易疑通五卷、宋中散大夫何諲之撰、周易四德例一卷、劉瓛撰、亡、）
周易大義一卷（梁有周易錯八卷、京房撰、周易日月變例六卷、虞翻陸績撰、周易卦象數旨六卷、東晉樂安亭侯李顒撰、周易爻一卷、馬楷撰、亡、）
周易大義二卷（陸德明撰、）
周易釋序義三卷
周易開題義十卷（梁蕃撰、）
周易問二十卷
周易義疏十九卷（宋明帝集羣臣講、梁又有國子講易議六卷、宋明帝集羣臣講易義疏二十卷、齊永明國學講周易講疏二十六卷、又周易義三卷、沈林撰、亡、）
周易講疏三十五卷（梁武帝撰、）
周易講疏十六卷（梁五經博士褚仲都撰、）
周易義疏十四卷（梁都官尚書蕭子政撰、）
周易繫辭義疏三卷（蕭子政撰、）
周易講疏三十卷（陳諮議參軍張機撰、）
周易文句義二十卷（梁有擬周易義疏十三卷、）
周易義疏十六卷（陳尚書左僕射周弘正撰、）
周易私記二十卷
周易講疏十三卷（國子祭酒何妥撰、）
周易繫辭義疏二卷（劉瓛撰、）
周易繫辭義疏一卷（梁武帝撰、）
周易繫辭義疏二卷（蕭子政撰、梁有周易乾坤三象、周易新圖各一卷、又周易普玄圖八卷、薛景和撰、周易大演通統一卷、顏氏撰、）
周易譜一卷

右六十九部五百五十一卷（通計亡書、合九十四部、八百二十九卷）

昔宓羲氏始畫八卦。以通神明之德。以類萬物之情。蓋因而重之。爲六十四卦。及乎三代。實爲三易。夏曰連山。殷曰歸藏。周文王作卦辭。謂之周易。周公又作爻辭。孔子爲彖象繫辭文言序卦說卦雜卦。而子夏爲之傳。及秦焚書。周易獨以卜筮得存。唯失說卦三篇。後河內女子得之。漢初傳易者。有田何。何授丁寬。寬授田王孫。王孫授沛人施讎。東海孟喜。瑯邪梁丘賀。由是有施孟梁丘之學。又有東郡京房。自云受易於梁國焦延壽。別爲京氏學。嘗立。後罷。後漢施孟梁丘京氏凡四家並立而傳者甚衆。漢初又有東萊費直傳易。其本皆古字。號曰古文易。以授琅邪王璜。璜授沛人高相。相以授子康及蘭陵毋將永。故有費氏之學。行於人間。而未得立。後漢陳元鄭衆皆傳費氏之學。馬融又爲其傳。以授鄭玄。玄作易注。荀爽又作易傳。魏代王肅王弼並爲之注。自是費氏大興。高氏遂衰。梁丘施氏高氏亡於西晉。孟氏京氏有書無師。梁陳鄭玄王弼二注。列於國學。齊代唯傳鄭義。至隋王注盛行。鄭學浸微。今殆絕矣。歸藏漢初已亡。案晉中經有之。唯載卜筮。不似聖人之旨。以本卦尙存。故取貫於周易之首。以備殷易之缺。

古文尙書十三卷 漢臨淮太守孔安國傳、 今字尙書十四卷 孔安國傳、 尙書十一卷 馬融注、 尙書九卷 鄭玄注、 尙書十一卷 王肅注、 尙書十五卷 晉祠部郎謝沈撰、 集解尙書十一卷 李顒注、 集釋尙書十一卷 宋給事中姜道盛注、 古文尙書舜典一卷 晉豫章太守范寗注、梁有尙書十卷、范寗注、亡、 尙書亡篇序一卷 梁五經博士劉叔嗣注、梁有尙書二十一卷、劉叔嗣注、又有尙書新集序一卷、亡、 尙書逸篇二卷 古文尙書音一卷 徐邈撰、梁有尙書音五卷、孔安國鄭玄李軌徐邈等撰、 今文尙書音一卷 秘書學士顧彪撰、 尙書大傳三卷 鄭玄注、 大傳音二卷 顧彪撰、 尙書洪範五行傳論十一卷 漢光祿大夫劉向注、 尙書駁議五卷 王肅撰、梁有尙書義問三卷、鄭玄王肅及晉五經博士孔晁撰、尙書釋問四卷、魏侍中王粲撰、尙書王氏傳問二卷、尙書義二卷、范順問、吳太尉劉毅答、亡、 尙書新釋二卷 李顒撰、 尙書百問一卷 齊大學博

（士顧歡撰、）尚書大義二十卷（梁武帝撰、）尚書百釋三卷（梁國子助教巢猗撰、）尚書義三卷（巢猗撰、）尚書義疏十卷（梁國子助教費甝撰、梁有尚書義疏四卷、晉樂安王友伊說撰、亡、）尚書義疏三十卷（蕭詧司徒蔡大寶撰、）尚書義注三卷（呂文優撰、）尚書義疏七卷　尚書述義二十卷（國子助教劉炫撰、）尚書疏二十卷（顧彪撰、）尚書閏義一卷　尚書義三卷（劉先生撰、）尚書釋問一卷（虞氏撰、）尚書文外義一卷（顧彪撰、）

右三十二部二百四十七卷（通計亡書、合四十一部、共二百九十六卷、）

書之所興。蓋與文字俱起。孔子觀書周室。得虞夏商周四代之典。刪其善者。上自虞下至周。爲百篇。編而序之。遭秦滅學。至漢。唯濟南伏生口傳二十八篇。又河內女子得泰誓一篇獻之。伏生作尚書傳四十一篇。以授同郡張生。張生授千乘歐陽生。歐陽生授同郡兒寬。寬授歐陽生之子。世世傳之。至曾孫歐陽高。謂之尚書歐陽之學。又有夏侯都尉受業於張生。以授族子始昌。始昌傳族子勝。爲大夏侯之學。勝傳從子建。別爲小夏侯之學。故有歐陽大小夏侯三家。並立。訖漢東京。相傳不絕。而歐陽最盛。初漢武帝時。魯恭王壞孔子舊宅。得其末孫惠所藏之書。字皆古文。孔安國以今文校之。得二十五篇。其泰誓與河內女子所獻不同。又濟南伏生所誦。有五篇相合。安國並依古文。開其篇第。以隸古字寫之。合成五十八篇。其餘篇簡錯亂。不可復讀。並送之官府。安國又爲五十八篇作傳。會巫蠱事起。不得奏上。私傳其業於都尉朝。朝授膠東庸生。謂之尚書古文之學。而未得立。後漢扶風杜林傳古文尚書。

同郡賈逵爲之作訓。馬融作傳。鄭玄亦爲之注。然其所傳唯二十九篇。又雜以今文。非孔舊本。自餘絕無師說。晉世祕府所存有古文尚書經文。今無有傳者。及永嘉之亂。歐陽大小夏侯尚書並亡。濟南伏生之傳。唯劉向父子所著五行傳是其本法。而又多乖戾。至東晉。豫章內史梅賾。始得安國之傳奏之。時又闕舜典一篇。齊建武中。吳姚興方於大桁市得其書。奏上。比馬鄭所注多二十八字。於是始列國學。梁陳所講。有孔鄭二家。齊代唯傳鄭義。至隋。孔鄭並行。而鄭氏甚微。自餘所存。無復師說。又有尚書逸篇。出於齊梁之間。考其篇目。似孔壁中書之殘缺者。故附尚書之末。

韓詩二十二卷 漢常山太傅韓嬰、薛氏章句、

韓詩翼要十卷 漢侯芭傳、

韓詩外傳十卷 梁有韓詩譜二卷、詩神泉一卷、漢有道徵士趙曄撰、亡、

毛詩二十卷 漢河間太守毛萇撰、鄭氏箋、梁有毛詩十卷、馬融注、亡、

毛詩二十卷 王肅注、梁有毛詩二十卷、鄭玄王肅合注、毛詩二十卷、謝沈注、毛詩二十卷、晉兗州別駕江熙注、亡、

集注毛詩二十四卷 梁桂州刺史崔靈恩注、梁有毛詩序一卷、梁隱居先生陶弘景注、亡、

毛詩箋音證十卷 後魏太常卿劉芳撰、梁有毛詩音十六卷、徐邈等撰、毛詩音二卷、徐邈撰、毛詩音隱一卷、干氏撰、亡、

毛詩并注音八卷 祕書學士魯世達撰、

毛詩譜三卷 吳太常卿徐整撰、

毛詩譜二卷 太叔求及劉炫注、

謝氏毛詩譜鈔一卷 梁有毛詩雜議難十卷、漢侍中賈逵撰、亡、

毛詩義問十卷 魏太子文學劉楨撰、

毛詩義駁八卷 王肅撰、

毛詩奏事一卷 王肅撰、梁有毛詩問難二卷、王肅撰、亡、

毛詩駁一卷 魏司空王基撰、殘缺、梁五卷、又有毛詩答問駁譜合八卷、又毛詩釋義十卷、謝沈撰、毛詩義四卷、毛詩箋傳是非二卷、並魏祕書郎劉璠撰、毛詩答雜問七卷、吳侍中韋昭侍中朱育等撰、毛詩義注四卷、亡、

毛詩異同評十卷 晉長沙太守孫毓撰、

難孫氏毛詩評四卷

晉徐州從事陳統撰、梁有毛詩表隱二卷、陳統撰、亡、
毛詩拾遺一卷 郭璞撰、梁又有毛詩略四卷、亡、
毛詩辯異三卷 晉給事郎楊乂撰、梁有毛詩背隱義二卷、宋中散大夫徐廣撰、毛詩引辨一卷、宋奉朝請孫暢之撰、毛詩釋一卷、宋金紫光祿大夫何偃撰、毛詩檢漏義二卷、梁給事郎謝曇濟撰、毛詩總集六卷、毛詩隱義十卷、並梁處士何胤撰、亡、
毛詩異義二卷 楊乂撰、梁有毛詩雜義五卷、楊乂撰、毛詩義疏十卷、謝沈撰、毛詩雜義四卷、晉江州刺史般仲堪撰、毛詩義疏五卷、張氏撰、亡、
毛詩集解敘義一卷 顧歡等撰、
毛詩序義二卷 宋通直郎雷次宗撰、梁有毛詩義一卷、雷次宗撰、毛詩序注一卷、宋交州刺史阮珍之撰、毛詩序義七卷、孫暢之撰、亡、
毛詩集小序一卷 劉炫注、
毛詩序義疏一卷 劉瓛等撰、殘缺、梁三卷、梁有毛詩篇次義一卷、劉瓛撰、毛詩雜義注三卷、亡、
毛詩發題序義一卷 梁武帝撰、
毛詩大義十一卷 梁武帝撰、梁有毛詩十五國風義二十卷、梁簡文撰、
毛詩大義十三卷
毛詩草木蟲魚疏二卷 烏程令吳郡陸璣撰、
毛詩義疏二十卷 舒援撰、
毛詩誼府十卷 後魏安豐王元延明撰、
毛詩義疏二十八卷 蕭歸散騎常侍沈重撰、
毛詩義疏二十卷
毛詩義疏二三九卷
毛詩義疏十卷
毛詩義疏十一卷
毛詩義疏二十八卷
毛詩述義四十卷 國子助教劉炫撰、
毛詩章句義疏四十卷 魯世達撰、
毛詩釋疑一卷 梁有毛詩圖三卷、毛詩孔子經圖十二卷、毛詩古聖賢圖二卷、亡、
業詩二十卷 宋奉朝請業遵注、

右三十九部四百四十二卷 通計亡書、合七十六部、六百八十三卷、

詩者。所以導達心靈。歌詠情志者也。故曰在心為志。發言為詩。上古人淳俗樸。情志未惑。其後君尊於上。臣卑於下。面稱為諂。目諫為謗。故誦美譏惡。以諷刺之。初但歌詠而已。後之君子。因被管絃。以存勸戒。夏殷已上。詩多不存。周氏始自后稷。而公劉克篤前烈。太王肇基王

迹。文王光昭前緒。武王克平殷亂。成王周公化至太平。誦美盛德。踵武相繼。幽厲板蕩。怨刺並興。其後王澤竭而詩亡。魯太師摯次而錄之。孔子刪詩。上采商。下取魯。凡三百篇。至秦獨以為諷誦不滅。漢初有魯人申公受詩於浮丘伯。作詁訓。是為魯詩。齊人轅固生亦傳詩。是為齊詩。燕人韓嬰亦傳詩。是為韓詩。終於後漢。三家並立。漢初又有趙人毛萇善詩。自云子夏所傳。作詁訓傳。是為毛詩古學。而未得立。後漢有九江謝曼卿善毛詩。又為之訓。東海衞敬仲受學於曼卿。先儒相承。謂之毛詩。序子夏所創。毛公及敬仲又加潤益。鄭衆賈逵馬融並作毛詩傳。鄭玄作毛詩箋。齊詩魏代已亡。魯詩亡於西晉。韓詩雖存。無傳之者。唯毛詩鄭箋。至今獨立。又有業詩。宋奉朝請業遵所注。立義多異。世所不行。

周官禮十二卷馬融注、 周官禮十二卷鄭玄注、 周官禮十二卷王肅注、 周官禮十二卷伊說注、

周官禮十二卷干寶注、梁又有周官寧朔新書八卷、晉燕王師王懋約撰、亡、 集注周官禮二十卷崔靈恩注、 禮音三卷劉昌宗撰、 周官禮異同評十二卷晉司空長史陳劭撰、 周官禮駁難四卷孫略撰、梁有周官駁難三卷、孫琦問、干寶駁、晉散騎常侍虞喜撰、 周官禮義疏四十卷沈重撰、 周官禮義疏十九卷 周官禮義疏十卷 周官禮義疏九卷 周官分職四卷 周官禮圖十四卷梁有郊祀圖二卷、亡、 儀禮十七卷鄭玄注、 禮儀十七卷王肅注、梁有李軌劉昌宗音各一卷、鄭玄音二卷、亡、 儀禮義疏見二卷 儀禮義疏六卷 喪服經傳一卷馬融注、 喪服經傳一卷鄭玄注、 喪服經傳一卷王肅注、 喪服經傳一卷晉給事中袁準注、 集注喪服經

傳一卷晉廬陵太守孔倫注、喪服經傳一卷陳銓注、集注喪服經傳一卷宋太中大夫裴松之撰、略注喪服
經傳一卷雷次宗注、集注喪服經傳二卷宋丞相諮議參軍蔡超宗注、梁又有喪服經傳一卷、宋徵士劉道拔注、亡、集解喪服經
傳二卷齊東平太守田僧紹解、喪服義疏二卷梁步兵校尉五經博士賀瑒撰、梁又有喪服經傳義疏五卷、齊散騎郎司馬瓛撰、喪服經傳義疏二卷、齊
給事中樓幼瑜撰、喪服經傳義疏一卷、劉瓛撰、喪服經傳義疏一卷、齊徵士沈麟士撰、喪服經傳義疏一卷梁尚書左丞何佟之撰、亡、喪服傳
一卷梁通直郎裴子野撰、喪服文句義疏十卷陳國子助敎皇侃撰、喪服義十卷陳國子祭酒謝嶠撰、喪服義鈔三
卷梁有喪服經隱義一卷、亡、喪服要記一卷王肅注、喪服要記一卷蜀丞相蔣琬撰、梁有喪服變除圖五卷、吳齊王傳射慈撰、亡、喪
服要集二卷晉征南將軍杜預撰、又有喪服要記二卷、晉侍中劉逵撰、亡、喪服儀一卷晉太保衞瓘撰、梁有喪服要六卷、晉司空賀循撰、喪服要問六
卷、劉德明撰、喪服三十一卷、宋員外郎散騎庾蔚之撰、喪服要問二卷、張耀撰、喪服難問六卷、崔凱撰、喪服雜記二十卷、伊氏撰、喪服釋疑二十卷、孔智撰、亡、漢荊州刺
史劉表新定禮一卷　喪服要略一卷晉太學博士環濟撰、喪服要略二卷　喪服制要一卷徐氏撰、
喪服譜一卷鄭玄注、喪服譜一卷晉開府儀同三司蔡謨撰、喪服譜一卷賀循撰、喪服變除一卷晉散
騎常侍葛洪撰、凶禮一卷晉廣陵相孔衍撰、喪服要記十卷賀循撰、梁有喪服要記、宋員外常侍庾蔚之注、又喪服世要一卷、庾蔚之撰、喪服集
議十卷、宋撫軍司馬費沈撰、喪服古今集記三卷齊太尉王儉撰、喪服世行要記十卷齊光祿大夫王逸撰、喪服答
要難一卷袁祈撰、喪服記十卷王氏撰、喪服五要一卷嚴氏撰、駁喪服經傳一卷卜氏傳、喪
服疑問一卷樊氏撰、喪服圖一卷王儉撰、喪服圖一卷賀游撰、喪服圖一卷崔逸撰、梁有喪服祥禫雜議二
十九卷、喪服雜議故事二十一卷、又戴氏喪服五家要記圖譜五卷、喪服君臣圖儀一卷、亡、五服圖一卷　五服圖儀一卷　喪服禮

圖一卷　五服略例一卷　喪服要問一卷　喪服問答目十三卷（皇侃撰、）　喪服假寧制三卷　喪禮五服七卷（大將軍袁憲撰、）　論喪服決一卷　喪禮鈔三卷（王隆伯撰、）　大戴禮記十三卷（漢信都王太傅戴德撰、梁有謚法三卷、後漢安南太守劉熙注、亡、）　夏小正一卷（戴德撰、）　禮記十卷（漢北中郎將盧植注、）　禮記二十卷（漢九江太守戴聖撰、鄭玄注、）　禮記三十卷（王肅注、梁有禮記十二卷、業遵注、亡、）　禮記寧朔新書八卷（王樊約注、梁有二十卷、）　月令章句十二卷（漢左中郎將蔡邕撰、）　禮記音義隱一卷（謝氏撰、）　禮記音二卷（宋中散大夫徐爰撰、梁有鄭玄王肅射慈射貞孫毓繆炳音各一卷、蔡謨東晉安北諮議參軍曹耽國子助教尹毅李軌員外郎范宣音各二卷、徐邈音三卷、劉昌宗音五卷、亡、）　禮記音義隱七卷　禮記三十卷（魏祕書監孫炎注、）　禮略二卷　禮記要鈔十卷（緱氏撰、梁有禮義四卷、魏侍中鄭小同撰、撫遺別記一卷、樓幼瑜撰、亡、）　禮記新義疏二十卷（賀瑒撰、梁有義疏三卷、宋豫章郡丞雷肅之撰、亡、）　禮記義疏九十九卷（皇侃撰、）　禮記講疏四十八卷（皇侃撰、）　禮記義疏四十卷（沈重撰、）　禮記義十卷（何氏撰、）　禮記義疏三十八卷　禮記疏十一卷　禮記大義十卷（梁武帝撰、）　禮記文外大義二卷（祕書學士褚暉撰、）　禮大義十卷　禮記義證十卷（劉芳撰、）　禮大義章七卷　喪禮雜義三卷　禮記中庸傳二卷（宋散騎常侍戴顒撰、）　中庸講疏一卷（梁武帝撰、）　私記制旨中庸義五卷　禮記略解十卷（庾氏撰、）　禮記評十一卷（劉儁撰、）　石渠禮論四卷（戴聖撰、梁有羣儒疑義十二卷、戴聖撰、）　禮論三百卷（宋御史中丞何承天撰、）　禮論條牒十卷（宋太尉參軍任預撰、）　禮論帖三卷（任預撰、梁四卷、）　禮論鈔二十卷（庾蔚之撰、）　禮論要鈔十卷（王儉撰、梁三卷、）　禮論要鈔一百卷（賀瑒撰、）　禮論鈔六十九卷　禮論要鈔十卷（梁有齊御史中丞荀萬秋鈔略二卷、尚書儀曹郎丘季彬論五十八卷、議一百三十

卷、統六卷、亡、　禮論答問八卷宋中散大夫徐廣撰、　禮論答問十三卷徐廣撰、　禮答問二卷徐廣撰、殘缺、梁十一卷、　禮答問六卷庾蔚之撰、　禮答問三卷王儉撰、梁有晉益壽令吳商禮難十二卷、雜議十二卷、又禮議雜記故事十三卷、喪雜事二十卷、宋光祿大夫傳隆議二卷、祭法五卷、亡、　禮答問十二卷　禮雜問十卷范寧撰、　禮答問十卷何佟之撰、梁二十卷、　禮雜問十卷　禮雜答問八卷　禮雜答問六卷　禮雜問答鈔一卷何佟之撰、　問禮俗十卷董勛撰、　問禮俗九卷董子弘撰、　答問雜儀二卷任預撰、　禮義答問八卷王儉撰、　禮疑義五十二卷梁護軍周捨撰、　制旨革牲大義三卷梁武帝撰、　禮樂義十卷　禮祕義三卷　三禮目錄一卷鄭玄撰、梁有陶弘景注一卷、亡、　三禮義宗三十卷崔靈恩撰、　三禮宗略二十卷元延明撰、　三禮大義十三卷　三禮大義四卷　三禮雜大義三卷梁有司馬法三卷、李氏訓記三卷、又郊丘議三卷、魏太尉蔣濟撰、祭法五卷、又明堂議三卷、王肅撰、雜祭法六卷、晉司空中郎盧諶撰、祭典三卷、晉安北將軍范汪撰、七廟議一卷、又後養議五卷、干寶撰、雜鄉射等議三卷、晉太尉庾亮撰、逆降義三卷、宋特進顏延之撰、逆降義一卷、田僧紹撰、分明土制三卷、何承天撰、釋疑二卷、郭鴻撰、答問四卷、徐廣撰、答問五十卷、何胤撰、又答問十卷、亡、　三禮圖九卷鄭玄及後漢侍中阮諶等撰、　周室王城明堂宗廟圖一卷祁諶撰、梁又有冠服圖一卷、五宗圖一卷、月令圖一卷、亡、

右一百三十六部一千六百二十二卷通計亡書、合二百一十一部、二千一百八十六卷、

自大道既隱。天下爲家。先王制其夫婦父子君臣上下親疏之節。至於三代。損益不同。周衰。諸侯僭忒。惡其害己。多被焚削。自孔子時。已不能具。至秦而頓滅。漢初有高堂生傳十七篇。又有古經出於淹中。而河間獻王好古愛學。收集餘燼。得而獻之。合五十六篇。並威儀之事。

而又得司馬穰苴兵法一百五十五篇及明堂陰陽之記並無敢傳之者唯古經十七篇與高堂生所傳不殊而字多異自高堂生至宣帝時后蒼最明其業乃爲曲臺記蒼授梁人戴德及德從兄子聖沛人慶普於是有大戴小戴慶氏三家並立後漢唯曹元傳慶氏以授其子褒然三家雖存並微相傳不絕漢末鄭玄傳小戴之學後以古經校之取其於義長者作注爲鄭氏學其喪服一篇子夏先傳之諸儒多爲注解今又別行而漢時有李氏得周官周官蓋周公所制官政之法上於河間獻王獨闕冬官一篇獻王購以千金不得遂取考工記以補其處合成六篇奏之至王莽時劉歆始置博士以行於世河南緱氏及杜子春受業於歆因以教授是後馬融作周官傳以授鄭玄玄作周官注漢初河間獻王又得仲尼弟子及後學者所記一百三十一篇獻之時亦無傳之者至劉向考校經籍檢得一百三十篇向因第而敍之而又得明堂陰陽記三十三篇孔子三朝記七篇王氏史氏記二十一篇樂記二十三篇凡五種合二百十四篇戴德刪其煩重合而記之爲八十五篇謂之大戴記而戴聖又刪大戴之書爲四十六篇謂之小戴記漢末馬融遂傳小戴之學融又足月令一篇明堂位一篇樂記一篇合四十九篇而鄭玄受業於融又爲之注今周官六篇古經十七篇小戴記四十九篇凡三種唯鄭注立於國學其餘並多散亡又無師說

樂社大義十卷梁武帝撰、　樂論三卷梁武帝撰、梁有樂義十一卷武帝集朝臣撰亡、　樂論一卷衞尉少卿蕭吉撰、　古今樂錄十二卷陳沙門智匠撰、　樂書七卷後魏丞相士曹行參軍信都芳撰、　樂雜書三卷　樂元一卷魏僧撰、　管絃記十卷凌秀撰、　樂要一卷何妥撰、　樂部一卷　春官樂部五卷梁有宋元嘉正聲伎錄一卷、張鮮撰、亡、　樂府聲調六卷歧州刺史沛國公鄭譯撰、　樂府聲調三卷鄭譯撰、　樂經四卷　琴操三卷晉廣陵相孔衍撰、　琴操鈔二卷　琴操鈔一卷　琴譜四卷戴氏撰、　琴經一卷　琴說一卷　琴曆頭簿一卷　新雜漆調弦譜一卷　樂譜四卷　樂譜集十二卷蕭吉撰、　樂略四卷　樂律義四卷沈重撰、　樂鍾律義一卷　樂簿十卷　齊朝曲簿一卷　大隋總曲簿一卷　推七音二卷幷尺法、　樂論事一卷　樂事一卷　正聲伎雜等曲簿一卷　太常寺曲名一卷　太常寺曲簿十一卷　歌曲名五卷　歷代樂名一卷　鍾磬志二卷公孫崇撰、　樂懸一卷何晏等撰議、　樂懸圖一卷　鍾律緯辯宗見一卷　當管七聲二卷魏僧撰、　黃鍾律一卷梁有鍾律緯六卷、梁武帝撰、亡、

右四十二部一百四十二卷。通計亡書、合四十六部、二百六十三卷、

樂者。先王所以致神祇。和邦國。諧萬姓。安賓客。悅遠人。所從來久矣。周人存六代之樂。曰雲門咸池大韶大夏大濩大武。其後衰微崩壞。及秦而頓滅。漢初制氏。雖紀其鏗鏘鼓儛。而不能通其義。其後竇公河間獻王常山王張禹。咸獻樂書。魏晉已後。雖加損益。去正轉遠。事在聲樂志。今錄其見書。以補樂章之闕。

春秋經十一卷吳衞將軍士燮注、　春秋左氏長經二十卷漢侍中賈逵章句、　春秋左氏解詁三十卷賈逵

撰、春秋左氏傳解誼三十一卷漢九江太守服虔注、春秋左氏傳三十卷王肅注、春秋左氏傳三十卷董遇章句、春秋左氏傳義注十八卷孫毓注、春秋左氏傳十二卷魏司徒王朗撰、春秋左氏經傳集解三十卷杜預撰、春秋杜氏服氏注春秋左傳十卷殘缺、春秋左氏傳音三卷魏中散大夫嵇康撰、梁有服虔杜預音三卷、魏高貴鄉公春秋左氏傳音三卷、曹躭音尚書左人郎荀訥等音四卷、亡、春秋左氏傳音三卷李軌撰、春秋左氏傳音三卷徐邈撰、春秋釋訓一卷賈逵撰、春秋左氏經傳朱墨列一卷賈逵撰、春秋釋例十卷漢公車徵士潁容撰、梁有春秋左氏傳條例九卷、漢大司農鄭衆撰、春秋左氏膏肓釋痾十卷服虔撰、梁有春秋漢議駁二卷、服虔撰、亡、駁何氏漢議二卷鄭玄撰、春秋成長說九卷服虔撰、梁有春秋左氏達義一卷、漢司徒掾王玢撰、亡、春秋塞難三卷服虔撰、梁有春秋雜議難五卷、漢少府孔融撰、春秋左氏釋駁一卷、王朗撰、亡、春秋說要十卷魏樂平太守麋信撰、春秋釋例十五卷杜預撰、梁有春秋釋例引序一卷、齊正員郎杜乾光撰、亡、春秋左氏傳評二卷杜預撰、春秋條例十一卷晉太尉劉寔撰、梁有春秋公羊達義三卷、劉寔撰、亡、春秋經例十二卷晉方範撰、梁有春秋釋滯十卷、晉尚書左丞殷興撰、春秋釋難三卷、晉護軍范堅撰、亡、春秋左氏傳條例二十五卷　春秋義例十卷　春秋左傳例苑十九卷梁有春秋經傳說例疑隱一卷、吳略撰、春秋左氏分野一卷、春秋十二公名一卷、鄭玄撰、亡、春秋左氏經傳通解四卷王述之撰、春秋左氏傳賈服異同略五卷孫毓撰、春秋左氏函傳義十五卷干寶撰、春秋左氏區別三十卷宋尚書功論郎何賀眞撰、春秋文苑六卷　春秋叢林十二卷　春秋叢林一卷　春秋大夫辭三卷　春秋嘉語六卷　春秋左氏諸大夫世譜十三卷　春秋五辯二卷梁五經博士沈宏撰、春秋辯證六卷　春秋旨通十卷王述之撰、春

秋經傳解六卷崔靈恩撰、春秋申先儒傳論十卷崔靈恩撰、春秋左氏傳立義十卷崔靈恩撰、劉寔
等集解春秋序一卷　春秋序論二卷干寶撰、春秋序一卷賀道養注、春秋序一卷崔靈恩撰、春
秋序一卷田元休注、春秋左傳杜預序集解一卷劉炫注、春秋左氏經傳義略二十五卷陳國子博
士沈文阿撰、　王元規續沈文阿春秋左氏傳義略十卷　春秋義略三十卷陳右軍將軍張沖撰、春秋
左氏義略八卷　春秋五十凡義疏二卷　春秋左氏傳述義四十卷東京太學博士劉炫撰、春秋
序義疏一卷梁有春秋發題一卷、梁簡文帝撰、春秋左氏圖十卷、漢太子太傅嚴彭祖撰古今春秋盟會地圖一卷、亡、春秋公羊傳十二卷嚴彭
祖撰、　春秋公羊解詁十一卷漢諫議大夫何休注、春秋公羊經傳十三卷晉散騎常侍王愆期注、梁有春秋公羊傳十二卷、晉
河南太守高龍注、春秋公羊傳十四卷、孔衍集解、春秋公羊音、李軌晉徵士注淳撰各一卷、春秋繁露十七卷漢膠西相董仲舒撰、春秋決事
十卷董仲舒撰、　春秋決疑論一卷　春秋左氏膏肓十卷何休撰、　春秋穀梁廢疾三卷何休撰、
春秋漢議十三卷何休撰、　駁何氏漢議二卷鄭玄撰、梁有漢議駁二卷、服虔撰、亡、　駁何氏漢議敍一卷　春
秋公羊墨守十四卷何休撰、　春秋公羊例序五卷刁氏撰、　春秋公羊諡例一卷何休撰、梁有春秋公羊傳
條例一卷、何休撰、春秋公羊傳問答九卷、荀爽問、魏安平太守徐欽答、春秋公羊論二卷、晉車騎將軍庾翼問、王愆期答、亡、　春秋公羊解序一卷鮮于公撰、
春秋公羊疏十二卷　春秋穀梁傳十三卷吳僕射唐固注、梁有春秋穀梁傳十五卷、漢諫議大夫尹更始撰、亡、　春秋穀
梁傳十二卷魏平樂太守麋信注、　穀梁傳十卷晉堂邑太守張靖注、梁有春秋穀梁傳十三卷、晉給事郎徐乾注、春秋穀梁傳十卷、胡訥集解、亡、　春
秋穀梁傳十六卷程闡撰、　春秋穀梁傳十四卷孔衍撰、　春秋穀梁傳十二卷徐邈撰、　春秋穀梁

傳十四卷段肅注、疑漢人、　春秋穀梁傳五卷孔君指訓、殘缺、梁十四卷、　春秋穀梁傳十二卷范寗集解、梁有穀梁音一卷、亡、

春秋穀梁傳四卷殘缺、張程孫劉四家集解、　麋信理何氏漢議二卷魏人撰、　春秋穀梁傳義十卷徐邈

撰、　春秋議十卷何休撰、　徐邈答春秋穀梁義三卷　薄叔玄問穀梁義二卷梁四卷、　春秋

穀梁傳例一卷范寗撰、　春秋公羊穀梁傳十二卷晉博士劉兆撰、　春秋穀梁廢疾三卷何休撰、鄭玄釋、張靖

箋、　春秋公羊穀梁二傳評三卷　春秋三家經本訓詁十二卷賈逵撰、宋有三家經二卷、亡、　春秋三

傳論十卷魏大長秋韓益撰、　春秋經合三傳十卷潘叔度撰、　春秋成奪十卷潘叔度撰、　春秋三傳評十

卷胡訥撰、梁有春秋集三師難三卷、春秋集三傳經解十卷、胡訥撰、今亡、　春秋土地名三卷晉裴秀客京相璠等撰、　春秋外傳國語

二十卷賈逵注、　春秋外傳國語二十一卷虞翻注、　春秋外傳章句一卷王肅撰、梁二十二卷、　春秋外

傳國語二十二卷韋昭注、　春秋外傳國語二十卷晉五經博士孔晁注、　春秋外傳國語二十一卷唐固

注、梁有春秋古今盟會地圖一卷、亡、

右九十七部九百八十三卷通計亡書、合一百三十部、一千一百九十二卷、。

春秋者。魯史策書之名。昔成周微弱。典章淪廢。魯以周公之故。遺制尚存。仲尼因其舊史。裁

而正之。或婉而成章。以存大順。或直書其事。以示首惡。故有求名而亡。欲蓋而彰。亂臣賊子。

於是大懼。其所褒貶。不可具書。皆口授弟子。弟子退而異說。左丘明恐失其眞。乃爲之傳。遭

秦滅學。口說尚存。漢初有公羊。穀梁。鄒氏。夾氏。四家並行。王莽之亂。鄒氏無師。夾氏亡。初齊

人胡子母都傳公羊春秋。授東海嬴公。嬴公授東海孟卿。孟卿授魯人眭孟。眭孟授東海嚴彭祖。魯人顏安樂。故後漢公羊有嚴氏顏氏之學。與穀梁三家並立。漢末何休又作公羊解說。而左氏漢初出於張蒼之家。本無傳者。至文帝時。梁太傅賈誼爲訓詁。授趙人貫公。其後劉歆典校經籍。考而正之。欲立於學。諸儒莫應。至建武中。尚書令韓歆請立而未行。時陳元最明左傳。又上書訟之。於是乃以魏郡李封爲左氏博士。後羣儒蔽固者。數廷爭之。及封卒。遂罷。然諸儒傳左氏者甚衆。永平中。能爲左氏者。擢高第爲講郎。其後賈逵服虔並爲訓解。至魏。遂行於世。晉時杜預又爲經傳集解。穀梁范甯注。公羊何休注。左氏服虔杜預注。俱立國學。然公羊穀梁。但試讀文而不能通其義。後學三傳通講。而左氏唯傳服義。至隋杜氏盛行。服義及公羊穀梁浸微。今殆無師說。

古文孝經一卷 孔安國傳、梁末亡逸、今疑非古本、

孝經一卷 鄭氏注、梁有馬融、鄭衆注孝經二卷、亡、

孝經一卷 王肅解、梁有魏散騎常侍蘇林、吏部尚書何晏、光祿大夫劉邵、孫氏等注孝經各一卷、亡、

孝經解讚一卷 韋昭解、

孝經嘿注一卷 徐整注、

集解孝經一卷 謝萬集、

集議孝經一卷 晉中書郎荀勗撰、亡、

集議孝經一卷 晉東陽太守袁敬仲集、梁有孝經皇義一卷、宋均撰、又有晉給事中楊泓、處士虞槃佐、孫氏、東陽太守殷仲文、晉陵太守殷叔道、丹陽尹車胤、孔光各有注孝經一卷、荀勗注孝經二卷、宋何承天、費沈、齊光祿大夫王玄載、國子博士明僧紹、梁五經博士嚴植之、尚書功論郎曹思文、羽林監江孫之、江遜等注孝經各一卷、釋慧始注孝經一卷、陶弘景集注孝經一卷、諸葛循孝經序一卷、亡、

孝經一卷 釋慧琳注、梁有晉穆帝時晉孝經一卷、武帝時送總明館孝經講議各一卷、宋大明中東宮講、齊永明三年東宮講、齊永明中諸王講及賀楊講議孝經義疏各一卷、齊臨沂令李玉之爲始興王講孝

經義疏二卷、亡、　孝經義疏十八卷梁武帝撰、梁有皇太子講孝經義三卷、天監八年皇太子講孝經義一卷、梁簡文孝經義疏五卷、蕭子顯孝經義疏一卷、亡、　孝經敬愛義一卷梁吏部尚書蕭子顯撰、　孝經私記四卷無名先生撰、　孝經義一卷　孝經義疏一卷趙景韶撰、　孝經義疏三卷皇侃撰、　孝經私記二卷周弘正撰、　千文孝經述義五卷劉炫撰、　孝經講疏六卷徐孝克撰、　孝經義一卷梁揚州文學從事太史叔明撰、梁有孝經玄孝經圖各一卷、孝經孔子圖二卷、亡、　國語孝經一卷

右十八部合六十三卷通計亡書、合五十九部、一百一十四卷、

夫孝者。天之經。地之義。人之行。自天子達於庶人。雖尊卑有差。及乎行孝。其義一也。先王因之以治國家。化天下。故能不嚴而順。不肅而成。斯實生靈之至德。王者之要道。孔子既敘六經。題目不同。指意差別。恐斯道離散。故作孝經。以總會之。明其枝流雖分。本萌於孝者也。遭秦焚書。爲河間人顏芝所藏。漢初芝子貞出之。凡十八章。而長孫氏。博士江翁。少府后蒼。諫議大夫翼奉。安昌侯張禹。皆名其學。又有古文孝經。與古文尚書同出。而長孫有閨門一章。其餘經文。大較相似。篇簡缺解。又有衍出三章。幷前合爲二十二章。孔安國爲之傳。至劉向典校經籍。以顏本比古文。除其繁惑。以十八章爲定。鄭衆。馬融。並爲之注。又有鄭氏注。相傳或云鄭玄。其立義與玄所注餘書不同。故疑之。梁代安國及鄭氏二家。並立國學。而安國之本亡於梁亂。陳及周齊。唯傳鄭氏。至隋。祕書監王邵。於京師訪得孔傳。送至河間劉炫。炫因序其得喪。述其議疏。講於人間。漸聞朝廷。後遂著令。與鄭氏並立。儒者諠諠。皆云炫自作之。

非孔舊本。而祕府又先無其書。又云。魏氏遷洛。未達華語。孝文帝命侯伏侯可悉陵以夷言譯孝經之旨。教於國人。謂之國語孝經。今取以附此篇之末。

論語十卷 鄭玄注、梁有古文論語十卷、鄭玄注、又王肅虞翻譙周等注論語各十卷、亡、

論語九卷 鄭玄注、晉散騎常侍虞喜讚、

集解論語十卷 何晏集

集註論語六卷 晉八卷、晉太保衞瓘注、梁有論語補闕二卷、宋明帝補衞瓘闕、亡、

論語集義八卷 晉尚書左中兵郎崔豹集、梁十卷、

論語十卷 晉著作郎李充注、

集解論語十卷 晉廷尉孫綽解、梁有盈氏及孟釐注論語各十卷、亡、

集解論語十卷 晉兗州別駕江熙解、

論語七卷 盧氏注、梁有晉國子博士梁覬益州刺史袁喬尹毅司徒左長史張馮及楊惠明宋新安太守孔澄之齊員外郎虞遐及許容曹思文注、釋僧智略解、梁太史叔明集解、陶弘景集注論語各十卷、又論語音二卷、徐邈等撰、亡、

論語難鄭一卷 梁有古論語義注譜一卷、徐氏撰、論語隱義注三卷、論語義注三卷、亡、

論語難鄭一卷

論語標指一卷 司馬氏撰、

論語雜問一卷

論語孔子弟子目錄一卷 鄭玄撰、

論語體略二卷 晉太傅主簿郭象撰、

論語旨序三卷 晉衞尉繆播撰、

論語釋疑三卷 王弼撰、

論語釋一卷 張憑撰、

論語釋疑十卷 晉尚書郎欒肇撰、梁有論語釋駁三卷、王肅撰、論語駁序二卷、欒肇撰、論語隱一卷、郭象撰、論語藏集解一卷、應琛撰、論語釋一卷、曹毗撰、論語君子無所爭一卷、庾亮撰、論語釋一卷、李充撰、論語釋一卷、庾翼撰、論語義一卷、王濛撰、又蔡系論語釋一卷、張隱論語釋一卷、郄原通鄭一卷、王氏修鄭錯一卷、姜處道論釋一卷、亡、

論語別義十卷 范廣撰、梁有論語疏八卷、宋司空法曹張略等撰、新書對張論十卷、虞喜撰、

論語義疏十卷 褚仲都撰、

論語義疏十卷 皇侃撰、

論語述義十卷 劉炫撰、

論語義疏八卷

論議講疏文句義五卷 徐孝克撰、殘缺、

論語義疏二卷 張沖撰、梁有論語義注圖十二卷、亡、

孔叢七卷 陳勝博士孔鮒撰、梁有孔志十卷、梁太尉參軍劉被撰、亡、

孔子家語二十一卷 王肅解、梁有當家語二卷、魏博士張融撰、亡、

孔子正言二十卷 梁武帝撰、

爾雅三卷

漢中散大夫樊光注、梁有漢劉歆犍為文學中黃門李巡爾雅各三卷、亡、　爾雅七卷孫炎注、　爾雅五卷郭璞注、　集注爾雅十卷梁黃門郎沈璇注、　爾雅八卷祕書學士江灌撰梁有爾雅音二卷、孫炎郭璞撰、　爾雅圖十卷郭璞撰、梁有爾雅圖讚二卷、郭璞撰、亡、　廣雅三卷魏博士張揖撰、梁有四卷、　廣雅音四卷祕書學士曹憲撰、　小爾雅一卷李軌略解、　方言十三卷漢揚雄撰、郭璞注、　釋名八卷劉熙撰、　辯釋名一卷韋昭撰、　五經音十卷徐邈撰、　五經正名十二卷劉炫撰、　白虎通六卷　五經異義十卷後漢太尉祭酒許慎撰、　五經然否論五卷晉散騎常侍譙周撰、　五經拘沈十卷晉高涼太守楊方撰、　五經大義三卷戴逵撰、梁有通五經五卷、王氏撰、五經咨疑八卷、周楊撰、五經異同評一卷、賀瑒撰、五經祕表要三卷、亡、　五經大義十卷後周縣伯中大夫樊文深撰、　經典大義十二卷沈文阿撰、　五經大義五卷何安撰、　五經通義八卷梁九卷　五經義六卷梁七卷、梁又有五經義略一卷、亡、　五經要義五卷梁十七卷、雷氏撰、　五經析疑二十八卷邯鄲綽撰、　五經宗略二十三卷元延明撰、　五經雜義六卷孫暢之撰、　長春義記一百卷梁簡文帝撰、　大義九卷　遊玄桂林九卷張譏撰、　六經通數十卷梁舍人鮑泉撰、　七經義綱二十九卷樊文深撰、　七經論三卷樊文深撰、　質疑五卷樊文深撰、　經典玄儒大義序錄二卷沈文阿撰、　玄義問答二卷　六藝論一卷鄭玄撰、　聖證論十二卷王肅撰、　鄭志十一卷魏侍中鄭小同撰、　鄭記六卷鄭玄弟子撰、　謚法三卷劉熙撰、　謚法十卷特進中軍將軍沈約撰、　謚法五卷梁太府賀瑒撰、　江都集禮一百二十六卷

右七十三部七百八十一卷。通計亡書、合一百一十六部、一千二十七卷、

論語者。孔子弟子所錄。孔子既敍六經。講於洙泗之上。門徒三千。達者七十。其與夫子應答

及私相講肄言合於道。或書之於紳。或事之無厭。仲尼既沒。遂緝而論之。謂之論語。漢初有齊魯之說。其齊人傳者二十二篇。魯人傳者二十篇。齊則昌邑中尉王吉。少府宋畸。御史大夫貢禹。尚書令五鹿充宗。膠東庸生。魯則常山都尉龔奮。長信少府夏侯勝。韋丞相節侯父子。魯扶卿。前將軍蕭望之。安昌侯張禹。並名其學。張禹本授魯論。晚講齊論。後遂合而考之。刪其煩惑。除去齊論問王知道二篇。從魯論二十篇爲定。號張侯論。當世重之。周氏包氏爲之章句。馬融又爲之訓。又有古論語。與古文尚書同出。章句煩省。與魯論不異。唯分子張爲二篇。故有二十一篇。孔安國爲之傳。漢末鄭玄以張侯論爲本。參考齊論古論而爲之注。魏司空陳羣。太常王肅。博士周生烈。皆爲義說。吏部尚書何晏又爲集解。是後諸儒多爲之注。齊論遂亡。古論先無師說。梁陳之時。唯鄭玄何晏立於國學。而鄭氏甚微。周齊鄭學獨立。至隋何鄭並行。鄭氏盛於人間。其孔叢家語。並孔氏所傳仲尼之旨。爾雅諸書。解古今之意。幷五經總義。附於此篇。

河圖二十卷梁河圖洛書二十四卷、目錄一卷、亡、　河圖龍文一卷　易緯八卷鄭玄注、梁有九卷、　尚書緯三卷鄭玄注、梁六卷、　尚書中候五卷鄭玄注、梁有八卷、今殘缺、　詩緯十八卷魏博士宋均注、梁十卷、　禮緯三卷鄭玄注、亡、　禮記默房二卷宋均注、梁有三卷、鄭玄注、亡、　樂緯三卷宋均注、梁有樂五鳥圖一卷、亡、　春秋災異十五卷郗萌撰、梁有春秋緯三十卷、宋均注、春秋內事四卷、春秋包命二卷、春秋秘事十一卷、書易詩孝經春秋河洛緯祕要一卷、五帝鉤命決圖一卷、亡、　孝經勾命決六卷宋均注、　孝經

援神契七卷宋均注、

孝經內事一卷梁有孝經雜緯十卷、宋均注、孝經元命包一卷、孝經古祕援神二卷、孝經古祕圖一卷、孝經左右握二卷、孝經左右契圖一卷、孝經雌雄圖三卷、孝經異本雌雄圖二卷、孝經分野圖一卷、孝經內事圖二卷、孝經內事星宿講堂七十二弟子圖一卷、又口授圖一卷、又論語讖八卷、宋均注、孔老讖十二卷、老子河洛讖一卷、尹公讖四卷、劉向讖二卷、雜讖書二十九卷、堯戒舜禹一卷、孔子王明鏡一卷、郭文金雄記一卷、王子年歌一卷、嵩高道士歌一卷、亡、

右十三部合九十二卷通計亡書、合三十二部、共一百三十二卷、

易曰。河出圖。洛出書。然則聖人之受命也。必因積德累業。豐功厚利。誠著天地。澤被生人。萬物之所歸往。神明之所福饗。則有天命之應。蓋龜龍銜負。出於河洛。以紀易代之徵。其理幽昧。究極神道。先王恐其惑人。祕而不傳。說者又云。孔子既敍六經。以明天人之道。知後世不能稽同其意。故別立緯及讖。以遺來世。其書出於前漢。有河圖九篇。洛書六篇。云自黃帝至周文王所受本文。又別有三十篇。云自初起至於孔子。九聖之所增演。以廣其意。又有七經緯三十六篇。並云孔子所作。并前合爲八十一篇。而又有尚書中候洛罪級五行傳詩推度災氾曆樞含神務。孝經勾命決援神契雜讖等書。漢代有郗氏袁氏說。漢末郎中郗萌集圖緯讖雜占爲五十篇。謂之春秋災異。宋均鄭玄。並爲讖緯之注。然其文辭淺俗。顚倒舛謬。不類聖人之旨。相傳疑世人造爲之後。或者又加點竄。非其實錄。起王莽好符命。光武以圖讖興。遂盛行於世。漢時又詔東平王蒼。正五經章句。皆命從讖。俗儒趨時。益爲其學。篇卷第目。轉加增廣。言五經者。皆憑讖爲說。唯孔安國毛公王璜賈逵之徒。獨非之。相承以爲妖妄。亂

中庸之典。故因漢魯恭王河間獻王所得古文。參而考之。以成其義。謂之古學。當世之儒。又非毁之。竟不得行。魏代王肅推引古學。以難其義。王弼杜預。從而明之。自是古學稍立。至宋大明中。始禁圖讖。梁天監已後。又重其制。及高祖受禪。禁之踰切。煬帝卽位。乃發使四出。搜天下書籍與讖緯相涉者。皆焚之。爲吏所糺者至死。自是無復其學。祕府之內。亦多散亡。今錄其見存。列於六經之下。以備異說。

三蒼三卷郭璞注、秦相李斯作蒼頡篇、漢揚雄作訓纂篇、後漢郎中賈魴作滂喜篇、故曰三蒼、梁有蒼頡二卷、後漢司空杜林注、亡、　埤蒼三卷張揖撰、梁有廣蒼一卷、樊恭撰、亡、　急就章一卷漢黃門令史游撰、　急就章二卷崔浩撰、　急就章三卷豆盧氏撰、　吳章二卷陸機撰、　小學篇一卷晉下邳內史王義撰、　少學九卷楊方撰、　始學一卷　勸學一卷蔡邕撰、有司馬相如凡將篇、班固太甲篇、在昔篇、崔瑗飛龍篇、蔡邕聖皇篇、黃初篇、吳章篇、蔡邕女史篇、合八卷、又幼學二卷、朱育撰、始學十二卷、吳郎中項峻撰、又月儀十二卷、亡、　發蒙記一卷晉著作郎束晳撰、　啟蒙記三卷晉散騎常侍顧愷之撰、　啟疑記三卷顧愷之撰、　千字文一卷梁給事郎周興嗣撰、　千字文一卷梁國子祭酒蕭子雲注、　千字文一卷胡肅注、　篆書千字文一卷　演千字文五卷　草書千字文一卷　古今字詁三卷張揖撰、梁有難事一卷、錯誤字一卷、並張揖撰、異字二卷、朱育撰、字屬一卷、賈魴撰、亡、　雜字解詁四卷魏掖庭右丞周氏撰、梁有解文字七卷、周成撰、字義訓音六卷、古今字苑十卷、曹侯彥撰、亡、　雜字指一卷後漢太子中庶子郭顯卿撰、　字指二卷晉朝議大夫李彤撰、梁有單行字四卷、李彤撰、又字偶五卷、亡、　說文十五卷許慎撰、梁有演說文一卷、庾儼默注、亡、　說文音隱四卷　字林七卷晉弦令呂忱撰　字林音義五卷宋揚州督護吳恭撰、　古今字書十卷　字書三卷　字書十卷

字統二十一卷楊承慶撰、　玉篇三十一卷陳左將軍顧野王撰、　字類敍許三卷侯洪伯撰、　要字苑一卷
宋豫章太守謝康樂撰、梁有常用字訓一卷、殷仲堪撰、要用字對誤四卷、梁輕車參軍鄒誕生撰、亡、　要用雜字三卷鄒里撰、梁有文字要記三卷、王義撰、亡、
俗語難字一卷祕書少監王劭撰、　雜字要三卷密州行參軍李少通撰、　文字整疑一卷　正名一卷　文
字集略六卷梁文貞處士阮孝緒撰、　今字辯疑三卷李少通撰、　異字同音一卷梁有釋字同音三卷、宋散騎常侍吉文甫撰、
字宗三卷薛立撰、　文字譜一卷梁有古今文字序一卷、劉歆撰、文字通略一卷、焦子明撰、亡、　文字辯嫌一卷彭立撰、
辯字一卷戴規撰、　雜字音一卷　借音字一卷　音書考源一卷　聲韻四十一卷周研撰、
聲類十卷魏左校令李登撰、　韻集十卷　韻集六卷晉安復令呂靜撰、　四聲韻林二十八卷張諒撰、
韻集八卷段弘撰、　羣玉典韻五卷梁有文章音韻二卷、王該撰、又五音韻五卷、亡、　韻略一卷楊休之撰、　修續音韻決
疑十四卷李槩撰、　纂韻鈔十卷　四聲指歸一卷劉善經撰、　四聲一卷梁太子少傅沈約撰、　四聲韻略
十三卷夏侯詠撰、　音譜四卷李槩撰、　韻英三卷釋靜洪撰、　通俗文一卷服虔撰、　訓俗文字略一卷
後齊黃門郎顏之推撰、　證俗音字略六卷梁有詁幼二卷、顏延之撰、廣詁幼一卷、宋給事中荀楷撰、亡、　文字音七卷晉蕩昌長王延撰、梁
有纂文三卷、亡、　翻眞語一卷王延撰、　眞言鑒誡一卷　字書音同異一卷　敍同音義三卷　河
洛語音一卷王長孫撰、　國語十五卷　國語十卷　鮮卑語五卷　國語物名四卷後魏侯伏侯可悉陵
撰、　國語眞歌十卷　國語雜物名三卷侯伏侯可悉陵撰、　國語十八傳一卷　國語御歌十一
卷　鮮卑語十卷　國語號令四卷　國語雜文十五卷　鮮卑號令一卷周武帝撰、　雜號令

一卷　古文官書一卷（後漢議郎衛敬仲撰、）　古今奇字一卷（郭顯卿撰、）　六文書一卷　四體書勢一卷（晉長水校尉衛恆撰、）　雜體書九卷（釋正度撰、）　古今八體六文書法一卷　古今篆隸雜字體一卷（蕭子政撰、）　古今文等書一卷　篆隸雜體書二卷　文字圖二卷　古今字圖雜錄一卷（祕書學士曹憲撰、）　婆羅門書一卷（梁有扶南胡書一卷、）　外國書四卷　秦皇東巡會稽刻石文一卷　一字石經周易一卷（梁有三卷、）　一字石經尚書六卷（梁有今字石經鄭氏尚書八卷、亡、）　一字石經魯詩六卷（梁有毛詩二卷、亡、）　一字石經儀禮九卷　一字石經春秋一卷（梁有一卷、）　一字石經公羊傳九卷　一字石經論語一卷（梁有二卷、）　一字石經典論一卷　三字石經尚書九卷（梁有十三卷、）　三字石經尚書五卷　三字石經春秋三卷（梁有十二卷、）

右一百八部四百四十七卷（通計亡書、合一百三十五部、五百六十九卷、）

孔子曰。必也正名乎。名謂書字。名不正則言不順。言不順則事不成。說者以為書之所起。起自黃帝蒼頡。比類象形謂之文。形聲相益謂之字。著於竹帛謂之書。故有象形諧聲會意轉注假借處事六義之別。古者童子示而不誑。六年教之數與方名。十歲入小學。學書計。二十而冠。始習先王之道。故能成其德而任事。然自蒼頡訖於漢初。書經五變。一曰古文。即蒼頡所作。二曰大篆。周宣王時史籀所作。三曰小篆。秦時李斯所作。四曰隸書。程邈所作。五曰草書。漢初作。秦世既廢古文。始用八體。有大篆小篆刻符摹印蟲書署書殳書隸書。漢時以六體教學童。有古文奇字篆書隸書繆篆蟲鳥幷藁書楷書懸針垂露飛白等二十餘種之勢。皆出於上六書。因事生變也。魏世又有八分書。其字義訓讀。有史籀篇蒼頡篇三蒼埤蒼廣蒼等諸篇章。訓詁說文字林音義聲韻體勢等諸書。自後漢佛法行於中國。又得西域胡書。能以十四字貫一切音。文省而義廣。謂之婆羅門書。與八體六文之義殊別。今取以附體勢之下。又後魏初定中原。軍容號令。皆以夷語。後染華俗。多不能通。故錄其本言。相傳敎習。爲之國語。今取以附音韻之末。又後漢鐫刻七經。著於石碑。皆蔡邕所書。魏正始中。又立一字石經。相承以爲七經正字。後魏之末。齊神武執政。自洛陽徙於鄴都。行至河陽。値岸崩。遂沒於水。其得至鄴者。不盈太半。至隋開皇六年。又自鄴京載入長安。置於祕書內省。議欲補緝。立於國學。尋屬隋亂。事遂寢廢。營造之司。因用爲柱礎。貞觀初。祕書監臣魏徵。始收聚之。十不存一。其相承傳拓之本。猶在祕府。幷秦帝刻石。附於此篇。以備小學。

凡六藝經緯六百二十七部。五千三百七十一卷。通計亡書、合九百五十部、七千二百九十卷、

傳曰。玉不琢。不成器。人不學。不知道。古之君子。多識而不窮。畜疑以待問。學不踰等。敎不陵節。言約而易曉。師逸而功倍。且耕且養。三年而成一藝。自孔子沒而微言絕。七十子喪而大義乖。學者離羣索居。各爲異說。至於戰國。典文遺棄。六經之儒。不能究其宗旨。多立小數。一經至數百萬言。致令學者難曉。虛誦問答。脣腐齒落而不知益。且先王設敎。以防人欲。必本

於人事。折之中道。上天之命。略而罕言。方外之理。固所未說。至後漢好圖讖。晉世重玄言。穿鑿妄作。日以滋生。先王正典。雜之以祆妄。大雅之論。汩之以放誕。陵夷至於近代。去正轉疏。無復師資之法。學不心解。專以浮華相尚。豫造雜難。擬爲讎對。遂有芟角反對互從等諸翻競之說。馳騁煩言。以紊彝敍。譊譊成俗。而不知變。此學者之蔽也。班固列六藝爲九種。或以緯書解經。合爲十種。

史記一百三十卷目錄一卷、漢中書令司馬遷撰、　史記八十卷宋南中郎外兵參軍裴駰注、　史記音義十二卷宋中散大夫徐野民撰、　史記音三卷梁輕車錄事參軍鄒誕生撰、　古史考二十五卷晉義陽亭侯譙周撰、　漢書一百一十五卷漢護軍班固撰、太山太守應劭集解、　漢書集解音義二十四卷應劭撰、　漢書音訓一卷服虔撰、　漢書音義七卷韋昭撰、　漢書音二卷梁尋陽太守劉顯撰、　漢書音二卷夏侯詠撰、　漢書音義十二卷國子博士蕭該撰、　漢書音十二卷廢太子勇命包愷等撰、　漢書集注十三卷晉灼撰、　漢書注一卷齊金紫光祿大夫陸澄撰、　漢書續訓三卷梁北平諮議參軍韋稜撰、　漢書訓纂三十卷陳吏部尚書姚察撰、　漢書集解一卷姚察撰、　論前漢事一卷蜀丞相諸葛亮撰、　漢書駁議二卷晉安北將軍劉寶撰、　定漢書疑二卷姚察撰、　漢書敍傳五卷項岱撰、　漢疏四卷梁有漢書孟康音九卷、劉孝標注漢書一百四十卷、陸澄注漢書一百二卷、梁元帝注漢書一百一十五卷、並亡、　東觀漢記一百四十三卷起光武紀注至靈帝、長水校尉劉珍等撰、　後漢書一百三十卷無帝紀、吳武陵太守謝承撰、　後漢記六十五卷本一百卷、梁有、今殘缺、晉散騎常侍薛瑩撰、　續漢書八十三卷晉祕書監司馬彪撰、　後漢書十七卷本九十七卷、今殘缺、晉少府卿華嶠撰、

後漢書八十五卷 本一百二十二卷、晉祠部郎謝沈撰、
後漢南記四十五卷 本五十五卷、今殘缺、晉江州從事張瑩撰、
後漢書九十五卷 本一百卷、晉秘書監袁山松撰、
後漢書九十七卷 宋太子詹事范曄撰、
後漢書一百二十五卷 范曄本、梁剡令劉昭注、
後漢書音一卷 後魏太常劉芳撰、
范漢音訓三卷 陳宗道先生臧競撰、
范漢音三卷 蕭該撰、
後漢書讚論四卷 范曄撰、
漢書讚十八卷 范曄撰、梁有蕭子顯後漢書一百卷、王韶後漢林二百卷、章闡後漢音二卷、亡、
魏書四十八卷 晉司空王沈撰、
吳書二十五卷 韋昭撰、本五十五卷、梁有、今殘缺、
吳紀九卷 晉太學博士環濟撰、晉有張勃吳錄三十卷、亡、
三國志六十五卷 敘錄一卷、晉太子中庶子陳壽撰、宋太中大夫裴松之注、
魏志音義一卷 盧宗道撰、
論三國志九卷 何常侍撰、
三國志評三卷 徐爰撰、梁有三國志序評三卷、晉著作佐郎王濤撰、亡、
晉書八十六卷 本九十三卷、今殘缺、晉著作郎王隱撰、
晉書二十六卷 本四十四卷、訖明帝、今殘缺、晉散騎常侍虞預撰、
晉書十卷 未成、本十四卷、今殘缺、晉中書郎朱鳳撰、訖元帝、
晉中興書七十八卷 起東晉、宋湘東太守何法盛撰、
晉書三十六卷 宋臨川內史謝靈運撰、
晉書一百一十卷 齊徐州主簿臧榮緒撰、
晉書十一卷 本一百二卷、梁有、今殘缺、蕭子雲撰、
晉史草三十卷 梁蕭子顯撰、梁有鄭忠晉書七卷、沈約晉書一百一十一卷、庾銑東晉新書七卷、亡、
宋書六十五卷 宋中散大夫徐爰撰、
宋書六十五卷 齊冠軍錄事參軍孫嚴撰、
宋書一百卷 梁尚書僕射沈約撰、梁有宋文明中所撰宋書六十一卷、亡、
齊書六十卷 梁吏部尚書蕭子顯撰、
齊紀十卷 劉銑撰、
齊紀二十卷 沈約撰、梁有江淹齊史十三卷、亡、
梁書四十九卷 梁中書郎謝吳撰、本一百卷、
梁史五十三卷 陳領軍大著作郎許亨撰、
梁書帝紀七卷 姚察撰、
通史四百八十卷 梁武帝撰、起三皇、訖梁、
後魏書一百三十卷 後齊僕射魏收撰、
後魏書一百卷 著作郎魏逵深撰、
陳書四十二卷 訖宣帝、陳吏部尚書陸瓊撰、
周史十八卷 未成、吏部尚書牛弘撰、

右六十七部三千八十三卷。（通計亡書，合八十部，四千三十卷。）

古者。天子諸侯必有國史。以紀言行。後世多務其道彌繁。夏殷已上。左史記言。右史記事。周則太史小史內史外史御史。分掌其事。而諸侯之國。亦置史官。又春秋國語引周志鄭書之說。推尋事迹。似當時記事。各有職司。後又合而撰之。總成書記。其後陵夷衰亂。史官放絕。秦滅先王之典。遺制莫存。至漢武帝時。始置太史公。命司馬談為之。以掌其職。時天下計書。皆先上太史。副上丞相。遺文古事。靡不畢臻。談乃據左氏國語世本戰國策楚漢春秋。接其後事。成一家之言。談卒。其子遷又為太史令。嗣成其志。上自黃帝。訖於炎漢。合十二本紀。十表。八書。三十世家。七十列傳。謂之史記。遷卒以後。好事者亦頗著述。然多鄙淺。不足相繼。至後漢扶風班彪。綴後漢傳數十篇。并譏正前失。彪卒。明帝命其子固。續成其志。以為唐虞三代世有典籍。史遷所記。乃以漢氏繼於百王之末。非其義也。故斷自高祖。終於孝平王莽之誅。為十二紀。八表。十志。六十九傳。潛心積思。二十餘年。建初中。始奏表及紀傳。其十志竟不能就。固卒後。始命曹大家續成之。先是明帝召固為蘭臺令史。與諸先輩陳宗尹敏孟冀等。共成光武本紀。擢固為郎。典校祕書。固撰後漢事。作列傳載記二十八篇。其後劉珍劉毅劉陶伏無忌等。相次著述東觀。謂之漢記。及三國鼎峙。魏氏及吳。並有史官。晉時巴西陳壽。刪集三國之事。唯魏帝為紀。其功臣及吳蜀之主。並皆為傳。仍各依其國部類。相從謂之三國志。

壽卒。後梁州大中正范穎表奏其事。帝詔河南尹洛陽令就壽家寫之。自是世有著述。皆擬班馬。以爲正史。作者尤廣。一代之史。至數十家。唯史記漢書師法相傳。並有解釋。三國志及范曄後漢。雖有音注。既近世之作。並讀之可知。梁時明漢書有劉顯韋稜。陳時有姚察。隋代有包愷蕭該。並爲名家。史記傳者甚微。今依其世代。聚而編之。以備正史。

紀年十二卷汲冢書、幷竹書同異一卷、 漢紀三十卷魏祕書監荀悅撰、 後漢紀三十卷袁彥伯撰、 後漢紀三十卷張璠撰、 獻帝春秋十卷袁曄撰、 魏氏春秋二十卷孫盛撰、 魏紀十二卷左將軍陰澹撰、 漢魏春秋九卷孔舒元撰、 晉紀四卷陸機撰、 晉紀二十三卷干寶撰、訖愍帝、 晉紀十卷前軍諮議曹嘉之撰、 漢晉陽秋四十七卷訖愍帝、晉滎陽太守習鑿齒撰、 晉紀十一卷訖明帝、晉荊州別駕鄧粲撰、 晉陽秋三十二卷訖哀帝、孫盛撰、 晉紀二十三卷宋中散大夫劉謙之撰、 晉紀十卷宋新興太守王韶之撰、 晉紀四十五卷宋中散大夫徐廣撰、 續晉陽秋二十卷宋永嘉太守檀道鸞撰、 續晉紀五卷宋新興太守郭季產撰、 宋略二十卷梁通直郎裴子野撰、 宋春秋二十卷宋吳興令王琰撰、 齊春秋三十卷梁奉朝請吳均撰、 齊典五卷王逸撰 齊典十卷 三十國春秋三十一卷梁湘東世子蕭方等撰、 戰國春秋二十卷李槩撰、 梁典三十卷劉璠撰、 梁典三十卷陳始興王諮議何之元撰、 梁撮要三十卷陳征南諮議陰僧仁撰、 梁後略十卷姚最撰、 梁太清紀十卷梁長沙王蕭詔撰、 淮海亂離志四卷蕭世怡撰、敘梁末侯景之亂、 齊紀三十卷紀後齊事、崔子發撰、 齊志十卷後齊事、王劭撰、

右三十四部六百六十六卷

自史官放絕。作者相承。皆以班馬爲準。起漢獻帝。雅好典籍。以班固漢書。文繁難省。命潁川荀悅。作春秋左傳之體。爲漢紀三十篇。言約而事詳。辯論多美。大行於世。至晉太康元年。汲郡人發魏襄王冢。得古竹簡書。字皆科斗。發冢者不以爲意。往往散亂。帝命中書監荀勖。令和嶠撰次爲十五部。八十七卷。多雜碎怪妄。不可訓知。唯周易紀年。最爲分了。其周易上下篇。與今正同。紀年皆用夏正建寅之月爲歲首。起自夏殷周三代王事。無諸侯國別。唯特記晉國。起自殤叔。次文侯昭侯。以至曲沃莊伯。盡晉國滅。獨記魏事。下至魏哀王。謂之今王。蓋魏國之史記也。其著書皆編年相次。文意大似春秋經。諸所記事。多與春秋左氏扶同。學者因之。以爲春秋則古史記之正法。有所著述。多依春秋之體。今依其世代。編而敍之。以見作者之別。謂之古史。

周書十卷汲冢書、似仲尼刪書之餘、　古文瑣語四卷汲冢書、　春秋前傳十卷何承天撰、　春秋前雜傳九卷何承天撰、　春秋後傳三十一卷晉著作郎樂資撰、　戰國策三十二卷劉向錄、　戰國策二十一卷高誘撰注、　戰國策論一卷漢京兆尹延篤撰、　楚漢春秋九卷陸賈撰、　古今注八卷伏無忌撰、　越絕記十六卷子貢撰、　吳越春秋十二卷趙曄撰、　吳越春秋削繁五卷楊方撰、　吳越春秋十卷皇甫遵撰、　吳越記六卷　南越志八卷沈氏撰、　小史八卷　漢靈獻二帝紀三卷漢侍中劉芳撰、殘缺、梁有六卷、　山陽公載記十卷樂資撰、　漢末英雄記八卷王粲撰、殘缺、梁有十卷、　九州春秋十卷司馬彪撰、記漢末事、　魏武本紀四卷梁并曆五卷、幷魏氏大事六卷、亡、　呂布本事一卷毛范撰、　魏尙書八卷孔衍撰、梁十卷成、　晉諸公讚二十一卷晉祕書監傅暢撰、　魏晉世語十卷晉襄陽令郭頒撰、　晉後略記五卷晉下邳太守荀綽撰、　魏末傳二卷梁又有魏末傳　晉書鈔三十卷梁豫章內史張緬撰、　晉書鴻烈六卷張氏撰、　宋中興伐逆事二卷　宋拾遺十卷梁少府卿謝綽撰、　左史六卷李槩撰、　魏國紀二十卷梁祚撰、　梁帝紀七卷　梁太淸錄八卷　梁承聖中興略十卷劉仲威撰、　梁末代紀一卷　梁皇帝實錄三卷周興嗣撰、記武帝事、　梁皇帝實錄五卷梁中書郎謝吳撰、記元帝事、　棲鳳春秋五卷臧嚴撰、　陳王業曆一卷陳中書郎趙齊旦撰、　史要十卷漢桂陽太守衞颯撰、約史記要言、以類相從、　典略八十九卷魏郎中魚豢撰、　史記要集二卷晉祠部郎王蔑撰、鈔史記入春秋者、不錄、　三史略二十九卷吳太子太傅張溫撰、　史記正傳九卷張瑩撰、　後漢略二十五卷張緬撰、　漢皇德紀三十卷漢有道徵士侯瑾撰、起光武至冲帝、　洞記四卷韋昭撰、記庖犧已來至漢建安二十七年、　續洞記一卷臧榮緒撰、　帝王世紀十卷皇甫謐撰、起三皇盡漢魏、　帝王世紀音四卷盧綽撰、　帝王本紀十卷來奧撰、　續帝王世紀十卷何茂材撰　十五代略一卷吉文甫撰、起庖犧至晉、　帝王要略十二卷環濟撰、紀帝王及天官地理喪服、　周載八卷東晉臨賀太守孟儀撰、略記前代下至秦、本三十卷、今亡、　漢書鈔三十卷晉散騎常侍葛洪撰、　拾遺錄二卷僞秦姚萇方士王子年撰、　王子年拾遺記十卷蕭綺撰、　華夷帝王世紀三十卷楊曄撰、　正史削繁九十四卷阮孝緒撰、　童悟十二卷　帝王世錄一卷甄鸞撰、　先聖本紀十卷劉縚撰、　年曆帝紀三十卷姚恭撰、　帝王諸侯世略十一卷　王霸記三卷潘傑撰、　歷代記三十二卷　隋書六十卷未成、祕書監王劭撰、

右七十二部九百一十七卷。通計亡書、七十三部、九百三十九卷、

自秦撥去古文。篇籍遺散。漢初得戰國策。蓋戰國遊士記其策謀。其後陸賈作楚漢春秋。以述誅鋤秦項之事。又有越絕。相承以爲子貢所作。後漢趙曄又爲吳越春秋。其屬辭比事。皆不與春秋史記漢書相似。蓋率爾而作。非史策之正也。靈獻之世。天下大亂。史官失其常守。博達之士。愍其廢絕。各記聞見。以備遺亡。是後羣才景慕。作者甚衆。又自後漢已來。學者多鈔撮舊史。自爲一書。或起自人皇。或斷之近代。亦各其志。而體制不經。又有委巷之說。迂怪妄誕。眞虛莫測。然其大抵皆帝王之事。通人君子。必博采廣覽。以酌其要。故備而存之。謂之雜史。

趙書十卷 一曰二石集、記石勒事、僞燕太傅長史田融撰、　二石傳二卷 晉北中郎參軍王度撰、　二石僞治時事二卷 王度撰、

漢之書十卷 常璩撰、　華陽國志十二卷 常璩撰、梁有蜀平記十卷、蜀漢僞官故事一卷、亡、　燕書二十卷 記慕容儁事、僞燕尚書范亨撰、

南燕錄五卷 記慕容德事、僞燕尚書郎張詮撰、　南燕錄六卷 記慕容德事、僞燕中書郎王景暉撰、　南燕書七卷 遊覽先生撰、

燕志十卷 記馮跋事、魏侍中高閭撰、　秦書八卷 何仲熙撰、記苻健事、　秦記十一卷 宋殿中將軍裴景仁撰、梁雍州主簿席惠明注、

秦紀十卷 記姚萇事、魏左民尚書姚和都撰、　涼記八卷 記張軌事、僞燕右僕射張諮撰、　涼書十卷 記張軌事、僞涼大將軍從事中郎劉景撰、

西河記二卷 記張重華事、晉侍御史喩歸撰、　涼記十卷 記呂光事、僞涼著作佐郎段龜龍撰、　涼書十卷 高道讓撰、

涼書十卷 沮渠國史、　托跋涼錄十卷　敦煌實錄十卷 劉景撰、　十六國春秋一百卷 魏崔鴻撰、　纂

錄一十卷　戰國春秋二十卷（李槩撰、）　漢趙記十卷（和苞撰、）　吐谷渾記二卷（宋新亭侯段國撰、梁有翟遼書二卷、諸國略紀二卷、永嘉後纂年記二卷、段業傳一卷、亡、）　天啟紀十卷（記梁元帝子諝據湘州事、）

右二十七部三百三十五卷（通計亡書、合三十三部、三百四十六卷、）

傳曰。不有君子。其能國乎。自晉永嘉之亂。皇綱失馭。九州君長。據有中原者甚衆。或推奉正朔。或假名竊號。然其君臣忠義之節。經國字民之務。蓋亦勤矣。而當時臣子。亦各記錄。後魏克平諸國。據有嵩華。始命司徒崔浩。博采舊聞。綴述國史。諸國記注。盡集祕閣。爾朱之亂。並皆散亡。今舉其見在。謂之霸史。

穆天子傳六卷（汲冢書。郭璞注、）　漢獻帝起居注五卷　晉泰始起居注二十卷（李軌撰、）　晉咸寧起居注十卷（李軌撰、）　晉泰康起居注二十一卷（李軌撰、）　晉元康起居注一卷（梁有永平元康永寧起居注六卷、又有惠帝起居注二卷、永嘉建興起居注十三卷、亡、）　晉建武大興永昌起居注九卷（梁有二十卷、）　晉元康起居注一卷　晉咸和起居注十六卷（李軌撰、）　晉咸康起居注二十二卷　晉建元起居注四卷　晉永和起居注十七卷（梁有二十四卷、）　晉升平起居注十卷　晉隆和興寧起居注五卷　晉咸安起居注三卷　晉泰和起居注六卷（梁十卷、）　晉寧康起居注六卷　晉泰元起居注二十五卷（梁五十四卷、）　晉隆安起居注十卷　晉元興起居注九卷　晉義熙起居注十七卷（梁三十四卷、）　晉元熙起居注二卷　晉起居注三百一十七卷（宋北徐州主簿劉道會撰、梁有三百二十二卷、）　流別起居注三十七卷梁有晉宋起居注鈔五十一卷、晉宋先朝起居注二十卷、亡、 宋永初起居注十卷 宋景平起居注三卷 宋元嘉起居注五十五卷梁六十卷、 宋孝建起居注十二卷 宋大明起居注十五卷梁三十四卷、又有景和起居注四卷、明帝在藩注三卷、亡、 宋泰始起居注十九卷梁二十三卷、 宋泰豫起居注四卷梁有宋成徽起居注二十卷、昇明起居注六卷、亡、 齊永明起居注二十五卷梁有三十四卷、又有建元起居注十二卷、隆昌延興建武起居注四卷、中興起居注四卷、亡、 梁大同起居注十卷 後魏起居注三百三十六卷 陳永定起居注八卷 陳天嘉起居注二十三卷 陳天康光大起居注十卷 陳太建起居注五十六卷 陳至德起居注四卷 後周太祖號令三卷 隋開皇起居注六十卷 南燕起居注一卷

右四十四部一千一百八十九卷

起居注者。錄紀人君言行動止之事。春秋傳曰。君舉必書。書而不法。後嗣何觀。周官內史掌王之命。遂書其副而藏之。是其職也。漢武帝有禁中起居注。後漢明德馬后撰明帝起居注。然則漢時起居。似在宮中。爲女史之職。然皆零落。不可復知。今之存者。有漢獻帝及晉代已來起居注。皆近侍之臣所錄。晉時又得汲冢書。有穆天子傳。體制與今起居正同。蓋周時內史所記。王命之副也。近代已來。別有其職。事在百官志。今依其先後。編而次之。其僞國起居。唯南燕一卷。不可別出。附之於此。

漢武帝故事二卷 西京雜記二卷 漢魏吳蜀舊事八卷 晉朝雜事三卷 晉宋舊事

一百三十五卷　晉要事三卷　晉故事四十三卷　晉建武故事一卷　晉咸和咸康故事四卷晉孔愉撰、　晉修復山陵故事五卷車灌撰、　交州雜事九卷記士燮及陶璜事　晉八王故事十卷　晉四王起事四卷晉廷尉盧綝撰、　大司馬陶公故事三卷　郗太尉爲尚書令故事三卷　桓玄僞事三卷　晉東宮舊事十卷　秦漢已來舊事十卷　尚書大事二十卷范汪撰、　沔南故事三卷應思遠撰、　天正舊事三卷釋亡名撰　皇儲故事二卷　梁舊事三十卷內史侍郎蕭大環撰　東宮典記七十卷左庶子宇文愷撰、　開業平陳記二十卷

右二十五部四百四卷

古者。朝廷之政。發號施令。百司奉之。藏於官府。各修其職。守而弗忘。春秋傳曰。吾視諸故府。則其事也。周官御史掌治朝之法。太史掌萬民之約契與質劑。以逆邦國之治。然則百司庶府。各藏其事。太史之職。又總而掌之。漢時蕭何定律令。張蒼制章程。叔孫通定儀法。條流派別。制度漸廣。晉初甲令已下。至九百餘卷。晉武帝命車騎將軍賈充。博引羣儒。刪采其要。增律十篇。其餘不足經遠者爲法令。施行制度者爲令。品式章程者爲故事。各還其官府。縉紳之士。撰而錄之。遂成篇卷。然亦隨代遺失。今據其見存。謂之舊事篇。

漢官解詁三篇漢新汲令王隆撰、胡廣注、　漢官五卷應劭注　漢官儀十卷應劭撰、　漢官典職儀式選用二卷漢衛尉蔡質撰、梁有荀攸魏官儀一卷、韋昭官儀職訓一卷亡　晉公卿禮秩故事九卷傅暢撰、　晉新定儀注十四卷

梁有徐宣瑜晉官品一卷、荀綽百官表注十六卷、干寶司徒儀一卷、宋職官記九卷、晉百官儀服錄五卷、大興二年定官品事五卷、百官品九卷、亡、　百官階次一卷　梁勳齊職儀五十卷齊長水校尉王珪之撰、梁有王珪之齊儀四十九卷、亡、　齊職儀五卷　梁選簿三卷徐勉撰、　梁勳選格一卷　職官要錄三十卷陶藻撰、　梁官品格一卷　百官階次三卷　新定將軍名一卷　吏部用人格一卷　官族傳十四卷何晏撰、　百官春秋五十卷王道秀撰、　百官春秋二十卷　魏晉百官名五卷　晉百官名三十卷　晉官屬名四卷　陳百官簿狀二卷　陳將軍簿一卷　新定官品二十卷梁沈約撰、　梁尚書職制儀注四十一卷　職令古今百官注十卷郭演撰、

右二十七部三百三十六卷。通計亡書、合三十六部、四百三十三卷、

古之仕者名書於所臣之策。各有分職。以相統治。周官冢宰掌建邦之六典。而御史數凡從正者。然則冢宰總六卿之屬。以治其政。御史掌其在位名數先後之次焉。今漢書百官表列眾職之事。記在位之次。蓋亦古之制也。漢末王隆應劭等。以百官表不具。乃作漢官解詁。漢官議等書。是後相因。正史表志。無復百僚在官之名矣。搢紳之徒。或取官曹名品之書。撰而錄之。別行於世。宋齊已後。其書益繁。而篇卷零疊。易為亡散。又多瑣細。不足可紀。故刪其見存可觀者。編為職官篇。

舊漢儀四卷衛敬仲撰、梁有衛敬仲漢中興儀一卷、亡、　晉新定儀注四十卷晉安成太守傅瑗撰、　晉雜儀注十一卷

晉尚書儀十卷　甲辰儀五卷江左撰、　封禪儀六卷　宋儀注十卷　宋儀注二十卷　宋
尚書雜注十八卷本二十卷、　宋東宮儀記二十三卷宋新安太守張鏡撰、　徐爰家儀一卷　東宮新記
二十卷蕭子雲撰、　梁吉禮儀注十卷明山賓撰、　梁賓禮儀注九卷賀瑒撰、案梁明山賓撰吉儀注二百六卷、錄六卷、嚴植之撰凶
儀注四百七十九卷、錄四十五卷、陸璉撰軍儀注一百九十卷、錄二卷、司馬褧撰嘉儀注一百一十二卷、錄三卷、並亡、存者唯士吉及賓合十九卷、　皇典二十卷梁豫
章太守丘仲孚撰、　雜凶禮四十二卷　政禮十卷何胤撰、梁有何胤士喪儀注九卷、亡、　雜儀注一百八十卷　陳
尚書雜儀注五百五十卷　陳吉禮一百七十一卷　陳賓禮六十五卷　陳軍禮六卷
陳嘉禮一百二卷　後魏儀注五十卷　後齊儀注二百九十卷　雜嘉禮三十八卷　國
親皇太子序親簿一卷　隋朝儀禮一百卷牛弘撰、　大漢輿服志一卷魏博士董巴撰、　魏晉謚議
十三卷何晏撰、　汝南君諱議二卷　決疑要注一卷摯虞撰、　車服雜注一卷徐廣撰、　禮儀制
度十三卷王逡之撰、　古今輿服雜事二十卷梁周遷撰、　晉鹵簿圖一卷　鹵簿儀一卷　陳鹵簿
圖一卷　齊鹵簿儀一卷　諸衞左右廂旗圖樣十五卷　內外書儀四卷謝元撰、　書儀二
卷蔡超撰、　書筆儀二十一卷謝朏撰、　宋長沙檀太妃薨弔答書十二卷　弔答儀十卷王儉撰、
書儀十卷王弘撰、　皇室儀十三卷鮑行卿撰、　吉書儀二卷王儉撰、　書儀疏一卷周捨撰　新儀
三十卷鮑泉撰、　文儀二卷梁修端撰、　趙李家儀十卷錄一卷、李穆叔撰、　書儀十卷唐瑾撰、　言語儀一
卷　嚴植之儀二卷　邇儀四卷馬樞撰、　婦人書儀八卷　僧家書儀五卷釋曇瑗撰、　要典雜

事五十卷

右五十九部二千二十九卷。（通計亡書，合六十九部，三千九十四卷。）

儀注之興，其所由來久矣。自君臣父子六親九族，各有上下親疏之別。養生送死，弔恤賀慶，則有進止威儀之數。唐虞以上，分之爲三。在周因而爲五。周官宗伯所掌吉凶賓軍嘉，以佐王安邦國，親萬民，而太史執書以協事之類是也。是時典章皆具，可履而行。周衰，諸侯削除其籍。至秦又焚而去之。漢興，叔孫通定朝儀，武帝時始祀汾陰后土，成帝時初定南北之郊，節文漸具。後漢又使曹褒定漢儀。是後相承，世有制作。然猶以舊章殘缺，各遵所見，彼此紛爭，盈篇滿牘。而後世多故，事在通變，或一時之制，非長久之道，載筆之士，刪其大綱，編於史志。而或傷於淺近，或失於未達，不能盡其旨要。遺文餘事，亦多散亡。今聚其見存，以爲儀注篇。

律本二十一卷（杜預撰、）　漢晉律序注一卷（晉僮長張斐撰、）　雜律解二十一卷（張斐撰、案梁有杜預雜律七卷，亡、）　晉宋齊梁律二十卷（蔡法度撰、）　梁律二十卷（梁義興太守蔡法度撰、）　後魏律二十卷　北齊律十二卷（目一卷、）　陳律九卷（范泉撰、）　周律二十五卷　周大統式三卷　隋律十二卷　隋大業律十一卷　晉令四十卷　梁令三十卷（錄一卷、）　梁科三十卷　北齊令五十卷　北齊權令二卷　陳令三十卷（范泉撰、）　陳科三十卷（范泉撰、）　隋開皇令三十卷（目一卷、）　隋大業令三十卷漢朝議駁三十卷應劭撰、案梁建武律令故事二卷、應劭律略論五卷、亡、　晉雜議十卷　晉彈事十卷　南臺奏事二十二卷　漢名臣奏事三十卷　魏王奏事十卷　魏名臣奏事四十卷目一卷、陳壽撰、　魏臺雜訪議三卷高堂隆撰、　魏廷尉決事十卷　晉駁事四卷　晉雜制六十卷　晉刺史六條制一卷　齊五服制一卷　陳新制六十卷

右三十五部七百一十二卷通計亡書、合三十八部、七百二十六卷、

刑法者先王所以懲罪惡。齊不軌者也。書述唐虞之世。五刑有服。而夏后氏正刑有五。科條三千。周官司寇掌三典。以刑邦國。司刑掌五刑之法。麗萬民之罪。太史又以典法逆於邦國。內史執國法以考政事。春秋傳曰。在九刑不忘。然則刑書之作久矣。蓋藏於官府。懼人之知爭端而輕於犯。及其末也。肆情越法。刑罰僭濫。至秦重之以苛虐。先王之政。刑滅矣。漢初蕭何定律九章。其後漸更增益。令甲已下。盈溢架藏。晉初賈充杜預刪而定之。有律有令有故事。梁時有取故事之宜於時者。爲梁科。後齊武帝時。又於麟趾殿刪正刑典。謂之麟趾格。後周太祖又命蘇綽撰大統式。隋則律令格式並行。自律已下。世有改作。事在刑法志。漢律久亡。故事駁議。又多零失。今錄其見存可觀者。編爲刑法篇。

三輔決錄七卷漢太僕趙岐撰、摯虞注、　海內先賢傳四卷魏明帝時撰、　四海耆舊傳一卷　海內士品一卷　先賢集三卷　兗州先賢傳一卷　徐州先賢傳一卷　徐州先賢傳贊九卷劉義慶撰

海岱志二十卷齊前將軍記室崔蔚祖撰、交州先賢傳三卷晉范瑗撰、益部耆舊傳十四卷陳長壽撰、續益部耆舊傳二卷　諸國清賢傳一卷　魯國先賢傳二卷晉大司農白褒撰、楚國先賢傳贊十二卷晉張方撰、汝南先賢傳五卷魏周斐撰、陳留耆舊傳二卷漢議郎圈稱撰、陳留耆舊傳一卷魏散騎侍郎蘇林撰、陳留先賢像贊一卷陳英宗撰、陳留志十五卷東晉剡令江敞撰、濟北先賢傳一卷　盧江七賢傳二卷　東萊耆舊傳一卷王基撰、襄陽耆舊記五卷晉習鑿齒撰、會稽先賢傳七卷謝承撰、會稽後賢傳記二卷鍾離岫撰、會稽典錄二十四卷虞豫撰、會稽先賢像贊五卷　漢世要記一卷　吳先賢傳四卷吳左丞相陸凱撰、東陽朝堂像讚一卷晉南平太守留叔先撰、豫章烈士傳三卷徐整撰、豫章舊志三卷晉會稽太守熊默撰、豫章舊志後撰一卷熊欣撰、零陵先賢傳一卷　長沙舊傳讚三卷晉臨川王郎中劉彧撰、桂陽先賢傳贊一卷吳左中郎張勝撰、武昌先賢志二卷宋天門太守郭緣生撰、蜀文翁學堂像題記二卷　聖賢高士傳贊三卷嵇康撰、周續之注、高士傳六卷皇甫謐撰、逸士傳一卷皇甫謐撰、逸民傳七卷張顯撰、高士傳二卷虞槃佐撰、至人高士傳讚二卷晉廷尉卿孫綽撰、高隱傳十卷阮孝緒撰、高隱傳十卷　高僧傳六卷虞孝敬撰、止足傳十卷　續高士傳七卷周弘讓撰、孝子傳讚三卷王昭之撰、孝子傳十五卷晉輔國將軍蕭廣濟撰、孝子傳十卷宋員外郎鄭緝之撰、孝子傳八卷師覺授撰、孝子傳二十卷宋躬撰、孝子傳略二卷　孝德傳三十卷梁元帝撰、孝友傳八卷　曾參傳一卷　忠臣傳三十卷梁元帝撰、顯忠錄二十卷梁元帝撰、丹陽尹傳十卷梁元

帝撰、　英蕃可錄二卷張萬賢撰、邵武侯新注、　高才不遇傳四卷後齊劉晝撰、　良吏傳十卷鍾岏撰、　海內
名士傳一卷　正始名士傳三卷袁敬仲撰、　江左名士傳一卷劉義慶撰、　竹林七賢論二卷晉太子中
庶子戴逵撰、　七賢傳五卷孟氏撰、　文士傳五十卷張隱撰、　列士傳二卷劉向撰、　陰德傳二卷宋光
祿大夫范晏撰、　悼善傳十一卷　雜傳三十六卷任昉撰、本一百四十七卷、亡、　東方朔傳八卷　毌丘儉記
三卷　管輅傳三卷管辰撰、　雜傳四十卷賀蹤撰、本七十卷、亡、　雜傳十九卷陸澄撰、　雜傳十一卷
玄晏春秋三卷皇甫謐撰、　孔子弟子先儒傳十卷　李氏家傳一卷　桓任家傳一卷　王朗
王肅家傳一卷　太原王氏家傳二十三卷　褚氏家傳一卷褚覬等撰、　薛常侍家傳一卷
江氏家傳七卷江祚等撰、　庾氏家傳一卷庾斐撰、　裴氏家傳四卷裴松之撰、　虞氏家記五卷虞覽撰、
曹氏家傳一卷曹毗撰、　范氏世傳一卷范汪撰、　紀氏家紀一卷紀友撰、　韋氏家傳一卷
何顒使君家傳一卷　明氏家訓一卷僞燕衞尉明岌撰、　明氏世錄六卷梁信武記室明粲撰、　陸史十五
卷　王氏江左世家傳二十卷王褒撰、　孔氏家傳五卷　崔氏五門家傳一卷崔氏撰、　暨氏
家傳一卷　周齊王家傳一卷姚氏撰、　爾朱家傳二卷王氏撰、　周氏家傳一卷　令狐氏家
傳一卷　新舊傳四卷　漢南家傳三卷　何氏家傳三卷　童子傳二卷王瑱之撰、　幼童傳
十卷劉昭撰、　訪來傳十卷來奧撰、　懷舊志九卷梁元帝撰、　知己傳一卷盧思道撰、　全德志一卷梁元
帝撰、　同姓名錄一卷梁元帝撰、　列女傳十五卷劉向撰、曹大家注、　列女傳七卷趙母注、　列女傳八卷

高氏撰、列女傳頌一卷劉歆撰、列女傳頌一卷曹植撰、列女傳讚一卷繆襲撰、列女後傳十卷項原撰、列女傳六卷皇甫謐撰、列女傳七卷綦毋邃撰、列女傳要錄三卷　女記十卷杜預撰、美婦人傳六卷　妬記二卷虞通之撰、道人善道開傳一卷康泓撰、名僧傳三十卷釋寶唱撰、高僧傳十四卷釋僧祐撰、江東名德傳三卷釋法進撰、法師傳十卷王巾撰、衆僧傳二十卷裴子野撰、薩婆多部傳五卷釋僧祐撰、梁故草堂法師傳一卷　尼傳二卷皎法師撰、法顯傳二卷　法顯行傳一卷　梁武皇帝大捨三卷嚴畳撰、列仙傳讚三卷劉向撰、孫綽讚、列仙傳讚二卷劉向撰、晉郭元祖讚、神仙傳十卷葛洪撰、說仙傳一卷朱思祖撰、養性傳二卷　漢武內傳三卷　太元眞人東鄉司命茅君內傳一卷弟子李遵撰、清虛眞人王君內傳一卷弟子華存撰、清虛眞人裴君內傳一卷　正一眞人三天法師張君內傳一卷　太極左仙公葛君內傳一卷　仙人馬君陰君內傳一卷　仙人許遠遊傳一卷　靈人辛玄子自序一卷　劉君內記一卷王珍撰、陸先生傳一卷孔稚珪撰、列仙讚序一卷郭元祖撰、集仙傳十卷　洞仙傳十卷　王喬傳一卷　關令內傳一卷鬼谷先生撰、南嶽夫人內傳一卷　蘇君記一卷周季通撰、嵩高寇天師傳一卷　華陽子自序一卷　太上眞人內記一卷李氏撰、道學傳二十卷　宣驗記十三卷劉義慶撰、應驗記一卷宋光祿大夫傅亮撰、冥祥記十卷王琰撰、列異傳三卷魏文帝撰、感應傳八卷王延秀撰、古異傳三卷宋永嘉太守袁王壽撰、甄異傳三卷晉西戎主簿戴祚撰、述異記十卷祖沖之撰、異苑十卷

宋給事劉敬叔撰、　續異苑十卷　搜神記三十卷(干寶撰、)　搜神後記十卷(陶潛撰、)　靈鬼志三卷(荀氏)
志怪二卷(祖台之撰、)　志怪四卷(孔氏撰、)　神錄五卷(劉之遴撰、)　齊諧記七卷(宋散騎侍郎東陽元疑撰、)　續
齊諧記一卷(吳均撰、)　幽明錄二十卷(劉義慶撰、)　補續冥祥記一卷(王曼穎撰、)　漢武洞冥記一卷(郭氏
撰、)　嘉瑞記三卷(陸瓊撰、)　祥瑞記三卷　符瑞記十卷(許善心撰、)　靈異錄十卷　靈異記一卷
研神記十卷(蕭繹撰、)　旌異記十五卷(侯君素撰、)　近異錄二卷(劉質撰、)　鬼神列傳一卷(謝氏撰、)
志怪記三卷(殖氏撰、)　舍利感應記三卷(王劭撰、)　眞應記十卷　周氏冥通記一卷　集靈記
二十卷(顏之推撰、)　寃鬼志三卷(顏之推撰、)

右二百一十七部一千二百八十六卷(通計亡書、合二百一十九部、一千五百三卷、)

古之史官。必廣其所記。非獨人君之舉。周官外史掌四方之志。則諸侯史記。兼而有之。春秋傳曰。虢仲虢叔。王季之穆。勳在王室。藏於盟府。臧紇之叛。季孫命太史召掌惡臣而盟之。周官司寇。凡大盟約。莅其盟書。登於天府。太史內史司會。六官皆受其貳而藏之。是則王者誅賞。具錄其事。昭告人民。百官史臣。皆藏其書。故自公卿諸侯。至於羣士。善惡之迹。畢集史職。而又閭胥之政。凡聚衆庶。書其敬敏任卹者。族師每月書其孝悌睦婣有學者。黨正歲書其德行道藝者。而入之於鄉大夫。鄉大夫三年大比。考其德行道藝。舉其賢者能者。而獻其書。王再拜受之。登於天府。內史貳之。是以窮居側陋之士。言行必達。皆有史傳。自史官曠絕。其

道廢壞。漢初始有丹書之約。白馬之盟。武帝從董仲舒之言。始舉賢良文學。天下計書。先上太史。善惡之事。靡不畢集。司馬遷班固。撰而成之。股肱輔弼之臣。扶義俶儻之士。皆有記錄。而操行高潔。不涉於世者。史記獨傳夷齊。漢書但述楊王孫之儔。其餘皆略而不記。又漢時阮倉作列仙圖。劉向典校經籍。始作列仙列士列女之傳。皆因其志尚。率爾而作。不在正史。後漢光武。始詔南陽。撰作風俗。故沛三輔有耆舊節士之序。魯廬江有名德先賢之讚。郡國之書。由是而作。魏文帝又作列異。以序鬼物奇怪之事。嵇康作高士傳。以敘聖賢之風。因其事類。相繼而作者甚衆。名目轉廣。而又雜以虛誕怪妄之說。推其本源。蓋亦史官之末事也。載筆之士。刪采其要焉。魯沛三輔序贊並亡。後之作者。亦多零失。今取其見存部而類之。謂之雜傳。

山海經二十三卷 郭璞注、　水經三卷 郭璞注、　黃圖一卷 記三輔宮觀陵廟明堂辟雍郊畤等事、　洛陽記四卷

洛陽記一卷 陸機撰、　洛陽宮殿簿一卷　洛陽圖一卷 晉懷州刺史楊佺期撰、　述征記二卷 郭緣生撰、

西征記二卷 戴延之撰、　婁地記一卷 吳顧啟期撰、　風土記三卷 晉平西將軍周處撰、　吳興記三卷 山謙之撰、

吳郡記一卷 顧夷撰、　京口記二卷 宋太常卿劉損撰、　南徐州記二卷 山謙之撰、　會稽土地記一卷 朱育撰、

會稽記一卷 賀循撰、　隋王入沔記六卷 宋侍中沈懷文撰、　荊州記三卷 宋臨川王侍郎盛弘之撰、　神壤記一卷 記滎陽山水黃閔撰、

豫章記一卷 雷次宗撰、　蜀王本記一卷 揚雄撰、　三巴記一卷 譙周撰、　珠

崔傳一卷偽燕聘晉使蓋泓撰、 陳留風俗傳三卷圈稱撰、 鄴中記二卷晉國子助教陸翽撰、 春秋土地名三
卷晉裴秀客京相璠撰、 衡山記一卷宋居士撰、 遊名山志一卷謝靈運撰、 聖賢冢墓記一卷李彤撰、 佛國
記一卷沙門釋法顯撰、 遊行外國傳一卷沙門釋智猛撰、 交州以南外國傳一卷 十洲記一卷東方朔撰、
神異經一卷東方朔撰、張華注、 異物志一卷後漢議郎楊孚撰、 南州異物志一卷吳丹陽太守萬震撰、 蜀志
一卷東京武平太守常寬撰、 發蒙記一卷束皙撰載物產之異、 地理書一百四十九卷錄一卷陸澄合山海經已來一百六十家
以爲此書、澄本之外、其舊事並多零失、見存別部自行者、唯四十二家、今列之於上、 三輔故事二卷晉世撰、 湘州記二卷庾仲雍撰、 吳
郡記二卷晉本州主簿顧夷撰、 日南傳一卷 江記五卷庾仲雍撰、 漢水記五卷庾仲雍撰、 居名山志一
卷謝靈運撰、 西征記一卷戴祚撰、 廬山南陵雲精舍記一卷 永初山川古今記二十卷齊都官尚
書劉澄之撰、 元康三年地記六卷 司州記二卷 幷帖省置諸郡舊事一卷 地記二百五
十二卷梁任昉增陸澄之書八十四家、以爲此記、其所增舊書、亦多零失、見存別部行者、唯十二家、今列之於上、 山海經圖讚二卷郭璞注、 山
海經音二卷 水經四十卷酈善長注、 廟記一卷 地理書鈔二十卷陸澄撰、 地理書抄九卷
任昉撰、 地理書鈔十卷劉黃門撰、 洛陽伽藍記五卷後魏楊衒之撰、 荊南地志二卷蕭世誠撰、 巴蜀記
一卷 交州異物志一卷楊孚撰、 元康六年戶口簿記三卷 元嘉六年地記三卷 九州
郡縣名九卷 扶南異物志一卷朱應撰、 臨海水土物志一卷沈瑩撰、 益州記三卷李氏撰、
湘州記一卷郭仲彥撰、 湘州圖副記一卷 四海百川水源記一卷釋道安撰、 京師寺塔記十卷

錄一卷劉璆撰、華山精舍記一卷張光祿撰、南雍州記六卷鮑至撰、京師寺塔記二卷釋曇景撰、張騫出關志一卷　外國傳五卷釋曇景撰、歷國傳二卷釋法盛撰、西京記三卷　京師錄七卷　尋江源記一卷　後園記一卷　江表行記一卷　淮南記一卷　古來國名二卷　十三州志十卷闞駰撰、慧生行傳一卷　宋武北征記一卷戴氏撰、林邑國記一卷　涼州異物志一卷　閼象傳二卷閭先生撰、司州山川古今記三卷劉澄之撰、江圖一卷張氏撰、江圖二卷劉氏撰、廣梁南徐州記五卷虞孝敬撰、水飾圖二十卷　甌閩傳一卷　北荒風俗記二卷　諸蕃風俗記二卷　男女二國傳一卷　突厥所出風俗事一卷　古今地譜二卷　輿地志三十卷陳顧野王撰、序行記十卷姚最撰、魏永安記三卷溫子昇撰、國都城記二卷　周地圖記一百九卷　冀州圖經一卷　齊州圖經一卷　齊州記四卷李叔布撰、幽州圖經一卷　魏聘使行記六卷　聘北道理記三卷江德藻撰、李諧行記一卷　聘遊記三卷劉師知撰、朝覲記六卷　封君義行記一卷李繪撰、輿嘉東行記一卷薛泰撰、北伐記七卷諸葛穎撰、巡撫揚州記七卷諸葛穎撰、大魏諸州記二十一卷　并州入朝道里記一卷蔡允恭撰、趙記十卷　代都略記三卷　世界記五卷釋僧祐撰、州郡縣簿七卷　大隋翻經婆羅門法師外國傳五卷　隋區宇圖志一百二十九卷　隋西域圖三卷裴矩撰、隋諸州圖經集一百卷郎蔚之撰、隋諸郡土俗物產一百五十一卷　西域道里記一卷　諸蕃國記十七卷　方物志二十卷許善

撰、

并州總管內諸州圖一卷

右一百三十九部一千四百三十二卷。通計亡書、合一百四十部、一千四百三十四卷、

昔者。先王之化民也以五方土地風氣所生剛柔輕重飲食衣服各有其性。不可遷變。是故疆理天下。物其土宜。知其利害。達其志而通其欲。齊其政而修其敎。故曰廣谷大川異制人居其間異俗。書錄禹別九州。定其山川。分其圻界。條其物產。辨其貢賦。斯之謂也。周則夏官司險。掌建九州之圖。周知山林川澤之阻。達其道路。地官誦訓。掌方志以詔觀事。以知地俗。春官保章。以星土辨九州之地。所封之域。以觀祅祥。秋官職方。掌天下之圖地。辨四夷八蠻九貉五戎六狄之人。與其財用九穀六畜之數。周知利害。辨九州之國。使同其貫。司徒掌邦之土地之圖。與其人民之敎。以佐王擾邦國。周知九州之域。廣輪之數。辨其山林川澤丘陵墳衍原隰之名物。及土會之法。然則其事分在衆職。而冢宰掌建邦之六典。實總其事。太史以典逆冢宰之治。其書蓋亦總為史官之職。漢初蕭何得秦圖書。故知天下要害。後又得山海經。相傳以為夏禹所記。武帝時計書既上太史。郡國地志。固亦在焉。而史遷所記。但述河渠而已。其後劉向略言地域。丞相張禹使屬朱貢條記風俗。班固因之作地理志。其州國郡縣山川夷險時俗之異。經星之分。風氣所生。區域之廣。戶口之數。各有攸序。與古禹貢周官所記相埒。是後載筆之士。管窺末學。不能及遠。但記州縣之名而已。晉世摯虞依禹貢周官

作譏服經。其州郡及縣分野封略事業國邑山陵水泉鄉亭城郭道理土田民物風俗先賢舊好。靡不具悉。凡一百七十卷。今亡。而學者因其經歷。並有記載。然不能成一家之體。齊時陸澄聚一百六十家之說。依其前後遠近。編而爲部。謂之地理書。任昉又增陸澄之書八十四家。謂之地記。陳時顧野王鈔撰衆家之言。作輿地志。隋大業中。普詔天下諸郡。條其風俗物產地圖。上於尚書。故隋代有諸郡物產土俗記一百三十一卷。區宇圖志一百二十九卷。諸州圖經集一百卷。其餘記注甚衆。今任陸二家所記之內而又別行者。各錄在其書之上。自餘次之於下。以備地理之記焉。

世本王大夫譜二卷　世本二卷劉向撰、　世本四卷宋衷撰、　漢氏帝王譜三卷梁有宋譜四卷、劉湛百家譜二卷、亡、

齊帝譜屬十卷　百家集譜十卷王儉撰、梁有王逡之續儉百家譜四卷、南族譜二卷、百家譜拾遺一卷、又有齊梁帝譜四卷、梁帝譜十三卷、亡、

百家譜三十卷王僧孺撰、　百家譜集鈔十五卷王僧孺撰、　百家譜二十卷賈執撰、　百家譜十五卷傅昭撰、

百家譜世統十卷　百家譜鈔五卷　姓氏英賢譜一百卷賈執撰、案梁有王司空新集諸州譜十一卷、又別有諸姓譜一百一十六卷、益州譜四十卷、關東關北譜三十三卷、梁武帝總責境內十八州譜六百九十卷、亡、

後魏辯宗錄二卷元暉業撰、

後魏皇帝宗族譜四卷　魏孝文列姓族牒一卷　後齊宗譜一卷　益州譜三十卷

冀州姓族譜二卷　洪州諸姓譜九卷　吉州諸姓譜八卷　江州諸姓譜十一卷　諸州雜譜八卷　袁州諸姓譜八卷　揚州譜鈔五卷　京兆韋氏譜二卷　謝氏譜一十卷

楊氏血脈譜二卷　楊氏家譜狀并墓記一卷　楊氏枝分譜一卷　楊氏譜一卷　北地
傅氏譜一卷　蘇氏譜一卷　洂系傳一卷姚最撰、　氏族要狀十五卷　姓苑一卷何氏撰、
復姓苑一卷　齊永元中表簿五卷　竹譜一卷　錢譜一卷顧烜撰、　錢圖一卷

右四十一部三百六十卷。通計亡書、合五十三部、一千二百八十卷、

氏姓之書。其所由來遠矣。書稱別生分類。傳曰天子建德。因生以賜姓。周家小史定繫世。辨昭穆。則亦史之職也。秦兼天下。剗除舊迹。公侯子孫。失其本繫。漢初得世本。敍黃帝已來祖世所出。而漢又有帝王年譜。後漢有鄧氏官譜。晉世摯虞作族姓昭穆記十卷。齊梁之間。其書轉廣。後魏遷洛。有八氏十姓。咸出帝族。又有三十六族。則諸國之從魏者。九十二姓。世爲部落大人者。並爲河南洛陽人。其中國士人。則第其門閥。有四海大姓郡姓州姓縣姓。及周太祖入關。諸姓子孫有功者。並令爲其宗長。仍撰譜錄。紀其所承。又以關內諸州。爲其本望。其鄧氏官譜及族姓昭穆記。晉亂已亡。自餘亦多遺失。今錄其見存者。以爲譜系篇。

七略別錄二十卷劉向撰、　七略七卷劉歆撰、　晉中經四十卷荀勗撰、　晉義熙已來新集目錄三卷　宋元徽元年四部書目錄四卷王儉撰、　今書七志七十卷王儉撰、　梁天監六年四部書目錄四卷殷鈞撰、　梁東宮四部目錄四卷劉遵撰、　梁文德殿四部目錄四卷劉孝標撰、　七錄十二卷阮孝緒撰、　魏闕書目錄一卷　陳祕閣圖書法書目錄一卷　陳天嘉六年壽安殿四

部目錄四卷　陳德教殿四部目錄四卷　陳承香殿五經史記目錄二卷　開皇四年四部目錄四卷　開皇八年四部書目錄四卷　香廚四部目錄四卷　隋大業正御書目錄九卷　法書目錄六卷　雜儀注目錄四卷　雜撰文章家集敍十卷荀勗撰、　文章志四卷摯虞撰、　續文章志二卷傅亮撰、　晉江左文章志三卷宋明帝撰、　宋世文章志二卷沈約撰、　書品二卷　名手畫錄一卷　正流論一卷

右三十部二百一十四卷

古者史官既司典籍。蓋有目錄。以爲綱紀。體制湮滅。不可復知。孔子刪書。別爲之序。各陳作者所由。韓毛二詩。亦皆相類。漢時劉向別錄。劉歆七略。剖析條流。各有其部。推尋事迹。疑則古之制也。自是之後。不能辨其流別。但記書名而已。博覽之士。疾其渾漫。故王儉作七志。阮孝緒作七錄。並皆別行。大體雖準向歆。而遠不逮矣。其先代目錄。亦多散亡。今總其見存。編爲簿錄篇。

凡史之所記八百一十七部一萬三千二百六十四卷通計亡書合八百七十四部、一萬六千五百五十八卷、

夫史官者。必求博聞強識。疏通知遠之士。使居其位。百官衆職。咸所貳焉。是故前言往行。無不識也。天文地理。無不察也。人事之紀。無不達也。內掌八柄。以詔王治。外執六典。以逆官政。書美以彰善。記惡以垂戒。範圍神化。昭明令德。窮聖人之至賾。詳一代之亹亹。自史官廢絕

久矣。漢氏頗循其舊。班馬因之。魏晉已來。其道逾替。南董之位。以祿貴遊。政駿之司。學因才
授。故梁世諺曰。上車不落則著作。體中何如則祕書。於是尸素之儔。盱衡延閣之上。立言之
士。揮翰蓬茨之下。一代之記。至數十家。傳說不同。聞見舛駁。理失中庸。辭乖體要。致令允恭
之德。有闕於典墳。忠肅之才。不傳於簡策。斯所以為蔽也。班固以史記附春秋。今開其事類。
凡三十種。別為史部。
晏子春秋七卷齊大夫晏嬰撰、　曾子二卷目一卷、魯國曾參撰、　子思子七卷魯穆公師孔伋撰、　公孫尼子一卷
尼似孔子弟子、　孟子十四卷齊卿孟軻撰、趙岐注、　孟子七卷鄭玄注、　孟子七卷劉熙注、梁有孟子九卷、綦毋邃撰、亡、　孫卿
子十二卷楚蘭陵令荀況撰、梁有王孫子一卷、亡、　董子一卷戰國時董無心撰、　魯連子五卷錄一卷魯連齊人、不仕、稱爲先生、
新語二卷陸賈撰、　賈子十卷錄一卷、漢梁太傅賈誼撰、　鹽鐵論十卷漢廬江府丞桓寬撰、　新序三十卷錄一卷、劉
向撰、　說苑二十卷劉向撰、　揚子法言十五卷解一卷揚雄撰、李軌注、梁有揚子法言六卷、侯芭注、亡、　揚子法言十
三卷宋衷撰、　揚子太玄經九卷宋衷注、梁有揚子太玄經九卷、揚雄自作章句、亡、　揚子太玄經十卷陸績宋衷撰、　揚
子太玄經十卷蔡文邵注、梁有揚子太玄經十四卷、虞翻注、揚子太玄經十三卷、陸凱注、揚子太玄經七卷、王肅注、亡、　桓子新論十七卷後漢
六安丞桓譚撰、　潛夫論十卷後漢處士王符撰、梁有王逸正部論八卷、後漢侍中王逸撰、後序十二卷、後漢司隸校尉應奉撰、周生子要論一卷、錄一卷、魏侍中周生
烈撰、亡、　申鑒五卷荀悅撰、　魏子三卷後漢會稽人魏朗撰、梁有文檢六卷、似後漢末人作、亡、　牟子二卷後漢太尉牟融撰、
典論五卷魏文帝撰　徐氏中論六卷魏太子文學徐幹撰、梁目一卷、　王子正論十卷王肅撰、梁有去伐論集三卷、王粲撰、亡、

杜氏體論四卷（魏幽州刺史杜恕撰、梁有新書五卷、王基撰、周子九卷、吳中書郎周昭撰、亡、）　顧子新語十二卷（吳太常顧譚撰、通語十卷、晉尚書左丞殷興撰、典語十卷、典語別二卷、並吳中夏督陸景撰、亡、）

譙子法訓八卷（譙周撰、梁有譙子五教志五卷、亡、）　袁子正論十九卷（袁準撰、梁有袁子正書二十五卷、袁導撰、孫氏敗志三卷、孫毓撰、古今通論二卷、松滋令王嬰撰、蔡氏化清經十卷、蔡洪撰、通經二卷、晉丞相從事中郎王長元撰、亡、）

新論十卷（晉散騎常侍夏侯湛撰、梁有揚子物理論十六卷、揚子太玄經十四卷、並晉徵士楊泉撰、新論十卷、晉金紫光祿大夫華譚撰、梅子新論一卷、亡、）　志林新書三十卷（虞熹撰、梁有廣林二十四卷、又後林十卷、虞熹撰、干子十八卷、干竇撰、閎論二卷、晉江州從事蔡詔撰、顧子十卷、晉揚州主簿顧夷撰、亡、）　要覽十卷（晉郡儒林祭酒呂竦撰、）

正覽六卷（梁太子詹事周拾撰、梁有三統五德論二卷、曹思文撰、亡、）　諸葛武侯集誡二卷　衆賢誡十三卷

女篇一卷　女鑒一卷　婦人訓誡集十一卷　婦姒訓一卷　曹大家女誡一卷　貞順志一卷

右四十四部五百三十卷（通計亡書、合六十七部、六百九卷、）

儒者。所以助人君明教化者也。聖人之教非家至而戶說。故有儒者宣而明之。其大抵本於仁義及五常之道。黃帝堯舜禹湯文武咸由此則。周官太宰以九兩繫邦國之人。其四曰儒是也。其後陵夷衰亂。儒道廢闕。仲尼祖述前代。修正六經。三千之徒。竝受其義。至於戰國。孟軻子思荀卿之流。宗而師之。各有著述。發明其指。所謂中庸之教。百王不易者也。俗儒爲之。不顧其本。苟欲譁衆。多設問難。便辭巧說。亂其大體。致令學者難曉。故曰博而寡要。

鬻子一卷（周文王師鬻熊撰、）　老子道德經二卷（周柱下史李耳撰、漢文帝時河上公注、梁有戰國時河上丈人注老子經二卷、漢長陵三老毋丘望

之注、老子二卷、漢隱士嚴遵注、老子二卷、虞翻注老子二卷、亡、
老子道德經二卷 王弼注、梁有老子道德經二卷、張嗣注老子道德經二卷、蜀才注、亡
老子道德經二卷 鍾會注、梁有老子道德經二卷、晉太傅羊祜解釋、老子經二卷、東晉江州刺史王尚述注、老子二卷、晉郎中程韶集解、老子二卷、邯鄲氏注、老子二卷、常氏傳、老子二卷、孟氏注、老子二卷、盈氏注、亡
老子道德經二卷音一卷 晉尚書郎孫登注、
老子道德經二卷 劉仲融注、梁有老子道德經二卷、匡生解、老子道德經二卷、晉西中郎將袁眞注、老子道德經二卷、張憑注、老子道德經二卷、釋惠琳注、老子道德經二卷、釋惠嚴注、老子道德經二卷、王玄載注、亡、
老子道德經二卷 盧景裕撰、
老子音一卷 李軌撰、梁有老子音一卷、晉散騎常侍戴逵撰、亡、
老子四卷 梁曠撰、
老子指歸十一卷 嚴遵注、
老子指趣三卷 毋丘望之撰、
老子義綱一卷 顧歡撰、梁有老子道德論二卷、何晏撰、老子序次一卷、葛僊公撰、老子雜論一卷、何王等注、老子私記十卷、梁簡文帝撰、老子玄示一卷、韓莊撰、老子玄譜一卷、晉柴桑令劉遺民撰、老子玄機三卷、宗塞撰、老子幽易五卷、文老子志一卷、山琮撰、亡、
老子義疏一卷 顧歡撰、梁有老子義疏一卷、釋慧觀撰、亡、
老子義疏五卷 孟智周私記、
老子義疏四卷 韋處玄撰、
老子講疏六卷 梁武帝撰、
老子義疏九卷 戴詵撰、
老子節解二卷
老子章門一卷
文子十二卷 文子老子弟子、七路有九篇、梁七錄十卷、亡、
鶡冠子三卷 楚之隱人、
列子八卷 鄭之隱人、列禦寇撰、東晉光祿勳張湛注、
莊子二十卷 梁漆園吏莊周撰、晉散騎常侍向秀注、本二十卷、今闕、梁有莊子十卷、東晉議郎崔譔注、亡、
莊子十六卷 司馬彪注、本二十一卷、今闕、
莊子三十卷目一卷 晉太傅主簿郭象注、梁七錄三十三卷、
集注莊子六卷 梁有莊子三十卷、晉丞相參軍李頤注、莊子十八卷、孟氏注、錄一卷、亡、
莊子音一卷 李軌撰、
莊子音三卷 徐邈撰、
莊子集音三卷 徐邈撰、
莊子註音一卷 司馬彪等撰、
莊子音三卷 郭象撰、梁有向秀莊子音一卷、
莊子外篇雜音一卷
莊子內篇音義一卷
莊子講疏十卷 梁簡文帝撰、本二十卷、今闕、
莊子講疏二卷 張機撰、亡、
莊子講疏八卷
莊子文句義二十八

卷本三十卷，今闕。梁有莊子義疏十卷，又莊子義疏三卷，宋處士李叔之撰，亡。　莊子內篇講疏八卷周弘正撰，　莊子義疏八卷戴詵撰，　南華論二十五卷梁曠撰，本三十卷，　南華論音三卷　莊成子十二卷梁有蹇子一卷，今亡，。玄言新記明莊部二卷梁澡撰，　守白論一卷　任子道論十卷魏河東太守任嘏撰，梁有渾輿經一卷，魏安成令桓威撰，亡。　唐子十卷吳唐滂撰，梁有蘇子七卷，晉北中郎參軍蘇彥撰，宣子二卷，晉宣城令宣聘撰，陸子十卷，陸雲撰，亡，　杜氏幽求新書二十卷杜夷撰，　抱朴子內篇二十一卷音一卷葛洪撰，梁有顧道士新書論經三卷，晉方士顧谷撰，亡，　孫子十二卷孫綽撰，　符子二十卷東晉員外郎符朗撰，梁有賀子述言十卷，宋太學博士賀道養撰，少子五卷，齊司徒左長史張融撰，梁有養生論三卷，嵇康撰，攝生論二卷，晉河內太守阮侃撰，無宗論四卷，聖人無情論六卷，亡，　夷夏論一卷顧歡撰，梁二卷，梁又有談衆三卷，亡，　簡文談疏六卷晉簡文帝撰，　無名子一卷張太衡撰，　玄子五卷　遊玄桂林二十一卷目一卷張機撰，　廣成子十三卷商洛公撰，張太衡注，疑近人作，

右七十八部合五百二十五卷

道者。蓋爲萬物之奧。聖人之至賾也。易曰。一陰一陽之謂道。又曰。仁者見之謂之仁。智者見之謂之智。百姓日用而不知。夫陰陽者天地之謂也。天地變化。萬物蠢生。則有經營之迹。至於道者。精微淳粹。而莫知其體。處陰與陰爲一。在陽與陽不二。仁者資道以成仁。道非仁之謂也。智者資道以爲智。道非智之謂也。百姓資道而日用。而不知其用也。聖人體道成性。清虛自守。爲而不恃。長而不宰。故能不勞聰明而人自化。不假修營而功自成。其玄德深遠。言象不測。先王懼人之惑。置於方外。六經之義。是所罕言。周官九兩。其三曰師。蓋近之矣。然自

黃帝以下聖哲之士所言道者。傳之其人。世無師說。漢時曹參始薦蓋公能言黃老。文帝宗之。自是相傳道學衆矣。下士為之。不推其本。苟以異俗為高。狂狷為尚。迂誕譎怪而失其眞。

管子十九卷 齊相管夷吾撰、 商君書五卷 秦相衛鞅撰、梁有申子三卷、韓相申不害撰、亡、 愼子十卷 戰國時處士愼到撰、 韓子二十卷目一卷 韓非撰、梁有韓氏新書三卷、漢御史大夫鼂錯撰、亡、 正論六卷 漢大尚書崔寔撰、梁有法論十卷、劉邵撰、政論五卷、魏侍中劉廙撰、阮子正論五卷、魏清河太守阮武撰、亡、 世要論十二卷 魏大司農桓範撰、梁有二十卷、又有陳子要言十四卷、吳豫章太守陳融撰、蔡司徒難論五卷、晉三公令史黃命撰、亡、

右六部合七十二卷

法者。人君所以禁淫慝。齊不軌而輔於治者也。易著先王明罰飭法。書美明於五刑。以弼五敎。周官司寇掌建國之三典。以佐王刑邦國。詰四方。司刑以五刑之法麗萬民之罪是也。刻者為之。則杜哀矜。絕仁愛。欲以威劫為化。殘忍為治。乃至傷恩害親。

鄧析子一卷 析鄭大夫、 尹文子二卷 尹文周之處士、遊齊稷下、 士操一卷 魏文帝撰、梁有刑聲論一卷、亡、 人物志三卷 劉邵撰、梁有士緯新書十卷、姚信撰、又姚氏新書二卷、與士緯相似、九州人士論一卷、魏司空盧毓撰、通古人論一卷、亡、

右四部合七卷

名者。所以正百物。敘尊卑。列貴賤。各控名而責實。無相僭濫者也。春秋傳曰。古者名位不同。節文異數。孔子曰。名不正則言不順。言不順則事不成。周官宗伯以九儀之命。正邦國之位。

辨其名物之類是也。拘者爲之。則苛察繳繞。滯於析辭。而失大體。

墨子十五卷目一卷。宋大夫墨翟撰、　隨巢子一卷巢似墨翟弟子、　胡非子一卷非似墨翟弟子、梁有田休子一卷、亡、

右三部合一十七卷

墨者。強本節用之術也。上述堯舜夏禹之行。茅茨不翦。糲粱之食。桐棺三寸。貴儉兼愛。嚴父上德。以孝示天下。右鬼神而非命。漢書以爲本出清廟之守。然則周官宗伯掌建邦之天神地祇人鬼。肆師掌立國祀及兆中廟中之禁令。是其職也。愚者爲之。則守於節儉。不達時變。推心兼愛。而混於親疏也。

鬼谷子三卷皇甫謐注、鬼谷子周世隱於鬼谷、梁有補闕子十卷、湘東鴻烈十卷、並元帝撰、亡、　鬼谷子三卷樂一注、

右二部合六卷

從橫者。所以明辯說。善辭令。以通上下之志者也。漢書以爲本出行人之官。受命出疆。臨事而制。故曰誦詩三百。使于四方。不能專對。雖多亦奚以爲。周官掌交以節與幣巡邦國之諸侯。及萬姓之聚。導王之德意志慮。使辟行之。而和諸侯之好。達萬民之說。諭以九稅之利。九儀之親。九牧之維。九禁之難。九戎之威。是也。佞人爲之。則便辭利口。傾危變詐。至於賊害忠信。覆邦亂家。

尉繚子五卷梁有錄六卷、尉繚梁惠王時人、　尸子二十卷目一卷梁十九卷、秦相衛鞅上客尸佼撰、其九篇亡、魏黃初中續、　呂氏春

秋二十六卷 秦相呂不韋撰、高誘注、 淮南子二十一卷 漢淮南王劉安撰、許愼注、 淮南子二十一卷 高誘注、 論衡二十九卷 後漢徵士王充撰、梁有洞序九卷、錄一卷、應奉撰亡、 風俗通義三十一卷 錄一卷、應劭撰、梁三十卷、 仲長子昌言十二卷 錄一卷、漢尚書郎仲長統撰、 蔣子萬機論八卷 蔣濟撰、梁有篤論四卷、杜恕撰、芻蕘論五卷、鍾會撰、梁有諸葛子五卷、吳太傅諸葛恪撰、亡、 傅子百二十卷 晉司隸校尉傅玄撰、嘿記三卷、吳大鴻臚張儼撰、裴氏新言五卷、吳大鴻臚裴玄撰、梁有新義十八卷、吳太子中庶子劉廞撰、析言論二十卷、晉議郎張顯撰、桑丘先生書二卷、晉征南軍師楊偉撰、亡、 時務論十二卷 楊偉撰、梁有古書論十七卷、桓子一卷、秦子三卷、吳秦菁撰、劉子十卷、何子五卷、亡、 立言六卷 蘇道撰、梁有孔氏說林二卷、孔衍撰、亡、 抱朴子外篇三十卷 葛洪撰、梁有五十一卷、 金樓子二十卷 梁元帝撰、 博物志十卷 張華撰、 張公雜記一卷 張華撰、梁有五卷、與博物志相似、小小不同、又有雜記十卷、何氏撰、亡、 雜記十一卷 張華撰、梁有子沐二十卷、孟儀撰、亡、 廣志二卷 郭義恭撰、 部略十五卷 博覽十三卷 諫林五卷 齊晉陵令何望之撰、 述政論十三卷 陸澄撰、 古今注三卷 崔豹撰、亡、 古今訓十一卷 張顯撰、 古今善言三十卷 宋車騎將軍范泰撰、 善諫二卷 宋領軍長史虞通之撰、 缺文十三卷 陸澄撰、 政論十三卷 陸澄撰、 記聞二卷 宋後軍參軍徐益壽撰、 新舊傳四卷 釋俗語八卷 劉霽撰、 稱謂五卷 後周大將軍盧辯撰、 備遺記三卷 纂要一卷 戴安道撰、亦云顏延之撰、 方類六卷 俗說三卷 沈約撰、梁五卷、 雜說二卷 沈約撰、 袖中記二卷 沈約撰、 袖中略集一卷 沈約撰、 珠叢一卷 沈約撰、 採璧三卷 梁中書舍人庾肩吾撰、 物始十卷 謝吳撰、 宜覽二十二卷 玉府集八卷 鴻寶十卷 顯用九卷 墳典三十卷 盧辯撰、 玉燭寶典十二卷 著作郎杜臺卿撰、 典言四卷 後魏人李穆叔撰、 典言四卷 後齊中書郎荀士遜撰、 補文六卷 四時錄十

二卷　正訓二十卷　內訓二十卷　雜略十三卷　清神三卷　前言八卷　會林五卷
對林十卷　道言六卷吒羅羨撰、　道術志三卷　沭伎藝一卷　諸書要略一卷魏彥深撰、　文
府五卷梁有文章義府三十卷、　語對十卷朱澹遠撰、　語麗十卷朱澹遠撰、　對要三卷　雜語三卷　衆書
事對三卷　廊廟五格二卷王彬撰、　名數八卷　新言四卷裴立撰、　善說五卷　君臣相起
發事三卷　物重名五卷　眞注要錄一卷　天地體二卷　雜事鈔二十四卷　雜書鈔
四十四卷　子鈔三十卷梁黟令庾仲容撰、　子鈔二十卷梁有子鈔十五卷沈約撰、亡、　論集八十六卷殷仲堪撰
梁有九十六卷、梁又有雜論
五十八卷、雜論十三卷、亡、　皇覽一百二十卷繆卜等撰、梁有六百八十卷、梁又有皇覽一百二十三卷、何承天合皇覽五十卷、徐
爰合皇覽目四卷、又有皇覽
鈔二十卷、梁特進蕭琛鈔、亡、　帝王集要三十卷崔安撰、　類苑一百二十卷梁征虜刑獄參軍劉孝標撰、梁
七錄八
十二卷、　華林遍略六百二十卷梁綏安令徐僧權等撰、　要錄六十卷　壽光書苑二百卷梁尚書左丞劉
杳撰、　科錄七十卷元暉撰、　書圖泉海二十卷陳張式撰、　聖壽堂御覽三百六十卷　長洲玉鏡
二百三十八卷　書鈔一百七十四卷　釋氏譜十五卷　內典博要三十卷　淨住子二
十卷齊竟陵王蕭子良撰、　因果記十卷　歷代三寶記三卷費長房撰、　眞言要集十卷　義記二十卷
蕭子良撰、　感應傳八卷晉尚書郎王延秀撰、　衆僧傳二十卷裴子野撰、　高僧傳六卷虞孝敬撰、　皇帝菩薩清
淨大捨記三卷謝吳撰、亡、　寶臺四法藏目錄一百卷大業中撰、　玄門寶海一百二十卷大業中撰、
右九十七部合二千七百二十卷

雜者。兼儒墨之道。通衆家之意。以見王者之化。無所不冠者也。古者司史歷記前言往行。禍福存亡之道。然則雜者蓋出史官之職也。放者爲之。不求其本。材少而多學。言非而博。是以雜錯漫羨。而無所指歸。

氾勝之書二卷漢議郎氾勝之撰、　四人月令一卷後漢大尚書崔寔撰、　禁苑實錄一卷　齊民要術十卷賈思勰撰、　春秋濟世六常擬議五卷楊瑾撰、梁有陶朱公養魚法、卜式養羊法、養猪法、月政畜牧栽種法、各一卷、亡、

右五部一十九卷

農者。所以播五穀。藝桑麻。以供衣食者也。書敘八政。其一曰食。二曰貨。孔子曰。所重民食。周官冢宰以九職任萬民。其一曰三農生九穀。地官司稼。掌巡邦野之稼。而辨穜稑之種。周知其名與其所宜地。以爲法。而懸於邑閭。是也。鄙者爲之。則棄君臣之徇。義耕稼之利。而亂上下之序。

燕丹子一卷丹燕王喜太子、梁有青史子一卷、又宋玉子一卷、錄一卷、楚大夫宋玉撰、羣英論一卷、郭頒撰、語林十卷、東晉處士裴啟撰、亡、　雜論五卷

郭子三卷東晉中郎郭澄之撰、　雜對語三卷　要用語對四卷　文對三卷　瑣語一卷梁金紫光祿大夫顧協撰、　笑林三卷後漢給事中邯鄲淳撰、　笑苑四卷　解頤二卷楊松玢撰、　世說八卷宋臨川王義慶撰、　世說十卷劉孝標注、梁有俗說一卷、亡、　小說十卷梁武帝勅安右長史殷芸撰、梁目三十卷、　小說五卷　邇說一卷梁南臺治書伏挺撰、

辯林二十卷蕭賁撰、　辯林二卷席希秀撰、　瓊林七卷周獸門學士陰顥撰、　古今藝術二十卷　雜書

鈔十三卷　座右方八卷（庚元威撰、）　座右法一卷　魯史欹器圖一卷（儀同劉徽注、）　器準圖三卷（後魏丞相士曹行參軍信都芳撰、）　水飾一卷

右二十五部合一百五十五卷

小說者。街談巷語之說也。傳載輿人之誦。詩美詢於芻蕘。古者聖人在上。史爲書。瞽爲詩。工誦箴諫。大夫規誨。士傳言而庶人謗。孟春徇木鐸以求歌謠。巡省觀人詩以知風俗。過則正之。失則改之。道聽塗說。靡不畢紀。周官誦訓掌道方志以詔觀事。道方慝以詔辟忌以知地俗。而訓方氏掌道四方之政事。與其上下之志。誦四方之傳道。而觀衣物。是也。孔子曰。雖小道必有可觀者焉。致遠恐泥。

司馬兵法三卷（齊將司馬穰苴撰、）　孫子兵法二卷（吳將孫武撰、魏武帝注、梁三卷、）　孫子兵法一卷（魏武王凌集解、）　孫武兵經二卷（張子尚注、）　鈔孫子兵法一卷（魏太尉賈詡鈔、梁有孫子兵法二卷、孟氏解詁、孫子兵法二卷、吳處士沈友撰、又孫子八陣圖一卷、亡、）　吳起兵法一卷（賈詡注、）　吳孫子牝八變陣圖二卷　續孫子兵法二卷（魏武帝撰、）　孫子兵法雜占四卷（梁有諸葛亮兵法五卷、又慕容氏兵法一卷、亡、）　皇帝兵法一卷（宋武帝所傳神人書、梁有雜兵注二十四卷、兵法序二卷、亡、）　太公六韜五卷（梁六卷、周文王師姜望撰、）　太公陰謀一卷（梁六卷、梁又有太公陰謀三卷、魏武帝解、）　太公陰符鈐錄一卷　太公金匱二卷　太公兵法二卷（梁三卷、）　太公兵法六卷（梁又有太公雜兵書六卷、）　太公伏符陰陽謀一卷

黃帝兵法孤虛雜記一卷　太公三宮兵法一卷（梁有太乙三宮兵法立成圖二卷、）　太公書禁忌立成

集二卷　太公枕中記一卷　周書陰符九卷　周呂書一卷　黃石公內記敵法一卷　黃石公三略三卷下邳神人撰、成氏注、梁又有黃石公記三卷、黃石公略注三卷、　黃石公三奇法一卷梁有兵書一卷、張良經與三略往往同、亡、　黃石公五壘圖一卷　黃石公陰謀行軍祕法一卷梁有黃石公祕經二卷、　大將軍兵法一卷　黃石公兵書三卷　兵書接要十卷魏武帝撰、梁有兵書接要別本五卷、又有兵書要論七卷、亡、　兵法接要三卷魏武帝撰、　三宮用兵法一卷　兵書略要九卷魏武帝撰、梁有兵要二卷、　魏武帝兵法一卷魏有魏時羣臣表伐吳策一卷、諸州策四卷、軍令八卷、尉繚子兵書一卷、　兵林六卷東晉江都相孔衍撰、　兵林一卷　玄女戰經一卷　武林一卷王略撰、　黃帝問玄女兵法四卷梁三卷、　秦戰鬭一卷　梁主兵法一卷　梁武帝兵書鈔一卷　梁武帝兵書要鈔一卷　玉韜十卷梁元帝撰、　金韜十卷　金策十九卷　兵書要略五卷　後周齊王字文憲撰、　兵書七卷　兵書要術四卷伍景志撰、　兵記八卷司馬彪撰、一本二十卷、　兵書要序十卷　趙氏撰、　兵法五卷　雜兵書十卷梁有雜兵書八卷、三家兵法要集三卷、戎略機品二卷、亡、　大將軍一卷　雜兵圖二卷　兵略五卷　軍勝見十卷許防撰、　戎決十三卷許防撰、　陣圖一卷　陰策二十二卷大都督劉祐撰、　陰策林一卷　承神兵書二十卷　眞人水鏡十卷　戰略二十六卷金城公趙煚撰、　金海三十卷蕭吉撰、　兵書二十五卷　雜撰陰陽兵書五卷莫珍寶撰、　黃帝兵法雜要決一卷　黃帝軍出大師年命立成一卷　黃帝複姓符二卷許防撰、梁有辟兵法一卷、　黃帝太一兵曆一卷　黃帝蚩尤風后行軍祕術二卷梁有黃帝蚩尤兵法一卷、亡、　老子兵書一卷　吳有道占出軍決勝負事一卷（梁二卷，又黃帝出軍雜用訣十二卷，風氣占軍決勝戰二卷，太史令全範撰，）對敵權變一卷（吳氏撰，）對敵占風一卷（梁有黃帝夏氏占氣六卷，兵法風氣等占三卷，亡，）對敵權變逆順一卷　兵法權儀一卷　六甲孤虛雜訣一卷（梁有孫子戰鬪六甲兵法一卷，）六甲孤虛兵法一卷　孤虛法十卷（梁有兵法遁甲孤虛斗中域法九卷，）兵書雜占十卷（梁有兵法日月風雲背向雜占十二卷，兵法三卷，虛占三卷，京氏征伐軍候八卷，）兵書雜歷八卷　太一兵書一十一卷（梁二十卷，）兵法內術二卷　兵法要訣九卷（闕一卷）軍國要略一卷　兵法要錄二卷　用兵撮要二卷　用兵要術一卷　用兵祕法雲氣占一卷　五家兵法一卷　兵法三家軍占祕要一卷（李行撰，）氣經上部占一卷　天大芒霧氣占一卷　鬼谷先生占氣一卷　五行候氣占災一卷　乾坤氣法一卷　雜匈奴占一卷（漢武帝王朔法，）對敵占一卷　雜占八卷（梁有推元嘉十二年日時兵法二卷，逆推元嘉二十年太歲計用兵法一卷，）兵殺歷一卷　馬槊譜一卷（梁二卷，梁有騎馬都格一卷，騎馬變圖一卷，馬射譜一卷，亡，）碁勢四卷（梁有術藝略序五卷，孫暢之撰，圍碁勢七卷，湘東太守徐泓撰，齊高碁圖二卷，圍碁九品序錄五卷，范汪等撰，圍碁勢二十九卷，晉趙王倫舍人馬朗等撰，碁品敍略三卷，建元永明碁品二卷，宋員外殿中將軍褚思莊撰，天監碁品一卷，梁尙書僕射柳惲撰，亡，）雜博戲五卷　投壺經一卷　梁東宮撰太一博法一卷　雙博法一卷　皇博法一卷（梁有大小博法一卷，投壺經四卷，投壺變一卷，晉左光祿大夫虞譚撰，投壺道一卷，郝沖撰，擊壤經一卷，亡，）象經一卷（周武帝撰，）博塞經一卷（邵綱撰，）碁勢十卷（沈敞撰，）碁勢十卷（二卷，成，）碁勢十卷（王子沖撰，）碁勢八卷　碁圖勢十卷　碁九品序錄一卷（范汪等注，）碁後九品序一卷（袁遵撰，）圍碁品一卷（梁武帝撰，）碁品序一卷（陸雲撰，）碁法一卷（梁武帝撰，）彈碁譜一卷（徐廣撰，）二儀

十博經一卷　象經一卷王褒撰、　象經三卷王裕注、　象經一卷何妥注、　象經發題義一卷

右一百三十三部五百一十二卷

兵者所以禁暴靜亂者也。易曰古者弦木爲弧。剡木爲矢。弧矢之利以威天下。孔子曰不教人戰。是謂棄之。周官大司馬掌九法九伐以正邦國是也。然皆動之以仁行之以義故能誅暴靜亂以濟百姓。下至三季恣情逞欲爭伐尋常不撫其人設變詐而滅仁義至乃百姓離叛以致於亂。

周髀一卷趙嬰注、　周髀一卷甄鸞重述、　周髀圖一卷　靈憲一卷張衡撰、　渾天象注一卷吳散騎常侍王蕃撰、　渾天儀二卷　渾天圖一卷石氏、　渾天圖一卷　渾天圖記一卷梁有昕天論一卷、姚信撰安天論六卷、虞喜圖天圖一卷、原天論一卷、神光內鈔一卷、　定天論三卷　天儀說要一卷陶弘景撰、　玄圖一卷　石氏星簿經讚一卷　星經二卷　甘氏四七法一卷　巫咸五星占一卷　天儀說要一卷陶弘景撰、

錄軌象以頌其章一卷內有圖、　天文集占十卷晉太史令陳卓定、　天文要集四十卷晉太史令韓楊撰、

天文要集四卷　天文要集三卷　天文集占十卷梁百卷、梁有石氏甘氏天文占各八卷、　天文占六卷李暹撰、　天文占一卷　天文占氣書一卷　天文集要鈔二卷　天文書二卷梁有雜天文書二十五卷、

雜天文橫占一卷　天文橫圖一卷高文洪撰、　天文集占圖十一卷梁有天文五行圖十二卷、天文雜占十六卷、亡、

天文錄三十卷梁奉朝請祖暅撰、　天文志十二卷吳雲撰、　天文志雜占一卷吳雲撰、梁有天文雜占十五卷、亡、

天文十二卷史崇注、　天文十二次圖一卷梁有天官宿野圖一卷、亡、　婆羅門天文經二十一卷婆羅門捨仙人所說、　婆羅門竭伽仙人天文說三十卷　婆羅門天文一卷　陳卓四方宿占一卷梁四卷、　黃帝五星占一卷　五星占一卷丁巡撰、　五星占一卷梁有五星集占六卷、日月五星集占十卷、　五星占一卷陳卓撰、　五星犯列宿占六卷　雜星書一卷　星占二十八卷孫僧化等撰、　星占一卷梁有石氏星經七卷、陳卓記、又石氏星官十九卷、又星經七卷、郭歷撰、亡、　天官星占十卷陳卓撰、梁天官星占二十卷、吳龔撰、　星占八卷梁又有星占十八卷、　中星經簿十五卷梁有星官簿讚十三卷、又有星書三十四卷、雜家星占六卷、論星一卷、亡、　著明集十卷　雜星圖五卷　天文外宮占八卷　雜星占七卷　雜星占十卷　海中星占一卷梁有論星一卷、　星圖海中占一卷　解天命星宿要訣一卷　摩登伽經說星圖一卷　星圖二卷梁有星書圖七卷、　彗星占一卷　妖星流星形名占一卷　太白占一卷　流星占一卷　石氏星占一卷吳龔撰、　候雲氣一卷　星官次占一卷　彗孛占一卷　二十八宿二百八十三官圖一卷　荊州占二十卷宋通直郎劉嚴撰、梁二十二卷、　翼氏占風一卷　日月暈三卷梁日月暈圖二卷、　孝經內記二卷　京氏釋五星災異傳一卷　京氏日占圖三卷　夏氏日旁氣一卷許氏撰、梁四卷、　日食蔀候占一卷　魏氏日旁氣圖一卷　日旁雲氣圖五卷　天文占雲氣圖一卷梁有雜望氣經八卷、候氣占一卷、章賢十二時雲氣圖二卷、　天文洪範日月變一卷　洪範占二卷梁有洪範五行星曆四卷、　黃道晷景占一卷梁有晷景記二卷、　月行黃道圖一卷梁有日月交會圖、鄭玄注一卷、又日月本次位圖一卷、　月暈占一卷　日月食暈占四卷

日食占一卷　日月薄蝕圖一卷　日變異食占一卷　日月暈珥雲氣圖占一卷梁有君失政大雲雨日月占二卷、　二十八宿十二次一卷　二十八宿分野圖一卷　五緯合雜一卷　五星合雜說一卷　垂象志一百四十八卷　太史注記六卷　靈臺祕苑一百一十五卷太史令庾季才撰

右九十七部合六百七十五卷

天文者。所以察星辰之變。而參於政者也。易曰。天垂象。見吉凶。書稱天視自我人視。天聽自我人聽。故曰。王政不修。謫見於天。日為之蝕。后德不修。謫見於天。月為之蝕。其餘孛彗飛流。見休陵犯。各有其應。周官馮相掌十有二歲。十有二月。十有二辰。十日。二十有八星之位。辨其敘事。以會天位。是也。小人為之。則指凶為吉。謂惡為善。是以數術錯亂而難明。

四分曆三卷梁四分曆三卷、漢修曆人李梵撰、梁又有三統曆法三卷、劉歆撰、亡、　趙隱居四分曆一卷　魏甲子元三統曆一卷　姜氏三紀曆一卷　曆序一卷姜氏撰、　乾象曆三卷吳太子太傅闞澤撰、梁有乾象曆五卷、漢會稽都尉劉洪等注、又有闞澤注五卷、又乾象五星幻術一卷、亡、　曆術一卷吳太史令吳範撰、　景初曆三卷晉楊偉撰、梁有景初曆術二卷、景初曆法三卷、又一本五卷、並楊偉撰、亦景初曆略晏二卷、亡、　景初壬辰元曆一卷楊沖撰、　正曆四卷晉太常劉智撰　河西甲寅元曆一卷涼太史趙毆撰　甲寅元曆序一卷趙毆撰、　宋元嘉曆二卷何承天撰、梁又有元嘉曆統二卷、元嘉中論曆事六卷、元嘉曆疏一卷、元嘉二十六年度日景數一卷、亡、　曆術一卷何承天撰、梁有驗日食法三卷、何承天撰、又有論頻月合朔法五卷、雜曆七卷、曆法集十卷、又曆術十卷、京氏要集曆術四卷、姜岌

撰、亡。曆術一卷崔浩撰、　神龜壬子元曆一卷後魏護軍將軍祖瑩撰、　魏後元年甲子曆一卷　壬子元曆一卷後魏校書郎李業興撰、　甲寅元曆序一卷趙歐撰、　魏武定曆一卷　齊甲子元曆一卷宋氏撰、　宋景業曆一卷景業後齊散騎常侍、　周天和年曆一卷甄鸞撰、　甲子元曆一卷李業興撰、　周大象年曆一卷王琛撰、　曆術一卷王琛撰、　壬辰元曆一卷　甲午紀曆術一卷　新造曆法一卷　開皇甲子元曆一卷　曆術一卷華州刺史張賓撰、　七曜本起三卷後魏甄叔遵撰、　七曜小甲子元曆一卷　七曜曆術一卷梁七曜曆法四卷、　七曜要術一卷　七曜曆法一卷　推七曜曆一卷　五星曆術一卷　天圖曆術一卷　陳永定七曜曆四卷　陳天嘉七曜曆七卷　陳天康二年七曜曆一卷　陳光大元年七曜曆二卷　陳光大二年七曜曆一卷　陳太建年七曜曆十三卷　陳至德年七曜曆二卷　陳禎明年七曜曆二卷　開皇七曜年曆一卷　仁壽二年七曜曆一卷　七曜曆經四卷張賓撰、　春秋去交分曆一卷　曆日義說一卷　律曆注解一卷　龍曆草一卷　推漢書律曆志術一卷　推曆法一卷崔隱居撰、　曆疑質讖序二卷　興和曆疏二卷　七曜曆數算經一卷趙歐撰、　算元嘉曆術一卷　七曜曆疏一卷李業興撰、　七曜義疏一卷李業興撰、　七曜術算二卷甄鸞撰、　七曜曆疏五卷太史令張胄玄撰、　陰陽曆術一卷趙歐撰、梁有朔氣長曆二卷、皇甫謐撰、曆章句二卷、月令七十二候一卷、三五曆說圖一卷、亡。　雜注一卷　曆注一卷　曆紀一卷　雜曆二卷　雜曆術一卷梁三基推法一卷、　太史注記六卷　太史記注六卷　見行曆

一卷　八家曆一卷　漏刻經一卷何承天撰、梁有後漢待詔太史霍融何承天楊偉等撰三卷、亡、　漏刻經一卷祖暅撰、
漏刻經一卷梁中書舍人朱史撰、　漏刻經一卷梁伏撰、梁有天監五年修漏刻事一卷、亡、　漏刻經一卷陳太史令宋景撰、　雜
漏刻法十一卷皇甫洪澤撰、　晷漏經一卷　九章術義序一卷　九章算術十卷劉徽撰、　九章
算術二卷徐岳甄鸞重述、　九章算術一卷李遵義疏、　九九算術二卷楊淑撰、　九章別術二卷　九章
算經二十九卷徐岳甄鸞等撰、　九章算經二卷徐岳注、　九章六曹算經一卷　九章重差圖一卷
劉徽撰、　九章推圖經法一卷張峻撰、　綴術六卷　孫子算經二卷　趙䰼算經一卷　夏侯
陽算經二卷　張丘建算經二卷　五經算術錄遺一卷　五經算術一卷　算經異義一
卷張纘撰、　張去斤算疏一卷　算法一卷　黃鍾算法三十八卷　算律呂法一卷　衆家
算陰陽法一卷　婆羅門算法三卷　婆羅門陰陽算曆一卷　婆羅門算經三卷

右一百八部二百六十三卷

曆數者。所以揆天道。察昏明。以定時日。以處百事。以辨三統。以知阸會。吉隆終始。窮理盡性。而至於命者也。易曰。先王以治曆明時。書敘朞三百有六旬有六日。以閏月定四時成歲。春秋傳曰。先王之正時也。履端於始。舉正於中。歸餘於終。又曰。閏以正時。時以序事。事以厚生。生民之道。其在周官。則亦太史之職。小人爲之。則壞大爲小。削遠爲近。是以道術破碎而難知。

黃帝飛鳥曆一卷張衡撰、　黃帝四神曆一卷吳範撰、　黃帝地曆一卷　黃帝斗曆一卷　黃
石公北斗三奇法一卷　風角集要占十二卷　風角要占三卷梁八卷京房撰、　風角占三卷梁有角卷、
侯公領中風角占四卷、亡、　風角總占要訣十一卷梁有風角總集一卷、風角雜占要訣十二卷、亡、　風角雜占四卷梁有風角雜占十卷、
風角要集十卷　風角要集六卷梁十一卷、　風角要集一卷　風角要候十一卷翼奉撰、
風角書十二卷梁十卷、　風角七卷章仇太翼撰、　風角占候四卷梁有風角雜兵候十三卷、亡、　風角鑲歷占
二卷呂氏撰、　風角要候一卷章仇太翼撰、　兵法風角式一卷　戰鬬風角鳥情三卷梁有風角五音六情
經十三卷、風角兵候十二卷、亡、　風角鳥情一卷翼氏撰、　風角鳥情二卷儀同臨孝恭撰、　陰陽風角相動法一卷
梁有風角迴風卒起占五卷、風角地辰一卷、風角望氣八卷、風雷集占一卷、　五音相動法二卷　五音相動法一卷梁有風角五音占五
卷、京房撰、亡、　風角五音圖二卷　風角雜占五音圖五卷翼氏撰、梁十三卷、京房撰、翼奉撰、亡、　黃帝九宮經一
卷　九宮經三卷鄭玄注、梁有黃帝四部九宮五卷、亡、　九宮行棊經三卷鄭玄注、　九宮行棊經三卷　九宮
行棊法一卷房氏撰、　九州行棊立成法一卷王琛撰、　九宮行棊雜法二卷　九宮行棊法一
卷　行棊新術一卷　九宮行棊鈔一卷　九宮推法一卷　三元九宮立成二卷　九宮
要集一卷豆盧晁撰、　九宮經解二卷李氏注、　九宮圖一卷　九宮變圖一卷　九宮八卦式蟠
龍圖一卷　九宮郡縣錄一卷　九宮雜書十卷梁有太一九宮雜占十二卷、亡、　射候二卷　太一飛鳥
曆一卷王琛撰、　太一飛鳥曆一卷　太一飛鳥曆二卷　太一十精飛鳥曆一卷　太一飛

鳥立成一卷　太一飛鳥雜訣捕盜賊法一卷　太一三合五元要訣一卷(梁有黃帝太一雜書十六卷、黃帝太一度厄祕術八卷、太一帝記法八卷、太一雜用十四卷、太一雜要七卷、雜太一經八卷、亡、)　太一龍首式經一卷(董氏注、梁三卷、梁又有式經三十三卷、亡、)

太一經二卷(宋琨撰、)　太一式雜占十卷(梁二十卷、)　太一九宮雜占十卷　黃帝飛鳥曆一卷

黃帝集靈三卷　黃帝絳圖一卷　黃帝龍首經二卷　黃帝式經三十六用一卷(曹氏撰、)

黃帝式用當陽經二卷　黃帝奄心圖一卷　玄女式經要法一卷　黃帝陰陽遯甲六卷　遯甲訣一卷(吳相伍子胥撰、)　遯甲文一卷(伍子胥撰、)　遯甲經要鈔一卷　遯甲萬一訣二卷

遯甲九元九局立成法一卷　遯甲肘後立成囊中祕一卷(葛洪撰、)　遯甲囊中經一卷　遯甲囊中經疏一卷　遯中立成六卷　遯甲敍三元玉曆立成一卷(郭弘遠撰、)　遯甲立成一卷

遯甲立成法一卷(臨孝恭撰、)　遯甲穴隱祕處經一卷　黃帝九元遯甲一卷(王琛撰、)　黃帝出軍遯甲式法一卷　遯甲法一卷　遯甲術一卷　陽遯甲用局法一卷(臨孝恭撰、)　雜遯甲鈔四卷　三元遯甲上圖一卷　三元遯甲圖三卷　遯甲九宮八門圖一卷　遯甲開山圖三卷(榮氏撰、)　遯甲返覆圖一卷(葛洪撰、)　遯甲年錄一卷　遯甲支手決一卷　遯甲肘後立成一卷　遯甲行日時一卷　遯甲孤虛記一卷(伍子胥撰、)　遯甲孤虛注一卷　東方朔歲占一卷　斗中孤虛圖一卷　孤虛占一卷　遯甲九宮亭亭白姦書一卷　戰鬭博戲等法一卷　玉女反閉局法三卷　逆刺一卷(京房撰、)　逆刺占一卷　逆刺總決一卷　壬子決

一卷　鳥情占一卷王喬撰、　鳥情逆占一卷　鳥情書一卷　鳥情雜占禽獸語一卷　占
鳥情二卷　六情決一卷王琛撰、　六情鳥音內祕一卷焦氏撰、　孝經元辰決二卷　孝經元
辰二卷　元辰本屬經一卷　推元辰厄會一卷　元辰事一卷　元辰救生削死法一卷
推元辰要祕次序一卷　元辰章用二卷　雜推元辰要祕立成六卷　元辰立成譜一
卷　方正百對一卷京房撰、　晉災祥一卷京房撰、　災祥集七十六卷　地形志八十七卷庾季
才撰、　海中仙人占災祥書三卷　周易占事十二卷漢魏郡太守京房撰、　遁甲三卷梁有遁甲經十卷、遁甲正經五
卷、太一遁甲一卷亡、　遁甲要用四卷葛洪撰、　遁甲祕要一卷葛洪撰、　遁甲要一卷葛洪撰、　遁甲三十
三卷後魏信都芳撰、　三元遁甲六卷許昉撰、　三元遁甲六卷陳員外散騎常侍劉毗撰、　三元遁甲二卷梁太一遁
甲卷、遁甲三元三卷、　三元九宮遁甲二卷梁有遁甲三元三卷亡、　三正遁甲一卷杜仲撰、　遁甲三十五卷
遁甲時下決三十三卷　陰陽遁甲十四卷　遁甲正經三卷梁五卷、　遁甲經十卷　遁
甲開山圖一卷梁遁甲開山經圖一卷、　遁甲九星曆一卷　遁甲三奇三卷　遁甲推時要一卷
遁甲三元九甲立成一卷　雜遁甲五卷梁九卷、遁甲經外篇一百卷、六甲隱圖幷遁甲圖二卷、亡、　陽遁甲九卷釋智海撰、
陰遁甲九卷　武王須臾二卷　六壬式經雜占九卷梁有六壬式經三卷、亡、　六壬釋兆六卷
破字要決一卷　桓安吳式經一卷梁有雜式占五卷、式經雜要決式立成各九卷、式王曆伍子胥式經章句起射覆式越相范蠡玉筒式各二卷
亡、　光明符十二卷錄一卷、梁簡文帝撰、　龜經一卷晉掌卜大夫史蘇撰、有史蘇龜經十卷、梁龜決二卷、葛洪撰、管郭近要決龜音色九宮蓍龜序

各一卷、龜卜要決龜圖五行九親各四卷、又龜親經三十卷、周子曜撰、亡、史蘇沈思經一卷　龜卜五兆動搖決一卷　周易占十二卷京房撰、梁周易妖占十三卷京房撰、周易守林三卷京房撰、周易集林十二卷京房撰、七錄云、伏萬壽撰、周易飛候九卷京房撰、梁有周易飛候六日七分八卷、亡、周易飛候六卷京房撰、周易四時候四卷京房撰、周易錯卦七卷京房撰、周易混沌四卷京房撰、周易委化四卷京房撰、周易逆刺占災異十二卷京房撰、周易占一卷長浩撰、周易雜占十三卷　周易雜占十一卷　周易雜占九卷尚廣撰、梁有周易雜占八卷、武靖撰、亡、易林十六卷焦贛撰、梁又本三十二卷、易林變占十六卷焦贛撰、易林二卷費直撰、梁五卷、易內神筮二卷費直撰、梁有周易筮占林五卷、費直撰、亡、易新林一卷後漢方士許峻等撰、梁十卷、易災條二卷許峻撰、易決一卷許峻撰、梁有易雜占七卷、許峻撰、又易要決三卷、亡、周易通靈決二卷魏少府丞管輅撰、周易通靈要決一卷管輅撰、周易集林律曆一卷虞翻撰、梁有周易筮占二十四卷、晉徵士徐苗撰、亡、周易新林四卷郭璞撰、梁有周易雜占十卷葛洪撰、亡、周易新林九卷郭璞撰、梁有周易林五卷、郭璞撰、亡、易洞林三卷郭璞撰、周易新林一卷　周易新林二卷　易林三卷魯洪度撰、周易林十卷梁周易林三十三卷、錄一卷、易讚林二卷　易立成林二卷郭氏撰、易立成四卷　易立成一卷　周易立成占三卷顏氏撰、神農重卦經二卷　文王幡音一卷　易三備三卷　易三備一卷　易占三卷　易射覆二卷　易射覆一卷　周易孔子通覆決三卷顏氏撰、易林要決一卷　易要決二卷梁有周易曆周易初學筮要法各一卷、周易髓腦二卷　易腦經一卷鄭氏撰、周易玄品二卷　易律曆一卷虞翻撰、易曆七卷　易曆決

疑二卷　周易卦林一卷　洞林三卷梁元帝撰、　連山三十卷梁元帝撰、　雜筮占四卷　五兆算經一卷　十二靈棊卜經一卷梁有管公明等占書一卷、五行雜卜經十卷、亡、　京君明推偸盜書一卷　天皇大神氣君注曆一卷　太史公萬歲曆一卷　千歲曆祠一卷任氏撰、　萬歲曆祠二卷　萬年曆二十八宿人神一卷　六甲周天曆一卷孫僧化撰、　六十甲子曆八卷　曆祀一卷　田家曆十二卷　三合紀饑穰一卷　師曠書三卷　海中仙人占災祥書三卷　東方朔占二卷　東方朔書二卷　東方朔書鈔二卷　東方朔曆一卷　東方朔占候水旱下人善惡一卷梁有擇日書十卷、太歲所在占善惡書一卷、亡、　雜忌曆二卷魏光祿勳高堂隆撰、　百忌大曆要鈔一卷　百忌曆術一卷　百忌通曆法一卷梁有雜百忌五卷、亡、　曆忌新書十二卷　太史百忌曆圖一卷梁有太史百忌一卷、　二儀曆亡、　雜殺曆九卷梁有秦災異一卷、後漢中郎郗萌撰、後漢災異十五卷、晉災異簿二卷、宋災異簿四卷、雜凶妖一卷、破書玄武書契各一卷、亡、　頭堪餘一卷　堪餘曆二卷　注曆堪餘一卷　地節堪餘二卷　堪餘曆注一卷　堪餘四卷　大小堪餘曆術一卷梁大小堪餘三卷、　四序堪餘二卷般紹撰、梁堪餘天赦有書七卷、雜堪餘四卷、亡、　八會堪餘一卷　雜要堪餘一卷　元辰五羅算一卷　孝經元辰四卷梁有五行元辰厄會十三卷、孝經元辰厄會九卷、孝經元辰決一卷、亡、　元辰曆一卷　雜元辰祿命二卷　涶河祿命三卷梁有五行祿命厄會十卷、亡、　乾坤氣法一卷許辯撰、　易通統卦驗玄圖一卷　易通統圖二卷　易新圖序一卷　易通統圖一卷

易八卦命錄斗內圖一卷郭璞撰、　易斗圖一卷郭璞撰、　易八卦斗內圖二卷　八卦斗內

圖二卷梁有周易八卦五行圖、周易斗中八卦絕命圖、周易斗中八卦推遊年圖各一卷、亡、 周易分野星圖一卷 舉百事略一卷
五姓歲月禁忌一卷 舉百事要一卷 嫁娶經四卷 陰陽婚嫁書四卷 雜陰陽婚
嫁書三卷 婚嫁書二卷 婚嫁黃籍科一卷 六合婚嫁曆一卷梁六合婚嫁書及圖各一卷、亡、 嫁娶
迎書四卷 雜婚嫁書六卷 嫁娶陰陽圖二卷 陰陽嫁娶圖二卷 雜嫁娶房內圖術
四卷 九天嫁娶圖一卷 六甲貫胎書一卷 產乳書二卷 產經一卷 推產婦何時
產法一卷王琛撰、 推產法一卷 雜產書六卷 生產符儀一卷 產圖二卷 雜產圖四
卷 拜官書三卷 臨官冠帶書一卷 仙人務子傳神通黃帝登壇經一卷 壇經一卷
四等撰、 登壇經三卷 五姓登壇圖一卷 登壇文一卷梁有二公地基一卷、雜地基立成五卷、八神圖二卷、十二屬神圖一
卷、亡、 沐浴書一卷梁有裁衣書一卷、亡、 占夢書三卷京房撰、 占夢書一卷崔元撰、 竭伽仙人占夢書
一卷 占夢書一卷周宣等撰、 新撰占夢書十七卷幷目錄、 夢書十卷 解夢書二卷 海中
仙人占體瞤及雜吉凶書三卷 海中仙人占吉凶要略二卷 雜占夢書一卷梁有師曠占五卷、東
方朔占七卷、黃帝太一雜占十卷、和菟鳥鳴書、王喬解鳥語經、嚏書、耳鳴書、目瞤書各一卷、董仲舒請禱圖三卷、亡、 竈經十四卷梁簡文帝撰、梁又有祠竈書一卷、六
甲祀書二卷、又有太玄禁經、白獸七變經、墨子枕中五行要記、淮南萬畢經、淮南變化術、陶朱變化術各一卷、三五步剛三十卷、五行變化墨子五卷、淮南中經四卷、六甲隱形圖五卷
太史公素王妙議二卷、亡、 瑞應圖二卷 瑞圖讚二卷梁有孫柔之瑞應圖記、孫氏瑞應圖贊各三卷、亡、 祥瑞圖十一卷
祥瑞圖八卷侯亶撰、 芝英圖一卷 祥異圖十一卷 災異圖一卷 地動圖一卷 張掖

郡玄石圖一卷高堂隆撰、　張掖郡玄石圖一卷孟宗撰、梁有晉玄石圖一卷、晉德易天圖二卷、亡、　天鏡二卷　乾坤鏡二卷梁天鏡地鏡日月鏡四規鏡經各一卷、地鏡圖六卷、亡、　望氣書七卷　雲氣占七卷梁望氣相山川寶藏祕記一卷、仙寶劍經二卷、亡、　地形志八十卷庾季才撰、　宅吉凶論三卷　相宅圖八卷　五姓墓圖一卷梁有冢書黃帝葬山圖各四卷、五音相墓書五卷、五音圖墓書九十一卷、五姓圖山龍及科墓葬不傳各一卷、雜相墓書四十五卷、亡、　相書四十六卷　相經要錄二卷蕭吉撰、相經三十卷、鍾武隸撰、相書十一卷、樊許唐氏武王相書一卷、雜相書九卷、相書圖七卷、亡、　相手板經六卷梁相手板經、受版圖、韋氏相板印法、指略鈔、魏征東將軍程申伯相印法各一卷、亡、　大智海四卷　白澤圖一卷　相馬經一卷梁有伯樂相馬經、闕中銅馬法、周穆王八馬圖、齊侯大夫寧戚相牛經、王良相牛經、高堂隆相牛經、淮南八公相鵠經、浮丘公相鶴書、相鴨經、相雞經、相鵝經、相貝經、祖暅權衡記、稱物重率術各二卷、劉潛泉圖記三卷、亡、

右二百七十二部合一千二十二卷。

五行者。金木水火土。五常之形氣者也。在天爲五星。在人爲五藏。在目爲五色。在耳爲五音。在口爲五味。在鼻爲五臭。在上則出氣施變。在下則養人不倦。故傳曰。天生五材。廢一不可。是以聖人推其終始。以通神明之變。爲卜筮以考其吉凶。占百事以觀於來物。覩形法以辨其貴賤。周官則分在保章馮相卜師筮人占夢眡祲。而太史之職。實司總之。小數者。纔得其十捔。便以細事相亂。以惑於書。

黃帝素問九卷梁八卷、　黃帝甲乙經十卷音一卷、梁十二卷、　黃帝八十一難二卷梁有黃帝衆難經一卷、呂博望注、亡、　黃帝鍼經九卷梁有黃帝鍼灸經十二卷、徐悅龍銜素鍼并孔穴蝦蟇圖三卷、雜鍼經四卷、程天祚鍼經六卷、灸經五卷、曹氏灸方七卷、秦承祖偃側雜鍼灸

經三卷、亡、
徐叔嚮鍼灸要鈔一卷
玉匱鍼經一卷
赤烏神鍼經一卷
岐伯經十卷
脈經十卷王叔和撰、
脈經二卷梁脈經十四卷、又脈生死要訣二卷、又脈經二卷、黃公興撰、脈經六卷、秦承祖撰、脈經十卷、康普思撰、亡、
黃帝流注脈經一卷梁有明堂流注六卷、亡、
明堂孔穴五卷梁明堂孔穴二卷、新撰鍼灸經穴一卷、亡、
明堂孔穴圖三卷
明堂孔穴圖三卷梁有偃側圖八卷、又偃側圖二卷、
神農本草八卷梁有神農本草五卷、神農本草屬物二卷、神農明堂圖一卷、蔡邕本草七卷、華佗弟子吳普本草六卷、陶隱居本草十卷、隨費本草九卷、秦承祖本草六卷、王季璞本草經三卷、李譡之本草經談道術本草經鈔各一卷、宋大將軍參軍徐叔嚮本草病源合藥要鈔五卷、徐叔嚮等四家體療雜病本草要鈔十卷、王末鈔小兒用藥本草二卷、甘濬之癰疽耳眼本草要鈔九卷陶弘景本草經集注七卷、趙贊本草經一卷、本草經輕行本草經利用各一卷亡、
神農本草四卷雷公集注、
甄氏本草三卷
桐君藥錄三卷梁有雲麾將軍徐滔新集藥錄四卷、李譡之藥錄六卷、藥法四十二卷、藥律三卷、藥性藥對各二卷、藥目三卷、神農採藥經二卷、藥忌一卷、亡、
太清草木集要二卷陶隱居撰、
張仲景方十五卷仲景後漢人、梁有黃素藥方二十五卷、亡、
華佗方十卷吳普撰、佗後漢人、梁有華佗內事五卷、又耿奉方六卷、亡、
集略雜方十卷
雜藥方一卷梁有雜藥方四十六卷、
雜藥方十卷
寒食散論二卷梁有寒食散湯方二十卷、寒食散方一十卷、皇甫謐曹歙論寒食散方二卷、亡、
寒食散對療一卷釋道洪撰、
解寒食散方二卷釋智斌撰、梁解散論二卷、
解寒食散論三卷梁有徐叔嚮解寒食散方六卷、釋慧義寒食解雜論七卷、亡、
雜散方八卷梁有解散方解散論各十三卷、徐叔嚮解散消息節度八卷、范氏解散方七卷、解釋慧義解散方一卷、亡、
湯丸方十卷
雜丸方十卷梁有百病膏方十卷、雜湯丸散酒煎薄帖膏湯婦人少小方九卷、羊中散雜湯丸散酒方一卷、療下湯丸散方十卷、
石論一卷
醫方論七卷梁有張仲景辨傷寒十卷、療傷寒身驗方、徐方伯辨傷寒各一卷、傷寒總要二卷、支法存申蘇方五卷、王叔和論病六卷、張仲景評病要方一卷、徐叔嚮談道述徐悅體療雜病疾源三卷、甘濬之癰疽部黨雜病疾源三卷、府藏要三卷、亡、
肘後方六卷葛洪撰、梁二卷、陶弘景補闕肘後百一方九卷、亡、

姚大夫集驗方十二卷　范陽東方一百五卷錄一卷、范汪撰、梁一百七十六卷、梁又有阮河南藥方十六卷、阮文叔撰、釋僧深藥方三十卷、孔中郎雜藥方二十九卷、宋建平王典術一百二十卷、羊中散藥方三十卷、羊欣撰、褚澄雜藥方二十卷、齊吳郡太守褚澄撰、亡、　秦承祖藥方四十卷見三卷、梁有陽眄藥方二十八卷、夏侯氏藥方七卷、王季琰藥方一卷、徐叔嚮雜療方二十二卷、徐叔嚮雜病方六卷、李譜之藥方一卷、徐文伯藥方二卷、亡、　胡洽百病方二卷梁有治卒病方一卷、徐奘要方一卷、無錫令徐奘撰、遼東備急方三卷、都尉臣廣上殷荊州要方一卷、殷仲堪撰、亡、　俞氏療小兒方四卷梁有范氏療婦人藥方十一卷、徐叔嚮療少小百病雜方三十七卷、療少小雜方二十卷、療少小雜方二十九卷、范氏療小兒藥方一卷、王末療小兒雜方十七卷、亡、　徐嗣伯落年方三卷梁有叔徐嚮療脚弱雜方八卷、徐方伯辨脚弱方一卷、甘濬之療癰疽金創要方十四卷、甘濬之療癰疽毒惋雜病方三卷、甘伯齊療癰疽金創方十五卷、亡、　陶氏效驗方六卷梁五卷、梁又有療目方五卷、甘濬之療耳眼方十四卷、神枕方一卷、雜戎狄方一卷、宋武帝撰、摩訶出胡國方十卷、摩訶胡沙門撰、又范曄上雜香方一卷、雜香膏方一卷、亡、　彭祖養性經一卷　養生要集十卷張湛撰、　玉房祕決十卷　墨子枕內五行紀要一卷梁有神枕方一卷、疑此即是、　如意方十卷　練化術一卷　神仙服食經十卷　雜仙餌方八卷　服食諸雜方二卷梁有仙人水玉酒經一卷、　老子禁食經一卷　崔氏食經四卷　食經十四卷梁有食經二卷、又食經十九卷、劉休食方一卷、齊冠軍將軍劉休撰、亡、　食饌次第法一卷梁有黃帝雜飲食忌二卷、　四時御食經一卷梁有太官食經五卷、又太官食法二十卷、食法雜酒食要方白酒并作物法十二卷、家政方十二卷、食圖四時酒要方白酒方七日麫酒法雜酒食要法雜藏釀法雜酒食要法酒并飲食方鱁及鐺蟹方羹臛法鯝腠朐法北方生醬法各一卷、亡、　療馬方一卷梁有伯樂療馬經一卷、疑與此同、　黃帝素問八卷全元越注、　脈經二卷徐氏撰、　華佗觀形察色并三部脈經一卷　脈經決二卷徐氏新撰、　脈經鈔二卷許建吳撰、　黃帝素問女胎一卷　三部四時五藏辨診色決事脈一卷　脈經略一卷

辨病形證七卷　五藏決一卷　論病源候論五卷目一卷、吳景賢撰、　服石論一卷　癰疽論方一卷　五藏論五卷　瘧論并方一卷　神農本草經三卷　本草經四卷蔡英撰、　藥目要用二卷　本草經略一卷　本草二卷徐大山撰、　本草經類用三卷　本草音義三卷姚最撰、　本草音義七卷甄立言撰、　本草集錄二卷　本草鈔四卷　本草雜要訣一卷　本草要方三卷甘濬之撰、　依本草錄藥性三卷錄一卷、　靈秀本草圖六卷原平仲撰、　芝草圖一卷　入林採藥法二卷　太常採藥時月一卷　四時採藥及合目錄四卷　藥錄二卷李密撰、　諸藥異名八卷沙門行矩撰、本十卷、今闕、　諸藥要性二卷　種植藥法一卷　種神芝一卷　藥方二卷徐文伯撰、　解散經論并增損寒食節度一卷　張仲景療婦人方二卷　徐氏雜方一卷　少小方一卷　療小兒丹法一卷　徐大山試驗方二卷　徐文伯療婦人瘕一卷　徐大山巾箱中方三卷　藥方五卷徐嗣伯撰、　墮年方二卷徐大山撰、　效驗方三卷徐氏撰、　雜要方一卷　玉函煎方五卷葛洪撰、　小品方十二卷陳延之撰、　千金方三卷范世英撰、　徐王方五卷　徐王八世家傳效驗方十卷　徐氏家傳祕方二卷　藥方五十七卷後齊李思祖撰、本百一十卷、　稟丘公論一卷

太一護命石寒食散二卷宋尚撰、　皇甫士安依諸方撰一卷　序服食方一卷　服玉方法一卷　劉涓子鬼遺方十卷龔慶宣撰、　療癰經一卷　療三十六瘻方一卷　王世榮單方一卷　集驗方十卷姚僧垣撰、　集驗方十二卷　備急草要方三卷許證撰、　藥方二十一卷徐辨

卿撰、　名醫集驗方六卷　名醫別錄三卷陶氏撰、　刪繁方十三卷謝士秦撰、　吳三居方三卷　新撰藥方五卷　療癰疽諸瘡方二卷秦政應撰、　單複要驗方二卷釋莫滿撰、　釋道洪方一卷　小兒經一卷　散方二卷　雜散方八卷　療百病雜丸方三卷釋曇鸞撰、　療百病散三卷　雜湯方十卷成毅撰、　雜療方十三卷　雜藥酒方十五卷　趙婆療漯方一卷　議論備豫方一卷于法開撰、　扁鵲陷冰丸方一卷　扁鵲肘後方三卷　療消渴衆方一卷謝南郡撰、　論氣治療方一卷釋曇鸞撰　梁武帝所服雜藥方一卷　大略丸五卷　靈壽雜方二卷　經心錄方八卷宋侯撰、　黃帝養胎經一卷　療婦人產後雜方三卷　黃帝明堂偃人圖十二卷　黃帝鍼灸蝦蟆忌一卷　明堂蝦蟆圖一卷　鍼灸圖要決一卷　鍼灸圖經十一卷本十八卷、　十二人圖一卷　鍼灸經一卷　扁鵲偃側鍼灸圖三卷　流注鍼經一卷　曹氏灸經一卷　偃側人經二卷秦承祖撰、　華佗枕中灸刺經一卷　謝氏鍼經一卷　殷元鍼經一卷　要用孔穴一卷　九部鍼經一卷　釋僧匡鍼灸經一卷　三奇六儀鍼要經一卷　黃帝十二經脈明堂五藏人圖一卷　老子石室蘭臺中治癩符一卷　龍樹菩薩藥方四卷　西域諸仙所說藥方二十三卷目一卷、本二十五卷、　香山仙人藥方十卷　西錄波羅仙人方三卷　西域名醫所集要方四卷本十二卷、　婆羅門諸仙藥方二十卷　婆羅門藥方五卷　耆婆所述仙人命論方二卷目一卷、本三卷、　乾陀利治鬼方十卷　新錄乾陀利治鬼方四卷本五卷、闕、 伯樂治馬雜病經一卷 治馬經三卷俞極撰、亡、 治馬經四卷 治馬經目一卷 治馬經圖二卷 馬經孔穴圖一卷 雜撰馬經一卷 治馬牛駝騾等經三卷目一卷、 香方一卷宋明帝撰、 雜香方五卷 龍樹菩薩和香法二卷 食經三卷馬琬撰、 會稽郡造海味法一卷 論服餌一卷 淮南王食經并目百六十五卷大業中撰、 膳羞養療二十卷 金匱錄二十三卷目一卷、京里先生撰、 練化雜術一卷陶隱居撰、 玉衡隱書七十卷目一卷、周弘讓撰、 太清諸丹集要四卷陶隱居撰、 雜神丹方九卷 合丹大師口訣一卷 合丹節度四卷陶隱居撰、 合丹要略序一卷孫文韜撰、 仙人金銀經并長生方一卷 狐剛子萬金決二卷葛仙公撰、 雜仙方一卷 神仙服食經十卷 神仙服食神祕方二卷 神仙服食藥方十卷抱朴子撰、 神仙餌金丹沙祕方一卷 衛叔卿服食雜方一卷 金丹藥方四卷 雜神仙丹經十卷 雜神仙黃白法十二卷 神仙雜方十五卷 神仙服食雜方十卷 神仙服食方五卷 服食諸雜方二卷 服餌方三卷陶隱居撰、 眞人九丹經一卷 太極眞人九轉還丹經一卷 練寶法二十五卷目三卷、本四十卷、闕、 太清璇璣文七卷沖子、 陵陽子說黃金祕法一卷 神方二卷 狐子雜決三卷 太山八景神丹經一卷 太清神丹中經一卷 養生注十一卷目一卷、 養生術一卷翟平撰、 龍樹菩薩養性方一卷 引氣圖一卷 道引圖三卷立一、坐一、臥一、 養生經一卷 養生要術一卷 養生服食禁忌一卷 養生傳二卷 帝王養生要方二卷蕭吉撰、 素女祕道經一卷并玄女經、　素女方一卷　彭祖養性一卷　郯子說陰陽經一卷　序房內祕術一卷葛氏撰、　玉房祕訣八卷　徐太山房內祕要一卷　新撰玉房祕訣九卷　四海類聚方二千六百卷　四海類聚單要方三百卷

右二百五十六部合四千五百一十卷

醫方者所以除疾疢保性命之術者也。天有陰陽風雨晦明之氣。人有喜怒哀樂好惡之情。節而行之則和平調理。專壹其情則溺而生疢。是以聖人原血脈之本。因鍼石之用。假藥物之滋。調中養氣。通滯解結。而反之於素。其善者則原脈以知政。推疾以及國。周官醫師之職掌聚諸藥物。凡有疾者治之。是其事也。鄙者為之。則反本傷性。故曰有疾不治恆得中醫。

凡諸子合八百五十三部六千四百三十七卷

易曰。天下同歸而殊塗。一致而百慮。儒道小說。聖人之教也。而有所偏。兵及醫方。聖人之政也。所施各異。世之治也。列在衆職。下至衰亂。官失其守。或以其業遊說諸侯。各崇所習。分鑣並騖。若使總而不遺。折之中道。亦可以興化致治者矣。漢書有諸子兵書數術方伎之略。今合而敍之。為十四種。謂之子部。

楚辭十二卷并目錄、後漢校書郎王逸註、　楚辭三卷郭璞註、梁有楚辭十一卷、宋何偃刪王逸註亡、　楚辭九悼一卷楊穆撰、　參解楚辭七卷皇甫遵訓撰、　楚辭音一卷徐邈撰、　楚辭音一卷宋處士諸葛氏撰、　楚辭音一卷孟奧撰、

楚辭音一卷　楚辭音一卷釋道騫撰、　離騷草木疏二卷劉杳撰、

右十部二十九卷。通計亡書、合十一部四十卷。

楚辭者。屈原之所作也。自周室衰亂。詩人寢息。諂佞之道興。諷刺之辭廢。楚有賢臣屈原。被讒放逐。乃著離騷八篇。言己離別愁思。申抒其心。自明無罪。因以諷諫。冀君覺悟。卒不省察。遂赴汨羅死焉。弟子宋玉。痛惜其師。傷而和之。其後賈誼東方朔劉向揚雄。嘉其文彩。擬之而作。蓋以原楚人也。謂之楚辭。然其氣質高麗。雅致清遠。後之文人。咸不能逮。始漢武帝命淮南王爲之章句。旦受詔。食時而奏之。其書今亡。後漢校書郎王逸。集屈原已下。迄於劉向。逸又自爲一篇。并敘而注之。今行於世。隋時有釋道騫。善讀之。能爲楚聲。音韻清切。至今傳楚辭者。皆祖騫公之音。

楚蘭陵令荀況集一卷殘缺、梁二卷、　楚大夫宋玉集三卷　漢武帝集一卷梁二卷、　漢淮南王集一卷梁二卷、又有賈誼集四卷、鼂錯集三卷、漢弘農都尉枚乘集二卷、錄各一卷、亡、　漢中書令司馬遷集一卷　漢太中大夫東方朔集二卷梁有漢光祿大夫吾丘壽王集二卷、亡、　漢文園令司馬相如集一卷　漢膠西相董仲舒一卷梁二卷、又有漢太常孔臧集二卷、亡、　漢騎都尉李陵集二卷梁有漢丞相魏相集二卷、錄一卷、左馮翊張敞集一卷、錄一卷、亡　漢諫議大夫王褒集五卷　漢諫議大夫劉向集六卷梁有漢射聲校尉陳湯集二卷、丞相韋玄成集二卷、亡、　漢諫議大夫谷永集二卷梁有涼州刺史杜鄴集二卷、騎都尉李尋集二卷、亡、　漢司空師丹集一卷梁三卷、錄一卷、　漢光祿大夫息夫

躬集一卷　漢太中大夫揚雄集五卷　漢太中大夫劉歆集五卷　漢成帝班婕妤集一卷梁有班昭集三卷、王莽建新大尹崔篆集一卷、保成師友唐林集一卷、中謁者史岑集二卷、後漢東平王蒼集五卷、桓譚集五卷、亡、　後漢司隸從事馮衍集五卷　後漢徐令班彪集二卷梁五卷、又有司徒掾陳元集一卷、王隆集二卷、雲陽令朱勃集二卷、後漢處士梁鴻集二卷、亡、　後漢車騎從事杜篤集一卷　後漢車騎司馬傅毅集二卷梁五卷、　後漢大將軍護軍司馬班固集十七卷梁有魏郡太守黃香集二卷、亡、　後漢長岑長崔駰集十卷　後漢侍中賈逵集一卷梁二卷、　後漢校書郎劉騊駼集一卷梁二卷、錄一卷、又有樂安相李尤集五卷、大鴻臚竇章集二卷、亡、　後漢濟北相崔瑗集六卷梁五卷、

後漢劉珍集二卷錄一卷、　後漢河間相張衡集十一卷梁十二卷、又一本十四卷、又有郎中籍順集二卷、錄二卷、後漢太傅胡廣集二卷、錄一卷、亡、　後漢黃門郎葛龔集六卷梁五卷、一本七卷、　後漢司空李固集十二卷梁十卷、　後漢南郡太守馬融集九卷梁有外黃令高彪集二卷、錄一卷、王逸集二卷、錄一卷、司徒掾桓麟集二卷、錄一卷、亡、　後漢徵士崔琦集一卷梁二卷、又有酈炎集二卷、錄一卷、陳相邊韶集一卷、錄一卷、益州刺史朱穆集二卷、錄一卷、亡、　後漢京兆尹延篤集一卷梁二卷、錄一卷、又有司農卿皇甫規集五卷、太常卿張奐集二卷、錄一卷、王延壽集三卷、五原太守崔寔集二卷、錄一卷、上計趙臺集二卷、錄一卷、亡、　後漢諫議大夫劉陶集三卷梁三卷、錄一卷、又有外黃令張升集二卷、錄一卷、侯瑾集二卷、盧植集二卷、議郎廉品集二卷、亡、　後漢司空荀爽集一卷梁三卷、錄一卷、　後漢野王令劉梁集三卷梁二卷、錄一卷、又有鄭玄集二卷、錄一卷、亡、　後漢左中郎將蔡邕集十二卷梁有十二卷、錄一卷、又有尚書令士孫瑞集二卷、亡、　後漢太山太守應劭集二卷梁四卷、又有別部司馬張超集五卷、亡、　後漢少府孔融集九卷梁十卷、錄一卷、　後漢侍御史虞翻集二卷梁三卷、錄一卷、　後漢討虜長史張紘集一卷梁二卷、錄一卷、梁有後漢

處士禰衡集二卷、錄一卷、亡、
後漢尚書右丞潘勗集二卷 梁有錄一卷、亡
後漢丞相倉曹屬阮瑀集五卷 梁有錄一卷亡
魏太子文學徐幹集五卷 梁有錄一卷、亡、
魏太子文學應瑒集一卷 梁有五卷、錄一卷、亡、
後漢丞相軍謀掾陳琳集三卷 梁十卷、錄一卷、
魏太子文學劉楨集四卷 錄一卷
後漢丞相主簿繁欽集十卷 梁錄一卷、亡、
後漢丞相主簿楊修集一卷 梁二卷、錄一卷、
後漢侍中王粲集十一卷 梁有魏國郎中令路粹集二卷、錄一卷、行御史大夫袁渙集五卷、錄一卷、魏國奉常王脩集二卷、亡、
後漢尚書丁儀集一卷 梁二卷、錄一卷、
後漢黃門郎丁廙集一卷 梁二卷、錄一卷、梁又有婦人後漢黃門郎秦嘉妻徐淑集一卷、後漢董祀妻蔡文姬集十卷、傅石甫妻孔氏集一卷、亡、
魏武帝集二十六卷 梁三十卷、錄一卷、梁又有武皇帝逸集十卷、亡、
魏武帝集新撰十卷
魏文帝集十卷 梁二十三卷、
魏明帝集七卷 梁五卷、或九卷、錄一卷、梁又有高貴鄉公集四卷、亡、
魏陳思王曹植集三十卷 梁又有司徒華歆集二卷、亡、
魏司徒王朗集三十四卷 梁三十卷、又司徒陳羣集五卷、亡、
魏給事中邯鄲淳集二卷 梁有錄一卷、又有劉廙集二卷、侍中吳質集五卷、新城太守孟達集三卷、魏徵士管寧集三卷、錄一卷、亡、
魏光祿勳高堂隆集六卷 梁十卷、錄一卷、又光祿勳劉邵集二卷、魏一卷、亡、
魏散騎常侍繆襲集五卷 梁有錄一卷、又有散騎常侍王象集一卷、光祿大夫韋誕集三卷、錄一卷、散騎常侍應元集五卷、遊擊將軍卞蘭集二卷、錄一卷、隰陽侯李康集二卷、錄一卷、陳郡太守孫該集二卷、錄一卷、尚書傅巽集二卷、錄一卷、亡、
魏章武太守殷褒集一卷 梁二卷、
魏司空王昶集五卷 梁有錄一卷、
魏衛將軍王肅集五卷 梁有錄一卷、又有桓範集二卷、中領軍曹羲集五卷、錄一卷、亡、
魏尚書何晏集十一卷 梁十卷、錄一卷、
魏衛尉卿應璩集十卷 梁有錄一卷、又有王弼集五卷、錄一卷、中書令劉階集二卷、太常卿傅嘏集二卷、錄一卷、樂安太守夏侯惠集二卷、錄一卷、亡、
魏校書郎杜摯集二卷 梁有毌丘儉集二卷、錄一卷、征東軍司馬江奉集二卷、亡、
魏太常夏侯玄集三卷 梁有車騎將軍鍾毓

集五卷、錄一卷、亡、
魏步兵校尉阮籍集十卷梁十三卷、錄一卷、
魏中散大夫嵇康集十三卷梁十五卷、錄一卷、又有魏徵士呂安集二卷、錄一卷、亡、
魏司徒鍾會集九卷梁十卷、錄一卷、
魏汝南太守程曉集二卷梁錄一卷、
蜀丞相諸葛亮集二十五卷梁二十四卷、又有蜀司徒許靖集二卷、錄一卷、征北將軍夏侯霸集二卷、亡、
吳輔義中郎將張溫集六卷梁有士燮集五卷、亡、
吳偏將軍駱統集十卷梁有錄一卷、又有太子少傅薛綜集三卷、錄一卷、亡、
吳選曹尚書暨豔集二卷梁三卷、錄一卷、又有姚信集二卷、錄一卷、謝丞集四卷、今亡、
吳人楊厚集二卷梁又有錄一卷、
吳丞相陸凱集五卷梁有錄一卷、
吳侍中胡綜集二卷梁有錄一卷、又有東觀令華覈集五卷、錄一卷、亡、
吳侍中張儼集一卷梁二卷、錄一卷、又有韋昭集二卷、錄一卷、亡、
吳中書令紀隲集三卷梁有錄一卷、又有陸景集一卷、亡、
晉宣帝集五卷梁有錄一卷、
晉文帝集三卷
齊王攸集二卷梁三卷、
晉王沈集五卷梁有鄭褒集二卷、亡、
晉宗正稽喜集一卷殘缺、梁二卷、錄一卷、
晉散騎常侍應貞集一卷梁五卷、
晉司隸校尉傅玄集十五卷梁五十卷、錄一卷、亡、
晉著作郎成公綏集九卷殘缺、梁十卷、又有裴秀集三卷、錄一卷、亡、
晉金紫光祿大夫何禎集一卷梁五卷、又有袁準集二卷、錄一卷、亡、
晉少傅山濤集九卷梁五卷、錄一卷、又一本十卷、齊奉朝請裴津注、又梁有向秀集二卷、錄一卷、平原太守阮种集二卷、錄一卷、阮侃集五卷、錄一卷、亡、
晉太傅羊祜集一卷殘缺、梁二卷、錄一卷、又有蔡玄通集五卷、太宰賈充集五卷、錄一卷、荀勗集三卷、錄一卷、亡、
晉征南將軍杜預集十八卷
晉輔國將軍王濬集一卷殘缺、梁二卷、錄一卷、
晉徵仕皇甫謐集二卷錄一卷、
晉侍中程咸集三卷梁有光祿大夫劉毅集二卷、錄一卷、晉侍中庾峻集二卷、錄一卷、亡、
晉巴西太守郤正集一卷
晉散騎常侍薛瑩集三卷梁又有散騎常侍陶濬集二卷、錄一卷、亡、
晉通事郎江偉集六卷梁有宣舒五卷、散騎常侍曹志集二卷、錄一卷、鄭湛三卷、錄一卷、亡、
晉

汝南太守孫毓集六卷
晉處士楊泉集二卷　錄一卷、梁有司徒王渾集五卷、冀州刺史王琛集五卷、亡
晉徵士閔鴻集三卷　梁有光祿大夫裴楷集二卷、錄一卷、亡、
晉司空張華集十卷　錄一卷、
晉尚書僕射裴頠集九卷　梁有太子中書子許孟集三卷、錄一卷、太宰何邵集一卷、錄一卷、光祿大夫劉頌集三卷、錄一卷、劉寔集二卷、錄一卷、亡、
晉散騎常侍王佑集三卷　錄一卷、梁晉、驃騎將軍王濟集二卷、亡、
華嶠集八卷　梁二卷、
晉秘書丞司馬彪集四卷　梁三卷、錄一卷、又有尚書庾儵集二卷、錄一卷、國子祭酒謝衡集二卷、亡、
晉漢中太守李虔集一卷　梁二卷、錄一卷、
晉司隸校尉傅咸集十七卷　梁三十卷、錄一卷、又有太子中庶子褎據集二卷、錄一卷、劉寶集三卷、亡、
晉馮翊太守孫楚集六卷　梁十二卷、錄一卷、
晉散騎常侍夏侯湛集十卷　梁有錄一卷、又有弋陽太守夏侯淳集二卷、散騎侍郎王讚集五卷、亡、
晉衞尉卿石崇集六卷　梁有錄一卷、
晉尚書郎張敏集二卷　梁五卷、又有黃門郎伏偉集一卷、亡、
晉黃門郎潘岳集十卷
晉太常卿潘尼集十卷
晉頓丘太守歐陽建集二卷　梁有宗正劉許集二卷、錄一卷、散騎常侍李重集二卷、光祿大夫樂廣集二卷、錄一卷、阮渾集三卷、錄一卷、亡、
晉侍中嵇紹集二卷　錄一卷、梁有錢唐令楊建集九卷、長沙相盛彥集五卷、左長史楊乂集三卷、錄一卷、
晉尚書盧播集一卷　梁二卷、錄一卷、又有欒肇集五卷、錄一卷、南中郎長史應亭集二卷、亡、
晉國子祭酒杜育集二卷
晉太常卿摯虞集九卷　梁十卷、錄一卷、又祕書監繆徵集二卷、錄一卷、亡、
晉齊王府記室左思集二卷　梁有五卷、錄一卷、又有晉豫章太守夏靖集二卷、錄一卷、吳王文學鄭豐集二卷、錄一卷、大司馬東曹掾張翰集二卷、錄一卷、清河王文學陳略集二卷、錄一卷、揚州從事陸沖集二卷、錄一卷、亡、
晉平原內史陸機集十四卷　梁四十七卷、錄一卷、亡、
晉清河太守陸雲集十二卷　梁十卷、錄一卷、又有少府丞孫極集二卷、錄一卷、亡、
晉中書郎張載集七卷　梁一本二卷、錄一卷、
晉黃門郎張協集三卷　梁四卷、錄一卷、
晉著作郎束晳集七卷　梁五卷、錄一卷、又有征南司馬曹攄集三卷、錄一卷、散騎常侍江統

集十卷、錄一卷、著作郎胡濟集五卷、錄一卷、亡、

晉中書令卞粹集一卷梁五卷、又有光祿勳閭丘沖集二卷、錄一卷、亡、

晉太傅從事中郎庾敳集一卷梁五卷、錄一卷、又有太子中舍人阮瞻集二卷、錄一卷、太子洗馬阮修集二卷、錄一卷、廣威將軍裴邈集二卷、錄一卷、亡、

晉太傅郭象集二卷梁五卷、錄一卷、又有廣州刺史嵇含集十卷、錄一卷、亡、

晉安豐太守孫惠集八卷梁十一卷、錄一卷、又有松滋令蔡洪集二卷、錄一卷、亡、

晉平北將軍牽秀集四卷梁三卷、錄一卷、又有車騎從事中郎蔡克集二卷、錄一卷、游擊將軍索靖集三卷、隴西太守閻纂集二卷、錄一卷、秦州刺史張輔集二卷、錄一卷、交趾太守殷巨集二卷、錄一卷、太子洗馬陶佐集五卷、錄一卷、東晉鄱陽太守虞溥集二卷、錄一卷、益陽令吳商集五卷、仲長敖集二卷、晉太常卿劉弘集三卷、錄一卷、開府山簡集二卷、錄一卷、兗州刺史宗岱集二卷、侍中王峻集二卷、錄一卷、濟陽內史王曠集五卷、錄一卷、亡、

晉散騎常侍棗嵩集一卷梁二卷、錄一卷、又有襄陽太守棗腆集二卷、錄一卷、亡、

晉太尉劉琨集九卷梁十卷、

劉琨別集十二卷

晉司空從事中郎盧諶集十卷梁有錄一卷、

晉祕書丞傅暢集五卷梁有錄一卷、又有晉明帝集五卷、錄一卷、簡文帝集五卷、錄一卷、孝武帝集二卷、錄一卷、彭城王紘集二卷、譙烈王集九卷、錄一卷、亡、

晉會稽王司馬道子集八卷梁九卷、又有鎮東從事中郎傅毅集五卷、亡、

晉衡陽內史曾瓌集三卷梁四卷、錄一卷、又有驃騎將軍顧榮集五卷、錄一卷、亡、

晉司空賀循集十八卷梁二十卷、錄一卷、又有散騎常侍張杭集二卷、錄一卷、車騎長史賈彬集三卷、錄一卷、亡、

晉光祿大夫衞展集十二卷梁十五卷、又有東晉太尉荀組集三卷、錄一卷、亡、

晉祕書郎張委集九卷梁五卷、又有關內侯傅珉集一卷、光祿大夫周顗集二卷、錄一卷、亡、

晉太常謝鯤集六卷梁二卷、

晉驃騎將軍王廙集十卷梁三十四卷、錄一卷、又有華譚集二卷、亡、

晉御史中丞熊遠集十二卷梁五卷、錄一卷、又有湘州秀才谷儉集一卷、大鴻臚周嵩集三卷、錄一卷、亡、

晉弘農太守郭璞集十七卷梁十卷、錄一卷、

晉張駿集八卷殘缺、

晉大將軍王敦集十卷梁有吳興太守沈充集二卷、散騎常侍傅純集二卷、錄一卷、亡、

晉光祿大夫梅陶集九卷梁二十卷、錄一卷、又有金紫光

祿大夫荀邃集二卷、錄一卷、亡。
晉散騎常侍王覽集九卷梁五卷、又有晉著作佐郎王濤集五卷、廷尉卿阮放集十卷、錄一卷、宗正卿張悛集五卷、錄一卷、汝南太守應碩集二卷、金紫光祿大夫張闓集二卷、錄一卷、揚州從事陸沈集二卷、錄一卷、驃騎將軍卞壼集二卷、錄一卷、光祿勳鍾雅集一卷、衞尉卿劉超集二卷、衞將軍戴邈集五卷、錄一卷、光祿大夫荀崧集一卷、亡。
晉大將軍溫嶠集十卷梁錄一卷、
晉侍中孔坦集十七卷梁五卷、錄一卷、又有臧沖集一卷、晉鎮南大將軍應詹集五卷、亡。
晉太僕卿王嶠集八卷梁有衞尉荀闓集一卷、鎮北將軍劉隗集二卷、大司馬陶侃集二卷、錄一卷、亡。
晉丞相王導集十一卷梁十卷、錄一卷、
晉太尉郗鑒集十卷錄一卷、
晉太尉庾亮集二十一卷梁二十卷、錄一卷、又有虞預集十卷、錄一卷、平越司馬黃整集十卷、錄一卷、亡。
晉護軍長史庾堅集十三卷梁十卷、錄一卷、
晉司空庾冰集七卷梁二十卷、錄一卷、
晉給事中庾闡集九卷梁十卷、錄一卷、
晉著作郎王隱集十卷梁二十卷、錄一卷、
晉散騎常侍干寶集四卷梁五卷、
晉太常卿殷融集十卷梁有衞尉張虞集十卷、光祿大夫諸葛恢集五卷、錄一卷、亡。
晉車騎將軍庾翼集二十二卷梁二十卷、錄一卷、
晉司空何充集四卷梁五卷、又有御史中丞郝默集五卷、征西諮議甄述集十二卷、武昌太守徐彥則集十卷、亡。
晉散騎常侍王愆期集七卷梁十卷、錄一卷、又有司徒左長史王濛集五卷、丹陽尹劉恢集二卷、錄一卷、益州刺史袁喬集七卷、亡。
晉尚書令顧和集五卷梁有錄一卷、又有尚書僕射劉遐集五卷、徵士江淳集三卷、錄一卷、魏興太守荀述集一卷、平南將軍賀翹集五卷、李軌集八卷、亡。
晉李克集二十二卷梁十五卷、錄一卷、
晉司徒蔡謨集十七卷梁四十三卷、
晉揚州刺史殷浩集四卷梁五卷、錄一卷、又有吳興孝廉鈕滔集五卷、錄一卷、宣城內史劉系之集五卷、錄一卷、亡。
庾赤王集四卷
晉尋陽太守庾純集八卷梁有驃騎司馬王修集二卷、錄一卷、衞將軍謝尚集十卷、錄一卷、青州刺史王浹集二卷、亡。
晉西中郎將王胡之集十卷梁五卷、錄一卷、
晉中書令王洽集五卷錄一卷、梁有宜春令范保集七卷、徵士范宣集十卷、錄一卷、建安太守丁纂集四卷、錄一卷、亡。
晉金紫

光祿大夫王羲之集九卷梁十卷、錄一卷、　晉散騎常侍謝萬集十六卷梁十卷、　晉司徒長史張憑集五卷梁有錄一卷、梁有高涼太守楊方集二卷、亡、　晉徵士許詢集三卷梁八卷、錄一卷、　晉征西將軍張望集十卷梁十二卷、錄一卷、　晉餘姚令孫統集二卷梁九卷、錄一卷、又有晉陵令戴元集三卷、錄一卷、亡、　晉衞尉卿孫綽集十五卷梁二十五卷、　晉太常江逌集九卷梁有謝沈集十卷、亡、　晉李顒集十卷錄一卷、　晉光祿勳曹毗集十卷梁十五卷、錄一卷、又有郡主簿王箴集五卷、亡、　晉沙門支遁集八卷梁十三卷、又有劉戓集十六卷、亡、　張重華酒泉太守謝艾集七卷梁八卷、又有撫軍長史蔡系集二卷、護軍將軍江彬集五卷、錄一卷、亡、　晉范汪集一卷梁十卷、　晉尚書僕射王述集八卷梁又有王度集五卷、錄一卷、中領軍庾龢集二卷、錄一卷、將作大匠俞希集一卷、吳興太守孔嚴集十一卷、錄一卷、亡、　晉大司馬桓溫集十一卷梁有四十三卷、又有桓溫要集二十卷、錄一卷、豫章太守車灌集五卷、錄一卷、亡、　晉尚書僕射王坦之集七卷梁五卷、錄一卷、亡、　晉光祿王彪之集二十卷梁有錄一卷、　晉中書郎郗超集九卷梁十卷、又有南中郎桓嗣集五卷、平固令郜毅集五卷、錄一卷、太學博士滕輔集五卷、錄一卷、亡、　晉苻堅丞相王猛集九卷錄一卷、梁有顧夷集五卷、散騎常侍鄭豐集四卷、撫軍掾劉暢集一卷、亡、　晉太常卿韓康伯集十六卷梁有黃門郎范啟集四卷、豫章太守王恪集十卷、零陵太守陶混集七卷、海鹽令祖撫集三卷、吳興太守般康集五卷、錄一卷、亡、　晉太傅謝安集十卷梁十卷、錄一卷、又有中軍參軍孫嗣集三卷、錄一卷、司徒左長史劉袁集三卷、亡、　晉御史中丞孔欣時集八卷梁七卷、　晉伏滔集十一卷并目錄、梁五卷、錄一卷、　晉滎陽太守習鑿齒集五卷　晉祕書監孫盛集五卷殘缺、梁十卷、錄一卷、　晉東陽太守袁宏集十五卷梁二十卷、錄一卷、又有晉黃門郎顧淳集一卷、尋陽太守熊鳴鵠集十卷、車騎司馬謝韶集三卷、金紫光祿大夫王獻之集十卷、錄一卷、琅邪內史袁質集二卷、錄一卷、太宰從事中郎袁邵集五卷、錄一卷、車騎長史謝郎集六卷、錄一卷、車騎將軍謝顧集十一卷、錄一卷、亡、

晉新安太守郗愔集四卷殘缺、梁五卷、又有吳郡功曹陸法之集十九卷、亡、
晉太常卿王岷集十卷梁錄一卷、
晉中散大夫羅含集三卷梁有太宰長史庾蒨集二卷、大司馬參軍庾悠之集三卷、司徒右長史庾凱集二卷、亡、
晉國子博士孫放集一卷殘缺、梁十卷、
晉聘士殷叔獻集四卷幷目錄、梁三卷、錄一卷、
晉湘東太守庾肅之集十卷錄一卷、梁有晉北中郎參軍蘇彥集十卷、太子左率王肅之集三卷、錄一卷、黃門郎王徽之集八卷、徵士謝敷集五卷、錄一卷、太常卿孔汪集十卷、陳統集七卷、太常王愷集十五卷、右將軍王忱集五卷、錄一卷、太常殷允集十卷、亡、
晉徵士戴逵集九卷殘缺、梁十卷、錄一卷、又有晉光祿大夫孫廞集十卷、尚書左丞徐禪集六卷、亡、
晉太子前率徐邈集九卷幷目錄、梁二十卷、錄一卷、
晉給事中徐乾集二十一卷幷目錄、梁二十卷、錄一卷、又有晉冠軍將軍張玄之集五卷、錄一卷、員外常侍荀世之集八卷、袁崧集十卷、黃門郎魏邊之集五卷、驃騎參軍卞湛集五卷、金紫光祿大夫褚爽集十六卷、錄一卷、亡、
晉豫章太守范寧集十六卷梁有晉餘杭令范弘之集六卷、亡、
晉司徒王珣集十一卷幷目錄、梁十卷、錄一卷、亡、
晉處士薄蕭之集九卷梁十卷、又有晉安北參軍薄要集九卷、薄邕集七卷、延陵令唐邁之集十一卷、錄一卷、亡、
晉孫恩集五卷梁有晉殿中將軍傅綽集十五卷、曉騎將軍弘戎集十六卷、御史中丞魏叔齊集十五卷、司徒右長史劉寗之集五卷、亡、
晉臨海太守辛德遠集五卷梁四卷、又有晉車騎參軍何瑾之集十一卷、太保王恭集五卷、錄一卷、殷覬集十卷、錄一卷、亡、
晉荊州刺史殷仲堪集十二卷幷目錄、梁十卷、錄一卷、亡、
晉驃騎長史謝景重集一卷
晉桓玄集二十卷梁有晉丹陽令卞範之集五卷、錄一卷、光祿勳卞承之集十卷、錄一卷、亡、
晉東陽太守殷仲文集七卷梁五卷、
晉司徒王謐集十卷錄一卷、梁有晉光祿大夫伏系之集十卷、錄一卷、亡、
晉右軍參軍孔璠集二卷
晉衞軍諮議湛方生集十卷錄一卷、
晉光祿大夫祖台之集十六卷梁二十卷、
晉通直常侍顧愷之集七卷梁二十卷、
晉太常卿劉瑾集九卷梁五卷、
晉左僕射謝混集三卷梁五卷、
晉祕書監

滕演集十卷錄一卷、
晉司徒長史王誕集二卷梁有晉太尉諮議劉簡之集十卷亡、
晉丹陽太守袁豹集八卷梁十卷、錄一卷、又有晉廬江太守殷遊集五卷、錄一卷、興平令荀軌集五卷亡、
晉西中郎長史羊徽集九卷梁十卷、錄一卷、
晉國子博士周祗集十一卷梁二十卷、錄一卷、又有晉相國主簿殷闡集十卷、錄一卷、太常傅迪集十卷亡、
晉始安太守卞裕集十三卷梁十五卷、又有晉章公藝集六卷亡、
晉毛伯成集一卷
晉沙門支曇諦集六卷
晉沙門釋惠遠集十二卷
晉姚萇沙門釋僧肇集一卷
晉王茂略集四卷
晉曹毗集四卷
晉宗欽集二卷梁有晉中軍功曹殷曠之集五卷、太學博士魏說集十三卷、征西主簿丘道護集五卷、錄一卷、柴桑令劉遺民集五卷、錄一卷、郭澄之集十卷、徵士周桓之集一卷、孔瞻集九卷亡、
晉江州刺史王凝之妻謝道韞集二卷梁有婦人晉司徒王渾妻鍾夫人集五卷、晉武帝左九嬪集四卷、晉太宰賈充妻李扶集一卷、晉武平都尉陶融妻陳窈集一卷、晉都水使者妻陳玢集五卷、晉海西令劉鱗妻陳璗集七卷、晉劉柔妻王邵之集十卷、晉散騎常侍傅伉妻辛蕭集一卷、晉松陽令紐滔母孫瓔集二卷、晉成公道賢妻龐馥集一卷、晉宣城太守何殷妻徐氏集一卷、亡、
宋武帝集十二卷梁二十卷、錄一卷、
宋文帝集七卷梁十卷、亡、
宋孝武帝集十五卷梁三十一卷、錄一卷、又有宋廢帝景知集十卷、錄一卷、明帝集三十三卷、亡、
宋長沙王道憐集十卷錄一卷、梁有宋臨川王道規集四卷、錄一卷、亡、
宋臨川王義慶集八卷
宋江夏王義恭集十一卷梁十五卷、錄一卷、又有江夏王集別本十五卷、宋衡陽王義季集十卷、錄一卷、亡、
宋南平王鑠集五卷梁有宋竟臨王誕集二十卷、建平王休祐集十卷、新渝惠侯義宗集十二卷、散騎常侍祖柔之集二十卷、亡、
宋豫章太守謝瞻集三卷梁有宋征虜將軍沈林子集七卷、亡、
宋太常卿孔琳之集九卷并目錄梁十卷、錄一卷、
宋王敍之集七卷梁十卷、錄一卷、
宋太中大夫徐廣集十五卷錄一卷、
宋祕書監盧繁集一卷殘缺、梁十卷、錄一卷、
宋侍中孔甯子集十一卷并目錄、梁十五卷、錄一卷、
宋建安太守卞瑾集十卷梁十卷、

宋太常卿蔡廓集九卷 并目錄、梁十卷、錄一卷、又有宋王韶之集二十四卷、亡、

宋尚書令傅亮集三十一卷 梁二十卷、錄一卷、有宋征南長史孫康集十卷、左軍長史范逃集三卷、亡、

宋太常卿鄭鮮之集十三卷 梁二十卷、錄一卷、

宋徵士陶潛集九卷 梁五卷、錄一卷、又有張野集十卷、宋零陵令陶階集八卷、東莞太守張元瑾集八卷、光祿大夫王曇首集二卷、錄一卷、亡、

宋太常卿范泰集十九卷 梁二十卷、錄一卷、

宋中書郎荀昶集十四卷 梁十五卷、錄一卷、又有卞伯玉集五卷、錄一卷、中散大夫羊欣集七卷、亡、

宋司徒王弘集一卷 梁二十卷、錄一卷、又有宋金紫光祿大夫、沈演集十卷、廣平太守范凱集八卷、亡、

宋沙門釋惠琳集五卷 梁九卷、錄一卷、又有宋范晏集十四卷、亡、

宋司徒府參軍謝惠連集六卷 梁五卷、錄一卷、又有宋太常謝弘微集二卷、亡、

宋臨川內史謝靈運集十九卷 梁二十卷、錄一卷、

宋給事中丘深之集七卷 梁十五卷、又有義成太守祖企之集五卷、荊州西曹孫韶集十卷、殷淳集二卷、揚州刺史殷景仁集九卷、國子博士姚濤之集二十卷、錄一卷、周祕集十一卷、亡、

殷闡之集一卷

宋徵士宗景集十六卷 梁十五卷、

宋徵士雷次宗集十六卷 梁二十九卷、錄一卷、

宋奉朝請伍緝之集十二卷 梁有宋南蠻主簿衞令元集八卷、范曄集十五卷、錄一卷、撫軍諮議范廣集一卷、右光祿大夫王敬集五卷、錄一卷、任豫集六卷、

宋御史中丞何承天集二十卷 梁三十二卷、亡、

宋太中大夫裴松之集十三卷 梁二十一卷、又有王韶之集十九卷、宋光祿大夫江湛集四卷、錄一卷、亡、

宋太尉袁淑集十一卷 并目錄、梁十卷、錄一卷、

宋祕書監王微集十卷 梁有錄一卷、又有宋太子舍人王僧謙集二卷、金紫光祿大夫王僧緯集一卷、征北行參軍顧邁集二十卷、魚復令陳超之集十卷、平南將軍何長瑜集八卷、亡、

宋員外郎荀雍集二卷 梁四卷、又有宋國子博士范演集八卷、錢唐令顧昱集六卷、臨成令韓濬之集八卷南洋太守沈亮之集七卷、國子博士孔欣集九卷、臨海太守江玄叔集四卷、尚書郎劉馥集十一卷、太子中舍人張演集八卷、南昌令蔡眇之集三卷、大學博士顧雅集十三卷、巴東太守孫仲之集十一卷、太尉諮議參軍謝元集一卷、南海太守陸展集九卷、棘陽令山謙之集十二卷、廣州刺史楊希集九卷、員外常侍周始之集十一卷、主客郎羊崇集六卷、太子舍人

孔景亮集三卷、亡、

宋中書郎袁伯文集十一卷 并目錄、梁有宋丞相諮議蔡超集七卷、亡、

宋東中郎長史孫緬集八卷 并目錄、梁十一卷、又有宋賀道養集十卷、太子洗馬謝澄集六卷、新安太守張鏡集十卷、齊中書舍人褚詮之集八卷、錄一卷、亡、

宋特進顏延之集二十五卷 梁三十卷、又有顏延之逸集一卷、亡、

宋東揚州刺史顏竣集十四卷 并目錄

宋大司馬錄事顏測集十一卷 并目錄、

宋護軍將軍王僧達集十卷 梁有錄一卷、又有國子博士羊戎集十卷、江寧令蘇寶生集四卷、兗州別駕范義集十二卷、吳興太守劉璃集七卷、本郡孝廉劉氏集九卷、亡、

宋會稽太守張暢集十二卷 殘缺、梁有十四卷、錄一卷、又有宋司空何尚之集十卷、亡、

宋吏部尚書何偃集十九卷 梁十六卷、又有盧江太守周郎集八卷、亡、

宋侍中沈懷文集十二卷 殘缺、梁十六卷、

宋北中郎長史江智深集九卷 并目一卷、

宋太子中庶子殷琰集七卷 梁又有宋武陵太守袁顗集八卷、荀欽明集六卷、安北參軍王詢之集五卷、越騎校尉戴法興集四卷、亡、

宋黃門郎虞通之集十五卷 梁二十卷

宋司徒左長史沈勃集十五卷 梁二十卷

宋金紫光祿大夫謝莊集十九卷 梁十五卷、又有宋金紫光祿大夫謝協集三卷、三巴校尉張悅集十一卷、揚州從事賀顧集十一卷、領軍長史孔邁之集八卷、撫軍參軍賀弼集十六卷、本州秀才劉遂集二卷、亡、

宋建平王景素集十卷

宋征虜記室參軍鮑照集十卷 梁六卷、又有宋武康令沈懷遠集十九卷、裴駰集六卷、刪定郎劉鯤集五卷、宜都太守費修集十卷、亡、

宋太中大夫徐爰集六卷 梁十卷、又有宋護軍司馬孫勃集六卷、右光祿大夫張永集十卷、陽羨令趙釋集十六卷、亡、

宋庾蔚之集十六卷 梁二十卷、又有太子中舍人徵不就王素集十六卷、亡、

宋豫章太守劉愔集八卷 梁十卷、又有宋起部費鏡運集二十卷、光祿大夫孫覬集十一卷、太尉從事中郎蔡顧集三卷、司空劉緬集二十卷、錄一卷、青州刺史明僧暠集十卷、吳興太守蕭惠開集七卷、沈宗之集十卷、大司農張辯集十六卷、金紫光祿大夫王瓚集十五卷、錄一卷、郭坦之集五卷、會稽主簿辛湛之集八卷、太子舍人朱年集二卷、東海王常侍鮑德遠集六卷、會稽郡丞張綏集六卷、亡、

宋寧國令劉薈集七卷

宋江州從事吳邁遠集

一卷殘缺、梁八卷、亡、

宋宛朐令湯惠休集三卷梁四卷、又有南海太守孫奉伯集十卷、右將軍成元範集十卷、奉朝請虞喜集十一卷、延陵令唐思賢集十五卷、戴凱之集六卷、亡、

宋司徒袁粲集十一卷并目錄、梁九卷、又有婦人牽氏集一卷、宋後宮司儀韓蘭英集四卷、亡、

齊文帝集一卷殘缺、梁十一卷、又有齊晉安王子懋集四卷、錄一卷、隨王子隆集七卷、亡、

齊竟陵王子良集四十卷梁又有齊聞喜公蕭遙欣集十一卷、領軍諮議劉祥集十卷、亡、

齊太宰褚彥回集十五卷梁又有齊黃門侍郎崔祖恩集二十卷、中軍佐鍾韜集十二卷、餘杭令丘巨源集十卷、錄一卷、亡、

齊太尉王儉集五十一卷梁六十卷、又有齊東海太守謝顥十六卷、謝瀟集十卷、豫州刺史劉善明集十卷、侍中褚賁集十二卷、徵士劉斛集二十四卷、司徒主簿徵不就庾易集十卷、顧歡集三十卷、劉瓛集三十卷、射聲校尉劉璡三卷、亡、

齊中書郎周顒集八卷梁十六卷、又有齊佐侍郎鮑鴻集二十卷、錄一卷、雍州秀才章瞻集十卷、正員郎劉懷慰集十卷、錄一卷、永嘉太守江山圖集十卷、驃騎記室參軍荀憲集十一卷、亡、

齊前軍參軍虞羲集九卷殘缺、梁十一卷、又有平陽令章沈集十卷、車騎參軍任文集十一卷、卞鑠集十六卷、婁幼瑜集六十六卷、長水校尉祖沖之集五十一卷、亡、

齊中書郎王融集十卷

齊吏部郎謝朓集十二卷

謝朓逸集一卷梁又有王巾集十一卷、亡、

齊司徒左長史張融集二十七卷梁十卷、又有張融玉海集十卷、大澤集十卷、金波集六十卷、又有齊羽林監庾韶集十卷、黃門郎王僧祐集十卷、太常卿劉悛集二十卷、錄一卷、祕書王寂集五卷、亡、

齊金紫光祿大夫孔稚珪集十卷

齊後軍法曹參軍陸厥集八卷梁十卷、

齊太尉徐孝嗣集十卷梁七卷、又有侍中劉暄集一十一卷、通直常侍裴昭明集九卷、虞炎集七卷、吏部郎劉瑱集十卷、梁國從事中郎劉繪集十卷、亡、

齊侍中袁彖集五卷并錄、

齊中書郎江奐集九卷并錄、

齊平西諮議宗躬集十三卷

齊太子舍人沈驎士集六卷

梁武帝集二十六卷梁三十二卷、

梁武帝詩賦集二十卷

梁武帝雜文集九卷

梁武帝別集目錄二卷

梁武帝淨業賦三卷

梁簡文帝集八十五卷陸罩撰、并錄、

梁元

帝集五十二卷　梁元帝小集十卷　梁昭明太子集二十卷梁有晉安成王集三十卷、亡、　梁岳陽王詧集十卷　梁王蕭歸集十卷　梁邵陵王綸集六卷　梁武陵王紀集八卷　梁蕭琮集七卷梁又有安成煬王集五卷、亡、　梁司徒諮議宗史集九卷幷錄、　梁國子博士丘遲集十卷幷錄、梁十一卷、有謝朏集十五卷、亡、　梁金紫光祿大夫江淹集九卷梁二十卷、　江淹後集十卷　梁尙書僕射范雲集十一卷幷錄、　梁太常卿任昉集三十四卷梁有晉安太守謝纂集十卷、撫軍將軍柳憕集二十卷、護軍柳惲集十二卷、豫州刺史柳澄集六卷、尙書令柳忱集十三卷、義興郡丞何僴集三卷、撫軍中兵參軍韋溫集十卷、鎭西錄事參軍到洽集十一卷、太子洗馬劉苞集十卷、南徐州秀才諸葛璩集十卷、亡、　梁特進沈約集一百一卷幷錄、梁又有謝綽集十一卷、亡、　梁中軍府諮議王僧孺集三十卷　梁尙書左丞范縝集十一卷　梁護軍將軍周捨集二十卷梁有祕書張孅金河集六十卷、劉敲集八卷、玄貞處士劉許集一卷、亡、　梁蕭洽集二卷　梁隱居先生陶弘景集三十卷　陶弘景內集十五卷　梁徵士魏道微集三卷　梁黃門郎張率集八十三卷　梁南徐州治中王冏集三卷　梁都官尙書江革集六卷　梁奉朝請吳均集二十卷　梁光祿大夫庾曇隆集十卷幷錄、　梁議同三司徐勉前集三十五卷　徐勉後集十六卷幷序錄、　梁吏部郎王錫集七卷幷錄、　梁尙書左僕射王暕集二十一卷　梁平西刑獄參軍劉孝標集六卷　梁鴻臚卿裴子野集十四卷　梁仁威府長史司馬褧集九卷　梁蕭子暉集九卷　梁始興內史蕭子範集十三卷　梁建陽令江洪集二卷　梁征西府記室鮑幾集八卷　梁尙書祠部郎虞嚼集十卷　梁新田令費昶集三卷

梁蕭機集二卷　梁東陽郡丞謝瑱集八卷　梁通直郎謝琛集五卷　集仁威記室何遜集七卷梁有安西記室劉綏集四卷、沙門釋智藏集五卷，亡。　梁太常卿陸倕集十四卷　梁廷尉卿劉孝綽集十四卷　梁都官尚書劉孝儀集二十卷　梁太子庶子劉孝威集十卷　梁東陽太守王揖集五卷　梁黃門郎陸雲公集十卷　梁國子祭酒蕭子雲集十九卷　梁征西府長史楊眺集十一卷并錄、　梁太子洗馬王筠集十一卷并錄　王筠中書集十一卷并錄、　王筠臨海集十一卷并錄、　王筠左佐集十一卷并錄、　王筠尚書集九卷并錄、　梁西昌侯蕭深藻集四卷并錄、　梁中書郎任孝恭集十卷　梁平北府長史鮑泉集一卷　梁雍州刺史張纘集十一卷并錄、　梁尚書僕射張綰集十一卷并錄、　梁度支尚書庾肩吾集十卷　梁太常卿劉之遴前集十一卷　劉之遴後集二十一卷　梁豫章世子侍讀謝郁集五卷　梁安成蕃王蕭欣集十卷　梁中書舍人朱超集一卷　梁護軍將軍甄玄成集十卷并錄、　梁散騎常侍沈君攸集十三卷　梁臨安恭公主集三卷武帝女、　梁征西記室范靖妻沈滿願集三卷　梁太子洗馬徐悱妻劉令嫻集三卷　後魏孝文帝集三十九卷　後魏司空高允集二十一卷　後魏司農卿李諧集十卷　後魏太常卿盧元明集十七卷　後魏司空祭酒袁躍集十三卷　後魏著作佐郎韓顯宗集十卷　後魏散騎常侍溫子昇集三十九卷　後魏太常卿陽固集三卷　北齊特進邢子才集三十一卷　北齊尚書僕射魏收集六十八卷　北齊儀同劉逖集二十六卷　後周明帝集九卷　後周趙王集八卷　後周滕簡王集八卷　後周儀同宗懍集十二卷幷錄　後周沙門釋忘名集十卷　後周小司空王褒集二十一卷幷錄　後周少傅蕭撝集十卷　後周開府儀同庾信集二十一卷幷錄　陳後主集三十九卷　陳後主沈后集十卷　陳大匠卿杜之偉集十二卷　陳金紫光祿大夫周弘讓集九卷　陳周弘讓後集十二卷　陳侍中沈炯前集七卷　陳沈炯後集十三卷　陳沙門釋標集二卷　陳沙門釋洪偃集八卷　陳沙門釋瑗集六卷　陳沙門釋靈裕集四卷　陳尚書僕射周弘正集二十卷　陳鎮南府司馬陰鏗集一卷　陳左衛將軍顧野王集十九卷　陳沙門策上人集五卷　陳尚書左僕射徐陵集三十卷　陳右衛將軍張式集十四卷　陳尚書度支郎張正見集十四卷　陳司農卿陸琰集二卷　陳少府卿陸玢集十卷

陳光祿卿陸瑜集十一卷幷錄　陳護軍將軍蔡景歷集五卷　陳沙門釋暠集六卷　陳御史中丞褚玠集十卷　陳安右府諮議司馬君卿集二卷　陳著作佐郎張仲簡集一卷

煬帝集五十五卷　王祐集一卷　武陽太守盧思道集三十卷　金州刺史李元操集十卷　蜀王府記室辛德源集三十卷　太尉楊素集十卷　懷州刺史李德林集十卷　吏部尚書牛弘集十二卷　司隸大夫薛道衡集三十卷　國子祭酒何妥集十卷　祕書監柳䛒集五卷　開府江總集三十卷　江總後集二卷　記室參軍蕭愨集九卷　著作

郎魏彥深集三卷　著作郎諸葛潁集十四卷　劉子政母祖氏集九卷　著作郎王胄集十卷

右四百三十七部四千三百八十一卷。通計亡書，合八百八十六部八千一百二十六卷。

別集之名，蓋漢東京之所創也。自靈均已降，屬文之士衆矣，然其志尚不同，風流殊別。後之君子，欲觀其體勢，而見其心靈，故別聚焉，名之爲集。辭人景慕，並自記載，以成書部。年代遷徙，亦頗遺散。其高唱絕俗者，略皆具存，今依其先後，次之於此。

文章流別集四十一卷 梁六十卷，志二卷，論二卷，摯虞撰。　文章流別志論二卷 摯虞撰。　文章流別本十二卷 謝混撰。　續文章流別三卷 孔寧撰。　集苑四十五卷 梁六十卷。　集林一百八十一卷 宋臨川王劉義慶撰，梁二百卷。　集林鈔十一卷　集鈔十卷 沈約撰，梁有集鈔四十卷，丘遲撰，亡。　集略二十卷　撰遺六卷 梁又有零集二十卷，亡。　翰林論三卷 李充撰，梁五十四卷。　文苑一百卷 孔逭撰。　文苑鈔三十卷　文選三十卷 梁昭明太子撰。　詞林五十八卷　文海五十卷　吳朝士文集十卷 梁十三卷，又有漢書文府三卷，亡。　巾箱集七卷 梁有文章志錄雜文八卷，謝沈撰，又名士雜文八卷，亡。　婦人集二十卷 梁有婦人集三十卷，殷淳撰，又有婦人集十一卷，亡。　婦人集鈔二卷　雜文十六卷 爲婦人作。　文選音三卷 蕭該撰。　文心雕龍十卷 梁兼東宮通事舍人劉勰撰。　文章始一卷 姚蔡撰，梁有文章始一卷，任昉撰，四代文章記一卷，吳郡功曹張防撰，亡。　賦集九十二卷 謝靈運撰，梁又有賦集五十卷，宋新渝惠侯撰，賦集四十卷，宋明帝撰，樂器賦十卷，伎藝賦六卷，亡。　賦集鈔一卷　賦集八十六卷 後魏祕書丞崔浩撰。　續賦集十九卷 殘缺。　歷代賦

十卷 梁武帝撰

皇德瑞應賦頌一卷 梁十六卷

五都賦六卷 并錄、張衡及左思撰

雜都賦十一卷 梁雜賦十六卷、又東都賦一卷、孔逭作、二京賦二卷、李軌綦毋邃撰、齊都賦二卷并音、左思撰、相風賦七卷、傅玄等撰、迴雜國賦二卷、晉右軍行參軍虞干紀撰、遂志賦十卷、乘輿赭白馬二卷、亡

述征賦一卷

神雀賦一卷 後漢傅毅撰

雜賦注本三卷 梁有郭璞注子虛上林賦一卷、薛綜注張衡二京賦二卷、晁矯注二京賦一卷、武巽注二京賦二卷、張載及晉侍中劉逵晉懷令衞瓘注左思三都賦三卷、綦毋邃注三都賦三卷、項氏注幽通賦、蕭廣濟注木玄虛海賦一卷、徐爰注射雉賦一卷、亡

獻賦十八卷

圍碁賦一卷 梁武帝撰

觀象賦一卷

洛神賦一卷 孫壑注

枕賦一卷 張君祖撰

三都賦音一卷 李軌撰

百賦音十卷 宋御史褚詮之撰、梁有賦音二卷、郭徵之撰、雜賦圖十七卷、亡

大隋封禪書一卷

上封禪書二卷 梁有雜封禪文八卷、秦帝刻石文一卷、宋會稽太守褚琰撰、亡

集雅篇五卷

靖恭堂頌一卷 晉涼王李嵩撰、梁有頌集二十卷、王僧綽撰、木連理頌二卷、太元十九年羣臣上、亡

詩集五十卷 謝靈運撰、梁五十一卷、又有宋侍中張敫袁淑補謝靈運詩集一百卷、又詩集百卷并例錄二卷、顏峻撰、詩集四十卷、宋明帝撰、雜詩七十九卷、江邃撰、雜詩二十卷、宋太子洗馬劉和註、二晉雜詩二十卷、古今五言詩美文五卷、荀綽撰、詩鈔十卷、亡

詩集鈔十卷 謝靈運撰、梁有雜詩鈔十卷、錄一卷、謝靈運撰、亡

古詩集九卷

六代詩集鈔四卷 梁有雜言詩鈔五卷、謝朏撰、亡

詩英九卷 謝靈運集、梁十卷、又有文章英華三十卷、梁昭明太子撰、亡

古今詩英八卷

古今詩苑英華十九卷 梁昭明太子撰

詩讚十三卷

眾詩英華一卷

詩類六卷

玉臺新詠十卷 徐陵撰

百志詩九卷 干寶撰、梁五卷、又有古遊仙詩一卷、應貞註應璩百一詩八卷、百一詩二卷、晉蜀郡太守李彪撰、亡

齊釋奠會詩一十卷

齊讌會詩十七卷

青溪詩三十卷 齊讌會作、梁有魏晉宋雜祖餞讌會詩集二十一部、一百四十三卷、亡、今略其數

西府新文十一卷 并錄、梁蕭淑撰

百國詩四十三卷

林文館詩府八卷 後齊文林館作

詩評三卷 鍾嶸撰、或曰詩品

古樂府八卷

文會詩三

卷 陳仁威記室徐伯陽撰、

五岳七星迴文詩一卷 梁有雜詩圖一卷、亡、

毛伯成詩一卷 伯成東晉征西將軍、

春秋寶藏詩四卷 張翀撰、亡、

江淹擬古一卷 羅潛註、

樂府歌辭鈔一卷

歌錄十卷

古歌錄鈔二卷

晉歌章八卷 梁十卷、

吳聲歌辭曲一卷 梁二卷、又有樂府歌詩二十卷、秦伯文撰、樂府歌詩十二卷、樂府三校歌詩十卷、樂府歌辭九卷、太樂歌詩八卷、歌辭四卷、張永記、魏讌樂歌辭七卷、晉歌章十卷、又晉歌詩十八卷、晉讌樂歌辭十卷、荀勗撰、宋太始祭高禖歌辭十一卷、齊三調雅辭五卷、古今九代歌詩七卷、張湛撰、三調相和歌辭五卷、三調詩吟錄六卷、奏鞞鐸舞曲二卷、管絃錄一卷、伎錄一卷、太樂備問鍾鐸律奏舞歌四卷、郝生撰、迴文集十卷、謝靈運撰、又迴文詩八卷、織綿迴文詩一卷、苻堅秦州刺史竇氏妻蘇氏作、頌集二十卷、王僧綽撰、木連理頌二卷、晉太元十九年羣臣上、又有鼓吹清商樂府讌樂高禖鞞鐸等歌辭舞錄、凡十卷、

陳郊廟歌辭三卷 并錄、徐陵撰、

樂府新歌十卷 秦王記室崔子發撰、

樂府新歌二卷 秦王司馬殷僧首撰、

古今箴銘集十四卷 張湛撰、錄一卷、梁有箴集十六卷、雜誡箴二十四卷、女箴一卷、女史箴圖一卷、又有銘集十一卷、陸少玄撰、佛像雜銘十三卷、釋僧祐撰、箴器雜銘五卷、亡、

衆賢誡集十卷 殘缺、梁有誡林三卷、綦毋邃撰、四帝誡三卷、王誕撰、雜家誡七卷、諸家雜誡九卷、集誡二十二卷、亡、

諸葛武侯誡一卷

女誡一卷

女誡一卷 曹大家撰、

女鑒一卷 梁有女訓十六卷、

婦人訓誡集十一卷 并錄、梁十卷、宋司空徐湛之撰、

娣姒訓一卷 馮少冑撰、

貞順志一卷

讚集五卷 謝莊撰、

畫讚五卷 漢明帝殿閣畫魏陳思王讚、梁五十卷、又有誄集十五卷、謝莊撰、亡、

七集十卷 謝靈運撰、

七林十卷 梁十二卷、錄二卷、卞景撰、梁又有七林三十卷、音一卷、亡、

七悟一卷 顏之推撰、梁有吊文集六卷、錄一卷、吊文二卷、亡、

碑集二十九卷

雜碑集二十九卷

雜碑集二十二卷 梁有碑集十卷、謝莊撰、釋氏碑文三十卷、梁元帝撰、雜碑二十二卷、碑文十五卷、晉將作大匠陳勰撰、碑文十卷、車灌撰、又有羊祜墮淚碑一卷、桓宣武碑十卷、長沙景王碑文三卷、荊州雜碑三卷、雍州雜碑四卷、廣州刺史碑十二卷、義興周許碑一卷、太原王氏家碑誄頌讚銘集二十六卷、諸寺碑文四十六卷、釋僧祐撰、雜祭文六卷、衆僧行狀四十卷、釋僧祐撰、亡、

設論集二卷 劉楷撰、梁有設

論集三卷、東晉人撰、客難集二十卷、亡、論集七十三卷　雜論十卷　明眞論一卷晉兗州刺史宗岱撰、東西晉興
亡論一卷　陶神論五卷　正流論一卷　黃芳引連珠一卷　梁武連珠一卷沈約註、梁
武帝制旨連珠十卷梁邵陵王綸注、梁武帝制旨連珠十卷陸緬註、梁有設論連珠十卷、謝靈運撰、連珠集五卷、陳證撰、連珠十五卷、
又連珠一卷、陸機撰、何[illegible]天註、又班固典引一卷、蔡邕註、亡、梁代雜文三卷　詔集區分四十一卷後周獸門學士宗幹撰、魏
朝雜詔二卷梁有漢高祖手詔一卷、亡、錄魏吳二志詔二卷梁有三國詔誥十卷、亡、晉咸康詔四卷　晉朝雜
詔九卷梁有晉雜詔百卷、錄一卷、又有晉雜詔二十八卷、錄一卷、又晉詔六十卷、晉文王武帝雜詔十二卷、亡、錄晉詔十四卷梁有晉元帝詔十二卷、成
帝詔草十七卷、康帝詔草十卷、建元直詔三卷、永和副詔九卷、升平隆和興寧副詔十卷、泰元咸寧寧康副詔二十二卷、隆安直詔五卷、元興太亭副詔三卷、亡、晉義熙
詔十卷梁有義熙副詔十卷、義熙以來至於大明詔三十卷、晉宋雜詔四卷、又晉宋雜詔八卷、王韶之撰、又雜詔十四卷、班五條詔十卷、亡、宋永初雜詔十
三卷梁有詔集百卷、起漢訖宋武帝詔四卷、宋元熙詔令五卷、永初二年五年詔三卷、永初以來中書雜詔二十卷、亡、宋孝建詔一卷梁有宋景平詔三卷、
亡、宋元嘉副詔十五卷梁有宋元嘉詔六十二卷、又宋孝武詔五卷、宋大明詔七十卷、宋永光景和詔五卷、宋泰始泰豫詔二十二卷、宋義嘉僞詔一卷、宋
元徽詔十二卷、宋昇明詔四卷、亡、齊雜詔十卷　齊中興二年詔三卷梁有齊建元詔五卷、永明詔三卷、武帝中詔十卷、齊隆平延興建武
詔九卷、齊建武二年副詔九卷、梁天監元年至七年詔十二卷、天監九年十年詔二卷、亡、後魏詔集十六卷　後周雜詔八卷　雜詔
八卷　雜赦書六卷　陳天嘉詔草三卷　霸朝集三卷李德林撰、皇朝詔集九卷　皇朝陳
事詔十三卷梁有雜九錫文四卷、亡、上法書表一卷虞和撰、梁中表十一卷梁邵陵王撰、梁有漢名臣奏三十卷、魏名臣奏
三十卷、陳長壽撰魏雜事七卷、晉諸公奏十一卷、雜表奏駁三十五卷、漢丞相匡衡大司馬王鳳奏五卷、劉隗奏五卷、孔羣奏二十二卷、晉金紫光祿大夫周閔奏事四卷、晉中丞劉邵

奏事六卷、中丞司馬無忌奏事十三卷、中丞虞谷奏事六卷、中丞高崧奏事五卷、又諸彈事等十四部、亡、

山公啟事三卷　范寧啟事三卷梁十卷、梁有雜薦文十二卷、薦文集七卷、亡、

雜露布十二卷梁有雜檄文十七卷、魏武帝露布文九卷、　善文五十卷杜預撰、　雜集一卷殷仲堪撰、　梁魏周齊陳皇朝聘使雜啟九卷　政道集十卷　書集八十八卷晉散騎常侍王履撰、梁八十卷、亡、　書林十卷　雜逸書六卷梁二十二卷、徐爰撰、應璩書林八卷、夏赤松撰、抱朴君書一卷、葛洪撰、蔡司徒書三卷、蔡謨撰、前漢雜筆十卷、吳晉雜筆九卷、吳朝文二十四卷、李氏家書八卷、晉左將軍王鎮惡與劉丹陽書一卷、亡、　後周與齊軍國書二卷　高澄與侯景書一卷　策集一卷殷仲堪撰、　策集六卷梁有孝秀對策十二卷、亡、　宋元嘉策孝秀文十卷　誹諧文三卷　誹諧文十卷袁淑撰、梁有續誹諧文集十卷、又有誹諧文一卷、沈宗之撰、任子春秋一卷、杜嵩撰、博陽秋一卷、宋零陵令辛邕之撰、亡、　法集百七卷梁沙門釋寶唱撰、

右一百四十七部二千二百一十三卷通計亡書、合二百四十九部、五千二百二十四卷、

總集者。以建安之後。辭賦轉繁。衆家之集。日以滋廣。晉代摯虞苦覽者之勞倦。於是採擿孔翠。芟翦繁蕪。自詩賦下。各爲條貫。合而編之。謂爲流別。是後文集總鈔。作者繼軌。屬辭之士。以爲覃奧。而取則焉。今次其前後。并解釋評論。總於此篇。

凡集五百五十四部六千六百二十二卷通計亡書、合一千一百四十六部、一萬三千三百九十卷、

文者。所以明言也。古者登高能賦。山川能祭。師旅能誓。喪紀能誄。作器能銘。則可以爲大夫。言其因物騁辭。情靈無擁者也。唐歌虞詠。商頌周雅。敘事緣情。紛綸相襲。自斯已降。其道彌

繁。世有澆淳。時移治亂。文體遷變。邪正或殊。宋玉屈原。激清風於南楚。嚴鄒枚馬。陳盛藻於西京。平子艷發於東都。王粲獨步於漳滏。爰逮晉氏。見稱潘陸。並黼藻相輝。宮商間起。清辭潤乎金石。精義薄乎雲天。永嘉以後。玄風既扇。辭多平淡。文寡風力。降及江東。不勝其弊。宋齊之世。下逮梁初。靈運高致之奇。延年錯綜之美。謝玄暉之藻麗。沈休文之富溢。煇煥斌蔚。辭義可觀。梁簡文之在東宮。亦好篇什。清辭巧製。止乎衽席之間。雕琢蔓藻。思極閨闈之內。後生好事。遞相放習。朝野紛紛。號爲宮體。流宕不已。訖於喪亡。陳氏因之。未能全變。其中原則兵亂積年。文章道盡。後魏文帝。頗效屬辭。未能變俗。例皆淳古。齊宅漳滏。辭人間起。高言累句。紛紜絡繹。清辭雅致。是所未聞。後周草創。干戈不戢。君臣戮力。專事經營。風流文雅。我則未暇。其後南平漢沔。東定河朔。訖於有隋。四海一統。采荊南之杞梓。收會稽之箭竹。辭人才士。總萃京師。屬以高祖少文。煬帝多忌。當路執權。逮相擯壓。於是握靈蛇之珠。韞荊山之玉。轉死溝壑之內者。不可勝數。草澤怨刺。於是興焉。古者陳詩觀風。斯亦所以關乎盛衰者也。班固有詩賦略。凡五種。今引而伸之。合爲三種。謂之集部。

凡四部經傳三千一百二十七部三萬六千七百八卷通計亡書、合四千一百九十一部、四萬九千四百六十七卷、

經戒三百一部九百八卷　餌服四十六部一百六十七卷　房中十三部三十八卷　符錄十七部一百三卷

右三百七十七部一千二百一十六卷

道經者。云有元始天尊。生於太元之先。禀自然之氣。沖虛凝遠。莫知其極。所說天地淪壞。劫數終盡。略與佛經同。以爲天尊之體。常存不滅。每至天地初開。或在玉京之上。或在窮桑之野。授以祕道。謂之開劫度人。然其開劫。非一度矣。故有延康赤明龍漢開皇。是其年號。其間相去經四十一億萬載。所度皆諸天仙上品。有太上老君。太上丈人。天眞皇人。五方天帝及諸仙官。轉共承受。世人莫之豫也。所說之經。亦禀元一之氣。自然而有。非所造爲。亦與天尊常在不滅。天地不壞。則蘊而莫傳。劫運若開。其文自見。凡八字。盡道體之奧。謂之天書。字方一丈。八角垂芒。光輝照耀。驚心眩目。雖諸天仙。不能省視。天尊之開劫也。乃命天眞皇人。改囀天音而辯析之。自天眞以下。至於諸仙。展轉節級。以次相授。諸仙得之。始授世人。然以天尊經歷年載。始一開劫。受法之人。得而寶祕。亦有年限。方始傳授。上品則年久。下品則年近。故今授道者。經四十九年。始得授人。推其大旨。蓋亦歸於仁愛清靜。積而修習。漸致長生。自然神化。或白日登天。與道合體。其受道之法。初受五千文籙。次授三洞籙。次受洞玄籙。次受上清籙。籙皆素書。紀諸天曹官屬佐吏之名有多少。又有諸符。錯在其間。文章詭怪。世所不識。受者必先潔齋。然後齎金環一。并諸贄幣。以見於師。師受其贄。以籙授之。仍剖金環。各持其半。云以爲約。弟子得籙。緘而佩之。其潔齋之法。有黃籙玉籙金籙塗炭等齋。爲壇三成。每成皆置綿蕝以爲限域。傍各開門。皆有法象。齋者亦有人數之限。以次入於綿蕝之中。魚貫面縛陳說愆咎告白神祇。晝夜不息。或一二七日而止。其齋數之外有人者。并在綿蕝之外。謂之齋客。但拜謝而已。不面縛焉。而又有諸消災度厄之法。依陰陽五行數術。推人年命書之如章表之儀。并具贄幣。燒香陳讀。云奏上天曹。請爲除厄。謂之上章。夜中於星辰之下。陳設酒脯餅餌幣物。歷祀天皇太一祀五星列宿。爲書如上章之儀以奏之。名之爲醮。又以木爲印。刻星辰日月於其上。吸氣執之。以印疾病。多有愈者。又能登刃入火而焚敕之。使刃不能割。火不能熱。而又有諸服餌辟穀金丹玉漿雲英。蠲除滓穢之法。不可殫記。云自上古黃帝帝嚳夏禹之儔。並遇神人。咸受道籙。年代既遠。經史無聞焉。推尋事迹。漢時諸子道書之流有三十七家。大旨皆去健羨。處沖虛而已。無上天官符籙之事。其黃帝四篇。老子二篇。最得深旨。故言陶弘景者。隱於句容。好陰陽五行。風角星算。修辟穀導引之法。受道經符籙。武帝素與之遊。及禪代之際。弘景取圖讖之文。合成景梁字以獻之。由是恩遇甚厚。又撰登眞隱訣。以證古有神仙之事。又言神丹可成。服之則能長生。與天地永畢。帝令弘景試合神丹。竟不能就。乃言中原隔絕。藥物不精故也。帝以爲然。敬之尤甚。然武帝弱年好事。先受道法。及卽位。猶自上章。朝士受道者衆。三吳及邊海之際。信之踰甚。陳武世居吳興。故亦奉焉。後魏之世。嵩山道士寇謙之。自云嘗遇眞人成公興。後遇太上老君。授謙之爲天師。而又賜之雲中音誦科誡二十卷。又使玉女授其服氣導引之法。遂得辟穀。氣盛體輕。顏色鮮麗。弟子十餘人。皆得其術。其後又遇神人李譜云是老君玄孫。授其圖籙眞經劾召百神六十餘卷。及銷鍊金丹雲英八石玉漿之法。太武始光之初。奉其書而獻之。帝使謁者奉玉帛牲牢祀嵩岳。迎致其餘弟子。於代都東南起壇宇。給道士百二十餘人。顯揚其法。宣布天下。太武親備法駕。而受符籙焉。自是道業大行。每帝卽位。必受符籙。以爲故事。刻天尊及諸仙之象而供養焉。遷洛已後。置道場於南郊之傍。方二百步。正月十月之十五日。並有道士哥人百六人。拜而祠焉。後齊武帝遷鄴。遂罷之。文襄之世。更置館宇。選其精至者使居焉。後周承魏。崇奉道法。每帝受籙。如魏之舊。尋與佛法俱滅。開皇初又興。高祖雅信佛法。於道士蔑如也。大業中道士以術進者甚衆。其所講經。由以老子爲本。次講莊子及靈寶昇玄之屬。其餘衆經。或言傳之神人。篇卷非一。自云天尊姓樂名靜信。例皆淺俗。故世甚疑之。其術業優者。行諸符禁。往往神驗。而金丹玉液長生之事。歷代糜費。不可勝紀。竟無效焉。今考其經目之數。附之於此。

大乘經六百一十七部二千七十六卷五百五十八部一千六百九十七卷、經五十九部三百七十九卷疏、　小乘經四百八十七部八百五十二卷　雜經三百八十部七百一十六卷雜經目殘缺、其見數如此、　雜疑經一百七十二部三百三十六卷　大乘律五十二部九十一卷　小乘律八十部四百七十二卷七十七部、四百九十卷律、二部二十三卷講疏、雜律二十七部四十六卷　大乘論三十五部一百四十一卷三十部九十四卷論十五部四十七卷疏　小乘論四十一部五百六十七卷二十一部四百九十一卷論、十部七十六卷講疏、　雜論五十一部四百三十七卷三十二部二百九十九卷論、九部一百三十八卷講疏、　記二十部四百六十四卷

右一千九百六十二部六千一百九十八卷

佛經者。西域天竺之迦維衞國淨飯王太子釋迦牟尼所說。釋迦當周莊王之九年。四月八日自母右脇而生。姿貌奇異。有三十二相。八十二好。捨太子位。出家學道。勤行精進。覺悟一切種智。而謂之佛。亦曰佛陀。亦曰浮屠。皆胡言也。華言譯之爲淨覺。其所說。云人身雖有生死之異。至於精神。則恆不滅。此身之前。則經無量身矣。積而修習。精神清淨。則佛道。天地之外。四維上下。更有天地。亦無終極。然皆有成有敗。一成一敗。謂之一劫。自此天地已前。則有無量劫矣。每劫必有諸佛得道。出世教化。其數不同。今此劫中。當有千佛。自初至於釋迦。已七佛矣。其次當有彌勒出世。必經三會。演說法藏。開度衆生。言其道者。有四等之果。一曰須陁洹。二曰斯陁含。三曰阿那含。四曰阿羅漢。至羅漢者。則出入生死。去來隱顯。而不爲累。阿羅漢已上。至菩薩者。深見佛性。以至成道。每佛滅度。遺法相傳。有正象末三等淳醨之異。年歲遠近。亦各不同。末法已後。衆生愚鈍。無復佛教。而業行轉惡。年壽漸短。經數百千載間。乃至朝生夕死。然後有大水大火大風之災。一切除去之。而更立生人。又歸淳樸。謂之小劫。每

小劫。則一佛出世。初天竺中多諸外道。並事水火毒龍。而善諸變幻。釋迦之苦行也。是諸邪道並來嬲惱。以亂其心。而不能得。及佛道成。盡皆摧伏。並爲弟子。弟子男曰桑門。譯言息心。而總曰僧。譯言行乞。女曰比丘尼。皆剃落鬚髮。釋累辭家。相與和居。治心修淨。行乞以自資。而防心攝行。僧至二百五十戒。尼五百戒。俗人信馮佛法者。男曰優婆塞。女曰優婆夷。皆去殺盜淫妄言飲酒。是謂五戒。釋迦在世教化四十九年。乃至天龍人鬼。並來聽法。弟子得道。以百千萬億數。然後於拘尸那城娑羅雙樹間。以二月十五日入般涅槃。涅槃亦曰泥洹。譯言滅度。亦言常樂我淨。初釋迦說法。以人之性識根業各差。故有大乘小乘之說。至是謝世。弟子大迦葉與阿難等五百人。追共撰述。綴以文字。集載爲十二部。後數百年。有羅漢菩薩。相繼著論。贊明其義。然佛所說。我滅度後。正法五百年。像法一千年。末法三千年。其義如此。推尋典籍。自漢已上。中國未傳。或云久以流布。遭秦之世。所以湮滅。其後張騫使西域。蓋聞有浮屠之教。哀帝時。博士弟子秦景使伊存口授浮屠經。中土聞之。未之信也。後漢明帝。夜夢金人飛行殿庭。以問於朝。而傅毅以佛對。帝遣郎中蔡愔及秦景使天竺求之。得佛經四十二章及釋迦立像。并與沙門攝摩騰竺法蘭東還。愔之來也。以白馬負經。因立白馬寺於洛城雍門西以處之。其經緘於蘭臺石室。而又畫像於淸源臺及顯節陵上。章帝時。楚王英以崇敬佛法聞。西域沙門齎佛經而至者甚衆。永平中。法蘭又譯十住經。其餘傳譯。多未能通。至桓帝時有安息國沙門安靜。齎經至洛翻譯。最爲通解。靈帝時。有月支沙門支讖。天竺沙門竺佛朔等。並翻佛經。而支讖所譯泥洹經二卷。學者以爲大得本旨。漢末太守竺融。亦崇佛法。三國時有西域沙門康僧會。齎佛經至吳譯之。吳主孫權甚大敬信。魏黃初中。中國人始依佛戒剃髮爲僧。先是西域沙門來此譯小品經。首尾乖舛。未能通解。甘露中有朱仕行者。往西域。至于闐國得經九十章。晉元康中至鄴譯之。題曰放光般若經。太始中有月支沙門竺法護。西遊諸國。大得佛經。至洛翻譯。部數甚多。佛教東流。自此而盛。石勒時常山沙門衛道安。性聰敏。誦經日至萬餘言。以胡僧所譯維摩法華。未盡深旨。精思十年。心了神悟。乃正其乖舛。宣揚解釋。時中國紛擾。四方隔絕。道安乃率門徒。南遊新野。欲令玄宗所在流布。分遣弟子各趣諸方。法性詣揚州。法和入蜀。道安與慧遠之襄陽。後至長安。苻堅甚敬之。道安素聞天竺沙門鳩摩羅什。思通法門。勸堅致之。什亦聞安令問。遙拜致敬。姚萇弘始二年。羅什至長安。時道安卒後已二十載矣。什深慨恨。什之來也。大譯經論。道安所正。與什所譯。義如一。初無乖舛。初。晉元熙中。新豐沙門智猛。策杖西行。到華氏城。得泥洹經及僧祇律。東至高昌。譯泥洹爲二十卷。後有天竺沙門曇摩羅讖。復齎胡本來至河西。沮渠蒙遜遣使至高昌取猛本。欲相參驗。未還而蒙遜破滅。姚萇弘始十年。猛本始至長安。譯爲三十卷。曇摩羅讖又譯金光明等經。時胡僧至長安者數十輩。惟鳩摩羅什。才德最優。其所譯則維摩法華成實論等諸經。及曇無懺所譯金光明。曇摩羅懺所譯泥洹等經。並爲大乘之學。而什又譯十誦律。天竺沙門佛陀耶舍譯長阿含經及四分律。兜法勒沙門曇摩難提譯增一阿含經。曇摩耶舍譯阿毗曇論。並爲小乘之學。其餘經論。不可勝記。自是佛法流通。極於四海矣。東晉隆安中。又有罽賓沙門僧伽提婆譯增一阿含經及中阿含經。義熙中。沙門支法領從于闐國得華嚴經三萬六千偈。至金陵宣譯。又有沙門法顯自長安遊天竺。經三十餘國。隨有經律之處。學其書語。譯而寫之。還至金陵。與天竺禪師跋羅參共辯定。謂僧祇律。學者傳之。齊梁及陳。並有外國沙門。然所宣譯。無大名部可爲法門者。梁武大崇佛法。於華林園中。總集釋氏經典。凡五千四百卷。沙門寶唱撰經目錄。又後魏時。太武帝西征長安。以沙門多違佛律。羣聚穢亂。乃詔有司。盡坑殺之。焚破佛像。長安僧徒。一時殲滅。自餘征鎮。豫聞詔書。亡匿得免者十一二。文成之世。又使修復。熙平中。遣沙門慧生使西域。采諸經律。得一百七十部。永平中。又有天竺沙門菩提留支。大譯佛經。與羅什相埒。其地持十地論。並爲大乘學者所重。後齊遷鄴。佛法不改。至周武帝時。蜀郡沙門衞元嵩上書稱僧徒猥濫。武帝出詔。一切廢毀。開皇元年。高祖普詔天下。任聽出家。仍令計口出錢。營造經像。而京師及并州相州洛州等諸大都邑之處。並官寫一切經。置於寺內。而又別寫藏於祕閣。天下之人。從風而靡。競相景慕。民間佛經。多於六經數十百部。大業時。又令沙門智果於東都內道場撰諸經目。分別條貫。以佛所說經爲三部。一曰大乘。二曰小乘。三曰雜經。其餘似後人假託爲之者。別爲一部。謂之疑經。又有菩薩及諸深解奧義。贊明佛理者。名之爲論。及戒律並有大小及中三部之別。又所學者。錄其當時行事。名之爲記。凡十一種。今舉其大數。列於此篇。

右道佛經二千三百二十九部。七千四百一十四卷

道佛者。方外之教。聖人之遠致也。俗士爲之。不通其指。多離以迂怪。假託變幻亂於世。斯所以爲弊也。故中庸之教。是所罕言。然亦不可誣也。故錄其大綱。附於四部之末。

大凡經傳存亡及道佛六千五百二十部。五萬六千八百八十一卷

校讎略（通志）　鄭　樵

秦不絕儒學論二篇

陸賈秦之巨儒也。酈食其秦之儒生也。叔孫通秦時以文學召待詔博士。數歲。陳勝起。二世召博士諸儒生三十餘而問其故。皆引春秋之義以對。是則秦時未嘗不用儒生與經學也。況叔孫通降漢時。自有弟子百餘人。齊魯之風。亦未嘗替。故項羽既亡之後。而魯爲守節禮義之國。則知秦時未嘗廢儒。而始皇所阬者。蓋一時議論不合者耳。

蕭何入咸陽。收秦律令圖書。則秦亦未嘗無書籍也。其所焚者。一時間事耳。後世不明經者。皆歸之秦火。使學者不覩全書。未免乎疑以傳疑。然則易固爲全書矣。何嘗見後世有明全

易之人哉。臣向謂秦人焚書而書存。諸儒窮經而經絕。蓋爲此發也。

詩有六亡篇。乃六笙詩本無辭。書有逸篇。仲尼之時已無矣。皆不因秦火。自漢以來。書籍至於今日。百不存一二。非秦人亡之也。學者自亡之耳。

編次必謹類例論六篇

學之不專者。爲書之不明也。書之不明者。爲類例之不分也。有專門之書。則有專門之學。有專門之學。則有世守之能。人守其學。學守其書。書守其類。人有存沒。而學不息。世有變故。而書不亡。以今之書。校古之書。百無一存。其故何哉。士卒之亡者。由部伍之法不明也。書籍之亡者。由類例之法不分也。類例分。則百家九流。各有條理。雖亡而不能亡也。巫醫之學。亦經存沒而學不息。釋老之書。亦經變故而書常存。觀漢之易書甚多。今不傳。惟卜筮之易傳。法家之書亦多。今不傳。惟釋老之書傳。彼異端之學。能全其書者。專之謂矣。

十二野者。所以分天之綱。即十二野不可以明天。九州者。所以分地之紀。即九州不可以明地。七略者。所以分書之次。即七略不可以明書。欲明天者在於明推步。欲明地者在於明遠邇。欲明書者在於明類例。噫。類例不明。圖書失紀。有自來矣。臣於是總古今有無之書。爲之區別。凡十二類。經類第一。禮類第二。樂類第三。小學類第四。史類第五。諸子類第六。星數類第七。五行類第八。藝術類第九。醫方類第十。類書類第十一。文類第十二。經一類。分九家。九家有八十八種書。以八十八種書而總爲九種書可乎。禮一類分七家。七家有五十四種書。以五十四種書而總爲七種書可乎。樂一類爲一家。書十一種。小學一類爲一家。書八種。史一類分十三家。十三家爲書九十種。朝代之書則以朝代分。非朝代書則以類聚分。諸子一類分十一家。其八家爲書八種。道釋兵三家書差多。爲四十種。星數一類分三家。三家爲書十五種。五行一類分三十家。三十家爲書三十三種。藝術一類爲一家。書十七種。醫方一類爲一家。書二十六種。類書一類爲一家。分上下二種。文類一類分二家。二十二種。別集一家爲十九種書。餘二十一家。二十一種書而已。總十二類。百家。四百二十二種。朱紫分矣。散四百二十二種書。可以窮百家之學。斂百家之學。可以明十二類之所歸。

易本一類也。以數不可合於圖。圖不可合於音。讖緯不可合於傳注。故分爲十六種。詩本一類也。以圖不可合於音。音不可合於譜。名物不可合於詁訓。故分爲十二種。禮雖一類而有七種。以儀禮雜於周官可乎。春秋雖一類而有五家。以啖趙雜於公穀可乎。樂雖主於音聲。而歌曲與管絃異事。小學雖主於文字。而字書與韻書背馳。編年一家而有先後。文集一家而有合離。日月星辰。豈可與風雲氣候同爲天文之學。三命元辰。豈可與九宮太一同爲五行之書。以此觀之。七略所分。自爲苟簡。四庫所部。無乃荒唐。

類書猶持軍也。若有條理。雖多而治。若無條理。雖寡而紛。類例不患其多也。患處多之無術耳。今所紀者。欲以紀百代之有無。然漢晉之書。最爲希闊。故稍略。隋唐之書。於今爲近。故差詳。崇文四庫及民間之藏。乃近代之書所當一一載也。

類例既分。學術自明。以其先後本末具在。觀圖譜者。可以知圖譜之所始。觀名數者。可以知名數之相承。讖緯之學。盛於東都。音韻之書。傳於江左。傳注起於漢魏。義疏成於隋唐。覩其書可以知其學之源流。或舊無其書而有其學者。是爲新出之學。非古道也。

編次必記亡書論三篇

古人編書。皆記其亡闕。所以仲尼定書。逸篇具載。王儉作七志。已又條劉氏七略及二漢藝文志。魏中經簿所闕之書爲一志。阮孝緒作七錄。已亦條劉氏七略及班固漢志。袁山松後漢志。魏中經。晉四部所亡之書爲一錄。隋朝又記梁之亡書。自唐以前。書籍之富者。爲亡闕之書有所系。故可以本所系而求。所以書或亡於前而備於後。不出於彼而出於此。及唐人收書。只記其有。不記其無。是致後人失其名系。所以崇文四庫之書。比於隋唐。亡書甚多。而古書之亡尤甚焉。

古人亡書有記。故本所記而求之。魏人求書有闕目錄一卷。唐人求書有搜訪圖書目一卷。所以得書之多也。闕下詔幷書目一卷。惜乎行之不遠。一卷之目。亦無傳焉。臣今所作羣書會紀。不惟篇別類例。亦所以廣古今而無遺也。

古人編書。必究本末。上有源流。下有沿襲。故學者亦易學。求者亦易求。謂如隋人於歷一家。最爲詳明。凡作歷者幾人。或先或後。有因有革。存則俱存。亡則俱亡。唐人不能記亡書。然猶紀其當代作者之先後。必使具在而後已。及崇文四庫。有則書。無則否。不惟古書難求。雖今代憲章亦不備。

書有名亡實不亡論一篇

書有亡者。有雖亡而不亡者。有不可以不求者。有不可求者。文言略例雖亡。而周易具在。漢魏吳晉鼓吹曲雖亡。而樂府具在。三禮目錄雖亡。可取諸三禮。十三代史目錄雖亡。可取諸十三代史。常鼎寶文選著作人名目錄雖亡。可取諸文選。孫玉汝唐列聖實錄雖亡。可取諸唐實錄。開元禮目錄雖亡。可取諸開元禮。名醫別錄雖亡。陶隱居已收入本草。李氏本草雖亡。唐愼微已收入證類。春秋括甲子雖亡。不過起隱公至哀公甲子耳。韋嘉年號錄雖亡。不過起漢後元至唐中和年號耳。續唐曆雖亡。不過起續柳芳所作至唐之末年。亦猶續通典。續杜佑所作至宋初也。毛詩蟲魚草木圖蓋本陸璣疏而爲圖。今雖亡。有陸璣疏在。則其圖可圖也。爾雅圖蓋本郭璞注而爲圖。今雖亡。有郭璞注在。則其圖可圖也。張頻禮粹出於崔靈恩三禮義宗。有崔靈恩三禮義宗。則張頻禮粹爲不亡。五服志出於開元禮。有開元禮。則五服志爲不亡。有杜預春秋公子譜。無顧啟期大夫譜可也。有洪範五行傳。無春秋災異應錄可也。丁副春秋三傳同異字。可見於杜預釋例。陸淳纂例。京相璠春秋土地名。可見於杜預地名譜。桑欽水經。李膺說文字源。不離說文。經典分毫正字。不離佩觿。李舟切韻。乃取說文而分聲。天寶切韻。即開元文字而爲韻。內外轉歸字圖。內外傳鈐指歸圖。切韻樞之類。無不見於韻海鏡源。書評書論書品書訣之類。無不見於法書苑墨藪。唐人小說。多見於語林。近代小說。多見於集說。天文橫圖。圓圖。分野圖。紫薇圖。象度圖。但一圖可該。大象賦小象賦周髀星述四七長短經劉石甘巫占。但一書可備。開元占經象應驗錄之類。即古今通占鑑乾象新書可以見矣。李氏本草拾遺。刪繁本草。徐之才藥對。南海藥譜。藥林。藥論。藥忌之書證類本草收之矣。肘後方。鬼遺方。獨行方。一致方。及諸古方之書。外臺祕要。太平聖惠方中盡收之矣。紀元之書。亡者甚多。不過紀運圖。歷代圖。可見其略。編年紀事之書。亡者甚多。不過通曆帝王曆數圖。可見其略。凡此之類。名雖亡而實不亡者也。

編次失書論五篇

書之易亡。亦由校讐之人失職故也。蓋編次之時。失其名帙。名帙既失。書安得不亡也。按唐志於天文類。有星書。無日月風雲氣候之書。豈有唐朝而無風雲氣候之書乎。編次之時失之矣。按崇文目有風雲氣候書。無日月之書。豈有宋朝而無日月之書乎。編次之時失之矣。

四庫書目並無此等書。而以星禽洞微之書。列於天文。且星禽洞微。五行之書也。何與天文。射覆一家。於漢有之。世有其書。唐志崇文目並無。何也。軌革一家。其來舊矣。世有其書。唐志崇文目並無。四庫始收入五行類。醫方類自有炮灸一家書。而隋唐二志並無。何也。人倫之書極多。唐志只有袁天綱七卷而已。婚書極多。唐志只有一部。崇文只有一卷而已。四庫全不收。

見名不見書論二篇

編書之家。多是苟且。有見名不見書者。有看前不看後者。尉繚子兵書也。班固以爲諸子類。置於雜家。此之謂見名不見書。隋唐因之。至崇文目始入兵書類。顏師古作刋謬正俗。乃雜記經史。惟第一篇說論語。而崇文目以爲論語類。此之謂看前不看後。應知崇文所釋不看全書。多只看帙前數行。率意以釋之耳。（按刋謬正俗當入經解類。）

按漢朝駮議。諸王奏事。魏臣奏事。魏臺詔議。南臺奏事之類。隋人編入刑法者。以隋人見其書也。若不見其書。卽其名以求之。安得有刑法意乎。按唐志見其名爲奏事。直以爲故事也。編入故事類。況古之所謂故事者。卽漢之章程也。異乎近人所謂故事者矣。是之謂見名不見書。按周易參同契三卷。周易五相類一卷。爐火之書也。唐志以其取名於周易。則以爲卜筮之書。故入周易卜筮類。此亦謂見名不見書。

收書之多論一篇

臣嘗見鄉人方氏望壺樓書籍頗多。問其家。乃云。先人守無爲軍日。就一道士傳之。尙不能盡其書也。如唐人文集無不備。又嘗見浮屠慧邃收古人簡牘。宋朝自開國至崇觀間。凡是名臣及高僧筆迹無不備。以一道士能備一唐朝之文集。以一僧能備一宋朝之筆迹。況於堂堂天府。而不能盡天下之圖書乎。患不求耳。然觀國家向日文物全盛之時。猶有遺書民間所有。祕府所無者甚多。是求之道未至耳。

闕書備於後世論一篇

古之書籍。有不足於前朝。而足於後世者。觀唐志所得舊書。盡梁書卷帙。而多於隋。蓋梁書至隋所失已多。而卷帙不全者。又多。唐人按王儉七志。阮孝緒七錄。搜訪圖書。所以卷帙多於隋。而復有多於梁者。如陶潛集。梁有五卷。隋有九卷。唐乃有二十卷。諸書如此者甚多。孰謂前代亡書不可備於後代乎。

亡書出於後世論一篇

古之書籍。有不出於當時。而出於後代者。按蕭何律令。張蒼章程。漢之大典也。劉氏七略。班固漢志全不收。按晉之故事。卽漢章程也。有漢朝駮議三十卷。漢名臣奏議三十卷。並爲章程之書。至隋唐猶存。奈何闕於漢乎。刑統之書。本於蕭何律令。歷代增修。不失故典。豈可闕於當時乎。又況兵家一類。任宏所編。有韓信軍法三篇。廣武一篇。豈有韓信軍法猶在。而蕭何律令張蒼章程則無之。此劉氏班氏之過也。孔安國舜典不出於漢。而出於晉。連山之易不出於隋。而出於唐。應知書籍之亡者。皆校讎之官失職矣。

亡書出於民間論一篇

古之書籍。有上代所無。而出於今民間者。古文尚書音。唐世與宋朝並無。今出於漳州之吳氏。陸機正訓。隋唐二志並無。今出於荆州之田氏。三墳自是一種古書。至熙豐間始出於野堂。村校按漳州吳氏書目。算術一家。有數件古書。皆三館四庫所無者。臣已收入求書類矣。又師春二卷。甘氏星經二卷。漢官典儀十卷。京房易鈔一卷。今世之所傳者。皆出吳氏。應知古書散落人間者。可勝計哉。求之之道未至耳。

求書遣使校書久任論一篇

求書之官。不可不遣。校書之任。不可不專。漢除挾書之律。開獻書之路久矣。至成帝時。遣謁者陳農求遺書於天下。遂有七略之藏。隋開皇間。奇章公請分遣使人。搜訪異本。後嘉則殿藏書。三十七萬卷。祿山之變。尺簡無存。乃命苗發等使江淮搜訪。至文宗朝。遂有十二庫之書。唐之季年。猶遣監察御史。諸道搜求遺書。知古人求書欲廣。必遣官焉。然後山林藪澤可以無遺。司馬遷世爲史官。劉向父子校讐天祿。虞世南顏師古相繼爲祕書監。令狐德棻三朝當修史之任。孔穎達一生不離學校之官。欲圖書之備。文物之興。則校讎之官。豈可不久其任哉。

求書之道有八論九篇

求書之道有八。一曰卽類以求。二曰旁類以求。三曰因地以求。四曰因家以求。五曰求之公。六曰求之私。七曰因人以求。八曰因代以求。當不一於所求也。

凡星曆之書。求之靈臺郞。樂律之書。求之太常樂工。靈臺所無。然後訪民間之知星曆者。太常所無。然後訪民間之知音律者。眼目之方多。眼科家或有之。疽瘍之方。多外醫家或有之。紫堂之書多亡。世有傳紫堂之學者。九曜之書多亡。世有傳九星之學者。列仙類之類道藏可求。此之謂卽類以求。

凡性命道德之書。可以求之道家。小學文字之書。可以求之釋氏。如素履子元眞子尹子鬻子之類。道家皆有。如倉頡篇龍龕手鑑郭逸音訣圖字母之類。釋氏皆有。周易之書。多藏於卜筮家。洪範之書。多藏於五行家。且如邢璹周易略例正義。今道藏有之。京房周易飛伏例卜筮家有之。此之謂旁類以求。

孟少主實錄。蜀中必有。王審知傳。閩中必有。零陵先賢傳。零陵必有。桂陽先賢贊。桂陽必有。

京口記者潤州記也。東陽記者婺州記也。茅山記必見於茅山觀。神光聖跡必見於神光寺。如此之類。可因地以求。

錢氏慶系圖可求於忠懿王之家。章氏家譜可求於申公之後。黃君俞尙書關言雖亡。君俞之家在興化。王棐春秋講義雖亡。棐之家在臨漳。徐寅文賦今莆田有之。以其家在莆田。潘佑文集今長樂有之。以其後居長樂。如此之類。可因家以求。

禮儀之書。祠祀之書。斷獄之書。官制之書。版圖之書。今官府有不經兵火處。其書必有存者。此謂求之公。

書不存於祕府。而出於民間者甚多。如漳州吳氏其家甚微。其官甚卑。然一生文字間至老不休。故所得之書多蓬山所無者。兼藏書之家。例有兩目錄。所以示人者未嘗載異書。若非與人盡誠盡禮。彼肯出其所祕乎。此謂求之私。

鄉人李氏曾守和州。其家或有沈氏之書。前年所進褚方回淸愼帖。蒙賜百四兩。此則沈家舊物也。鄉人陳氏嘗謂湖北監司。其家或有田氏之書。臣嘗見其有荊州田氏目錄。若迹其官守。知所由來。容或有焉。此謂因人以求。

胡旦作演聖通論。余靖作三史刋誤。此等書卷帙雖多。然流行於一時。實近代之所作。書之難求者。爲其久遠而不可迹也。若出近代人之手。何不可求之有。此謂因代而求。

編次之訛論十五篇

隋志所類無不當理。然亦有錯收者。謚法三部。已見經解類矣。而汝南君諱儀。又見儀注。何也。後人更不考其錯誤。而復因之。按唐志經解類。已有謚法。復於儀注類出魏晉謚儀。蓋本隋志。

一類之書。當集在一處。不可有所間也。按唐志謚法。見於經解一類。而分爲兩處。置四庫書目以入禮類。亦分爲兩也。

唐志於儀注類中有玉璽國寶之書矣。而於傳記類中。復出此二書。四庫書目。既立命書類。而三命五命之書。復入五行卜筮類。

遁甲一種書耳。四庫書目分而爲四類。兵書見之。五行卜筮又見之。壬課又見之。命書又見之。既立壬課類。則遁甲書當隸壬課類中。

月令乃禮家之一類。以其書之多。故爲專類。不知四庫書目如何見於禮類。又見於兵家。又見於農家。又見於月鑑。按此宜在歲時類。

太元經以諱故。崇文改爲太眞。今四庫書目。分太元太眞爲兩家書。

貨泉之書。農家類也。唐志以顧烜錢譜列於農。至於封演錢譜。又列於小說家。此何義哉。亦恐是誤耳。崇文四庫因之。並以貨泉爲小說家書。正猶班固以太元爲揚雄所作。而列於儒家後人因之遂以太元一家之書爲儒家類。是故君子重始作。若始作之訛。則後人不復能反正也。

有曆學。有算學。隋志以曆數爲主。而附以算法。雖不別條。自成兩類。後人始分曆數爲兩家。不知唐志如何以曆與算二種之書相濫爲一。雖曰曆算同歸乎數。各自名家。

李延壽南北史。唐志類於集史。是崇文類於雜史。非。吳紀九卷。唐志類於編年。是。隋志類於正史。非。海宇亂離志。唐志類於雜史。是。隋志類於編年。非。

唐藝文志與崇文總目。既以外丹煆法爲道家書矣。奈何藝文志又於醫術中見太清神丹經諸丹藥數條。崇文又於醫書中見伏火丹砂通元祕訣數條。大抵爐火與服餌兩種。向來道家與醫家雜出。不獨藝文與崇文。雖隋志亦如此。臣今分爲兩類。列於道家。庶無雜揉。

歲時自一家書。如歲時廣記百十二卷。崇文總目不列於歲時。而列於類書。何也。類書者謂總衆類不可分也。若可分之書。當入別類。且如天文有類書。自當列天文類。職官有類書。自當列職官類。豈可以爲類書。而總入類書類乎。

諫疏時政論與君臣之事。隋唐志並入雜家。臣今析出。按此當入儒家。大抵隋唐志於儒雜二家不分。

古今編書所不能分者五。一曰傳記。二曰雜家。三曰小說。四曰雜史。五曰故事。凡此五類之書足相紊亂。又如文史與詩話亦能相濫。

凡編書每一類成。必計卷帙。於其後如何唐志於集史計卷而正史不計卷。實錄與詔令計卷。而起居注不計卷。凡書計卷帙皆有空別。唐志無空別。多爲抄寫所移。

隋志最可信。緣分類不考。故亦有重複者。嘉瑞記祥瑞記二書。既出雜傳。又出五行。諸葛武侯集誡衆賢誡曹大家女誡正順志娣姒訓女誡女訓凡數種書。既出儒類。又出總集。衆僧傳。高僧傳。梁皇大捨記。法藏目錄。元門寶海等書。既出雜傳。又出雜家。如此三種。實由分類不明。是致差互。若酒陶弘景天儀說要。天文類中兩出。趙政甲寅元曆序。曆數中兩出。黃帝飛鳥曆與海中仙人占災祥書。五行類中兩出。庾季才地形志。地理類中兩出。凡此五書。是不校勘之過也。以隋志尚且如此。後來編書出於衆手。不經校勘者。可勝道哉。於是作書目正訛。

崇文明於兩類論一篇

崇文總目。衆手爲之。其間有兩類極有條理。古人不及。後來無以復加也。道書一類有九節。九節相屬而無雜揉。又雜史一類。雖不標別。然分上下二卷。卽爲二家。不勝冗濫。及覩崇文九節。正所謂大熱而濯以淸風也。雜史一類。隋唐二志皆不成條理。今觀崇文之作。賢於二志遠矣。此二類往往是一手所編。惜乎當時不盡以其書屬之也。

泛釋無義論一篇

古之編書。但標類而已。未嘗注解其著注者人之姓名耳。蓋經入經類。何必更言經。史入史類。何必更言史。但隨其凡目。則其書自顯。惟隋志於疑晦者則釋之。無疑晦者則以類舉。今崇文總目。出新意。每書之下。必著說焉。據標類自見。何用更爲之說。且爲之說也。已自繁矣。何用一一說焉。至於無說者。或後書與前書不殊者。則强爲之說。使人意怠。且太平廣記者。乃太平御覽別出廣記一書。專記異事。奈何崇文之目。所說不及此意。但以謂博採羣書。以類分門。凡是類書。皆可博採羣書以類分門。不知御覽之與廣記又何異。崇文所釋大概如此。舉此一條。可見其他。

書有不應釋論三篇

實錄自出於當代。按崇文總目。有唐實錄十八部。既謂唐實錄。得非出於唐人之手。何須一一釋云唐人撰。

凡編書皆欲成類。取簡而易曉。如文集之作甚多。唐人所作。自是一類。宋朝人所作。自是一類。但記姓名可也。何須一一言唐人撰。一一言宋朝人撰。然崇文之所作。以爲衍文者不知其爲幾何。此非不達理也。著書之時。元不經心耳。

有應釋者。有不應釋者。崇文總目必欲一一爲之釋。間有見名知義者。亦彊爲之釋。如鄭景岫作南中四時攝生論。其名自可見。何用釋哉。如陳昌允作百中傷寒論。其名亦可見。何必曰百中者取其必愈乎。

書有應釋論一篇

隋志於他類只注人姓名。不注義說。可以睹類而知義也。如史家一類。正史編年各隨朝代易明。不言自顯。至於雜史容有錯雜。其間故爲之注。釋其易知者則否。惟霸史一類紛紛如也。故一一具注。蓋有應釋者。有不應釋者。不可執一概之論。按唐志有應釋者而一概不釋。謂之簡。崇文有不應釋者而一概釋之。謂之繁。今當觀其可不可。

不類書而類人論三篇

古之編書。以人類書。何嘗以書類人哉。人則於書之下注姓名耳。唐志一例削注。一例大書。遂以書類人。且如別集類自是一類。總集自是一類。奏集自是一類。令狐楚集百三十卷當入別集類。表奏十卷當入奏集類。如何取類於令狐楚而別集與奏集不分。皮日休文數十卷當入總集類。文集十八卷當入別集類。如何取類於皮日休而總集與別集無別。詩自一類。賦自一類。陸龜蒙有詩十卷。賦六卷。如何不分詩賦而取類於陸龜蒙。按隋志於書則以所作之人或所解之人注其姓名於書之下。文集則大書其名於上。曰某人文集。不著注焉。唐志因隋志係人於文集之上。遂以他書一概如是。且春秋一類之學。當附春秋以顯。如曰劉向有何義。易一類之書。當附易以顯。如曰王弼有何義。

唐志以人置於書之上而不著注。大有相妨。如管辰作管輅傳三卷。唐省文例去作字。則當曰管辰管輅傳。是二人共傳也。如李邕作狄仁傑傳三卷。當去作字。則當曰李邕狄仁傑傳。是二人共傳也。又如李翰作張巡姚誾傳三卷。當去作字。則當曰李翰張巡姚誾傳。是三人共傳也。若文集置人於上。則無相妨。曰某人文集可也。卽無某人作某人文集之理。所志唯文集置人於上。可以去作字。可以不著注。而於義無妨也。又如盧槃佐作孝子傳三卷。又作高士傳二卷。高士與孝子自殊。如何因所作之人而合爲一。似此類極多。炙轂子雜錄注解五卷。乃王叡撰。若從唐志之例。則當曰王叡炙轂子雜錄注解五卷。是王叡復爲注解之人矣。若用隋志例。以其人之姓名著注於其下。無有不安之理。

編書不明分類論三篇

七略唯兵家一略。任宏所校。分權謀形勢陰陽技巧爲四種書。又有圖四十三卷。與書參焉。觀其類例。亦可知兵。況見其書乎。其次則尹咸校數術。李柱國校方技。亦有條理。惟劉向父子所校經傳諸子詩賦。冗雜不明。盡採語言。不存圖譜。緣劉氏章句之儒。胸中元無倫類。班固不知其失。是致後世亡書多。而學者不知源。則凡編書惟細分難。非用心精微。則不能也。兵家一略極明。若他略皆如此。何憂乎斯文之喪也。

史家本於孟堅。孟堅初無獨斷之學。惟依緣他人以成門戶。紀志傳則追司馬之蹤。律曆藝文。則躡劉氏之迹。惟地理志與古今人物表。是其胸臆。地理一學。後代少有名家者。由班固修之無功耳。古今人物表又不足言也。

古者。修書出於一人之手。成於一家之學。班馬之徒是也。至唐人始用衆手。晉隋二書是矣。然亦皆隨其學術所長者而授之。未嘗奪人之所能而彊人之所不及。如李淳風于志寧之徒。則授之以志。如顏師古孔穎達之徒。則授之紀傳。以顏孔博通古今。于李明天文地理圖籍之學。所以晉隋二志高於古今。而隋志尤詳明也。

編次有敍論二篇

隋志每於一書而有數種學者。雖不標別。然亦有次第。如春秋三傳。雖不分爲三家。而有先後之列。先左氏。次公羊。次穀梁。次國語。可以次求類。唐志不然。三傳國語可以渾而雜出。四家之學。猶方圓冰炭也。不知國語之文。可以同於公穀。公穀之義。可以同於左氏者乎。

隋志於禮類有喪服一種。雖不別出。而於儀禮之後。自成一類。以喪服者儀禮之一篇也。後之議禮者。因而講究。遂成一家之書。尤多於三禮。故爲之別異。可以見先後之次。可以見因革之宜。而無所紊濫。今唐志與三禮雜出。可乎。

編次不明論七篇

班固藝文志出於七略者也。七略雖疏而不濫。若班氏步步趨趨。不離於七略。未見其失也。間有七略所無而班氏雜出者。則躓矣。揚雄所作之書。劉氏蓋未收。而班氏始出。若之何以太元法言樂箴三書合爲一。總謂之揚雄所序三十八篇。入於儒家類。按儒者舊有五十二種。固新出一種。則揚雄之三書也。且太元易類也。法言諸子也。樂箴雜家也。奈何合而爲一家。是知班固胸中元無倫類。

舊類有道家。有道書。道家則老莊是也。有法家。有刑法。法家則申韓是也。以道家爲先。法家次之。至以刑法道書。別出條例。刑法則律令也。道書則法術也。豈可以法術與老莊同條。律令與申韓共貫乎。不得不分也。唐志則併道家道書釋氏三類爲一類。命以道家。可乎。凡條例之書。古人草昧。後世詳明者有之。未有棄古人之詳明。從後人之紊濫也。其意謂釋氏之書。難爲在名墨兵農之上。故以合於道家。殊不知凡目之書。只要明曉。不如此論高卑。況釋道二家之書。自是矛盾。豈可同一家乎。

漢志於醫術類。有經方。有醫經。於道術類。有房中。有神仙。亦自微有分別。奈何後之人更不本此。同爲醫方。同爲道家者乎。足見後人之苟且也。

唐志別出明堂經脈一條。而崇文總目合爲醫書。據明堂一類。亦有數家。以爲一條。已自疏矣。況合於醫書。而其類又不相附。可乎。

漢志以司馬法爲禮經。以太公兵法爲道家。此何義也。疑此二條。非任氏劉氏所收蓋出班固之意。亦如以太元樂箴爲儒家類也。

漢志以世本戰國策秦大臣奏事漢著記爲春秋類。此何義也。

唐志以選舉志入職官類。是崇文總目以選舉志入傳記非。

書目治要卷三

清四庫全書序目

清紀昀等奉敕撰。昀河間人。字曉嵐。乾隆進士。官至協辦大學士。卒諡文達。初太宗在瀋陽時。已留心典籍。廣爲搜羅。入關後收明永樂大典等書。又日積月累。至乾隆朝。號稱富備。三十七年。下詔開館。纂修四庫全書。復徵求天下書籍。命紀昀等爲總纂官。仍遵歷代四部之名。修正體例。分類考訂。凡十餘年而後告成。計三萬六千餘冊。三百餘萬葉。（案據四庫全書總目約計之。著錄書有三千四百餘種。七萬七千餘卷。存目書有六千七百餘種。九萬四千餘卷。兩者合計。爲書一萬餘種。十七萬餘卷。持較漢志。多至十餘倍。較隋志。亦可多二三倍）書既成。先繕寫四分。特建四閣以資藏庋。文淵閣在大內。文源閣在圓明園。文津閣在熱河避暑山莊。文溯閣在瀋陽行宮。此名內廷四閣。嗣以江浙爲人文所聚。因於江蘇揚州之大觀堂。建文滙閣。鎭江之金山寺。建文宗閣。浙江西湖之聖因寺行宮。建文瀾閣。復各頒一分。貯之。以便力學好古之士。就近觀摩謄寫。此四庫全書先後分鈔七部之由來也。不幸於咸豐十年。英法聯軍之役。北京淪陷。圓明園被燬。文源閣所藏。蕩然無存。是時江南正當洪楊之役。文滙文宗亦相繼燬滅。文瀾於亂後補鈔。已非當年舊帙。今改存浙江圖書館中。民國紀元以來。鑒於各閣全書歷次銷燬。祗存其半。曾與上海商務印書館商立約付印流通。嗣因事中止。近遼寧省政府已將文溯閣全書從事開印。將來大功告成。使吾國宏富珍祕之典籍。流通於海內外。昌明學術。導揚國光。亦中華民族歷史之榮幸也。又案四庫全書告成。下詔復命紀昀等撰總目提要二百卷。內分著錄存目二項。著錄之書。皆有鈔本存於閣內。存目之書。則四庫所不收。每書皆撮舉大凡。條論得失。並詳其著書人世次爵里。較漢隋諸志。多至百倍。其書雖應全讀。方足以盡其精蘊。然本書題名治要。限於卷帙。勢難盡錄。亦無須盡錄。因特規仿漢隋二志之例。先以總序。明其源委。次系書目。（不錄存目之書目）並注作者世次姓氏。以資考核。其每書提要之文。概不采及。故名之曰清四庫全書序目。以見吾國近代國家藏書之略。而為學者考覽之一便焉。（案紀氏撰總目提要後。又撰簡明目錄二十卷。不載存目之書。刪煩就簡。一覽瞭然。於初學頗為便利。然不載各部各類之總序小序。不能貫通羣書分合之原委。故尚嫌其未盡善也。又書目下原作「國朝」者。今悉改為「清」以便識別。）

經部總敍

經稟聖裁。垂型萬世。刪定之旨。如日中天。無所容其贊述。所論次者。詁經之說而已。自漢京以後。垂二千年。儒者沿波。學凡六變。其初專門授受。遞稟師承。非惟詁訓相傳。莫敢同異。即篇章字句。亦恪守所聞。其學篤實謹嚴。及其弊也拘。王弼王肅。稍持異議。流風所扇。或信或疑。越孔賈啖趙。以及北宋孫復劉敞等。各自論說。不相統攝。及其弊也雜。洛閩繼起。道學大昌。擺落漢唐。獨研義理。凡經師舊說。俱排斥以為不足信。其學務別是非。及其弊也悍。（如王柏吳澄攻駁經文、動輒刪改之類、）學脈旁分。攀緣日衆。驅除異己。務定一尊。自宋末以逮明初。其學見異不遷。及其弊也黨。（如論語集註誤引包咸夏瑚商璉之說、張存中四書通證即闕此一條、以諱其誤、又如王柏刪國風三十二篇、許謙疑之、吳師道反以為非之類、）主持太過。勢有所偏。材辨聰明。激而橫決。自明正德嘉靖以後。其學各抒心得。及其弊也肆。（如王守仁之末派皆以狂禪解經之類）空談臆斷。考證必疏。於是博雅之儒。引古義以抵其隙。國初諸家。其學徵實不誣。及其弊也瑣。（如一字音訓動辨數百言之類）要其歸宿。則不過漢學宋學兩家互為勝負。夫漢學具有根柢。講學者以淺陋輕之。不足服漢儒也。宋學具有精微。讀書者以空疏薄之。亦不足服宋儒也。消融門戶之見。而各取所長。則私心祛。而公理出。公理出。而經義明矣。蓋經者非他。即天下之公理而已。今參稽衆說。務取持平。各明去取之故。分為十類。曰易。曰書。曰詩。曰禮。曰春秋。曰孝經。曰五經總義。曰四書。曰樂。曰小學。

易類

聖人覺世牖民。大抵因事以寓教。詩寓於風謠。禮寓於節文。尚書春秋寓於史。而易則寓於卜筮。故易之為書。推天道以明人事者也。左傳所記諸占。蓋猶太卜之遺法。漢儒言象數。去古未遠也。一變而為京焦。入於禨祥。再變而為陳邵。務窮造化。易遂不切於民用。王弼盡黜象數。說以老莊。一變而胡瑗程子。始闡明儒理。再變而李光楊萬里。又參證史事。易遂日啟其論端。此兩派六宗。已互相攻駁。又易道廣大。無所不包。旁及天文地理樂律兵法韻學算術。以逮方外之爐火。皆可援易以為說。而好異者又援以入易。故易說愈繁。夫六十四卦大象。皆有君子以字。其爻象則多戒占者。聖人之情。見乎詞矣。其餘皆易之一端。非其本也。今參校諸家。以因象立教者爲宗。而其他易外別傳者。亦兼收以盡其變。各爲條論。具列於左。

子夏易傳十一卷舊本題卜子夏撰、實後人輾轉依託、非其原書、凡託名之書、仍從其所託之時代、漢書藝文志例也、　周易鄭康成注一卷漢鄭元撰、　新本鄭氏周易三卷漢鄭元撰、　陸氏易解一卷吳陸績撰、　周易註十卷魏王弼注、其繫辭以下則韓康伯註也、　周易正義十卷唐孔穎達撰、　周易集解十七卷唐李鼎祚撰、　周易口訣義六卷唐史徵撰、　周易舉正三卷舊本題唐郭京撰、　易數鉤隱圖三卷附遺論九事一卷宋劉牧撰、　周易口義十二卷宋倪天隱述其師胡瑗之說、　温公易說六卷宋司馬光撰、　横渠易說三卷宋張載撰、　東坡易傳九卷宋蘇軾撰、　易傳四卷宋程頤撰、　易學辨惑一卷宋邵伯温撰、　了翁易說一卷宋陳瓘撰、　吳園易解九卷宋張根撰、　周易新講義十卷宋耿南仲撰、　紫巖易傳十卷宋張浚撰、　讀易詳說十卷宋李光撰、　易小傳六卷宋沈該撰、　漢上易集傳十一卷卦圖三卷叢說一卷宋朱震撰、　周易窺餘十五卷宋鄭剛中撰、　易璇璣三卷宋吳沆撰、　易變體義十二卷宋都絜撰、　周易經傳集解三十六卷宋林栗撰、　易原八卷宋程大昌撰、　周易古占法一卷古周易章句外編一卷宋程迥撰、　周易本義十二卷附重刻周易本義四卷宋朱熹撰、　郭氏傳家易說十一卷宋郭雍撰　周易義海撮要十二卷宋李衡刪定、　南軒易說三卷宋張栻撰、　復齋易說六卷宋趙彥肅撰　楊氏易傳二十卷宋楊簡撰、　周易玩辭十六卷宋項安世撰、　易說四卷宋趙善譽撰、　誠齋易傳二十卷宋楊萬里撰、　大易粹言十卷宋方聞一編、　易圖說三卷宋吳仁傑撰、古周易一卷宋呂祖謙編、 易傳燈四卷宋徐總幹撰、 易裨傳二卷宋林至撰、 厚齋易學五十二卷宋馮椅撰、 童溪易傳三十卷宋王宗傳撰、 周易總義二十卷宋易祓撰、 西谿易說十二卷宋李過撰、 丙子學易編一卷宋李心傳撰、 易通六卷宋趙以夫撰、 周易經傳訓解二卷宋蔡淵撰、 易象意言一卷宋蔡淵撰、 周易要義十卷宋魏了翁撰、 東谷易翼傳二卷宋鄭汝諧撰、 朱文公易說二十三卷宋朱鑑編、 易學啟蒙小傳一卷附古經傳一卷宋稅與權撰、 周易輯聞六卷附易雅一卷筮宗一卷宋趙汝楳撰、 用易詳解十六卷宋李杞撰、 淙山讀周易記二十一卷宋方實孫撰、 周易傳義附錄十四卷宋董楷撰、 易學啟蒙通釋二卷宋胡方平撰、 三易備遺十卷宋朱元昇撰、 周易集說四十卷宋俞琬撰、 讀易舉要四卷宋俞琬撰、 周易象義十六卷宋丁易東撰、 易圖通變五卷易筮通變三卷宋雷思齊撰、 讀易私言一卷元許衡撰、 易本義附錄纂疏十五卷元胡一桂撰、 易學啟蒙翼傳四卷元胡一桂撰、 易纂言十卷元吳澄撰、 易纂言外翼八卷元吳澄撰、 易原奧義一卷周易原旨六卷元寶巴撰、 周易程朱傳義折衷三十三卷元趙采撰、 周易衍義十六卷元胡震撰、 易學濫觴一卷元黃澤撰、 大易緝說十卷元王申子撰、 周易本義通釋十二卷元胡炳文撰、 周易本義集成十二卷元熊良輔撰、 大易象數鉤深圖三卷元張理撰、 學易記九卷元李簡撰、 周易集傳八卷元龍仁夫撰、 讀易考原一卷元蕭漢中撰、 易精蘊大義十二卷元解蒙撰、 易學變通六卷元曾貫撰、 周易會通十四卷元董眞卿撰、 周易圖說二卷元錢義方撰、 周易爻變義蘊四卷元陳應潤撰、 周易參義十二卷元梁寅撰、 周易文詮四卷元趙汸撰、　周易大全二十四卷明永樂中翰林院學士胡廣等奉敕撰、　易經蒙引十二卷明蔡清撰、　讀易餘言五卷明崔銑撰.　易學啟蒙意見五卷明韓邦奇撰、　易經存疑十二卷明林希元撰、　周易辨錄四卷明楊爵撰.　易象鈔四卷明胡居仁撰、　周易象旨決錄七卷明熊過撰、　易象鉤解四卷明陳士元撰、　周易集注十六卷明來知德撰、　讀易紀聞六卷明張獻翼撰、　八白易傳十六卷明葉山撰、　洗心齋讀易述十七卷明潘士藻撰、　像象管見九卷明錢一本撰、　周易箚記三卷明逯中立撰、　周易易簡說三卷明高攀龍撰、　易義古象通八卷明魏濬撰、　周易像象述五卷明吳桂森撰、　易用五卷明陳祖念撰、　易象正十六卷明黃道周撰、　兒易內儀以六卷兒易外儀十五卷明倪元璐撰、　卦變考略一卷明董守諭撰、　古周易訂詁十六卷明何楷撰、　周易玩辭困學記十五卷明張次仲撰、　易經通註九卷清大學士傅以漸等奉敕撰、　日講易經解義十八卷康熙二十二年大學士牛鈕等奉敕編、　御纂周易折中二十二卷康熙五十四年大學士李光地等奉敕撰、　御纂周易述義十卷乾隆二十年大學士傅恆等奉敕撰、　讀易大旨五卷清孫奇逢撰、　周易稗疏四卷附考異一卷清王夫之撰、　易酌十四卷清刁包撰、　田間易學十二卷清錢澄之撰、　易學象數論六卷清黃宗羲撰、　周易象詞二十一卷附尋門餘論二卷圖學辨惑一卷清黃宗炎撰、　周易筮述八卷清王宏撰撰、　仲氏易三十卷清毛奇齡撰、　推易始末四卷清毛奇齡撰、　春秋占筮書三卷清毛奇齡撰、　易小帖五卷清毛奇齡說易之語、其門人記錄成書者也、　喬氏易俟十八卷清喬萊撰、　讀易日鈔六卷清張烈撰　周易通論四卷清李光地撰、　周易觀彖十二卷清李光地撰、　周易淺述八卷清陳夢雷撰、　易原就正十二卷(清包儀撰)、大易通解十五卷附錄一卷(清魏荔彤撰)、易經衷論二卷(清張英撰)、易圖明辨十卷(清胡渭撰)、合訂刪補大易集義粹言八十卷(清納喇性德撰)、周易傳註七卷附周易筮考一卷(清李塨撰)、周易劄記二卷(清楊名時撰)、周易傳義合訂十二卷(清朱軾撰)、周易玩辭集解十卷(清查愼行撰)、易說六卷(清惠士奇撰)、周易函書約存十八卷約註十八卷別集十六卷(清胡煦撰)、易箋八卷(清陳法撰)、楚蒙山房易經解十六卷(清晏斯盛撰)、周易孔義集說二十卷(清沈起元撰)、易翼述信十二卷(清王又樸撰)、周易淺釋四卷(清潘思榘撰)、周易洗心九卷(清任啟運撰)、豐川易說十卷(清王心敬撰)、周易述二十三卷(清惠棟撰)、易漢學八卷(清惠棟撰)、易例二卷(清惠棟撰)、易象大意存解一卷(清任陳晉撰)、大易擇言三十六卷(清程廷祚撰)、周易辨畫四十卷(清連斗山撰)、周易圖書質疑二十四卷(清趙繼序撰)、周易章句證異十一卷(清翟均廉撰)、

附錄

乾坤鑿度二卷　周易乾鑿度二卷　易緯稽覽圖二卷　易緯辨終備一卷　易緯通卦驗二卷　易緯乾元序制記一卷　易緯是類謀一卷　易緯坤靈圖一卷

右易類共一百五十八部一千七百六十一卷附錄八部十二卷

書類

書以道政事。儒者不能異說也。小序之依託。五行傳之附會。久論定矣。然諸家聚訟。猶有

四端。曰今文古文。曰錯簡。曰禹貢山水。曰洪範疇數。夫古文之辨。至閻若璩始明。朱彝尊謂是書久頒於學官。其言多綴輯逸經成文。無悖於理。汾陰漢鼎。良亦善喻。吳澄舉而刪之。非可行之道也。禹跡大抵在中原。而論者多當南渡。昔疏今密。其勢則然。然尺短寸長。互相補苴。固宜兼收並蓄。以證異同。若夫劉向記酒誥召誥脫簡僅三。而諸儒動稱數十。班固牽洪範於洛書。諸儒併及河圖。支離轇轕。淆經義矣。故王柏書疑。蔡沈皇極數之類。非解經之正軌者。咸無取焉。

尚書正義二十卷（舊本題漢孔安國傳、唐孔穎達疏、）　洪範口義二卷（宋胡瑗撰、）　東坡書傳十三卷（宋蘇軾撰、）　尚書全解四十卷（宋林之奇撰、）　鄭敷文書說一卷（宋鄭伯熊撰、）　禹貢指南四卷（宋毛晃撰、）　禹貢論五卷後論一卷山川地理圖二卷（宋陳大昌撰、）　尚書講義二十卷（宋史浩撰、）　尚書解二十六卷（宋夏僎撰、）　禹貢說斷四卷（宋傅寅撰、）　書說三十五卷（後十三卷宋呂祖謙撰、）　尚書說七卷（宋黃度撰、）　五誥解四卷（宋楊簡撰、）　絜齋家塾書鈔十二卷（宋袁燮撰、）　書集傳六卷（宋蔡沈撰、）　尚書精義五十卷（宋黃倫撰、）　尚書詳解五十卷（宋陳經撰、）　融堂書解二十卷（宋錢時撰、）　洪範統一一卷（宋趙善湘撰、）　尚書要義十七卷序說一卷（宋魏了翁撰、）　尚書集傳或問二卷（宋陳大猷撰、）　尚書詳解十三卷（宋胡士行撰、）　尚書表註二卷（宋金履祥撰、）　書纂言四卷（元吳澄撰、）　尚書集傳纂疏六卷（元陳櫟撰、）　讀書叢說六卷（元許謙撰、）　尚書輯錄纂註六卷（元董鼎撰、）　尚書通考十卷（元黃鎮成撰、）　書蔡傳旁通六卷（元陳師凱撰、）　讀書管見二卷（元王充耘撰、）書義斷法六卷（元陳悅道撰、）尚書纂傳四十六卷（元王天與撰、）尚書句解十三卷（元朱祖義撰、）書傳會選六卷（明洪武二十七年翰林學士劉三吾等奉敕撰、）書傳大全十卷（明永樂中翰林學士胡廣等奉敕撰、）尚書考異五卷（明梅鷟撰、）尚書疑義六卷（明馬明衡撰、）尚書日記十六卷（明王樵撰、）尚書砭蔡編一卷（明袁仁撰、）尚書疏衍四卷（明陳第撰、）尚書註考一卷（明陳泰交撰、）洪範明義四卷（明黃道周撰、）日講書經解義十三卷（康熙十九年大學士庫勒納等奉敕編、）欽定書經傳說彙纂二十四卷（康熙六十年大學士王頊齡等奉敕撰、雍正八年世宗憲皇帝御製序文刊行、）書經稗疏四卷（清王夫之撰、）古文尚書疏證八卷（清閻若璩撰、）古文尚書冤詞八卷（清毛奇齡撰、）尚書廣聽錄五卷（清毛奇齡撰、）尚書埤傳十七卷（清朱鶴齡撰、）禹貢長箋十二卷（清朱鶴齡撰、）禹貢錐指二十卷圖一卷（清胡渭撰、）洪範正論五卷（清胡渭撰、）尚書解義一卷（清李光地撰、）書經衷論四卷（清張英撰、）尚書地理今釋一卷（清蔣廷錫撰、）禹貢會箋十二卷（清徐文靖撰、）

附錄

尚書大傳四卷補遺一卷（舊本題漢伏勝撰、鄭元註、據元序文、乃勝之遺說、而張生歐陽生等錄之也、）書義矜式六卷（元王充耘撰、）

右書類五十六部六百五十一卷附錄二部十一卷。

詩類

詩有四家。毛氏獨傳。唐以前無異論。宋以後則衆說爭矣。然攻漢學者意不盡在於經義。務勝漢儒而已。伸漢學者意亦不盡在於經義。憤宋儒之詆漢儒而已。各挾一不相下之心。而又濟以不平之氣。激而過當。亦其勢然歟。夫解春秋者惟公羊多駁。其中高子沈子之說。殆轉相附益。要其大義數十。傳自聖門者。不能廢也。詩序稱子夏。而所引高子孟仲子。乃戰國時人。固後來攙續之明證。即成伯璵等所指篇首一句。經師口授。亦未必不失其眞。然去古未遠。必有所受。意其眞贋相半。亦近似公羊。全信全疑。均爲偏見。今參稽衆說。務協其平。苟不至程大昌之妄改舊文。王柏之橫刪聖籍者。論有可採。並錄存之。以消融數百年之門戶。至於鳥獸草木之名。訓詁聲音之學。皆事須考證。非可空談。今所採輯則尊漢學者居多焉。

詩序二卷（是書作自何人、衆說不一、今參考諸書、定首句爲毛公以前經師所傳、其下申言爲毛公以後經師所加、併以朱子辨駁各附條下、）　毛詩正義四十卷（漢毛亨傳、鄭元箋、唐孔穎達疏、）　毛詩草木鳥獸蟲魚疏二卷（吳陸璣撰、）　毛詩陸疏廣要二卷（明毛晉撰、）　毛詩指說一卷（唐成伯璵撰、）　毛詩本義十六卷（宋歐陽修撰、）　詩集傳二十卷（宋蘇轍撰、）　毛詩名物解二十卷（宋蔡卞撰、）　毛詩集解四十二卷（不著編錄者名氏、集宋李樗黃櫄兩家詩解、共爲一編、而附以李泳所訂呂祖謙釋音、）　詩補傳三十卷（宋范處義撰、）　詩總聞二十卷（宋王質撰、）　詩集傳八卷（宋朱熹撰、）　慈湖詩傳二十卷（宋楊簡撰、）　呂氏家塾讀詩記三十二卷（宋呂祖謙撰、）　續呂氏家塾讀詩記三卷（宋戴溪撰、）　絜齋毛詩經筵講義四卷（宋袁燮撰、）　毛詩講義十二卷（宋林岊撰、）　詩童子問十卷（宋輔廣撰、）　毛詩集解二十五卷（宋段昌武撰、）　詩輯三十六卷（宋嚴粲撰、）　詩傳遺說六卷（宋朱鑑編、）　詩考一卷（宋王應麟撰、）　詩地理考六卷（宋王應麟撰、）

詩集傳名物鈔八卷元許謙撰、詩傳通釋二十卷元劉瑾撰、詩傳旁通十五卷元梁益撰、詩經疏義二十卷元朱公遷撰、詩疑問七卷附詩辨說一卷詩疑問七卷元朱倬撰、附錄詩辨說一卷、宋趙悳撰、詩纘緒十八卷元劉玉汝撰、詩演義十五卷元梁寅撰、詩解頤四卷明朱善撰、詩集傳大全二十卷明永樂中翰林學士胡廣等奉敕撰、詩說解頤四十卷明季本撰、讀詩私記二卷明李先芳撰、詩故十卷明朱謀㙔撰、六家詩名物疏五十四卷明馮應京撰、詩經疑問十二卷明姚舜牧撰、詩經世本古義二十八卷明何楷撰、待軒詩記八卷明張次仲撰、讀詩略記六卷明朱朝瑛撰、欽定詩經傳說彙纂二十卷序二卷康熙六十年戶部尚書王鴻緒等奉敕撰、御纂詩義折中二十卷乾隆二十年大學士傅恆等奉敕撰、田間詩學十二卷清錢澄之撰、詩經稗疏四卷清王夫之撰、詩經通義十二卷清朱鶴齡撰、毛詩稽古編三十卷清陳啟源撰、詩所八卷清李光地撰、毛詩寫官記四卷清毛奇齡撰、詩札二卷清毛奇齡撰、詩傳詩說駁議五卷清毛奇齡撰、續詩傳鳥名三卷清毛奇齡撰、詩識名解十五卷清姚炳撰、詩傳名物集覽十二卷清陳大章撰、詩說三卷清惠周惕撰、詩經劄記一卷清楊名時撰、讀詩質疑三十一卷附錄十五卷清嚴虞惇撰、毛詩類釋二十一卷續編三卷清顧棟高撰、詩疑辨證六卷清黃中松撰、三家詩拾遺十卷清范家相撰、詩瀋二十卷清范家相撰、詩序補義二十四卷清姜炳璋撰、虞東學詩十二卷清顧鎮撰、

附錄

韓詩外傳十卷漢韓嬰撰、

右詩類六十二部九百四十一卷附錄一部十卷。

禮類

古稱議禮如聚訟。然儀禮難讀。儒者罕通。不能聚訟。禮記輯自漢儒。某增某減。具有主名。亦無庸聚訟。所辨論求勝者周禮一書而已。考大司樂章先見於魏文侯時。理不容僞。河閒獻王但言闕冬官一篇。不言簡編失次。則竄亂移補者亦妄。三禮竝立。一從古本。無可疑也。鄭康成注。賈公彥孔穎達疏。於名物度數特詳。宋儒攻擊。僅摭其好引讖緯一失。至其訓詁。則弗能踰越。蓋得其節文。乃可推制作之精意。不比孝經論語可推尋文句而談。本漢唐之注疏。而佐以宋儒之義理。亦無可疑也。謹以類區分。定爲六目。曰周禮。曰儀禮。曰禮記。曰三禮總義。曰通禮。曰雜禮書。六目之中。各以時代爲先後。庶源流同異。可比而考焉。

周禮註疏四十二卷漢鄭元註、唐賈公彥疏、　周禮新義十六卷附考工記解二卷宋王安石撰、　周禮詳解四十卷宋王昭禹撰、　周禮復古編一卷宋俞廷椿撰、　禮經會元四卷宋葉時撰、　太平經國之書十一卷宋鄭伯謙撰、　周官總義三十卷宋易祓撰、　周禮訂義八十卷宋王與之撰、　獻齋考工記解二卷宋林希逸撰、　周禮句解十二卷宋朱申撰、　周禮集說十卷宋陳友仁因無名氏舊本增修、　周官集傳十六卷元毛應龍撰、　周禮傳十卷圖說二卷翼傳二卷明王應電撰、　周禮全經釋原十四卷明柯尙遷撰、　周禮註疏刪翼三十卷明王志長撰、 欽定周官義疏四十八卷乾隆十三年奉敕撰、 周禮述註二十四卷清李光坡撰、 周禮訓纂二十一卷清李鍾倫撰、 周官集注十二卷清方苞撰、 禮說十四卷清惠士奇撰、 周官祿田考三卷清沈彤撰、 周禮疑義舉要七卷清江永撰、

右禮類周禮之屬二十二部四百五十三卷。

儀禮注疏十七卷漢鄭元註、唐賈公彥疏、 儀禮識誤三卷宋張淳撰、 儀禮集釋三十卷宋李如圭撰、 儀禮釋宮一卷宋李如圭撰、 儀禮圖十七卷儀禮旁通圖一卷宋楊復撰、 儀禮要義五十卷宋魏了翁撰、 儀禮逸經傳二卷元吳澄撰、 儀禮集說十七卷元敖繼公撰、 經禮補逸九卷元汪克寬撰、 欽定儀禮義疏四十八卷乾隆十三年奉敕撰、 儀禮鄭注句讀十七卷附監本正誤一卷石經正誤一卷清張爾岐撰、 儀禮商二卷附錄一卷清萬斯大撰、 儀禮述注十七卷宋李光坡撰、 儀禮析疑十七卷清方苞撰、 儀禮章句十七卷清吳廷華撰、 補饗禮一卷清諸錦撰、 禮經本義十七卷清蔡德晉撰、 宮室考十三卷清任啟運撰、 肆獻祼饋食禮三卷清任啟運撰、 儀禮釋宮增注一卷清江永撰、 儀禮小疏一卷清沈彤撰、 儀禮集編四十卷清盛世佐撰、

附錄

內外服制通釋七卷宋車垓撰、 讀禮通考一百二十卷清徐乾學撰、

右禮類儀禮之屬二十二部三百四十四卷附錄二部一百二十七卷。

禮記正義六十三卷漢鄭元注、唐孔穎達疏、　月令解十二卷宋張虙撰、　禮記集說一百六十卷宋衞湜撰、　禮記纂言三十六卷元吳澄撰、　雲莊禮記集說十卷元陳澔撰、　禮記大全三十卷明永樂中、翰林學士胡廣等奉敕撰、　月令明義四卷明黃道周撰、　表記集傳二卷明黃道周撰、　坊記集傳二卷附春秋問業一卷明黃道周撰、　緇衣集傳四卷明黃道周撰、　儒行集傳二卷明黃道周撰、　日講禮記解義六十四卷是編爲聖祖仁皇帝講筵舊稿、末及成帙、乾隆元年始詔儒臣排纂頒行　欽定禮記義疏八十二卷乾隆十三年奉敕撰、　深衣考一卷清黃宗羲撰、　陳氏禮記集說補正三十八卷清納喇性德撰、　禮記述註二十八卷清李光坡撰、　禮記析疑四十六卷清方苞撰、　檀弓疑問一卷清邵泰衢撰、　禮記訓義擇言八卷清江永撰、　深衣考誤一卷清江永撰、

附錄

大戴禮記十三卷漢戴德撰、北周盧辯註、　夏小正戴氏傳四卷宋傅崧卿撰、

右禮類禮記之屬二十部五百九十四卷附錄二部十七卷。

三禮圖集註二十卷宋聶崇義撰、　三禮圖四卷明劉績撰、　學禮質疑二卷清萬斯大撰、　讀禮志疑六卷清陸隴其撰、　郊社禘祫問一卷清毛奇齡撰、　參讀禮志疑二卷清汪紱撰、

右禮類三禮總義六部三十五卷。

禮書一百五十卷宋陳祥道撰、　儀禮傳通解三十七卷續二十九卷宋朱熹撰。　禮書綱目八十五

卷清江永撰、　五禮通考二百六十二卷清秦蕙田撰、

右禮類通禮之屬四部五百六十三卷。

書儀十卷宋司馬光撰、　家禮五卷附錄一卷舊本題宋朱熹撰、據王懋竑白田雜著所考、蓋依託也、　泰泉鄉禮七卷明黃佐撰、　朱子禮纂五卷清李光地編、　辨定祭禮通俗譜五卷清毛奇齡撰、

右禮類雜禮書之屬五部三十三卷。

春秋類

說經家之有門戶。自春秋三傳始。然迄能竝立於世。其間諸儒之論。中唐以前。則左氏勝。啖助趙匡以逮北宋。則公羊穀梁勝。孫復劉敞之流。名爲棄傳從經。所棄者特左氏事跡。公羊穀梁月日例耳。其推闡譏貶。少可多否。實陰本公羊穀梁法。猶誅鄧析用竹刑也。夫刪除事跡。何由知其是非。無案而斷。是春秋爲射覆矣。聖人禁人爲非。亦予人爲善。經典所述。不乏褒詞。而操筆臨文。乃無人不加誅絕。春秋豈吉網羅鉗乎。至於用夏時則改正朔。削尊號則貶天王。春秋又何僭以亂也。沿波不返。此類宏多。雖舊說流傳。不能盡廢。要以切實有徵。平易近理者爲本。其瑕瑜互見者。則別白而存之。遊談臆說。以私意亂聖經者。則僅存其目。蓋六經之中。惟易包眾理。事事可通。春秋具列事實。亦人人可解。一知半見。議論易生。著錄之繁。二經爲最。故取之不敢不慎也。

春秋左傳正義六十卷周左丘明撰、晉杜預註、晉唐孔穎達疏、　春秋公羊傳註疏二十八卷舊本題周公羊高撰、實高所傳述、而其元孫壽及胡母子都錄為書、漢何休註、唐徐彥疏、　春秋穀梁傳註疏二十卷周穀梁赤所述、而傳其學者錄為書、舊題赤撰、亦非也、晉范寧註、唐楊士勛疏、　箴膏肓一卷起廢疾一卷發墨守一卷漢鄭元撰、　春秋釋例十五卷晉杜預撰、　春秋集傳纂例十卷唐陸淳撰、　春秋微旨三卷唐陸淳撰、　春秋集傳辨疑十卷唐陸淳撰、　春秋名號歸一圖二卷宋馮繼先撰、宋岳珂重編、　春秋年表一卷不著撰人名氏、　春秋尊王發微十二卷宋孫復撰、　春秋皇綱論五卷宋王晳撰、　春秋通義一卷不著撰人名氏、　春秋權衡十七卷宋劉敞撰、　春秋傳十五卷宋劉敞撰、　春秋意林二卷宋劉敞撰、　春秋傳說例一卷宋劉敞撰、　春秋經解十三卷宋孫覺撰、　春秋集傳十二卷宋蘇轍撰、　春秋辨疑四卷宋蕭楚撰、其門人胡銓等附註、　春秋經解十二卷宋崔子方撰、　春秋本例二十卷宋崔子方撰、　春秋例要一卷宋崔子方撰、　春秋五禮例宗七卷宋張大亨撰、　春秋通訓六卷宋張大亨撰、　春秋傳二十卷宋葉夢得撰、　春秋考十六卷宋葉夢得撰、　春秋讞二十三卷宋葉夢得撰、　春秋集解三十卷宋呂本中撰、　春秋傳三十卷宋胡安國撰、　春秋集註四十卷宋高閌撰、　春秋後傳十二卷宋陳傅良撰、　春秋左氏傳說二十卷宋呂祖謙撰、　春秋左氏傳續說十二卷宋呂祖謙撰、　詳註東萊左氏博議二十五卷宋呂祖謙撰、其門人張成招註、　春秋比事二十卷宋沈棐撰、　春秋左傳要義三十一卷宋魏了翁撰、　春秋分紀九十卷宋程公說撰、　春秋講義四卷宋戴溪撰、　春秋集義五十卷綱領三卷宋李明復撰、　春秋集註十一卷綱領一卷宋張洽撰、　春秋王霸列國世紀編三卷宋李琪撰、　春秋通說十三卷宋黃仲炎撰、春秋說三十卷宋洪咨夔撰、春秋經筌十六卷宋趙鵬飛撰、春秋或問二十卷附春秋五論一卷宋呂大圭撰、春秋詳說三十卷宋家鉉翁撰、讀春秋編十二卷宋陳深撰、春秋提綱十卷元陳則通撰、春秋集傳釋義大成十二卷元俞皐撰、春秋纂言十二卷總例一卷元吳澄撰、春秋諸國統紀六卷目錄一卷元齊履謙撰、春秋本義三十卷元程端學撰、春秋或問十卷元程端學撰、春秋三傳辨疑二十卷元程端學撰、春秋讞義九卷元王元杰撰、春秋諸傳會通二十四卷元李濂撰、春秋經傳闕疑四十五卷元鄭玉撰、春秋集傳十五卷元趙汸撰、其門人倪尚誼補、春秋師說三卷元趙汸撰、蓋本其師黃澤之說而演之、故曰師說、春秋屬詞十五卷元趙汸撰、春秋左氏傳補註十卷元趙汸撰、春秋金鎖匙一卷元趙汸撰、春秋胡傳附錄纂疏三十卷元汪克寬撰、春王正月考一卷明張以寧撰、春秋鉤元四卷明石光霽撰、春秋大全七十卷明永樂中翰林學士胡廣等奉敕撰、春秋經傳辨疑一卷明童品撰、春秋正傳三十七卷明湛若水撰、左傳附註五卷明陸粲撰、春秋胡氏傳疑辨二卷明陸粲撰、春秋明志錄十二卷明熊過撰、春秋正旨一卷明高拱撰、春秋輯傳十三卷凡例二卷明王樵撰、春秋億六卷明徐學謨撰、春秋事義全考十六卷明姜寶撰、春秋胡傳考誤一卷明袁仁撰、左傳屬事二十卷明傅遜撰、左氏釋二卷明馮時可撰、春秋質疑十二卷明楊于庭撰、春秋孔義十二卷明高攀龍撰、春秋辨義三十九卷明卓爾康撰、讀春秋略記十卷明朱朝瑛撰、春秋四傳質二卷明王介之撰、左傳杜林合註五十卷明王道焜趙如源同編、以宋林堯叟左傳句解散附杜註之下、日講春秋解義六十四卷是編亦聖祖仁皇帝

（講筵舊本、世宗憲皇帝重加考訂排纂成書、）欽定春秋傳說彙纂三十八卷（康熙三十八年奉敕撰、）御纂春秋直解十五卷（乾隆二十三年大學士傅恆等奉敕撰、）左傳杜解補正三卷（清顧炎武撰、）春秋稗疏二卷（清王夫之撰、）春秋平義十二卷（清俞汝言撰、）春秋四傳糾正一卷（清俞汝言撰、）讀左日鈔十二卷補錄二卷（清朱鶴齡撰、）左傳事緯十二卷附錄八卷（清馬驌撰、）春秋毛氏傳三十六卷（清毛奇齡撰、）春秋簡書刊誤二卷（清毛奇齡撰、）春秋屬辭比事記四卷（清毛奇齡撰、）春秋地名考略十四卷（清高士奇撰、潛邱劄記以爲秀水徐勝作、莫能詳也、）春秋管窺十二卷（清徐庭垣撰、）三傳折諸四十四卷（清張尚瑗撰、）春秋闕如編八卷（清焦袁熹撰、）春秋宗朱辨義十二卷（清張自超撰、）春秋通論四卷（清方苞撰、）春秋長曆十卷（清陳厚耀撰、）春秋世族譜一卷（清陳厚耀撰、）半農春秋說十五卷（清惠士奇撰、）春秋大事表五十卷輿圖一卷附錄一卷（清顧棟高撰、）春秋識小錄九卷（清程廷祚撰、）左傳補註六卷（清惠棟撰、）春秋左氏傳小疏一卷（清沈彤撰、）春秋地理考實四卷（清江永撰、）三正考二卷（清吳鼐撰、）春秋究遺十六卷（清葉酉撰、）春秋隨筆二卷（清顧奎光撰、）

附錄

春秋繁露十七卷（漢董仲舒撰、）

右春秋類一百十四部一千八百三十八卷附錄一部十七卷。

古文孝經孔氏傳一卷附宋本古文孝經一卷（舊本題漢孔安國撰、）孝經正義三卷（唐元宗明皇帝御註、宋邢昺疏、）

古文孝經指解一卷(宋司馬光撰、) 孝經刊誤一卷(宋朱熹撰、) 孝經大義一卷(宋董鼎撰、) 孝經定本一卷(元吳澄撰、) 孝經述註一卷(明項霦撰、) 孝經集傳四卷(明黃道周撰、) 御註孝經一卷(順治十三年世祖章皇帝御撰、) 御纂孝經集註一卷(雍正五年世宗憲皇帝御撰、) 孝經問一卷(清毛奇齡撰、)

右孝經類十一部十七卷。

五經總義類

漢代經師如韓嬰治詩兼治易者。其訓故皆各自爲書。宣帝時始有石渠五經雜義十八篇。漢志無類可隸。遂雜置之孝經中。隋志錄許愼五經異義以下諸家。亦附論語之末。舊唐書志始別名經解。諸家著錄因之。然不見兼括諸經之義。朱彝尊作經義考別目曰羣經。蓋覺其未安而採劉勰正緯之語以改之。又不見爲訓詁之文。徐乾學刻九經解。顧湄兼採總集經解之義。名曰總經解。何焯復斥其不通。(語見沈廷芳所刻何焯點校經解目錄中、)蓋正名若是之難也。考隋志於統說諸經者。雖不別爲部分。然論語類末稱孔叢家語爾雅諸書。併五經總義。附於此篇。則固稱五經總義矣。今準以立名。庶猶近古。論語孝經孟子雖自爲書。實均五經之流別。亦足以統該之矣。其校正文字。以及傳經諸圖。併約略附焉。從其類也。

駁五經異義一卷補遺一卷(漢鄭元撰、舉許愼五經異義條舉而駁其說、) 鄭志三卷補遺一卷(魏鄭小同撰、) 經典釋文三十卷(唐陸德明撰、) 七經小傳三卷(宋劉敞撰、) 程氏經說七卷(不著編輯者名氏、皆伊川程子說經之語、) 六經

圖六卷宋楊甲撰、六經正誤六卷宋毛居正撰、刋正九經三傳沿革例一卷宋岳珂撰、融堂四書管見十三卷宋錢時撰、四書者、一孝經、二論語、三大學、四中庸、四如講稿六卷宋黃仲元撰、六經奧論六卷舊本題宋鄭樵撰、考書中引及樵說稱夾漈先生、又稱朱子爲文公、蓋託名也、明本排字九經直音二卷不著撰人名氏、刻於元世祖至元丁亥、五經說七卷元熊朋來撰、十一經問對五卷元何異孫撰、五經蠡測六卷明蔣悌生撰、簡端錄十二卷明邵寶撰、五經稽疑六卷明朱睦㮮撰、經典稽疑二卷明陳耀文撰、繙繹五經五十八卷四書二十九卷是編倣北魏國語孝經之例、以國語詳繹諸經、並推闡語意、七經孟子考文補遺一百九十九卷舊本題西條掌書記山井鼎撰、東都講官物觀補遺、蓋日本書也、九經誤字一卷清顧炎武撰、經問十八卷經問補三卷清毛奇齡說經之語、其門人錄之成編、所補三卷、又其子遠宗所錄也、十三經義疑十二卷清吳浩撰、九經古義十六卷清惠棟撰、經稗六卷清鄭方坤撰、十三經註疏正字八十一卷清沈廷芳撰、朱子五經語類八十卷清程川撰、羣經補義五卷清江永撰、經咫一卷清陳祖范撰、九經辨字瀆蒙十二卷清沈炳震撰、古經解鉤沈三十卷清余蕭客編、

附錄

古微書三十六卷明孫瑴編、取五經緯之佚文、各爲編次、以存原書之梗槩、

右五經總義類三十一部六百七十五卷附錄一部三十六卷。

四書類

論語孟子。舊各爲帙。大學中庸。舊禮記之二篇。其編爲四書。自宋淳熙始。其懸爲令甲。則

自元延祐復科舉始。古來無是名也。然二戴所錄曲禮檀弓諸篇。非一人之書。迨立名曰禮記。禮記遂爲一家。即王逸所錄屈原宋玉諸篇。漢志均謂之賦。迨立名曰楚詞。楚詞亦遂爲一家。元邱葵周禮補亡序。稱聖朝以六經取士。則當時固以四書爲一經。前創後因。久則爲律。是固難以一說拘矣。今從明史藝文志例。別立四書一門。亦所謂禮以義起也。朱彝尊經義考。於四書之前。仍立論語孟子二類。黃虞稷千頃堂書目。凡說大學中庸者。皆附於禮類。蓋欲以不去餼羊。略存古義。然朱子書行五百載矣。趙岐何晏以下。古籍存者寥寥。梁武帝義疏以下。且散佚並盡。元明以來之所解。皆自四書分出者耳。明史併入四書。蓋循其實。今亦不復強析其名焉。

孟子正義十四卷(漢趙岐注、其疏舊題宋孫奭撰、然朱子語錄指爲邵武士人作、蔡元定猶見其人、似未必誣也、) 論語義疏十卷(魏何晏等注、梁皇侃疏、) 論語正義二十卷(魏何晏等注、宋邢昺疏、) 論語筆解二卷(唐韓愈撰、) 孟子音義二卷(宋孫奭撰、) 論語拾遺一卷(宋蘇轍撰、) 孟子解一卷(宋蘇轍撰、) 論語全解十卷(宋陳祥道撰、) 孟子傳二十九卷(宋張九成撰、) 尊孟辨三卷續辨二卷別錄一卷(宋余允文撰、) 中庸集解二卷(宋石𡼖編、) 大學章句一卷論語集註十卷孟子集註七卷中庸章句一卷(宋朱熹撰、自是始有四書之名、) 四書或問三十九卷(宋朱熹撰、) 論孟精義三十四卷(宋朱熹撰、) 中庸輯略二卷(宋朱熹編、) 論語意原二卷(宋鄭汝諧撰、) 癸巳論語解十卷(宋張栻撰、) 癸巳孟子說七卷(宋張栻撰、) 石鼓論語問答三卷(宋戴溪撰、) 蒙齋中庸講義四卷宋袁甫撰、　四書集編二十六卷宋眞德秀撰、　孟子集疏十四卷宋蔡模撰、　論語集說十卷宋蔡節撰、　中庸指歸一卷中庸分章一卷大學發微一卷大學本旨一卷宋黎立武撰、　四書纂疏二十六卷宋趙順孫撰、　大學疏義一卷宋金履祥撰、　論語集註考證十卷孟子集註考證七卷宋金履祥撰、　四書集義精要二十八卷元劉因編、　四書辨疑十五卷元陳天祥撰、　讀四書叢說四卷元許謙撰、　四書通二十六卷元胡炳文撰、　四書通證六卷元張存中撰、　四書疑節十二卷元袁俊翁撰、　四書經疑貫通八卷元王充耘撰、　四書纂箋二十八卷元詹道傳撰、　四書通旨六卷元朱公遷撰、　四書管窺八卷元史伯璿撰、　大學中庸集說啓蒙二卷元景星撰、　四書大全三十六卷明永樂中翰林學士胡廣等奉敕撰、　四書蒙引十五卷別附一卷明蔡清撰、　四書因問六卷明呂柟撰、　問辨錄十卷明高拱撰、　論語類考二十卷明陳士元撰、　孟子雜記四卷明陳士元撰、　學庸正說三卷明趙南星撰、　論語商二卷明周宗建撰、　論語學案十卷明劉宗周撰、　四書留書六卷明章世純撰、　日講四書解義二十六卷康熙十六年大學士庫勒納等奉敕編、　四書近指二十卷清孫奇逢撰、　孟子師說二卷清黃宗羲撰、　大學翼眞七卷清胡渭撰、　四書講義困勉錄三十七卷清陸隴其撰、　松陽講義十二卷清陸隴其撰、　大學古本說一卷中庸章段一卷中庸餘論一卷讀論語劄記二卷讀孟子劄記二卷清李光地撰　論語稽求篇四卷清毛奇齡撰、　四書賸言四卷補二卷清毛奇齡雜論四書之語、前四卷其門人盛唐王錫所編、補二卷其子遠宗所編、　大學證文四卷清毛奇齡撰、　四書釋地一卷續一卷又續二卷三續二卷清閻若璩撰、　四書劄記四卷清楊名時撰、　此木

軒四書說九卷清焦袁熹撰　鄉黨圖考十卷清江永撰　四書逸箋六卷清程大中撰

右四書類六十三部七百三十一卷。

樂類

沈約稱樂經亡於秦。考諸古籍。惟禮記經解有樂教之文。伏生尙書大傳引辟雝舟張四語。亦謂之樂。然他書均不云有樂經。隋志樂經四卷。蓋王莽元始三年所立。賈公彥考工記磬氏疏所稱樂曰。當即莽書。非古樂經也。大抵樂之綱目具於禮。其歌詞具於詩。其鏗鏘鼓舞則傳在伶官。漢初制氏所記。蓋其遺譜。非別有一經。爲聖人手定也。特以宣豫導和。感神人而通天地。厥用至大。厥義至精。故尊其教。得配於經。而後代鍾律之書。亦遂得著錄於經部。不與藝術同科。顧自漢氏以來。兼陳雅俗。豔歌側調。竝隸雲韶。於是諸史所登。雖細至箏琵。亦附於經。末循是以往。將小說稗官。未嘗不記言記事。亦附之書與春秋乎。悖理傷教。於斯爲甚。今區別諸書。惟以辨律呂明雅樂者。仍列於經。其謳歌末技。弦管繁聲。均退列雜藝詞曲兩類中。用以見大樂元音。道侔天地。非鄭聲所得而奸也。

皇祐新樂圖記三卷宋阮逸胡瑗奉敕撰　樂書二百卷宋陳暘撰　律呂新書二卷宋蔡元定撰　瑟譜六卷元熊朋來撰　韶舞九成樂補一卷元余載撰　律呂成書二卷元劉瑾撰　苑洛志樂二十卷明韓邦奇撰　鍾律通考六卷明倪復撰　樂律全書四十二卷明朱載堉撰　御定律呂正義五卷康熙五十二年聖祖仁皇帝御

撰、御製律呂正義後編一百二十卷乾隆十一年御撰、欽定詩經樂譜全書三十卷乾隆五十三年奉敕撰、欽定樂律正俗一卷乾隆五十三年奉敕撰、　古樂經傳五卷清李光地撰、　古樂書二卷清應撝謙撰、聖諭樂本解說二卷清毛奇齡撰、皇言定聲錄八卷清毛奇齡撰、竟山樂錄四卷清毛奇齡撰、李氏學樂錄二卷清李塨撰、樂律表微八卷清胡彥昇撰、律呂新論二卷清江永撰、律呂闡微十卷清江永撰、琴旨二卷清王坦撰、

右樂類二十三部四百八十三卷。

小學類

古小學所教。不過六書之類。故漢志以弟子職附孝經。而史籀等十家四十五篇列爲小學。隋志增以金石刻文。唐志增以書法書品。已非初旨。自朱子作小學以配大學。趙希弁讀書附志。遂以弟子職之類。併入小學。又以蒙求之類相參並列。而小學益多歧矣。考訂源流。惟漢志根據經義。要爲近古。今以論幼儀者別入儒家。以論筆法者別入雜藝。以蒙求之屬隸故事。以便記誦者別入類書。惟以爾雅以下編爲訓詁。說文以下編爲字書。廣韻以下編爲韻書。庶體例謹嚴。不失古義。其有兼舉兩家者。則各以所重爲主。如李燾說文五音韻譜實字書。袁子讓字學元元實論等韻之類、悉條其得失。具於本篇。

爾雅註疏十一卷晉郭璞注、宋邢昺疏、爾雅註三卷宋鄭樵撰、方言十三卷舊本題漢揚雄撰、釋名八卷漢劉

熙撰、　廣雅十卷魏張揖撰、　匡謬正俗八卷唐顏師古撰、　羣經音辨七卷宋賈昌朝撰、　埤雅二十卷宋陸佃撰、　爾雅翼三十二卷宋羅願撰、　駢雅七卷明朱謀㙔撰、　字詁一卷清黃生撰、　續方言二卷清杭世駿撰、

右小學類訓詁之屬十二部一百二十二卷

急就篇四卷漢史游撰、　說文解字三十卷漢許愼撰、宋徐鉉等補註補音併增加新附字、　說文繫傳四十卷南唐徐鍇撰、其音切則朱翱作也、　說文繫傳考異四卷附錄一卷清汪憲撰　說文解字篆韻譜五卷南唐徐鍇撰、　重修玉篇三十卷梁顧野王撰、唐孫強增加、宋大中祥符六年陳彭年等奉敕重修、　干祿字書一卷唐顏元孫撰、　五經文字三卷唐張參撰、　九經字樣一卷唐唐元度撰、　汗簡三卷目錄敍略一卷宋郭忠恕撰、　佩觿三卷宋郭忠恕撰、　古文四聲韻五卷宋夏竦撰、　類篇四十五卷宋司馬光撰、　歷代鐘鼎彝器款識法帖二十卷宋薛尚功撰、　復古編二卷宋張有撰、　漢隸字源六卷宋婁機撰、　班馬字類五卷宋婁機撰、　字通一卷宋李從周撰、　六書故三十三卷宋戴侗撰、　龍龕手鑑四卷遼僧行均撰、　六書統二十卷元楊桓撰、　周秦刻石釋音一卷元吾邱衍撰、　字鑑五卷元李文仲撰、　說文字原一卷　六書正譌五卷元周伯琦撰、　漢隸分韻七卷不著撰人名氏、　六書本義十二卷明趙撝謙撰、　奇字韻五卷明楊愼撰、　古音駢字一卷續編五卷古音駢字明楊愼撰、續編則清莊履豐莊鼎鉉同撰、　俗書刊誤十二卷明焦竑撰、　字變四卷明葉秉敬撰、　御定康熙字典四十二卷康熙五十五年大學士張玉書等奉敕撰、　欽定西域同文志二十四卷乾隆二十八年大學士傅恆等奉敕撰、　欽定增訂清文鑑三十二卷補編四卷總綱八卷補總綱二卷乾隆三十六年大學士傅恆等奉敕撰、　欽定滿洲

蒙古漢字三合切音清文鑑三十三卷乾隆四十四年大學士阿桂等奉敕撰、篆隸考異二卷清周靖撰、隸辨八卷清顧藹吉撰、別雅五卷清吳玉搢撰、

右小學類字書之屬三十七部四百八十五卷。

原本廣韻五卷不著撰人名氏、重修廣韻五卷宋大中祥符四年陳彭年等奉敕撰、集韻十卷舊本題宋丁度等撰、然度及李淑以景祐四年受詔、至治平四年司馬光乃修成奏上、中隔三十一年、則稱度撰者非也、切韻指掌圖二卷附檢例一卷宋司馬光撰、其檢例一卷則元邵光祖所補也、韻補五卷宋吳棫撰、附釋文互註禮部韻略五卷貢舉條式一卷禮部韻略宋丁度撰、所附釋文互註乃南宋坊本、不知誰所加矣、增修校正押韻釋疑五卷宋歐陽德隆撰、增修互註禮部韻略五卷宋毛晃增註、其子居正重增、即諸書所稱增韻者是也、九經補韻一卷宋楊伯嵒撰、五音集韻十五卷金韓道昭撰、古今韻會舉要三十卷四聲等子一卷不著撰人名氏、經史正音切韻指南一卷元劉鑑撰、洪武正韻十六卷明洪武中翰林侍講學士樂韶鳳等奉敕撰、古音叢目五卷古音獵要五卷古音餘五卷古音附錄一卷明楊慎撰、古音略例一卷明楊慎撰、轉注古韻略五卷明楊慎撰、毛詩古音考四卷明陳第撰、屈宋古音義三卷明陳第撰、御定音韻闡微十八卷康熙五十四年大學士李光地等奉敕撰、雍正四年告成、欽定同文韻統六卷乾隆十五年莊親王允祿等奉敕撰、欽定叶韻彙輯五十八卷乾隆十五年大學士梁詩正等奉勅撰、欽定音韻述微三十卷乾隆三十八年奉敕撰、音論三卷清顧炎武撰、詩本音十卷清顧炎武撰、易音三卷清顧炎武撰、唐韻正二十卷清顧炎武撰、古音表二卷清顧炎武撰、韻補正一卷清顧炎武撰、古今通韻十二卷清毛奇齡撰、易

韻四卷清毛奇齡撰　唐韻考五卷清紀容舒撰　古韻標準四卷清江永撰

右小學韻書之屬三十三部三百十三卷。

附錄

六藝綱目二卷元舒天民撰

史部總敘

史之爲道。撰述欲其簡。考證則欲其詳。莫簡於春秋。莫詳於左傳。魯史所錄。具載一事之始末。聖人觀其始末。得其是非。而後能定以一字之褒貶。此作史之資考證也。丘明錄以爲傳。後人觀其始末。得其是非。而後能知一字之所以褒貶。此讀史之資考證也。苟無事蹟。雖聖人不能作春秋。苟不知其事蹟。雖以聖人讀春秋。不知所以褒貶。儒者好爲大言。動曰舍傳以求經。此其說必不通。其或通者。則必私求諸傳。詐稱舍傳云爾。司馬光通鑑。世稱絕作。不知其先爲長編。後爲考異。高似孫緯略。載其與宋敏求書。稱到洛八年。始了晉宋齊梁陳隋六代。唐文字尤多。依年月編次爲草卷。以四丈爲一卷。計不減六七百卷。又稱光作通鑑。一事用三四出處纂成。用雜史諸書凡二百二十二家。李燾巽巖集。亦稱張新甫見洛陽有資治通鑑草稿盈兩屋。案燾集今已佚、此據馬端臨文獻通考述其父廷鸞之言、今觀其書。如漳方成禍水之語。則採及飛燕外傳。張彖冰山之語。則採及開元天寶遺事。並小說亦不遺之。然則古來著錄。於正史之外。兼收博採。列目分編。其必有故矣。今總括羣書。分十五類。首曰正史。大綱也。次曰編年。曰別史。曰雜史。曰詔令奏議。曰傳記。曰史鈔。曰載記。皆參考紀傳者也。曰時令。曰地理。曰職官。曰政書。曰目錄。皆參考諸志者也。曰史評。參考論贊者也。舊有譜牒一門。然自唐以後。譜學殆絕。玉牒既不頒於外。家乘亦不上於官。徒存虛目。故從刪焉。考私家記載。惟宋明二代爲多。蓋宋明人皆好議論。議論異則門戶分。門戶分則朋黨立。朋黨立則恩怨結。恩怨既結。得志則排擠於朝廷。不得志則以筆墨相報復。其中是非顚倒。頗亦熒聽。然雖有疑獄。合衆證而質之。必得其情。雖有虛詞。參衆說而核之。亦必得其情。張師棣南遷錄之妄。鄰國之事無質也。趙與旹賓退錄。證以金國官制而知之。碧雲騢一書。誣謗文彥博范仲淹諸人。晁公武以爲眞出梅堯臣。王銍以爲出自魏泰。邵博又證其眞出堯臣。可謂聚訟。李燾卒參互而辨定之。至今遂無異說。此亦考證欲詳之一驗。然則史部諸書。自鄙倍冗雜。灼然無可採錄外。其有裨於正史者。固均宜擇而存之矣。

正史類

正史之名。見於隋志。至宋而定著十有七。明刋監版。合宋遼金元四史爲二十有一。皇上欽定明史。又詔增舊唐書爲二十有三。近蒐羅四庫。薛居正舊五代史。得裒集成編。欽稟睿裁。與歐陽修書竝列。共爲二十有四。今竝從官本校錄。凡未經宸斷者。則悉不濫登。蓋正史體尊。義與經配。非懸諸令典。莫敢私增。所由與稗官野記異也。其他訓釋音義者。如史記索隱之類。掇拾遺闕者。如補後漢書年表之類。辨正異同者。如新唐書糾繆之類。校正字句者。如兩漢刊誤補遺之類。若別爲編次。尋檢爲繁。卽各附本書。用資參證。至宋遼金元四史譯語。舊皆舛謬。今悉改正。以存其眞。其子部集部。亦均視此。以考校釐訂。自正史始。謹發其凡於此。

史記一百三十卷漢司馬遷撰、凡一百三十篇、缺其十篇、褚少孫補之、 史記集解一百三十卷宋裴駰撰、 史記索隱三十卷唐司馬貞撰、 史記正義一百三十卷唐張守節撰、 讀史記十表十卷清汪越撰、徐克范補、 史記疑問一卷清邵泰衢撰、 漢書一百二十卷漢班固撰、其妹昭續成之、唐顏師古註、 班馬異同三十五卷宋倪思撰、劉辰翁評點、 後漢書一百二十卷後漢書本紀十卷、列傳八十卷、宋范曄撰、唐章懷太子註、志三十卷、則晉司馬彪續漢書之文、梁劉昭註之、 補後漢書年表十卷宋熊方撰、 兩漢刊誤補遺十卷宋吳仁傑撰、 三國志六十五卷晉陳壽撰、宋裴松之註、 三國志辨誤三卷不著撰人名氏、 三國志補註六卷附諸史然疑一卷清杭世駿撰、 晉書一百三十卷唐房喬等撰、以陸機王羲之二傳太宗製贊、故卷首題太宗御撰、 宋書一百卷梁沈約撰、 南齊書五十九卷梁蕭子顯撰、原本六十卷、自唐已佚一卷、 梁書五十六卷唐姚思廉撰、篇末題陳吏部尚書姚察者凡二十有六、蓋思廉此書因其父之遺稿也、 陳書三十六卷唐姚思廉撰、 魏書一百十四卷北齊魏收撰、宋劉恕等校定、 北齊書五十卷唐李百藥撰、 周書五十卷唐令狐德棻等撰、 隋書八十五卷唐魏徵等撰、其十志本名五代史志、蓋當時五史並修、故志亦兼該五代、以隋書居末、故列於隋書之中、今竟稱隋志、蓋失其實、然已不可復正矣、 南史八十卷唐李延壽撰、　北史一百卷唐李延壽撰、　舊唐書二百卷晉劉昫等撰、　新唐書二百二十五卷宋歐陽修宋祁同撰、本紀表志修所定、列傳祁所定也、　新唐書糾繆二十卷宋吳縝撰、　舊五代史一百五十卷目錄二卷宋薛居正等撰、　新五代史七十五卷宋歐陽修撰、　五代史記誤纂三卷宋吳縝撰、　宋史四百九十六卷元托克托等撰、　遼史一百十六卷元托克托等撰、　遼史拾遺二十四卷清厲鶚撰、　金史一百三十五卷元托克托等撰、　元史二百十卷明宋濂等撰、　欽定遼金元三史國語解四十六卷乾隆五十年奉敕撰、　明史三百三十二卷目錄四卷清保和殿大學士張廷玉等奉敕撰、

右正史類三十八部三千六百九十九卷。

編年類

司馬遷改編年爲紀傳。荀悅又改紀傳爲編年。劉知幾深通史法。而史通分敘六家。統歸二體。則編年紀傳均正史也。其不列爲正史者。以班馬舊裁。歷朝繼作。編年一體。則或有或無。不能使時代相續。故姑置焉。無他義也。今仍蒐羅遺帙。次於正史。俾得相輔而行。隋志史部有起居注一門。著錄四十四部。舊唐書載二十九部。併實錄爲四十一部。新唐書載二十九部。存於今者。穆天子傳六卷。溫大雅大唐創業起居注三卷而已。穆天子傳雖編次年月。類小說傳記。不可以爲信史。實惟存溫大雅一書。不能自爲門目。稽其體例。亦屬編年。今併合爲一。猶舊唐書以實錄附起居注之意也。

竹書紀年二卷(是書稱魏之史記、由汲郡人發冢而得、晉書具載其事、沈約作註、)竹書統箋十二卷(清徐文靖撰、)漢紀三十卷(漢荀悅撰、)後漢紀三十卷(晉袁宏撰、)元經十卷(舊本題隋王通撰、唐薛收續幷傳、宋阮逸注、其書唐志不著錄、至宋乃出於阮逸家、晁公武疑即逸作、似爲近之、)大唐創業起居注三卷(唐溫大雅撰、)資治通鑑二百九十四卷(宋司馬光撰、元胡三省音註、)資治通鑑考異三十卷(宋司馬光撰、)通鑑釋例一卷(宋司馬光撰、)資治通鑑目錄三十卷(宋司馬光撰、)通鑑地理通釋十四卷(宋王應麟撰、)資治通鑑釋文辨誤十二卷(元胡三省撰、)通鑑胡注舉正一卷(清陳景雲撰、)稽古錄二十卷(宋司馬光撰、)通鑑外紀十卷目錄五卷(宋劉恕撰、)皇王大紀八十卷(宋胡宏撰、)中興小紀四十卷(宋熊克撰、)續資治通鑑長編五百二十卷(宋李燾撰、)綱目續麟二十卷校正凡例一卷附錄一卷彙覽三卷(明張自勳撰、)綱目分註補遺四卷(清芮長恤撰、)綱目訂誤四卷(清陳景雲撰、)大事記十二卷通釋三卷解題十二卷(宋呂祖謙撰、)建炎以來繫年要錄二百卷(宋李心傳撰、)九朝編年備要三十卷(宋陳均撰、)續宋編年資治通鑑十五卷(宋劉時舉撰、)西漢年紀三十卷(宋王益之撰、)靖康要錄十六卷(不著撰人名氏、)兩朝綱目備要十六卷(不著撰人名氏、)宋季三朝政要六卷(不著撰人名氏、)宋史全文三十六卷(不著撰人名氏、)資治通鑑前編十八卷舉要三卷(宋金履祥撰、)通鑑續編二十四卷(明陳桱撰、)大事紀續編七十七卷(明王禕撰、)元史續編十六卷(明胡粹中撰、)御批通鑑輯覽一百十六卷附明唐桂二王本末三卷(乾隆三十二年奉敕撰、)御定通鑑綱目三編四十卷(乾隆四十年奉敕撰、)開國方略三十二卷(乾隆三十八年奉敕撰、)資治通鑑後編一百八十四

卷清徐乾學撰、

右編年類三十八部二千六十六卷。

紀事本末類

古之史策編年而已。周以前無異軌也。司馬遷作史記。遂有紀傳一體。唐以前亦無異軌也。至宋袁樞以通鑑舊文。每事爲篇。各排比其次第。而詳敍其始終。命曰紀事本末。史遂又有此一體。夫事例相循。其後謂之因。其初皆起於創。其初有所創。其後即不能不因。故未有是體以前。微獨紀事本末創。即紀傳亦創。編年亦創。既有是體以後。微獨編年相因。紀傳相因。即紀事本末亦相因。因者既衆。遂於二體之外。別立一家。今亦以類區分。使自爲門目。凡一書備諸事之本末。與一書具一事之本末者。總彙於此。其不標紀事本末之名而實爲紀事本末者。亦併著錄。若夫偶然記載。篇帙無多。則仍隸諸雜史傳記。不列於此焉。

通鑑紀事本末四十二卷宋袁樞撰、　春秋左氏傳事類始末五卷宋張沖撰、　三朝北盟會編二百五十卷宋徐夢莘編、　蜀鑑十卷宋郭允蹈撰、舊本題李文子者誤也、　炎徼紀聞四卷明田汝成撰、　宋史紀事本末二十六卷明陳邦瞻撰、　元史紀事本末四卷明陳邦瞻撰、　平定三逆方略六十卷康熙二十一年大學士勒德洪奉敕撰、　親征平定朔漠方略四十卷康熙三十六年大學士溫達等奉敕撰、　平定金川方略三十二卷乾隆十三年奉敕撰、 平定準噶爾方略前編五十四卷正編八十五卷續編三十三卷乾隆三十七年奉敕撰、 平定兩金川方略一百五十二卷乾隆四十一年奉敕撰、 欽定臨清紀略十六卷乾隆三十九年奉敕撰、 欽定蘭州紀略二十卷乾隆四十六年奉敕撰、 欽定石峯堡紀略二十卷乾隆四十九年奉敕撰、 欽定臺灣紀略七十卷乾隆五十三年奉敕撰、 綏寇紀略十二卷清吳偉業撰、 滇考二卷清馮甦撰、 明史紀事本末八十卷清谷應泰撰、 繹史一百六十卷清馬驌撰、 左傳紀事本末五十三卷清高士奇撰、 平臺紀略十一卷附東征集六卷清藍鼎元撰、

右紀事本末類二十二部一千二百四十七卷。

別史類

漢藝文志無史名。戰國策史記均附見於春秋。厥後著作漸繁。隋志乃分正史古史霸史諸目。然梁武帝元帝實錄。列諸雜史。義未安也。陳振孫書錄解題。創立別史一門。以處上不至於正史。下不至於雜史者。義例獨善。今特從之。蓋編年不列於正史。故凡屬編年皆得類附。史記漢書以下。已列爲正史矣。其歧出旁分者。東觀漢記。東都事略。大金國志。契丹國志之類。則先資草創。逸周書路史之類。則互取證明。古史續後漢書之類。則檢校異同。其書皆足相輔。而其名則不可以竝列。命曰別史。猶大宗之有別子云爾。包羅既廣。六體兼存。必以類分。轉形瑣屑。故今所編錄。通以年代先後爲敘。

逸周書十卷是書自隋志稱汲冢、然晉書荀勗束晳諸傳載汲冢書無周書、漢志乃有周書七十一篇、與今本合、是隋志誤也、東觀漢紀二十四卷是書於漢明帝時創修後、遞有增續、至熹平中乃成書、隋志題劉珍撰、蓋失其實、建康實錄二十卷唐許嵩撰、隆平集二十卷舊本題宋曾鞏撰、晁公武疑其依託、古史六十卷宋蘇轍撰、通志二百卷宋鄭樵撰、東都事略一百三十卷宋王偁撰、路史四十七卷宋羅泌撰、契丹國志二十七卷宋葉隆禮撰、乃奉詔所編、大金國志四十卷舊本題宋宇文懋昭撰、今核檢其書、實依託也、古今紀要十九卷宋黃震撰、續後漢書四十七卷宋蕭常撰、續後漢書九十卷元郝經撰、荀宗道注、春秋別典十五卷明薛虞畿撰、欽定歷代紀事年表一百卷康熙五十一年內閣學士王之樞奉敕撰、欽定續通志五百二十七卷乾隆三十二年奉敕撰、歷代史表五十三卷清萬斯同撰、後漢書補逸二十一卷清姚之駰編、春秋戰國異詞五十四卷通表二卷摭遺一卷清陳厚耀撰、尙史一百七卷清李鍇撰、

右別史類二十部一千六百十四卷。

雜史類

雜史之目。肇於隋書。蓋載籍既繁。難於條析。義取乎兼包衆體。宏括殊名。故王嘉拾遺記。汲冢瑣語。得與魏尙書梁實錄竝列不爲嫌也。然既繫史名。事殊小說。著書有體。焉可無分。今仍用舊文立此一類。凡所著錄。則務示別裁。大抵取其事繫廟堂。語關軍國。或但具一事之始末。非一代之全編。或但述一時之見聞。祇一家之私記。要期遺文舊事。足以存

掌故。資考證。備讀史者之參稽云爾。若夫語神怪。供詼嘲。里巷瑣言。稗官所述。則別有雜家小說家存焉。

國語二十一卷（吳韋昭注、案三國志作韋曜、蓋晉避司馬昭之名、國語作自何人、說者不一、然終以漢人所傳左丘明作爲有徵、）國語補音三卷（唐人舊本、宋宋庠補輯、）戰國策注三十三卷（舊本題漢高誘註、）鮑氏戰國策註十卷（宋鮑彪撰、）戰國策校註十卷（元吳師道撰、）貞觀政要十卷（唐吳兢撰、）渚宮舊事五卷補遺一卷（唐余知古撰、）東觀奏記三卷（唐裴庭裕撰、）五代史闕文一卷（宋王禹偁撰、）五代史補五卷（宋陶岳撰、）北狩見聞錄一卷（宋曹勛撰、）松漠紀聞一卷續一卷（宋洪皓撰、）燕翼詒謀錄五卷（宋王栐撰、）太平治迹統類前集三十卷（宋彭百川撰、）咸淳遺事二卷（不著撰人名氏、）大金弔伐錄四卷（不著撰人名氏、）汝南遺事四卷（元王鶚撰、）錢塘遺事十卷（元劉敏中撰、）弇山堂別集一百卷（明王世貞撰、）革除逸史二卷（明朱睦㮮撰、）欽定蒙古源流八卷（蒙古小徹辰薩囊台吉撰、乾隆四十二年奉敕譯進、）

右雜史類二十二部二百七十三卷。

詔令奏議類

記言記動。二史分司。起居注。右史事也。左史所錄。蔑聞焉。王言所敷。惟詔令耳。唐志史部初立此門。黃虞稷千頃堂書目。則移制誥於集部。次於別集。夫渙號明堂。義無虛發。治亂得失。於是可稽。此政事之樞機。非僅文章類也。抑居詞賦。於理爲褻。尙書誓誥。經有明徵。

今仍載史部。從古義也。文獻通考始以奏議自爲一門。亦居集末。考漢志載奏事十八篇。列戰國策史記之閒。附春秋末。則論事之文。當歸史部。其證昭然。今亦併改隸。俾易與紀傳互考焉。

太祖高皇帝聖訓四卷康熙二十五年聖祖仁皇帝敕修、 太宗文皇帝聖訓六卷順治中世祖章皇帝敕修、 世祖章皇帝聖訓六卷康熙二十六年聖祖仁皇帝敕修、 聖祖仁皇帝聖訓六十卷雍正九年世宗憲皇帝敕修、 世宗憲皇帝聖訓三十六卷乾隆五年敕修、 上諭八旗十三卷 上諭旗務議覆十二卷 諭行旗務奏議十三卷雍正九年莊親王允祿奉敕編、 上諭內閣一百五十九卷自雍正元年至七年、爲廷臣、奏請宣布莊親王允祿等校刻自雍正八年至十三年、爲皇上即阼以後續錄成帙、和親王弘晝等奉敕校刻、 硃批諭旨三百六十卷雍正十年奉敕校刊、 大唐詔令一百三十卷宋宋敏求編、 兩漢詔令二十三卷西漢詔令十二卷宋林虙編、東漢詔令十一卷宋樓昉編其合爲一書而冠以洪咨夔兩漢詔令學要序、則不知出於誰手、大抵書肆所爲也、

右詔令奏議類詔令之屬十二部八百二十二卷。

政府奏議二卷宋范仲淹撰、 包孝肅奏議十卷宋包拯撰、其門人張田編、 盡言集十三卷宋劉安世撰、 讜論集五卷宋陳次升撰、 左史諫草一卷宋呂午撰、附其子沆奏疏一篇、又家傳詩文之類共爲一卷、 商文毅疏稿略一卷明商輅撰、其子良年編、 王端毅奏議十五卷明王恕撰、 馬端肅奏議十二卷明馬文升撰、其孫天祐編、 關中奏議十卷明楊一清撰、 楊文忠三錄七卷明楊廷和撰、 胡端敏奏議十卷明胡世寧撰、 何文簡疏議十卷明何

孟春撰、汝陽趙賢編、垂光集二卷明周璽撰、孫毅菴奏議二卷明孫懋撰、玉坡奏議五卷明張原撰、南宮奏稿五卷明夏言撰、訥谿奏疏一卷明周怡撰、譚襄敏奏議十卷明譚綸撰、潘司空奏疏六卷明潘季馴撰、兩河經略四卷明潘季馴撰、兩垣奏議一卷明逯中立撰、周忠愍奏疏二卷明周起元撰、張襄壯奏疏六卷清張勇撰、其子雲翼編、靳文襄奏疏八卷清靳輔撰、華野疏稿五卷清郭琇撰、諸臣奏議一百五十卷宋趙汝愚編、歷代名臣奏議三百五十卷明永樂十四年黃淮楊士奇等奉敕編、名臣經濟錄五十三卷明黃訓編輯、欽定明臣奏議二十卷乾隆四十六年奉敕編、

右詔令奏議類奏議之屬二十九部七百二十六卷。

傳記類

紀事始者稱傳記始黃帝。此道家野言也。究厥本源。則晏子春秋是卽家傳。孔子三朝記。其記之權輿乎。裴松之註三國志。劉孝標註世說新語。所引至繁。蓋魏晉以來作者彌夥。諸家著錄。體例相同。其參錯混淆。亦如一軌。今略爲區別。一曰聖賢。如孔孟年譜之類。二曰名人。如魏鄭公諫錄之類。三曰總錄。如列女傳之類。四曰雜錄。如驂鸞錄之類。其杜大圭碑傳琬琰集。蘇天爵名臣事略諸書。雖無傳記之名。亦各核其實。依類編入。至安祿山黃巢劉豫諸書。既不能遽削其名。亦未可薰蕕同器。則從叛臣諸傳附載史末之例。自爲一類。謂之曰別錄。

孔子編年五卷（宋胡仔撰、）東家雜記二卷（宋孔傳撰、）

右傳記類聖賢之屬二部七卷

晏子春秋八卷（撰人名氏無考、舊題晏嬰撰者誤也、）魏鄭公諫錄五卷（唐王方慶撰、）李相國論事集六卷（唐蔣偕撰、或題曰李深之集、稱李絳撰者誤也、）杜工部年譜一卷（宋趙子櫟撰、）杜工部詩年譜一卷（宋魯訔撰、）紹陶錄二卷（宋王質撰、）金陀粹編二十八卷續編三十卷（宋岳珂撰、）象臺首末五卷（宋胡知柔撰、）魏鄭公諫續錄二卷（元翟思忠撰、）忠貞錄三卷附錄一卷（明李維樾林增志同編、）諸葛忠武書十卷（明楊時偉編、）寧海將軍固山貝子功蹟錄一卷（不著撰人名氏、）朱子年譜四卷考異四卷附錄二卷（清王懋竑撰、）

右傳記類名人之屬十三部一百一十三卷

古列女傳七卷續列女傳一卷（漢劉向撰、）高士傳三卷（晉皇甫謐撰、）卓異記一卷（舊本或題唐李翺、或題唐陳翺、或題唐陳翰、）春秋列國諸臣傳三十卷（宋王當撰、）廉吏傳二卷（宋費樞撰、）紹興十八年同年小錄一卷（宋紹興戊辰王佐榜進士題名也、）伊雒淵源錄十四卷（宋朱熹撰、）名臣言行錄前集十卷後集十四卷續集八卷別集二十六卷外集十七卷（前集後集宋朱熹撰、續集別集外集李幼武所補、）名臣碑傳琬琰集一百七卷（宋杜大珪編、）錢塘先賢傳贊一卷（宋袁韶撰、）慶元黨禁一卷（不著撰人名氏、但署曰滄州樵叟、）寶祐四年登科錄一卷（宋文天祥榜進士題名也、）京口耆舊傳九卷（不著撰人名氏、）昭忠錄一卷（不著撰人名氏、）敬鄉錄十四卷（元吳師道撰、）唐才子傳八卷（元辛文房撰、）元朝名臣事略十五卷（元蘇天爵撰、）浦陽人物記二卷明宋濂撰、古今列女傳三卷明永樂中解縉等奉敕撰、殿閣詞林記二十二卷明廖道南撰、嘉靖以來首輔傳八卷明王世貞撰、明名臣琬琰錄二十四卷續錄二十二卷明徐紘編、今獻備遺四十二卷明項篤壽撰、百越先賢志四卷明歐大任撰、元儒考略四卷明馮從吾撰、欽定宗室王公功績表傳十二卷乾隆四十六年奉敕撰、欽定蒙古王公功績表傳十二卷乾隆四十四年奉敕撰、欽定八旗滿洲氏族通譜八十卷乾隆九年奉敕撰、欽定勝朝殉節諸臣錄十二卷乾隆四十一年奉敕撰、明儒學案六十二卷清黃宗羲撰、中州人物考八卷清孫奇逢撰、東林列傳二十四卷清陳鼎撰、儒林宗派十六卷清萬斯同撰、明儒言行錄十卷續錄二卷清沈佳撰、史傳三編五十六卷清朱軾撰、閩中理學淵源考九十二卷清李清馥撰、

右傳記類總錄之屬三十六部八百一十八卷

孫威敏征南錄一卷宋滕元發撰、驂鸞錄一卷宋范成大撰、吳船錄二卷宋范成大撰、入蜀記六卷宋陸游撰、西使記一卷元劉郁撰、保越錄一卷不著撰人名氏、閩越巡視紀略六卷清杜臻撰、松亭行紀二卷清高士奇撰、扈從西巡日錄一卷清高士奇撰、

右傳記類雜錄之屬九部二十一卷

史鈔類

帝魁以後書凡三千二百四十篇。孔子刪取百篇。此史鈔之祖也。宋志始自立門。然隋志

雜史類中。有史要十卷。註漢桂陽太守衞颯撰。約史記要言。以類相從。又有三史略二十卷。吳太子太傅張溫撰。嗣後專鈔一史者。有葛洪漢書鈔三十卷。張緬晉書鈔三十卷。合鈔衆史者。有阮孝緒正史削繁九十四卷。則其來已古矣。沿及宋代。又增四例。通鑑總類之類。則離析而編纂之。十七史詳節之類。則簡汰而刋削之。史漢精語之類。則採摭文句而存之。兩漢博聞之類。則割裂詞藻而次之。迨乎明季。彌衍餘風。趨簡易。利剽竊。史學荒矣。要其含咀英華。刪除冗贅。即韓愈所稱記事提要之義。不以末流蕪濫。責及本始也。博取約存。亦資循覽。若倪思班馬異同。惟品文字。婁機班馬字類。惟明音訓。及三國志文類總滙文章者。則各從本類。不列此門。

兩漢博聞十二卷宋楊侃編、 通鑑總類二十卷宋沈樞撰、 南史識小錄八卷北史識小錄八卷清沈名蓀朱昆田同編、

右史鈔類三部四十八卷

載記類

五馬南浮。中原雲擾。偏方割據。各設史官。其事蹟亦不容泯滅。故阮孝緒作七錄。僞史立焉。隋志改稱霸史。文獻通考。則兼用二名。然年祀綿邈。文籍散佚。當時僭撰。久已無存。存於今者。大抵後人追記而已。曰霸曰僞。皆非其實也。案後漢書班固傳稱撰平林新市公

孫述事爲載記。史通亦稱平林下江諸人。東觀列爲載記。又晉書附敍十六國。亦云載記。是實立乎中朝。以敍述列國之名。今採錄吳越春秋以下。述偏方僭亂遺蹟者。準東觀漢記晉書之例。總題曰載記。於義爲允。惟越史略一書。爲其國所自作。僭號紀年。眞爲僞史然外方私記。不過附存以聲罪示誅。足昭名分。固無庸爲此數卷。別區門目焉。

吳越春秋十卷漢趙煜撰、元徐天祜注、　越絕書十五卷漢袁康撰、其友吳平同定、隋志稱子貢作者謬也、　華陽國志十二卷附錄一卷晉常璩撰、　鄴中記一卷晉陸翽撰、　十六國春秋一百卷舊本題魏崔鴻撰、　別本十六國春秋十六卷舊本亦題魏崔鴻撰、　蠻書十卷唐樊綽撰、　釣磯立談一卷不著撰人名氏、考書中自述、蓋史虛白之子所作、宋志竟以爲虛白作、誤也、　江南野史十卷宋龍袞撰、　江南別錄一卷宋陳彭年撰、　江表志三卷宋鄭文寶撰、　江南餘載二卷不著撰人名氏、　三楚新錄三卷宋周羽翀撰、　錦里耆舊傳四卷宋句延慶撰一名成都理亂記、　五國故事二卷不著撰人名氏、據書中所述、蓋宋初人也、　蜀檮杌二卷宋張唐英撰、　南唐書三十卷宋馬令撰書、　南唐書十八卷音釋一卷宋陸游撰、元戚光音釋、　吳越備史四卷補遺一卷宋錢儼撰、或題范林者、儼託名也、　安南志略十九卷元黎崱撰、崱安南人、　十國春秋一百十四卷清吳任臣撰、

附錄

越史略三卷不著撰人名氏、蓋安南國人自記其國之事、　朝鮮史略六卷不著撰人名氏、書中稱李成桂爲太祖、李芳遠爲太宗、蓋明代朝鮮國人作也、

右載記類二十一部三百八十卷附錄二部九卷

時令類

堯典首授時。堯初受命。亦先齊七政。後世推步測算。重爲專門。已別著錄。其本天道之宜。以立人事之節者。則有時令諸書。孔子考獻徵文。以小正爲尙存夏道。然則先王之政。茲其大綱歟。後世承流。遞有撰述。大抵農家日用。閭閻風俗爲多。與禮經所載小異。然民事卽王政也。淺識者歧視之耳。至於選詞章。隸故實。誇多鬬靡。寖失厥初。則踵事增華。其來有漸。不獨時令一家爲然。汰除鄙倍。採摘典要。亦未始非豳風月令之遺矣。

歲時廣記四卷 宋陳元靚撰。 御定月令輯要二十四卷圖說一卷 康熙五十四年大學士李光地等奉敕撰。

右時令類二部二十九卷

地理類

古之地志。載方域山川風俗物產而已。其書今不可見。然禹貢周禮職方氏。其大較矣。元和郡縣志。頗涉古蹟。蓋用山海經例。太平寰宇記。增以人物。又偶及藝文。於是爲州縣志書之濫觴。元明以後。體例相沿。列傳侔乎家牒。藝文溢於總集。末大於本。而輿圖反若附錄。其間假借夸飾。以侈風土者。抑又甚焉。王士禎稱漢中府志載木牛流馬法。武功縣志載織錦璇璣圖。此文士愛博之談。非古法也。然踵事增華。勢難遽返。今惟去泰去甚。擇尤雅者錄之。凡蕪濫之編。皆斥而存目。其編類首宮殿疏。尊宸居也。次總志。大一統也。次都會郡縣。辨方域也。次河防。次邊防。崇實用也。次山川古蹟。次雜記。次遊記。備考核也。次外紀。廣見聞也。若夫山海經十洲記之屬。體雜小說。則各從其本類。茲不錄焉

三輔黃圖六卷不著撰人名氏、　禁扁五卷元王士點撰、

右地理類宮殿簿之屬二部十一卷

元和郡縣志四十卷唐李吉甫撰、　太平寰宇記一百九十三卷宋樂史撰、　元豐九域志十卷宋王存等奉敕撰、　輿地廣記三十八卷宋歐陽忞撰、　方輿勝覽七十卷宋祝穆撰、　明一統志九十卷明李賢等奉敕撰、　大清一統志五百卷乾隆二十九年奉敕撰、

右地理類總志之屬七部九百四十一卷

吳郡圖經續記三卷宋朱長文撰、　乾道臨安志三卷宋周淙撰、　淳熙三山志四十二卷宋梁克家撰、　吳郡志五十卷宋范成大撰、　新安志十卷宋羅願撰、　剡錄十卷宋高似孫撰、　嘉泰會稽志二十卷　寶慶續志八卷會稽志宋施宿等撰續志張淏撰、　嘉定赤城志四十卷宋陳耆卿撰、　寶慶四明志二十一卷　開慶續志十二卷四明志宋羅濬撰、續志宋梅應發劉錫同撰、　澉水志八卷宋常棠撰、　景定建康志五十卷宋周應合撰、　景定嚴州續志十卷宋鄭瑤方仁榮同撰、　咸淳臨安志九十三卷宋潛說友撰、　至元嘉禾志三十二卷元徐碩撰、　大德昌國州圖志七卷元馮復京郭薦等同撰、　延祐四明志十七卷元袁桷撰、　齊乘六卷

(元于欽撰、)至大金陵新志十五卷(元張鉉撰、)無錫縣志四卷(不著撰人名氏、)姑蘇志六十卷(明王鏊撰、)武功縣志三卷(明康海撰、)朝邑縣志二卷(明韓邦靖撰、)嶺海輿圖一卷(明姚虞撰、)滇略十卷(明謝肇淛撰、)吳興備志三十二卷(明董斯張撰、)欽定熱河志八十卷(乾隆二十一年奉敕撰、)欽定日下舊聞考一百二十卷(乾隆三十九年奉敕撰、)欽定熱河志八十卷(乾隆四十六年奉敕撰、)欽定滿洲源流考二十卷(乾隆四十二年大學士阿桂等奉敕撰、)欽定皇輿西域圖志五十二卷(乾隆二十一年大學士劉統勳奉敕撰、)欽定盛京通志一百二十卷(乾隆四十四年奉敕撰、)畿輔通志一百二十卷(清直隸總督李衛等監修、)江南通志二百卷(清兩江總督趙宏恩等監修、)江西通志一百六十二卷(清江西巡撫謝旻等監修、)浙江通志二百八十卷(清浙江總督嵇曾筠等監修、)福建通志七十八卷(清浙閩總督郝玉麟等監修、)湖廣通志一百二十卷(清湖廣總督邁柱等監修、)河南通志八十卷(清河南總督王士俊等監修、)山東通志三十六卷(清山東巡撫岳濬等監修、)山西通志二百三十卷(清山西巡撫覺羅石麟等監修、)陝西通志一百卷(清陝西總督劉於義等監修、)甘肅通志五十卷(清甘肅巡撫許容等監修、)四川通志四十七卷(清四川總督黃廷桂等監修、)廣東通志六十四卷(清廣東巡撫郝玉麟等監修、)廣西通志一百二十八卷(清廣西巡撫金鉷等監修、)雲南通志三十卷(清雲貴總督鄂爾泰等監修、)貴州通志四十六卷(清雲貴總督鄂爾泰等監修、)歷代帝王宅京記二十卷(清顧炎武撰、)

右地理類都會郡縣之屬四十八部二千八百三十二卷

水經注四十卷(水經舊題漢桑欽撰、然證以書中地理、實三國時人、其注則後魏酈道元作、)水經注集釋訂譌四十卷(清沈炳巽撰、)

水經注釋四十卷刋誤十二卷清趙一清撰、　吳中水利書一卷宋單鍔撰、　四明它山水利備覽二卷宋魏峴撰、　河防通議二卷元沙克什撰、　治河圖略一卷元王喜撰、　浙西水利書三卷明姚文灝撰、　河防一覽十四卷明潘季馴撰、　三吳水利錄四卷明歸有光撰、　北河紀八卷紀餘四卷明謝肇淛撰、　敬止集四卷明陳應芳撰、　三吳水考十六卷明張內蘊周大韶同撰、　吳中水利書二十八卷明張國維撰、　欽定河源紀略三十六卷乾隆四十七年奉敕撰、　崑崙河源考一卷清萬斯同撰、　兩河清彙八卷清薛鳳祚撰、　居濟一得八卷清張伯行撰、　治河奏續書四卷附河防述言一卷清靳輔撰、　直隸河渠志一卷清陳儀撰、　行水金鑑一百七十五卷清傅澤洪撰、　水道提綱二十八卷清齊召南撰、　海塘錄二十六卷清翟均廉撰、

右地理類河渠之屬二十三部五百七卷

籌海圖編十三卷明胡宗憲撰、　鄭開陽雜著十一卷明鄭若曾撰、

右地理類邊防之屬二部二十四卷

南嶽小錄一卷唐道士李沖昭撰、　廬山記三卷附廬山紀略一卷宋陳聖俞撰、　赤松山志一卷宋倪守約撰、　西湖游覽志二十四卷志餘二十六卷明田汝成撰、　桂勝十六卷附桂故八卷明張鳴鳳撰、　欽定盤山志二十一卷清大學士蔣溥等奉敕撰、　西湖志纂十二卷清大學士梁詩正撰、

右地理類山水之屬七部一百十三卷

洛陽伽藍記五卷後魏楊衒之撰、案楊或作羊、未詳孰是、　吳地記一卷附後集一卷舊本題唐陸廣微撰、　長安志二
十卷宋宋敏求撰、　洛陽名園記一卷宋李格非撰、　雍錄十卷宋程大昌撰、　洞霄圖志六卷宋鄧牧撰、　長
安志圖三卷元李好文撰、　汴京遺蹟志二十四卷明李濂撰、　武林梵志十二卷明吳之鯨撰、　江城名
蹟二卷清陳宏緒撰、　營平二州地名記一卷清顧炎武撰、　金鼇退食筆記二卷清高士奇撰、　石柱記
箋釋五卷清鄭元慶撰、　關中勝蹟圖誌三十二卷清陝西巡撫畢沅監修、乾隆四十一年奏進、
　右地理類古蹟之屬十四部一百二十五卷
南方草木狀三卷晉嵇含撰、　荊楚歲時記一卷梁宗懍撰、舊本題晉人、誤也、　北戶錄三卷唐段公路撰、　桂林
風土記一卷唐莫休符撰、　嶺表錄異三卷唐劉恂撰、　益部方物略記一卷宋宋祁撰、　岳陽風土記一
卷宋范致明撰、　東京夢華錄十卷宋孟元老撰、　六朝事迹編類二卷宋張敦頤撰、　會稽三賦三卷宋王
十朋撰、　中吳紀聞六卷宋龔明之撰、　桂海虞衡志一卷宋范成大撰、　嶺外代荅十卷宋周去非撰、　都
城紀勝一卷舊本題耐得翁撰、不著名氏、書成於端平二年、　夢粱錄二十卷宋吳自牧撰、　武林舊事十卷宋周密撰、　歲
華記麗譜一卷附箋紙譜一卷蜀錦譜一卷元費著撰、　吳中舊事一卷元陸友仁撰、　平江紀事一
卷元高德基撰、　江漢叢談二卷明陳士元撰、　閩中海錯疏三卷明屠本畯撰、　益部談資三卷明何宇度撰、
　蜀中廣記一百八卷明曹學佺撰、　顏山雜記四卷清孫廷銓撰、　嶺南風物紀一卷清吳綺撰、　臺海
使槎錄八卷清黃叔璥撰、　龍沙紀略一卷清方式濟撰、　東城雜記二卷清厲鶚撰、

右地理類雜記之屬二十八部二百十三卷

游城南記一卷（宋張禮撰、）河朔訪古記二卷（元納新撰、）徐霞客游記十二卷（明徐宏祖撰、霞客其自號也、）

右地理類游記之屬三部十五卷

佛國記一卷（宋釋法顯撰、）大唐西域記十二卷（唐釋元奘譯、辯機撰、）宣和奉使高麗圖經四十卷（宋徐兢撰、）諸蕃志二卷（宋趙汝适撰、）溪蠻叢笑一卷（宋朱輔撰、）眞臘風土記一卷（元周達觀撰、）島夷志略一卷（元汪大淵撰、）朝鮮賦一卷（明董越撰、）海語三卷（明黃衷撰、）東西洋考十二卷（明張燮撰、）職方外紀五卷（明西洋人艾儒略撰、）赤雅三卷（明鄺露撰、）朝鮮志二卷（不著撰人名氏、蓋故明時朝鮮人作、）皇清職貢圖九卷（乾隆十六年傅恆等撰、）坤輿圖志二卷（清西洋南懷仁撰、）異域錄一卷（清圖理琛撰、）海國聞見錄二卷（清陳倫烱撰、）

右地理類外紀之屬十七部九十八卷

職官類

前代官制史多著錄。然其書恆不傳。南唐書徐鍇傳稱後主得齊職制。其書罕覯。惟鍇知之。今亦無舉其名者。世所稱述周官外。惟唐六典最古耳。蓋建官爲百度之綱。其名品職掌。史志必撮舉大凡。足備參考。故本書繁重。反爲人所倦觀。且惟議政廟堂。乃稽舊典。其閒如元豐變法。事不數逢。故著述之家。或通是學。而無所用。習者少。則傳者亦稀焉。今所採錄。大抵唐宋以來一曹一司之舊事。與儆戒訓誥之詞。今釐爲官制官箴二子目。亦足以稽考掌故。激勸官方。明人所著。率類州縣志書。則等之自鄶矣。

唐六典三十卷(唐元宗明皇帝御撰、李林甫奉敕注、)　翰林志一卷(唐李肇撰、)　麟臺故事五卷(宋程俱撰、)　翰苑羣書二卷(宋洪遵編、)　南宋館閣錄十卷續錄十卷(館閣錄宋陳騤撰、續錄則不知誰所作、)。　玉堂雜記三卷(宋周必大撰、)　宋宰輔編年錄二十卷(宋徐自明撰、)　祕書志十一卷(元王士點商企翁同撰、)　翰林記二十卷(明黃佐撰、)　禮部志稿一百十卷(明泰昌元年官修、實上海生員俞汝楫所修也、)　太常續考八卷(不著撰人名氏、考書中年月、蓋明崇禎中作、)　土官底簿二卷(不著撰人名氏、所載皆明正德以前土司官爵世系、則其書當作於嘉隆間、)　詞林典故八卷(乾隆九年重修翰林院落成、聖駕臨幸、賜宴賦詩、掌院學士鄂爾泰等因請纂此書、)　欽定國子監志六十二卷(乾隆四十三年戶部尚書梁國治等奉敕撰、)　欽定歷代職官表六十三卷(乾隆四十五年奉敕撰、)

右職官類官制之屬十五部三百六十五卷

州縣提綱四卷(不著撰人名氏、文淵閣書目作宋陳襄者、誤也、)　官箴一卷(宋呂本中撰、)　百官箴六卷(宋許月卿撰、)　晝簾緒論一卷(宋胡太初撰、)　三事忠告四卷(元張養浩撰、)　御製人臣儆心錄一卷(順治十二年世祖章皇帝御撰、)

右職官類官箴之屬六部十七卷

政書類

志藝文者。有故事一類。其間祖宗創法。奕葉愼守。是爲一朝之故事。後鑒前師。與時損益者。是爲前代之故事。史家著錄。大抵前代事也。隋志載漢武故事。濫及稗官。唐志載魏文貞故事。橫牽家傳。循名誤列。義例殊乖。今總核遺文。惟以國政朝章六官所職者。入於斯類。以符周官故府之遺。至儀注條格。舊皆別出。然均爲成憲。義可同歸。惟我皇上制作日新。垂謨册府。業已恭登新笈。未可仍襲舊名。考錢溥祕閣書目有政書一類。謹據以標目。見綜括古今之意焉。

通典二百卷（唐杜佑撰）、唐會要一百卷（宋王溥撰）、五代會要三十卷（宋王溥撰）、宋朝事實二十卷（宋李攸撰）、建炎以來朝野雜記四十卷（宋李心傳撰）、西漢會要七十卷（宋徐天麟撰）、東漢會要四十卷（宋徐天麟撰）、漢制考四卷（宋王應麟撰）、文獻通考三百四十八卷（元馬端臨撰）、明會典一百八十卷（明宏治十年徐溥等奉敕撰、正德四年李東陽等重校）、七國考十四卷（明董說撰）、欽定大清會典一百卷（乾隆二十六年奉敕撰）、欽定大清則例一百八十卷（乾隆二十六年與會典同修）、欽定續文獻通考二百五十二卷（乾隆十二年奉敕撰）、欽定皇朝文獻通考二百六十六卷（乾隆十二年奉敕撰）、欽定續通典一百四十四卷（乾隆三十二年奉敕撰）、欽定皇朝通典一百卷（乾隆三十二年奉敕撰）、欽定皇朝通志二百卷（乾隆三十二年奉敕撰）、元朝典故編年考十卷（清孫承澤撰）、

右政書類通制之屬十九部二千二百九十八卷

漢官舊儀一卷補遺一卷（漢衞宏撰）、大唐開元禮一百五十卷（唐蕭嵩等奉敕撰）、謚法四卷（宋蘇洵撰）、政和五禮新儀二百二十卷（宋鄭居中等奉敕撰）、紹熙州縣釋奠儀圖一卷（舊本題宋朱熹撰）、大金集禮

四十卷金明昌六年禮部尚書張暐等奏進、　大金德運圖說一卷金貞祐二年尚書省集議之案牘也、　廟學典禮六卷不著撰人名氏、所載始於元太宗丁酉、終於成宗大德間、蓋元人錄記也、　明集禮五十三卷明洪武三年徐一夔等奉敕撰、原本五十卷、嘉靖中重修、增爲五十三卷、

明臣謚彙考二卷明鮑應鼇撰、　頖宮禮樂疏十卷明李之藻撰、　明謚記彙編二十五卷明郭良翰撰、

明宮史五卷舊本題蘆山赤隱呂毖校次、蓋明季宦官也、　幸魯盛典四十卷康熙二十三年、聖駕東謁闕里、衍聖公孔毓圻等恭述典禮、輯成是篇、

萬壽盛典一百二十卷康熙五十二年內廷諸臣所編、　欽定大清通禮五十卷乾隆元年奉敕撰、　南巡盛典一百二十卷乾隆三十一年兩江總督高晉撰、　八旬萬壽盛典一百二十卷乾隆五十四年大學士阿桂等纂修、　欽定皇朝禮器圖式二十八卷乾隆二十四年奉敕撰三十一年重修、　國朝宮史三十六卷乾隆七年奉敕撰、二十四年增修、

欽定滿洲祭神祭天典禮六卷乾隆四十二年奉敕撰、　歷代建元考十卷清鍾淵映撰、　北郊配位議一卷清毛奇齡撰、　廟制圖考一卷清萬斯同撰、

右政書類儀制之屬二十四部一千五十一卷

救荒活民書三卷宋董煟撰、　熬波圖一卷元陳椿撰、　錢通三十二卷明胡我琨撰、　捕蝗考一卷清陳芳生撰、

荒政叢書十卷清俞森編、　康濟錄六卷清倪國璉撰、因陸曾禹之舊本而刪存精要、

右政書類邦計之屬六部五十三卷

歷代兵制八卷宋陳傅良撰、　補漢兵志一卷宋錢文子撰、　馬政紀十二卷明楊時喬撰、　八旗通志初集二百五十卷雍正五年奉敕撰、

右政書類軍政之屬四部二百七十一卷

唐律疏義三十卷唐長孫無忌等奉敕撰、　大清律例四十七卷乾隆五年大學士三泰等奉敕撰、

右政書類法令之屬二部七十七卷

營造法式三十四卷宋李誡奉敕撰、　欽定武英殿聚珍版程式一卷乾隆三十八年、詔甄擇四庫全書善本刊刻流布、侍郎金簡請以活字印行、賜名曰聚珍版、金簡因綜述其法、編此書奏進、

右政書類考工之屬二部三十五卷

目錄類

鄭元有三禮目錄一卷。此名所昉也。其有解題。胡應麟經義會通。謂始於唐之李肇。案漢書錄七略書名不過一卷。而劉氏七略別錄至二十卷。此非有解題而何。隋志曰。劉向別錄。劉歆七略。剖析條流。各有其序。推尋事迹。自是以後。不能辨其流別。但記書名而已。其文甚明。應麟誤也。今所傳者。以崇文總目為古。晁公武趙希弁陳振孫。並準為撰述之式。惟鄭樵作通志藝文略。始無所詮釋。併建議廢崇文總目之解題。而尤袤遂初堂書目因之。自是以後。遂兩體並行。今亦兼收。以資考核。金石之文。隋唐志附小學。宋志乃附目錄。今用宋志之例。並列此門。而別為子目。不使與經籍相淆焉。

崇文總目十二卷宋王堯臣等奉敕撰、　郡齋讀書志四卷後志二卷考異一卷附志一卷讀書志宋晁公武撰、

續志亦公武所撰、趙希弁重編、考異附志則希弁所撰也、遂初堂書目一卷宋尤袤撰、一名益齋書目、子略四卷目錄一卷宋高似孫撰、直齋書錄解題二十二卷宋陳振孫撰、漢藝文志考證十卷宋王應麟撰、文淵閣書目四卷明楊士奇撰、授經圖二十卷明朱睦㮮撰、欽定天祿琳瑯書目十卷乾隆九年詔編、千頃堂書目三十二卷清黃虞稷撰、經義考三百卷清朱彝尊撰、

右目錄類經籍之屬十一部四百二十四卷

集古錄十卷宋歐陽修撰、金石錄三十卷宋趙明誠撰、法帖刊誤二卷宋黃伯思撰、法帖釋文十卷宋劉次莊撰、籀史一卷宋翟耆年撰、隸釋二十七卷宋洪适撰、隸續二十一卷宋洪适撰、絳帖平六卷宋姜夔撰、石刻鋪敘二卷宋曾宏父撰、法帖譜系二卷宋曹士冕撰、蘭亭考十二卷宋桑世昌撰、高似孫刪定、蘭亭續考二卷宋俞松撰、寶刻叢編二十卷宋陳思撰、輿地碑記目四卷宋王象之撰、寶刻類編八卷不著撰人名氏、古刻叢鈔一卷明陶宗儀編、名蹟錄六卷附錄一卷明朱珪編、吳中金石新編八卷明陳暐撰、金薤琳琅二十卷明都穆撰、法帖釋文考異十卷明顧從義撰、金石林時地考二卷明趙均撰、石墨鐫華六卷附錄二卷明趙崡撰、金石史二卷明郭宗昌撰、欽定校正淳化閣帖釋文十卷乾隆三十四年侍郎金簡恭錄、求古錄一卷清顧炎武撰、金石文字記六卷清顧炎武撰、石經考一卷清顧炎武撰、石經考一卷清萬斯同撰、來齋金石考三卷清林侗撰、嵩陽石刻集記二卷清葉封撰、觀妙齋金石文考略十六卷清李光暎撰、分隸偶存二卷清萬經撰、淳化祕閣法帖考正十二卷清王澍撰、竹雲

題跋四卷清王澍撰、　金石經眼錄一卷清褚峻摹圖牛運震補說、　石經考異二卷清杭世駿撰、

右目錄類金石之屬三十六部二百七十六卷

史評類

春秋筆削議而不辨。其後三傳異詞。史記自爲序贊。以著本旨。而先黃老後六經。退處士進姦雄。班固復異議焉。此史論所以繁也。其中考辨史體。如劉知幾倪思諸書。非博覽精思。不能成帙。故作者差稀。至於品騭舊聞。抨彈往迹。則纔繙史略。即可成文。此是彼非。互滋簧鼓。故其書動至汗牛。又文士立言。務求相勝。或至鑿空生義。僻謬不情。如胡寅讀史管見。譏晉元帝不復牛姓者。更往往而有。故瑕類叢生。亦惟此一類爲甚。我皇上綜括古今。折衷衆論。欽定評鑑闡要。及全韻詩。昭示來茲。日月著明。爝火可息。百家譾語。原可無存。以古來著錄。舊有此門。擇其篤實近理者。酌錄數家。用備體裁云爾。

史通二十卷唐劉子元撰、子元郎劉知幾、以字行也、　史通通釋二十卷清浦起龍撰、　唐鑑二十四卷宋范祖禹撰、　唐史論斷三卷宋孫甫撰、　唐書直筆四卷宋呂夏卿撰、　通鑑問疑一卷宋劉羲仲編、　三國雜事二卷宋唐庚撰、　經幄管見四卷宋曹彥約撰、　涉史隨筆一卷宋葛洪撰、　六朝通鑑博議十卷宋李燾撰、　大事記講義二十三卷宋呂中撰、　兩漢筆記十二卷宋錢時撰、　舊聞證誤四卷宋李心傳撰、　通鑑答問五卷宋王應麟撰、　歷代名賢確論一百卷不著撰人名氏、蓋即宋史藝文志所謂十七史名賢確論、南宋人之所作、明刻或題錢福撰者、誤也、　歷

朝通略四卷(元陳櫟撰、) 十七史纂古今通要十七卷(元胡一桂撰、) 學史十三卷(明邵寶撰、) 史糾六卷(明朱明鎬撰、) 御批通鑑綱目五十九卷通鑑綱目前編一卷外紀一卷舉要三卷通鑑綱目續編二十七卷(康熙四十七年聖祖仁皇帝御撰、) 御製評鑒闡要十二卷(乾隆三十六年大學士劉統勳等恭錄、) 欽定古今儲貳金鑑六卷(乾隆四十八年命諸皇子率內廷諸臣撰、)

右史評類二十二部三百八十二卷

子部總敘

自六經以外立說者。皆子書也。其初亦相淆。自七略區而列之。名品乃定。其初亦相軋。自董仲舒別而白之。醇駁乃分。其中或佚不傳。或傳而後莫爲繼。或古無其目而今增。古各爲類而今合。大都篇帙繁富。可以自爲部分者。儒家之外。有兵家。有法家。有農家。有醫家。有天文算法。有術數。有藝術。有譜錄。有雜家。有類書。有小說家。其別教則有釋家。有道家。敍而次之。凡十四類。儒家尚矣。有文事者有武備。故次之以兵家。兵刑類也。唐虞無皐陶。則寇賊姦宄無所禁。必不能風動時雍。故次以法家。民國之本也。穀民之天也。故次以農家。本草經方。技術之事也。而生死繫焉。神農黃帝以聖人爲天子。尚親治之。故次以醫家。重民事者先授時。授時本測候。測候本積數。故次以天文算法。以上六家。皆治世者所有事也。百家方技。或有益。或無益。而其說久行。理難竟廢。故次以術數。游藝亦學問之餘事。

一技入神。器或寓道。故次以藝術。以上二家。皆小道之可觀者也。詩取多識。易稱制器。博聞有取。利用攸資。故次以譜錄。羣言歧出。不名一類。總爲薈稡。皆可採摭菁英。故次以雜家。隸事分類。亦雜言也。舊附於子部。今從其例。故次以類書。稗官所述。其事末矣。用廣見聞。愈於博弈。故次以小說家。以上四家。皆旁資參考者也。二氏。外學也。故次以釋家道家終焉。夫學者研理於經。可以正天下之是非。徵事於史。可以明古今之成敗。餘皆雜學也。然儒家本六藝之支流。雖其間依草附木。不能免門戶之私。而數大儒明道立言。炳然具在。要可與經史旁參。其餘雖眞僞相雜。醇疵互見。然凡能自名一家者。必有一節之足以自立。卽其不合於聖人者。存之亦可爲鑒戒。雖有絲麻。無棄菅蒯。狂夫之言。聖人擇焉。在博收而愼取之爾。

儒家類

古之儒者。立身行己。誦法先王。務以通經適用而已。無敢自命聖賢者。王通教授河汾。始摹擬尼山。遞相標榜。此亦世變之漸矣。迨托克托等修宋史。以道學儒林分爲兩傳。而當時所謂道學者。又自分二派。筆舌交攻。自時厥後。天下惟朱陸是爭。門戶別而朋黨起。恩讎報復。蔓延者垂數百年。明之末葉。其禍遂及於宗社。惟好名好勝之私心不能自克。故相激而至是也。聖門設教之意。其果若是乎。今所錄者。大旨以濂洛關閩爲宗。而依附門牆。藉詞衛道者。則僅存其目。金谿姚江之派。亦不廢所長。惟顯然以佛語解經者。則斥入雜家。凡以風示儒者。無植黨。無近名。無大言而不慙。無空談而鮮用。則庶幾孔孟之正傳矣。

孔子家語十卷魏王肅註，家語雖名見漢志，而書則久佚，今本蓋即王肅所依託，以攻駁鄭學，
荀子二十卷周荀況撰，唐楊倞註，
孔叢子三卷舊本題陳勝博士孔鮒撰，凡二十一篇，末爲連叢子上下篇，題漢孔臧撰，皆依託也，
新語二卷舊本題漢陸賈撰，
新書十卷漢賈誼撰，
鹽鐵論十二卷漢桓寬撰，
新序十卷漢劉向撰，
說苑二十卷漢劉向撰，
法言集註十卷漢楊雄撰，宋司馬光集註，
潛夫論十卷漢王符撰，
申鑒五卷漢荀悅撰，明黃省曾註，
中論二卷漢徐幹撰，
傅子一卷晉傅元撰，
中說十卷舊本題隋王通撰，核以事實，多相牴牾，蓋其子福郊福時等所依託也，
帝範四卷唐太宗文皇帝御撰，
續孟子二卷唐林慎思撰，
伸蒙子三卷唐林慎思撰，
素履子三卷唐張弧撰，
家範十卷宋司馬光撰，
帝學八卷宋范祖禹撰，
儒志編一卷宋王開祖撰，
太極圖說述解一卷通書述解一卷西銘述解一卷明曹端撰，
張子全書十四卷附錄一卷宋張載撰，
註解正蒙二卷清李光地撰，
正蒙初義十七卷清王植撰，
二程遺書二十五卷附錄一卷程子門人所記，而朱子編次之，其附錄一卷，則行狀之類也，
二程外書十二卷亦程子門人所記，朱子又取他書所載程子語一百五十二條益之，以補遺書所未備，
二程粹言二卷宋楊時編，
公是先生弟子記四卷宋劉敞撰，曰弟子記者，託詞於弟子所記也，
節孝語錄一卷宋徐積撰，
儒言一卷宋晁說之撰，
童蒙訓三卷宋呂本中撰，
省心雜言一卷宋李邦獻撰，
上蔡語錄三卷宋曾恬胡安國所錄謝良佐語，朱子又爲刪定之，
袁氏世範三卷宋袁采撰，
延平答問一

卷附錄一卷宋朱熹撰、 近思錄十四卷宋朱熹呂祖謙同撰、 近思錄集註十四卷清茅星來撰、 近思錄集
註十四卷清江永撰、 雜學辨一卷附記疑一卷宋朱熹撰、 小學集註六卷舊本題宋朱熹編、以朱子集中癸卯與劉子澄
書考之、實子澄之所類次、猶通鑑綱目出趙師淵手也、 朱子語類一百四十卷宋黎靖德編、 戒子通錄八卷宋劉清之撰、
知言六卷附錄一卷宋胡宏撰、 明本釋三卷宋劉荀撰、 少儀外傳二卷宋呂祖謙撰、 麗澤說論集錄
十卷宋呂喬年編、 曾子一卷宋汪晫編、 子思子一卷宋汪晫編、 邇言十二卷宋劉炎撰、 木鐘集十一卷
宋陳埴撰、 經濟文衡前集二十五卷後集二十五卷續集二十二卷舊本題宋滕珙編、其書取朱子文集語錄分類編次、
大學衍義四十三卷宋眞德秀撰、 讀書記六十一卷宋眞德秀撰、 心經一卷宋眞德秀撰、 政經一
卷舊本題宋眞德秀撰、 項氏家說十卷附錄二卷宋項安世撰、 先聖大訓六卷宋楊簡撰、蒐輯孔子遺言、排纂爲五十五篇、而
各爲之註、 黃氏日鈔九十五卷宋黃震撰、 北溪字義二卷宋陳淳撰、 準齋雜說二卷宋吳如愚撰、 性理
羣書句解二十三卷宋熊節編、熊綱大註、 東宮備覽六卷宋陳模撰、 孔子集語三卷宋薛據編、 朱子讀書
法四卷宋張洪齊熙同編、 家山圖書一卷是書自永樂大典錄出、原本題曰朱子撰、然中引文公家禮、其不出朱子審矣、 讀書分年日
程三卷元程端禮撰、 辨惑編四卷附錄一卷元謝應芳撰、 治世龜鑑一卷元蘇天爵撰、 管窺外篇二
卷元史伯璿撰、 內訓一卷明仁孝文皇后撰、 理學類編八卷明張九韶撰、初名格物編、吳當爲易此名、 性理大全書七
十卷明永樂十三年胡廣等奉敕撰、 讀書錄十一卷續錄十二卷明薛瑄撰、 大學衍義補一百六十卷明邱濬撰、
居業錄八卷明胡居仁撰、 楓山語錄一卷明章懋撰、 東溪日談錄十八卷明周琦撰、 困知記二卷

續記二卷附錄一卷明羅欽順撰、 讀書箚記八卷明徐問撰、 士翼四卷明崔銑撰、 涇野子內篇二十七卷明呂柟撰、 周子鈔釋三卷明呂柟撰、 張子鈔釋六卷明呂柟撰、 二程子鈔釋十卷明呂柟撰、 朱子鈔釋二卷明呂柟撰、 中庸衍義十七卷明夏良勝撰、 格物通一百卷明湛若水撰、 世緯一卷明袁袠撰、 呻吟語摘二卷明呂坤撰、 聖學宗要一卷學言三卷明劉宗周撰、 人譜一卷人譜類記二卷明劉宗周撰、 榕壇問業十八卷明黃道周撰、 溫氏母訓一卷明溫璜述其母陸氏之訓也、 御撰資政要覽三卷後序一卷順治十二年世祖章皇帝御撰、 聖諭廣訓一卷聖祖仁皇帝親製聖諭十六條、頒示天下、雍正二年、世宗憲皇帝闡繹覺世牖民之意、演爲聖訓萬言、 庭訓格言一卷雍正八年世宗憲皇帝御纂、 御製日知薈說四卷乾隆元年皇上取舊製各體文親爲刪擇勤成一編、 御定內則衍義十六卷順治十三年世祖章皇帝御定、 御定孝經衍義一百卷康熙二十一年侍郎張英等奉敕撰、 御纂性理精義十二卷康熙五十六年大學士李光地奉敕撰、 御纂朱子全書六十六卷康熙五十二年大學士李光地等奉敕撰、 御定執中成憲八卷雍正六年奉敕撰、 御覽經史講義三十一卷乾隆十四年大學士蔣溥等奉敕編、 正學隅見述一卷清王宏撰撰、 思辨錄輯要三十五卷清陸世儀撰、原本卷帙繁重、張伯行刪削其文、分十四門編次、故名曰輯要、 雙橋隨筆十二卷清周召撰、 讀朱隨筆四卷清陸隴其撰、 三魚堂賸言十二卷清陸隴其撰、 松陽鈔存二卷清陸隴其撰、 榕村語錄三十卷清李光地撰、 讀書偶記三卷清雷鋐撰、

右儒家類一百十三部一千六百八十一卷

兵家類

史記穰苴列傳。稱齊威王使大夫追論古者司馬兵法。是古有兵法之明證。然風后以下。皆出依託。其閒孤虛王相之說。雜以陰陽五行風雲氣色之說。又雜以占候。故兵家恆與術數相出入。術數亦恆與兵家相出入。要非古兵法也。其最古者。當以孫子吳子司馬法爲本。大抵生聚訓練之術。權謀運用之宜而已。今所採錄。惟以論兵爲主。其餘雜說。悉別存目。古來僞本流傳既久者。詞不害理。亦併存以備一家。明季遊士撰述。尤爲猥雜。惟擇其著有明效。如戚繼光練兵實紀之類者。列於篇。

握奇經一卷舊本題風后撰、漢公孫宏解、晉馬隆述讚、　六韜六卷舊本題周呂望撰、　孫子一卷周孫武撰、　吳子一卷周吳起撰、　司馬法一卷舊本題齊司馬穰苴撰、證以史記、蓋齊威王諸臣集古兵法爲之、而附穰苴於其中、非穰苴作也、　尉繚子五卷周尉繚撰、　黃石公三略三卷舊本題黃石公撰、　三略直解三卷明劉寅撰、　素書一卷舊本題黃石公撰、宋張商英註、實即商英所僞託、　李衛公問對三卷舊本題唐李靖撰、陳師道何薳邵博皆以爲阮逸所託、　太白陰經八卷唐李筌撰、　武經總要四十卷宋曾公亮等奉敕撰、　虎鈐經二十卷宋許洞撰、　何博士備論一卷宋何去非撰、　守城錄四卷宋陳規撰、　武編十卷明唐順之撰、　陣紀四卷明何良臣撰、　江南經略八卷明鄭若曾撰、　紀效新書十八卷明戚繼光撰、　練兵實紀九卷雜集六卷明戚繼光撰、

右兵家類二十部一百五十三卷

法家類

刑名之學。起於周季。其術為聖世所不取。然流覽遺篇。兼資法戒。觀於管仲諸家。可以知近功小利之隘。觀於商鞅韓非諸家。可以知刻薄寡恩之非。鑒彼前車。即所以克端治本。曾鞏所謂不滅其籍。乃善於放絕者歟。至於凝幪所編。和凝和幪父子相繼撰疑獄集、闡明疑獄。桂吳所錄。桂萬榮吳訥續撰棠陰比事、矜慎祥刑。並義取持平。道資弼教。雖類從而錄。均隸法家。然立議不同。用心各異。於虞廷欽卹。亦屬有裨。是以仍準舊史。錄此一家焉。

管子二十四卷舊本題周管仲撰、　管子補註二十四卷明劉績撰、　鄧析子一卷周鄧析撰、　商子五卷舊本題秦商鞅撰、　韓子二十卷周韓非撰、　疑獄集四卷補疑獄集六卷疑獄集晉和凝及其子幪撰、補疑獄集明張景撰、　折獄龜鑑八卷宋鄭克撰、　棠陰比事一卷附錄一卷宋桂萬榮撰、明吳訥刪補、

右法家類八部九十四卷

農家類

農家條目。至為蕪雜。諸家著錄。大抵輾轉旁牽。因耕而及相牛經。因相牛經及相馬經。相鶴經。鷹經。蟹錄。至於相貝經。而香譜。錢譜。相隨入矣。因五穀而及圃史。因圃史而及竹譜。荔支譜。橘譜。至於梅譜。菊譜。而唐昌玉蘂辨證。揚州瓊花譜。相隨入矣。因蠶桑而及茶經。因茶經及酒史。糖霜譜。至於蔬食譜。而易牙遺意。飲膳正要。相隨入矣。觸類蔓延。將因四民月令而及算術天文。因田家五行而及風角鳥占。因救荒本草而及素問靈樞乎。今逐

類汰除。惟存本業。用以見重農貴粟。其道至大。其義至深。庶幾不失豳風無逸之初旨。茶事一類。與農家稍近。然龍團鳳餅之製。銀匙玉盌之華。終非耕織者所事。今亦別入譜錄類。明不以末先本也。

齊民要術十卷(後魏賈思勰撰)、 農書三卷附蠶書一卷(宋陳旉撰)、 農桑輯要七卷(元至元十年官撰)、 農桑衣食撮要二卷(元魯明善撰)、 農書二十二卷(元王楨撰)、 救荒本草二卷(明周定王朱橚撰)、 農政全書六十卷(明徐光啟撰)、 泰西水法六卷(明西洋熊三拔撰)、 野菜博錄四卷(明鮑山撰)、 欽定授時通考七十八卷(乾隆二年奉敕撰)、

右農家類十部一百九十五卷

醫家類

儒之門戶分於宋。醫之門戶分於金元。觀元好問傷寒會要序。知河間之學與易水之學爭。觀戴良作朱震亨傳。知丹溪之學與宣和局方之學爭也。然儒有定理。而醫無定法。病情萬變。難守一宗。故今所敍錄。兼眾說焉。明制定醫院十三科。頗為繁碎。而諸家所著。往往以一書兼數科。分隸為難。今通以時代為次。漢志醫經經方二家後。有房中神仙二家。後人誤讀為一。故服餌導引。歧塗頗雜。今悉刪除。周禮有獸醫。隋志載治馬經等九家。雜列醫書間。今從其例。附錄此門。而退置於末簡。貴人賤物之義也。太素脈法。不關治療。今

別收入術數家茲不著錄。

黃帝素問二十四卷唐王冰註、　靈樞經十二卷是書論針灸之道、與素問通號內經、然至南宋、史崧始傳於世、最為晚出、或以為王冰所依託、

難經本義二卷周秦越人撰、元滑壽註、　甲乙經八卷晉皇甫謐撰、　金匱要略論註二十四卷漢張機撰、清徐彬註、

傷寒論註十卷附傷寒明理論三卷論方一卷成無已撰、傷寒論漢張機撰晉王叔和編、金成無已註、　肘後備急方八卷晉葛洪撰、　褚氏遺書一卷舊本題南齊褚澄撰、　巢氏諸病源候論五十卷隋大業中巢元方等奉敕撰　千金要方九十三卷唐孫思邈撰　銀海精微二卷舊本題唐孫思邈撰、　外臺祕要四十卷唐王燾撰、　顱顖經二卷不著撰人名氏　銅人鍼灸經七卷不著撰人名氏、疑即宋王維德銅人腧穴針灸圖經也、　明堂灸經八卷舊本題西方子撰、不知何許人、　博濟方五卷宋王袞撰、　蘇沈良方八卷宋沈括撰、後人又以蘇軾之說附之、　壽親養老新書四卷前一卷宋陳直撰、本名養老奉親書、後三卷元鄒鉉續撰、併直書改題此名、　腳氣治法總要二卷宋董汲撰、　旅舍備要方一卷宋董汲撰、

素問入式運氣論奧三卷附黃帝內經素問遺篇一卷宋劉溫舒撰、　傷寒微旨二卷宋韓祗和撰、

傷寒總病論六卷附音訓一卷修治藥法一卷宋龐安時撰、音訓及修治藥法、則其門人董炳編、　聖濟總錄纂要二十六卷宋政和中奉敕撰、清程林得其殘帙、凡三本、互相參校、掇取其切於用者、編次成書、故名纂要、　證類本草三十卷宋唐慎微撰、　全生指迷方四卷宋王貺撰、　小兒衛生總微論方二十卷宋嘉定丙午太醫局刻本、不著撰人名氏、　類證普濟本事方十卷宋許叔微撰、　太平惠民和濟局方十卷指南總論三卷是書初創於元豐、重修於大觀、後紹興寶慶淳祐中、又遞有所增加、蓋南宋醫院以此書為祖本、

衛生十全方三卷奇疾方一卷宋夏德撰、　傳信適用方二卷宋吳彥夔撰、　衛

濟寶書二卷趙東軒居士撰、不著名氏、　醫說十卷宋張杲撰、鍼灸資生經七卷宋王執中撰、　婦人大全良方二
十四卷宋陳自明撰、　太醫局程文九卷不著編輯者名氏、皆南宋考試醫學之文、　三因極一病證方論十八卷宋陳
言撰、　產育寶慶方二卷不著撰人名氏、　集驗背疽方一卷宋李迅撰、　濟生方八卷宋嚴用和撰、　產寶諸
方一卷不著撰人名氏、　仁齋直指二十六卷附傷寒類書活人總括七卷宋楊士瀛撰、　救急仙方六
卷不著撰人名氏、　素問元機原病式一卷金劉完素撰、　宣明論方十五卷金劉完素撰、　傷寒直格方三
卷　傷寒標本心法類萃二卷舊本皆題金劉完素撰、然傷寒直格方首又題臨川葛雍編、疑為傳劉氏學者所作也、　病機氣宜保命
集三卷金張元素撰、舊題劉完素者誤也、　儒門事親十五卷金張從正撰、　內外傷辨惑論三卷金李杲撰、　脾胃
論三卷金李杲撰、　蘭室祕藏三卷金李杲撰、　醫壘元戎十二卷元王好古撰、　此事難知二卷元王好古撰、
湯液本草三卷元王好古撰、　瑞竹堂經驗方五卷元沙圖穆蘇撰、　世醫得效方二十卷元危亦林撰、
格致餘論一卷元朱震亨撰、　局方發揮一卷元朱震亨撰、　金匱鉤元三卷元朱震亨撰、明戴原禮校補、　扁鵲
神應鍼灸玉龍經一卷元王國瑞撰、題曰扁鵲原序、以為託名也、　外科精義二卷元齊德之撰、　脈訣刊誤二卷附
錄二卷元戴啟宗撰、　醫經溯洄集一卷元王履撰、　普濟方四百二十六卷明周定王朱橚撰、　推求師意
二卷明戴原禮撰、　玉機微意五十卷明徐用誠撰、劉純續增、　仁端錄十六卷明徐謙撰、　薛氏醫案七十八
卷明薛己撰、　鍼灸問對三卷明汪機撰、　外科理例七卷附方一卷明汪機撰、　石山醫案三卷附案一
卷明陳桷編、　名醫類案十二卷明江瓘編、其子應宿增補、　赤水元珠三十卷明孫一奎撰、　醫旨緒餘二卷明孫

一奎

證治準繩一百二十卷明王肯堂撰、　本草綱目五十二卷明李時珍撰、　奇經八脈考一卷明李時珍撰、　瀕湖脈學一卷明李時珍撰、　傷寒論條辨八卷附本草鈔一卷或問一卷痙書一卷明方有執撰、　先醒齋廣筆記四卷明繆希雍撰、　神農本草經疏三十卷明繆希雍撰、　類經三十二卷明張介賓撰、　景岳全書六十四卷明張介賓撰、　温疫論二卷補遺一卷明吳有性撰、　痎瘧論疏一卷明盧之頤撰、　本草乘雅半偈十卷明盧之頤撰、　御定醫宗金鑑九十卷乾隆十四年大學士鄂爾泰奉敕撰、　尙論篇八卷清喻昌撰、　醫門法律十二卷附寓意草四卷清喻昌撰、　傷寒舌鑑一卷清張登撰、　傷寒兼證析義一卷清張倬撰、　絳雪園古方選註三卷附得宜本草一卷清王子接撰、　續名醫類案六十卷清魏之琇撰、　神農本草經百種錄一卷清徐大椿撰、　蘭臺軌範八卷清徐大椿撰、　傷寒類方一卷清徐大椿撰、　醫學源流論二卷清徐大椿撰、

右醫家類九十七部一千八百十四卷

天文算法類

三代上之制作。類非後世所及。惟天文算法。則愈闡愈精。容成造術。顓頊立制。而測星紀閏。多述帝堯。在古初已修改漸密矣。洛下閎以後。利瑪竇以前。變化不一。泰西晚出。頗異前規。門戶搆爭。亦如講學。然分曹測驗。具有實徵。終不能指北爲南。移昏作曉。故攻新法者。至國初而漸解。爲聖祖仁皇帝御製數理精蘊諸書。妙契天元。精研化本於中西兩法。

權衡歸一。垂範億年。海宇承流。遞相推衍。一時如梅文鼎等測量撰述。亦具有成書。故言天者至於本朝。更無疑義。今仰遵聖訓。考校諸家。存古法以溯其源。秉新制以究其變。古來疏密。釐然具矣。若夫占驗禨祥。率多詭說。鄭當再火。裨竈先誣。舊史各自爲類。今亦別入之術數家。惟算術天文相爲表裏。明史藝文志以算術入小學類。是古之算術。非今之算術也。今核其實。與天文類從焉。

周髀算經二卷音義一卷 是書爲相傳古本、莫知誰作、其算法爲句股之祖、其推步卽蓋天之術、歐羅巴法實從此出、注爲趙爽作、隋志作趙嬰、未詳孰是、音義爲李籍作、　新儀象法要三卷 宋蘇頌撰、　六經天文編二卷 宋王應麟撰、　原本革象新書五卷 元趙友欽撰、舊題趙緣督者、其號也、　重修革象新書二卷 元趙友欽撰、明王禕刪定、　七政推步七卷 明貝琳撰、　聖壽萬年歷八卷附律曆融通四卷 明鄭王世子朱載堉撰、　古今律曆考七十二卷 明邢雲路撰、　乾坤體義二卷 明西洋利瑪竇撰、　表度說一卷 明西洋熊三拔撰、　簡平儀說一卷 明西洋熊三拔撰、　天問略一卷 明西洋陽瑪諾撰、　新法算書一百卷 明徐光啟等與西洋龍華民等同撰、　測量法義一卷測量異同一卷句股義一卷 明徐光啟撰、　渾蓋通憲圖說二卷 明李之藻撰、　圜容較義一卷 明李之藻撰、　曆體略三卷 明王英明撰、　御定曆象考成四十二卷 康熙五十二年聖祖仁皇帝御撰、　御定曆象考成後編十卷 乾隆二年奉敕撰、　御定儀象考成三十二卷 乾隆九年奉敕撰、　曉菴新法六卷 清王錫闡撰、　中星譜一卷 清胡亶撰、　天經或問前集四卷 清游藝撰、　天步眞原一卷 清薛鳳祚撰、　天學會通一卷 清薛鳳祚撰、　曆算全書六十卷 清梅文鼎撰、　大統曆志八卷附錄一卷清梅文鼎撰、　勿菴曆算書記一卷清梅文鼎撰、　中西經星同異考一卷清梅文鼏撰、　全史日至源流三十二卷清許伯政撰、　算學八卷續一卷清江永撰、

右天文算法類推步之屬三十一部四百二十九卷

九章算術九卷不著撰人名氏、蓋周禮保氏之遺法、漢張蒼刪補校正、而後人又有所附益也、晉劉徽唐李淳風皆爲之註、　孫子算經三卷不著撰人名氏、疑漢魏人所述、或以爲孫武作者誤也、　術數記遺一卷舊本題漢徐岳撰、北周甄鸞注、　海島算經一卷晉劉徽撰、唐李淳風註、　五曹算經五卷不著撰人名氏、以唐志載有甄鸞注、知書在北周前矣、　夏侯陽算經三卷舊本題夏侯陽撰、時代未詳、唐志載有甄鸞註、則北周以前人也、　張邱建算經三卷舊本題張邱建撰、不著時代、序中引及夏侯陽、則猶在陽後也、　五經算術二卷北周甄鸞撰、唐李淳風註、　緝古算經一卷唐王孝通撰、　數學九章十八卷宋秦九韶撰、　測圓海鏡十二卷元李治撰、　測圓海鏡分類釋術十卷明顧應祥撰、　益古演段三卷元李治撰、　弧矢算術一卷明顧應祥撰、　同文算指前編二卷通篇八卷明李之藻演利瑪竇所譯法也、　幾何原本六卷西洋歐儿里得撰、利瑪竇譯、而明徐光啟所筆受也、　御定數理精蘊五十三卷康熙十三年聖祖仁皇帝御撰、　幾何論約七卷清杜知耕撰、　數學鑰六卷清杜知耕撰、　數度衍二十四卷附錄一卷清方中通撰、　句股引蒙五卷清陳訏撰、　句股矩測解原二卷清黃百家撰、　少廣補遺一卷清陳世仁撰、　莊氏算學八卷清莊亨陽撰、　九章錄要十二卷清屠文漪撰、

右天文算法類算書之屬二十五部二百七卷

術數類

術數之興。多在秦漢以後。要其旨不出乎陰陽五行生尅制化。實皆易之支派。傅以雜說耳。物生有象。象生有數。乘除推闡。務究造化之源者。是爲數學。星土雲物。見於經典。流傳妖妄。寖失其眞。然不可謂古無其說。是爲占候。自是以外。末流猥雜。不可殫名。史志總概以五行。今參驗古書。旁稽近法。析而別之者三。曰相宅相墓。曰占卜。曰命書相書。併而合之者一。曰陰陽五行。雜技術之有成書者。亦別爲一類附焉。中惟數學一家。爲易外別傳不切事而猶近理。其餘則皆百僞一眞。遞相煽動。必謂古無是說。亦無是理。固儒者之迂談。必謂今之術士能得其傳。亦世俗之惑志。徒以冀福畏禍。今古同情。趨避之念一萌。方技者流。各乘其隙以中之。故悠謬之談。彌變彌夥耳。然衆志所趨。雖聖人有所弗能禁。其可通者存其理。其不可通者姑存其說。可也。

太元經十卷漢揚雄撰、晉范望註、　太元本旨九卷明葉子奇撰、　元包五卷附元包數總義二卷北周衛元嵩撰、
潛虛一卷附潛虛發微論一卷宋司馬光撰、　皇極經世書十二卷宋邵雍撰、　皇極經世索隱二卷宋張行成撰、　皇極經世觀物外篇衍義九卷宋張行成撰、　易通變四十卷宋張行成撰、　觀物篇解五卷附皇極經世解起數訣一卷宋祝泌撰、　皇極經世書解十四卷清王植撰、　易學一卷宋王湜撰、　易象圖說
洪範皇極內篇五卷宋蔡沈撰、　天原發微五卷宋鮑雲龍撰、　大衍索隱三卷宋丁易東撰、
內篇三卷外篇三卷元張理撰、　三易洞璣十六卷明黃道周撰、

右術數類數學之屬十六部一百四十七卷

靈臺祕苑十五卷後周庾季才撰、　唐開元占經一百二十卷唐開元中太史監瞿曇悉達奉敕撰、

右術數類占候之屬二部一百三十五卷

宅經二卷舊本題黃帝撰、而書中所引有黃帝二宅經、則後人所僞題也、　葬書一卷舊本題晉郭璞撰、然晉書璞本傳不言所作有葬書、唐志有葬書不云璞作、宋志乃載郭璞葬書一卷、則至宋始出矣、　撼龍經一卷疑龍經一卷葬法倒杖一卷舊本題唐楊筠松撰、　青囊奧語一卷青囊序一卷青囊奧語舊本題唐楊筠松撰、其序則題門人曾文辿作、疑卽通志藝文略所謂楊曾二家青囊經也、　天玉經內傳三卷外編一卷舊本題唐楊筠松撰、　靈城精義二卷舊本題南唐何溥撰、明劉基註、　催官篇二卷舊本題宋賴文俊撰、卽術家所謂賴布衣也、　發微論一卷宋蔡元定撰、

右術數類相宅相墓之屬八部十七卷

靈棋經二卷舊本題漢東方朔撰、或題淮南王劉安撰、皆依託也、　易林十六卷漢焦延壽撰、　京氏易傳三卷漢京房撰、　六壬大全十二卷不著撰人名氏、其本則明郭載騋所刊也、　卜法詳考四卷清胡煦撰、

右術數類占卜之屬五部三十七卷

李虛中命書三卷舊本題鬼谷子撰、唐李虛中註、　玉照定眞經一卷舊本題晉郭璞撰、張顒註、其正文與註如出一手、蓋卽顒所依託也、　星命溯源五卷不著編輯者名氏、　徐氏珞琭子賦注二卷宋徐子平撰、　珞琭子三命消息賦注二卷宋釋曇瑩撰、　三命指迷賦一卷舊本題宋岳珂補註、　星命總括三卷遼耶律純撰、　演禽通纂二卷不著撰人

名氏、星學大成十卷明萬民英撰、三命通會十二卷不著撰人名氏、月波洞中記二卷原本稱老子題於太白月波洞壁、唐任道遜得之、因以爲名、玉管照神局三卷舊本題南唐宋齊邱撰、太清神鑑六卷舊本題後周王朴撰、人倫大統賦一卷金張行簡撰、元薛延年註、

右術數類命書相書之屬十四部五十三卷

太乙金鏡式經十卷唐開元中王希明奉敕撰、遁甲演義二卷明程道生撰、禽星易見一卷明池本理撰、御定星歷考原六卷康熙五十二年大學士李光地等奉敕撰、欽定協紀辨方書三十六卷乾隆四年莊親王允祿等奉敕撰、

右術數類陰陽五行之屬五部五十五卷

藝術類

古言六書。後明八法。於是字學書品爲二事。左圖右史。畫亦古義。丹青金碧。漸別爲賞鑑一途。衣裳製而纂組巧。飲食造而陸海陳。踵事增華。勢有馴致。然均與文史相出入。要爲藝事之首也。琴本雅音。舊列樂部。後世俗工撥捩。率造新聲。非復清廟生民之奏。是特一技耳。摹印本六體之一。自漢白元朱。務矜鐫刻。與小學遠矣。射義投壺。載於戴記。諸家所述。亦事異禮經。均退列藝術。於義差允。至於譜博弈。論歌舞。名品紛繁。事皆瑣屑。亦併爲一類。統曰雜技焉。

古畫品錄一卷南齊謝赫撰、書品一卷梁庾肩吾撰、續畫品一卷陳姚最撰、貞觀公私畫史一卷唐裴

孝源撰、 書譜一卷唐孫過庭撰、 書斷三卷唐張懷瓘撰、 述書賦二卷唐竇臮撰、案臮即洎字之別體、或作竇泉竇臮並誤、 墨藪
法書要錄十卷唐張彥遠撰、 歷代名畫記十卷唐張彥遠撰。 唐朝名畫錄一卷唐朱景元撰、 墨藪
二卷附法帖釋文刊誤一卷舊本題唐韋續撰、 畫山水賦一卷附筆法記一卷舊本題唐荊浩撰、 翰墨
志一卷宋高宗皇帝御撰、 五代名畫補遺一卷宋劉道醇撰、 宋朝名畫評三卷宋劉道醇撰、 益州名畫
錄三卷宋黃休復撰、 圖畫見聞志六卷宋郭若虛撰、蓋續張彥遠名畫記而作、 林泉高致集一卷宋郭熙撰、其子思續補、
墨池編六卷宋朱長文撰、 德隅齋畫品一卷宋李廌撰、 畫史一卷宋米芾撰、 書史一卷宋米芾撰、 寶
章待訪錄一卷宋米芾撰、 海岳名言一卷宋米芾撰、 宣和畫譜二十卷不著撰人名氏、王肯堂筆塵以爲徽宗御撰者誤、
宣和書譜二十卷不著撰人名氏、 山水純全集一卷宋韓拙撰、 廣川書跋十卷宋董逌撰、 廣川畫跋
六卷宋董逌撰、 畫繼十卷宋鄧椿撰、其曰畫繼者、郭若虛續張彥遠之書、自唐會昌元年迄宋寧熙七年、此又續載熙寧以後至乾道三年、故曰繼也、 續
書譜一卷宋姜夔撰、蓋續孫過庭書譜也、 寶眞齋法書贊二十八卷宋岳珂撰、 書小史十卷宋陳思撰、 書苑菁
華二十卷宋陳思撰、 書錄三卷外篇一卷宋董更撰、 竹譜十卷元李衎撰、 畫鑒一卷元湯垕撰、 衍極二
卷元鄭杓撰、 法書考八卷元盛熙明撰、 圖繪寶鑑五卷續編一卷圖繪寶鑑元夏文彥撰、續編明韓昂撰、 書史會
要九卷補遺一卷續編一卷書史會要及補遺明陶宗儀撰、續編朱謀垔撰、 寓意編一卷明都穆撰、 珊瑚木難八卷
明朱存理撰、 鐵網珊瑚十八卷舊本題明朱存理撰、 墨池瑣錄四卷明楊愼撰、 書訣一卷明豐坊撰、 書畫跋
跋三卷續三卷明孫鑛撰、 繪事微言四卷明唐志契撰、 書法雅言一卷明項穆撰、 寒山帚談二卷拾

遺一卷附錄一卷明趙宧光撰、　書法離鉤十卷明潘之淙撰、　畫史會要五卷明朱謀垔撰、　郁氏書畫
題跋記十二卷續記十二卷明郁逢慶編、　清河書畫舫十二卷明張丑撰、　眞蹟日錄五卷二集一
卷三集一卷明張丑撰、　法書名畫見聞表一卷明張丑撰、　南陽法書表一卷南陽名畫表一卷明張
丑撰、　清河書畫表一卷明張丑撰、　珊瑚網四十八卷明汪砢玉撰、　御定佩文齋書畫譜一百卷康熙
四十七年禮部侍郎孫岳頒等奉敕撰、　祕殿珠林二十四卷乾隆九年奉敕撰、　石渠寶笈四十四卷乾隆九年奉敕撰、
庚子銷夏記八卷清孫承澤撰、　繪事備考八卷清王毓賢撰、　書法正傳十卷清馮武撰、　江村銷夏錄
三卷清高士奇撰、　式古堂書畫彙考六十卷清卞永譽撰、　南宋院畫錄八卷清厲鶚撰、　六藝之一錄
四百六卷續編十二卷清倪濤撰、　小山畫譜二卷清鄒一桂撰、　傳神祕要一卷清蔣驥撰、

右藝術類書畫之屬七十一部一千七十三卷

琴史六卷宋朱長文撰、　松絃館琴譜二卷明嚴澂撰、　琴譜合璧十八卷清和素撰、　松風閣琴譜二卷附
抒懷操一卷清程雄撰、

右藝術類琴譜之屬四部二十九卷

學古編一卷元吾邱衍撰、　印典八卷清朱象賢撰、

右藝術類篆刻之屬二部九卷

羯鼓錄一卷唐南卓撰、　樂府雜錄一卷唐段安節撰、　元元棋經一卷宋晏天章撰、　棋訣一卷宋劉仲甫撰、

右藝術類雜技之屬四部四卷

譜錄類

劉向七略。門目孔多。後併爲四部。大綱定矣。中間子目。遞有增減。亦不甚相遠。然古人學問。各守專門。其著述具有源流。易於配隸。六朝以後。作者漸出。新裁體例。多由創造。古來舊目。遂不能該。附贅懸疣。往往牽强。隋志譜係本陳族姓。而末載竹譜錢圖。唐志農家本言種植。而雜列錢譜相鶴經相馬經鷙擊錄相貝經。文獻通考亦以香譜入農家。是皆明知其不安。而限於無類可歸。又復窮而不變。故支離顛舛。遂至於斯。惟尤袤遂初堂書目。創立譜錄一門。於是別類殊名。咸歸統攝。此亦變而能通矣。今用其例。以收諸雜書之無可繫屬者。門目旣繁。檢尋亦病於瑣碎。故諸物以類相從。不更以時代次焉。

古今刀劍錄一卷舊本題梁陶宏景撰、 鼎錄一卷舊本題梁虞荔撰、 考古圖十卷續圖五卷釋文一卷宋呂大臨撰、 嘯堂集古錄二卷宋王俅撰、案俅亦作球、未詳孰是、 宣和博古圖三十卷宋王黼等奉敕撰、 宣德鼎彝譜八卷明宣德中禮部尚書呂震等奉敕撰、 欽定西清古鑑四十卷乾隆十四年奉敕撰、 奇器圖說三卷諸器圖說一卷奇器圖說明西洋鄧玉函撰、諸器圖說明王徵撰、(以上雜器) 文房四譜五卷宋蘇易簡撰、 歙州硯譜一卷宋唐積撰、 硯史一卷宋米芾撰、 硯譜一卷不著撰人名氏、 歙硯說一卷辨歙石說一卷不著撰人名氏、蓋洪适所刻硯譜三種之二也、 端溪硯譜一卷不著撰人名氏、有淳熙十年榮芑跋、 硯箋四卷宋高似孫撰、 欽定西清硯譜二十五卷乾隆四十三年奉敕撰、以上硯譜）墨譜三卷（宋李孝美撰、一名墨苑、一名墨譜法式、皆後人妄改、）墨經一卷（宋晁季一撰、）墨史二卷（元陸友撰、）

墨法集要一卷（明沈繼孫撰、以上墨譜）欽定錢錄十六卷（乾隆十六年奉敕撰、）香譜二卷（不著撰人名氏、）香譜四卷（宋陳敬撰、）香乘二十八卷（明周嘉胄撰、）雲林石譜三卷（宋杜綰撰、以上雜物）

右譜錄類器物之屬二十五部二百二卷

茶經三卷（唐陸羽撰、）茶錄二卷（宋蔡襄撰、）品茶要錄一卷（宋黃儒撰、）宣和北苑貢茶錄一卷附北苑別錄一卷（北苑貢茶錄、宋熊蕃撰、蕃書有所未備、趙汝礪又作別錄一卷、補其所遺、）東溪試茶錄一卷（宋宋子安撰、晁氏讀書志作朱子安、蓋字之誤、）續茶經三卷附錄一卷（清陸廷燦撰、）煎茶水記一卷（唐張又新撰、以上茶譜）北山酒經三卷（宋朱翼中撰、）酒譜一卷（宋竇苹撰、以上酒譜）糖霜譜一卷（宋王灼撰、以上食品）

右譜錄類飲饌之屬十部十九卷

洛陽牡丹記一卷（宋歐陽修撰、）揚州芍藥譜一卷（宋王觀撰、）范村梅譜一卷（宋范成大撰、）劉氏菊譜一卷（宋劉蒙撰、）史氏菊譜一卷（宋史正志撰、）范村菊譜一卷（宋范成大撰、）百菊集譜六卷菊史補遺一卷（宋史鑄撰、）金漳蘭譜三卷（宋趙時庚撰、）海棠譜三卷（宋陳思撰、）荔枝譜一卷（宋蔡襄撰、）橘錄三卷（宋韓彥直撰、）竹譜一卷（晉戴凱之撰、）筍譜一卷（宋釋贊寧撰、或作惠崇者誤也、）菌譜一卷（宋陳仁玉撰、）御定廣羣芳譜一百卷（康熙四十七年翰林院編修汪灝等奉敕撰、以上草木）禽經七卷（舊本題師曠撰、晉張華注、皆依託也、）蟹譜二卷（宋傅肱撰、）蟹略四卷（宋高似孫撰、）異魚圖贊四卷（明楊慎撰、）異魚圖贊箋四卷（清胡世安撰、）異魚圖贊補三

卷閏集一卷（清胡世安撰、以上禽魚）

右譜錄類草木禽魚之屬二十一部一百五十一卷

雜家類

衰周之季。百氏爭鳴。立說著書。各爲流品。漢志所列備矣。或其學不傳。後無所述。或其名不美。人不肯居。故絕續不同。不能一概。著錄後人株守舊文。於是墨家僅墨子晏子二書。名家僅公孫龍子尹文子人物志三書。縱橫家僅鬼谷子一書。亦別立標題。自爲支派。此拘泥門目之過也。黃虞稷千頃堂書目。於寥寥不能成類者。併入雜家。雜之義廣。無所不包。班固所謂合儒墨兼名法也。變而得宜。於例爲善。今從其說。以立說者。謂之雜學。辨證者。謂之雜考。議論而兼敘述者。謂之雜說。旁究物理。臚陳纖瑣者。謂之雜品。類輯舊文。塗兼衆軌者。謂之雜纂。合刻諸書。不名一體者。謂之雜編。

鬻子一卷（舊本題周鬻熊撰、蓋依託也、漢志載於道家者二十二篇、載於小說家者十九篇、此本疑即小說家所載、其註爲唐逢行珪撰、）　墨子十五卷（舊本題周墨翟撰、然書中多稱子墨子、則其門人所記也、）　子華子二卷（舊本題晉程本撰、蓋南北宋間不得志者所託名、）　尹文子一卷（周尹文撰、漢志列於名家、）　愼子一卷（周愼到撰、漢志列之於法家、）　鶡冠子三卷（是書漢志著錄即佚其名氏、但知爲楚隱士爾、）　公孫龍子三卷（周公孫龍撰、亦漢志所謂名家流也、）　鬼谷子一卷（舊本題鬼谷子撰、唐志則以爲蘇秦撰、莫能詳也、）　呂氏春秋二十六卷（舊本題秦呂不韋撰、實爲其賓客所集也、）　淮南子二十一卷（漢淮南王劉安撰、高誘註、）　人物志三卷（魏劉邵撰、北魏劉昞註、）　金樓子六卷梁孝元皇帝撰、 劉子十卷是書或題劉歆、或題劉勰、或題劉孝標、惟袁孝政序定爲劉晝、然其書晚出、至唐志始著錄、九流一篇、全襲隋書經籍志之文、疑即孝政所僞
作而自爲之註也、 顏氏家訓二卷北齊顏之推撰、舊作隋人者誤也、 長短經九卷唐趙蕤撰、 兩同書二卷唐羅隱撰、
化書六卷南唐譚峭撰、宋齊邱攘爲已作、故亦謂之齊邱子、 昭德新編三卷宋晁迥撰、 芻言三卷宋崔敦禮撰、 樂菴遺
書四卷舊本題宋李衡撰、其門人龔昱編、其書至明隆慶元年始出、莫審其所自來、 習學記言五十卷宋葉適撰、 本語六卷明高拱撰、
右雜家類雜學之屬二十二部一百七十八卷
白虎通義四卷漢班固撰、 獨斷二卷漢蔡邕撰。
古今注三卷附中華古今注三卷古今注晉崔豹撰、中華古今注五
代後唐馬縞撰、 資暇集三卷唐李匡乂撰、 刊誤二卷唐李涪撰、 蘇氏演義二卷唐蘇鶚撰、 兼明書五卷五代
邱光庭撰、 近事會元五卷宋李上交撰、 東觀餘論二卷宋黃伯思撰、其子訒編、 靖康緗素雜記十卷宋黃朝英
撰、 猗覺寮雜記二卷宋朱翌撰、 能改齋漫錄十八卷宋吳曾撰、 雲谷雜記四卷宋張淏撰、 兩溪叢
語三卷宋姚寬撰、 學林十卷宋王觀國撰、 容齋隨筆十六卷續筆十六卷三筆十六卷四筆十六
卷五筆十卷宋洪邁撰、 考古編十卷宋程大昌撰、 演繁露十六卷續演繁露六卷宋程大昌撰、 緯略
十二卷宋高似孫撰、 甕牖閒評八卷宋袁文撰、 芥隱筆記一卷宋龔頤正撰、芥隱者頤正書室之名也、 蘆浦筆記
十卷宋劉昌詩撰、 野客叢書三十卷附野老記聞一卷宋王楙撰、 考古質疑六卷宋葉大慶撰、 經外
雜鈔三卷宋魏了翁撰、 古今考一卷續古今考三十七卷古今考宋魏了翁撰、續考元方回撰、 潁川語小二卷
宋陳防撰、 賓退錄十卷宋趙與旹撰、 學齋佔畢四卷宋史繩祖撰、 鼠璞一卷宋戴埴撰、 朝野類要五卷

宋趙昇撰、　困學紀聞二十卷宋王應麟撰、　識遺十卷宋羅璧撰、　坦齋通編一卷宋邢凱撰、　愛日齋叢鈔五卷不著撰人名氏、但據說郛所載、知其姓葉、據書中咸淳年號、知為宋末人耳、　日損齋筆記一卷元黃溍撰、　丹鉛餘錄十七卷續錄十二卷摘錄十三卷總錄二十七卷明楊慎撰、　譚苑醍醐九卷明楊慎撰、　正楊四卷明陳耀文撰、　筆精八卷明徐𤊹撰、　疑耀七卷明張萱撰、舊題李贄著、僞託也、　藝彀三卷彀補一卷明鄧伯羔撰、　名義考十二卷明周祈撰、　通雅五十二卷明方以智撰、　卮林十卷補遺一卷明周嬰撰、　拾遺錄一卷明胡爌撰、　日知錄三十二卷清顧炎武撰、　義府二卷清黃生撰、　藝林彙考二十四卷清沈自南撰、　潛邱劄記六卷清閻若璩撰、　湛園札記二卷清姜宸英撰、　白田雜著八卷清王懋竑撰、　義門讀書記五十八卷清何焯撰、　樵香小記二卷清何琇撰、　管城碩記三十卷清徐文靖撰、　訂譌雜錄十卷清胡鳴玉撰、　識小編二卷清董豐垣撰、

右雜家類雜考之屬五十七部七百六卷

論衡三十卷漢王充撰、　風俗通義十卷附錄一卷漢應劭撰、後漢書劭本傳作風俗通、省文也、　封氏聞見記十卷唐封演撰、　尚書故實一卷唐李綽撰、宋志作李綽、蓋傳刻之誤、　灌畦暇語一卷不著撰人名氏、據書中所說、蓋元和以後人、　春明退朝錄三卷宋宋敏求撰、　筆記三卷宋宋祁撰、　東原錄一卷宋龔鼎臣撰、　王氏談錄一卷宋王欽臣撰、　文昌雜錄七卷宋龐元英撰、　塵史三卷宋王得臣撰、　夢溪筆談二十六卷補筆談二卷續筆談一卷宋沈括撰、　仇池筆記二卷舊本題宋蘇軾撰、今勘驗其文、蓋後人集其雜帖為之、非所手著、　東坡志林五卷舊本題宋蘇軾撰、一名東

坡手澤後編入東坡大全集中、改題此名、　珩璜新論一卷宋孔平仲撰、　晁氏客語一卷宋晁說之撰、　師友談記一卷
宋李廌撰、　楊公筆錄一卷宋楊延齡撰、　呂氏雜記二卷宋呂希哲撰、　冷齋夜話十卷宋釋惠洪撰、　曲洧
舊聞十卷宋朱弁撰、　元城語錄三卷附行錄一卷宋馬永卿撰、皆述其師劉安世之語、　嬾眞子五卷宋馬永卿撰、
春渚紀聞十卷宋何薳撰、　石林燕語十卷考異一卷石林燕語宋葉夢得撰、考異宇文紹奕撰、　避暑錄話二卷宋葉
夢得撰、　巖下放言三卷宋葉夢得撰、　卻掃編三卷宋徐度撰、　五總志一卷宋吳坰撰、　紫微雜說一卷
宋呂本中撰、　辨言一卷宋員興宗撰、　墨莊漫錄十卷宋張邦基撰、　寓簡十卷宋沈作喆撰、　欒城遺言一
卷宋蘇籀撰、　東園叢說三卷舊本題宋李如篪撰、　常談一卷宋吳箕撰、　雲麓漫鈔十五卷宋趙彥衛撰、　示兒
編二十三卷宋孫奕撰、　游宦紀聞十卷宋張世南撰、　密齋筆記五卷續筆記一卷宋謝采伯撰、　梁谿
漫志十卷宋費袞撰、　澗泉日記三卷宋韓淲撰、　老學菴筆記十卷續筆記二卷宋陸游撰、　愧郯錄十
五卷宋岳珂撰、　祛疑說一卷宋儲泳撰、　琴堂諭俗編二卷宋鄭玉道撰、　鶴林玉露十六卷宋羅大經撰、
貴耳集一卷二集一卷三集一卷宋張端義撰、　吹劍錄外集一卷宋俞文豹撰、　腳氣集二卷宋車若水
撰、　藏一話腴四卷宋陳郁撰、　佩韋齋輯聞四卷宋俞德鄰撰、　書齋夜話四卷宋俞琰撰、　齊東野語
二十卷宋周密撰、　困學齋雜錄一卷元鮮于樞撰、　隱居通義三十一卷元劉壎撰、　湛淵靜語二卷元白
珽撰、　敬齋古今黈八卷元李冶撰、其命名不甚可解、疑爲塞聰專思之義、或作古今難字之誤也、　日聞錄一卷元李翀撰、　勤有堂
隨錄一卷元陳櫟撰、　玉堂嘉話八卷元王惲撰、　庶齋老學叢談三卷元盛如梓撰、　研北雜志二卷元陸

友撰、北軒筆記一卷元陳世隆撰、閒居錄一卷元吾邱衍撰、履雪齋筆記一卷元郭翼撰、霏雪錄二卷明鎦績撰、蠡海集一卷明王逵撰、草木子四卷明葉子奇撰、胡文穆雜著一卷明胡廣撰、讕言長語一卷明曹安撰、蟫精雋十六卷明徐伯齡撰、震澤長語二卷明王鏊撰、井觀瑣言三卷明鄭瑗撰、南園漫錄十卷明張志淳撰、雨航雜錄二卷明馮時可撰、採芹錄四卷明徐三重撰、畫禪室隨筆四卷明董其昌撰、六研齋筆記四卷二筆四卷三筆四卷明李日華撰、物理小識十二卷明方以智撰、春明夢餘錄七十卷清孫承澤撰、居易錄三十四卷清王士禎撰、池北偶談二十六卷清王士禎撰、香祖筆記十二卷清王士禎撰、古夫子亭雜錄六卷清王士禎撰、分甘餘話四卷清王士禎撰、

右雜家類雜說之屬八十六部六百三十六卷

洞天清錄一卷宋趙希鵠撰、負暄野錄二卷宋陳槱撰、雲煙過眼錄四卷續錄一卷雲煙過眼錄宋周密撰、續錄爲湯允謨作、格古要論三卷明曹昭撰、竹嶼山房雜部三十二卷明宋詡撰、遵生八牋十九卷明高濂撰、清祕藏二卷明張應文撰、長物志十二卷明文震亨撰、韻石齋筆談二卷清姜紹書撰、七頌堂識小錄一卷清劉體仁撰、研山齋雜記四卷不著撰人名氏、疑爲孫承澤之孫炯所作也、

右雜家類雜品之屬十一部八十三卷

意林五卷唐馬總編、紺珠集十三卷不著編輯者名氏、或題宋朱勝非者誤也、類說六十卷宋曾慥編、事實類苑六十三卷宋江少虞編、仕學規範四十卷宋張鎡編、自警編九卷宋趙善璙編、言行龜鑑八卷元張光祖編、

說郛一百二十卷明陶宗儀編、 古今說海一百四十二卷明陸楫撰、 玉芝堂談薈三十六卷明徐應秋編、 元明事類鈔四十卷清姚之駰撰、

右雜家類雜纂之屬十一部五百三十六卷

儼山外集三十四卷明陸深撰、 少室山房筆叢正集三十二卷續集十六卷明胡應麟撰、 鈍吟雜錄十卷清馮班撰、

右雜家類雜編之屬三部九十二卷

類書類

類事之書。兼收四部。而非經非史非子非集。四部之內。乃無類可歸。皇覽始於魏文。晉荀勗中經部分隸何門。今無所考。隋志載入子部。當有所受之。歷代相承。莫之或易。明胡應麟作筆叢。始議改入集部。然無所取義。徒事紛更。則不如仍舊貫矣。此體一興。而操觚者易於檢尋。註書者利於剽竊。轉輾稗販。實學頗荒。然古籍散亡。十不存一。遺文舊事。往往託以得存。藝文類聚。初學記。太平御覽諸編。殘璣斷璧。至捃拾不窮。要不可謂之無補也。其專考一事。如同姓名錄之類者。別無可附。舊皆入之類書。今亦仍其例。

古今同姓名錄二卷梁孝元皇帝撰、唐陸善經續、元葉森補、 編珠二卷補遺二卷續編珠二卷舊本題隋杜公瞻撰、其補遺及續則清高士奇作也、 藝文類聚一百卷唐歐陽詢等奉敕撰、 北堂書鈔一百六十卷唐虞世南撰、 龍筋鳳髓

判四卷唐張鷟撰、初學記三十卷唐徐堅等奉敕撰、元和姓纂十八卷唐林寶撰、白孔六帖一百卷六帖本三十卷、唐白居易撰、續六帖本亦三十卷、宋孔傳撰、其合兩書爲一而析成百卷、不知爲誰、據玉海所載、宋本已然矣、小名錄二卷唐陸龜蒙撰、蒙求集註二卷晉李瀚撰、宋徐子光註、事類賦三十卷宋吳淑撰、并自註、太平御覽一千卷宋太平興國二年李昉等奉敕撰、冊府元龜一千卷宋景德二年王欽若等奉勅撰、事物紀原十卷宋高承撰、實賓錄十四卷宋馬永易撰、文彪續補、書敘指南二十卷宋任廣撰、海錄碎事二十二卷宋葉廷珪撰、古今姓氏書辨證四十卷宋鄧名世撰、帝王經世圖譜十六卷宋唐仲友撰、職官分紀五十卷宋孫逢吉撰、歷代制度詳說十二卷宋呂祖謙撰、永嘉八面鋒十三卷不著撰人名氏、或曰陳傅良、或曰葉適、莫之詳也、錦繡萬花谷前集四十卷後集四十卷續集四十卷不著撰人名氏、其原本成於淳熙中、書肆輾轉增加、乃下括紹定端平事迹、事文類聚前集六十卷後集五十卷續集二十八卷別集三十二卷新集三十六卷外集十五卷遺集十五卷前後續別四集皆宋祝穆撰、新集外集元富大用撰、遺集元祝淵撰、記纂淵海一百卷宋潘自牧撰、名賢氏族言行類稿六十卷宋章定撰、羣書會元截江網三十五卷不著撰人名氏、蓋宋理宗時書肆本、或作元胡助撰者誤也、雞肋一卷宋趙崇絢撰、小字錄一卷補錄一卷小字錄宋陳思撰、補錄明沈宏正撰、全芳備祖前集二十七卷後集三十一卷宋陳景沂撰、山堂考索前集六十六卷後集六十五卷續集五十六卷別集二十五卷宋章俊卿撰、古今合璧事類備要前集六十九卷後集八十一卷續集五十六卷別集九十四卷外集六十六卷宋謝維新撰、源流至論前集十卷後集十卷續集十卷別集十卷前集後集續集宋林駉撰、別集宋黃履翁撰、玉海二百卷附詞學指南四卷宋王應麟撰、 小學紺珠十卷宋王應麟撰、 姓氏急就篇二卷宋王應麟撰、 六帖補二十卷宋楊伯嵒撰、 韻府羣玉二十卷元陰時夫撰、其弟中夫註、 翰苑新書前集七十卷後集上二十六卷後集下六卷別集十二卷續集四十二卷不著撰人名氏、舊序但稱爲宋人刻本、題謝枋得者妄也、 純正蒙求三卷元胡炳文撰、 排韻增廣事類氏族大全二十二卷不著撰人名氏、 名疑四卷明陳士元撰、 荆川稗篇一百二十卷明唐順之撰、 萬姓統譜一百四十六卷附氏族博考十四卷明凌迪知撰、 喩林一百二十卷明徐元太撰、 經濟類編一百卷明馮琦撰、 同姓名錄十二卷補錄一卷明余寅撰、周應賓補、 說略三十卷明顧起元撰、 天中記六十卷明陳耀文撰、 圖書編一百二十七卷明章潢撰、 駢志二十卷明陳禹謨撰、 山堂肆考二百二十八卷補遺十二卷明彭大翼撰、 古儷府十二卷明王志慶編、 廣博物志五十卷明董斯張撰、 御定淵鑑類函四百五十卷康熙四十九年奉敕撰、 御定駢字類編二百四十卷康熙五十八年奉敕撰、 御定分類字錦六十四卷康熙六十年奉敕撰、 御定子史精華一百六十卷康熙六十年奉敕撰、 御定佩文韻府四百四十四卷康熙五十年奉敕撰、 御定韻府拾遺一百十二卷康熙五十九年奉敕撰、 格致鏡原一百卷清陳元龍撰、 讀書記數略五十四卷清宮夢仁編、 花木鳥獸集類三卷清吳寶芝撰、 別號錄九卷清葛萬里撰、 宋稗類鈔三十六卷清潘永因編、

右類書類六十五部七千四百四十六卷

小說家類

張衡西京賦曰。小說九百。本自虞初。漢書藝文志載虞初周說九百四十三篇。注稱武帝時方士。則小說興於武帝時矣。故伊尹說以下九家。班固多注依託也。漢書藝文志注、凡不著姓名者、皆班固自注、然屈原天問。雜陳神怪。多莫知所出。意即小說家言。而漢志所載青史子五十七篇。賈誼新書保傅篇中先引之。則其來已久。特盛於虞初耳。迹其流別。凡有三派。其一敍述雜事。其一記錄異聞。其一綴輯瑣語也。唐宋而後。作者彌繁。中間誣謾失眞。妖妄熒聽者。固爲不少。然寓勸戒。廣見聞。資考證者。亦錯出其中。班固稱小說家流。蓋出於稗官。如淳注謂王者欲知閭巷風俗。故立稗官。使稱說之。然則博採旁蒐。是亦古制。固不必以冗雜廢矣。今甄錄其近雅馴者。以廣見聞。惟猥鄙荒誕。徒亂耳目者。則黜不載焉。

西京雜記六卷舊本題漢劉歆撰、或題晉葛洪撰、實則梁吳均撰、托言葛洪得劉歆漢書遺、或錄班固所不載者、爲此書也、　世說新語三卷宋臨川王劉義慶撰、梁劉孝標註、本名世說新書、後相沿稱新語、遂不可復正、　朝野僉載六卷舊本題唐張鷟撰、　唐國史補三卷唐李肇撰、　大唐新語十三卷唐劉肅撰、　次柳氏舊聞一卷唐李德裕撰、　劉賓客嘉話錄一卷唐韋絢撰、　明皇雜錄二卷別錄一卷唐鄭處誨撰、　因話錄六卷唐趙璘撰、　大唐傳載一卷不著撰人名氏、　教坊記一卷唐崔令欽撰、　幽閒鼓吹一卷唐張固撰、　松窗雜錄一卷唐李濬撰、　雲溪友議三卷唐范攄撰、　玉泉子一卷不著撰人名氏、　雲仙雜記十卷舊本題唐馮贄撰、或以爲王銍所僞作也、　唐摭言十五卷五代王定保撰、　中朝故事二卷南唐尉遲偓撰、　金華子二卷南唐劉崇遠撰、　開元天寶遺事四卷五代王仁裕撰、　鑑戒錄十卷蜀何光遠撰、　南唐

近事一卷(宋鄭文寶撰、)北夢瑣言二十卷(宋孫光憲撰、)賈氏談錄一卷(宋張洎撰、)洛陽縉紳舊聞記
五卷(宋張齊賢撰、)南部新書十卷(宋錢易撰、)王文正筆錄一卷(宋王曾撰、)儒林公議二卷(宋田況撰、)涑
水紀聞十六卷(宋司馬光撰、)澠水燕談錄十卷(宋王闢之撰、)歸田錄二卷(宋歐陽修撰、)嘉祐雜志一
卷(宋江休復撰、亦曰江鄰幾雜志、)東齋記事六卷(宋范鎮撰、)青箱雜記十卷(宋吳處厚撰、)錢氏私志一卷(宋錢世昭
撰、)龍川略志十卷別志八卷(宋蘇轍撰、)後山談叢四卷(宋陳師道撰、)孫公談圃三卷(宋劉延世撰、)
孔氏談苑四卷(舊本題宋孔平仲撰、)畫墁錄一卷(宋張舜民撰、)甲申雜記一卷聞見近錄一卷隨手雜
錄一卷(宋王鞏撰、)湘山野錄三卷續錄一卷(宋釋文瑩撰、)玉壺野史十卷(宋釋文瑩撰、本名玉壺清話、)侯鯖
錄八卷(宋趙令時撰、)東軒筆錄十五卷(宋魏泰撰、)泊宅編三卷(宋方勺撰、)珍席放談二卷(宋高晦叟撰、)
鐵圍山叢談六卷(宋蔡絛撰、)國老談苑一卷(舊本題夷門隱叟王君玉撰、據書錄解題及宋志、則此書本名國老閒談、)道山清話
一卷(不著撰人名氏、舊本題王暐者誤也、)墨客揮犀十卷(宋彭乘撰、)唐語林八卷(宋王讜撰、)楓窗小牘二卷(不著撰人
名氏、但以書中袁良碑一條、知其姓袁、)南窗記談一卷(不著撰人名氏、)過庭錄一卷(宋范公偁撰、)萍洲可談三卷(宋朱
彧撰、)高齋漫錄一卷(宋曾慥撰、)默記三卷(宋王銍撰、)揮麈前錄四卷後錄十一卷第三錄三卷餘
話二卷(宋王明清撰、)玉照新志六卷(宋王明清撰、)投轄錄一卷(宋王明清撰、)張氏可書一卷(宋張知甫撰、)
聞見前錄二十卷(宋邵伯溫撰、)清波雜志十二卷別志三卷(宋周煇撰、)雞肋編三卷(宋莊季裕撰、)
聞見後錄三十卷(宋邵博撰、)北窗炙輠錄一卷(宋施德操撰、)步里客談二卷(宋陳長方撰、)桯史十五

卷(宋岳珂撰、)　獨醒雜志十卷(宋曾敏行撰、)　耆舊續聞十卷(宋陳鵠撰、)　四朝聞見錄五卷(宋葉紹翁撰、)　癸辛雜識前集一卷後集一卷續集二卷別集二卷(宋周密撰、)　隨隱漫錄五卷(宋陳世崇撰、)　東南紀聞三卷(不著撰人名氏、)　歸潛志十四卷(元劉祁撰、)　山房隨筆一卷(元蔣子正撰、)　山居新語四卷(元楊瑀撰、)　遂昌雜錄一卷(元鄭元祐撰、)　樂郊私語一卷(元姚桐壽撰、)　輟耕錄三十卷(明陶宗儀撰、)　水東日記三十八卷(明葉盛撰、)　菽園雜記十五卷(明陸容撰、)　先進遺風二卷(明耿定向撰、)　觚不觚錄一卷(明王世貞撰、)　何氏語林三十卷(明何良俊撰、)

右小說家類雜事之屬八十六部五百八十一卷

山海經十八卷(是書或稱夏禹撰、或稱伯益撰、其中乃有帝啟周文王及秦漢地名、則安不待辨、然司馬遷已稱之、則亦周秦以來古書也、其註爲晉郭璞作、)　山海經廣註十八卷(清吳任臣撰、)　穆天子傳六卷(汲冢古本晉郭璞註、)　神異經一卷(舊本題漢東方朔撰、晉張華註、)　海內十洲記一卷(舊本題漢東方朔撰、)　漢武故事一卷(舊本題漢班固撰或以爲齊王儉作、)　漢武帝內傳一卷(舊本題漢班固撰、)　漢武洞冥記四卷(舊本題後漢郭憲撰、)　拾遺記十卷(秦王嘉撰、)　搜神記二十卷(舊本題晉于寶撰、)　搜神後記十卷(舊本題晉陶潛撰、)　異苑十卷(宋劉敬叔撰、)　續齊諧記一卷(梁吳均撰、)　還冤志三卷(隋顏之推撰、)　集異記一卷(唐薛用弱撰、)　博異記一卷(舊本題唐谷神子撰、或云鄭還古、均無確證也、)　杜陽雜編三卷(唐蘇鶚撰、)　劇談錄二卷(唐康駢撰、)　前定錄一卷續錄一卷(唐鍾輅撰、)　桂苑叢談一卷(舊本題馮翊子子休撰、不著姓名、邯鄲書目稱其姓嚴名則、終莫考也、)　宣室志十卷補遺一卷(唐張讀撰、)　唐闕史二卷(五代高彥休撰、)　甘澤謠一卷(唐袁郊撰、)

開天傳信記一卷(唐鄭綮撰)、稽神錄六卷(宋徐鉉撰)、江淮異人錄二卷(宋吳淑撰)、太平廣記五百卷(宋太平興國二年李昉等奉敕撰)、茅亭客話十卷(宋黃休復撰)、分門古今類事二十卷(不著撰人名氏)、陶朱新錄一卷(宋馬純撰)　睽車志六卷(宋郭彖撰)、夷堅支志五十卷(宋洪邁撰)、

右小說家類異聞之屬三十二部七百二十四卷

博物志十卷(舊本題晉張華撰)、述異記二卷(舊本題梁任昉撰)、酉陽雜俎二十卷續集十卷(唐段成式撰)、清異錄二卷(宋陶穀撰)、續博物志十卷(宋李石撰)、

右小說家類瑣記之屬五部五十四卷

釋家類

梁阮孝緒作七錄。以二氏之文別錄於末。隋書遵用其例。亦附於志末。有部數卷數。而無書名。舊唐書以古無釋家。遂併佛書於道家。頗乖名實。然惟錄諸家之書為二氏作者。而不錄二氏之經典。則其義可從。今錄二氏於子部末。用阮孝緒例。不錄經典。用劉昫例也。諸志皆道先於釋。然魏書已稱釋老志。七錄舊目。載於釋道。宣廣宏明集者。亦以釋先於道。故今所敍錄。以釋家居前焉。

宏明集十四卷(梁釋僧祐編)、廣宏明集三十卷(唐釋道宣撰)、法苑珠林一百二十卷(唐釋道世撰)、開元釋教錄二十卷(唐釋智昇撰)、宋高僧傳三十卷(宋釋贊寧撰)、法藏碎金錄十卷(宋晁迥撰)、道院集

要三卷（宋晁迥撰）、僧寶傳三十卷附補僧寶傳一卷臨濟宗旨一卷（宋釋惠洪撰）、林間錄二卷後集一卷（宋釋惠洪撰）、五燈會元二十卷（宋釋普濟撰）、羅湖野錄四卷（宋釋曉瑩撰）、釋氏稽古略四卷（元釋覺岸撰）、佛祖通載二十二卷（元釋念常撰）、

右釋家類十三部三百十二卷

道家類

後世神怪之迹。多附於道家。道家亦自矜其異。如神仙傳道教靈驗記是也。要其本始。則主於清淨自持。而濟以堅忍之力。以柔制剛。以退為進。故申子韓子流為刑名之學。而陰符經可通於兵。其後長生之說。與神仙家合為一。而服餌導引入之。房中一家近於神仙者亦入之。鴻寶有書。燒煉入之。張魯立教。符籙入之。北魏寇謙之等又以齋醮章呪入之。世所傳述。大抵多後附之文。非其本旨。彼教自不能別。今亦無事於區分。然觀其遺書源流遷變之故。尚一一可稽也。

陰符經解一卷（舊本題黃帝撰、太公、范蠡、鬼谷子、張良、諸葛亮、李筌六家注、案此經造自李筌、則筌註自為眞本、餘皆依託而已、）陰符經考異一卷（宋朱熹撰、）陰符經講義四卷（宋夏元鼎撰、）老子注二卷（舊本題河上公撰、）道德指歸論六卷（舊本題漢嚴遵撰、）老子注二卷（晉王弼撰、）道德經解二卷（宋蘇轍撰、）道德寶章一卷（宋葛長庚撰、）道德眞經註四卷（元吳澄撰、）老子翼三卷老子考異一卷（明焦竑撰、）御註道德經二卷（順治十三年世祖章皇帝御撰、）老子列

說略二卷（清張爾岐撰、） 道德經註二卷附陰符經註一卷（清徐大椿撰、） 關尹子一卷（舊本題周尹喜撰、） 列子八卷（舊本題周列禦寇撰、） 沖虛至德眞經解八卷（宋江遹撰、） 莊子注十卷（晉郭象撰、） 南華眞經新傳二十卷（宋王秀撰、） 莊子口義十卷（宋林希逸撰、） 南華眞經義海纂微一百六卷（宋褚伯秀撰、） 莊子翼八卷莊子闕誤一卷附錄一卷（明焦竑撰、） 文子二卷（文子不知其名字、漢志但稱老子弟子而已、或曰計然者誤也、） 文子纘義十二卷（宋杜道堅撰、） 列仙傳二卷（舊本題漢劉向撰、） 周易參同契通眞義三卷（參同契漢魏伯陽撰、通眞義者後蜀彭曉所註也、） 周易參同契考異一卷（舊本題空同道士鄒訢撰、朱子之寓名也、） 周易參同契解三卷（宋陳顯微撰、） 周易參同契發揮三卷釋疑一卷（宋俞琰撰、） 周易參同契分章註三卷（元陳致虛撰、） 古文參同契集解三卷（明蔣一彪撰、） 抱朴子內外篇八卷（晉葛洪撰、） 神仙傳十卷（晉葛洪撰、） 眞誥二十卷（梁陶宏景撰、） 亢倉子一卷（唐王士元撰、） 亢倉子注九卷（舊本題何粲撰、） 元眞子一卷附天隱子一卷（元眞子唐張志和撰、天隱子亦唐人撰、佚其姓名、） 無能子三卷（不著撰人名氏、蓋唐僖宗時人也、） 續仙傳三卷（南唐沈汾撰、） 雲笈七籤一百二十二卷（宋張君房撰、） 悟眞篇註疏三卷附直指詳說一卷（宋張伯端撰、翁葆光註、元戴啟宗疏、） 古文龍虎經註疏三卷（宋王道撰、取世傳龍虎經三十三章自爲註而自疏之、） 易外別傳一卷（宋俞琰撰、） 席上腐談二卷（宋俞琰撰、） 道藏目錄詳註四卷（明白雲霽撰、）

右道家類四十四部四百三十二卷

集部總敘

集部之目。楚辭最古。別集次之。總集次之。詩文評又晚出。詞曲則其閏餘也。古人不以文章名。故秦以前書無稱屈原宋玉工賦者。洎乎漢代。始有詞人。迹其著作。率由追錄。故武帝命所忠求相如遺書。魏文帝亦詔天下上孔融文章。至於六朝。始自編次。唐末又刊版印行。（事見貫休禪月集序。）夫自編則多所愛惜。刊版則易於流傳。四部之書。別集最雜。茲其故歟。然典冊高文清辭麗句。亦未嘗不高標獨秀。挺出鄧林。此在翦刈卮言。別裁僞體。不必以猥濫病也。總集之作。多由論定。而蘭亭金谷。悉觴詠於一時。下及漢上題襟。松陵倡和。丹陽集惟錄鄉人。篋中集則附登乃弟。雖去取僉孚衆議。而履霜有漸。已爲詩社標榜之先驅。其聲氣攀援。甚於別集。要之浮華易歇。公論終明。歸然而獨存者。文選玉臺新詠以下數十家耳。詩文評之作。著於齊梁。觀同一八病四聲也。鍾嶸以求譽不遂。巧致譏排。劉勰以知遇獨深。繼爲推闡。詞場恩怨。亙古如斯。冷齋曲附乎豫章。石林隱排乎元祐。黨人餘釁。報及文章。又其已事矣。固宜別白存之。各核其實。至於倚聲末技。分派詩歌。其間周柳蘇辛。亦遞爭軌轍。然其得其失。不足重輕。姑附存以備一格而已。大抵門戶構爭之見。莫甚於講學。而論文次之。講學者聚黨分朋。往往禍延宗社。操觚之士。筆舌相攻。則未有亂及國事者。蓋講學者必辨是非。辨是非必及時政。其事與權勢相連。故其患大。文人詞翰。所爭者名譽而已。與朝廷無預。故其患小也。然如艾南英以排斥王李之故。至以嚴嵩爲察相。而以殺楊繼盛爲稍過當。豈其捫心清夜。果自謂然。亦朋黨既分勢不兩立。故決裂名教而不辭耳。至錢謙益列朝詩集。更顚倒賢姦。彝良泯絕。其貽害人心風俗者。又豈尠哉。今埽除畛域。一準至公。明以來諸派之中。各取其所長。而不回護其所短。蓋有世道之防焉。不僅爲文體計也。

楚辭類

裒屈宋諸賦。定名楚辭。自劉向始也。後人或謂之騷。故劉勰品論楚辭。以辨騷標目。考史遷稱屈原放逐。乃著離騷。蓋舉其最著一篇。九歌以下。均襲騷名。則非事實矣。隋志集部。以楚辭別爲一門。歷代因之。蓋漢魏以下。賦體既變。無全集皆作此體者。他集不與楚辭類。楚辭亦不與他集類。體例既異。理不得不分著也。楊穆有九悼一卷。至宋已佚。晁補之朱子皆嘗續編。然補之書亦不傳。僅朱子書附刻集註後。今所傳者。大抵註與音耳。註家由東漢至宋。遞相補苴。無大異詞。迨於近世。始多別解。割裂補綴。言人人殊。錯簡說經之術。蔓延及於詞賦矣。今並刊除。杜竄亂古書之漸也。

楚詞章句十七卷漢王逸撰、　楚詞補註十七卷宋洪興祖撰、　楚詞集註八卷辨證二卷後語六卷宋朱熹撰、　離騷草木疏四卷宋吳仁傑撰、　欽定補繪離騷全圖二卷清蕭雲從畫並註、　山帶閣註楚詞六卷楚詞餘論二卷楚詞說韻一卷清蔣驥撰、

右楚詞類六部六十五卷

別集類

集始於東漢。荀況諸集。後人追題也。其自製名者。則始張融玉海集。其區分部帙。則江淹有前集。有後集。梁武帝有詩賦集。有文集。有別集。梁元帝有集。有小集。謝朓有集。有逸集。與王筠之一官一集。沈約之正集百卷。又別選集略三十卷者。其體例均始於齊梁。蓋集之盛自是始也。唐宋以後。名目益繁。然隋唐志所著錄。宋志十不存一。宋志所著錄。今又十不存一。新刻日增。舊編日減。豈數有乘除歟。文章公論。歷久乃明。天地英華。所聚卓然不可磨滅者。一代不過數十人。其餘可傳可不傳者。則繫乎有幸有不幸。存佚靡恆。不足異也。今於元代以前。凡論定諸編。多加甄錄。有明以後。篇章彌富。則刪薙彌嚴。非曰沿襲恆情。貴遠賤近。蓋閱時未久。珠礫並存。去取之閒。尤不敢不慎云爾。

別集類一

揚子雲集六卷漢揚雄撰、　蔡中郎集六卷漢蔡邕撰、　孔北海集一卷漢孔融撰、　曹子建集十卷魏曹植撰、

嵇中散集十卷魏嵇康撰、　陸士龍集十卷晉陸雲撰、　陶淵明集八卷晉陶潛撰、　璣璿圖詩讀法一卷璿璣圖詩秦蘇蕙撰、其讀法則明康萬民作也、　鮑參軍集十卷宋鮑照撰、　謝宣城集五卷齊謝朓撰、　昭明太子集六卷梁昭明太子蕭統撰、　江文通集四卷梁江淹撰、　何水部集一卷梁何遜撰、　庾開府集箋註十卷周庾信撰清吳兆宜箋註、　庾子山集註十六卷清倪璠撰、　徐孝穆集箋註六卷陳徐陵撰清吳兆宜箋註、

別集類二

東皐子集三卷(唐王績撰、) 寒山子詩集一卷附豐干拾得詩一卷(寒山子豐干拾得皆貞觀中台州僧、世傳其異跡、是集乃台州刺史閭邱允令寺僧道翹所蒐輯、) 王子安集十六卷(唐王勃撰、) 盈川集十卷附錄一卷(唐楊炯撰、) 盧昇之集七卷(唐盧照鄰撰、) 駱丞集四卷(唐駱賓王撰、明顏文選註、) 陳拾遺集十卷(唐陳子昂撰、) 張燕公集二十五卷(唐張說撰、) 曲江集二十卷(唐張九齡撰、) 李北海集六卷附錄一卷(唐李邕撰、) 李太白集三十卷(唐李白撰、) 分類補註李太白集三十卷(宋楊齊賢集註、元蕭士贇刪補、) 李太白詩集註三十六卷(清王琦撰註、) 九家集註杜詩三十六卷(唐杜甫撰、宋郭知達集註、九家者王洙宋祁王安石黃庭堅薛夢符杜田鮑彪師尹趙彥材也、) 黃氏補注杜詩三十六卷(宋黃希原本、其子鶴成之、以補千家註本之所闕、故以補註爲名、) 集千家註杜詩二十卷(元高楚芳編、) 杜詩攟四卷(明唐元竑撰、) 杜詩詳註二十五卷附編二卷(清仇兆鼇撰、) 王右丞集註二十八卷附錄二卷(唐王維撰、清趙殿成箋註、) 高常侍集十卷(唐高適撰、) 孟浩然集四卷(唐孟浩然撰、) 常建詩三卷(唐常建撰、) 儲光羲詩五卷(唐儲光羲撰、) 次山集十二卷(唐元結撰、) 顏魯公集十五卷補遺一卷年譜一卷附錄一卷(唐顏眞卿撰、) 宗元集三卷附錄元綱論一卷內丹九章經一卷(唐吳筠撰、) 杼山集十卷(唐釋皎然撰、) 劉隨州集十一卷(唐劉長卿撰、) 韋蘇州集十卷(唐韋應物撰、)

別集類三

毗陵集二十卷(唐獨孤及撰、其門人梁肅編、) 蕭茂挺文集一卷(唐蕭穎士撰、) 李遐叔文集四卷(唐李華撰、) 錢仲文集十卷唐錢起撰、華陽集三卷附顧非熊詩一卷唐顧況撰、翰苑集二十二卷唐陸贄撰、權文公集十卷唐權德輿撰、韓集舉正十卷外集舉正一卷宋方崧卿撰、原本韓文考異十卷宋朱熹撰、別本韓文考異四十卷外集十卷遺文一卷補遺一卷宋朱熹原本、宋王伯大重編、五百家註音辨昌黎先生文集四十卷宋魏仲舉編、東雅堂韓昌黎集註四十卷外集十卷宋廖瑩中撰、即所謂世綵堂本也、韓集點勘四卷清陳景雲撰、詁訓柳先生文集四十五卷外集二卷新編外集一卷唐柳宗元撰、增廣註釋音辨柳集四十三卷不著編輯者名氏、五百家註音辨柳先生文集二十一卷外集二卷新編外集一卷龍城錄二卷附錄八卷宋魏仲舉編、劉賓客文集三十卷外集十卷唐劉禹錫撰、呂衡州集十卷唐呂溫撰、張司業集八卷唐張籍撰、皇甫持正集六卷唐皇甫湜撰、李文公集十八卷唐李翺撰、歐陽行周集十卷唐歐陽詹撰、李元賓文編三卷外編二卷唐李觀撰、孟東野集十卷唐孟郊撰、長江集十卷唐賈島撰、昌谷集四卷外集一卷唐李賀撰、箋註評點李長吉歌詩四卷外集一卷宋吳正子箋註、劉辰翁評點、絳守居園池記註一卷唐樊宗師撰、元趙仁舉吳師道許謙註、王司馬集八卷唐王建撰、沈下賢集十二卷唐沈亞之撰、追昔遊集三卷唐李紳撰、會昌一品集二十卷別集十卷外集四卷唐李德裕撰、

別集類四

元氏長慶集六十卷補遺六卷唐元稹撰、白氏長慶集七十一卷唐白居易撰、白香山詩集四十

卷附錄年譜二卷清汪立名編　鮑溶詩六卷外集一卷唐鮑溶撰　樊川文集二十卷外集一卷別集一卷唐杜牧撰　姚少監詩集十卷唐姚合撰　李義山集三卷唐李商隱撰　李義山詩註三卷補註一卷清朱鶴齡撰　李義山文集箋註十卷清徐樹穀箋徐炯註　溫飛卿集箋註九卷唐溫庭筠撰明曾益註清顧予咸補註其子嗣立又重訂之　丁卯集二卷續集二卷續補一卷集外遺詩一卷唐許渾撰　文泉子集一卷唐劉蛻撰　梨岳集一卷附錄一卷唐李頻撰　李羣玉集三卷後集五卷唐李羣玉撰　孫可之集十卷唐孫樵撰　曹祠部集二卷附曹唐詩一卷唐曹鄴撰　麟角集一卷唐王棨撰　皮子文藪十卷唐皮日休撰　笠澤叢書四卷補遺一卷唐陸龜蒙撰　甫里集十九卷附錄一卷唐陸龜蒙撰　詠史詩二卷唐胡曾撰　雲臺編三卷唐鄭谷撰　司空表聖文集十卷唐司空圖撰　韓內翰別集一卷唐韓偓撰　唐英歌詩三卷唐吳融撰　元英集八卷唐方干撰　唐風集三卷唐杜荀鶴撰　徐正字詩賦二卷唐徐寅撰　黃御史集十卷附錄一卷唐黃滔撰　羅昭諫集八卷唐羅隱撰　白蓮集十卷後唐釋齊己撰　禪月集二十五卷補遺一卷蜀釋貫休撰　浣花集十卷補遺一卷蜀韋莊撰　廣成集十二卷蜀杜光庭撰

別集類五

騎省集三十卷宋徐鉉撰　河東集十五卷附錄一卷宋柳開撰　咸平集三十卷宋田錫撰　逍遙集一卷宋潘閬撰　寇忠愍詩集三卷宋寇準撰　乖崖集十二卷附錄一卷宋張詠撰　小畜集三十卷外集七卷宋王禹偁撰　南陽集六卷宋趙湘撰　武夷新集二十卷宋楊億撰　和靖詩集四卷宋林逋撰　穆參

軍集三卷附錄遺事一卷宋穆修撰、晏元獻遺文一卷宋晏殊撰、文莊集三十六卷宋夏竦撰、春卿遺稿一卷宋蔣堂撰、東觀集十卷宋魏野撰、宋元憲集四十卷宋宋庠撰、宋景文集六十二卷補遺二卷附錄一卷宋宋祁撰、文恭集五十卷補遺一卷宋胡宿撰、武溪集二十卷宋余靖撰、安陽集五十卷宋韓琦撰、文正集二十卷別集四卷補編五卷宋范仲淹撰、本名丹陽集、河南集二十七卷宋尹洙撰、孫明復小集一卷宋孫復撰、徂徠集二十卷宋石介撰、蔡忠惠集三十六卷宋蔡襄撰、祠部集三十六卷宋强至撰、鐔津集二十二卷宋釋契嵩撰、祖英集二卷宋釋重顯撰、蘇學士集十六卷宋蘇舜欽撰、蘇魏公集七十二卷宋蘇頌撰、華陽集六十卷附錄十卷宋王珪撰、古靈集二十五卷宋陳襄撰、伐檀集二卷宋黃庶撰、傳家集八十卷宋司馬光撰、清獻集十卷宋趙抃撰、

別集類六

盱江集三十七卷年譜一卷外集三卷宋李覯撰、金氏文集二卷宋金君卿撰、公是集五十四卷宋劉敞撰、彭城集四十卷宋劉攽撰、邕州小集一卷宋陶弼撰、都官集十四卷宋陳舜俞撰、丹淵集四十卷拾遺二卷年譜一卷附錄二卷宋文同撰、西溪集十卷宋沈遘撰、鄖溪集三十卷宋鄭獬撰、錢塘集十四卷宋韋驤撰、淨德集三十八卷宋呂陶撰、馮安岳集十二卷宋馮山撰、元豐類稿五十卷宋曾鞏撰、龍學文集十六卷宋祖無擇撰、宛陵集六十卷附錄一卷宋梅堯臣撰、忠肅集二十卷宋劉摯撰、無爲集十五卷宋楊傑撰、王魏公集八卷宋王安禮撰、范太史集五十五卷宋范祖禹撰、文潞

公集四十卷宋文彥博撰、 擊壤集二十卷宋邵雍撰、 鄱陽集十二卷宋彭汝礪撰、 曲阜集四卷宋曾肇撰、 周元公集九卷宋周敦頤撰、 南陽集三十卷附錄一卷宋韓維撰、 節孝集三十卷附錄一卷宋徐積撰、 文忠集一百五十三卷附錄五卷宋歐陽修撰、 歐陽文粹二十卷宋陳亮撰、 樂全集四十卷附錄一卷宋張方平撰、 忠宣文集二十卷奏議二卷遺文一卷附錄一卷補編一卷宋范純仁撰、 嘉祐集十六卷附錄二卷宋蘇洵撰、 臨川集一百卷宋王安石撰、 王荊公詩註五十卷宋李壁撰、 廣陵集三十卷拾遺一卷宋王令撰、

別集類七

東坡全集一百十五卷宋蘇軾撰、 東坡詩集註三十二卷舊本題王十朋撰、蓋依託也、 施註蘇詩四十二卷東坡年譜一卷王註正譌一卷蘇詩續補遺二卷宋施元之撰、清邵長蘅李必恆補、馮景續註、 補註東坡編年詩五十卷清查慎行撰、 欒城集五十卷欒城後集二十四卷欒城第三集十卷應詔集十二卷宋蘇轍撰、 山谷內集三十卷外集十四卷別集二十卷詞一卷簡尺二卷年譜三卷宋黃庭堅撰、 山谷內集註二十卷外集註十七卷別集註二卷山谷內集註宋任淵撰、外集註宋史容撰、別集註容之孫季溫補撰、 後山集二十四卷宋陳師道撰、 後山詩註十二卷宋任淵撰、 宛邱集七十六卷宋張耒撰、 淮海集四十卷後集六卷長短句三卷宋秦觀撰、 濟南集八卷宋李廌撰、 參寥子集十二卷宋釋道潛撰、 寶晉英光集八卷宋米芾撰、 石門文字禪三十卷宋釋惠洪撰、 青山集三十卷續集七卷宋郭祥正撰、 畫墁

集八卷宋張舜民撰、陶山集十四卷宋陸佃撰、倚松老人集二卷宋饒節撰、長興集十九卷宋沈括撰、雞肋集七十卷宋晁補之撰、西塘集九卷附錄一卷宋鄭俠撰、雲巢編十卷宋沈遼撰、景迂生集二十卷宋晁說之撰、

別集類八

樂圃餘稿十卷附錄一卷宋朱長文撰、龍雲集三十二卷宋劉弇撰、雲溪居士集三十卷宋華鎭撰、演山集六十卷宋黃裳撰、姑溪居士前集五十卷後集二十卷宋李之儀撰、灊水集十六卷宋李復撰、學易集八卷宋劉跂撰、道鄉集四十卷宋鄒浩撰、游廌山集四卷宋游酢撰、西臺集二十卷宋畢仲游撰、樂靜集三十卷宋李昭玘撰、北湖集五卷宋吳則禮撰、溪堂集十卷宋謝逸撰、竹友集十卷宋謝邁撰、日涉園集十卷宋李彭撰、灌園集二十卷宋呂南公撰、慶湖遺老集九卷宋賀鑄撰、摛文堂集十五卷附錄一卷宋慕容彥逢撰、襄陵集十二卷宋許翰撰、東堂集十卷宋毛滂撰、浮沚集八卷宋周行巳撰、劉給事集五卷宋劉安上撰、劉左史集四卷宋劉安禮撰、竹隱畸士集二十卷宋趙鼎臣撰、唐子西集二十四卷宋唐庚撰、洪龜父集二卷宋洪朋撰、跨鼇集三十卷宋李新撰、忠愍集三卷宋李若水撰、忠肅集三卷宋傅察撰、

別集類九

宗忠簡集八卷宋宗澤撰、龜山集四十二卷宋楊時撰、梁溪集一百八十卷附錄六卷宋李綱撰、初

齋集八卷宋王安中撰、　橫塘集二十卷宋許景衡撰、　西渡集二卷補遺一卷宋洪炎撰、　老圃集二卷宋洪芻撰、　丹陽集二十四卷宋葛勝仲撰、　毘陵集十五卷宋張守撰、　浮溪集三十六卷宋汪藻撰、　浮溪文粹十五卷不著編輯者名氏、刊板者則明胡堯臣也、　莊簡集十八卷宋李光撰、　忠正德文集十卷宋趙鼎撰、　東牕集十六卷宋張擴撰、　忠惠集十卷附錄一卷宋翟汝文撰、　松隱文集三十九卷宋曹勛撰、　石林居士建康集八卷宋葉夢得撰、　簡齋集十六卷宋陳與義撰、　北山小集四十卷宋程俱撰、　檆溪居士集十二卷宋劉才邵撰、　筠溪集二十四卷宋李彌遜撰、　華陽集四十卷宋張綱撰、　忠穆集八卷宋呂頤浩撰、　相山集三十卷宋王之道撰、　紫微集三十六卷宋張嵲撰、　苕溪集五十五卷宋劉一止撰、　東牟集十四卷宋王洋撰、　三餘集四卷宋黃彥平撰、　大隱集十卷宋李正民撰、

別集類十

龜溪集十二卷宋沈與求撰、　栟櫚集十六卷宋鄧肅撰、　默成文集八卷宋潘良貴撰、　鄱陽集四卷宋洪皓撰、　澹齋集十八卷宋李流謙撰、　韋齋集十二卷附玉瀾集一卷韋齋集宋朱松撰、玉瀾集宋朱槔撰、　陵陽集四卷宋韓駒撰、　灊山集三卷宋朱翌撰、　雲溪集十二卷宋郭印撰、　盧溪集五十卷宋王庭珪撰、　屏山集二十卷宋劉子翬撰、　北海集四十六卷附錄三卷宋綦崇禮撰、　鴻慶居士集四十二卷宋孫覿撰、　內簡尺牘編註十卷宋孫覿撰、　崧菴集六卷宋李處權撰、　藏海居士集二卷宋吳可撰、　豫章文集十七卷宋羅從彥撰、　和靖集八卷宋尹焞撰、　王著作集八卷宋王蘋撰、　郴江百詠一卷宋阮閱撰、　雙溪集十

五卷宋蘇轍撰、少陽集十卷宋陳東撰、歐陽修撰集七卷宋歐陽澈撰、東溪集二卷附錄一卷宋高登撰、

別集類十一

岳武穆遺文一卷宋岳飛撰、茶山集八卷宋曾幾撰、雪溪集五卷宋王銍撰、蘆川歸來集十卷附錄一卷宋張元幹撰、東萊詩集二十卷宋呂本中撰、澹菴文集六卷宋胡銓撰、五峯集五卷宋胡宏撰、斐然集三十卷宋胡寅撰、鄧紳伯集二卷宋鄧深撰、山北集三十卷宋鄭剛中撰、浮山集十卷宋仲并撰、橫浦集二十卷宋張九成撰、湖山集十卷宋吳芾撰、文定集二十四卷宋汪應辰撰、縉雲文集四卷宋馮時行撰、嵩山居士集五十四卷宋晁公遡撰、默堂集二十二卷宋陳淵撰、知稼翁集二卷宋黃公度撰、唯室集四卷附錄一卷宋陳長方撰、漢濱集十六卷宋王之望撰、歸愚集十卷宋葛立方撰、香溪集二十二卷宋范浚撰、鄭忠肅奏議遺集二卷宋鄭興裔撰、雲莊集五卷宋曾協撰、竹軒雜著六卷宋林季仲撰、拙齋文集二十卷宋林之奇撰、于湖集四十卷宋張孝祥撰、太倉稊米集七十卷宋周紫芝撰、

別集類十二

夾漈遺稿三卷宋鄭樵撰、鄮峯眞隱漫錄五十卷宋史浩撰、燕堂詩稿一卷宋趙公豫撰、海陵集二十三卷外集一卷宋周麟之撰、竹洲集二十卷附棣華雜著一卷宋吳儆撰、高峯文集十二卷宋廖剛撰、鄂洲小集六卷附錄二卷宋羅願撰、艾軒集九卷附錄一卷宋林光朝撰、晦菴集一百卷續

集五卷別集七卷宋朱熹撰、梁溪遺稿一卷宋尤袤撰、文忠集二百卷宋周必大撰、雪山集十六卷宋王質撰、方舟集二十四卷宋李石撰、網山集八卷宋林亦之撰、東萊集四十卷宋呂祖謙撰、止齋文集五十一卷附錄一卷宋陳傅良撰、格齋四六一卷宋王子俊撰、梅溪集五十四卷宋王十朋撰、香山集十六卷宋喻良能撰、宮教集十六卷宋崔敦禮撰、蒙隱集二卷宋陳棣撰、倪石陵書一卷宋倪樸撰、樂軒集八卷宋陳藻撰、定菴類稿四卷宋衛博撰、澹軒集八卷宋李呂撰、攻媿集一百一十二卷宋樓鑰撰、尊白堂集六卷宋虞儔撰、東塘集二十卷宋袁說友撰、義豐集一卷宋王阮撰、涉齋集十八卷宋許及之撰、蠹齋鉛刀編三十二卷宋周孚撰、

別集類十三

乾道稿一卷淳熙稿二十卷章泉稿五卷宋趙蕃撰、雙溪集二十七卷宋王炎撰、止堂集二十卷宋彭龜年撰、緣督集二十卷宋曾丰撰、象山集二十八卷外集四卷附語錄四卷宋陸九淵撰、慈湖遺書十八卷續集二卷宋楊簡撰、絜齋集二十四卷宋袁燮撰、舒文靖集二卷宋舒璘撰、雲莊集十二卷宋劉爚撰、定齋集二十卷宋蔡戡撰、九華集二十五卷附錄一卷宋員興宗撰、野處類稿二卷宋洪邁撰、盤洲集八十卷宋洪适撰、應齋雜著六卷宋趙善括撰、芸菴類稿六卷宋李洪撰、浪語集三十五卷宋薛季宣撰、石湖詩集三十四卷宋范成大撰、誠齋集一百三十三卷宋楊萬里撰、劍南詩稿八十五卷宋陸游撰、渭南文集五十卷逸稿二卷宋陸游撰、放翁詩選前集十卷後集八卷附

別集一卷前集羅椅所撰、後集劉辰翁所撰、別集爲明人所撰、金陵百詠一卷宋曾極撰、頤菴居士集二卷宋劉應時撰、自鳴集六卷宋章甫撰、水心集二十九卷宋葉適撰、南湖集十卷宋張鎡撰、南澗甲乙稿二十二卷宋韓元吉撰、客亭類稿十五卷宋楊冠卿撰、

別集類十四

石屏集六卷宋戴復古撰、蓮峯集十卷宋史堯弼撰、江湖長翁文集四十卷宋陳造撰、燭湖集二十卷附編二卷宋孫應時撰、昌谷集二十二卷宋曹彥約撰、省齋集十卷宋廖行之撰、南軒集四十四卷宋張栻撰、勉齋集四十卷宋黃榦撰、北溪大全集五十卷外集一卷宋陳淳撰、山房集九卷宋周南撰、橘山四六二十卷宋李廷忠撰、明孫雲翼箋註、後樂集二十卷宋衛涇撰、竹齋詩集三卷附錄一卷宋裘萬頃撰、華亭百詠一卷宋許尚撰、梅山續稿十七卷宋姜特立撰、信天巢遺稿一卷附林湖遺稿一卷江村遺稿一卷疏寮小集一卷信天巢遺稿宋高翥撰、後附林湖遺稿、爲翥姪鵬飛之詩、江村遺稿、爲翥父選叔邁之詩、又載高氏先世賢齋遁翁之詩、而佚其名、最後疏寮小集、乃高似孫詩也、

別集類十五

性善堂稿十五卷宋度正撰、漫塘文集三十六卷宋劉宰撰、克齋集十七卷宋陳文蔚撰、芳蘭軒集一卷宋徐照撰、照字靈暉、永嘉四靈之一也、二薇亭集一卷宋徐璣撰、璣字靈淵、永嘉四靈之二也、西巖集一卷宋翁卷撰、卷字靈舒、永嘉四靈之三也、清苑齋集一卷宋趙師秀撰、師秀號靈秀、永嘉四靈之四也、瓜廬詩一卷宋薛師石撰、洛水集三十

卷宋程珌撰、龍川文集三十卷宋陳亮撰、龍洲集十四卷附錄二卷宋劉過撰、鶴山集一百九卷宋魏了翁撰、西山文集五十五卷宋眞德秀撰、方泉集四卷宋周文璞撰、東山詩選二卷宋葛紹體撰、白石詩集一卷附詩說一卷宋姜夔撰、野谷詩稿六卷宋趙汝鐩撰、平齋文集三十二卷宋洪咨夔撰、鶴林集四十卷宋吳泳撰、東澗集十四卷宋許應龍撰、蒙齋集十八卷宋袁甫撰、康範詩集一卷附錄三卷宋汪晫撰、清獻集二十卷宋杜範撰、方是閒居士小稿二卷宋劉學箕撰、翠微南征錄十一卷宋華岳撰、浣川集十卷宋戴栩撰、漁墅類稿八卷宋陳元晉撰、滄洲塵缶編十四卷宋程公許撰、安晚堂詩集七卷宋鄭清之撰、

別集類十六

四六標準四十卷宋李劉撰、質牕集十卷宋陳耆卿撰、友林乙稿一卷宋史彌寧撰、雲泉詩集一卷宋釋永頤撰、方壺存稿八卷宋汪莘撰、鐵菴集三十七卷宋方大琮撰、壺山四六一卷不著撰人名氏、默齋遺稿二卷宋游九言撰、履齋遺集四卷宋吳潛撰、臞軒集十六卷宋王邁撰 東野農歌集四卷宋戴昺撰、敝帚稿略八卷宋包恢撰、清正存稿六卷附錄一卷宋徐鹿卿撰、寒松閣集三卷舊本題宋詹初撰、滄浪集二卷宋嚴羽撰、泠然齋集八卷宋蘇泂撰、可齋雜稿三十四卷續稿八卷續稿後十二卷宋李曾伯撰、後村集五十卷宋劉克莊撰、澗泉集二十卷宋韓淲撰、矩山存稿五卷宋徐經孫撰、雪牕集二卷附錄一卷宋孫夢觀撰、

別集類十七

庸齋集六卷宋趙汝騰撰、　文溪存稿二十卷宋李昴英撰、　彝齋文編四卷宋趙孟堅撰、　張氏拙軒集六卷宋張侃撰、　靈巖集十卷宋唐士恥撰、　玉楮集八卷宋岳珂撰、　楳埜集十二卷宋徐元杰撰、　耻堂存稿八卷宋高斯得撰、　秋崖集四十卷宋方岳撰、　芸隱橫舟稿一卷芸隱勸遊稿一卷宋施樞撰、　蒙川遺稿四卷宋劉黻撰、　菊山清雋集一卷附題畫詩一卷錦錢集一卷雜文一卷菊山清雋集宋鄭震撰、元仇遠編、題畫詩錦錢集及雜文、皆其子思肖撰、　雪磯叢稿五卷宋樂雷發撰、　北磵集十卷宋釋居簡撰、　西塍集一卷宋宋伯仁撰、　梅屋集五卷宋許棐撰、　潛山集十二卷宋釋文珦撰、　孝詩一卷宋林同撰、　字溪集十一卷附錄一卷宋陽枋撰、　勿齋集二卷宋楊至質撰、　巽齋文集二十七卷宋歐陽守道撰、　雪坡文集五十卷宋姚勉撰、　文山集二十一卷宋文天祥撰、　文信公集杜詩四卷宋文天祥撰、　疊山集五卷宋謝枋得撰、　本堂集九十四卷宋陳著撰、　汶陽端平詩雋四卷宋周弼撰、　鬳齋續集三十卷宋林希逸撰、　魯齋集二十卷宋王柏撰、

別集類十八

須溪集十卷宋劉辰翁撰、　須溪四景詩集四卷宋劉辰翁撰、　葦航漫游稿四卷宋胡仲弓撰、　蘭皐集三卷宋吳錫疇撰、　雲泉詩一卷宋薛嵎撰、　嘉禾百詠一卷宋張堯同撰、　柳塘外集四卷宋釋道璨撰、　碧梧玩芳集二十四卷宋馬廷鸞撰、　四明文獻集五卷宋王應麟撰、　覆瓿集六卷宋趙必𤩪撰、　閬風集

十二卷宋舒岳祥撰、北游集一卷宋汪夢斗撰、秋堂集三卷宋柴望撰、鮫峯文集八卷外集四卷宋方
逢辰撰、秋聲集六卷宋衛宗武撰、牟氏陵陽集二十四卷宋牟巘撰、湖山類稿五卷水雲集一卷
宋汪元量撰、晞髮集十卷晞髮遺集二卷遺集補一卷附天地間集一卷西臺慟哭記註一卷
冬青引註一卷宋謝翺撰、潛齋文集十一卷附鐵牛翁遺稿一卷宋何夢桂撰、梅巖文集十卷宋胡
次焱撰、四如集五卷宋黃仲元撰、林霽山集五卷宋林景熙撰、勿軒集八卷宋熊禾撰、古梅吟稿六
卷宋吳龍翰撰、佩韋齋文集十六卷宋俞德鄰撰、廬山集五卷英溪集一卷宋董嗣杲撰、西湖百詠
二卷宋董嗣杲撰、附明陳贊和韻、則堂集六卷宋家鉉翁撰、富山遺稿十卷宋方夔撰、眞山民集一卷宋眞山民
撰、百正集三卷宋連文鳳撰、月洞吟一卷宋王鎡撰、伯牙琴一卷宋鄧牧撰、存雅堂遺稿五卷宋方
鳳撰、吾汶稿十卷宋王炎午撰、在軒集一卷宋黃公紹撰、紫巖詩選三卷宋于石撰、九華詩集一卷
宋陳巖撰、寧極齋稿一卷附慎獨叟遺稿一卷寧極齋稿舊本題宋陳深撰、慎獨叟遺稿其子植撰、仁山集六卷宋金履祥
撰、自堂存稿四卷宋陳杰撰、心泉學詩稿六卷此集載永樂大典惟題蒲壽宬撰、不著時代萬姓統譜稱爲宋末之循吏、八閩通志則以
爲蒲壽庚之弟、

別集類十九

拙軒集六卷金王寂撰、滏水集二十卷金趙秉文撰、滹南遺老集四十五卷金王若虛撰、莊靖集十
卷金李俊民撰、遺山集四十卷附錄一卷金元好問撰、湛然居士集十四卷元耶律楚材撰、藏春集六

卷元劉秉忠撰　淮陽集一卷附錄詩餘一卷元張宏範撰　陵川集三十九卷附錄一卷元郝經撰　歸田類稿二十四卷元張養浩撰　白雲集三卷元釋英撰　稼村類稿三十卷元王義山撰　桐江續集三十七卷元方回撰　野趣有聲畫二卷元楊公遠撰　月屋漫稿一卷元黃庚撰　剡源集三十卷元戴表元撰　剩語二卷元艾性夫撰　養蒙集十卷元張伯淳撰　牆東類稿二十卷元陸文圭撰　青山集八卷元趙文撰　桂隱文集四卷詩集四卷元劉詵撰　水雲村稿十五卷元劉壎撰　巴西文集一卷元鄧文原撰　竹素山房詩集三卷元吾邱衍撰　屏巖小稿一卷元張觀光撰　玉斗山人集三卷元王奕撰　谷響集一卷元釋善住撰　松雪齋集十卷外集一卷元趙孟頫撰　紫山大全集二十六卷元胡祗遹撰　松鄉文集十卷元任士林撰　山村遺集一卷元仇遠撰　湛淵集一卷元白珽撰　吳文正集一百卷元吳澄撰　金淵集六卷元仇遠撰　還山遺稿二卷附錄一卷元楊奐撰　牧潛集七卷元釋圓至撰　小亨集六卷元楊宏道撰　青崖集五卷元魏初撰　養吾齋集三十二卷元劉將孫撰　魯齋遺書八卷附錄二卷元許衡撰　靜修集三十卷元劉因撰　雙溪醉隱集八卷元耶律鑄撰　存悔齋稿一卷補遺一卷元龔璛撰補遺一卷明朱存理所輯　默菴集五卷元安熙撰　東菴集四卷元滕安上撰　白雲集四卷元許謙撰　畏齋集六卷元程端禮撰　雪樓集三十卷元程鉅夫撰　雲峰集十卷元胡炳文撰　秋澗集一百卷元王惲撰　牧菴文集三十六卷元姚燧撰　觀光稿一卷交州稿一卷玉堂稿一卷附錄一卷元陳孚撰　曹文貞詩集十卷後錄一卷元曹伯啟撰　芳谷集二卷元徐明善撰　陳秋巖詩集二卷元陳宜甫撰　蘭軒集十六

卷元王旭撰、

別集類二十

玉井樵唱三卷元尹廷高撰、清容居士集五十卷元袁桷撰、此山集四卷元周權撰、中齋集十五卷元劉岳申撰、霞外詩集十卷元馬臻撰、西巖集二十卷元張之翰撰、蒲室集十五卷元釋大訢撰、弁山小隱吟錄二卷元黃玠撰、續軒渠集十卷附錄一卷元洪希文撰、附錄一卷則其父巖虎詩也、定宇集十六卷別集一卷元陳櫟撰、艮齋詩集十四卷元侯克中撰、知非堂稿六卷元何中撰、雲林集六卷附錄一卷元貢奎撰、梅花字字香前集一卷後集一卷元郭豫亨撰、中菴集二十卷元劉敏中撰、王文忠集六卷元王結撰、靜春堂集四卷元袁易撰、惟實集四卷外集一卷元劉鶚撰、勤齋集八卷元蕭𣂏撰、石田集十五卷元馬祖常撰、榘庵集十五卷元同恕撰、道園學古錄五十卷元虞集撰、道園遺稿六卷元虞集撰、楊仲宏集八卷元楊載撰、范德機詩七卷元范梈撰、文安集十四卷元揭傒斯撰、翠寒集一卷元宋无撰、檜亭集九卷元丁復撰、伊濱集二十四卷元王沂撰、淵穎集十二卷附錄一卷元吳萊撰、黃文獻集十卷元黃溍撰、圭齋集十五卷附錄一卷元歐陽元撰、待制集二十卷附錄一卷元柳貫撰、閒居叢稿二十六卷元蒲道源撰、所安遺集一卷元陳泰撰、至正集八十一卷元許有壬撰。圭塘小稿十三卷別集二卷續集一卷附錄一卷元許有壬撰、禮部集二十卷附錄一卷元吳師道撰、積齋集五卷元程端學撰、燕石集十五卷元宋褧撰、秋聲集四卷元黃鎮成撰、雁門集三卷集外詩一卷元薩都拉撰、案薩都拉原作薩都刺、今改正。 杏亭摘稿十卷元洪焱祖撰、 安雅卷集十三卷元陳旅撰、 傅與礪詩文集二十卷元傅若金撰、 瓢泉吟稿五卷元朱晞顏撰、 鈞軒集十三卷元唐元撰、 俟菴集三十卷元李存撰、 滋溪文稿三十卷元蘇天爵撰、 青陽集四卷元余闕撰、 鯨背吟集一卷舊本題元朱晞顏撰、與作瓢泉吟稿之朱晞顏又別一人、 近光集三卷 扈從詩一卷元周伯琦撰、 經濟文集六卷元李士瞻撰、 純白齋類稿二十卷附錄二卷元胡助撰、 圭峯集二卷元盧琦撰、 蛻菴集五卷元張翥撰、 五峯集六卷元李孝光撰、 野處集四卷元邵亨貞撰、 夢觀集五卷元釋大圭撰、 金臺集二卷元納新撰、 子淵詩集六卷元張仲深撰、 午溪集十卷元陳鎰撰 葯房樵唱三卷附錄一卷元吳景奎撰、 栲栳山人集三卷元岑安卿撰、

別集類二十一

梅花道人遺墨二卷元吳鎮撰、 玩齋集十卷拾遺一卷元貢師泰撰、 羽庭集六卷元劉仁本撰、 不繫舟漁集十五卷附錄一卷元陳高撰、 居竹軒集四卷元成廷珪撰、 句曲外史集三卷補遺三卷集外詩一卷元張雨撰、 僑吳集十二卷元鄭元祐撰、 詠物詩一卷元謝宗可撰、 鹿皮子集四卷元陳樵撰、 林外野言二卷元郭翼撰、 傲軒吟稿一卷元胡天游撰、 師山文集八卷遺文五卷附錄一卷元鄭玉撰、 友石山人遺稿一卷元王翰撰、 閒過齋集八卷元吳海撰、 學言詩稿六卷元吳當撰、 北郭集六卷補遺一卷元許恕撰、 玉笥集十卷元張憲撰、 青村遺稿一卷元金涓撰、 丁鶴年集一卷元丁鶴年撰、 貞素齋集八卷附錄一卷北莊遺稿一卷元舒頔撰、 一山文集九卷元李繼本撰、 江月松風集十二

卷元錢惟善撰、龜巢集十七卷元謝應芳撰、石初集十卷附錄一卷元周霆震撰、山窗餘稿一卷元甘復撰、梧溪集七卷元王逢撰、吾吾類稿三卷元吳皐撰、樵雲獨唱六卷元葉容撰、桐山老農文集四卷元魯貞撰、靜思集十卷元郭鈺撰、九靈山房集三十卷補編二卷元戴良撰、灤京雜詠一卷元楊允孚撰、雲陽集十卷元李祁撰、南湖集七卷元貢性之撰、佩玉齋類稿十卷元楊翮撰、清閟閣集十二卷元倪瓚撰、玉山璞稿一卷元顧瑛撰、麟原文集二十四卷元王禮撰、來鶴亭詩一卷補遺一卷元呂誠撰、雲松巢集三卷元朱希晦撰、環谷集八卷元汪克寬撰、性情集六卷元周巽撰、花谿集三卷元沈夢麟撰、樗隱集六卷元胡行簡撰、東山存稿七卷附錄一卷元趙汸撰、東維子集三十卷附錄一卷元楊維楨撰、鐵厓古樂府十卷樂府補六卷元楊維楨撰、復古詩集六卷元楊維楨撰、麗則遺音四卷元楊維楨撰、夷白齋稿三十五卷外集一卷元陳基撰、庸菴集十四卷元宋禧撰、可閒老人集四卷元張昱撰、石門集七卷元梁寅撰、玉笥集九卷元鄧雅撰、

別集類二十二

明太祖文集二十卷　宋學士全集三十六卷明宋濂撰、宋景濂未刻集二卷明宋濂撰、誠意伯文集二十卷明劉基撰、鳳池吟稿十卷明汪廣洋撰、陶學士集二十卷明陶安撰、西隱集十卷明宋訥撰、王忠文公集二十四卷明王禕撰、翠屏集四卷明張以寧撰、說學齋稿四卷明危素撰、雲林集一卷明危素撰、白雲集七卷明唐桂芳撰、登州集二十三卷明林弼撰、槎翁詩集八卷明劉崧撰、東皐錄

三卷明釋妙聲撰、　覆瓿集七卷附錄一卷明朱同撰、　柘軒集四卷明凌雲翰撰、　白雲稿五卷明朱右撰、密菴集八卷明謝肅撰、　清江詩集十卷文集三十一卷明貝瓊撰、　蘇平仲集十六卷明蘇伯衡撰、　胡仲子集十卷明胡翰撰、　始豐稿十四卷明徐一夔撰、　王常宗集四卷補遺一卷續補遺一卷明王彝撰、白石山房逸稿二卷明張孟兼撰、郎注冬青引之張丁、以字行也、　滄螺集六卷明孫作撰、　臨安集六卷明錢宰撰、尙絅齋集五卷明童冀撰、　考古文集二卷明趙撝謙撰、　劉彥昺集九卷明劉炳撰、　藍山集六卷明藍仁撰、　藍澗集六卷明藍智撰、　大全集十八卷明高啟撰、　鳧藻集五卷明高啟撰、　眉菴集十二卷明楊基撰、靜居集四卷明張羽撰、　北郭集六卷明徐賁撰、　鳴盛集四卷明林鴻撰、　白雲樵唱集二卷附錄一卷明王恭撰、　草澤狂歌五卷明王恭撰、　半軒集十四卷明王行撰、　西菴集九卷明孫蕡撰、　南村詩集四卷明陶宗儀撰、　望雲集五卷明郭奎撰、　蚓竅集十卷明管時敏撰、　西郊笑端集二卷明董紀撰、　草閣集六卷拾遺一卷文集一卷附筠谷詩一卷明李昱撰、　樗菴類稿二卷明鄭潛撰、　春草齋集十卷附錄一卷明烏斯道撰、　耕學齋詩集十二卷明袁華撰、　可傳集一卷明袁華撰、　強齋集十卷明殷奎撰、　海桑集十卷明陳謨撰、　畦樂詩集一卷明梁蘭撰、　竹齋集三卷續集一卷附錄一卷明王冕撰、　獨醉亭集三卷明史謹撰、　海叟集四卷集外詩一卷明袁凱撰、　榮進集四卷明吳伯宗撰、　梁園寓稿九卷明王翰撰、　自怡集一卷明劉璉撰、　斗南老人集六卷明胡奎撰、　希澹園詩三卷明虞堪撰、　鵝湖集九卷明龔斅撰、　滎陽外史集七十卷明鄭眞撰、　全室外集九卷續集一卷明釋宗泐撰、

別集類二十三

峴泉集四卷明張宇初撰、唐愚士詩二卷附會稽懷古詩一卷明唐之淳撰、繼志齋集十二卷附
錄一卷明王紳撰、練中丞集二卷明練子寧撰、遜志齋集二十四卷明方孝孺撰、貞白遺稿十卷附
顯忠錄二卷明程通撰、靜學文集一卷明王叔英撰、芻蕘集六卷明周是修撰、巽隱集四卷明程本立撰、
易齋集二卷明劉璟撰、野古集三卷明龔詡撰、文毅集十六卷明解縉撰、虛舟集五卷明王偁撰、王
舍人詩集五卷明王紱撰、泊菴集十六卷明梁潛撰、毅齋詩文集八卷附錄一卷明王洪撰、頤菴文
選二卷明胡儼撰、青城山人集八卷明王璲撰、東里全集九十七卷別集四卷明楊士奇撰、楊文敏
集二十五卷明楊榮撰、省愆集二卷明黃淮撰、金文靖集十卷明金幼孜撰、夏忠靖集六卷附錄一
卷明夏原吉撰、抑菴集十三卷後集三十七卷明王直撰、運甓漫稿七卷明李昌祺撰、古廉集十一
卷附錄一卷明李時勉撰、梧岡集八卷明唐文鳳撰、曹月川集一卷明曹端撰、薛文清集二十四卷
明薛瑄撰、兩溪文集二十四卷明劉球撰、于忠肅集十三卷明于謙撰、蘭庭集二卷明謝晉撰、古穰集
三十卷明李賢撰、武功集五卷明徐有貞撰、倪文僖集三十二卷明倪謙撰、襄毅文集十五卷明韓雍撰、
白沙集九卷明陳獻章撰、類博稿十卷附錄二卷明岳正撰、平橋稿十八卷明鄭文康撰、竹巖詩
集一卷文集一卷補遺一卷明柯潛撰、彭惠安集十卷附錄一卷明彭韶撰、清風亭稿七卷明童軒撰、
方洲集二十六卷附讀史錄四卷明張寧撰、重編瓊臺會稿二十四卷明邱濬撰、謙齋文錄四

卷明徐溥撰、　椒邱文集四十四卷明何喬新撰、　石田詩選十卷明沈周撰、　東園文集十三卷續編一卷明鄭紀撰、　懷麓堂集一百卷明李東陽撰、　清谿漫稿二十四卷明倪岳撰、　康齋文集十二卷明吳與弼撰、　樓居雜著一卷野航詩稿一卷野航文稿一卷附錄一卷明朱存理撰、

別集類二十四

一峯集十卷明羅倫撰、　篁墩集九十三卷明程敏政撰、　楓山集四卷附錄一卷明章懋撰、　莊定山集十卷明莊昶撰、　未軒文集十二卷補遺二卷附錄一卷明黃仲昭撰、　醫閭集九卷明賀欽撰、　翠渠摘稿一卷補遺一卷明周瑛撰、　家藏集七十七卷明吳寬撰、　歸田稿八卷明謝遷撰、　震澤集三十六卷明王鏊撰、　鬱洲遺稿十卷明梁儲撰、　見素文集二十八卷奏疏七卷續集十二卷明林俊撰、　古城集六卷補遺一卷明張吉撰、　虛齋集五卷明蔡清撰、　容春堂全集二十卷後集十四卷續集十八卷別集九卷明邵寶撰、　羅圭峯文集三十卷明羅玘撰、　吳文肅公摘稿四卷明吳儼撰、　熊峯集十卷明石珤撰、　立齋遺文五卷明鄒智撰、　西村集八卷附錄一卷明史鑑撰、　胡文敬公集三卷明胡居仁撰、　小鳴稿十卷明朱誠泳撰、　方簡肅文集十卷明方良永撰、　懷星堂集三十卷明祝允明撰、　整庵存稿二十卷明羅欽順撰、　東江家藏集四十二卷明顧清撰、　空同集六十六卷明李夢陽撰、　山齋集二十四卷明鄭岳撰、　浮湘集四卷山中集四卷憑几集五卷續集二卷息園存稿詩十四卷文九卷緩慟集一卷明顧璘撰、　華泉集十四卷明邊貢撰、　劉清惠集十二卷明劉麟撰、　東田遺稿二卷明張羽撰、與洪

武中張羽同姓名、非一人也、　沙溪集二十三卷明孫緒撰、　王文成全書三十八卷明王守仁撰、　雙溪集八卷明杭淮撰、　對山集十卷明康海撰、　柏齋集十一卷明何瑭撰、　竹澗集八卷竹澗奏議四卷明潘希曾撰、
大復集三十八卷明何景明撰、　洹詞十二卷明崔銑撰、　莊渠遺書十二卷明魏校撰、　儼山集一百卷續集十卷明陸深撰、　迪功集六卷附談藝錄一卷明徐禎卿撰、　鄭少谷集二十五卷明鄭善夫撰、　太白山人漫稿八卷明孫一元撰、　苑洛集二十二卷明韓邦奇撰、　東洲初稿十四卷明夏良勝撰、

別集類二十五

升庵集八十一卷明楊慎撰、　東巖集六卷明夏尚樸撰、　瀼谿草堂稿五十八卷明孫承恩撰、　方齋詩文集十卷明林文俊撰、　考功集十卷明薛蕙撰、　雲村文集十四卷明許相卿撰、　小山類稿二十卷明張岳撰、　夢澤集二十三卷明王廷陳撰、　泰泉集十卷明黃佐撰、　甫田集三十五卷附錄一卷明文徵明撰、
西村詩集二卷補遺一卷明朱朴撰、　天馬山房遺集八卷明朱淛撰、　蘇門集八卷明高叔嗣撰、　愚谷集十卷明李舜臣撰、　遵巖集二十五卷明王慎中撰、　陸子餘集八卷明陸粲撰、　念菴集二十二卷明羅洪先撰、　皇甫司勳集六十卷明皇甫汸撰、　楊忠介公文集十三卷附錄三卷明楊爵撰、　荊川集十二卷明唐順之撰、　皇甫少玄集二十六卷外集十卷明皇甫涍撰、　瑤石山人稿十六卷明黎民表撰、
南行集四卷東游集二卷北觀集四卷山中集十卷明邵雲霄撰、　洞麓堂集十卷明尹臺撰、　張莊僖文集六卷明張永明撰、　具茨集五卷補遺一卷文集八卷補遺一卷附錄一卷遺稿一卷

明王立道撰、青霞集十一卷年譜一卷明沈鍊撰、滄溟集三十卷附錄一卷明李攀龍撰、山海漫談
三卷附錄二卷明任環撰、楊忠愍集三卷附錄一卷明楊繼盛撰、弇州山人四部稿一百七十四
卷續稿二百七卷明王世貞撰、讀書後八卷明王世貞撰、方麓集十六卷明王樵撰、存家詩稿八卷
明楊巍撰、海叟吟稿十一卷明趙完璧撰、伐檀齋集十二卷明張元凱撰、備忘集十卷明海瑞撰、石洞
集十八卷明葉春及撰、宗子相集十五卷明宗臣撰、衡廬精舍藏稿三十卷續稿十一卷明胡直撰、
薜荔園詩集四卷明徐熥撰、郭鯤溟集四卷明郭諫臣撰、亦玉堂稿十卷明沈鯉撰、溫恭毅公集三
十卷明溫純撰、震川文集三十卷別集十卷明歸有光撰、四溟集十卷明謝榛撰、蠛蠓集五卷明盧柟撰、
少室山房類稿一百二十卷明胡應麟撰、穀城山館詩集二十卷明于慎行撰、宗伯集十卷明孫
繼皋撰、臨皋文集四卷明楊寅秋撰、淡然軒集八卷明余繼登撰、涇皋藏稿二十二卷明顧憲成撰、
小辨齋偶存八卷附事定錄三卷明顧允成撰、高子遺書十二卷附錄一卷明高攀龍撰、馮少墟
集二十二卷明馮從吾撰、石隱園藏稿八卷明畢自嚴撰、仰節堂集十四卷明曹于汴撰、願學集八
卷明鄒元標撰、劉蕺山集十七卷明劉宗周撰、學古緒言二十五卷明婁堅撰、檀園集十二卷明李流芳
撰、忠介燼餘集三卷明周順昌撰、范文忠集十二卷明范景文撰、幔亭詩集十五卷明徐熥撰、孫
白谷集六卷明孫傳庭撰、孫白谷詩鈔二卷明孫傳庭撰、集玉山房稿十卷明葛昕撰、宋布衣集三
卷明宋登春撰、忠肅集三卷明盧象昇撰、倪文貞集十七卷續編三卷奏疏十二卷講編四卷詩

集四卷明倪元璐撰、 凌忠介集六卷明凌義渠撰、 茅簷集八卷明魏學洢撰、 申忠愍詩集六卷明申佳允撰、 陶菴全集二十二卷明黃淳耀撰、

別集類二十六

聖祖仁皇帝初集四十卷二集五十卷三集五十卷四集三十六卷 世宗憲皇帝文集三十卷 御製樂善堂文集定本三十卷 御製文初集三十卷二集四十四卷 御製詩初集四十四卷目錄四卷二集九十四卷目錄六卷三集一百卷目錄十二卷四集一百卷目錄十二卷 梅村集四十卷清吳偉業撰、 湯子遺書十卷清湯斌撰、 兼濟堂文集二十卷清魏裔介撰、 學餘堂文集二十八卷詩集五十卷外集二卷清施閏章撰、 忠貞集十卷清范承謨撰、 林蕙堂集二十六卷清吳綺撰、 精華錄十卷清王士禎撰、 堯峰文鈔五十卷清汪琬撰、 午亭文編五十卷清陳廷敬撰、 讀書齋偶存稿四卷清葉方藹撰、 松桂堂全集三十七卷延露詞三卷南淮集三卷清彭孫遹撰、 曝書亭集八十卷附錄一卷清朱彝尊撰、 政書八卷清于成龍撰、 愚菴小集十五卷清朱鶴齡撰、 抱犢山房集六卷清嵇永仁撰、 文端集四十六卷清張英撰、 西河文集一百七十九卷清毛奇齡撰、 陳檢討四六二十卷清陳維崧撰、 蓮洋詩鈔十卷清吳雯撰、 張文貞集十二卷清張玉書撰、 西陂類稿三十九卷清宋犖撰、 鐵廬集三卷外集二卷後錄一卷清潘天成撰、 湛園集八卷清姜宸英撰、 古懽堂集三十六卷附黔書二卷長河志籍考十卷清田雯撰、 榕村集四十卷清李光地撰、 三

魚堂文集十二卷外集六卷附錄一卷清陸隴其撰、　因園集十三卷清趙執信撰、　懷清堂集二十卷清湯右曾撰、　三希堂文集十二卷清蔡世遠撰、　敬業堂集五十卷清查慎行撰、　望溪集八卷清方苞撰、　樊榭山房集二十卷清厲鶚撰、　存硯樓集十六卷清儲大文撰、　香屑集十八卷清黃之雋撰、　鹿洲初集二十卷清藍鼎元撰、　果堂集十二卷清沈彤撰、　松泉文集二十卷詩集二十六卷清汪由敦撰、

右列集類九百六十四部一萬八千零四十六卷

總集類

文籍日興。散無統紀。於是總集作焉。一則網羅放佚。使零章殘什。並有所歸。一則刪汰繁蕪。使莠稗咸除。菁華畢出。是固文章之衡鑒。著作之淵藪矣。三百篇既列為經。王逸所裒又僅楚辭一家。故體例所成。以摯虞流別為始。其書雖佚。其論尚散見藝文類聚中。蓋分體編錄者也。文選而下。互有得失。至宋眞德秀文章正宗。始別出談理一派。而總集遂判兩途。然文質相扶。理無偏廢。各明一義。未害同歸。惟末學循聲。主持過當。使方言俚語。俱入詞章。麗製鴻篇。橫遭嗤點。是則併德秀本旨失之耳。今一一別裁。務歸中道。至明萬曆以後。儈魁漁利。坊刻彌增。剽竊陳因。動成巨帙。併無門徑之可言。姑存其目。為宂濫之戒而已。

總集類一

文選註六十卷 梁昭明太子蕭統編、唐李善註、 六臣註文選六十卷 不知編輯者名氏、其稱六臣者、呂延濟劉良張銑呂向李周翰五臣註合李善註為六也、 文選顏鮑謝詩評四卷 元方回撰、 玉臺新詠十卷 陳徐陵編、 玉臺新詠考異十卷 清紀容舒撰、 高氏三宴詩集三卷附香山九老詩一卷 唐高正臣編、末附香山九老詩一卷、則白居易等所作、 篋中集一卷 唐元結編、 河岳英靈集三卷 唐殷璠編、 國秀集三卷 唐芮挺章編、 唐御覽詩一卷 唐令狐楚編、 中興閒氣集 卷 唐高仲武編、 極元集二卷 唐姚合編、 松陵集十卷 唐陸龜蒙編、 二皇甫集七卷 明劉潤之編、 唐四僧詩六卷 不著編輯者名氏、 薛濤李冶詩集二卷 不著編輯者名氏、 竇氏聯珠集五卷 唐褚藏言輯、 才調集十卷 蜀韋縠編、 搜玉小集一卷 不著編輯者名氏、 古文苑二十一卷 不著編輯者名氏、書錄解題稱唐人舊本、宋孫洙得於佛寺經龕、其眞僞蓋莫可考、淳熙中韓元吉編九卷、紹興中章樵為之註釋、又釐為二十一卷、 文苑英華一千卷 宋太平興國七年李昉等奉敕編、 文苑英華辨證十卷 宋彭叔夏撰、 唐文粹一百卷 宋姚鉉編、 西崑酬唱集二卷 宋楊億編、 同文館唱和詩十卷 宋鄧忠臣等選、 唐百家詩選二十卷 宋王安石編、 會稽掇英總集二十卷 宋孔延之編、 清江三孔集四十卷 宋王遵編、 三劉家集一卷 宋劉亨編、 二程文集十三卷附錄二卷 宋胡安國編、 宋文選三十二卷 不著編輯者名氏、

總集類二

坡門酬唱集二十三卷 宋邵浩編、 樂府詩集一百卷 宋郭茂倩編、 古今歲時雜詠四十六卷 宋蒲積中編、 嚴陵集九卷 宋董弅編、 南嶽倡酬集一卷附錄一卷 宋朱子與張栻林用中南嶽紀遊詩也、 萬首唐人絕

句詩九十一卷(宋洪邁編)、聲畫集八卷(宋孫紹遠編)、宋文鑑一百五十卷(宋呂祖謙奉敕編)、古文關鍵二卷(宋呂祖謙編)、回文類聚四卷補遺一卷(宋桑世昌編)、五百家播芳大全文粹一百十卷(宋魏齊賢葉棻同編)、崇古文訣三十五卷(宋樓昉編)、成都文類五十卷(宋程遇孫等八人同編)、文章正宗二十卷續集二十卷(宋眞德秀編)、天台前集三卷前集別編一卷續集三卷續集別編六卷(是書皆蒐輯天台題詠、宋李庚原本、林師蒧等增修)、赤城集十八卷(宋林表民撰)、妙絕古今四卷(宋湯漢編)、唐僧宏秀集十卷(宋李龔編)、衆妙集一卷(宋趙師秀撰)、江湖小集九十五卷(舊本題宋陳起編)、江湖後集二十四卷(宋陳起編)、三體唐詩六卷(宋周弼撰、元釋圓至訂、清高士奇補註)、論學繩尺十卷(宋魏天應編、林子長註)、吳都文粹九卷(宋鄭虎臣編)、古文集成前集七十八卷(宋王霆震編)、文章軌範七卷(宋謝枋得編)、月泉吟社詩一卷(宋吳渭編)、文選補遺四十卷(宋陳仁子編)、蘇門六君子文粹七十卷(不著編輯者名氏、或題陳亮、無所據也)、三國文類六十卷(不著編輯者名氏)、增註唐策十卷(不著編輯者名氏)、十先生奧論四十卷(不著編輯者名氏)、詩家鼎臠二卷(不著編輯者名氏)、兩宋名賢小集三百八十卷(舊本題宋陳思編)、柴氏四隱集三卷(明柴復貞編)、

總集類三

中州集十卷附中州樂府一卷(金元好問編)、唐詩鼓吹十卷(金元好問編、元郝天挺註)、二妙集八卷(金段成己段克己兄弟詩集也)、谷音二卷(元杜本編)、梅花百詠一卷(元馮子振、釋明本倡和之詩)、河汾諸老詩集八卷(元房祺編)、瀛奎律髓四十九卷(元方回編)、天下同文集四十四卷(元周南瑞編)、古賦辨體八卷外集二卷

元祝堯編、圭塘欸乃集二卷元許有壬及其弟有孚、其子楨唱和詩也、忠義集七卷元趙景良編、宛陵羣英集十二卷元汪澤民、張師愚同編、元文類七十卷目錄三卷元蘇天爵編、元風雅二十四卷前集十二卷、元傅習所輯、孫存吾為之編次、後集十二卷、則存吾所編輯也、唐音十四卷元楊士宏編、古樂府十卷元左克明編、玉山名勝集八卷外集一卷元顧瑛編、草堂雅集十三卷元顧瑛編、玉山紀游一卷明袁華編、大雅集八卷元賴良編、元音遺響十卷不著編輯者名氏、風雅翼十四卷元劉履編、荊南唱和集一卷元周砥與明馬治唱和詩也、

總集類四

乾坤清氣集十四卷明偶桓編、元音十二卷明孫原理編、雅頌正音五卷明劉仔肩編、唐詩品彙九十卷拾遺十卷明高棅撰、廣州四先生詩四卷不著編輯名氏、三華集十八卷明錢公善編、閩中十子詩三十卷明袁表馬熒同編、元詩體要十四卷明宋緒編、滄海遺珠四卷不著編輯者名氏、據楊士奇序、知為沐英之子、字曰景顒、中州名賢文表三十卷明劉昌編、明文衡九十八卷明程敏政編、新安文獻志一百卷明程敏政編、海岱會集十二卷明馮琦編、經義模範一卷不著編輯者姓名、王廷表序稱得之於楊慎、似即慎所輯也、文編六十四卷明唐順之編、古詩紀一百五十六卷明馮惟訥編、詩紀匡謬一卷清馮舒撰、全蜀藝文志六十四卷明周復俊編、古今詩刪三十四卷明李攀龍編、唐宋元名表四卷明胡松編、文氏五家詩十四卷明長洲文氏祖孫父子之詩也、宋藝圃集二十二卷明李蓘編、元藝圃集四卷明李蓘編、唐宋八大家文鈔一百六十四卷明茅坤編、吳都文粹續集五十六卷補遺一卷明錢穀編、石倉歷代詩選五百

六卷明曹學佺編、 四六法海十二卷明王志堅編、 古樂苑五十二卷明梅鼎祚編、 皇霸文紀十三卷明梅鼎祚編、 西漢文紀二十四卷明梅鼎祚編、 東漢文紀三十二卷明梅鼎祚編、 西晉文紀二十卷明梅鼎祚編、 宋文紀十八卷明梅鼎祚編、 南齊文紀十卷明梅鼎祚編、 梁文紀十四卷明梅鼎祚編、 陳文紀八卷明梅鼎祚編、 北齊文紀三卷明梅鼎祚編、 後周文紀八卷明梅鼎祚編、 隋文紀八卷明梅鼎祚編、 釋文紀四十五卷明梅鼎祚編、 文章辨體彙選七百八十卷明賀復徵編、 古詩鏡三十六卷唐詩鏡五十四卷明陸時雍編、 漢魏六朝一百三家集一百十八卷明張溥編、 古今禪藻集二十八卷明釋正勉性通同編、 三家宮詞三卷明毛晉編、 二家宮詞二卷明毛晉編、

總集類五

御選古文淵鑑六十四卷康熙二十四年聖祖仁皇帝御選、內閣學士徐乾學等奉敕編註、 御定歷代賦彙一百四十卷外集二十卷逸句二卷補遺二十二卷康熙四十五年詹事陳元龍奉敕編、 御定全唐詩九百卷康熙四十二年奉敕編、 御定佩文齋詠物詩選四百八十六卷康熙四十五年奉敕編、 御定歷代題畫詩類一百二十卷康熙四十六年編修陳邦彥奉敕編、 御選四朝詩三百一十二卷康熙四十八年右庶子張豫章等奉敕編、 御定全金詩七十四卷康熙五十年奉敕編、 御選唐詩三十二卷附錄三卷康熙五十二年聖祖仁皇帝御選、 御定千秋宴詩四卷康熙六十一年奉敕編 御選唐宋文醇五十卷乾隆三年御定、 御選唐宋詩醇四十七卷乾隆十五年御定、 皇清文穎一百二十四卷乾隆十二年御定、 欽定四書文四十一卷乾隆元年內閣學士方苞奉敕編、 明文海

四百八十二卷(清黃宗羲編) 唐賢三昧集三卷(清王士禎編) 二家詩選二卷(清王士禎編) 唐人萬首絕句選七卷(清王士禎編) 明詩綜一百卷(清朱彝尊編) 宋詩鈔一百六卷(清吳之振編) 宋元詩會一百卷(清陳焯編) 粵西詩載二十五卷粵西文載七十五卷粵西叢載三十卷(清汪森編) 元詩選卷首一卷初集六十八卷二集二十六卷三集十六卷(清顧嗣立編) 全唐詩錄一百卷(清徐倬編) 甬上耆舊詩三十卷(清胡文學編) 檇李詩繫四十二卷(清沈季友編) 古文雅正十四卷(清蔡世遠編) 郡陽五家集十五卷(清史簡編) 南宋雜事詩七卷(清沈嘉轍吳焯陳芝光符曾趙昱厲鶚趙信同撰) 宋百家詩存二十八卷(清曹廷棟編、以補吳之振宋詩鈔之遺)

右總集類一百六十四部九千九百三卷

詩文評類

文章莫盛於兩漢。渾渾灝灝。文成法立。無格律之可拘。建安黃初。體裁漸備。故論文之說出焉。典論其首也。其勒為一書傳於今者。則斷自劉勰鍾嶸。勰究文體之源流而評其工拙。嶸第作者之甲乙而溯厥師承。為例各殊。至皎然詩式。備陳法律。孟棨本事詩。旁採故實。劉攽中山詩話。歐陽修六一詩話。又體兼說部。後所論著。不出此五例中矣。宋明兩代。均好為議論。所撰尤繁。雖宋人務求深解。多穿鑿之詞。明人喜作高談。多虛憍之論。然汰除糟粕。採擷菁英。每足以考證舊聞。觸發新意。隋志附總集之內。唐書以下則並於集部之末別立此門。豈非以其討論瑕瑜。別裁眞僞。博參廣考。亦有裨於文章歟。

文心雕龍十卷（梁劉勰撰、）文心雕龍輯註十卷（清黃叔琳撰、）詩品三卷（梁鍾嶸撰、）文章緣起一卷（舊本題梁任昉撰、疑即唐志所載張績書也、其註爲明陳懋仁作、清方熊又補之、）本事詩一卷（唐孟棨撰、）詩品一卷（唐司空圖撰、）六一詩話一卷（宋歐陽修撰、）續詩話一卷（宋司馬光撰、）中山詩話一卷（宋劉攽撰、）後山詩話一卷（舊本題宋陳師道撰、）臨漢隱居詩話一卷（宋魏泰撰、）優古堂詩話一卷（宋吳幵撰、）詩話總龜前集四十八卷後集五十卷（宋阮閱撰、）彥周詩話一卷（宋許顗撰、）紫微詩話一卷（宋呂本中撰、）四六話二卷（宋王銍撰、）珊瑚鉤詩話二卷（宋張表臣撰、）石林詩話一卷（宋葉夢得撰、）藏海詩話一卷（宋吳可撰、）風月堂詩話二卷（宋朱弁撰、）歲寒堂詩話二卷（宋張戒撰、）庚溪詩話二卷（宋陳巖肖撰、）韻語陽秋二十卷（宋葛立方撰、）碧溪詩話十卷（宋黃徹撰、）唐詩紀事八十一卷（宋計有功撰、）觀林詩話一卷（宋吳聿撰、）四六談塵一卷（宋謝伋撰、）環溪詩話一卷（不著撰人名氏、皆品評吳沆之詩、書中稱沆爲先環溪、則子孫之詞也、）竹坡詩話一卷（宋周紫芝撰、）苕溪漁隱叢話前集六十卷後集四十卷（宋胡仔撰、其書繼阮閱詩話總龜而作、）文則二卷（宋陳騤撰、）二老堂詩話一卷（宋周必大撰、）誠齋詩話一卷（宋楊萬里撰、）餘師錄四卷（宋王正德撰、）滄浪詩話一卷（宋嚴羽撰、）詩人玉屑二十卷（宋魏慶之編、）娛書堂詩話一卷（宋趙與虤撰、）後村詩話前集二卷後集二卷續集四卷新集六卷（宋劉克莊撰、）荊溪林下偶談四卷（宋吳子良撰、）草堂詩話二卷（宋蔡夢弼撰、）文章精義一卷（宋李耆卿撰、）竹莊詩話二十四卷（宋何谿汶撰、）浩然齋雅談三卷（宋周密撰、）對牀夜語五卷

（宋范晞文撰）詩林廣記前集十卷後集十卷（宋蔡正孫撰）文說一卷（元陳繹曾撰）修詞鑑衡二卷（元王構編）金石例十卷（元潘昂霄撰）作義要訣一卷（元倪士毅撰）墓銘舉例四卷（明王行撰）懷麓堂詩話一卷（明李東陽撰）頤山詩話一卷（明安磐撰）詩話補遺三卷（明楊慎撰）藝圃擷餘一卷（明王世懋撰）唐音癸籤三十三卷（明胡震亨撰）金石要例一卷（清黃宗羲撰）歷代詩話八十卷（清吳景旭撰）漁洋詩話三卷（清王士禎撰）師友詩傳錄一卷續錄一卷（師友詩傳錄清郎廷槐編、續錄劉大勤編）聲調譜一卷（清趙執信撰）談龍錄一卷（清趙執信撰）宋詩紀事一百卷（清厲鶚撰）全閩詩話十二卷（清鄭方坤編）五代詩話十卷（清鄭方坤撰）

右詩文評類六十四部七百三十卷

詞曲類

詞曲二體。在文章技藝之閒。厥品頗卑。作者弗貴。特才華之士。以綺語相高耳。然三百篇變而古詩。古詩變而近體。近體變而詞。詞變而曲。層累而降。莫知其然。究厥淵源。實亦樂府之餘音。風人之末派。其於文苑。同屬附庸。亦未可全斥為俳優也。今酌取往例。附之篇終。詞曲兩家。又略分甲乙。詞為五類。曰別集。曰總集。曰詞話。曰詞譜詞韻。曲則惟錄品題論斷之詞。及中原音韻。而曲文則不錄焉。王圻續文獻通考。以西廂記琵琶記俱入經籍類中。全失論撰之體裁。不可訓也。

珠玉詞一卷宋晏殊撰、樂章集一卷宋柳永撰、安陸集一卷附錄一卷宋張先撰、六一詞一卷宋歐陽修撰、東坡詞一卷宋蘇軾撰、山谷詞一卷宋黃庭堅撰、淮海詞一卷宋秦觀撰、書舟詞一卷宋程垓撰、小山詞一卷宋晏幾道撰、晁无咎詞六卷宋晁補之撰、姑溪詞一卷宋李之儀撰、東堂詞一卷宋毛滂撰、溪堂詞一卷宋謝逸撰、片玉詞二卷補遺一卷宋周邦彥撰、初寮詞一卷宋王安中撰、友古詞一卷宋蔡伸撰、和清眞詞一卷宋方千里撰、聖求詞一卷宋呂濱老撰、石林詞一卷宋葉夢得撰、筠谿樂府一卷宋李彌遜撰、丹陽詞一卷宋葛勝仲撰、坦菴詞一卷宋趙師使撰、案師使或作師俠、未詳孰是、酒邊詞二卷宋向子諲撰、無住詞一卷宋陳與義撰、竹坡詞三卷宋周紫芝撰、漱玉詞一卷宋李清照撰、蘆川詞一卷宋張元幹撰、東浦詞一卷宋韓玉撰、嬾窟詞一卷宋侯寘撰、逃禪詞一卷宋楊无咎撰、于湖詞三卷宋張孝祥撰、海野詞一卷宋曾覿撰、審齋詞一卷宋王千秋撰、介菴詞一卷宋趙彥端撰、歸愚詞一卷宋葛立方撰、克齋詞一卷宋沈端節撰、稼軒詞四卷宋辛棄疾撰、龍川詞一卷補遺一卷宋陳亮撰、西樵語業一卷宋楊炎正撰、放翁詞一卷宋陸游撰、樵隱詞一卷宋毛幵撰、知稼翁詞一卷宋黃公度撰、蒲江詞一卷宋盧祖皐撰、平齋詞一卷宋洪咨夔撰、白石道人歌曲四卷別集一卷宋姜夔撰、夢窗稿四卷補遺一卷宋吳文英撰、惜香樂府十卷宋趙長卿撰、龍洲詞一卷宋劉過撰、竹屋癡語一卷宋高觀國撰、竹齋詩餘一卷宋黃機撰、梅溪詞一卷宋史達祖撰、石屏詞一卷宋戴復古撰、散花菴詞一卷宋黃昇撰、斷腸詞一卷宋朱淑眞撰、山中白雲詞八卷宋張炎撰、竹山詞一卷宋蔣捷撰、天籟集二

卷金白樸撰、蛻巖詞二卷元張翥撰、珂雪詞二卷清曹貞吉撰、

右詞曲類詞集之屬五十九部一百三卷

花間集十卷蜀趙崇祚編、尊前集二卷不著編輯者名氏、毛晉跋以為明顧梧芳作、朱彝尊據吳寬手寫本、定為宋初人作、考張炎樂府指迷、有尊前之名、則彝尊說當信然、梅苑十卷宋黃大輿編、樂府雅詞五卷補遺一卷宋曾慥編、花菴詞選二十卷宋黃昇編、類編草堂詩餘四卷不著編輯者名氏、絕妙好詞箋七卷絕妙好詞宋周密編、其箋則清查為仁厲鶚同撰也、樂府補題一卷不著編輯者名氏、花草粹編二十二卷附錄一卷明陳耀文編、御定歷代詩餘一百二十卷康熙四十六年翰林院侍讀學士沈辰垣等奉敕撰、詞綜三十四卷清朱彝尊編、十五家詞三十七卷清孫默編、

右詞曲類詞選之屬十二部二百七十四卷

碧雞漫志一卷宋王灼撰、沈氏樂府指迷一卷宋沈義父撰、渚山堂詞話三卷明陳霆撰、詞話二卷清毛奇齡撰、詞苑叢談十二卷清徐釚撰、

右詞曲類詞話之屬五部十九卷

欽定詞譜四十卷康熙五十四年詹事王奕清等奉敕撰、詞律二十卷清萬樹撰、

右詞曲類詞譜詞韻之屬二部六十卷

顧曲雜言一卷明沈德符撰、御定曲譜十四卷康熙五十四年詹事王奕清等奉敕撰、中原音韻二卷元周德清撰、

右詞曲類南北曲之屬三部十七卷

附錄 阮元四庫未收書目

禮記要義三十三卷宋魏了翁撰， 九國志十二卷宋路振撰， 皇宋通鑑長編紀事本末一百五十卷宋楊仲良撰， 四書箋義纂要十二卷 紀遺一卷宋趙悳撰， 漢官儀三卷宋劉攽撰， 嘉定鎭江志二十二卷宋盧憲撰， 至順鎭江志二十一卷不著撰人姓名， 續世說十二卷宋孔平仲撰， 嚴氏明理論三卷後集一卷宋嚴器之撰， 陸士衡文集十卷晉陸機撰， 注解章泉澗泉二先生選唐詩五卷宋謝枋得撰， 續復古編四卷元曹本撰， 四書待問二十二卷元蕭鎰撰， 道德眞經集解八卷唐岷山道士張君相撰， 聱隅子二卷宋黃晞撰， 嘉量算經三卷明朱載堉撰， 分門纂類唐宋時賢千家詩選二十二卷宋劉克莊撰， 梅花喜神譜二卷宋宋伯仁撰， 晁具茨集十五卷宋晁沖之撰， 詳註周美成片玉集十卷宋周邦彥撰，宋陳元龍註釋， 琴操二卷漢蔡邕撰， 詩傳註疏三卷宋謝枋得撰， 尙書要義三卷宋魏了翁撰， 左氏摘奇十二卷宋胡元質撰， 回溪史韻二十三卷宋錢諷撰， 梅花百咏一卷元韋珪撰， 通元眞經注十二卷文子二卷，四庫全書已著錄，此注唐徐靈府撰， 古逸民先生集三卷宋汪炎昶撰， 漢文鑑二十一卷宋陳鑑編， 蘋洲漁笛譜二卷宋周密撰， 兩京新記一卷唐韋述撰， 洞霄詩集十四卷宋道士孟宗寶撰， 燕喜詞一卷宋曹冠撰， 醉翁談錄五卷宋金盈之撰， 重修琴川志十五卷元盧鎭撰， 南華眞經注疏三十五卷唐成元英撰， 華陽隱居集二卷梁陶宏景撰， 三術撮要一卷不著撰人名氏， 蕭冰厓詩集三卷宋蕭立之撰， 徐文清公家傳一卷宋朱元龍葉由庚龔應之等同撰， 鐵崖賦稿二卷元楊維禎撰， 日湖漁唱一卷宋陳允平撰、重編海瓊白玉蟾文集六卷續集二卷宋葛長庚撰、說文解字補義十二卷元包希魯撰、支遁集二卷晉釋支遁撰、五行大義五卷隋蕭吉撰、羣書治要五十卷唐魏徵等奉敕撰、文館詞林四卷唐許敬宗等奉敕撰、臣軌二卷唐武則天撰、樂書要錄三卷唐武則天撰、膳夫經十卷唐楊煜撰、岑嘉州集八卷唐岑參撰、列子注八卷唐盧重元撰、讒書五卷唐羅隱撰、中興兩朝聖政六十四卷不知編集人姓名、起建炎元年、訖淳熙十五年、建炎筆錄三卷宋趙鼎撰、寶祐四年會天曆一卷宋荊執禮撰、辨誣筆錄一卷宋趙鼎撰、南嶽總勝集三卷宋道士陳田夫撰、自號錄一卷宋徐光溥撰、衢本郡齋讀書志二十卷宋晁公武撰、友會談叢三卷宋上官融撰、孔叢子注七卷舊本題曰孔鮒撰、宋宋咸注、孫子十家注十三卷宋吉天保撰、千金寶要十七卷唐孫思邈原本、宋郭思采錄刻石、一切經音義二十五卷唐釋元應撰、古清涼傳二卷廣清涼傳三卷續清涼傳二卷唐釋慧祥撰、道德眞經傳四卷唐陸希聲撰、泰軒易傳六卷宋李中正撰、春秋集傳十九卷宋張洽撰、九經疑難四卷宋張文伯撰、爾雅新義二十卷宋陸佃撰、集篆古文韻海五卷宋杜從古撰、太常因革禮一百卷宋歐陽修等奉敕撰、難經集注五卷周秦越人撰、脈經十卷西晉王叔和撰、類編朱氏集驗醫方十五卷宋朱佐撰、史載之方二卷宋史載之撰、書齋夜話四卷宋俞玉撰、遁甲符應經三卷宋楊維德等撰、六壬大占一卷宋祝泌撰、夷堅甲志二十卷乙志二十卷丙志二十卷丁志二十卷宋洪邁撰、策學統宗前編五卷元譚金孫編、譚正叔孫端訂定、三譚皆冠以古雲後學、三人姓名既不經見、古雲亦不知其何地、斜川集六卷宋蘇過撰、增廣箋注簡齋詩集三十卷無住詞一卷宋陳與義撰、史

詠集二卷宋徐鈞撰、平安悔稿十二卷宋項安世撰、雲莊四六餘話一卷宋楊囦道撰、分類唐歌詩
殘本十一卷宋趙孟奎編、詩苑衆芳一卷此書影元鈔本、首題吳郡梅谿劉瑄伯玉編、南海百詠一卷宋方信孺撰、
聲律關鍵八卷宋鄭起潛撰、觀瀾集注三十卷宋林之奇編、呂祖謙集注、梅磵詩話三卷宋韋居安撰、樵歌
三卷宋朱敦儒撰、陽春白雪八卷外集一卷宋趙聞禮編、王周士詞一卷宋王以凝撰、詞源二卷宋張
炎撰、新增詞林要韻一卷此書不分卷、不知撰人姓名、陳氏小兒病源方論四卷金陳文中撰、歷代蒙求
一卷元王芮撰、論語叢說三卷元許謙撰、續中庸叢說二卷元許謙撰、續古篆韻六卷元吾衍編、皇元
征緬錄一卷不著撰人名氏、元祕史十五卷不著撰人名氏、羣書通要七十三卷不著撰人姓氏、遊志續編
二卷元陶宗儀撰、玉山璞稿二卷元顧瑛撰、桐江集八卷元方回撰、王徵士詩集八卷元王沂撰、松雨
軒詩集八卷元平顯撰、蟻術詩選八卷元邵亨貞撰、名儒草堂詩餘三卷元廬陵鳳林書院輯本、未詳選者姓氏、
蟻術詞選四卷元邵亨貞撰、名家詞十卷清侯文燦編輯、五服圖解一卷元龔端禮撰、律文十二卷音
義一卷是編不著撰人名氏、音義宋孫奭等撰、莆陽比事七卷宋李俊甫撰、黃帝陰符經疏三卷唐李筌撰、中藏
經三卷漢華陀撰、玉函經一卷唐杜光庭撰、三水小牘二卷唐皇甫枚撰、玉堂類稿二十卷西垣類
稿二卷宋崔敦詩撰、周易經疑三卷元涂溍生撰、詩說十二卷宋劉克撰、書經補遺五卷元呂宗傑輯、
漢唐事箋十二卷後集八卷元朱禮撰、崑山郡志六卷元楊譓撰、羣書類編故事二十四卷元王罃撰、
釣磯文集五卷唐徐寅撰、毅齋別錄一卷不著撰人名氏、卷端有正德辛未十一世孫興序一首、考之宋史、乃徐僑之詩也、編類

運使復齋郭公敏行錄無卷次、無撰人名氏、前有古侯黃文仲及三山林興祖兩序、疑出二人所編、　元賦青雲梯三卷無編纂姓氏、從元人墨跡影寫、　隸韻十卷宋劉球撰、　編年通載四卷宋章衡撰、　廣黃帝本行記一卷唐王瓘撰、　淳祐臨安志六卷宋施諤撰、　賢良進卷四卷宋寶文閣學士龍泉葉適撰、　四元玉鑑三卷元朱世傑撰、　運使復齋郭公言行錄一卷元福州路儒學教授徐東撰、　圖解素問要旨論八卷金劉守眞撰、　元風雅三十卷元蔣易撰、　東皐詩集五卷元馬玉麟撰、　周易新講義十卷宋龔原撰、　通紀七卷續五卷唐馬總撰、　諸葛武侯傳一卷宋張栻撰、　離騷集傳一卷宋錢杲之撰、　策要六卷元梁寅撰、　愼齋集四卷明蔣主忠撰、　詩義指南一卷宋段昌武撰、　附廣鐘鼎篆韻七卷元楊鉤撰、　玉峯志三卷玉峯續志一卷宋凌萬頃邊實同撰、　長春子遊記二卷元李志常撰、　軒轅黃帝傳一卷不著撰人名氏、　養正圖解全卷明焦竑撰、　尉繚子直解五卷尉繚子四庫全書已著錄、直解明劉寅撰、　關尹子言外經旨三卷關尹子四庫全書已著錄、言外經旨宋陳顯微撰、　爲政善報十卷宋葉留撰、　東漢文鑑二十卷宋陳鑑編、　道德經論兵要義四卷唐王眞撰、　遺山樂府五卷金元好問撰、　招捕總錄一卷不著撰人名氏、　詩義集說四卷明孫鼎撰、　唐陸宣公奏議註十五卷唐陸贄撰、贄有翰苑集、四庫全書已著錄、是編惟有奏議、宋郎煜注、　雲間志三卷宋楊潛撰、　司馬法直解一卷明劉寅撰、　楊氏算法三卷宋楊輝撰、　松窗百說一卷宋李季可撰、　續墨客揮犀十卷宋彭乘撰、　陶靖節詩註四卷宋楊漢撰、　貞一齋詩文稿二卷元朱思本撰、　輿地紀勝二百卷宋王象之撰、

中華經典套書—語文類

國學治要 第七編 書目治要

作　　者／張文治　編
主　　編／劉郁君
美術編輯／中華書局編輯部

出 版 者／中華書局
發 行 人／張敏君
行銷經理／王新君
地　　址／11494 台北市內湖區舊宗路二段181巷8號5樓
客服專線／02-8797-8396　　　傳　　真／02-8797-8909
網　　址／www.chunghwabook.com.tw
匯款帳號／華南商業銀行　西湖分行
179-10-002693-1　中華書局股份有限公司

法律顧問／安侯法律事務所
印刷公司／維中科技有限公司　海瑞印刷品有限公司
出版日期／2015年11月三版一刷
版本備註／據1971年12月二版復刻重製
定　　價／NTD 360（第七冊：平裝）
NTD 1,200（全套：平裝）

國家圖書館出版品預行編目（CIP）資料

國學治要：第七編 書目治要 / 張文治編. --
三版. -- 臺北市 : 中華書局, 2015.11
冊 ; 公分. -- (中華語文叢書)
ISBN 978-957-43-2892-5(第7冊 : 平裝)
ISBN 978-957-43-2893-2(全 套 : 平裝)
1.漢學

030　　104020474

NO.H1004-7
ISBN 978-957-43-2892-5（第七冊：平裝）
ISBN 978-957-43-2893-2（全　套：平裝）

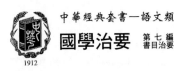

鯁直張千替殺妻雜劇

楔子

〔外一折云了〕〔正末扮張千上開〕小人是屠家張千的便是。家貧親老。不多近遠有個員外。待要結義小人做兄弟。待不從呵。時常感他恩德多。待從來。爭奈家寬生受。〔外上云了〕〔云〕哥哥既是不嫌貧呵。

【仙呂賞花時】哥哥道不敬豪門只敬禮。不羨錢財只敬德。哥哥您兄弟有句話對哥哥題。咱便似陳雷膠漆。你兄弟至死呵不相離。

〔外云了〕〔請老母參拜了〕〔結義科〕〔外云往直西索錢了〕〔送科下〕旦等呵。

第一折

〔正末扮上墳〕〔末云〕從哥哥往直西去早半年。今日同嫂嫂與母親往祖墳去。

【仙呂點絳唇】楊柳晴軒。海棠深院。東風轉。花柳爭先。忙殺鶯啼燕。

【混江龍】莎針柳線。鳳城春色滿嬌園。紅馥馥夭桃噴火。綠弁弁芳草堆烟。桃杏枝邊鬬蹴踘。綠楊樓外打鞦韆。猛聽的〔唱〕鶯聲恰恰。燕語喧喧。蟬聲歷歷。蝶翅翩翩。不由人待把春留戀。綺羅交錯。車馬駢闐。

〔云〕嫂嫂咱墳園到那未哩。〔旦云了〕

【油葫蘆】嫂嫂道墳在溪橋水那邊。斟量來不甚遠。恰來到居花莊景可人憐。我則見垂楊拂岸黃金線。我則見桃落處胭脂片。嫂嫂這路兒更少呵。不去他大路上行。則小路兒上穿。騎着匹騶驊騮難把莎茵踐。正是芳草地杏花天。

〔旦云了〕

【天下樂】嫂嫂這的是留與遊人醉後眠。我想來今年。今年強似去年。若不是俺哥哥賣發有甚錢。人也似好人付親兄弟廝顧盼。若不是俺哥哥嫂怎着兄弟祖墳前來祭奠。

〔到一園下馬旦教參拜科〕

【村里迓鼓】青盛茂竹林松塢。早來到祖宗墳院。先掛着紙錢。躬身拜從頭參見。忘不了哥哥重恩。小可張千。前生分人想着俺哥哥有管鮑情關張義。聶政賢。不棄俺[illegible]微智淺。

【元和令】到寒食不禁煙。正清明三月天。和風習習乍晴暄。羅衣初試穿。爲甚麽嫂嫂意留連。將言將言不言。

〔旦分付整辦祭物了旦忘人匙分付母親科〕〔旦云〕待與。〔小末云〕甯的不謊殺人也。怎生嫂嫂今日說出這般這言語。

【上馬嬌】嫂嫂更道是顛。更做道賢。恰便似賣俏女嬋娟。〔旦云了〕喫的來醉醺醺將咱來纏。眼溜溜涎。他道是休停莫俄延。

【游四門】呀。不睹時摟抱在祭臺邊。這婆娘色膽大如天。恰不怕柳外人瞧見。又不是顛。往日賢。都做了鬼胡延。

【勝葫蘆】嫂嫂休俺哥哥往直西不到半年。想兄弟情無思念。你看路人又不離地遠。你待爲非作歹。瞞心昧己。終久是不牢堅。

〔旦云了〕〔末云〕這婦人待要壞哥哥性命。

【幺篇】嫂嫂道瓦礶終須不離一邊。你未醉後人在言。你□的我手兒腳兒滴修都速戰。莫動不嫂嫂和俺哥哥是幾年夫妻。〔旦云〕二十年夫妻。又不想同衾結髮。情深義重。夫乃婦之天。

【後庭花】你休要犯王條成罪愆。則索辦人倫依正典。不聽見九烈三貞女。三從四德賢。今日箇到墳園。祖宗如見。有靈魂在墓前。你往□不怕天。胡尋思一點。留多名□百世傳。

〔旦云了〕

【青哥兒】嫂嫂你是箇艮人艮人宅眷。不是小末小末行院。俺哥哥離別末團圓。這些時有甚末准見。遇着春天。花柳芳妍。粉蝶翩翩。紫燕飛旋。簫管聲傳情素。因此上喬㜸㜸延延。虧張千難從願。

〔旦云了〕〔末詐許〕〔回家科〕

【尾聲】我這一恍鐵石心。不比你趁浪風塵怨。我雖是無歹心胡做。若這句我這句話合該一千須我不得將閑話兒展。嫂嫂你着馬先行我空說在駿馬之前。嫂嫂將着紫籐鞭催動止轅。賺的□你家解了我冤。你倚仗着有金有錢。欺負俺哥哥無親無眷。不曾見浪包婁養漢到陪錢。

第二折

〔旦上云〕准備酒食。等待小叔叔。〔云了〕〔員外上云〕〔回家敲門見酒食問科〕〔外見加酒問了〕〔旦支吾云了〕〔外教請弟科張千不信外旦請相見科〕

【正宮端正好】撇罷了腹中愁。則今打迭起心頭悶。嫂嫂也從今後休戀別人。〔旦云了〕若是俺哥哥一一從頭問。看我數說你一會無淹潤。

【滾繡毬】俺哥哥恰路上受苦辛。幹事忒謹勤。俺哥哥惹近遠也剛道了往來勞困。〔外云了〕〔唱〕哥哥鞍馬上遠路風塵。〔外問了〕毋親又無甚證候。恁尺有些老忘渾。托賴着俺哥哥福廕。那裏有半星兒疾病纏身。〔外問了〕嫂嫂母親行更如十分孝。俺嫂嫂近日來兄弟行街崇添一倚兒親。看我說你一會叮嚀。

【倘秀才】當日哥哥不曾見半點兒文墨與我許多資本。哥哥 一與兄弟這一盞酒除外別無甚順。想哥哥山海也似恩臨幾時盡。且休說放錢的□□士。更壓着養劍客的孟嘗君。那裏有俺哥哥意分。

〔外討酒飲了〕

【滾繡毬】酒行了十數巡。連飲了□□□。〔旦教勸員外酒科〕嫂嫂你看俺哥哥不擡頭呵又兼那身困。則為你嚇殺我也七世魔君。早則陽臺有故人。羅幃中會雨雲。不如背地裏暗傳芳信。〔外唱西科〕 呸你箇楚裏王百忙裏唱甚末白雪陽春。〔外醉睡科〕我這酒腸寬送纔那動脚。〔末辭科旦攔住科〕 被你這色膽如巫娥你則末攔住了門。諕的我無處藏身。

【倘秀才】嫂嫂我往常時草鞋兒不住脚根。到如今舊頭巾遊不了頂門。却甚末白馬紅纓彩色新。恰不道壁間還有伴。窗外豈無人。你待要怎生。

【滾繡毬】我這裏忙倒退。越趕得我緊。〔旦云了〕 你是婦人家絮叨叨不嫌口困。〔旦云了〕這堝兒比不得你祭臺邊諕鬼瞞神。知他是你風魔。我我村。嫂嫂不曾你這般呵送的我有家難奔。平白裏更待要燕爾新婚。〔□云了〕不爭二更前後成連理。俺哥哥知道呵敢□□□□□吊了脊觔。好是傷情。

【倘秀才】俺哥哥□□□□與銀。我今日殺兄長呵却不知恩報恩。□□□自己貪盃惜醉人。〔旦云了〕我則理會龐涓刖了□□□□□見張儀凍殺蘇秦。好教自嗔。

【滾繡毬】這婆娘外相兒真。就裏哏。從然面搽紅粉。是一箇油鬏髻吊客喪門。你須是他娶到的妻。至如今二十春。你全無半星兒情分。平白地磣可可剪草除根。這婆娘寸心毒哏千般計。不如也却甚麽一夜夫妻百夜恩。
諕了我三魂。
〔旦云了要殺外科〕〔云〕哥哥。你醒也。張千出於無奈。逼得如此。兄弟想着哥哥山海似恩臨未曾報答。哥哥受兄弟四拜。
【叨叨令】俺哥哥湯風雙雪金蘭分。你兄弟酒裏淘真性。我則理會得哥哥賣發張屠困。我那裏重色輕君子那裏有海棠嬌江梅韻。〔末持刀揪旦科〕
〔旦云〕却怎生殺我。〔末云〕我前背殺你。大古里孟姜女不殺了要怎末哥孟姜女不殺了要怎末哥。一朝馬死黃金盡。
【尾聲】想着婦女滄刀刃久已後則着送了人。自家夫主無恩情劃地戀着別人親。這婦人壞家門倒與別人些金銀。因此上有一刀兩段歸了地府。我與你有恩念哥哥掙了本。

第三折

〔外扮鄭州官問成員外解開封府了〕〔外扮包待制上引問擬獄不明〕〔末云〕人間私語。天聞若雷。行道數十里地。見座神廟。我且問珓杯咱。
【中呂粉蝶兒】今得一箇下下云珓。不爭隨順了妖嬈悶着□□□心不合神道。一會家怨氣難消。吃的來醉醺醺。□□□□。□道情理難饒。受哥恩殺身難報。
【醉春風】他不想夫婦恩重如山。待將一個親男兒謀算了。珠英斷臂去留名。似這婦人的少少。我因此上手攬定青絲。殺壞了不中淫婦。我待學知心管鮑。
〔末見母母云了〕母親道旦有殺人賊了。

【快活三】殺人賊有下落。殺人賊省歸着。殺人賊今日有根苗。母親我不說誰知道。

【朝天子】母親呵壽高。您兒呵不你。不想咱人死呵天知道。母親啼天哭地淚流交。您兒不曾將山海恩臨報。我這裏苦痛嚎咷。搥胸高叫。母親你指望養兒來防備老。〔母親云了〕不曾你兒不招。把哥哥送了。枉惹得普天下英雄笑。

【上小樓】我這裏孜孜覷了。諕的撲撲心跳。好教我戰戰兢兢。滴修都速。魄散魂消。是俺哥哥坐死牢。折到了他當時容是。我是鐵石人暗傷懷抱。

【幺篇】他那裏吃一杖。則如剁一刀。我這裏腹熱心慌。手忙脚亂。皮戰身搖。往常時那威風。那勢耀。人中才貌。我這裏向官人行怎生哀告。

【滿庭芳】殺人賊我招。相公把干連人放了。犯法的難饒。俺哥哥山海也似恩未報。怎肯道善與人交。那婆娘罪惡到。官人上難學。空養着家中俏。我根前欲待私情暗約。那婆娘笑裏暗藏刀。

〔外哭科〕〔包問了〕〔末云〕小人是結義兄弟。因這婦人待一心殺害哥哥。是小人殺了。

【石榴花】俺本是提刀屠番做了知心交。論仁義有誰學。俺哥哥索錢去了離別到半載之遙。那婆娘打扮來便似女孩。全不似好人家苗條。上墳處說不盡喬爲作。那裏怕野外荒郊。他從早晨間纏到日頭落。回來明日不花梢。

【鬭鵪鶉】我若背義忘恩。早和他私情暗約。後來俺哥哥來家。夜深吃的來醉倒。呀。婆娘待把俺哥哥所算了。被我賺得他手內刀。想俺哥哥昆仲情深。因此上把婆娘壞了。

【十二月】便怕甚擔煩受惱。判了個無處歸着。俺哥哥從來軟弱。幾曾見犯法違條。惜不得家親年老。好教我苦痛哮咷。

【堯民歌】哥哥你養侍白頭娘我在死囚牢。常言道舌是斬身刀。當年禍福不相交。今日官門有苦落。哥哥休焦。把這個軀好覷着。是必休教俺殘疾娘知道。

【耍孩兒】我往常時看別人笞杖徒流絞。今日個輪到門扒吊拷。指望咱弟兄情如陳雷膠漆有許學。登時間瓦解冰消。當初一年結義知心友。誰想咱半路裏番騰做刎頸交。淚不住腮邊落。眼見的一刀兩段。知他是今日明朝。

〔外云了〕

【二煞】俺哥哥恩義多。你兄弟情少。為人本分天之道。怕你濺半漿水把我題名喚。提一陌錢把我兒念着燒。耳邊高聲叫。兩隻腳登着田地。他那裏攀着柳稍。

【三煞】母親第一來殘疾多。第二來年紀老。常有些不快長安樂。怕有錢時截取疋整布絹。無錢時打我條孝繫腰。淚不住行行落。哀哀父母生我劬勞。

【四煞】哥哥咱為兄弟非關今世親。皆因前緣前世。怎着我一心想哥哥恩念伏侍到老。誰想半路裏這婦人把哥哥折算了。不由心焦躁。因此上着命身亡。便死呵並無悔懊。

〔外云了〕

【尾聲】哥哥我死去程途多。回來的路兒少。俺哥哥行半星兒恩義不曾報。我有七十歲的親娘侍奉不到老。

第四折

〔末扮上〕

【雙調新水令】從來猛虎不吃傍窩食。送的我死無葬身之地。則爲知心友番做殺人賊。普天下拜義親戚。則你口快心直。休似我忒仁義。

【夜行船】哥哥慈悲盛把兄弟相周急。如今謝哥哥將來的酒和食。這的長離飯永別盃。磣可可我嘗酒味。

〔外云了〕

【鴈兒落】哥哥萬剮我不後悔。這裏便死呵無招對。常學着仗義心。四海皆兄弟。

【得勝令】我死呵記相識。你從今好將息。與我斡取此些窮活計。休惹人閑是非。你再休貪盃。見放着傍州例。你若求妻。〔云〕常言道醜婦家中寶。休貪他人才精細細伶伶俐俐能言快語不中〔外云了〕娶一個端方穩重的。

【落梅風】腦背後。高聲叫起。読的我魂離體死無葬身之地。母親道認義來的哥哥有債回的禮。母親也早難道養軍千日。

【甜水令】我則見街坊鄰里。大的小的。啼天哭地。見了我並無一個感歎傷悲。他道不愛娘。替人償命。生分忤逆。醜名兒萬代人知。

【折桂令】哎。母親早則無指望綠鬢班衣。母親那裏有九病十殘。腰屈頭低。告哥哥且慢休推。省可裏後推前推。半霎兒午時三刻。弟兄子母別離。哭哭啼啼。切切悲悲。百忙裏地慘天昏。霧鎖雲迷。

【水仙子】一靈兒相伴着野雲飛。則聽得腦背後何人高叫起。是哥哥共母親傍邊立。我問你怎生來到這裏。險送了一家有賢妻。殺嫂索償命。宜鐫刎頸碑。將我好名兒萬古標題。

題目　悍婦貪淫生惡計
　　　良人好義結相知

正名　賢明待制翻疑獄
　　　鯁直張千替殺妻

小張屠焚兒救母雜劇

楔子

〔外末上開〕老夫王員外。便是。家住在汴梁西北角隱賢莊居住。家中有萬貫錢財。有個孩兒喚做萬寶奴。一家兒看成似神珠玉顆。我不合將人上了神靈的紙馬。又將來賣與別人還願。我賣的是草香水酒。似我這等瞞心昧己。又發積除死無大災。〔下〕〔旦上開〕老身是張屠的母親。得了些症候。看看至死。不久身亡。叫張屠孩兒來。我想一口米湯吃。〔正末上〕自家張屠的便是。街坊每順口叫我做小張屠。娘兒兩個。開着個肉案兒。母親自二十上守寡。經今六十二歲。不想十五日看燈回來得。□□加沉重。想口兒米湯吃。大嫂。家中無米。將綿襖我去王員外家當去。〔外旦云〕這襖子是故衣。只值二升米。你將去如珍珠一般。休要作賤了。〔下〕

〔仙呂端正好〕我則待積陰功。他則待貪財物。咱兩個利名心水火不同爐。全不肯施財周濟貧民苦。無半點兒慈悲處。

〔么篇〕便□有那金銀堆至北斗待何如。當日魯子敬謁周瑜。郭原真訪啞夫。將一領新綿襖你道是舊衣服。你二升米看成做兩斛珠。不由我心勞攘意躊躇。好教我心忙怎語。

第一折

〔末將米二升到家〕大嫂。這米將去。舂得熟着。與母親煎湯吃。大嫂你怎又煩惱。母親道又加了病症。你放得歡喜着母親也歡喜。你不知道這等孝勾當。

〔仙呂點絳唇〕母親病在膏肓。你孩兒仰天悲愴。添惆悵。母親受半世孤孀。却怎生越刻地無承望。

〔混江龍〕別無甚倚仗。受孤孀耽疾病受淒涼。心勞意攘。腹熱腸荒。忍凍

餓誰憐兒命蹇。守孤貧爭敢毋親忘。常則是半抄兒活計。一合兒饘粮。看
看至死。不久身亡。遇不收時月。飢饉年光。毋親眼中淚不離了枕席邊。你
孩兒腹中愁常潛在眉尖上。都不到一時半刻。尋思到百討千方。
【油葫蘆】〔云〕大嫂。你學幾個古人。孟氏賢達有義方。夫姓梁。常則是荊釵布襖
守寒窗。爲夫的文章冠世詩書廣。爲妻的孝人仁義名眞人。毋親行時時
親拜覆。勤勤的厮問當。便有志誠心無半點兒虛誑。常則是朝侍奉。暮煎
湯。〔云〕孟光夫主是梁鴻。與他那妻無話。要我喜時。你則布襖荊釵。便是夫婦與他荊夫主送飯高的擎着。
這個便是那舉案齊眉。大嫂你着得那昏定晨省的勾當。
【天下樂】誰不待舉案齊眉學孟光。怕不待開張。那裏取升合粮。與人家
打勤勞做生活有甚妨。怕不待時時的殺個猪。勤勤的宰個羊。覓幾文鄧
通錢將我娘侍養。
【那吒令】住孤村小莊。無親族當房。若毋親命亡。天那誰人覷當。大嫂你
學取此三賢孝心。我有寬宏量。休學那忤逆婆娘。
【鵲踏枝】帶頭面插金裝。穿綾羅好衣裳。出來的毀遍尊親。罵遍街坊。你
學那曹娥女哭長城送寒衣孟姜。休學那無廉恥盜果京娘。
〔末云〕大人你學二十四孝人。
【寄生草】我雖不讀論孟□。多聞孝義章。人子孝毋天養。郭巨埋子天恩
降。孟宗□人天垂象。王祥臥魚標寫在史書中。丁蘭刻木圖畫在丹青上。
〔請太醫科〕〔外末醫云〕我藥用硃砂定心丸便何。
【醉扶歸】賣弄他指下明看讀廣。止不宜一明論瑞竹堂。通聖散青龍丸
白虎湯。怎莫這半藥直銀七兩。量這個張屠戶朝無夜粮。他可仔從心上

起。可見老母親病着床。

〔云〕醫士說這藥用一錢朱砂引子。〔末云〕在上員外有他要主錢子昔是人。〔正旦云〕夫主。有俺父與我人一雙去換來。〔末見外員外與假朱砂〕〔末問〕朱砂有真假。員說害來本今死無大災。

【金盞兒】硃砂面有容光。這物色淡微黃。他那裏呪連天誓說道無虛誑。恨不得手拈疾病便離床。願母親三焦和肺腑。五臟潤肝腸。可憐見俺忤逆子。則怕妨人俺七十娘。

〔末云〕大嫂。這假朱砂母親吐了。別無救母之方。俺兩口望着東岳爺拜。把三歲喜孫到三月二十八日。將紙馬送孩兒焦盃內做一枝人。一了好歹救了母親病。好上聖有靈有聖者。

【後庭花】我這裏望東岳人帝方。祝神明心內想。則爲我生身母三焦病。許下喜孫兒做一炷香。我這裏過茶湯。願母親通身舒暢。汗溶溶如水一江。參似冰涼面溶溶有喜光。笑孜孜親問當。

【青哥兒】人可却便是平生平生模樣。往日往日形像。常言道孝順心是人間海上方。每日家告遍街坊。誰肯惭惶。仰告衆人。許下明香。兒做神羊。誰想道捨死回生便離床。兀的是天將傍。

【賺煞尾】〔云〕母親□病痊可有何不喜。母親病體十分安。你兒喜氣三千丈。捨了我嫡親子熱血一腔。咱人有子方知不孝娘。豈不問哀哀父母情腸。我這裏自參詳。不由我喜笑愁忘。再不搵傷心淚兩行。將孩兒熖騰騰一爐火光。磣可可一靈身喪。捨了個小冤家一心侍奉老尊堂。

第二折

〔正末扮上開云〕母親。三月二十八將近。你兒三口兒待往大安神州東岳廟上燒香去。說與母親。〔母親云〕你去燒香林帶喜孫去。〔末云〕許願時有孫兒來。須得他用去。〔母親云〕你三口兒少吃酒。疾去早來。

【越調鬬鵪鶉】青人天又千日人有峯巒萬朵明晃晃金碧琉璃。高聳聳樓臺殿閣。王孫每寶馬金鞍。士女每香車綺羅。正遇着春晝暄麗日和。裊春風綠柳如烟。含夜雨桃紅似火。

〔旦末行路科旦問末〕怎生走一幾日到不得大安神州。兀那高山便是。

【紫花兒序】鬧清明鶯聲婉囀。蕩花枝蝶翅蹁躚。舞東風剪尾娑人。你一那車塵馬足。作戲敲鑼。聒耳笙歌。不似今年上廟的多。普天下名山一座。壯觀着萬里乾坤。永鎮着百二山河。

〔末扮王員外云〕我每一年三月二十八。去大安神州做一遭買賣。到那裏賣與人的紙錢。才了神靈。我又將賣。我又有一個孩兒叫做萬寶奴。我一家兒甚成似神珠玉。行好的倒無錢。又無兒女。但我瞞心昧己。倒有錢又有兒。我人來死無大災。〔正旦末云〕俺三口兒來到三門下。宵歇一宵。明日早晨還願。〔外末上〕吾是病靈。這位是□□尹。這位是速報司。俺三位神靈。定是孝子□是忤逆之人。今有王員外瞞心昧己。不合神道惡禍生。神云。隍奉吾神令。教那急腳李能。半夜後王員外兒神珠玉人抱去。明日午時。去在那火池裏燒死。却把孝子張屠的喜孫兒。虛空裏着扮人凡人先送與他母親。休教人一得是凡人。〔下〕

【金蕉葉】你去山門前人躲。你去東廊下休來人我。你向扮陰中權且歇波。我人一門沉吟了幾合。

【調笑令】別無甚獻賀。爲救俺母親活。一聖教張屠無柰何。報娘恩三年人甫恩臨大懷躭十月。情多幾兒救母絕嗣。我爲親人一虎不河。

【金蕉葉】恩養上誰人似我。孝名兒天地包羅。將一娘煨乾就濕都正過。四十年受苦奔波。

【調笑令】爲母親疾病疴。因此上許下他。便無子息待如何。病未可不須我。古人言兒女最情多。

【小桃紅】也是前生那世寃業多。積人下六年禍。教他今生忍飢餓。受貧人。爲這人昧神造業天來大。也是他前人作。你作故教他今生折剉。須是貧恨一身多。

【鬼三台】見神靈在空中坐。鬼使是天丁六合。炳靈公府君神人惡。□艮司兩鬢雙皤。闊劍長鎗排列多。有十王地府閻羅。上聖金鞭指引俺孩兒。舒聖手遮羅互我。

【寨兒令】我心恍惚。面沒羅。是誰人撒然驚覺。我則見聖像嚴惡。鬼似嘍囉。排列的鬧呵呵。穿紅的聖體忙。穿青的子細詳跋。穿綠的親定奪。似白日裏無差。元來是一枕夢南柯。

【鬼三台】那裏哭的聲音大。到來日只少個殃人禍。兒女是金枷玉鎖。你道他悲理當合。你來朝也似他。接孩兒那人姓甚麼。萬中人認的是那個。你孩兒帶着金釧銀鐲。敢遠鄉了神珠玉顆。

【禿廝兒】焰騰騰無明烈火。昏慘慘宇宙屯合。兒也咱兩個義絕恩斷在這垛。人穰穰鬧呵呵。無個收羅。

【聖藥王】尋思了半多。當爐不選火。一炷香天下願心多。他那裏淚似梭。則管裏扯住我。報娘恩非是我風魔。火葬了小胡婆。

【尾】兩行清淚星眸中墮。我這九曲柔腸刀割。棄了個小寃家凄涼殺他。存得個老尊堂快活殺我。

第三折

〔外末扮急脚上開〕小名姓李名能。□州人氏。生前時曾跟磁州崔相公。相公死之後。爲神人□□君取小人做個鬼急脚。今日蒙神旨差送孝子張屠孩兒還家。我相的聖佑互做勾當的靈報。〔詩曰〕守分休貪不義財命中合有自然來。若將巧計干求得。人不爲讎天降災。

【中呂粉蝶兒】富和貧天地安排。使心計放子舉債。惱神靈人禍主災。那一個是人上人。他則待利上取利。全不想毒有一便休題苦盡甘來。利名場有成有敗。

【醉春風】也則待人滿眼本錢寬。全不想得臨頭天地窄。明晃晃方山則木一齊排。無一个改。改。但有些三八難三災。一心齋戒。把神靈人在九霄雲外。

（末云）奉炳靈公旨送孝子張屠兒離了神州。

【迎仙客】出神州十字街。下東岳攝魂臺。奉聖帝速風早到來。積善的遇着禎祥。作惡的生下患害。哭的那廝急煎煎抹淚揉腮。張屠笑吟吟醉裏乾坤大。

（外旦上開）老身是王員外的母親。有孩兒吾兒每年三月二十二日去大安神州做一遭買賣。有人來說不見孫子神玉顆。我想王員外買賣上多有合神道折我這孫子好去張婆婆問個信去。（下）

【石榴花】我這裏入深村過長街。齊臨臨踏芳徑步蒼苔。見老娘低首淚盈腮。莫不是張屠的妳。說不沙鬢髮斑白。元來是濟貧拔富王員外。上東岳滅罪消災。據着他心平心善心寬大。何須你燒香火醮錢財。

【鬬鵪鶉】貪財的本性難移。作惡的山河易改。這小的死裏生禍。逢着善哉。你孩兒掘着喪門着太歲逢着吊客。娘莫怪責。這孩兒牙落重生。你孩兒石沉大海。

（外旦云）張婆這個孩兒。是這哥送來。正是迎接斜。

【上小樓】見個婆老人。他那東恰便似這人。勲接待。你孩兒吃的醉眼橫斜。醉墨淋漓。倒在長街。這個小嬰孩。我送來你全家寧奈。你只望着大安州磕頭禮拜。
【幺篇】一來是神明人戒。二一來是天公眷愛。你孩兒爲報娘恩。感動神靈。爲母傷懷。你家私日日增。歲歲長。無災無害。你一家兒否極生泰。
〔外旦云〕哥。休與張屠幾年朋友。
【滿庭芳】俺兩箇深交數載。你張屠吃的前合後□。慣曾出外偏憐客。違不過昆□情懷。你孩兒便似病海中救出你母災。我便是火坑中救出你兒來。他那裏兩手忙加額。我但着天來大利害。元來是天地巧安排。
【普天樂】問行初。添驚怪。他道我頭似土塊。身似泥胎。支更在金殿中。聽事在衙門外。牌面上書神字。催香實。拂西風滿面塵埃。也不是張千李牌。也不跟州官縣宰。這一場恰便似鬼使神差。
【快活三】三門外大會垓。西廊下鬧埃埃。非干運拙共財衰。則爲他造惡彌天大。
【朝天子】你那廝最歹。直恁愛財。恰待快閻王怪。你那廝損人安己惹下禍災。〔云〕說與你王員外。再休放來生債。啼哭的摘膽腕心。傷情無奈。他道除死無大災。炳靈公聖裁。小龍王性乖。無半時摔碎了你天靈蓋。
【耍孩兒】你孩兒孝廉仁義陰功大。一炷香名揚四海。忠心報母世間希。美名兒動省驚臺。孝順名標入千秋萬古。忠良傳與媳婦兒立一面九烈三貞賢孝牌。孝名兒人都愛。姓王的禍因惡積。姓張的福已成胎。
【二一煞】張家則待要稱千秋萬古名。王家則待要利增百倍財。見如今鬼神嫌街坊怪。王家是非海內憂愁深。張家安樂窩中且快哉。到二一母直拜。張婆婆道與張屠少飲無名之酒。王婆婆說與王員外再休貪不義之財。

〔小旦尋孩兒科〕〔末云〕娘娘那裏有個神靈。在生時是包待制。死後為神速報司是也。

【煞】那爺爺曾撫的社稷安。補圓天地窄。穿一領紫羅袍白象簡腰繫着黃金帶。那爺爺睜雙怪眼烏雲黑。兩鬢銀絲雪練白。那爺爺威風整神通大。斷陰司能驅鬼使。判南衙不愛民財。

【尾聲】由你香焚滿斗香。財挑萬斗財。是家還舍沿離寨。這早晚十謁朱門九不開。一負人烟大。止不過前山後嶺。休積做大院深宅。

〔末云〕張婆婆我留下這包袱。上面有個字。交張屠看他□認我名字。

【煞尾】要尋處無處尋。見來時難見來。你道收藏幼子無妨礙。恰便似拾得孩兒落得櫰。

第四折

〔旦末回家科〕〔末云〕大嫂。咱到家見母親問孩兒。說甚的好。〔旦云〕只說明了不見。〔離大安州下山科〕

【雙調新水令】淚汪汪心攘攘出城門。好教人眼睜睜有家難奔。仰天掩淚眼。低首搵啼痕。懶步紅塵。倦到山村。入的宅門。愁的是母親問。

〔旦末到家叫門科〕〔母親問〕張屠你二口兒來了。孩兒那去了。〔旦末跪下科〕

【沽美酒】迎門兒拜母親。猶兀自醉醺醺。〔云〕孩兒交你哥哥者。連孫兒不見了。〔唱〕你似醉如呆勞夢魂。從根至本。一聲聲說元因。想母親病枕着床時時你孩兒急煎煎無處安身。望東岳神祠一郡。格幼子喜孫兒火焚在焦盆。是你那不孝的愚男生忿。

〔婆婆云〕你二口那裏有心去燒香。你吃得醉了。丟了孩兒。我跟前說謊。道焚了。虧殺李能哥哥送來。怕你兩口不信。叫孩兒出來你看。喜孫出來。〔旦末敬怕跪下〕

【鴈兒落】聽說罷能諕了魂。說得我半晌如癡蠢。母親暗藏着腹內憂。打迭起心頭悶。

【德勝令】這喜孫兒把火自焚了身。正日午未黃昏。皆是你媳婦嚴貞烈。也是你歹孩兒伴孝順。我記得神靈。昨夜夢裏傳芳信。這小的久已後成人。到做了凌烟閣上人。

〔母親將包袱與張屠看張屠認得是神急脚李能的繫腰科〕〔旦云〕元來神靈先送將孩兒來了。俺一家兒望着大安神州東岳爺爺將香案來。〔末叫母親云〕我想這世間人打好歹都有報應。俺都拜謝神靈來。

【水仙子】莫謾天地莫謾神。遠在兒孫近在身。焚兒救母行忠信報爺娘養育恩。勸人間父子恩情。爲父的行忠孝。爲子的行孝順。傳與你萬古留名。

題目　炳靈公府君神怒
　　　速報司夢中分付

正名　王員外好賂貪財
　　　小張屠焚兒救母

諸葛亮博望燒屯雜劇

第一折

〔冲末扮劉末同關末張飛領卒子上〕〔劉末云〕桑蓋層層徹碧霞。織席編履作生涯。有人來問宗和祖。四百年前旺氣家。某姓劉。名備。字玄德。大樹樓桑人也。某有兩箇兄弟。二兄弟蒲州解良人也。姓關。名羽。字雲長。三兄弟涿州范陽人也。姓張。名飛。字翼德。俺三人結義在桃園。宰白馬祭天。殺烏牛祭地。不求同日生。只願當日死。俺自破黃巾賊。誅呂布之後。英雄各占一方。見今曹操據於許昌。孫權占了江東。俺權且下寨於新野。俺待舉兵與曹操交鋒。爭奈無軍師。有徐庶曾言。南陽鄧州臥龍岡有一仙長。複姓諸葛。名亮。字孔明。道號臥龍先生。此人才欺管樂。智壓孫吳。論醫起死回生。論卜知凶定吉。劍揮星斗怕書動鬼神驚。六韜三略。妙策神機。徐元直舉善薦賢。若得孔明下山。拜為軍師。憑着關張雄虎之將。如猛虎插翅。俺弟兄三人。建安十二年春月間至臥龍岡上。訪孔明一次不遇。當年秋九月又訪孔明一次也不遇。如今是第三遭也。收拾了行裝。再請諸葛先生走一遭去。我問兩箇兄弟者。雲長。喒弟兄三人再請一遭去如何。〔關末云〕哥哥。喒弟兄三人。走一遭去。今求賢用士。如那太公隱於磻溪。似子房圯橋進履。喒屈膝於吾師。方可成就大事也。〔劉末云〕三兄弟。你心下可是如何。〔張飛云〕二位哥哥。昔日徐庶是脫身之計。量那村夫。省得甚麼。三年三訪。費了工夫。憑着您兄弟坐下馬。手中鎗。萬夫不當之勇。覷那曹操。掌上觀紋。不要請去。既哥哥要去。您兄弟不去。〔劉末云〕兄弟也。將在謀而不在勇也。有用着你那躁暴處也。有用不着你躁暴處。則依着你兩箇哥哥者。〔張飛云〕二位哥哥去。您兄弟斷然不去。〔劉末云〕既然三兄弟不去呵。俺弟兄二人。點就軍卒。留下趙雲劉封縻竺縻芳。您衆將緊守着新野。小心在意。則今日直至臥龍岡訪孔明。走一遭去。獨跨蒼鸞何處遊。神仙多管赴瀛洲。訪君不遇空回首。惹的那野草閑花滿地愁。〔劉末同關末下〕〔張飛云〕二位哥哥去了也。張飛也。你要尋思者。俺弟兄每曾言。一在三在。一亡三亡。兩箇哥哥去了也。我索走一遭去。我此一去。不請那村夫。我則是相伴俺兩箇哥哥走一遭去。俺驅馬離新野。誠心謁孔明。今年又不遇。放心燒的草菴平。〔下〕〔正末扮諸葛亮領道童上〕〔正末云〕貧道複姓諸葛。名亮。字孔明。道號臥龍先生。乃琅琊陽都人也。今在襄陽城西。號曰隆中。有一岡名是臥龍岡。貧道耕鋤於隴畝。近日之間。有新野太守劉備來謁兩次。貧道不曾放參。可是為何。我避其煩亢。不知俺出家兒人倒大來幽靜快活也呵。〔唱〕

【仙呂點絳唇】數下皇極。課傳周易。知天理。飽養玄機。常有那尊道德參玄意。

【混江龍】有朝一日。我出茅廬指點世人迷。憑着我劍揮星斗。我志逐風雷。聖明君穩坐九重龍鳳闕。顯出那大將軍八面虎狼威。〔云〕道童你見麼。〔道童云〕師父。您徒弟見甚麼。〔正末唱〕見風篩竹影。日射松窗。我恰纔袖中發課。你去那門外觀窺。安排着香桌。准備着烹茶。〔云〕道童這一來。〔道童云〕師父。可是何人到此也。〔正末唱〕必定是關雲長張翼德和劉備。〔云〕道童。〔道童云〕師父有何話說。〔正末唱〕你與我忙鋪下席簟。你與我半掩得這柴扉。

〔道童云〕師父。您徒弟安排下香桌。烹了茶湯。鋪下席簟。灑掃的乾淨了也。〔正末云〕道童。你門首覷者。看有甚麼人來。〔劉末同關末張飛上〕〔劉末云〕兄弟。可早來到也。遠遠的看見茅菴。將俺的軍馬屯在這山峪口。安營下寨喒。弟兄三人。直至茅菴中請師父去。可早來到也。二位兄弟。俺見師父去來。〔張飛云〕二位哥哥。今番第三遭。這村夫若下山去呵。我和他佛眼相看。若不下山去呵。我不道的饒了他哩。〔關末云〕兄弟。你休這等躁暴。俺求賢用士哩。〔劉末云〕兄弟。你不得躁暴。休誤了大事。〔劉末見道童科云〕道童。你師父菴中有麼。〔道童云〕俺師父正在菴中盹睡哩。〔張飛做揪住道童科云〕你師父在那裏。〔道童慌科云〕老官兒。我纔不說來。師父昨日酒多了。還不曾睡醒哩。老官兒休要動手。〔張飛云〕這村夫到不納房錢。則是睡。〔關末云〕兄弟休要躁暴。〔張飛做放了道童科云〕去。我且饒你。〔道童云〕呸。可不是晦氣。此人就是箇村牛一般。〔劉末云〕道童。對你師父說。去有新野太守劉關張弟兄三人。特來拜見。〔道童云〕理會的。〔報科云〕報的師父得知。菴門首有劉關張弟兄三人來拜見師父。〔正末云〕既然一年三訪。此人誠心。我必索與他相見者。道童。你請那姓劉的過來。〔道童云〕理會的。〔做見劉末科云〕那箇是那姓劉的老官兒。俺師父有請。〔劉末云〕您二位兄弟則在門首等者。我見了師父着人來請您二位兄弟。〔劉末做見科〕〔正末唱〕

【醉中天】我見他挪身起。他忙挪步上堦基。〔劉末拜科云〕師父。孤窮劉備來兩次不遇。今番是第三遭也。劉備特來相訪。〔正末唱〕玄德公你這般兩次三番勞貴體。〔劉末云〕小官特來相請也。〔正末唱〕你請貧道因何意。〔劉末云〕一年三訪不遇。今日得見吾師。實乃孤窮劉備之萬幸也。〔正末唱〕我請你箇玄德公安然坐的。〔劉末云〕孤窮劉備斷然不敢。〔正末唱〕他口聲聲道是孤窮劉備。那一箇孤窮的他生這般舜目堯眉。

〔云〕敢問玄德公來謁貧道。有何事務也。〔劉末云〕上告師父。俺一年三顧因宗社。遠遠而來不避驅馳。為漢室展轉參禮。徐元直舉吾薦賢。告吾師屈高就下。今日得見尊顏。如撥雲霧而覩青天。德助軍威。揮寶劍而遣風雲雷雨。全在吾師揮毫一助。師父。你那七星劍上呼風雨。六甲書中動鬼神。九天挽得銀河水。願與三軍洗戰塵。師父若下山去呵。施展你黃石公三略法。顯揚你那呂望六韜書。重磨俺那日月光天德。再整俺那山河壯帝居。〔正末云〕將軍少罪。貧道本是南陽一耕夫。豈管塵世之事。只可修身養性。貧道去不的也。〔劉末云〕師父好歹下山走一遭去也。〔正末唱〕

【油葫蘆】我則待做學巢由洗是非。我一心待習道德。我可便喜登呂望釣魚磯。誰待要蝸牛角上爭名利。誰待要蜘蛛網內求官位。〔劉末云〕師父隱跡於此。不知主何意也。〔正末唱〕我但穿些布草衣。但喫些麄糲食。我則待日高三丈我便朦頭睡。一任教烏兔走東西。

〔劉末云〕師父在此。好是清幽也。〔正末唱〕

【天下樂】我則是除睡人間總不知。我可便其也波實。其實可便無甚智。〔劉末云〕師父若肯下山去呵。同扶漢室。再立炎劉。有何不可也。〔正末唱〕你今日請貧道下山待出此二氣力。〔云〕貧道便下山去呵。〔唱〕我其實當不的寒。我可便濟不的飢。便請下這箇臥龍岡做甚的。

〔云〕玄德公。你同誰來。〔劉末云〕有二兄弟雲長在門首。〔正末云〕道童。你請那二公子過來。〔道童云〕理會的。〔做見關末科云〕那箇是那二公子。〔關末云〕小官便是。〔道童云〕二官人。俺師父有請。〔關末云〕三兄弟。你則在門首。我見師父去。〔做見正末科云〕師父。俺三謁不遇尊師。今日得見。實乃雲長萬幸也。〔正末云〕不敢不敢。好箇將軍也。〔唱〕

【金盞兒】他生的高聳聳俊英鼻。長挽挽臥蠶眉。紅馥馥面皮有似胭脂般赤。黑蓁蓁三綹美髯垂。這將軍內藏着君子氣。外顯出滲人威。這將軍生前爲將相。他若是死後做神祇。

〔張飛做見正末喝科云〕嗄。來來來。兀那村夫。俺兩箇哥哥鞠躬相請。你堅意推托。依着我呵。你與我拿鎗牽馬。我也不要。你驅馳俺兩箇哥哥。兀那村夫。你聽者。則這張飛情性強。我忙撚丈八鎗。你若不隨哥哥去。將火來我燒了你這臥龍岡。若不是俺兩箇哥哥在此。我則一槍搠殺你箇村夫。你無道理。無廉恥。無上下。失尊卑也。〔正末唱〕

【醉中天】你道我無道理無廉恥。無上下失尊卑。你將這環眼睜圓聰定誰。麥沙起黃髭髩。〔張飛云〕兀那村夫。你相我可是如何。〔正末唱〕你顯出那五霸諸侯氣力。〔張飛云〕不則你說。都是這般道。張飛有五霸諸侯之分。〔正末唱〕他不住的叫天吼地。〔張飛云〕誰不知我是莽張飛也。〔正末唱〕可不道你外名兒是莽撞張飛。

〔劉末云〕師父。俺弟兄三人。遠遠而來。好共歹要師父下山去也。〔正末云〕貧道斷然去不的。〔趙雲冲上云〕腕上鋼鞭能打將。匣中寶劍掣秋霜。幼年販馬爲商賈。真定常山是故鄉。某姓趙名雲。字子龍。某文通三略。武解六韜。見在玄德公手下爲將。今有玄德公弟兄三人。上臥龍岡訪諸葛孔明去了。着某鎮守新野。誰想甘夫人生一子。主公不知。某親自去臥龍岡報喜去。可早來到也。不必報復。我自過去。〔做見劉末科〕

〔劉末云〕趙雲爲何至此也。〔趙雲云〕報的主公得知。賀萬千之喜。有甘夫人所生一子。趙雲特來報喜。
〔劉末云〕兄弟。打甚麼不緊。師父不肯下山去哩。既是這等。我與師父說知去。〔做見正末科〕〔正末云〕玄德公。貧道則今日便下山去。〔張飛云〕這村夫無禮。俺哥哥的面皮。到不如趙雲那。〔劉末云〕師父爲何便下山去。〔正末云〕不然。我觀玄德公喜氣而生。旺氣而長。我所以下山去也。〔劉末云〕師父有甘夫人所生一子。有兄弟趙雲來報喜信來。〔正末云〕玄德公。貧道已知了也。我去則去。要說的明白。〔劉末云〕師父說。小官試聽者。〔正末云〕曹操七十二郡。按着天時之地。孫權見居江東八十一郡。按着九數。乃地利之方。
〔劉末云〕師父。劉備何處安身。〔正末云〕吾觀玄德公。可住西蜀也。〔劉末云〕西蜀乃是吾宗族劉璋所居之地。劉備爭忍圖之。則怕不中麼。〔正末云〕非圖之也。自有良法取之。西川五十四州。五見四也。是箇九數。是人和之地。便好道天時不如地利。地利不如人和。〔劉末云〕謝了師父者。吾師真乃是通神。喜殺孤窮霸業人。錦繡江山十萬里。今日箇茅廬一論定三分。〔正末唱〕

【尾聲】把您這孫劉曹吳蜀魏。鼎足三分不可缺矣。曹操天時爲第一。想孫權地利合宜。玄德公掌人和。穩勝磐石。先占了西蜀四千里。我對你箇玄德公說知。哎。你箇張將軍賭氣。我則見笑談間一陣捲征旗。〔同衆下〕

第二折

〔曹操同許褚領卒子上〕〔曹操云〕官封九錫位三公。玉帶金魚祿萬鍾。日服鴆酒千條計。夜臥丸枕有誰同。某姓曹。名操。字孟德。沛國譙郡人也。幼習韜略遁甲之書。曾爲行軍參謀之職。因某累建奇功。自破呂布之後。加某爲大漢左丞相之職。頗柰劉關張弟兄三人無禮。他不受某節制。屯軍在於新野。直至南臥龍岡。請下諸葛村夫來。拜爲軍師。要與某交戰。我欲待統兵迎敵。爭那俺軍師管通病體在身。未曾行兵。我手下有一員上將。乃是百計張遼。喚此人來商議。有何不可。小校喚的張遼來者。〔卒子云〕理會的。張遼安在。
〔張遼上云〕三十男兒鬢未斑。好將英勇展江山。馬前自有封侯劍。何用區區筆硯間。小官姓張。名遼。字文遠。乃朔州馬邑縣人也。自習兵甲之書。深曉軍陣之法。今輔佐於曹公麾下。爲上將之職。正在教場中操兵練士。有丞相呼喚。不知有甚事。須索走一遭去。可早來到也。小校報復去。道有張遼來了也。〔卒子云〕理會的。〔報科云〕喏。報的丞相得知。有張遼來了也。〔曹操云〕着他過來。〔卒子云〕理會的。過去。〔張遼做見科云〕丞相呼喚張遼。那廂使用。〔曹操云〕張遼。喚你來別無甚事。為因劉關張請諸葛亮下山。拜為軍師。要與某交戰。更待干罷。你則今日先下將戰書去。看諸葛亮動靜如何。小心在意。疾去早來。〔張遼云〕得令。奉丞相的將令。直至劉關張營內下戰書。走一遭去。劉關張相請諸葛亮。下山來演武操兵將。持書呈親往探虛實。看好歹回復曹丞相。〔下〕〔曹操云〕張遼去了也。〔卒子云〕去了也。〔曹操云〕小校與我喚將夏侯惇來者。〔卒子云〕理會的。夏侯惇安在。〔淨扮夏侯惇上云〕帥鼓銅鑼一兩敲。轅門裏外列英豪。三軍報罷平安喏。買賣歸來汗未消。某複姓夏侯。名惇。字元讓。佐於曹丞相麾下為將。某文通三略。武解六韜。上的馬去。番番不濟。到的陣前。則是盹睡。若遇敵將。做不的本對。他輪刀便砍。慌的跳下馬來。膝跪。正在帳裏打盹。丞相呼喚。不知有甚事。須索走一遭去。可早來到也。小校報復去。道有夏侯惇來了也。〔卒子云〕理會的。過去。〔夏侯惇做見科〕〔曹操云〕夏侯惇。我今要征伐新野。劉關張弟兄三人。他直至南陽。請下諸葛孔明來。拜為軍師。量那村夫。何足道哉。你為前部先鋒。領十萬雄兵。與他弟兄三人交戰。先收博望。後攻新野。則要你得勝而回。小心在意者。〔夏侯惇云〕得令。某奉丞相的將令。領十萬人馬。與劉關張相持廝殺。走一遭去。大小三軍。聽吾將令。我做元帥威風勝。大小三軍聽將令。人人捨命要當先。把你有似爺娘敬。或陞百戶與千戶。或做同知幷縣令。賞賜金銀旋旋關。高官得做奉合請。若還得勝還營後。一人賞你一本百家姓。〔下〕〔曹操云〕夏侯惇去了也。〔卒子云〕去了也。〔曹操云〕憑着俺人強馬。將勇兵雄。覷劉玄德兵微將寡。一鼓而下。這一去必然平新野樊城。方趁某平生願足。我傳令莫延遲。人馬朔風疾。鞭敲金鐙響。齊和凱歌回。〔下〕〔劉末領衆將上〕〔劉末云〕某乃劉玄德是也。自從請的孔明師父下山來。衆將皆喜。今日當卓午。請師父掛軍師牌印。大小衆將。聽吾將令。軍師陞帳。威勢偏別。陣雲繚繞望空蒼。殺氣騰騰遮紅日。列能征猛將數千員。敢勇英雄千百隊。人人攢竹竿上挑紅纓。箇箇方天戟上懸豹尾。飛魚袋內。鐵胎弓上虎觔弦。走獸壺中。插鵰翎狼牙鑿子箭。前排五百鴈翎刀。後擺三千傍牌手。左列千隊鐵衣郎。右排萬餘金甲將。轅門列五運轉光旗。中軍掚順天八卦蓋。八卦蓋者。是乾坎艮震巽離坤兌。東方旗青如藍靛。上有日月星辰。西方旗雪色金色。隔天河鎖南辰北斗。南方旗烈火燒天。上有十二員神將。北方旗攞似烏雲。上有九曜星官。中方杏黃旗上蛟龍戲二十八宿。俺這裏軍隨印轉行直正。罪若當刑先言定。休誤在朝天子宣。莫違閫外將軍令。衆將皆全。請師父掛軍師牌印。這早晚師父敢待來也。〔正末引道童上云〕貧道諸葛孔明是也。今日玄德公同衆將在元帥府拜貧道爲軍師。須索走一遭去。可早來到也。小校報復去。道有貧道至此也。〔卒子云〕理會的。喏。報的元帥得知。有軍師來了也。〔劉末云〕小官同衆將親自接待去。〔劉末同衆做迎接科云〕早知軍師來到。只合遠接。接待不着。恕劉備之罪也。〔正末云〕不敢不敢。量貧道有何德能。有勞玄德公用意也。〔劉末云〕軍師請。〔正末云〕玄德公請。〔劉末云〕衆將謹參。〔衆做拜科〕〔正末云〕衆將免禮。貧道不敢不敢。玄德公。衆將皆全了麼。〔劉末云〕上告軍師。前後將卒攞列的停當。未知如何。請師父觀看一遭者。〔正末云〕玄德公。大小三軍。攞布的好齊整也。靄靄征雲籠宇宙。騰騰殺霧罩征旗。軍卒有似魚鱗砌。敢戰將軍鴈翅齊。〔唱〕

【南呂一枝花】我則見遮天雜彩旗。震地花腔鼓。關雲長青龍偃月刀。張翼德銀蟒可兀的點鋼毒。齊臻臻鎧甲結束。銀纏桿花稍弩。獸吞頭金蘸斧。有五千員越嶺犇彪。有百萬隻爬山猛虎。

【梁州】我今日坐中軍七重的這圍子。不辜負你那臥龍岡三謁茅廬。我可便覷寰中草寇如無物。憑着我運乾坤手段。安社稷機謀。我可便使一條妙計。更和那三卷的這天書。顯神機鎮住東吳。論人和可住西蜀。憑着這諸葛亮關羽張飛。怕甚麼曹孟德張遼的這許褚。更和那孫仲謀魯肅和那周瑜。〔劉末云〕一陣好大風也。師父。此一陣風主何凶吉也。〔正末云〕玄德公。此一陣風。不按和炎金朔。是一陣信風。這信風過處。無一時有人下戰書來也。〔劉末云〕令人門首覷者。看有甚麼人來。〔張遼上云〕某乃張遼是也。奉曹丞相的將令。着我直至新野。下戰書去。可早來到也。小校報復去。道有曹丞相手下。

差一人來下戰書。〔卒子云〕你則這裏有者。喏。報的軍師得知。有曹丞相差一人下戰書。在於轅門首。〔劉末云〕恰纔軍師語未懸口。果然有下戰書的來了也。〔正末唱〕無一時報復夏侯惇鐵桶般軍無數。〔云〕着那下戰書的過來。〔卒子云〕理會的。過去。〔張遼見科〕〔衆做喝科〕〔正末云〕那廝來的。〔張遼云〕小將是曹丞相差來下一封戰書在此。〔正末云〕將那戰書來。我試看者。〔劉末云〕將戰書與師父看。〔張遼遞書科〕〔劉末云〕師父看戰書者。〔正末唱〕將封皮展開覷。〔云〕誰是張遼。〔張遼云〕小將便是張遼。〔正末唱〕哦。你是張遼下戰書。〔劉末云〕書上可不知寫着甚麼哩。莫非是搦劉備出馬麼。〔正末云〕他那裏是搦您衆將。〔唱〕他則是單搦這耕夫。

〔云〕小校將筆來。背批四字。來日交戰。着那下書的回去。〔劉末云〕兀那張遼。軍師的將令。着你回去選日交兵。〔張遼云〕理會的。我出的這門來。下了戰書也。不敢久停久住。回俺丞相的話。走一遭去。奉命迴程赴許昌。書嚇劉備與關張。來朝兩陣交鋒處。試看相持戰一場。〔下〕〔張飛云〕夏侯惇領兵來索戰。衆將都簇捧着他。你看俺兩位哥哥也立在他跟前。我看這村夫。怎生調兵。兀的不氣殺我也。〔劉末云〕上告師父。今夏侯惇統領兵來索戰。誰做先鋒。誰做合後。師父支撥軍馬。衆將聽令也。〔正末云〕 您衆將近前來聽令。〔衆將云〕理會的。〔正末云〕趙雲安在。〔趙雲云〕師父呼喚小將。那廂使用。〔正末云〕你為先鋒。領五百軍引戰夏侯惇。去博望城南門。與夏侯惇對敵。不要你贏。則要你輸。〔趙雲云〕小將得令。〔正末唱〕

【四塊玉】我這裏便呼〻趙雲。你可便休停住。則要你擐甲披袍統征夫。你可便橫槍縱馬為先部。趙雲你便聽我的言。你莫信他那箇語。〔云〕趙雲。你近前來。可是嗜的。〔唱〕不要你贏則那箇要輸。

〔云〕小心在意者。〔趙雲云〕得令。則今日領五百人馬。引戰夏侯惇。走一遭去。我出的這門來。〔張飛云〕趙雲。你那裏去。〔趙雲云〕我奉師父將令。着我去博望城中引戰夏侯惇去。兩陣之間。則要我輸。不要我贏。贏便是我罪。輸便是我功。〔張飛云〕我道是這村夫不會行兵。那裏廝殺處則要輸不要贏。趙雲你過來。等我過去。〔見正末科〕〔正末云〕張飛怎的。〔張飛云〕我去博望城中引戰。走一遭去。〔正末云〕張飛。你那槍快麼。〔張飛云〕槍快。〔正末云〕馬飽麼。〔張飛云〕馬飽。〔正末云〕你敢厮殺麼。〔張飛云〕敢厮殺。〔正末云〕我不用你出去。〔張飛云〕這村夫兀的不氣殺我也。〔關末云〕兄弟也你則依着師父。你休躁暴。〔張飛云〕罷罷罷。趙雲你去。〔趙雲云〕則今日統領軍馬與夏侯惇交戰走一遭去。征旗如血染。戰馬似蛟龍。劣缺揚搜漢英雄膽氣生。若逢征戰處。務要見輸贏。我掌吾師計。必定獻頭功。〔下〕〔正末云〕劉封安在。〔劉封云〕軍師呼喚劉封那廂使用。〔正末云〕劉封你也領五百軍去博望城南門。一人一箇簸箕等貧道祭起風來。你那裏便與我播土揚塵。〔劉封云〕小將得令。〔正末唱〕

【牧羊關】則要你魚鱗般排軍陣。雁行般列隊伍。依着我運計鋪謀。我不要你戰鬭相持。我則要你揚塵也那播土。你休去那荄心裏撞。你則向草坡裏伏。〔劉封云〕軍師則怕不中麼。〔正末唱〕哎。你箇義子休心怕。你正是賊兒膽底虛。

〔云〕小心在意者。〔劉封云〕得令。奉軍師的將令。領五百人馬。去博望城外播土揚塵走一遭去。我出的這門來。〔張飛云〕劉封你那裏去。〔劉封云〕我奉軍師將令。領五百人馬去博望城外播土揚塵去也。〔張飛云〕你看這村夫不會行兵。着人播土揚塵。可不眯了人眼。你過來我見他去。〔見正末云〕兀那村夫我去播土揚塵走一遭去。〔正末云〕你那槍快麼。〔張飛云〕我槍快。〔正末云〕你馬飽麼。〔張飛云〕馬飽。〔正末云〕你敢厮殺麼。〔張飛云〕敢厮殺。〔正末云〕我可不用你出去。〔張飛云〕這村夫兀的不氣殺我也。〔關末云〕兄弟你則依着師父。休要躁暴也。〔張飛云〕罷罷罷。劉封你去。〔劉封云〕則今日領五百人馬。一人一箇簸箕。去博望城外播土揚塵走一遭去。大小三軍。聽吾將令。到來日遮天地征雲似火。槍刀明有似寒冰。仗軍師神機妙策。跟着我播土揚塵。〔下〕〔正末云〕糜竺糜芳安在。〔糜竺糜芳云〕師父喚俺二將那廂使用。〔正末云〕糜竺糜芳你二人領五百軍馬博望城外等夏侯惇入的城中。你便與我舉火燒屯。〔糜竺糜芳云〕師父小將得令。〔正末唱〕

【賀新郎】你向那博望城多准備着火葫蘆。〔云〕等他入的城來。着鹿角叉住巷口。當住城門。〔唱〕你與我先點着糧車。後燒着窩鋪。您四下裏火箭一齊去。火燒的他神嚎也那鬼哭。火燒的他馬死人無。着他在火坑中喪了性命。都着他火陣內喪了殘軀。〔糜竺云〕則怕三將軍他要去麼。〔正末唱〕你着那張將軍不索碏前怒。這的是黃公三略法。更壓着那呂望六韜書。

〔云〕小心在意者。〔糜竺糜芳云〕得令。我出的這轅門來。〔張飛云〕您二將那裏去。〔糜竺云〕奉軍師將令。撥與俺五百人馬。着俺二人舉火燒屯去也。〔張飛云〕這村夫無理也。不着人廝殺。怎生放火燒人。你兩箇休去。我走一遭去。〔見正末科云〕兀那村夫來來來。我舉火燒屯走一遭去。〔正末云〕你槍快麼。〔張飛云〕槍快。〔正末云〕你馬飽麼。〔張飛云〕馬飽。〔正末云〕你敢廝殺麼。〔張飛云〕我敢廝殺。〔正末云〕我可不用你。出去。〔張飛云〕兀的不氣殺我也。〔關末云〕兄弟也。你休躁暴。〔張飛云〕糜竺糜芳。您去。〔糜竺云〕大小三軍。聽吾將令。三通鼓罷。拔寨起營。遮天地征人似火。槍刀明有似寒冰。仗軍師神機妙策。跟着我舉火燒屯。〔下〕〔糜芳云〕某奉軍師將令。舉火燒屯。走一遭去。奉軍師將令忙差。統軍校弓弩齊排。博望城屯糧積草。都與某暗暗藏埋。火炮響驚天動地。施謀略巧計安排。若拏住夏侯元讓。難逃這火內之災。〔下〕〔正末云〕二將軍雲長。你也領五百軍。去那滹陵渡口。用沙囊土布袋。堰住那長流水。等夏侯惇軍馬過時提閘放水。小心在意者。〔關末云〕得令。〔正末唱〕

【隔尾】關雲長你去滹陵渡。〔關末云〕師父。滹陵渡怎生堰住水口。〔正末唱〕用土布袋把長江緊當住。水渰殺的軍兵死無數。他活時節是戰夫。死後做了水卒。〔云〕二將軍雲長。〔關末云〕有。〔正末唱〕你若是得勝還營。你將我來自然許。

〔云〕則要你幹事成功者。〔關末云〕得令。則今日點就五百軍馬。至滹陵渡口提閘放水。走一遭去。我出的這門來。〔張飛云〕二哥。你那裏去。〔關末云〕兄弟。你不知道。師父的將令。着我去滹陵渡口提閘放水。走一遭去。〔張飛云〕二哥。你則道波。自從請下這村夫。撥調得俺弟兄每一頭放水。一頭放火。二哥你休去。等我去。兀那村夫。來來來。滹陵渡口。我去提閘放水去。〔正末云〕您那槍快馬飽敢廝殺麼。〔張飛云〕我槍快馬飽敢廝殺。〔正末云〕我不用你。出去。〔張飛云〕阿。又不用我也。〔劉末云〕兄弟。俺求賢用士哩。你依着師父出去。〔張飛云〕罷罷罷。二哥你去。〔關末云〕大小三軍。聽吾將令。跟着我提閘放水。走一遭去。吾師差遣漢雲長瀉陵渡口古滄浪。軍卒堰住河中水。片時翻做漢陽江。火燒博望似那田單陣。不弱如背水韓侯惡戰場。敗殘軍過瀉陵渡。我着他軍馬連人水內亡。〔下〕〔張飛云〕這村夫真箇不用我。衆將去了。我好也要廝殺去。歹也要廝殺去。他不用我。我自過去。〔見科云〕來來來。兀那村夫。那裏有人不敢去的去處。我張飛走一遭去。〔正末云〕張飛。不是貧道不用你。你不為上將。〔張飛云〕我怎生不為上將。〔正末云〕我要差你出去。你也不能成功。〔張飛云〕我怎生不能成功。〔劉末跪科云〕師父。衆將都用了。張飛是一員虎將。可怎生不用他。你看小官之面重用張飛。可也好也。〔正末云〕玄德公請起。張飛。我本待不用你。看玄德公之面。不是我小覷你。我如今撥與你五百人馬。到來日日當卓午。夏侯惇領一百騎敗殘人馬。往許昌路上過。我兩隻手分付在你袍袖裏。你拏不住他一箇。〔張飛云〕我若拏住他一箇呵。你可輸些甚麼。〔正末云〕貧道與你打箇賭賽。到來日巳時未時。也是輸了貧道。正日當卓午。你撞見夏侯惇人馬。若是多一箇少一箇。也輸了貧道。整整的一百騎人馬。往你跟前過去。你拏不住他一箇。〔張飛云〕我若是拏將夏侯惇來呵。你可輸些甚麼。〔正末云〕你說。你若拏將夏侯惇來。休說是夏侯惇。就是殘軍敗將。拏將一箇來。我也就當作夏侯惇。貧道就輸與你這軍師牌印。你若拏不將來。你可輸些甚麼。〔張飛云〕你放心。我睜着一雙大眼。我拏不住那夏侯惇呵。我擺一席請你。〔正末云〕要配上我這軍師牌印者。〔張飛云〕罷。我輸一顆牛頭。〔正末云〕也配不上。〔張飛云〕恁的呵。罷罷罷。我也賭着我這一顆六陽會首。則不我的賭着。連我二位哥的頭也賭着。〔正末云〕張飛。你要與貧道賭頭爭印。軍政司立了軍令狀者。〔張飛云〕兀那村夫。你聽者。我這一去。鞭敲金鐙響。凱歌齊聲唱。我輸了呵。緊綁綁剪了臂膊。直挺挺舒着脖項。我本是箇架海紫金梁。他不是托塔李天王。我得勝定掌軍師印。我不拏住不姓張。憑着這馬壯人強。我也會鞭督郵魂飄蕩。石亭驛裏摔袁祥。這的是男兒當自強。〔正末唱〕

【紅芍藥】張將軍不索氣長吁。也不索你大叫高呼。我着你吞聲窨氣自然伏。你休賣弄你那武藝滑熟。〔云〕日當卓午時候。〔唱〕又不是風清過二鼓。〔張飛云〕夏侯惇若是領着九十九箇。是你輸了。若一百單一箇。也是你輸了。〔正末唱〕整整的一百箇軍卒。他每都東歪西倒自長吁。他剛剛的整理的他那身軀。

〔張飛云〕我若撞不見夏侯惇呵。也是你輸了。〔正末唱〕

【菩薩梁州】恰待出博望得程途。剛尋着走路。你跟前過去。你若是拏不住佯佯的支吾。〔張飛云〕我也不信。我豹頭環眼。倒拏不住一目的夏侯惇。〔正末云〕張飛不是我小覷你。我便與你一千軍馬。你休道是拏那夏侯惇來。你則拏的他一箇殘軍敗將來也輸了貧道。〔張飛云〕咱兩箇賭頭爭印。立下軍狀了。我若拏將夏侯惇來呵。你可休不與我那牌印也。〔正末唱〕張將軍。咱兩箇立下文書。若是你手裏親拏住。我則怕踏盡鐵鞋無覓處。你若違犯了不輕恕。〔張飛云〕我若贏了你呵呢。〔正末唱〕你得勝腰間掛虎符。〔云〕張飛你輸了呵。〔唱〕你看我斬首權謀。

〔劉末云〕兄弟也。既然軍師重用了你。則要你得勝成功而回者。〔張飛云〕大哥你放心。則今日統十八騎為馬長槍。去許昌路上擒拏夏侯惇。走一遭去。莫量張飛統戰兵。豹頭憨戰鬼神驚。休誇曹操能征戰。若論相持我絕倫。為馬偏宜獅蠻帶。白袍堪襯絳紅纓。試看燕人張翼德。放心我單拏去一目夏侯惇。〔下〕〔劉末云〕張飛一時間躁暴。軍師神機妙策。量那曹兵到的那裏。衆將必然成功也。〔正末云〕主公放心。衆將此一去。必然得勝。我料張飛不能成功也。〔唱〕

【尾聲】差虎彪般大將離窩峪。管取那豺狼臥道途。呼趙雲討心腹。着劉封莫遲誤。使關公疾快去。呼糜芳共糜竺。我將張飛好囑付。撥定的軍兵一齊去。諸葛亮我有耳目。〔劉末云〕俺二兄弟提閘放水。三兄弟伏路。便不道的走了那夏侯惇哩。〔正末唱〕使不着您弟兄每使手足。〔云〕張飛你若輸了呵。〔唱〕我着你那莽撞的殘生可着你做不的主。〔同下〕

第二折

〔夏侯惇領卒子踹馬兒上〕〔夏侯惇云〕某乃夏侯惇是也。領十萬人馬。親爲大帥。與劉關張交戰。大小三軍。擺開陣勢。塵土起處。劉關張人馬敢待來也。〔趙雲領卒子蹿馬兒上云〕某乃趙雲是也。奉軍師將令。着我與夏侯惇相持厮殺。則要輸。不要贏。輸了是我功。贏了是我罪。前面塵土起處。敢是曹兵來也。大小三軍。擺開陣勢。來者何人。〔夏侯惇云〕你來者何人。〔趙雲云〕某乃趙雲。是你爹爹。〔夏侯惇做應科云〕哎。風大不聽見。再高着些。〔趙雲云〕某乃趙雲。是你爹爹。〔夏侯惇做應科云〕哎。風大不聽見。再高着些。〔趙雲云〕某乃趙雲。是你爹爹。〔夏侯惇應科云〕哎。〔卒子云〕應的美。元帥這箇喚做罵陣。罵的惱了就厮殺。他說是你爹爹。你可再大着些壓伏他。〔夏侯惇云〕我知道。曉的是罵陣。喒如今口強便掙一半。我說大着降着他。我行不改名。坐不改姓。曹丞相手下大將夏侯惇。〔卒子云〕元帥大着些。〔夏侯惇云〕我知道。夏侯惇。我是你家重孫累孫。〔卒子云〕元帥。你怎麼與他做重孫累孫。倒越小了。〔夏侯惇云〕我不着你這幾箇弟子孩兒。也送不了我。一了說做小做小。天下着了。兩家交馬處。他若是一槍刺下我馬來。恰待要殺他看一看他道是我家重孫埕。〔卒子云〕他也殺了。〔夏侯惇云〕兀那趙雲。你領多少人馬與我厮殺來。〔趙雲云〕我領着十萬人馬與你交戰。〔夏侯惇云〕你且住者。我揀兵書看一看。他兵十萬。我兵十萬。兀那趙雲。我不與你厮殺。〔趙雲云〕你怎生不與我厮殺。〔夏侯惇云〕你的是十萬。孫武子兵書曰。你兵是十萬。我兵是十萬。遇敵兵而不戰。你強我弱。不與你厮殺。〔趙雲云〕兀那夏侯惇。我這裏十萬人馬。退了五萬。則用五萬戰你那十萬人馬。〔夏侯惇云〕我兵十萬。你兵五萬。你退了五萬。肯退了那好兵。都是囊的懦的老的小的瘸的跛的。則留下精壯的。孫武子兵書挑兵而不戰。〔趙雲云〕我十萬兵都不要。則我一人一騎與你交戰。〔夏侯惇云〕 等我再看。我兵十萬。他則是一人。越發不戰了。〔趙雲云〕怎生又不戰。〔夏侯惇云〕一人捨命。萬夫難當。操鼓來。〔二將交戰科〕〔夏侯惇云〕花腔邊鼓擂。雜綵繡旗搖。三軍齊吶喊。二騎馬相交。〔趙雲云〕看了這厮的武藝。則是如此。我虛攔一槍。佯輸詐敗。望博望城中走走走。〔下〕〔夏侯惇云〕這厮走了也。他來如狼似虎。去後似犬如貓。有你走處。有我趕處。饒你走到焰魔天。隨後駕雲須趕上。不問那裏趕將去。〔趕下〕〔趙雲上云〕某乃趙雲。佯輸詐敗。來到這博望城中。三軍望城中南門入北門出。俺進城去來。〔下〕〔夏侯惇趕上云〕　三軍來到這博望城也。跟着我趕殺進城去來。〔做入城科云〕這廝走了也。這一城都是糧草。原來都是劉關張家的糧草城池。便好道功大者無過救駕。計毒者無過斷糧。先得了他糧草城池。小校先替我將四城門把住。〔卒子云〕得令。〔夏侯惇云〕怎生無有東門西門。則有南門北門。便替我關上城門。聽我將令。喒與劉關張家整廝殺了一日。今夜晚間。都解衣卸甲。不要您提鈴喝號。也不要您轉箭支更。更有鋪蓋的打開鋪蓋睡。沒鋪蓋的扯下那草來鋪着睡。怕冷的鑽入草堆裏睡一夜。明日與他廝殺。睡去。〔衆做睡科〕〔麋竺麋芳領卒子上〕〔麋竺云〕某乃麋竺。麋芳是也。奉軍師將令。着俺二將舉火燒屯。來到這博望城下也。怎生關閉着這城也。小校立起雲梯。我試望者。夏侯惇軍馬。兀的不睡着了也。等某先發一箭。我這裏急取弓和箭。搭上鳳翎毛。推出弓靶去。拽損瘦龍腰。火箭如神射。火焰騰騰飄。燎折北斗柄。燒死衆英豪。三軍齊發箭。火起了也。俺軍師府裏獻功那。走一遭去。〔同麋芳下〕〔夏侯惇做睡醒科云〕哎約。好大火。燒殺我也。三軍打開城門逃性命。走走走。〔下〕〔劉封領卒子上云〕某乃劉封是也。奉軍師將令。着某簸土揚塵。放檑木砲石。等待夏侯惇。這早晚敢待來也。　〔夏侯惇慌科上云〕　來到這博望山底下。上山走。〔劉封云〕夏侯惇的軍馬來了也。三軍播土揚塵。放檑木砲石。〔夏侯惇云〕哎約。又不好也。檑木砲石打將下來了。不好了。喒往瀉陵渡逃命去來。〔下〕〔劉封云〕簸土揚塵放檑木砲石。打中了曹兵也。我回軍師的話。走一遭去。〔下〕〔關末領卒子冲上云〕某乃關雲長是也。奉軍師將令。着某提閘放水。來到這瀉陵渡口也。夏侯惇敢待來也。〔夏侯惇上云〕三軍走走走。俺來到這瀉陵渡口也。昨日與劉關張家交戰。整廝殺了一日。趙雲敗走。趕入博望城。那廝又走了。被某占了糧草城池。關了城門。濃睡一夜。來日再與他交戰。誰想中了諸葛懶夫之計。舉火燒屯。燒殺了我一半人馬。出城被他簸土揚塵。把我眯了眼。又殺了我一半人馬。到的博望山下。檑木砲石。又打殺了我一半人馬。俺如今領着敗殘軍馬。來到這瀉陵渡口也。小軍兒着一箇下河去。看河裏水勢深淺。〔卒子云〕元帥。則有漫脚面的水。〔夏侯惇云〕既是漫脚面的水。三軍一齊下河去。把您身上火燒的泡。着水泡一泡。害渴的就喫些涼水。淋洗一淋洗身上。〔關末云〕夏侯惇敗殘軍馬來了也。三軍與我提閘放水。兀的不水淹了曹兵也。三軍跟着我回軍師話。走一遭去。〔下〕〔夏侯惇云〕罷了罷了。水淹下來也。三軍跟着我捽手浮捽手浮。狗跑兒浮狗跑兒浮。跚水兒浮跚水兒浮。鴨兒浮鴨兒浮。觀音浮觀音浮。上的這岸來。喒廝殺了一日一夜。劉備家軍將見了趙雲糜竺糜芳劉封關大王都見了。止不曾見張飛。喒不要往華容路上去。順着蜒蚰小道兒。望許昌路上走走走。〔下〕〔張飛領卒子上云〕大小三軍。擺開陣勢。夏侯惇敢待來也。〔夏侯惇領卒子慌上云〕三軍跟着我往許昌路上逃命。走走走。〔張飛云〕來者何人。〔夏侯惇云〕某乃夏侯惇是也。你來者何人。〔張飛云〕某乃張飛是也。〔夏侯惇云〕好也趓了他一日。恰好撞在他懷裏。三叔。你是一員名將。你又是箇知禮的人。且不要動手動脚的。聽姪兒說與三叔。你要與姪兒廝殺。正是趕乏兔兒相似哩。〔張飛云〕怎生是趕乏兔兒。〔夏侯惇云〕三叔。你好歹明理也。聽姪兒說。我領出十萬人馬來。與您趙雲廝殺。趙雲敗走。走着我趕入博望城。誰想趙雲又走了。我占了您糧草城池。濃睡一夜。來日再與你交戰。不想被劉封放火。燒了我一半軍馬。出的城來。被糜竺糜芳簸土揚塵。沙土眯殺了一半軍馬。有一半小軍兒。還在那裏擦眼哩。上的博望坡。檑木砲石。又打殺了一半人馬。來到潺陵渡口。被您二哥提閘放水。又淹殺了我一半人馬。便好道軍行千里。不戰而自乏。你如今要拏我去呵。則是趕乏兔兒相似。如今依着我。放我一箭之地。埋鍋造飯。人喫些茶飯。馬喫些草料。到明日我上的馬去。與你兩陣對圓。旗鼓相望。兩陣之間。你若拏了我去。萬代清名不朽。三叔。你是箇知禮的人。您孩兒不敢自專。望三叔思之。〔張飛云〕兀那匹夫。你敢與我交戰麼。〔夏侯惇云〕三叔。你要拏就拏了我去罷。〔張飛云〕你那裏有多少人馬。〔夏侯惇云〕我還不曾點軍哩。小校點一點。看還有多少人馬。〔卒子云〕一五一十。不少不多。還有一百騎人馬哩。〔夏侯惇云〕三叔。我這裏不多不少。連我則一百騎人馬。你要拏就拏了去。着人罵你一世。放我一箭之地。埋鍋造飯去。〔張飛云〕既然這等。罷罷罷。將你那着刀中箭的小軍來權爲質當。〔夏侯惇云〕我知道三叔張飛不肯。着我們一箇着刀中箭的小軍兒權爲質當。您那一箇來與他權爲質當。〔卒子云〕元帥。我們與他廝殺了一日一夜。逃出命來。家中也有那一爺二娘三兄四弟。那箇肯去。都不肯去。〔夏侯惇云〕是。說的是。三叔。俺與你廝殺了一日一夜。火燒殺了一半。簸土揚塵。眯殺了一半。檑木砲石。打殺了一半。水渰殺了一半。都是沙裏澄金。纔逃出性命來。他家中也有那一爺二娘三兄四弟五子六妹七青八黃九紫十赤。放我一箭之地。埋鍋造飯。喫飽了。兩陣之間。你就拏了我去。着人便道。是張飛活拏了夏侯惇也。萬代標名。你如今就要拏了我去。着人便道。夏侯惇與趙雲糜竺糜芳劉封關大王。整廝殺了一日一夜。人困馬乏。張飛拏了去獻功也。萬代罵名不朽。你是箇聰明人。三叔你思之。〔張飛云〕罷罷罷。放你一箭之地。〔夏侯惇云〕謝了三叔。〔卒子云〕元帥。我們如今可埋鍋造飯。〔夏侯惇云〕傻廝埋甚麼鍋。造甚麼飯。這箇是孫武子兵書曰脫身之計。支轉他推埋鍋造飯。拏那折槍折弩破牌破鞍子。堆在一處。你如今再打些蒿草柴來。一層乾蒿子。一層濕蒿子。打起火鐮火石。燒起煙來。再砍下些柳枝來。拴在馬尾巴上。揚起灰塵。煙又是那草偶。灰塵又狂天的起。風又是刮。俺在上風頭。他在下風頭。刮下煙去。則說俺真箇埋鍋造飯哩。順着蚰蜒小道兒。我直走到哈密里去也。〔卒子云〕依着元帥。將這折槍破鞍子蒿草偶起煙來了也。〔夏侯惇云〕兀的煙起了也。順着蚰蜒小道兒走走走。〔下〕〔卒子報科云〕可不早說。報的三將軍得知。有夏侯惇走了也。〔張飛云〕怎生夏侯惇走了也。小校看多早晚時候也。〔卒子云〕日當卓午也。〔張飛云〕 嗨。這軍師是能也。他道日當卓午。撞見夏侯惇。領着一百騎敗殘人馬。兩隻手分付到我袍袖裏。說我拏不住夏侯惇。休道是夏侯惇。就是敗殘軍卒也拏不住一箇。我與他賭頭爭印來。果然今日撞見夏侯惇那廝。告某推埋鍋造飯去。偶煙計走了也。張飛也。眼見的輸了你也。罷。大丈夫睜着眼。做合着眼受。則今日元帥府裏請罪。走一遭去。則爲那無徒賊子說英雄。可問張飛不見功。今日箇請罪親臨元帥府。方顯軍師妙算能。〔下〕〔劉末正末領卒子上〕〔劉末云〕師父。如今二兄弟雲長等衆將與夏侯惇在博望城交戰去了。憑着師父神機妙策。衆將必然成功也。令人門首覷者。衆將來時。報復我知道。〔正末云〕玄德公。不必憂心。我觀戰討之氣。他衆將必然成功也。安排下果桌盃盤。准備慶喜。不一時有報功之將來也。〔唱〕

【雙調新水令】管教這數千員敢戰的鐵衣郎。則有箇莽張飛。他可便不伏諸葛亮。則因惡戰討。我可便懶下臥龍岡。則他這戰馬刀鎗。多無那半箇時分見明降。

〔云〕玄德公。喒安排下慶喜的酒者。〔劉末云〕小校門首覷者。衆將來時。報復俺知道。〔卒子云〕理會的。〔趙雲上云〕某乃趙雲是也。奉軍師的將令。某佯輸詐敗。將夏侯惇引入博望城中。建其大功。回軍師話。走一遭去。可早來到也。不必報復。我自過去。〔見科云〕軍師。趙雲引戰夏侯惇。引入博望城中。成功而回也。〔正末云〕好將軍也。一壁有者。看有那一員將軍來。〔糜竺糜芳上云〕某乃糜竺糜芳是也。舉火燒屯成功也。見軍師走一遭去。可早來到也。不必報復。我自過去。〔見科云〕軍師。俺二將舉火燒屯成功而回也。〔正末云〕貧道已知。且一壁有者。看有那一員將軍來報功。〔劉封上云〕某乃劉封是也。籛土揚塵。成了功也。〔正見軍師報功。走一遭去。可早來到也。不必報復。我自過去。〔見科云〕軍師。劉封籛土揚塵成功而回也。〔正末云〕且一壁有者。看有那一員將軍來。〔關末上云〕某乃關雲長是也。提閘放水。得勝成功。軍師府獻功。走一遭去。可早來到也。不必報復。某自過去。軍師。某提閘放水。淹死曹兵太半。成功而回。特來報功。〔正末云〕您衆將都成了功也。小校擡上果桌來者。〔卒子云〕理會的。〔正末云〕將酒來。二公子滿飲一杯。〔關末云〕關某不敢。此一陣皆托賴軍師妙算。大哥虎威。軍師先請。〔正末唱〕

【風入松】您衆將軍武藝委實強。〔云〕好將軍也。〔唱〕更那堪狀貌堂堂。捨性命便往垓心裏撞。恰便似鬧垓垓虎蕩羣羊。飲過酒今番不忘。爲將帥顯高強。

〔云〕您衆將都來全了麼。〔劉末云〕衆將皆全。則少張飛哩。〔正末云〕玄德公眼見的輸了貧道也。〔劉末云〕衆將都皆成功。未知俺兄弟張飛如何。令人門首覷者。張飛來時。報復我知道。〔卒子云〕理會的。〔張飛祖臂負荊上云〕某張飛是也。做學春秋廉頗。祖臂負荊。軍師府裏請罪。走一遭去。〔做見關末科云〕二哥二哥。張飛來了也。〔關末云〕哎呀哎呀兄弟也。你怎生這箇模樣。俺軍師如何。〔張飛云〕好軍師。好軍師。〔關末云〕你拏的夏侯惇安在。〔張飛云〕夏侯惇走了也。〔關末云〕怎生夏侯惇走了。兄弟。你不與軍師賭頭爭印來。似此怎了也。〔張飛云〕哥哥。軍師行善言者。〔關末云〕兄弟。你則在門首。等我報復去。〔張飛云〕二哥。是必勸勸兒。〔關末云〕你有偌多小心。〔報科云〕報的軍師得知。有張飛回來了也。〔正末云〕眼見得

輸了貧道也。小校將過那軍師牌印來者。着他過來。〔唱〕

【鴈兒落】眼見的鞭敲金鐙響。將凱歌齊聲唱。緊綁綁拴住臂膊。直挺挺舒着脖項。

〔張飛做見科云〕軍師舊話休題。饒過張飛者。〔正末唱〕

【得勝令】張飛也你不道是架海紫金梁。他不是那托塔的李天王。得勝掌軍師印。你道是不拏住不姓張。你憑着馬壯人強。你道是鞭督郵魂飄蕩。你曾摔袁祥。〔帶云〕張飛你不道來那。〔張飛云〕我道甚麼來。〔正末唱〕你道是男兒當自強。

〔張飛云〕軍師。張飛麄鹵。乞望寬恕者。〔正末云〕張飛。夏侯惇安在。〔張飛云〕夏侯惇走了也。〔正末云〕怎生。〔張飛云〕走了也。〔正末云〕夏侯惇走了也。你與貧道不賭頭爭印來。更待干罷。小校那裏。怒呼刀斧莫延遲。虎將登時血染衣。我未去許昌擒曹操。先看帳下斬張飛。小校斬了張飛者。〔卒子云〕理會的。〔劉末同衆將跪下科〕〔劉末云〕衆將跟某跪者。師父張飛今日得罪。怎生看小官之面且饒過張飛。不爭殺了他呵。做的箇於軍不利。劉備不敢自專。乞軍師尊鑑不錯。〔正末云〕玄德公請起。若不看玄德公之面。這其間斬了張飛多時也。且放張飛起來。〔劉末云〕三兄弟謝了軍師者。〔張飛云〕謝軍師不斬之恩。〔卒子云〕可不早說。喏。報的軍師得知。夏侯惇領一百騎人馬又來索戰哩。〔正末云〕張飛。你聽的麼。夏侯惇又來索戰哩。你敢去麼。〔張飛云〕我敢去我敢去。〔正末云〕我撥與你三千軍馬。與夏侯惇交戰。若是贏了呵。將功折罪。若是輸了呵。二罪俱罰。小心在意者。〔劉末云〕兄弟此一去。則要你成功。休着您哥哥落保也。〔張飛云〕大哥。你放心也。則今日統領本部下人馬。擒拏夏侯惇。走一遭去。則我這軍器叢中分外別。層層疊疊緊相接。有如枯竹根三尺。恰似爲龍尾半截。打人面貌生殺氣。丟人腦蓋損英傑。饒君更披三重鎧。抹着鞭梢脊骨折。〔下〕〔劉末云〕軍師寬恕。張飛奮勇此一去。未知輸贏如何。〔正末云〕主公。張飛此去。必然成功也。〔唱〕

【鴛鴦煞尾】今日箇領三軍坐金頂蓮花帳。披七星錦繡雲鶴氅。早定了西蜀。我便訪南陽暢道覷曹操孫權。似浮雲瘙痒。我請您玄德關張。威鎮住曹丞相。今日箇穩定家邦。史策留名後人講。(同下)

第四折

(曹操領卒子上云)恨小非君子。無毒不丈夫。某乃曹操是也。頗奈諸葛亮無禮也。將夏侯惇十萬雄兵。在博望城中用水火盡皆折損。更待干罷。如今俺管通軍師病體痊可了也。我已令人請來拜為軍師。某與劉玄德交戰。有何不可。小校門首覷者。若師父來時。報復我知道。(卒子云)理會的。(管通上云)寶劍離匣邪魔怕。瑤琴一操鬼神驚。講罷黃庭心散澹。綸巾羽扇細論文。貧道曹丞相麾下管通是也。本貫南陽鄧縣人也。幼年與龐德公諸葛亮同堂學業。彼各學成文武全才。今有曹丞相將我取到魏地。教練三軍。拜為軍師之職。我憑手策撥天關。立勳業無辭憚。貧道正在私宅。令人來報有曹丞相來請。可早來到也。小校報復去。道有管通在於門首。(卒子云)理會的。喏。報的丞相得知。有軍師在於門首。(曹操云)道有請。(卒子云)理會的。有請。(管通做見科云)丞相呼喚貧道。有何事商議。(曹操云)今日請師父來。別無他事。頗奈諸葛亮無禮。將夏侯惇十萬雄兵。盡皆折損。今日請師父來。就拜為軍師。怎生用計。破他弟兄三人。擒拏諸葛亮。軍師主意如何。(管通云)此一樁事。丞相放心。我與諸葛亮同師故友。比及與劉關張交戰。我先到新野。將諸葛亮一席話說說將來。同心協力。然後破劉關張。未為晚矣。丞相意下若何。(曹操云)此計大妙。軍師你直至新野說說諸葛去。若肯佐於某麾下。擒拏了劉關張弟兄三人。將師父重賞封官也。(管通云)則今日便索長行。不索驅軍將。妙策旋安排。我輕輕垂下釣。着他款款上鈎來。(下)(曹操云)管通師父去了也。此一去必然成功也。果然諸葛亮肯投降某麾下。我自有箇主意。管通今日便登程。直至新野訪臥龍。若得南陽耕種叟。擒拏劉備那三人。(下)(正末同劉末關末張飛趙雲糜竺糜芳劉封領卒子上云)(劉末云)師父。想博望燒屯。這一場廝殺。多虧師父鋪謀定計。衆將得勝也。今日安排筵席。與師父慶喜者。(正末云)玄德公擺列衆將齊整者。我纔袖占一課。今日當卓午。必有說客至此。您衆將每則要您威風者。(唱)

【中呂粉蝶兒】自從和曹操爭鋒。恰如同一場春夢。擺列着蓋國英雄。一箇箇爭相持能挑戰。他可便超羣出衆。一箇箇都建了頭功。真乃是世之梁棟。

【醉春風】想昔日夢非熊。您今朝請臥龍。我可甚兩三番懶下臥龍岡。我其實怕冗冗。我今日當權掌軍師名項。則不如我在那半坡裏養性。

〔云〕玄德公安排酒果。准備的齊整者。不到半時。必有說客至此。則要糜竺糜芳在此。其餘將軍都來聽令。趙雲附耳來。可是恁的。〔做打耳喑科〕〔趙雲云〕師父。連主公也着迴避。您衆將聽師父將令。糜竺糜芳緊守着師父。小心在意者。〔正末云〕是也。〔劉末云〕師父。連劉備也着迴避。衆將聽師父將令。糜竺糜芳緊守着師父。小心在意。〔趙雲云〕俺迴避也。〔同衆下〕〔管通上云〕貧道管通是也。自離魏地。可早來到新野。小校報復去。道有一雲遊先生。乃是管通。特來相訪。〔卒子云〕理會的。喏。報的軍師得知。有一雲遊的先生管通。在於門首。〔正末云〕我須索接待哥哥。走一遭去。〔見科云〕哥哥有請。〔管通云〕不敢。〔正末云〕哥哥。俺一向相別。拳拳在意。終日無忘。不想哥哥今日來到。實乃諸葛之萬幸也。〔管通云〕賢兄久別情懷。常思快快。嘆美景無多。流光易邁。想音容切切於心。思大德懸懸在念。自菴中作別以來。無一時忘於左右。今日得遇尊顏。實乃貧道之萬幸也。〔正末云〕哥哥請坐。小校擡上果桌來者。〔卒子云〕理會的。〔正末云〕將酒來。〔做遞酒科云〕哥哥滿飲一杯。〔管通云〕不敢。賢兄請。〔做飲酒科〕〔正末唱〕

【迎仙客】俺今日飲醁醑。我這裏便捧金樽。〔管通云〕想數載舊交之情。故來探望也。〔正末唱〕喒須是二十年布衣間。布衣間可便舊那箇弟兄。〔管通云〕我一徑的探兄弟來。〔正末唱〕不知你事江東。〔管通云〕我佐於曹丞相麾下。〔正末唱〕原來你便居在那漢中。〔管通云〕數載不見。今日相逢也。〔正末唱〕不想俺今日相逢。〔管通云〕貧道遠遠而來。不辭勞憚也。〔正末唱〕哥哥你便來探望勞台重。

〔云〕將酒來。〔卒子云〕理會的。〔正末做遞酒科云〕哥哥滿飲此杯。〔管通云〕兄弟。想你在玄德公麾下爲軍師。如此般崢嶸。可也不枉了也。〔正末云〕您兄弟自離了哥哥失學也。則是虛戴軍師而已矣。〔管通云〕你休謙。你休謙。你休謙。〔正末云〕哥哥今日既見了您兄弟。須多飲幾杯。將酒來。哥哥滿飲此盃。〔管通云〕兄弟請。〔正末云〕麋竺麋芳我這哥哥難比其餘的可會藏機之術。您這元帥府下者麼。您甚麼物件。不問你藏在何處。我這哥哥便得知道。〔管通云〕賢弟此箇術法也不爲能智。既然二位將軍要看呵。您就在元帥府下。者麼將着是何物件。放在何處。貧道便得知也。〔正末云〕你知道麼。〔麋竺麋芳藏棋子科〕〔正末云〕你衆將軍看者。〔唱〕

【剔銀燈】非是我廳堦前賣弄。你衆將休要打鬨。若猜着衆將休驚恐。您試看變化的這神通。這的是真術藝。又不是說脫空。睜着眼都不要轉動。

【蔓菁菜】您把兩隻手拳的無縫。〔云〕麋竺麋芳。一邊一箇立地舒出手來。〔麋竺麋芳拏棋子科〕〔管通云〕您手中各有一件物。着貧道算。我知道了也。如何瞞的過貧道。您二人暗使機關。我通玄機玅用難量。您手掿着黑白二子。乾坤事一掌包藏。你拏着九箇黑棋子。他拏着九箇白棋子。你不信。二位將軍開手者。〔正末唱〕這棋子暗包籠。端的是用功。〔管通云〕您二位將軍試開手者。〔正末唱〕死共活都只在我手心中。不灑了。成何用。

〔管通云〕我觀二將氣象也無能智。你依着我。若見了曹公。必拜你爲軍師。俺丞相手下雄兵百萬。戰將千員。聲傳宇宙。威鎮諸邦。我舉薦你數遭有餘也。你跟着我去。你意下如何。〔正末云〕哥哥可也說的是。您兄弟這裏有幾間房舍。鎖着幾件物件。哥哥你若相的是。您兄弟便跟哥哥去。〔管通云〕你這五間房內。每一間房內一件物。着貧道算。唔唔。貧道已知也。量這的打甚麼不緊。〔正末云〕哥哥你相這一間房裏是如何。〔管通云〕此房中敢是箇客商之將麼。〔正末云〕哥哥你敢相的不是麼。〔管通云〕開了門者。〔做開門科〕〔趙雲上云〕管通。你認得某麼。〔正末云〕哥哥。你看這第二間房如何。〔管通云〕這間房內是箇二姓之將。〔正末云〕小校開了門者。〔做開門科〕〔劉封上云〕管通。你認的某麼。〔正末云〕哥哥。你看這第三間房裏可是如何。〔管通云〕此間房內。這箇將軍。雄如彪虎。猛若狻猊。戰陣有勇之將。〔正末云〕哥哥。你敢相的差了也。〔管通云〕我相的不差。你開了門者。〔正末云〕小校開了門者。〔做開科〕〔張飛上云〕管通。某在此也。〔正末云〕哥哥。你相這第四間房裏如何。〔管通云〕這間房內。這箇將軍神威狀貌。氣秉忠良。意合天心。一部神威之將。〔正末云〕哥哥。你敢猜不着麽。〔管通云〕開了門者。〔做開門科〕〔關末上云〕關某在此也。〔管通云〕這幾箇將軍。生的雄威驚勇。虎將之材。他都是上將。我不認的他。姓甚名誰。兄弟。你試說。我試聽者。〔正末云〕我一箇箇說與哥哥者。〔管通云〕他是誰。〔正末唱〕

【十二月】這箇是常山趙雲。〔管通云〕這箇是誰。〔正末唱〕這箇是義子劉封。〔管通云〕這箇是誰。〔正末唱〕這箇是燕人翼德。〔管通云〕這箇是誰。〔正末唱〕這箇是勇烈關公。〔管通云〕貧道相的不差也。〔正末唱〕嗀你箇能相法哥哥管通。你可也比衆難同。

〔云〕哥哥。這四間房。哥哥都相過了。哥哥。你看這間房裏如何。〔管通云〕我觀這間房中。氣象全別。你看那祥雲籠罩。紫氣騰騰。必是貴人之相。都壓着這幾位將軍。兄弟不信呵。開了門我試看者。〔正末做怒科云〕休開門。〔管通云〕開了者。〔正末云〕休開門。〔管通云〕你爲何不開。〔正末云〕哥哥不爭您兄弟開開這門。〔唱〕

【堯民歌】呀。我則怕頓開金鎖走蛟龍。這幾箇戰將有威風。您衆將都是廟堂臣。凌煙閣端的是可標名。論戰討超也波羣。崢嶸箇箇能。〔劉末上云〕師父某在此處。〔正末唱〕則俺這劉玄德堪知重。

〔劉末云〕兀的不是管通。你好無禮。你怎生下說詞着師父投降曹操。更待干罷。趙雲與我拏下管通斬了者。〔正末云〕玄德公。看貧道一師之面。饒了他者。〔劉末云〕看師父之面。因在牢中去者。〔管通云〕罷罷罷。諸葛亮是強也。諸葛妙策占星斗。談天論地應難有。當初則說管通強。今日箇強中更有強中手。〔下〕〔劉末斷出〕因爲那曹操奸雄。將夏侯惇拜爲先鋒。遇趙雲佯輸詐敗。追趕到博望城中。着雲長提閘放水。使劉封簸土揚塵。俺軍師故使巧計。舉火箭博望燒屯。則今日收軍罷戰。再不許起動刀兵。

關雲長千里獨行雜劇

楔子

〔冲末曹操同張文遠上開云〕幼小曾將武藝攻。馳驅四海結英雄。自從掃滅風塵息。身居宰相祿千鍾。某乃曹操。字孟德。沛國譙郡人也。幼年曾為典軍校尉。因破黃巾賊有功。官封都尉。後因破呂布。除四寇。累建奇功。謝聖恩可憐。官拜左丞之職。某手下軍有百萬。將有千員。近有劉關張無禮。我在聖人跟前保奏過將他加官賜賞。他今不從某調。弟兄三人私奔。暗出許都。直至徐州。殺了徐州牧車胄。奪了徐州。更待干罷。我今奏過聖人。某親自為帥。着夏侯惇為先鋒。統領十萬雄兵。直至徐州。擒拏劉關張。走一遭去。今朝一日統戈矛。野草閑花滿地愁。拿住三人必殺壞。憑時方表報冤讐。〔下〕〔劉末同關末上〕〔劉末云〕桑蓋層層徹碧霞。織席編履作生涯。有人來問宗和祖。四百年前王氣家。某姓劉名備。字玄德。二兄弟姓關名羽。字雲長。三兄弟姓張名飛。字翼德。俺三人在桃園結義。曾對天盟誓。不求同日生。只願當日死。俺弟兄三人。自破黃巾賊之後。某在德州平原縣為理。不期有這徐州太守陶謙。請將俺弟兄三人到此。三讓徐州。某在此後。有淮南袁術遣紀陵軍兵。頗奈呂布無禮。他將俺徐州賺了。俺軍屯於小沛。後被呂布圍了小沛。某着兄弟張飛打此陣去。兄弟三出小沛。至許都。問曹丞相借起十萬軍來。破了呂布。曹丞相領俺兄弟三人。見了聖人。不想聖人知某名姓。將兄弟三人。都封官賜賞。就在許都居住。某暗想曹操奸雄之人。某因此不從他調。俺兄弟三人。暗出許都。來到徐州。有徐州刺史車胄。不順俺兄弟。雲長襲了車胄。某在這徐州鎮守。今日兄弟教場中去了。小校門首覷着。看有甚麼人來。〔淨扮張虎上云〕朝為田舍郎。暮登張子房。出的齊化門。便是大黃莊。某某姓字不巧。巧字不姓。打箇吹盆。暗了箇大甑。我是這徐州衙門將張虎的便是。我當初是這徐州太守陶謙的手將。今佐於玄德公手下。今日差某巡邊境去來。誰想哨着曹丞相大勢軍兵。見在清風嶺安營下寨。我不敢久停久住。報與玄德公知道。小校報復去。說道張虎巡邊境回來見元帥。〔卒子云〕你則在這裏。〔卒子報科云〕喏。報元帥知道。有張虎巡邊境回來見元帥。〔關末云〕哥哥。張虎巡邊境回來見哥哥。

必然有甚麽話說。〔劉末云〕叫他過來。〔卒子云〕理會的。叫你過去。〔張虎做見劉末科云〕元帥。禍事了也。〔劉末云〕張虎。禍從何來。〔張虎云〕今曹丞相領大勢軍馬。見在清風嶺安營下寨。〔劉末云〕是誰那般道。〔張虎云〕小人親自哨着見來。〔劉末云〕兄弟。我道這曹賊必不捨。今日果然領兵來如之奈何。〔關末云〕哥哥不妨事。不比在那許都。是他的地面。今日這裏。他領兵前來。料想不妨。等兄弟張飛來再做商量。〔劉末云〕二兄弟道的是。一壁廂叫小校去教場中請的三將軍來。〔卒子云〕理會的。〔張飛上云〕泰山頂上刀磨缺。北海波中馬飲枯。男兒三十不立名。枉作堂堂大丈夫。某姓張名飛字翼德。涿州范陽人也。某與俺兩箇哥哥。在桃園結義。會對天盟誓。一在三在。一亡三亡。俺自破呂布之後。聖人加某爲車騎上將軍。爲因曹操奸雄。俺兄弟三人。離了許都。來到這徐州鎮守。今日某正在教場中。聽的小校來報說道哥哥呼喚。不知有甚事。須索見哥哥去來。到也。小校報復去。〔卒子云〕喏。有三將軍下馬也。〔劉末云〕叫過來。〔卒子云〕理會的。將軍有請。〔張飛云〕喏。哥哥。呼喚你兄弟有何事。〔劉末云〕兄弟。今有曹操統領十萬軍兵在清風嶺安營。離徐州不遠。似此如之柰何。〔張飛云〕哥哥。不妨事。道不的箇軍至將敵。水來土堰。者麽他那曹操。領多少軍將來。您兄弟我和他相持廝殺去。〔關末云〕住。住。兄弟也。可不道將在謀而不在勇。俺如今假如多有些軍兵。便可與他拒敵。俺如今兵微將少。怎生與他拒敵。〔張飛云〕哥哥。似起你這般說呵。俺如今不與他交鋒。喒丟了徐州城。走了罷。〔關末云〕兄弟。不然如此說。我如今有一計。〔張飛云〕哥哥有何計。〔關末云〕喒如今分軍在三處。哥哥領着三房頭家小。并大小軍將。守着這徐州。我領着五百校刀手。守着這下邳。兄弟你領着你那十八騎爲馬長槍。守着這小沛。喒就是箇陣勢。〔張飛云〕哥哥。是箇甚麽陣。〔關末云〕兄弟。喚做一字長蛇陣。假若那曹操的軍兵來圍這小沛。哥哥這徐州軍兵。我這下邳的軍兵。都來救小沛。若圍着下邳。這徐州小沛兵。可來救這下邳。若是他圍了這徐州城。我和你下邳小沛的軍兵。可來救這徐州。便比喻這徐州似箇蛇身。俺這兩處便如那蛇頭蛇尾。似這般呵。方可與曹操拒敵。〔劉末云〕此計大妙。〔張飛云〕哥也。這計不好。是不是先折了腰。哥哥。我有一箇陣。〔劉末云〕三兄弟。你有何陣勢。〔張飛云〕哥哥。我這陣勢喚做熱奔陣。〔劉末云〕怎生喚做熱奔陣。〔張飛云〕哥也。那曹操偌近遠。領將軍兵。來到這裏。安營下寨。也正人困馬乏也。我今夜晚間。領着軍兵。直殺入曹營。尋着曹操殺了也。可不好。我殺他箇措手不及。這箇陣勢何如。〔張虎云〕三將軍。你這箇陣。不如二將軍的陣勢好。〔張飛云〕我這陣。怎生不如俺二哥的陣。〔張虎云〕二將軍的陣。是兵書裏面揀出來的。三將軍。兵書裏面。那裏有個甚麼熱奔陣。三將軍委實不好。〔張飛云〕這廝無禮。我的陣勢不好。小校把這廝推出去。斬訖報來。〔劉末關末做勸科云〕兄弟息怒。俺未曾與曹操交鋒。先殺了一員將。也做的箇於軍不利也。且饒他這遭。〔張飛云〕我若不是兩箇哥哥勸了呵。我殺了這箇匹夫。把那廝拿過來。洗剝了打上四十。搶出去。〔張虎云〕頗柰這環眼漢無禮。我好意說他。倒打了我這四十。恰才若不是玄德公勸住了呵。爭些兒被這環眼漢殺了。更待干罷。你度我爲讐。我如今投奔曹丞相去。將這計策都說與曹丞相。着他做箇准備。拿住環眼漢殺了。那其間便是我平生願足。〔下〕〔關末云〕兄弟。你依着我。喒分軍三處好救應。〔張飛云〕二哥。我好也不離俺哥哥。歹也不離了哥哥。二哥。你自往下邳去。我與俺哥哥領着三房頭家小。守着徐州。二哥哥。你不去罷。我和哥哥今夜晚間。領着軍兵。直至曹營劫寨。走一遭去。我則殺他一箇措手不及。二哥。你則去下邳城去。〔劉末云〕二兄弟。三兄弟也說的是。俺兄弟兩箇共家小在這徐州城。你去保守着下邳。〔關末云〕既然兄弟堅意要去。兄弟。你則小心在意者。〔張飛云〕二哥。不是我不到的有失。你則守你那下邳。〔關末云〕哥哥與兄弟謹守徐州。關羽領着五百校刀手。往下邳去鎮守去也。曹操興師起大兵。三人各自逞英雄。張飛謹保徐州地。今朝獨守下邳城。〔下〕〔劉末云〕二兄弟去了也。〔張飛云〕二哥去了也。哥也。喒今晚間。領着百十騎人馬。偷營劫寨。走一遭去。殺他箇措手不及。〔劉末做喚卒子請夫人科〕〔正小旦上云〕妾身甘麋二夫人的便是。正在後堂中。有主公呼喚。不知有甚事商議。須索見主公去。〔見科〕〔正旦云〕主公。呼喚俺有何事商議。〔劉云前事科〕〔正旦云〕主公。三叔叔這計策不甚好。主公。你休要去罷。〔劉末云〕計已定了。不妨事。〔正旦云〕主公。你去則去。則要你小心在意者。〔唱〕

【正宮端正好】我則怕他用心機。敢可兀的鋪謀定計。我想這曹操是那智足奸雄。信着俺小叔莽戇多英勇。〔帶云〕主公呀。〔唱〕你則合操士馬教二軍明隄備破曹兵。則怕他排隊伍暗伏兵。則要你得勝也把他這干戈來定。

（劉末云）這般呵。喒留下些軍兵。緊守着這徐州城。保着三房頭家小。則今晚出城。大小三軍。聽吾將令。人人啣枚。馬須勒嚼。勿得人語馬嘶。則今夜晚間。偷營劫寨。走一遭去。（下）（曹末上云）某曹操是也。今領十萬雄兵。來到這裏。離徐州不遠。清風嶺安營下寨。小校喚將張文遠來。（卒子云）理會的。（張遼上云）筆頭掃出千條計。腹內包藏七字書。小官姓張名遼。字文遠。幼習儒業。頗看韜略之書。先曾在呂布之下爲健將。後在於曹丞相手下爲參謀。今因劉關張弟兄三人。不從俺丞相調。私奔暗出許都。來到這徐州。又殺了徐州刺史車冑。占了徐州。如今俺丞相統領十萬雄兵。親自爲帥。與劉關張交鋒。今日到此清風嶺安營。丞相呼喚。不知有甚事。須索走一遭去。報復去說道張遼來了也。（卒子云）理會的。喏。報的丞相知道。有張遼在轅門首。（曹末云）叫他過來。（卒子云）理會的。叫你過去。（張遼做見科云）丞相呼喚小官有何事。（曹末云）張文遠。今日俺安營在此。離徐州不遠。俺如今怎生定計。擒拿劉關張弟兄三人。特喚你來商議。（張遼云） 丞相。俺如今見領十萬雄兵。那劉關張兵微將少。俺如今將領軍兵。圍了那徐州城。覷他則是一鼓而下。有何難哉。（曹末云）你傳與衆將軍。今日少歇。到明日起營。（張遼云）理會的。小校轅門首覷着。看有甚麼人來。（張虎上云）恨小非君子。無毒不丈夫。自家張虎的便是。頗柰張飛無禮。我好意的說他。倒打了我這四十。更待干罷。我如今投降曹丞相去。將他那箇熱奔陣。我說與曹丞相。教他做箇准備。拿住這箇匹夫。那其間報了冤讎。便是我平生願足。可早來到也。（卒子云）那裏來的。（張虎云）報復去道徐州劉玄德手下小將張虎。特來投降。（卒子云）你則在這裏。喏。我報的丞相知道。有徐州劉玄德手下小將張虎。見在轅門首。特來投降丞相。（曹末云）劉備手下小將來投降。必然有話說。教他過來。（卒子云）理會的。俺丞相叫你過去。（淨見科）（曹末云）你是何人。（張虎云）小將是劉玄德手下張虎。特來投降。（曹末云）你爲何來投降於某。（張虎云）丞相不知。俺劉玄德聽的丞相領兵前來。聚俺衆將商議。有二將軍言道。我擺箇一字長蛇陣。分三處。劉玄德守徐州。張飛守小沛。雲長守下邳。若曹丞相軍來呵。俺三下裏軍兵好救應。有張飛不肯依他。張飛言道。我擺箇熱奔陣。〔曹末云〕怎生喚做熱奔陣。〔張虎云〕張飛言道。曹丞相軍馬。偌近遠來到這裏。人困馬乏。他要今晚夜間。領兵來偷營劫寨。小將言道。三將軍。你這計策。不如二將軍計策。張飛怒了。要殺小將。玄德公勸了。打了我四十。小將因此上特來投降與丞相。〔曹末云〕張文遠。那雲長的計策是好。若劉備依着他呵。將軍分三處。俺是難與他拒敵。〔張遼云〕丞相。雲長的計雖然好。若不是這張虎來說呵。今晚張飛來偷營劫寨。俺是不做准備。〔曹末云〕張文遠。這張虎也是箇孝順的人。兀那張虎。我如今着你去古城鎮守。那裏面糧多草廣。我教你那裏受用快活去。則今日便行。〔張虎云〕謝了丞相。今日不敢久停久住。便索往古城鎮守去也。〔曹末云〕張文遠。今夜晚間張飛來偷營劫寨。喒怎生做准備。〔張遼云〕丞相容易。俺今夜倒下箇空營。着懸羊擊鼓。餓馬提鈴。將這十萬軍兵。四下裏埋伏了。等張飛來入的營中。俺這裏一聲信砲響。四下裏伏兵。盡舉圍上來。那其間方可拿得張飛。〔曹末云〕便傳令與軍將。都與我四下埋伏了者。我着那懸羊擊鼓。餓馬提鈴。埋伏四面隱軍兵。拿住張飛。必殺壞。方顯曹公智量能。〔下〕〔劉末同張飛領卒子上〕〔張飛云〕來到這曹營也。這廝每都熟睡着也。待喒殺入去。哥哥。不中了。也劫着箇空營也。〔劉末云〕喒倒干戈走。〔曹末領卒子上云〕大小三軍圍了者。休着走了劉備張飛。〔做調陣子科〕〔劉末張飛做輸科慌走科〕〔同下〕〔曹末云〕衆將休着走了劉備張飛。喒趕將去來。〔下〕〔劉末慌上云〕如之奈何。我不信二兄弟之言。今日果中曹操的計也。後面曹操趕至。亂軍中又不見了兄弟張飛。來到這河邊。罷罷。我做箇脫殼金蟬計。我將這衣甲頭盔。放在這河邊。若曹兵來見了呵。則道我跳在這河裏也。我不問那裏。尋兄弟張飛去也。〔下〕〔張遼上云〕俺緊趕着劉備。又早不見了。兀的不是劉備衣甲頭盔。放在河邊。見俺追的近。他跳在這河裏去也。將着這劉備衣甲頭盔。丞相跟前獻功去來。〔曹末云〕某差張文遠趕拿劉備張飛去了。這早晚不見來。〔張遼上云〕某將這箇劉備衣甲頭盔。丞相跟前獻功去也。報復去。道張遼回來了。〔卒子云〕喏。有張遼回來了也。〔曹末云〕着他過來。〔卒子云〕叫你過去。〔做見科〕〔曹末云〕張文遠。劉備安在。〔張遼云〕丞相。張遼趕着那劉備。到一河邊。將他那衣甲頭盔。都脫在河邊。劉備跳在河裏去了。衣甲頭盔。被張遼拿將來了。〔曹末云〕在那裏。〔張遼云〕小校將的來。這的便是。〔曹末云〕正是劉備的衣甲頭盔。劉備跳在河裏。張飛不知所在。眼見都無了也。（張遼云）丞相。雖然這弟兄二人無了。如今還有二將軍雲長哩。此人寸鐵入手。萬夫不當之勇。（曹末云）俺如今怎生拿這雲長。（張遼云）丞相。不可與他交鋒。則可智取。（曹末云）怎生智取。（張遼云）丞相。如今關雲長在下邳。他那家小都在徐州城中。劉備張飛和他那些軍校都被俺殺的無了也。他那徐州城中家小。不知道無了劉備和張飛。俺廝殺了一夜。如今天明也。喒打着他的旗號。必然開門也。那其間喒把他那三房頭家小擄在營中。却去下邳城招安關雲長去。這雲長文武雙全。他若肯降於丞相呵。可強似得徐州。（曹末云）張文遠。你說的也是。我也有心待要這雲長。說此人好生英雄。喒如今領百騎人馬。打着劉備旗號。去徐州城。走一遭去。（下）

第一折

（關末上云）某關雲長是也。守着這下邳城。昨日三兄弟和哥哥。曹操營中劫寨去了。小校城頭掩着。看有甚麼人來。（曹末同張遼上）（曹末云）某早晨間打着劉備旗號。賺開徐州城門。將他三房頭家小。都擄在軍中。俺如今去下邳城。招安關雲長。走一遭去。可早來到城下也。（張遼云）兀那城上軍校。報與您那關將軍知道。有曹丞相在此。請你雲長打話。（卒子云）喏。報的將軍知道。有曹丞相領兵在城下。請將軍打話。（關末上城云）我與他打話去。丞相。你為何領兵來。（曹末云）關將軍。你剗的不知道哩。為你弟兄每忘恩背義。私奔來到此。我今領十萬雄兵前來。夜來晚間。你那哥哥劉玄德和兄弟張飛。都被某殺了也。（關末云）我哥哥和兄弟。不道的落在你那彀中哩。（曹末云）怕你不信呵。張文遠。將那劉備衣甲頭盔叫過看。（張遼云）小校。將那鞦韆板來吊上去。你試看。（關末云）兀的真箇是俺哥哥的衣甲頭盔。可怎生落在他手裏。（曹末云）雲長。你哥哥兄弟。都被我殺了也。你若肯投我呵。聖人跟前保奏過。我教你列坐諸官之右。你若不肯投降呵。你那三房頭家小。被我都拿在營中。你徐州城也被俺占了。你不降呵。等到幾時。（關末云）我不信。（曹末云）既是他不信。張文遠。將他那三房頭家小。領出來着他看。（張遼云）理會的。小校。領過那三房頭家小來。（正小旦辦甘糜二夫人卒子上）（正旦云）妾身二人。是這甘糜二夫人的便是。不想玄德公與小叔叔張飛。與曹操交戰。弟兄二人。不知所在。不想丞相詐打俺玄德公的旗號。賺了徐州。將俺

三房頭家小。都擄在曹營。今日說二叔叔雲長。在下邳城與曹丞相打話。喚俺去城下。見俺二叔叔去。誰想有這場事也呵。〔唱〕

【仙呂點絳唇】俺可便奔走東西。氣冲兩肋。心生計。恨不的插翅如飛。飛不出劍洞槍林內。

〔小旦云〕姐姐。玄德公信着三叔叔的計策。全不是了也。〔正旦唱〕

【混江龍】誰想這徐州失利。送的俺弟兄姊妹兩分離。閃殺我也仁慈的玄德。送了我也莽撞張飛。本來也無戰爭平白的起戰爭。你正是得便宜翻做了落便宜。〔小旦云〕姐姐。你見麼。兀的城頭上不是二叔叔雲長也。〔正旦唱〕我這裏猛擡頭見二叔叔在城頭上立。曹丞相倚強壓弱。俺如今受困遭危。

〔曹末云〕張文遠。將他那家小簇在那城下。叫雲長看。〔張遼云〕二將軍。你見麼。〔關末云〕真箇是我三房頭家小。可怎生落在曹營。嫂嫂。俺哥哥兄弟安在。〔正旦云〕二叔叔。自你來下邳來。當夜晚間。你哥哥和張飛去劫曹營。不想曹操得知。倒下空寨。四面圍住。軍兵都折了。你哥哥兄弟不知所在。曹丞相詐打着你哥哥的旗號。賺了徐州。擄的俺到這曹營。叔叔。似這般如之柰何。〔關末云〕原來是這般。想兄弟那般武藝。可怎生落在他彀中。〔正旦唱〕

【油葫蘆】則俺這兄弟張飛誰近的。他端的有見識。使一條點鋼鎗敢與萬人敵。他便安排着打鳳撈龍計。誰着他便搜尋出劫寨偷營智。〔小旦云〕姐姐。玄德定計。曹操他怎生便知道來。〔正旦唱〕曹丞相暗地裏。他可早先准備。打了箇拷栳圈圍在垓心內。人和馬怎生走不能飛。

〔關末云〕嫂嫂。當初依着關羽呵。今日不道的有失也。〔正旦唱〕

【天下樂】可正是船到江心補漏遲。〔關末云〕嫂嫂。如今曹丞相要招安我。我不降他來。則怕曹丞相傷害着你性命也。〔正旦云〕叔叔。俺可打甚麼不緊也。〔正旦唱〕則這曹也波賊。恐害著你。〔關末云〕我想哥哥兄弟之情。我怎生歸降他。〔正旦唱〕你若是不歸降他怒從心上起。一壁廂統着士卒。一壁廂探着陣勢。〔云〕叔叔。你若不肯投降。曹丞相將俺這三房頭家小。叫聲殺壞了。〔唱〕你那其間敢眼睜睜怎近得。

〔關末云〕嫂嫂。我待投降來。想俺兄弟三人。對天盟誓。一在三在。一亡三亡。我若不降來。這三房家小。見在曹營。倘若有些好歹呵。如之柰何。〔張遼云〕二將軍你見麼。你這三房頭家小。都在俺曹營。你若不降呵。這三房頭家小。怎生了也。〔關末云〕張文遠。你說與你那曹丞相。他若依我三樁事。我便投降。〔張遼云〕二將軍。你但言的事。俺丞相都依着。〔關末云〕我頭一樁。我雖然投降。我可不降你丞相。我是降漢不降曹。第二樁。我和俺哥哥兄弟家屬。一宅分兩院。第三樁。我若打聽的俺哥哥兄弟信息。我便尋去。可不許您攔當。你說去。〔張遼云〕我知道。丞相。雲長投降。叫丞相依他三樁事。他便降。〔曹末云〕那三樁事。〔張遼云〕頭一樁。他降漢不降曹。第二樁。他和他嫂嫂家小一宅分兩院。第三樁。他但是打聽的他哥哥兄弟信息。他便去尋去。〔曹末云〕這其間知道他那哥哥兄弟有也無。都依的他。開了門。我和他廝見咱。〔張遼云〕二將軍。俺丞相都依了也。你開門和俺丞相廝見咱。〔關末云〕小校開了城門。〔曹末云〕俺入的這城來。張文遠。教他那三房頭老小。與他廝見咱。〔張遼云〕理會的。請兩箇夫人與二將軍廝見咱。〔正小旦做見關末打悲科〕〔關末云〕嫂嫂。誰想今日有這場也。當初張飛依着我不去呵。無此事也。看了曹兵那般勢大。兄弟是難逃也。〔正旦云〕想三叔他是一勇性也。〔唱〕

【金盞兒】刀劍一時催。弓弩似電光飛。伏兵四面一齊起。饒你有通天武藝怎施威。驟征駒尋家計。插翅走如飛。他可甚鞭敲金鐙響。人和凱歌回。

〔曹末與關末相見科〕〔曹末云〕雲長。一別許久也。則今日喒便往京師。見了聖人。將你重重賜賞加官。一壁廂准備車乘。老小每上車。〔關末云〕嫂嫂。您上車兒先行。〔正旦云〕多謝叔叔。〔關末云〕嫂嫂。關羽不敢。〔小旦云〕姐姐。若不是二叔叔。俺豈有今日也。〔正旦唱〕

【尾聲】今日箇救出我這亂軍中。不枉了結義在桃園內。救了俺這姊妹殘生頃刻。俺便似太山般一家兒倚靠着你。從今後照顧您這親戚。則今後信音稀。要見他容易。則除是一枕南柯夢兒裏。誰想我與玄德公廝離。俺可也是關着前世。玄德公也你正是要便宜翻做落便宜。（同下）

（曹末云）雲長則今日喒同到許都見了聖人別有加官賜賞喒則今日班師回程去來。（下）

第二折

（張飛上云）某張飛是也。不想被張虎那箇匹夫。走透了消息。曹操倒下了空營。四下裏埋伏了軍。俺整廝殺一夜。到天明混戰鬧不見了哥哥。如是柰何。（劉末上云）不想曹操倒下空營將軍兵折盡。亂戰不見了兄弟張飛。某到徐州。不想被曹操占了徐州。可怎生是好。兀的不是兄弟。（張飛云）兀的不是哥哥。（做認哭科）（張飛云）哥哥你在那裏來。（劉末云）兄弟我到天明得脫。撞出陣去往徐州去。不想被曹操打着我的旗號占了徐州也。（張飛云）似這般怎了。（劉末云）兄弟。喒去下邳。尋二兄弟雲長去來。（張飛云）哥也。喒尋二哥去來。（同下）（淨上云）帥鼓銅鑼一兩敲。轅門裏外賣花糕。為江不是無船渡。買賣歸來汗未消。某是這古城太守張虎是也。自從降了曹丞相。着某古城守鎮。俺這裏糧多草廣。我每日飲酒快活。小校看有甚麼人來。（劉末張飛同上云）是有足詫物有固然。當日俺兩箇到的下邳。誰想雲長降了曹操。俺兄弟二人直到河北。問太守袁紹借起軍來與曹操交鋒。誰想雲長刺了顏良。誅了文醜。俺兩箇瞞着袁紹。私奔離了河北。兄弟。不是俺走的快呵。俺兩箇性命不保。（張飛云）哥也。誰想二哥不想喒桃園結義之情。今日順了曹操。（劉末云）兄弟。俺如今往那廂去也。（張飛云）哥也。我聽的前面這古城裏可是您兄弟打了四十那張虎。這廝走透消息。曹操着他古城鎮守。哥也。俺如今到的這古城。拿住匹夫殺壞了。可不報冤讎。（劉末云）兄弟言者當也。（張飛云）哥也。喒去來可早來到古城也。兀那城上軍校。叫你那張虎打話。（卒子云）喏。報的將軍知道。城下有兩箇將軍。叫着將軍的名姓。教與他打話。（淨云）甚麼人來叫我的名字。這廝正是尋死。抹着閻王鼻子。在那裏。（卒子云）在城下面。兀的不是。（張飛云）叫你那張虎來打話。（淨做見科云）那裏走將他來。（張飛云）兀那匹夫。是你當初走透了消息。今日你可在這裏。更待干罷。你快

出來受死。〔淨云〕罷罷。事到這裏也。大小三軍跟我來。出城與他交戰。先與我擺下個衙衙陣。〔卒子云〕怎
生是衙衙陣。〔淨云〕我常贏了他便好。若是輸了呵。我便往衙衙裏走。〔張飛云〕張虎交馬來。〔做調陣子
科〕〔淨云〕不中。我近不的他。走走走。〔淨下〕〔張飛云〕這廝走了。我趕將去。〔劉末云〕兄弟也。量他箇無
名的小將。趕他做甚麼。兄弟也。㖿見今無處歸着。這古城中糧多草廣。㖿在此住些時。那其間㖿可往荊州
問荊王劉表借起軍來。與曹操交鋒也未爲晚矣。〔張飛云〕可惜走了這廝。我趕上去殺了這匹夫好來。罷
罷。既哥哥說。㖿入這古城去來。〔同下〕〔曹操同張遼上云〕事有足詫。物有固然。自從雲長降了某。來到這
許都。我奏知聖人。封雲長壽亭侯之職。某待雲長非輕。我與雲長上馬一提金。下馬一提銀。每日筵席管待。
近日有河北袁紹。遣顏良文醜爲帥。領兵前來與某交鋒。被雲長百萬軍中刺了顏良。又誅了文醜。得勝還
營。今日在此安排筵席。犒勞雲長。張文遠與我請將壽亭侯來。〔張遼云〕理會的。〔關末上云〕某關雲長自
到許都。見了聖人。封某爲壽亭侯之職。着曹丞相待某甚厚。上馬一提金。下馬一提銀。雖然如此。我心中則
是想我那哥哥兄弟。未知有也是無。近日袁紹手下有二將。是顏良和文醜。領十萬兵與曹丞相交鋒。被某
十萬軍中刺了顏良。又誅了文醜。今日曹丞相請某赴宴。須索走一遭去。〔張遼云〕壽亭侯。俺丞相久等多
時也。〔關末云〕報復一聲。〔張遼云〕丞相。壽亭侯下馬也。〔曹末云〕有請。〔張遼云〕有請。〔做見科〕〔曹末
云〕呀。壽亭侯鞍馬上勞神。〔關末云〕丞相。關羽托丞相虎威。則一陣被關羽刺了顏良。又誅了文醜也。〔曹
末云〕今日在此安排筵宴。管待將軍。左右將酒來。壽亭侯滿飲一盃。〔做遞酒科〕〔關末云〕丞相先請。〔曹
末云〕慢慢的行酒。教壽亭侯盡醉而歸。〔張遼云〕理會的。〔淨上云〕殺的我那碎屁兒支支的流。我可那
裏近的他。若不是我走的快呵。險被他殺了。今日來到許都也。到的曹丞相府門首。把門的報與丞相。說古
城鎮守張虎來見丞相。〔卒子做報科〕〔淨做見科〕〔曹末云〕張虎你爲何來。〔關末做認的背云〕兀的不
是張虎。咳。誰想這廝降了曹操。我則推醉了。我聽他說甚麼。〔淨云〕丞相。着張虎在古城。不想近日間有劉
玄德和張飛走將來。將我殺退了。奪了俺古城也。〔關末做驚云〕元來是我哥哥和兄弟。〔曹末云〕無也。這
廝說差了。張文遠。把這廝推出去斬了者。〔做斬淨科〕〔淨云〕好也。我正是躲了點鋼鎗。撞見喪門劍。〔下〕

〔關末推醉科〕〔曹末云〕壽亭侯再飲一盃。〔關末醉云〕丞相。關羽酒醉了也。〔曹末云〕呀呀呀。壽亭侯是醉了也。張文遠。扶着壽亭侯還宅去。〔卒子做扶關末下〕〔張遼云〕丞相。壽亭侯無酒也。〔曹末云〕您怎生知道。〔張遼云〕一頭裏不醉。雲長一見了張虎說他玄德張飛。雲長就推沉醉。則怕此人要去尋劉玄德張飛去。〔曹末云〕頭裏休放那廝進來也罷。張文遠。你如今宜陽宅看雲長一遭。看雲長一箇動靜。你可來回話。〔下〕〔張遼云〕小官往宜陽宅看雲長走一遭去。〔下〕〔甘糜二夫人上云〕自從俺在徐州失散。俺二叔叔不得已降了曹丞相。到的許都。聖人封俺二叔叔爲壽亭侯。我和二叔叔一宅分兩院。俺在這宜陽宅住坐。不知玄德公如何。俺姊妹兩箇怎了也呵。〔小旦云〕姐姐。想俺二叔叔如今降了曹丞相。受了封贈。他如今一身榮顯。他那肯想他那哥哥玄德公。這其間知他在那裏也呵。〔正旦唱〕

【南呂一枝花】今日箇難除我腹內憂。怎解我眉間皺。我可也心懷家國恨。則我這眉鎖他這箇廟堂愁。我可便有信難投。眼睜睜無人救。今日箇這淒涼何日休。〔小旦云〕當日都是三叔叔張飛的不是了也。〔正旦唱〕你當日是英雄與曹操做敵頭。則被他倒空營俺着他機彀。

【梁州】則俺這姊妹淹留在許昌。則被那兄弟每失散在徐州。〔小旦云〕姐姐。俺想玄德公何日相見也。〔正旦唱〕我想這英雄玄德仁慈厚。他端的忠直慷慨。壯志難酬。豁達大度。納諫如流。我這裏撲簌簌淚滿星眸。俺可便看他何日樂矣忘憂。我我我折倒的骨挃挃身似柴蓬。是是是俺可也病懨懨黃乾黑瘦。呀呀呀俺可便每日家綠慘紅愁。怎生做箇解屏憂。半生勤苦干生受。俺叔叔花也成蜜也就。可便地久天長怎了救。〔小旦云〕姐姐省煩惱。俺好歹有一日見玄德公也。〔正旦唱〕好教我無了無休。

〔正旦云〕妹子。俺這裏閑攀着話。看有甚麼人來。〔關末上云〕歡來不似今朝。喜來那逢今日。關羽也。我恰才本無酒。我聽的那廝說我哥哥兄弟在古城。我故意推醉。來到這宅中。有俺嫂嫂逐日煩惱。他則說俺哥哥兄弟不見。每日思念。誰想哥哥兄弟。如今見在古城。我如今到於嫂嫂宅中。我且不說哥哥兄弟還有哩。
我則推醉。看他說甚麼。報復去道有關羽在於門首。〔報復科〕〔正旦云〕呀。既然二叔叔來了也。叔叔請坐。
〔關末推醉科云〕嫂嫂關羽不必坐。好酒也。我醉了也。〔正旦云〕妹子你看俺二叔叔好快活也。〔關末云〕
我怎麼不快活。我如今封官為壽亭侯。每日筵宴管待。正好受用也。〔正旦云〕叔叔你的是也。〔唱〕
【紅芍藥】你道是新來加你做壽亭侯。〔關末云〕我上馬一提金。下馬一提銀。〔正旦唱〕
枉受了些肥馬輕裘。這的是你桃園結義下場頭。枉了宰白馬殺烏牛。〔關
末云〕我三日一小宴。五日一大宴。〔正旦唱〕你每日與堂食飲御酒。你全不記往日的
寃讐。想着您同行同坐數年秋。到如今一筆勾。
〔關末云〕我如今官封為壽亭侯哩。〔正旦唱〕
【菩薩梁州】今日箇你建節來封侯。登時間忘舊。知書的小叔。你可便枉
看了些左傳春秋。我這裏聽言說罷淚交流。弟兄今日難相守。甚日箇得
完就。誰想你結義賓朋不到頭。則他這歲月淹留。
〔關末云〕我將這條榥椅桌都打碎了。幔帳紗櫥都扯掉了。〔正旦云〕叔叔煩惱了也。妹子。喒與叔叔陪話
去來。〔唱〕
【罵玉郎】則我這心中負屈應難受。不由我便撲簌簌淚交的流。我見他
撲登登忿怒難收救。他那裏踢翻椅桌。扯了幔幕。緊揎起那征袍袖。
〔小旦云〕姐姐二叔叔不知為何至怒也。〔正旦唱〕
【感皇恩】呀。我見他並不回頭。怒氣難收。我這裏自躊躕。自埋怨。我這裏
自僝僽。您嫂嫂言語的是緊。叔叔你惱怒無休。我陪有十分笑。叔叔你千
般恨。我懷着九分憂。
【採茶歌】叔叔你早則麼皺着眉頭。休記寃讐。叔叔你與我停嗔息怒壽

亭侯。則你那失散了的哥哥不知道無共有。方信道知心的這相識可也到頭休。

〔云〕妹妹。俺跪着二叔叔。可憐見俺妹妹二人。〔正旦小旦都做跪科〕〔關末云〕嫂嫂請起。你休煩惱。你歡喜咱。〔二旦云〕我有甚麼歡喜。〔關末云〕嫂嫂。你不知俺哥哥兄弟見在古城有哩。〔正旦云〕叔叔。誰那般道。〔關末云〕嫂嫂。今日曹丞相請我赴宴。有一箇張虎來說。我哥哥兄弟殺退了他哥哥兄弟。如今見在古城。我故意推醉。我特來報與嫂嫂知道。〔二旦云〕是真箇。〔關末云〕是真箇。我將曹丞相賜與我的金銀和這壽亭侯牌印。我都鎖在宜陽宅。不分星夜。便出許都。〔正旦云〕是真箇。慚愧也。叔叔。則今日收拾行李。便索長行。〔唱〕

【尾聲】則你那忠直勇烈依了你口。誰想這劉備張飛見在有。打聽的兄弟哥哥有時候。忙離了許州。盼不到地頭。俺遙望着千里的這紅塵路兒上走。〔下〕

〔關末云〕如今便收拾車乘鞍馬。尋我哥哥。走一遭去也。我驅馳不避路迢遙。我是個忠臣豈肯順降曹。想着俺相隨數載恩情厚。我因此上棄印封金謁故交。〔下〕

第二折

〔曹末上云〕我着張文遠去看雲長去了。怎生這早晚不見來。〔張遼上云〕某乃張文遠是也。奉丞相將令。去宜陽宅看雲長去。不想此人將領着他那三房頭老小。往古城去了也。我索報與丞相去咱。報復去。道張文遠求見。〔卒子云〕喏。報的丞相知道。有張文遠來見。〔曹末云〕着過來。〔做見科〕〔曹末云〕張文遠。雲長如何。〔張遼云〕關雲長將丞相賜與他的上馬一提金。下馬一提銀。并他那壽亭侯牌印。都封在宜陽宅內。雲長引三房頭老小。往古城尋玄德公張飛去了也。〔曹末云〕誰想雲長領着他家小。往古城尋劉玄德去了。我這般相待。他不辭我去了。更待干罷。喚將九牛許褚來。〔許褚上云〕馬不喫草。都把來瘦了。某九牛許褚是也。今有丞相呼喚。須索走一遭。報復去。道有許褚來了也。〔卒子做報科〕〔做見科〕丞相喚許褚有甚事。〔曹末云〕許褚。我喚你來。別無甚事。因爲關雲長背了某。將領着他三房頭老小。不辭我往古城去尋劉備去了。我今喚你來商議。〔許褚云〕丞相。俺如今領大勢軍兵趕上。活拿的雲長來。〔張遼云〕丞相。喒不可與他交鋒。想雲長在十萬軍中。刺了顏良。誅了文醜。俺如今領兵與他交戰。丞相也枉則損兵折將。〔曹末云〕似此怎生擒的雲長。〔張遼云〕丞相。俺如今則可智取。〔曹末云〕你有何智量。〔張遼云〕我有三條妙計。丞相領兵趕上雲長。則推與他送行。丞相若見雲長。丞相先下馬。關雲長見丞相下馬。他必然也下馬來。若是雲長下馬來。叫許褚上前抱住雲長。着衆將下手。第二計。丞相與雲長遞一盃酒。酒裏面下上毒藥。第三計。丞相把那西川錦征袍。着許褚托在盤中。丞相贈與雲長。雲長見了。必然下馬來穿這袍。可叫許褚向前抱住。衆將下手。恁的方可擒的雲長。〔曹末云〕張文遠此計大妙。料想雲長出不的我這三條計也。則今日領兵十萬。趕雲長走一遭去。我驅兵領將逞英豪。我這三條妙計他決難逃。擒住雲長必殺壞。方顯曹公智量高。〔下〕〔關末引正小旦上云〕嫂嫂。賀萬千之喜。喒早則出了許都也。〔正旦唱〕

【中呂粉蝶兒】則你那途路迢遙。趁西風斜陽古道。催幾鞭行色劬勞。踐紅塵。登紫陌。領着些關西小校。不索辭曹。恨不的一時間古城行到。

【醉春風】你今日棄印覓親兄。你則待封金謁故交。獨行千里探哥哥。似叔叔的少。少。少。他把你官上加官。祿上贈祿。曹丞相傲也那不傲。

〔關末云〕兀的後面有軍馬至也。〔曹末同張遼許褚上云〕兀的前面不是雲長。〔做喚關末科云〕壽亭侯兄弟也。且住者。〔關末云〕真箇是丞相領兵來趕。〔正旦云〕叔叔。曹丞相領兵趕將來。你小心在意者。〔關末云〕不妨事。〔正旦唱〕

【紅繡鞋】曹孟德能施謀略。則要你箇關雲長牢把鞍橋。喒可便嘴尾相啣緊隨着。暗暗的便埋着軍將。明明的列着鎗刀。可休似徐州城失散了。

〔云〕叔叔。小心在意者。〔關末云〕嫂嫂放心。我自知道。〔曹末上見住〕〔做下馬科云〕壽亭侯兄弟也。怎生不辭而去。〔關末云〕丞相勿罪。我不下馬來也。〔許褚云〕呀。可早一條計也。〔曹末云〕將酒來。〔許褚做斟酒科】〔曹末遞酒科云〕雲長。既然你要去也。你下馬來滿飲一盃。〔正旦云〕叔叔。你休下馬去。〔關末云〕嫂嫂。他與喒送路。他有甚麼歹意。〔正旦唱〕

【快活三】則他那餞行的意雖好。鋪謀的智難逃。不防馬上接了香醪。我與你附耳低低道。

【朝天子】我這裏望着。定睛的覷了。曹丞相百萬軍都來到。據着他與心主意不相饒。折算你誰知道。我見他厚禮卑辭。親捧香醪。這裏面安排下斬人刀。叔叔你暗約。則依着你嫂嫂。則怕他酒裏面藏有機妙。

〔關末云〕難得丞相好心。丞相先飲過。關羽喫。〔曹末云〕可怎了。〔許褚云〕丞相放心吃。我自有解毒的。〔曹飲酒科〕〔許褚云〕呀。可早兩條計也。〔正旦云〕叔叔。我說來麼。〔關末云〕嫂嫂的是也。〔曹末云〕許褚。將那餞行禮來。〔正旦唱〕

【上小樓】他待使些鵰心鷹爪。安排下龍韜虎略。他一箇箇執銳披堅。勒馬橫鎗。舉斧輪刀。他將一領錦征袍。盤內托。我可便覷了容貌。他那裏曲躬躬一身伏着。

〔曹末云〕壽亭侯。想喒弟兄廝守許多時。也無甚與你。將這一領錦征袍。送與將軍。正好你披。請下馬來穿袍。〔關末云〕嫂嫂。我如今下馬的是。不下馬的是。〔正旦云〕叔叔。你不要下馬去。〔關末云〕我待下馬去。則怕中他的計策。我待不下馬去。可惜了一領錦征袍。你聽者。關羽從來性粗豪。吱。你箇賢達嫂嫂莫心焦。上告孟德休心困。刀尖斜挑錦征袍。〔正旦唱〕

【么篇】又不向盤內取。則向刀刃上挑。險些兒驚殺許褚。荒殺曹公。諕殺張遼。他每都緊趕着。奸雄曹操。我問你那錦征袍要也那不要。

〔許褚云〕我見他輕輕舉起手中刀。將我登時諕一交。三條妙計都不濟。好也。顛倒丟了一領錦征袍。〔關末云〕嫂嫂先行。我隨後便趕將來也。〔正旦唱〕

【尾聲】襲車胄武藝能。刺顏良名分高。用盡自己心惹的傍人笑。哎你箇奸雄曹操到陪了西川十樣錦征袍。(下)

(關末云)感謝丞相厚意丞相之恩。我異日必報也(曹末云)張文遠。可不活拿了關雲長也。你趕上他你道俺丞相問你要一件回奉之物看他說甚麼(張遼云)理會的。雲長且住者(關末云)你爲何來(張遼云)俺丞相的令。問將軍要一件回奉之物(關末云)丞相的恩。我報了也我與他刺了顏良誅了文醜他今日又要回奉之物。我隨身無甚麼值錢物件。我這一去見了哥哥。我異日借起兵來與您曹丞相交鋒。我若拿住你曹丞相。我這大刀下饒你丞相一箇死。便是回奉。張文遠。你快回去。你若是再提將來。你見我這手中刀麼。我將你那曹兵都殺盡。要一箇寄信的也無。張文遠你聽者。想着俺桃園結義弟兄情因此上辭曹棄印與封金。久以後拿住曹公不殺壞。那其間方顯雲長回奉心(下)(張遼做見曹末科)(曹末云)張文遠。雲長說甚麼(張遼云)小官問他要回奉之物。雲長言稱道。他這一去見了那玄德公張翼德。必然領兵來與俺相持。他要丞相呵。那青龍刀下饒丞相一箇死。(曹末云)正是使碎自己心。笑破他人口。罷教他去。我這一回去。點就一百萬大軍。與劉關張交鋒。未爲晚矣。這一去將那百萬軍兵親點校驅兵領將統戈矛拿住一人必殺壞。恁時方表報寃讎。(下)

第四折

(蔡陽上開)三尺龍泉萬卷書。皇天生我意何如。山東宰相山西將。彼大夫兮我丈夫。某姓蔡名陽。字仲威。關西人氏。十八般武藝。無有不拈。無有不會。某身披二鎧。刀重百斤。馬行千里。但寸鐵在手。有萬夫不當之勇。某新在佐於曹丞相手下爲上將。今奉丞相的令。爲因關雲長背了俺丞相之恩。領他家小。不辭而去。丞相差某領五百哨腿關西漢。直至古城。與雲長交戰。鬪刀走一遭去。大小三軍。聽吾將令。甲馬不得馳驟。金鼓不得亂鳴。不得交頭接耳。不得語笑喧呼。但違令。依軍令決無輕恕。靄靄征雲籠宇宙。騰騰殺氣陣雲高。臨軍略展英雄手。試看今番刀對刀(下)(劉末同張飛上云)某劉玄德。自從兄弟張飛殺退張虎奪了古城。這裏粮多草廣。俺二人權且在此停止(張飛云)哥哥。不想二哥雲長投降曹操。全不想桃園結義之心。

更待干罷。喒如今不問那裏。借起軍來。務要與曹交鋒。雪徐州之恨。〔劉末云〕兄弟。爭奈喒三房頭老小。不知下落。又聽的人說。與雲長都降了曹操也。三兄弟。則怕雲長聽的俺在此。他必然來也。〔張飛云〕哥哥。他戀着那曹操那般富貴。他豈肯來。他便來呵我也不認他。〔劉末云〕看有甚麼人來。〔正小旦同關末上〕

〔關末云〕嫂嫂。你歡喜咱兀的早望見古城也。〔正旦云〕二叔叔。一路上煞是辛苦也。〔唱〕

【雙調新水令】你保護的俺一家兒妯娌得安康。則他弟和兄這其間別來無恙。叔叔你是那擎天白玉柱。架海的紫金梁。義勇忠良。俺今日團圓日不承望。

〔關末云〕我到這古城也。把門的軍卒報復去。你道有關羽領着二房頭老小來了也。〔劉末云〕兄弟也。我道他知道喒在此呵。必然來也。元來兄弟領着二房頭老小來了也。〔張飛云〕哥。他有甚麼臉兒。我與他打話。〔劉末云〕兄弟息怒。喒同見雲長去。〔做見科〕〔關末做下馬科云〕哥哥間別無恙。〔劉末云〕兄弟。你怎生不想桃園結義之心。因何投降了曹操。〔關末云〕你兄弟無降曹之心也。〔劉末云〕我斷然不認你。〔正旦云〕玄德公息怒。聽妾身說一遍咱。〔唱〕

【殿前歡】若不是這漢雲長。則爲俺這家屬不得已可便詐投降。〔劉末云〕他受他封官來。〔正旦唱〕壽亭侯官職無心望。甚的他快樂的這心腸。〔云〕那一日與曹操飲酒。聽的說主公與小叔叔在此。收拾便行。〔唱〕他封金印出許都。〔帶云〕曹操趕至灞陵橋。三計要拿雲長。二叔叔致怒。〔唱〕險誅殺那曹丞相。錦征袍便斜挑在他刀尖上。〔帶云〕若不是二叔叔俺二房頭家小。都落在曹營。〔唱〕怎能勾那弟兄每完聚也不能勾今日得這還鄉。

〔張飛云〕嫂嫂你替他說謊。也說不過。既然不降了曹操。怎生封你爲壽亭侯。直到今日也不認你。有甚麼面顏。和你廝見。〔劉末云〕雲長。你既然不忘了俺桃園結義之心。怎生撇了俺弟兄二人。因何投降了曹操。〔關末云〕哥哥。您兄弟爲這三房頭老小。被曹操擄了。您兄弟無計所奈也。〔張飛云〕你既有兄弟之情呵。

可怎生我共哥哥在此古城住許多時。你怎生不來尋我。〔正旦云〕三叔叔息怒。若不是二叔叔呵。那裏取俺性命來也。〔張飛云〕嫂嫂我不信他說。〔正旦唱〕

【川撥棹】你那裏自參詳。張將軍不料量。他那裏說短論長。數黑論黃。斷不了村沙莽撞。你心中自忖量。

〔張飛云〕你既降了曹操也。你有何面目見俺。〔關末云〕兄弟也是我出於無奈也。〔正旦唱〕

【七弟兄】他可便這廂。那廂。他兩箇逞能強。怒忿忿豪氣三千丈。他丈八矛輪動怎生當。這青龍刀舉起無遮當。好着我淚兩行。便有些不停當。你心下自參詳。你心下自參詳。

【喜江南】呀。則你那哥哥兄弟好商量。不比你一勇性石亭驛里摔袁祥。救了俺全家老小得安康。你自便料量息怒波。與劉滅楚漢張良。

〔劉末云〕三兄弟。雲長也則爲咱這三房頭老小也。〔張飛云〕則請二位嫂嫂來。別的我都不認。〔正小旦做見科〕〔正旦云〕玄德公。俺若不是雲長呵。那得俺性命來。〔蔡陽上云〕某矣蔡陽。來到這古城也。衆軍擺開陣勢者。〔張飛云〕你道你不順曹操。可怎生蔡陽又領軍來。〔關末云〕蔡陽這一來。他必來趕我來。兄弟你不信呵。我如今斬了蔡陽。如何。〔張飛云〕我不信。蔡陽和你一家。你怎肯殺了他。你若是斬了蔡陽。俺便認你。〔關末云〕既然是這等。五百校刀手。擺開陣勢者。蔡陽你爲何來。〔蔡陽云〕雲長。爲你背了丞相之恩。奉丞相命。特來擒你。〔關末云〕蔡陽。我與你言定。俺如今頭一通鼓響。咱埋鍋造飯。第二通鼓響。披衣擐甲。第三通鼓響。咱兩箇交鋒。〔蔡陽云〕你去埋鍋造飯去。〔關末云〕三軍休要埋鍋造飯。與我披衣擐甲者。交鼓響。〔劉末云〕張飛。咱看雲長與蔡陽交戰去來。〔張飛云〕哥也。怎生不交戰。發擂那。〔關末云〕叫蔡陽臨陣。〔蔡陽云〕我不會披掛。可怎生便索戰。〔做調陣子科〕〔關末做斬蔡陽科云〕我斬了蔡陽也。〔劉末云〕張飛。兀的雲長不斬了蔡陽也。〔張飛云〕左右那裏。安排筵席。請二哥來見哥哥。〔關末做拜劉末科云〕您兄弟托哥哥虎威。我斬了蔡陽也。〔張飛云〕哥哥。不枉了真虎將也。受您兄弟幾拜。〔正旦云〕二叔

叔不枉了好將軍也。(唱)

【掛玉鈎】他恰才萬馬千軍擺下戰場。則見他忙把門旗放。顯出那棄印封金有智量。他怎肯扶立起曹丞相。斬了蔡陽。在殺場上。才聽的擂鼓三通。可又早得勝還鄉。

(張飛云)兩壁廂敲馬宰牛做一箇慶喜的筵席。(關末云)哥哥是你兄弟不是了也。(劉末云)兄弟。是您哥哥的不是了也。想兄弟您爲俺三房頭家小。您不得已而降曹操。你雖身居重職。你不改其志。此爲仁也。你不遠千里而來。被張飛與某百般發忿。兄弟你口不出怨恨之語。此爲義也。你棄印封金。辭曹歸漢。此爲禮也。不一時立斬蔡陽。此爲智也。你曾與曹操言定三事。聽的某在此。你將領家小前來。不忘桃園結義之心。此爲信也。據兄弟您仁義禮智信俱全。則今日敲牛宰馬。做箇慶喜的筵席。則爲那徐州失散各分張。今日箇古城歡會聚賢良。兄弟據着你智勇禮全誰可比。疋馬單刀斬蔡陽。則爲那妯娌賢達世間少。俺兄弟仁義果無雙。俺本是扶持社稷忠良將。俺三人永保皇圖帝業昌。

題目　灞陵橋曹操賜袍

正名　關雲長千里獨行

蘇子瞻醉寫赤壁賦雜劇

第一折

〔沖末王安石上詩云〕黃卷青燈一腐儒。九經三史腹中居。學而第一須當記。養子休教不看書。小生姓王名安石。字介甫。金陵建康人氏。官拜參政之職。今因蘇子瞻乃眉州眉山縣人也。乃蘇老泉之子。弟曰子由。妹曰子美。蘇軾與某同在帝學讀書。今應過舉官拜端明殿大學士。小官家中安排筵宴。管待子瞻。令人請去。子瞻見僕腰插一扇。上有詩一聯。東坡因取翫之。知小官所作。庭前昨夜西風起。吹落黃花滿地金。東坡看畢後。續兩句成其一絕。他道。秋花不比春花謝。說與詩人仔細吟。此人不知黃州菊花謝。今夜晚間。安排筵席。請秦少游賀方回。與蘇東坡慶端明殿大學士。爲何夜間排設筵席。因俺夫人聞知蘇軾胸懷錦繡。口吐珠璣。有貫世之才。未曾得遇。就今晚筵間。出家樂女子數人。內藏着夫人。與衆女子一般梳粧。必要見蘇軾之面。有何難哉。令人請學士去了。這早晚敢待來也。〔外扮秦少游上詩云〕龍樓鳳閣九重城。新築沙堤宰相行。我貴我榮君莫羨。十年前是一書生。小官姓秦名觀。字少游。自元祐初舉賢良方正。東坡薦於朝。除小官太學博士。今因子瞻官拜端明殿大學士。有王安石今晚安排筵宴。請俺衆官與東坡賀職。小官須索走一遭去。可早來到也。左右人報復去。道有秦觀在於門首。〔祗候報科云〕大人。有少游大人下馬也。〔王云〕道有請。〔祗云〕理會的。大人有請。〔見科秦云〕相公早間令人來請。不敢有違。即便赴宴。〔王云〕相公。因蘇子瞻官拜端明殿大學士。小官今夜排設一宴。蔬食薄味。特請衆位相公。賀端明殿學士之職也。〔秦云〕量小官有何德能。着相公如此重意。〔王云〕蔬食薄味。無甚管待。相公請坐。左右門首看者。若有學士來。報復我知道。〔祗云〕理會的。〔外扮賀方回上詩云〕聲名德化九天聞。良夜家家不閉門。兩後有人耕綠野。月明無犬吠荒村。小官賀方回是也。今蘇子瞻官拜端明殿大學士之職。有王安石今晚安排筵宴。請俺衆官與子瞻賀學士之職。今早間令人來請。小官須索走一遭去。可早來到也。左右人報復去。道有賀方回來了也。〔祗云〕理會的。相公。有賀方回相公來了也。〔王云〕道有請。〔見科賀云〕相公早間令人來請。小官不敢有違也。〔王云〕今因子瞻拜爲端明殿大學士之職。小官略排小酌。請衆位相公爲伴客。蔬食薄味。相公請坐。〔秦云〕相公。再有何人。〔王云〕別無他客。則有子瞻學士。早間令人請去。敢待來也。〔正末扮蘇東坡上云〕某姓蘇名軾。字子瞻。道號東坡。乃西川眉州人也。幼習儒業。遊學至京師。逢一友人。姓王名安石。字介甫。金陵建康人氏。與某同館安歇。今奉聖朝舉某與王介甫及第。官裏看了某所作之業。深可憐憫。加爲翰林學士。適來王介甫請俺夜宴。須索走一遭去。我想爲人半世清貧。十載苦志。學得胸中有物。爲朝廷顯官。治國平天下。當所爲也。想俺秀才每學就文章。扶持聖主。方顯大丈夫之志也。〔唱〕

【仙呂點絳唇】想伊每十載寒窗。平生指望。登春榜。今日便懷寶迷邦。誰肯待舉直錯諸枉。

【混江龍】赤緊的斯文天喪。空將這美玉韞匵藏。你便能勾片言折獄。一語興邦。不肯去蘭省一朝登北闕。便想這茅廬三顧到南陽。毛錐乏盡。鐵硯磨穿。高歌鼓腹。長笑掀髯。我則待慢登臨感慨悅他這箇仲宣樓。我則怕有才無命的在顏回巷。我則待養浩然袁門積雪。久以后空嗟嘆得潘鬢成霜。

且休說別人。則論小官。爲功名奪得國家富貴也非同容易也呵。〔唱〕

【油葫蘆】且則說我遠志輕離父母鄉。投京師應舉場。將羣儒戰退氣昂昂。奪這翰林兩字標金榜。便是那禹門三級桃花浪。那時節進表章。纔能勾見帝王。將白衣脫在金堦上。便能勾披紫綬換金章。

【天下樂】恁時節宣賜蒙恩出建章。朱也波裳。列在兩廂。起蟄龍一聲雷震響。會風雲志四方。遂功名紙半張。也是男兒當自強。

〔云〕可早來到也。報復去道有蘇軾在於門首。〔報科王云〕學士來了也。道有請。〔見科正末云〕相公。量小官有何德能。着介甫如此重意。〔王云〕蔬食薄味。略表寸誠。左右將酒來。學士滿飲一盃。〔正末云〕小官不

敢。〔唱〕

【那吒令】我這裏自想。東坡的伎倆。怎比那東山氣象。怎做的東床伴當。主人寬東閣開直吃的曙色曉東方亮。論甚麽日照東窗

【鵲踏枝】且休說翰林忙。暫入他綺羅鄉。我則見燭搖紅影。月色昏黃。〔王〕學士。拚了今朝沉醉。有何不可。〔正末唱〕拚了〻今宵痛賞我却甚麽檢書燒燭盡銀缸。

〔王把酒科〕學士滿飲一盃。〔遞酒與衆科賀云〕小官想與學士布衣交游。今日子瞻官拜端明殿大學士。非同小可也。〔正末云〕想小官在布衣之中。志氣不會墮了。〔唱〕

【寄生草】今日在編修院。往常往冰雪堂。詩魂高壓山河壯。琴彈神鬼魂飄蕩。劍揮星斗昏無象。我將這九經苦志二十年。養就這五陵豪氣三千丈。

〔秦云〕想布衣之中。苦志攻習經史。今日博得金章紫綬。千鍾之祿也。〔正末唱〕

【幺篇】今日有千鍾祿。往常無半日粮。十年禮義勤書講。半生鹽菜貧修養。纔落得金章紫綬高名望。我將這五車黄卷隱胸中。纔博得一輪皂蓋飛頭上。

〔王云〕左右將酒來。與學士滿飲一盃。〔與衆把酒科云〕便好道筵前無樂不成歡笑。小官有家樂數人。着筵前吹彈歌舞爲樂。下次小的每與我喚出那侍妾來者。〔外扮旦引衆旦上云〕妾身乃王安石夫人也。今有蘇子瞻官拜端明殿大學士。俺相公今夜排設筵宴請衆官弁子瞻學士。爲何夜間排宴。因妾身聞知子瞻有貫世之才。妾身要見一面。筵間出家樂侍妾數人。妾身隱於侍女之中。必然見之。可早來到虛簷之下也。〔見科王云〕你這十數個家樂侍女。則在於簾外。吹的吹。彈的彈。歌的歌。左右一壁廂將酒來。與學士衆位相公遞一杯。〔遞酒樂聲響科衆看科正末背云〕此侍女中決有安石夫人。我着一個小伎倆要賺出來。

是好受用也呵。〔唱〕

【村裏迓鼓】玉鈎高挂。繡簾低放。我則見銀臺的這畫燭。開華宴樂聲嘹喨。靠着這翠矮屏芙蓉幔繡幃錦帳。一箇箇人如玉。花似錦。酒滿觴。俺這裏別是箇風光畫堂。

〔衆做意科賀云〕學士你見麼。衆官聽其聲不能覩其面。小官問學士求珠玉咱。〔正末云〕理會的。〔秦云〕左右將文房四寶來。〔正末寫科云〕衆位相公勿罪。詩就了也。〔王云〕願聞。〔正末云〕只聞檀板與歌謳。不見如花閉月羞。安得好風從地起。倒吹簾捲上金鈎。〔衆笑科王云〕左右將那繡簾捲起者。係這十個侍女中教一個與衆相公把一盃。〔旦云〕理會的。〔把衆酒科正末唱〕

【元和令】雕盤中靄篆香。金盞內泛瓊漿。這的是主人開宴出紅粧。列金釵十二行。一箇箇藕絲新嫩織仙裳。玉圓搓粉頸香。

〔王云〕一壁廂樂聲響者。〔正末唱〕

【上馬嬌】他每都宮様粧。列在兩廂。知他那箇是宮主共梅香。將陽春白雪齊歌唱。夜正涼。直吃的明月轉迴廊。

【遊四門】尚兀自遶梁音韻尚悠揚。狂客惱愁腸。〔旦將羅帕藏手科正末云〕小娘子金釵墜也。〔旦用手抹頭上將帕藏手科衆笑科正末唱〕報一聲金釵斜墜烏雲上。舉手意張狂。忙將羅帕緊遮藏。

【勝葫蘆】呀早露出十指纖纖春笋長。他生的顏色果非常。恰便似困倚東風睡海棠。司空見慣。全勝宋玉。想像賦高唐。

【後庭花】他生的臉銀盤膩粉粧。口微噴蘭麝香。雲鬢堆鴉翅。金釵插鳳凰。細端詳。他生的嬌容模樣。料人間無處長。想蓬萊是故鄉。宴蟠桃若下界。殃犯天條奏玉皇。

【柳葉兒】呀。他生在九重天上。下彩雲悞落在朝陽。他生的千嬌百媚人中樣。比花花無語。比玉玉無香。堪移在蘭舍椒房。

〔帶酒科云〕介甫酒勾了也。〔王云〕學士再飲幾盃。〔秦云〕學士。何不作詞一首。〔正末云〕令人將紙墨筆硯來。〔王云〕下次小的每。將紙墨筆硯來。放在學士跟前。〔正末寫科云〕揣揣寫就了也。〔王云〕學士試表白咱。〔正末云〕詞寄滿庭芳。詞曰。香靄雕盤。寒生冰筯。畫堂别是風光。主人情重。開宴出紅粧。膩玉圓搓素頸。藕絲嫩新織仙裳。雙歌罷。虛簷轉月。餘韻尚悠揚。人間何處。有司空見慣。應謂尋常。坐中有狂客。惱亂愁腸。報道金釵墜也。十指露春筍纖長。親曾見。全勝宋玉。想像賦高唐。〔賀云〕學士好高才也。〔王云〕將酒來與學士再飲幾盃。〔正末云〕小官酒勾了也。〔做睡科〕〔旦云〕相公。天色晚了也。且歸後堂中去。〔衆云〕相公酒勾了也。〔王云〕衆位相公再飲幾杯去。〔衆云〕子瞻學士帶酒也。夜深。令人一壁廂好生看學士。俺衆官告回也。左右將馬來。各回私宅中去。〔同下〕〔正末醒科云〕衆位相公安在。〔王云〕各回私宅中去了。〔正末云〕衆位學士去了。却纔那侍妾小娘子也回去了也。小官告回也。〔王云〕下次每將酒來。着學士再飲幾盃。〔正末云〕相公酒勾了也。〔唱〕

【尾聲】可惜玉山頹。儘教任恁金波漾。拚了箇前合後仰。終夜勞神將是下央。莫怪我酒席間言語踈狂。出雕牆。月下西廂。消酒西風將醉魂爽。任恁把絳紗籠近掌。我紫絲韁款放。趁天風吹下五雲鄉。〔下〕

〔王云〕蘇軾去了。叵耐此人無禮。某請你家宴。小官侍妾。淫詞戲却。更待乾罷。我到來日見了聖人。說過。一者此人不知黃州菊花謝。二者趁此機會。將他貶上黃州。趁了小官之願。天色晚了也。左右收拾菓桌。我無甚事。回後堂去也。〔下〕

第二折

〔外扮殿頭官上詩云〕燮理陰陽讚聖威。經綸天地有奇才。身近玉墀新錦綉。手調金鼎舊鹽梅。小官乃殿頭官是也。今有蘇東坡。官拜端明殿大學士之職。有安石請衆官在于宅中夜宴。賀子瞻之職。酒席間王安石出侍妾數人。內有安石夫人。因要見蘇東坡之面。席間把酒。不想蘇子瞻帶酒作滿庭芳一首。戲却大臣之妻。安石奏知聖人。一者此人不知黃州菊花謝。將子瞻貶上黃州。歇馬三年。着他即便起程。小官不敢久停久住。須索回聖人走一遭去。〔外扮邵堯夫同秦賀上〕〔邵詩云〕窮通造化合天機。死生壽夭預先知。八卦能推天地理。六爻搜盡鬼神疑。某姓邵名雍。字堯夫。始家衡漳。祖諱德新。父諱古。皆隱德不仕。母李氏。其繼楊氏。某幼從父徙共城。晚遷河南。葬其親於伊川。遂爲河南人。娶妻王氏。得二子。伯溫仲良是也。某累蒙在朝公相薦舉。授爲潁川團練推官。某辭疾不赴。某幼時自雄其才。慷慨有大志。既學力慕高遠。自希夷授於种放。种授穆伯長。伯長授於李挺之。挺之授於某。高明觀天地之運化。陰陽之消長。以達乎萬物之變。始至落落。蓬蓽環堵。不蔽風雨。躬爨以養其父母。所居曰安樂窩。爲甕牖。讀書燕居其下。接人無貴賤親疏。言必依於孝弟忠信。今因子瞻官拜學士之職。有王安石在家庭請子瞻慶職夜宴。因席間出家樂數人。內有安石之妻。子瞻帶酒作滿庭芳戲之。次日安石與聖人說知。怒將子瞻貶上黃州歇馬。某同衆官在此十里長亭。安排酒餚。與子瞻送行。下着如此大雪。在此等候。這早晚敢待來也。〔外淨扮監押家童上云〕自家是箇解子。上司命着我監押着蘇子瞻上黃州去。出的這城來。風又大。雪又緊。他騎着馬也。不知他在前面在後頭。我伴着他這家童。迎着風雪。低着頭走。兀那家童小廝。恁官人在那裏。〔家童云〕解子哥哥。俺大人騎着馬在後面來也。我和你先走到這前頭等俺大人。〔解子云〕你也說的是。疾快行動些。〔家童云〕走走走。〔做倒科解云〕這小的可怎麼睡在大雪裏。不起來走路。却是如何。〔童云〕解子哥哥。這塔兒有些滑。〔解云〕這廝說謊。官道上偏那塔兒滑。我試走。若不滑。我打你箇弟子孩兒。〔淨做跌科云〕這裏有些兒滑。喒打兀那條路兒上去罷。〔正末騎馬上云〕小官因爲昨夜安石開宴帶酒作一詞。不想次日安石與官裏說知。將某罷職。着這般風雪又緊。不敢久停久住。則索上黃州走一遭去。不知何日回朝。只因席間言語疏狂。誰想有今日也呵。〔唱〕

【南呂一枝花】則爲我數盃狂酒終。今日箇三唱陽關後。一鞭催行色。滿馬載離愁。羊角風颼颼。時遇冬天候。漫漫雪不休。我如今纔出皇州。可又早漸入氷壺宇宙。

【梁州】我則見銀海凍花生的這眼底。玉樓寒聳起肩頭。搖鞭袖裊深藏手風掀氈帽雪壓寒裘雕鞍懶坐玉轡慵兜銀粧成山岳林丘粉填合溪澗坑溝這雪恰便似無影月淡朦朦光照人間這雪有如那凍流水響叮叮氷生他這岸口。這雪渾似那不香花舞翩風落枝頭。自思故友這其間銷金帳底羊羔酒燃寶篆焚香獸。欵地氈簾下玉鈎煞強如獨釣在江頭。

〔童云〕那騎馬的是俺相公我在這裏等一等咱。〔解云〕也說的是。〔見末科云〕老相公俺在前頭走你騎着馬又在後頭俺在後頭你又往前頭去了。似這般大風大雪尋一個村房草店買兩鍾酒吃了呵可也好。

〔正末云〕你也說的是。〔唱〕

【牧羊關】你看那瑞雪迷了前路。彤雲蔽了日頭。冒風寒滿腹離愁。冷凍皮膚寒侵肌肉。雪擁難行馬風緊懶擡頭。我這裏戰兢兢把不住渾身冷。

〔解云〕我說道若雪住了明日行也罷。〔正末唱〕也是我官差不自由。

〔秦云〕着從人門首看着若學士來報復我知道。〔解云〕來到這十里長亭也老相公且下馬避一避雪去。

〔下馬見科邵云〕學士老夫與衆相公在此長亭之上久等與學士送行水酒三盃權表衆情。〔正末云〕量某有何德能也着衆相公在此等候。〔唱〕

【賀新郎】我這裏停驂舉首猛凝眸。恁在這十里長亭衆兄等候。〔賀云〕將酒來與學士飲一盃盪寒咱。〔正末唱〕你道是勸君更盡一杯酒則怕酒入愁腸轉更愁。〔邵云〕學士可愁甚麼〔正末唱〕這愁煩纔了又在眉頭。〔賀云〕學士你看風雪如花飛萬片。正好飲幾盃〔正末唱〕你道是雪花飛千萬片。且飲酒兩三甌我則為花濃酒釀送的我無人救。〔秦云〕學士異日必有相會之期。〔正末唱〕再誰想有花方飲酒。無月不登樓。

〔賀云〕學士。小官想來。你與王安石同在帝學。對寒窗十載至友。不想有今日也呵。〔正末唱〕

【牧羊關】俺兩箇十年舊。到今日一日休。纔得志便與我話不相投。則爲他家有賢妻。送了俺交絕故友。我如今苦痛分妻子。他今日談笑可便覓封侯。〔賀云〕學士。那一夜忒酒後疎狂也。〔正末唱〕都則爲一醉三更酒。〔賀云〕因此一事貶學士上黃州歇馬。〔正末唱〕送的我孤身萬里遊。

〔秦云〕學士正授端明殿大學士。不想有今日也。〔正末云〕衆學士言者差也。自古以來。不則小生也。〔秦云〕學士自古以來可是何人如此。學士說一遍。〔正末云〕學士不信。聽蘇軾說一遍咱。〔唱〕

【哭皇天】論今日非吾犯。想前朝先早有。〔賀云〕學士可是何人。〔正末唱〕韓吏部李翰林。他今日立下傍州。他每是遭流的罪罪首。他兩箇文施翰墨。筆掃千軍。臨危世亂。勢盡時休。傳與俺這壞風俗歹事頭。一箇在潮陽路上。一箇在采石渡口。

【烏夜啼】他每都搖鞭舉棹無人救。送的我眼睜睜有地難投。向山林水館捱昏晝。一箇鞭裊驊騮。一箇棹撥輕舟。一箇他風濤雪浪五更頭。一箇漫烟霧障三春後。一箇漾了骸骨。一箇沒了尸首。二人身死。萬古名留。

〔邵云〕左右將酒來。與學士把一盃。〔末云〕小官酒勾了也。敢問先生這一去黃州。何日還朝。〔邵云〕學士不知。某藝祖衡漳。祖諱德新。父諱古。母李氏。其繼楊氏。某幼時從父徙共城。晚還河南。葬其親於伊川。遂爲河南人氏。某生於祥符辛亥。雍之名。堯夫其字也。娶王氏。得其二子伯温仲良。學士你記者。〔正末云〕小官知道。則是小官這一去黃州。未知何日還朝。恁二位學士休怪。小官則今日便索登程也。〔唱〕

【耍孩兒】咱本是翰林風月三知友。做了箇犯省部條章一罪囚。再不去東華待漏五更頭。再不向國史編修。都爲那弄妻倡婦的禽獸。背地裏廝讒奏。送的我伏侍君王不到頭。不能勾故國神遊。

〔秦云〕學士這一去。小心在意。保重長行。〔正末唱〕

【二煞】我從今後無榮無辱無官守。得淨得閑得自由。蒙頭衲被睡齁齁。高枕無憂。急起來辰時前後。閑訪一二三友。揀盡溪山好處遊。倒大來優游。

〔邵云〕學士於路上小心在意者。〔正末唱〕

【尾聲】我則見樵夫荷擔來山口。釣叟鳴榔返渡頭。凍雲垂。朔風透。送行人酒數甌。別離情詩一首。氣長吁。淚暗流。我向那山掩映野人家茅店上宿。〔下〕

〔邵云〕子瞻學士去了也。此人他那裏知道某玄妙。某觀化一巡以知。作詩曰。生於太平世。死於太平世。客問年幾何。六十有七歲。俯仰天地間。浩然獨無愧。於此熙寧丁巳孟秋癸丑。必疾終于家庭。大人要某家譜。某差使臣上黃州宣命此人問。那其間方知玄妙之機也。老夫無甚事。回私宅中去。〔下〕〔賀云〕學士去了也。若到黃州。一二載之間。小官與聖人說知。必然再宣入朝。依舊還職。俺衆官無甚事。左右將馬來。各回私宅中去。〔下〕

楔子

〔外引張千上詩云〕我做官人高貴。行法斷案不會。若是吃的飯飽。則要打盹瞌睡。小官乃黃州刺史。自小攻書。無不通曉。講百家姓趙錢孫李。念千字文天地玄黃。爛熟就如流水。並無一字差遲。聖人見喜。所除在此黃州。做個刺史。近聞蘇東坡不知為何貶在黃州。歇馬三年。此人無投托。數次來謁小官。我則常是推托。不與他相見。今日無甚事。張千門首看着。若有甚麼人來。報復我知道。〔張云〕理會的。〔正末上云〕小官蘇東坡是也。自到此黃州。一載有餘。活計艱辛。妻子炊爨。無計可施。今有此處刺史。與小官往日有交。小官謁托。數次不遇。今有幾件公事。於本處欲進舉。說。若依着我行呵甚好。可早來到也。報復去道有蘇東坡探望相公來。〔張云〕理會的。〔報科云〕相公。有蘇東坡在於門首。〔淨云〕是蘇東坡。此人數次打攪。你說道俺相公身子困倦。在睡哩。你且回去。〔張云〕理會的。俺相公說來。身子困倦。他在睡哩。你且回去。〔正末云〕此人

好無禮也。小官數次拜謁。百般推故。是好輕覷人也。〔唱〕

【仙呂賞花時】我待將百姓民疾件件舉。番做了秋草人情日日疎。老夫寒儒。哎。你箇無端宰予。每日家醉臥碧紗幮。

【么篇】却正是糞土之牆不可杇也。曾記周公吐哺書。恁一覺夢華胥。你一箇失教化的這士侶。正是朽木可兀的不堪圖。〔下〕

〔官云〕張千。蘇子瞻去了也。〔張云〕去了也。〔官云〕此人心中必然怪我也。既有聖人言語。怕他做甚麼。今無甚事。且回後堂中和夫人猜枚吃酒去也。〔下〕

第三折

〔黃魯直同佛印禪師上云〕某乃黃魯直是也。這個乃是佛印禪師。今有子瞻貶在黃州。今遇七月十五日良夜。令人置一隻船兒。安排酒餚。請子瞻共俺二人夜遊赤壁。令人去請子瞻來也。〔禪云〕魯直。趁此風清月白。正好遊賞也。〔黃云〕既然如此。我和你江邊等候。走一遭去。〔下〕〔外扮梢公上嘲歌〕秋風颼颼響重重。鄉裏阿姐嫁了個村老公。村老公立地似彎弓。存地似彈弓。立地似搠弓頭籠重。脚籠重。兩管鼻涕拖一桶。污阿姐如乾□抹胸。我道村野牛。村野牛。不如早死了。那竹鷗雕空占了畫眉籠。阿外。阿外。自家梢公便是。今有蘇東坡夜遊赤壁。叫俺撐着這隻船。在此等着。這早晚敢待來也。〔正末同黃魯直佛印上云〕某蘇東坡是也。自到黃州。每日與此二賢友交談作伴。約定今月十五日夜遊赤壁。走一遭去。〔黃云〕子瞻。你看月朗風清。雲收雨霽。青山聳聳。碧水茫茫。是好景致也呵。〔正末云〕端的幽奇也呵。〔唱〕

【越調鬭鵪鶉】我則見赤壁千尋。清江萬頃。水若僧眸。山如佛頂。雨收雲霽。風清月明。你看這玉露冷。銀漢耿。趁着這短棹輕舟。風恬浪靜。

【紫花兒序】山明水秀。夜靜更闌。會酒友詩朋。千岩風定。萬籟無聲。舒情。抵多少眼底風光展畫屏。四野如懸鏡。不是我趁浪逐波。我待要洗耳獨清。

〔禪云〕子瞻。你看碧波如練。月滿清江。攜樽俎於滄波。吹洞簫於長夜。端的清幽也呵。〔正末云〕呆好景物也呵〔唱〕

【小桃紅】你看這魚龍吹浪水雲腥。月照江心靜。船過衝開水中鏡。櫓聲鳴呀呀纔過了蘆花逕。恰便似驚飛鳳鳴。猛驚起白鷺雙雙並。因此上點破亂山青。

〔黃云〕將酒與學士把一盞。學士滿飲一杯。〔正末云〕相公與佛印同飲一盃。〔禪云〕將酒來。貧僧相陪學士飲一盃。學士你看風清月白景物希奇。堪可賞玩也。〔正末云〕趁此景物正好追歡遊賞也。〔梢公云〕佛印言的是。我也要耍子哩。〔正末唱〕

【金蕉葉】人言語山鳴谷應。靠江邊把扁舟纜定。山高處有仙則名。水深處有龍則靈。

〔黃云〕子瞻你看山花拂鼻。江聲聒耳。更幽哉也。〔正末云〕這山花可愛。這江聲不可聽也。〔唱〕

【調笑令】你道是水聲響泠泠。呀抵多少流盡年光是此聲。翠巍巍一帶高山靜。看人間國祚豐盈。則願的吾皇萬歲社稷興。有江山依舊青青。

〔禪云〕將酒來與學士再把一盃。將簫來我試品一曲咱。〔黃云〕學士滿飲一盃。〔禪做品簫科〕〔正末唱〕

【耍三台】將品竹纔拈定。寧心聽似簫韶九成。〔禪云〕品起洞簫者。〔正末云〕休品。〔禪云〕學士為何。〔正末唱〕怕水底老龍驚。正風寒露冷。似引新雛紫燕花外聲。怨離凰彩鳳月下鳴。恰便似鴈落平沙猿啼峻嶺。

【聖藥王】一枝的曲未終。韻更清。便似子規枝上月三更。低一聲。高一聲。似東風花外錦鳩鳴。恰便似斜月睡聞鶯。

〔禪云〕子瞻。如此景物何不作歌發一笑耳。〔正末云〕理會的。將筆硯來。寫就了也。〔黃云〕學士就表白咱。

〔正末云〕壬戌之秋。七月既望。蘇子與客泛舟遊于赤壁之下。清風徐來。水波不興。舉酒屬客。誦明月之詩。

歌窈窕之章。少焉。月出于東山之上。徘徊於斗牛之間。白露橫江。水光接天。縱一葦之所如。凌萬頃之茫然。浩浩乎如憑虛御風。而不知其所止。飄飄乎如遺世獨立。羽化而登仙。於是舉酒樂甚。叩舷而歌之。歌曰。桂棹兮蘭槳。擊空明兮溯流光。渺渺兮余懷。望美人兮天一方。客有吹洞簫者。倚歌而和之。其聲嗚嗚然。如怨如慕。如泣如訴。餘音嫋嫋。不絕如縷。舞幽壑之潛蛟。泣孤舟之嫠婦。蘇子愀然。正襟危坐。而問客曰。何為其然也。客曰。月明星稀。烏鵲南飛。此非曹孟德之詩乎。西望夏口。東望武昌。山川相繆。鬱乎蒼蒼。此非孟德之困於周郎者乎。方其破荊州。下江陵。順流而東也。舳艫千里。旌旗蔽空。釃酒臨江。橫槊賦詩。固一世之雄也。而今安在哉。況吾與子漁樵於江渚之上。侶魚蝦而友麋鹿。駕一葉之扁舟。舉匏樽以相屬。寄蜉蝣於天地。渺滄海之一粟。哀吾生之須臾。羨長江之無窮。挾飛仙以遨遊。抱明月而長終。知不可乎驟得。託遺響于悲風。蘇子曰。客亦知夫水與月乎。逝者如斯。而未嘗往也。盈虛者如彼。而卒莫消長也。蓋將自其變者而觀之。則天地曾不能以一瞬。自其不變者而觀之。則物與我皆無盡也。而又何羨乎。且夫天地之間。物各有主。苟非吾之所有。雖一毫而莫取。惟江上之清風。與山間之明月。耳得之而為聲。目遇之而成色。取之無禁。用之不竭。是造物者之無盡藏也。而吾與子之所共適。客喜而笑。洗盞更酌。餚核既盡。杯盤狼藉。相與枕藉乎舟中。不知東方之既白。〔禪云〕好奇哉也。正好追歡暢飲。不覺東方漸曉。學士。俺須是回去也。〔正末云〕不覺天曉。喒收拾回去也。〔唱〕

【煞】舉目看山青。側耳聽江聲。隱遁養姓名。不戀任世情。無利無名。耳根清淨。一心定。不受任是非憂寵辱驚。

【尾聲】願忘憂樂矣乘詩興。翫赤壁千尋浪鳴。脫離了眼前愁。思量起夢中境。〔下〕

〔禪云〕黃魯直。子瞻去了也。喒無甚事。回寺中去。〔同下〕

第四折

〔殿頭官上云〕小官殿頭官是也。因蘇子瞻貶上黃州。有邵雍辭逝。聖人要此人家譜。勒立碑文。詔其子問其故不曉。則有蘇子瞻知其詳細。聖人命着小官差一使命。直上黃州。請他星夜回朝。復還舊職。若與邵雍立了碑文。那其間再有加官賜賞。說與使命。即便去。若來時。報復我知道。小官無甚事。回聖人話。走一遭去。〔下〕〔正末上云〕小官蘇子瞻。自到黃州。已及一載。時遇春天。對此景物。好傷情也。〔唱〕

【雙調新水令】貶黃州一載受驅馳。過一日勝如一歲。魂飛梁地遠。腸斷楚天低。芳草烟迷。夕陽外亂山翠。

〔云〕自到黃州。一載之間。遇此景物。好是淒慘人也呵。〔唱〕

【駐馬聽】春事狼藉。桃李東風蝶夢回。離愁索繫。關山夜月杜鵑啼。催促江水自奔馳。翰林風月教誰替。謾設傷悲。滴不盡多少英雄淚。

〔云〕家童門首看着。看有甚麼人來。〔童云〕理會的。〔使官上云〕小官天朝使命是也。今奉聖人命。上黃州請着蘇子瞻入朝。着他依舊還職。可早來到也。報復去。道有天朝使命在此。〔童云〕理會的。〔報科云〕有天朝使命在門首。〔正末云〕道有請。家童裝香來。〔使云〕蘇軾望闕跪着。聽聖人命。因你帶酒戲作滿庭芳。聖人怒貶你在黃州歇馬三載。今經一載也。聖人將你在前罪犯都饒了。差小官將詔命你入朝復還舊職。謝了恩者。學士。則今日星夜還朝。便索赴闕咱。〔正末云〕誰想有今日也呵。使臣請坐。家童。則今日收拾了。便索長行也。〔童云〕理會的。〔外上云〕小官乃黃州刺史。聽得有天朝使命宣蘇東坡。往時見他來。我不理他。今日宣他。倘記着我往時勾當。他不和我結冤。我如今將着這一壺酒。親自到他宅上遞一盃。一來送行。二來陪話。可早到也。我把這羞臉兒揣在懷裏。無人報復。我自過去。〔見末跪科云〕大人可憐見小官往日公事忙。不會探望大人。聽知大人回朝。小官無甚麼厚禮。着這一壺兒酒。一是與大人送行。二是陪話。望大人休題舊話。〔正末云〕老兄。你是何人。〔刺云〕大人。則我便是黃州刺史。〔使云〕大人滿飲一盃。〔正末唱〕

【攪箏琶】則見他便慌忙跪。舉手捧金盃。〔云〕往日小官臨門。數次拜謁。則推睡着。並不放參。〔刺云〕舊話休題。〔正末唱〕今日見奉使重宣。他纔箇克己復禮。〔刺云〕大人舊話休題。〔正末唱〕你算的箇人面逐高低。降尊臨卑。往常時得相逢是夢裏。今日百事休題。
〔刺云〕大人恕免這一遭。小官不是了。〔使云〕子瞻。此人是箇愚濁之人。不識賢士也。〔正末唱〕
【鴈兒落】也不是徒流感聖德。他每纔知我縲絏非其罪。我則想人無再少年。元來這花有重開日。
【掛玉鉤】今日箇袖得春風可便馬上歸。〔云〕天使。我自到黃州。投了箇師父。他道朝野裏甚事都不管。〔使云〕可是那箇師父。〔正末指刺史科唱〕學的這刺史每傍州例。除睡人問着總不知。〔刺云〕大人可憐見。是我的不是了。〔正末唱〕得與俺妻子每團圓會。誇甚麽自己醒。說甚麽他人醉。胡盧今後。大家休題。
〔使云〕子瞻。不必久停久住。俺星夜便索臨朝。走一遭去。〔同下〕〔刺云〕早是有使臣勸。若非他勸。怎生是了。既然他去矣。我無甚事。左右看馬來。回衙去也。〔下〕〔殿頭官上云〕小官殿頭官是也。今奉聖人命。差使臣請子瞻去了。左右門首看者。學士來時。報復知道。〔使同正末上云〕可早來到也。喒見大人去來。報復去。道有使命來了也。〔報科殿頭官云〕道有請。〔見科官云〕蘇軾來了也。〔正末云〕小官來也。〔官云〕你去時莫非怨小官麽。〔正末云〕大人。小官此時因帶酒也。小官既得罪。怎敢怨大人。〔官云〕蘇軾望闕跪着聽聖人的命。則爲你夜間戲作滿庭芳。聖人怒貶你上黃州歇馬三年。今日邵雍辭逝。聖人勑立碑文。問其家譜。無人知道。有邵雍子伯温言說蘇子瞻知道。聖人差使星夜請你入朝。着你復還舊職。若立了邵雍碑文。那其間再有加官賜賞。則爲你夜筵間酒性疎狂。逞詩豪戲作詞章。設瓊筵珠簾高捲。出家樂擺列紅粧。將你貶上黃州歇馬。經一載受徹淒涼。則爲邵堯夫身歸泉世。因此上遣天臣親賜朝章。享榮華依還舊職。掌三台位列都堂。今日箇加官賜賞。一齊的拜謝吾皇。〔正末云〕誰想有今日也呵。〔唱〕
【水仙子】則爲這友人開宴出紅衣。翠袖殷懃捧那箇玉盃。勸君莫惜花前醉。我不合開懷飲酥醅。霎時間不記東西。惹起詞中意。也是我酒後非。這的是負罪合宜。

鄭月蓮秋夜雲窗夢雜劇

第一折

〔冲末卜兒上云〕兩京詩酒客。烟花杖子頭。老身姓鄭。是這汴梁樂籍。止生得一箇女兒。小字月蓮。風流可喜。賣笑求食。郎君每見了。無有不愛的。則是孩兒一件。紙湯瓶煨着便熱。如今伴着一箇張均卿秀才。起初時怕不有些錢鈔。如今使的無了。俺這妮子戀着不肯開交。俺這門戶人家。一日無錢也過不的。如今有箇販茶客人。姓李。多有金銀財物。看上俺這孩兒。昨日先送了些錢物與我。要和月蓮住。只是不得摘離張秀才。我定了一計。教李官只請張秀才。教月蓮相陪。酒席間買轉他。必然成事。我今日無事。往鄰家吃茶去。〔下〕〔末扮張均卿上云〕小生張均卿。學成滿腹文章。未得成名。近日與鄭月蓮相伴。深蒙相愛。誓結生死。奈小生囊篋漸消。老媽有見外之意。今日有箇李茶客。請我會酒。不知爲何。須索去咱。〔淨扮茶客上云〕小子姓李。江西人氏。販了幾船茶。來汴梁發賣。此處有箇上廳行首鄭月蓮。大有顏色。我心中十分愛他。爭柰他和張秀才住着。插不的手。昨日我見老媽。教我請秀才飲酒。叫月蓮相陪。酒筵間用言調泛。必然成事。憑着我金銀財物。定然挨了他。早來到他門首。張兄有請。〔末云〕老兄請小生。却是爲何。〔淨云〕客路相逢。請先生閑敘一番。也令人請鄭大姐去。敢待來也。〔正旦上云〕妾身鄭月蓮是也。自與張均卿相伴。再不與閑人往來。今日賣茶的李官。請均卿飲酒。也來請我。既有均卿。我須索走一遭去。我想這花門柳戶。送舊迎新。幾時是了也呵。〔唱〕

【仙呂點絳唇】驕馬吟鞭。舞裙歌扇。遲些兒見。席上尊前。抵多少陽關怨。

【混江龍】則爲俺歌喉宛轉。覷着這陷人坑似悞入武陵源。但和俺恩情一徧。不弱如流遞三年。這不義門怎栽連理樹。火坑中難長並頭蓮。眉尖傳恨。眼角留情。枕邊盟誓。袖裏香羅。尊前心事。席上恩情。傳書寄簡。剪髮燃香。都是俺鼻凹裏蜜。待嚥如何嚥。郎君每買了些虛脾風月。賣了些實拍莊田。

〔旦見科〕〔淨做口眼歪斜科云〕請大姐陪張秀才也滿飲一盃。〔旦云〕不會飲酒。〔淨云〕小子這般人物。大姐何如不接酒〔旦唱〕

【油葫蘆】有這等夜月春風美少年。他每惡戀纏。每日價長安市上酒家眠。〔淨云〕大姐。我多有金銀錢鈔哩〔旦云〕你道你有錢物〔唱〕有一日業風吹入悲田院。那其間行雲不赴凌波殿。麗春園十徧粧。曲江池三墜鞭。恰相逢初識桃花面。都是些刀劍上惡姻緣。

〔淨云〕論小子這等人物衣服似小子的也少有也。〔旦云〕我量你這般模樣。〔唱〕

【天下樂】你早賣了城南金谷園。乾也波虔。怎過遣。每日價宴西樓醉歸明月天。這壁廂閒綺羅。那壁廂列管絃。我怕你有一日飢寒也守自然。

〔淨云〕大姐似俺這等做子弟的有村的有俏的。〔旦唱〕

【那吒令】那等村的肚皮裏無一聯半聯。那等村的酒席上不言語強言。那等村的俺跟前無錢說有錢。村的是徹膽村動不動村勑現。甚的是品竹調絃。

〔淨云〕小子也看的過。〔旦云〕噤聲。〔生云〕小生一向深蒙大姐錯愛。〔旦唱〕

【鵲踏枝】你覷似這等俏生員。伴着這女嬋娟。吟幾首嘲咏情詩。寫數幅錦字花牋。慣播弄香嬌玉軟。温存出痛惜輕憐。

〔淨云〕俏的村的可怎生說〔旦唱〕

【寄生草】你問我兩件事。聽俺取一句言。俏的教柳腰舞困東風軟。俏的教蛾眉畫出春山淺。俏的教鶯喉歌送行雲遠。俏的教半撇土築就楚陽臺。村的教一把火燒了韓王殿。

〔卜兒上云〕李官人請張秀才和俺家妮子吃酒。說了這一日。俺那妮子只是不肯。我親自走一遭去。〔生云〕母親來了。我且迴避者。〔下〕〔卜云〕你說甚麼哩。〔旦唱〕

【村里迓鼓】恰纔俺二人評論。評論這百年姻眷。則這母親到來。天呵不與人行方便。〔卜云〕你且請退張秀才。留下李官覓些錢養家可不好。〔旦唱〕待敢要蝶避了蜂驚離了燕。着鏡破了銅簪折了玉。缾墜了泉。張郎呵俺直恁的緣薄分淺。

〔卜云〕李官錢多。你只守着他罷。〔旦云〕他雖有錢。我不愛。我則守着那秀才。〔唱〕

【元和令】洞房春口內言。陽關路眼前現。賽潘安容貌可人憐。俺秀才腹中詩欺謫仙。一春常費買花錢。我怎肯不辨箇愚共賢。

〔淨云〕你要多少錢物。我儘有。〔旦唱〕

【上馬嬌】教那廝空拽拳。乾遇仙。休想花壓帽簷偏。推的箇沉點點磨桿兒滴溜溜的轉。暢好是顛。眼暈又頭旋。

〔卜云〕你不依我。就把你嫁與他。〔旦唱〕

【游四門】待教我片帆雲影掛秋天。兩岸聽啼猿。吳江楓落胭脂淺。看漁火對愁眠。旋。你與我緊張筵。

【勝葫蘆】便有那天子呼來不上船。休把女熬煎。待教我冷氣虛心將他顧戀。覷一覷要飯吃。摟一摟要衣穿。我與你積攢下些口含錢。

〔卜云〕那裏討一文錢來。孩兒則願的你安樂者。〔旦唱〕

【幺篇】可知可知你可甚。只願兒孫箇箇賢。月缺又重圓。人老何曾再少年。舌尖無甜唾。口內有頑涎。虔婆我委實難使燕鶯憐。

〔卜云〕孩兒。只留下李官人。丟開張秀才者。〔旦云〕你道只守茶客。休留秀才。與孩兒心下不同。〔唱〕

【後庭花】你愛的是販江淮茶數船。我愛的是撼乾坤詩百聯。你愛的是茶引三千道。我愛的是文章數百篇。這件事便休言。咱心不願。請點湯晏叔原。告迴避白樂天。告迴避白樂天。

【柳葉兒】他便窮如范丹原憲。甘心守斷簡殘編。他螢窗雪牖咱情願。隨機變。你使盡那不疼錢。也買不轉我意馬心猿。

〔卜云〕孩兒。我趕去那秀才。你嫁了李官罷。〔旦唱〕

【賺煞】贏得腹中愁。不趁心頭願。大剛來時乖命蹇。山海恩情方欲堅。被俺愛錢娘撲地掀天。壞了這好姻緣。我則索禱告青天。若到江心早挂帆。向金山那邊。豫章城前面。一帆風剪碎了販茶船。〔下〕

〔卜云〕李官放心。我好歹完備了這場事。〔同下〕

第二折

〔末上云〕小生張均卿。一向蒙鄭月蓮相伴。誓托終身。爭柰虔婆炎涼。小生不得已。與大姐分別。今欲上朝取應。大姐又使梅香送首飾頭面。與我為路費。我若得了官時。來取大姐。則今日上朝取應。走一遭去。〔下〕

〔卜兒上云〕張秀才去了也。我使人喚那茶客去了。這早晚敢待來也。〔淨上云〕鄭老媽使人來叫。說那秀才去了。今番好歹成了事罷。〔做見科〕〔淨云〕今日您兒初進門來。備了一盃酒。請奶奶和大姐喫。休要推阻。〔卜云〕好好。梅香。請你姐姐來。〔梅香云〕姐姐有請。〔正旦家常扮上云〕妾身月蓮。自從那秀才去後。奶奶趕他上京去求官。我着梅香送頭面首飾為盤費。上京應試。若得了官。便來取我。我也放心不下。今日那茶客置酒請俺。母親着梅香叫我。須索走一遭去。想俺這不義之門。幾時是了也呵。〔唱〕

【正宮端正好】詩酒翠紅鄉。風月鶯花陣。醞釀出無邊岸斷夢勞魂。近新來添了眉尖恨。閃的我人遠天涯近。

〔云〕我見那廝。想我那秀才。〔唱〕

【滾繡毬】據着他滿腹文。那堪一品人。酒席上那些談論。怎不教我似倩女離魂。我官身處投至得起使臣。散了客賓。早教我急煎煎心困。我則怕辜負了人約黃昏。不爭我半披夜月才歸院。多管是獨立西風正倚門。盼殺郎君。

【倘秀才】我為他心忙意緊。他為我行眠立盹。一樣相思兩斷魂。間別一二日勝似兩三春。各自病損。

（做見科）（卜云）孩兒那秀才去了。你也無指望了。（旦云）母親再休題那秀才。（唱）

【呆骨朵】俺兩箇眉尖眼角傳芳信。等盤兒上暮雨朝雲。你將那鐵磨桿爭推。錦套頭競伸。捨了命風車轉。咬着牙皮鞭趁。你有錢雖是有俺親的則是親。

（卜云）李官在此。你搽些胭粉。戴些花朵。可不好。（旦云）我有甚心情也。（唱）

【脫布衫】我如今鬢刁騷強整烏雲。年紀大倦點朱唇。面皮黃羞施朱粉。腰肢瘦湘裙不稱。

【醉太平】見如今惜花人病損。俺娘和茶客錢親。却教我嫩橙初破酒微溫。那的是眷姻。（卜云）孩兒你命在煙花中。是這樣幹。你守着那秀才。你待要做夫人哩。（旦唱）如今春花已落烟花陣。夫人自有夫人分。百年誰是百年人。難尋這白頭的對門。

（淨云）大姐。我錢多着哩。茶也有幾船。你要時都搬來。（旦唱）

【醉太平】馮魁是村。倒有金銀。俏雙生他是讀書人。天教他受窘。書生曾與高人論。錢財也有無時分。書生有一日跳龍門。咱便是夫人縣君。

（卜云）李官人。咱吃酒來。（旦唱）

【倘秀才】俺娘有錢的和他伴親作親。無錢的頂了前門後門。張郎也眼睜睜西出陽關無故人。也待花滿眼酒盈尊。柰時間受窘。

〔淨云〕我的茶值錢多哩。〔旦唱〕

【滾繡毬】倚仗蒙山頂上春。俺只愛菱花鏡裏人。敢教你有錢難奔。覷這販茶船似風捲殘雲。留取那買笑的銀。換取此販茶的引。這其間又下江風順。休戀我虛飄飄皓齒朱唇。如今這麗春園使不的馮魁俊。赤緊的平康巷時行有鈔的親。斷送了多少郎君。

〔云〕我待寄書與俺那秀才。又不知在那裏。〔唱〕

【叨叨令】兩行詩寫不盡丹楓恨。一封書空盼殺青鸞信。三停刀砍不斷黃桑棍。九稍砲打不破迷魂陣。則是爲他來也麽哥。爲他來也麽哥。空教我立斜陽盼的雙眸困。

〔下云〕隨你隨你。我去也。〔下〕〔淨云〕大姐。你吃一盃酒。〔旦云〕你見我親麽。〔淨云〕我可知親哩。〔旦云〕你且吃了酒者。〔唱〕

【滾繡毬】你若是見我親。與我飲過這一尊。不要你滴瀝噴噀。真喫的玉山頹燕爾新婚。〔淨云〕我吃我吃。〔連飲數盃科〕〔旦唱〕見他輕仰了身。摘去了巾。黑婁婁有如雷震。〔淨醉科〕〔下上云〕孩兒你替他遞幾盃兒。也多得些東西。〔旦唱〕非是我翠袖殷勤。我教他九分酒灌十分醉。呆漢休想一夜夫妻百夜恩。枉費了你精神。

〔下下〕〔淨摟旦科〕〔旦放一交科〕〔旦唱〕

【二煞】你箇謝安把我攜出東山隱。我怎肯教朱玉空閑了楚岫雲。你則待酒曬花濃。月圓人靜。便休想瓶墜簪折。鏡破釵分。玉簫對品。彩鸞同乘鴛枕相親。一鍋水正滾。怎教竈底去了柴薪。

〔淨云〕大姐我醉了。〔旦唱〕

【煞尾】教這廝一席風月無音信。千里關山勞夢魂。那廝使心機賣聰俊。不隄防俺這一棍教那廝醉裏驚醒後昏。就裏疼痞氣忍。咱對梅印窗紗月一痕。風弄銀臺燈半昏。水侵銅壺玉漏頻。香爇金爐篆烟盡。閑語閑言酒半醺。我獨擁鮫綃被正溫。管甚他家醉後嗔。我教那廝一任孤眠睡不穩。〔下〕

〔淨做醒科云〕大姐不見了。敢跟了小郎去了。我索尋去。〔下〕〔卜云〕這丫頭也不掙錢。不如賣了罷。〔淨上云〕我買我買。〔卜云〕他不肯嫁你。別尋一家子賣與他。〔淨云〕你賣我不管。〔下〕〔外旦上云〕妾身是洛陽樂籍張媽媽是也。來到這汴梁。聞知這鄭媽媽女兒月蓮。因不掙錢。賭氣要賣。我已着人與說。做五十兩銀子買做妹子。這早晚鄭媽媽敢待來也。〔卜上云〕張媽媽。俺這妮子纏光棍。不掙錢。你將到家中。着意管束。不要慣了他。〔外旦云〕我曉的了。〔同下〕

第二折

〔正旦抱病上云〕妾身月蓮。自從那秀才去後。那茶客要娶我。我不肯嫁他。將我賣在這洛陽張媽媽家中。依舊求食。又早半年光景。今夜是中秋。想當初共賞中秋。今日月圓人未圓。好傷感人也呵。〔唱〕

【中呂粉蝶兒】皓月澄澄。快袁宏泛舟乘興。便宮鴉啼盡殘更。九霄中。千里外。無片雲遮映。是誰家粧罷娉婷。掛長空不收冰鏡。

【醉春風】按不住情脈脈喟然聲。又添箇骨巖巖清瘦影。〔云〕好月色也。閑庭中步月散心咱。〔唱〕步蒼苔冰透繡羅鞋。暢好是冷冷。一點離情。半年別恨。滿懷愁病。

〔外旦上云〕妹子。在這裏做甚麼哩。〔旦云〕我閑走來。〔外旦云〕我見你這病體愁悶。拿了些酒食來。與你

解悶。〔旦唱〕

【迎仙客】我這裏忙接待。緊相迎。量妹妹有甚德能。教姐姐好看承。姐姐索厮敬重。真然是意重人情。把月蓮真箇的人欽敬。

〔外旦云〕妹子飲一盃酒者。〔旦云〕姐姐。我那裏吃的下去。〔外旦云〕妹子你害的是甚麼症候。〔旦云〕姐姐您妹子害甚〔唱〕

【紅繡鞋】我害的是閑愁閑悶。害的是多緒多情。害的是眉淡遠山青。害的是傷心症。害的是斷腸聲。害的是繡衾中一半冷。

〔云〕姐姐你試猜我這病咱。〔外旦云〕敢是相思病。〔旦唱〕

【石榴花】我恨不的把家門改換做短長亭。恨不的拆毀了豫章城。聽的唱陽關歌曲腦門疼。委實的倦聽。慘然淒聲。往常時茶裏飯裏相隨定。影兒般隨坐隨行。月窗並枕歌新令。每日價同品玉簫聲。

【鬭鵪鶉】則為我暗約私期。致令得離鄉背井。〔外旦云〕你那秀才那裏去了。〔旦唱〕這其間戴月披星。禁寒受冷。恨則恨馮魁那箇醜生。買轉俺劣柳青。一壁廂穩住雙生。一壁廂流遞了小卿。

〔外旦云〕你當初則嫁那箇秀才也罷來。〔旦唱〕

【普天樂】不是我酒中言。心頭病。臨風對月。見景生情。想起我舊日情。當時行。誰承望地北天南人孤另。兩下裏冷冷清清。緱山月明。藍橋水渰。楚岫雲平。

〔外旦云〕妹子夜深了。我房中去也〔下〕〔旦云〕我也房中睡去罷。怎禁那幾件兒助人愁悶。〔唱〕

【上小樓】鴛衾半擁。銀屏斜凭。半窗涼月。四壁蛩聲。一點寒燈。布擺下。斷人腸。淒涼光景。怎生熬畫堂人靜。

【幺篇】想起那心上人。月下情。空教我兜的鼻酸。哄的臉暈。札的心疼。欲解愁。可忘憂。無過酒興。誰承望酒淘真性。

（旦做睡科）（生上見科云）大姐。我來了也。（旦云）秀才。則被你想殺我也。（唱）

【快活三】是誰人喚一聲。覷絕時笑相迎。武陵溪畔俏書生。安樂否臨川令。

（云）秀才。我見了你就無了病了。（唱）

【鮑老兒】這搭兒再能見俺可憎。便醫可了天樣般相思病。我則道送人在長沙過了一生。今日箇復對上臨川令。鸞交鳳友。鶯期燕約。海誓山盟。

【十二月】金釵倦整。檀口低聲。雲鬟半偏。星眼微睜。可摟抱在懷兒裏覷定。着這短命牢成。

【堯民歌】早忘了急煎煎情脈脈冷清清。早忘了撲簌簌泪零零。早忘了意懸懸愁戚戚悶騰騰。早忘了骨巖巖心穰穰病縈縈。多情多情逢志誠。休學李免王魁幸。

（末云）大姐。我去也。（下）（旦驚醒科云）原來是一場夢。（唱）

【俏遍】這搭兒纔添歡慶。撲箇空半晌癡呆評。忽剌八夢斷碧天涯。空沒亂。無緒無情。夜幾更。畫屏影裏。玉漏聲中。依舊的人孤另。薄設設衾寒枕冷。愁易感。好夢難成。千愁萬恨斷腸人。怎當那半夜三更。莫秋景。比及日出扶桑。月落西廂。敢折倒了人性命。

（旦哭科云）張秀才也。你好下的也呵。（唱）

【耍孩兒】愁煩迭萬簇。淒涼有四星。別離人更做到心腸硬。怎禁蒼梧落葉凋金井。銀燭秋光冷畫屏。碧澄澄如懸磬。佳人有意。銀漢無聲。

〔云〕我這般煩惱。怎禁耳邊幾件兒聒噪人也呵。〔唱〕

【四煞】孤鴻枕畔哀。亂蛩砌下鳴。西風鶴唳秋天靜。霜寒鴛帳愁無寐。雲冷紗窗月半明。添愁病。驚回一堂春色。萬籟秋聲。

【三煞】戰西風竹葉鳴。搗秋霜砧杵清。一弄兒會把愁人併。惱人心半窗娟娟疎梅影。聒人耳萬種蕭蕭落葉聲。那堪聽。簷間鐵馬。雨內梧聲。

【二煞】這一雙眼纔閉合。爭奈萬般事不暫停。都是謀兒誤倒臨川令。你莫不笙歌謝館來金斗。風雪長安訪灞陵。自古多薄命。天涯流落。海角飄零。

【尾煞】淚漫漫不暫停。哭啼啼不住聲。不爭這驚回一枕雲窗夢。這煩惱直哭的西樓月兒冷。〔下〕

〔淨上云〕小子李多是也。如今鄭月蓮被他母親賣的洛陽張行首家中去了。我如今尋到那裏問親去來。

〔卜兒上云〕李官你須計較停當去。那妮子不肯便嫁你。〔淨云〕洛陽府判是我叔父。到那裏好歹娶了他。

〔下云〕好計。好計。〔同下〕

第四折

〔孤上云〕某姓李名敬。字仲伯。見授洛陽府判。某有一女。年方十八。未曾許聘於人。今有新除洛陽縣尹是今年新進士。欲招他為壻。一壁廂安排下筵席者。〔淨上云〕來到洛陽叔父宅門首。我自過去。〔做見科云〕叔父。受你孩兒兩拜。〔孤云〕孩兒你從那裏來。〔淨云〕從汴梁來。因有箇婦人是鄭月蓮。您孩兒要他為妻。叔父教人說去。完成這親事。〔孤云〕孩兒。我今日招壻。待事畢。明日替你成事。喒且後堂中去來。〔同下〕

〔末上云〕小生張均卿。自到京師。一舉及第。所除洛陽縣宰。走馬赴任。但不知俺那大姐在那裏。風聞的轉賣與人。又無消息。如今府尹相公招我為壻。且就這門親事。慢慢再打聽大姐音耗。左右將馬來。我走一遭去。〔下〕〔孤同夫人上云〕夫人。今日新女壻過門。安排筵席十張。差人喚唱的去了。如何不見來。〔正旦同

外旦上云〕妾身鄭月蓮。今有府判相公招女壻。喚俺官身。想俺那均卿秀才。知他及第不及第。兀的不煩惱殺人也呵。〔唱〕

【雙調新水令】凭欄人空望的碧雲低。隱天涯遠山憔悴。江深魚信杳。天闊鴈書遲。染病躭疾。別離中過一世。

【駐馬聽】幽夢初回。待教我一紙音書傳信息。閑愁縈繫。想當初一尊白酒話別離。不爭秦臺弄玉彩雲低。都做了江州司馬青衫濕。雨下裏。一般阻隔人千里。

〔外旦云〕妹子。你這病害了這一向。還不得好。可是甚麼病。〔旦云〕姐姐。你不知我這病。你聽我說。〔唱〕

【沉醉東風】待道是風寒暑濕。其中間廢寢忘食。每日家情不歡。一會家心如織。一會家似醉如癡。沒理會腌臢久病疾。害的來伶仃瘦體。

〔云〕早來到也。咱見相公去則。〔做見科〕〔孤云〕我今日招壻。您衆人在意答應者。〔旦云〕理會的。〔末上云〕小生來到府前。須索過去則。〔做見科〕〔孤云〕狀元來了也。繡房中請出小姐來者。〔梅香捧貼旦上立定〕〔孤云〕那女樂把盞者。〔旦見末驚科〕〔唱〕

【夜行船】我却待翠袖殷勤捧玉盃。覷絕時半晌癡迷。我認的是實。覷得仔細。掐皮肉猶疑是夢裏。

〔云〕張秀才。你好下的也。〔末云〕原來是俺大姐。你怎生到的這裏來。教我怎生是好。〔孤怒云〕那妮子教你把盞。因何不把盞。〔夫人云〕這妮子覷看狀元。眼去眉來。不知爲甚。〔旦云〕相公聽妾身說。〔唱〕

【川撥棹】俺在那曲江池。墜鞭時曾認的。他帶減腰圍。我玉削香肌。做得來撳天撲地。寨兒中鼎沸起。

【七弟兄】俺娘若聽知。俺恁的。他便醫治。眼前面便待把陽關閉。片時間雲暗武陵溪。半霎兒水渰藍橋驛。

〔孤云〕這婦人怎敢這般說。〔淨上云〕叔父。這箇正是我的媳婦。〔旦云〕呀。他怎生也到這裏。〔唱〕

【梅花酒】呀。正撞着販茶客列舞筵歌席。錦帳羅幃。便待要雨約雲期。當日我酒斟着金斝滿。那廝人倒玉山頹。覺來時後悔。與俺娘共商議。待要我復重席。

【收江南】趁着這下江風順片帆歸。俺好姻緣生扭做惡別離。玉簫閑殺共誰吹。從來到這裏。綠窗前學畫遠山眉。

〔孤怒云〕左右公人將大棒來我問這婦人。〔旦唱〕

【甜水令】由你鐵鎖沉枷。一年四季。不離身體。你可甚花壓帽簷低。我則道地北天南。錦營花陣。偎紅倚翠。今日箇水淨鵝飛。

〔孤云〕新壻你認的這婦人麼。〔末云〕委的是小官舊室。〔淨云〕是我的老婆。〔下兒上云〕不要爭。出上錢的就嫁他。〔孤云〕您當初是怎生來。〔旦云〕相公停嗔息怒。聽妾身訴說一遍。妾身姓鄭。小字月蓮。有這張秀才相守。許做夫妻。爭柰無錢。走將這箇茶官買轉俺娘。逼我嫁他。妾身堅意不肯。俺娘將秀才趕出。妾身將首飾頭面。使梅香送與秀才。言定得官後來娶妾身。秀才得了盤纏。往長安應舉。再無音耗。不想今日在這裏相見。望相公可憐。怎生方便咱。〔孤問末生云〕新壻你心中却是如何。〔末云〕教小官一言難盡。當初委實是夫妻來。今蒙相公恩顧。小官怎敢別言。〔孤云〕夫人小姐回後堂中去。人間天上方便第一。就着這筵席。與狀元兩口兒。今日完成夫婦團圓。您意下如何。〔末旦謝科〕〔下云〕我便是老丈母哩。〔淨云〕好沒意思。替別人撐了老婆。我也去。〔下〕〔旦唱〕

【折桂令】再休題孟母三移。你狗行狼心。短命相識。恨惹情牽。魂勞夢斷。雨約雲期。今日箇成就了鸞歡鳳喜。何消你愛錢娘唱叫揚疾。今日箇共守鴛幃。半掩朱扉。我待學村裏夫妻。步步相隨。

〔孤云〕天下喜事。無過夫婦團圓。〔下關〕

劉千病打獨角牛雜劇

第一折

〔冲末孛老兒上云〕急急光陰似水流。等閑白了少年頭。月過十五光明少。人到中年萬事休。老漢是這深州饒陽縣人氏。姓劉。是劉太公。我有箇兄弟是折拆驢。我那兄弟有些膂力。前年去泰安神州爭交賭籌去了。一向不曾來家。我有箇孩兒。喚做吃劉千。不知怎麼。這孩兒不肯做莊農生活。則待要刺槍弄棒學拳摔交。時常裏把人打傷了。我今日着他使牛耕地去。說與沙三伴哥。跟着劉千耕地去。若使牛去便罷。他若和人廝打呵。休着我知道。我不道的饒了他。今日無甚事。老漢我自回家中去也。〔下〕〔淨扮折拆驢領快喫飯世不飽上〕〔折拆驢云〕路歧歧路兩悠悠。不到天涯未肯休。有人學的輕巧藝。敢走南州共北州。自家折拆驢的便是。我是這深州饒陽縣人氏。俺弟兄三箇。子父四人。則俺這老子最大。我為甚麼喚做折拆驢。我有氣力無氣力。一頭驢往我面前走過去。我一隻手揪住鬃。一隻手揪住尾。使氣力則一折。把那驢腰就折拆了。因此上就喚我做折拆驢。三月二十八日。東嶽泰安神州。我和獨角牛劈排定對。爭交賭籌。部署扯開藤棒。被那獨角牛則一拳。打了我兩箇牙。二年打了我四箇牙。今年是第三年。諕的我就不敢去了。〔快喫飯云〕哥。你為何就不敢去了。〔折拆驢云〕也與我這牙做主是阿。我在這村裏。教着幾箇徒弟。就賣些觔骨膏藥。兄。這早晚香客未來全哩。等香客來了呵。擂三合。看有甚麼人來。〔正末同禾倈上〕〔禾倈云〕哥哥。你看俺這莊農人家。春種夏鋤。秋收冬藏。春若不種。秋收無望。俺做莊農的。比您這學擂的。可是如何也。

〔正末云〕倒不如俺學擂的好也呵。〔唱〕

【仙呂點絳唇】你則說春種秋收。使牛耕耨。為村叟。我和你話不相投。我則待鬬智相搏手。

〔禾倈云〕你可受用些甚麼。你喫的是甚麼。〔正末唱〕

【混江龍】我喫的是肥羊法酒。〔禾倈云〕不如俺莊農家的茶飯倒好。〔正末唱〕強如您鞭丟酸棗醋溜溜。〔禾倈云〕依着你怎生。〔正末唱〕俺則說劈排定對。〔禾倈云〕俺可是怎生。〔正末唱〕您則待壓靶扶簍。〔禾倈云〕依着你可往那裏耍去。〔正末唱〕我去那碾麥場中打套子煞強如您漚麻坑裏可都摸泥鰍。〔禾倈云〕您怎生不做莊農生活。則好打擂。可是爲何也。〔正末唱〕這的也是我專心好。我相伴的是沙三趙二。更和這伴哥王留。

〔禾倈云〕哥哥。你這等刺槍弄棒。爭交賭籌。每日出來瞞着父親。你可怎生支持也。〔正末云〕起起起來也。〔唱〕

【油葫蘆】每日介相喚相呼推放牛。遶着他這莊背後。〔禾倈云〕俺可往那裏耍去來。〔正末唱〕我可敢一直兒走到地南頭。您去兀那熟耕地裏可都翻觔陡。〔禾倈云〕你可做些甚麼那。〔正末唱〕都不如我向花桑他兀那樹下學搏手。〔禾倈云〕依着哥哥心可是怎生。〔正末唱〕我有心待燃了香剃了我這頭。〔禾倈云〕哥也。你這般面黃肌瘦。怎生贏的人也。〔正末唱〕休笑我渾身上無那四兩山雞肉。〔禾倈云〕哥也。你憑着些甚麼武藝敵對人也。〔正末唱〕憑着我這一對瘦拳頭。

〔禾倈云〕哥也。你就能跌快打。左手打三條好漢。右手打三條好漢。你也則好在俺這當村裏施展。你敢往那裏去。〔正末唱〕

【天下樂】我可也敢走南州共北州。我可便雲也波遊。遶着那天下走。〔禾倈云〕哥也。你便走可也不得馳名也。〔正末唱〕我若是不馳名我便不姓劉。〔禾倈云〕你父親母親。則怕你爭交賭籌。打人惹禍。着我跟隨着你哩。〔正末唱〕俺爺將我行也是跟。俺娘將我坐也是守。則被他每拘束的我來不自由。

〔禾倈云〕哥也。父親着你使牛耕地。你便煩惱。你聽的道廝打呵。你便歡喜。可是爲何。〔正末唱〕

【那吒令】說着他這種田呵。我三衙家抹丟。道着他這放牛呵。我十分的便抖擻。提着道是拽拳呵。美也我精神兒便有。我可便打熬成。我敢則是温習就。憑着我這武藝滑熟。

【鵲踏枝】有一日賽口願到神州。〔禾倈云〕到的那裏。與俺做些甚麼。〔正末唱〕我與你便畫尊神軸。背着案拜岳朝山。撞府冲州。〔禾倈云〕到那裏憑着你甚麼那。〔正末唱〕憑手眼要衣食便有。〔禾倈云〕哥也到的那裏。你趁些甚麼。〔正末唱〕我趁相搏到處雲遊。

〔禾倈云〕哥也。你看兀那裏打擂哩。你領着我看一看去。〔正末云〕那裏這般小打鼓兒響。咱看去來。〔折拆驢云〕徒弟靠前。等香客來全了擂三合。這一箇有異名喚做快喫飯。這箇喚做世不飽。世不飽着拳打將去。快喫飯有拳還將來。手停手穩看相搏。〔世不飽打科〕〔快喫飯遮科〕〔快喫飯世不飽做倒科〕〔正末云〕我上的這路臺來。兀那教手。你問我這擂如何。〔折拆驢做笑科云〕呵呵呵。倒好笑。那裏走將這箇後生來。他無那錢鈔賞俺。他待要鋪獎我。我問你這擂如何。〔正末云〕你這擂直屁。〔折拆驢云〕是有那直屁。我可不放你哩。兀那後生。你既是省的呵。恰纔左軍裏一箇右軍裏一箇怎生拏怎生跌。你數演一遍。我試看咱。〔正末云〕我試數演這擂咱。〔唱〕

【寄生草】這一箇吐架子先纏住手。〔帶云〕這一箇展不的也。〔唱〕怕扣落緊刺了頭。這一箇撞入去往上可便鼻凹裏扣。這一箇着昏拳廝打住胡廝紐。你與我中間裏解開分前後。麥場上禾旦您親收。你若到兀那泰安州銀碗難能勾。

〔正末做脚勾淨科了〕〔折拆驢做跌倒科云〕哎喲。哎喲。這廝好無禮也。我聽他說話。他把手上頭晃一晃。脚底下則一絆。正跌着我這哈撒兒骨。兀那廝。你敢和我廝打麼。〔正末云〕打將來。〔折拆驢做打科〕〔正末做跌倒折拆驢打科〕〔世不飽云〕打將來了。俺兩箇家去了罷。〔同快喫飯下〕〔折拆驢云〕打殺我也。徒弟每都那裏去了。〔正末唱〕

【單鴈兒】早則倒倒倒了你箇教頭。則我這右拍手輕盪着你可早難禁受。似倒了一箇糠布袋。摔翻了箇肉春牛。呸眊眊眊不害你娘羞。你原來是箇蠟槍頭。

(正末做揪折拆驢手跌科)(禾倈云)劉千哥哥又廝打哩。我叫老的來。父親父親。哥哥又廝打哩。(孛老兒上云)在那裏廝打哩。(禾倈云)兀的不是。(孛老兒云)好也好也。(孛老兒做打正末科云)着你休廝打。你又惹人。小禽獸。你不聽我的言語。(折拆驢云)老的。休打他。打他便是打我一般。恰好都打了我了。(孛老兒云)兀的不是折拆驢兄弟。(折拆驢云)原來是哥哥。(折拆驢做拜科云)哥哥。多時不見。(孛老兒云)兄弟。你認的這小的麼。(折拆驢云)這箇是誰。(孛老兒云)則他便是你姪兒劉千。(折拆驢云)恰纔打我的。是姪兒劉千。我去時孩兒則這般大。(孛老兒云)劉千過來。拜你叔父來。(正末云)這箇是誰。(孛老兒云)是你叔父。(正末云)這箇是叔叔。早是您姪兒不會衝撞着叔叔也。(折拆驢云)你則這般。打出我屁來哩。哥哥。孩兒忙也是閑。(孛老兒云)孩兒忙哩。(折拆驢云)孩兒忙便罷。若閑呵。我教他幾箇搏手兒。(孛老兒云)且顧了你着。(折拆驢云)哥哥。你家去安排茶飯。我和姪兒便來。(孛老兒云)劉千。你和叔父同來。我先回家去也。(下)(折拆驢云)孩兒也。你這般省的呵。三月二十八日泰安神州。我和你去爭交賭籌。你敢和獨角牛敵對去麼。(正末云)叔叔。那裏有這般好擂的。我和他擂去。(折拆驢云)孩兒也。除了獨角牛再無好漢了也。(正末云)叔叔。你放心也。(唱)

【尾聲】賣弄你有楞角。無敵手。哎。你箇折拆驢的叔叔免憂。你則是滿口裏薰豁獨角牛。則今番我直着抹了那廝芒頭。我生性忒搊搜。相搏罷我着他一筆都勾。我着他但題起這劉千來呵。(云)兀的不是劉千來也。(唱)我直着他撲碌碌的望風而走。(折拆驢云)你可休誇了大口也。(正末唱)你穩情取花成蜜就。(折拆驢云)你看那獨角牛身凜凜。貌堂堂。你這等瘦巴巴的。則怕你近不的他也。(正末唱)你休笑我黃乾黑瘦。我可敢則今番我直着頂替了那一座泰安州。(同下)

第二折

〔旦兒上云〕只爲兒夫身染病。發願街頭捨義漿。妾身不是別人。乃劉千的渾家是也。爲俺男兒身子不快。我對天許下捨一百日義漿。捨了九十九日。則有今日一日。在此閑坐也。看有甚麼人來。〔獨角牛同淨快喫飯世不飽上〕〔獨角牛云〕一對拳寰中第一。兩隻脚世上無雙。自家行不更名。坐不改姓。石州馬用的便是。俺家祖傳三輩是這擂家出身。俺祖公公是沒角牛。俺父親是鐵角牛。到我這一輩。喚做獨角牛。每年三月二十八日。上東嶽泰安神州爭交賭籌。劈排定對。比並高低。頭一年不知那裏走將一箇甚麼折拆驢來。與我爭交賭籌。部署扯開藤棒。被我則一拳。打了他兩箇牙。第二年那廝又走將來爭交。又喫我打了他兩箇牙。把那廝打的喪膽亡魂。我耳消耳息。打聽的深州饒陽縣。有箇小廝。喚做甚麼吃劉千。說那小廝一對拳。似剪鞭相似。我這麼箇好漢。天下無對手。我則怕那廝打了我芒頭。兄弟每。您跟着我尋那廝去。若是尋着他呵。衆兄弟每。您着舍利拳打倒那廝。稱了我平生願足。我問人來。兀那捨義漿去處便是。兄弟每。飲馬去來。〔快喫飯云〕理會的。牽過馬來飲馬。〔旦兒云〕兀那君子。你好不達時務。不曉事也。人喫的茶飯。可怎麼將來飲馬。〔獨角牛云〕這婦人倒生的好也。喂。兀那婦人。誰不曉事。你家裏有甚麼好男子好漢。叫他出來。〔旦兒云〕這人好無禮也。我喚我父親去。〔做叫科云〕父親。〔孛老兒上云〕媳婦兒也。做甚麼這般大驚小怪的。喚我做甚麼。〔旦兒云〕您孩兒正捨義漿。一夥男子漢。人喫的茶飯。他要飲馬。我說他。他倒罵我。〔孛老兒云〕這廝好無禮也。他在那裏。〔旦兒云〕兀那裏不是。〔孛老兒云〕哥哥每。好不曉事也。人喫的茶飯。怎生喂頭口。〔獨角牛云〕兀那老弟子孩兒。你說誰哩。衆弟兄每。與我打這老弟子孩兒。〔做打倒孛老兒科〕〔獨角牛云〕我不打你。你家裏有甚麼年紀小的後生。着他出來。我和他略擂三合。〔旦兒云〕好也。你打倒我父親也。我喚我叔叔去。叔叔出來。〔折拆驢在古門道云〕孩兒。喚我做甚麼。〔旦兒云〕你出來。〔折拆驢云〕我忙哩。〔旦兒云〕你做甚麼忙哩。〔折拆驢云〕我捉虱子哩。〔旦兒云〕那裏要緊。有人打倒我父親也。〔折拆驢云〕這廝無禮也。他是盆兒罐兒。〔旦兒云〕怎麼是盆兒罐兒。〔折拆驢云〕他好歹有耳朵也。〔旦兒云〕假似罐兒呢。〔折拆驢云〕也有耳朵兒。〔旦兒云〕一夥人打倒我父親也。〔折拆驢上云〕這弟子

孩兒合死也。過來。我打那弟子孩兒去。(做見獨角牛科)(獨角牛云)那箇好男子好漢。教他出來。則我便
是獨角牛。(折拆驢做走科)(旦兒做攔科云)你那裏去。(折拆驢云)孩兒也。你不知道。他正是我的牙主
兒。(旦兒云)他打倒俺老子。可怎生是好也。(折拆驢云)打倒你老子。干我腿事。(旦兒云)叔叔。沒奈何。你
救我父親咱。(折拆驢云)孩兒也。一了說明槍好趓。暗箭難防。我暗算他。搬將過來。則一拳打倒那廝。救你
父親。打不倒。你趓開條路。我好走。(旦兒云)你靠前。(折拆驢搥打科云)唱喏哩。(獨角牛回身打淨倒科)
(折拆驢云)老叔看牙。輕着些兒。(獨角牛云)兄弟每也。你看打倒的是誰。(世不飽云)理會的。我試看咱。
(做看科)(世不飽云)哥也。我道是誰。原來是折拆驢。(獨角牛云)我若無手眼。不喫這廝打倒了。衆人向
前打那廝。(衆做打科)(折拆驢云)娘也。打殺我也。法度利害。禍不是好惹的。(獨角牛云)哏那廝。你要我
饒你麼。(折拆驢云)可知要饒哩。(獨角牛云)你要我饒你。叫我十聲老子。(折拆驢云)羞人化化的。怎麼
叫。(獨角牛云)不叫。我就打殺你。(折拆驢云)老叔休打。等我叫。(做叫科)(獨角牛應科了云)兄弟每。這
廝怕俺也。喒喫酒去也。(同快喫飯。世不飽下)(孛老兒云)他去了也。你起來罷。(折拆驢云) 去了不會。
(孛老兒云) 不妨事。你起來。他去了。(折拆驢云) 這弟子孩兒好造物。不去了。這廝爛羊頭。喫我打一頓。
(孛老兒云)休對孩兒說。喒家去來。(同折拆驢下)(旦兒同折拆驢扶正末上)(正末云)大嫂。你熬口粥
湯去。哎喲。娘也。我好頭疼也。(折拆驢云)哎喲。爺也。我好牙疼也。(正末云)叔叔。你怎麼來。(折拆驢云)不
會怎麼。(正末云)你看你那頭上土。(折拆驢云)我不說。(正末云)你不說可怎生。(折拆驢云)我打滾來。
(正末云)你那口裏血。(折拆驢云)我剔牙來。(正末云)你說也不說。(折拆驢云)我不說。(正末云)你真
箇不說。我則一拳。打了你那滿口裏牙。(折拆驢云)你則近的我這牙。孩兒也。我說則說。你休要煩惱。(正
末云) 我不煩惱。你說。(折拆驢云)孩兒。你那媳婦兒。爲你染病。許下捨義漿。正捨義漿。有那世裏對頭獨
角牛。他又調戲你媳婦。又打倒你父親。我勸他來。又着他打了我兩箇牙。孩兒也。你是箇男子漢。頂天立地。
噙齒戴髮。帶眼安眉。連皮帶肉。帶骨連皮。你這般寃讎。怎生不報。(正末云)這廝好無禮也。(唱)

【越調梅花引】將我箇年老的尊堂任恁廝掐。年紀小的妻兒迤逗來。好着

我忿怒夯胸懷。我今日踐塵埃。這廝好情理切害。不報了寃讎和姓改

【紫花兒序】休道是劉劉劉千的這和尚。便是那釋迦如來。被這廝惱下蓮臺。〔折拆驢云〕孩兒也。你身子不停當哩。將息你那證候咱。〔正末唱〕將我這神眉剔豎把我這病眼來睜開。我好怨恨那箇喬才。一會兒氣的我渾身上津津的汗出來。〔折拆驢云〕孩兒也。倒是些兒好汗。〔正末唱〕美也覺我這身子兒輕快。〔折拆驢云〕孩兒也。你這般面黃肌瘦。眼嵌縮腮。兩條腿恰似麻稭。十箇指頭有如燈草。你且將息幾日去。〔正末唱〕你笑我臉似刀條。腿腿腿似麻稭。

〔折拆驢云〕那獨角牛身凜凜。貌堂堂。身長一丈。膀闊三停。橫裏五尺。竪裏一丈。剔留秃圞。恰似箇西瓜模樣。看了你這般一搭兩頭無剩。腰兒小。肚兒細。喫的飽。快放矢。則怕你近不的他麼。〔正末唱〕

【耍三臺】常言道我虎瘦呵雄心在。你可便休笑我眼嵌縮腮。你道他偌來肥胖。你道我恁來大小身材。不是我自說口自莊主自邀買。我是那那吒社裏橫禍來的非災。則今番破題兒和他相摶。他可敢寄着一場天來大利害。

〔折拆驢云〕孩兒也。這擂家漢要眼睛轉。拳頭取勝。觔脈亂。撲手成功。眼睛不轉。打人不着。觔脈不亂。撲人不倒。則怕你近不的他也。〔正末唱〕

【絡絲娘】若是獨角牛今番撇臺。着那廝淺水魚兒摸來。山海也似寃讐我和他劈甚麽排。不是我舌尖口快。

〔折拆驢云〕那獨角牛你聞名不會見面。他生的塔也似一條大漢。井椿也似兩條腿。醬鉢也似一對拳頭。栲栳來也似一箇肚子。烏盆也似一雙眼睛。覷了你這般面黃肌瘦。則有老蜻腰兒的氣力。撲蝀蚗的威風。聽的打擂。常害頭疼。你敢近不的他麼。〔正末唱〕

【紫花兒序】我怎肯土着面拳廝撲。和他兩箇廝捱。你看我倒蹬兒智廝

瞞由咱攙劃。俺兩箇硬廝併暗廝算。濃鬧裏休着那布束解。直打的這壁破那壁傷。磣可可嘴塌鼻歪。〔折拆驢云〕孩兒也你上的那路臺去。一箇在左邊。一箇在右邊。中間裏部署扯了那藤棒。擂家漢要智的搶。打的搶。肚有智瞞過人。一狠二毒三短命。便是擂的舊家風。你怎生遮截架解。你試說一遍我試聽咱。〔正末唱〕看那廝拽大拳可這般出出出的趕來你看我跌過腳輕輕的倒撞。吐架子扒下來嘴縫上颼颼的着我扣落拍。直打的搖着頭。跌着腳道好好好擂可這般失驚打怪。

〔折拆驢云〕孩兒也你使的是上三路。下三路。中三路。可是那一路拳。你一發對我說一遍咱。〔正末唱〕

【尾聲】你看我橫裏丟豎裏砍往上兜往下拋虎口裏截臂骨扛紐羊頭枷稍墜馬前劍撲手有那三十解。着那廝拳起處我搬蹉過可又則一拳打下那廝班石露臺。恁時節小颭兒那粧么〔云〕衆人道打打打了好好好擂〔唱〕我着他渾花兒可兀的大喝聲采。〔下〕

〔折拆驢云〕一箇好兒也他的那撲手熟。他的倒是橫裏丟。豎裏砍。往上兜。往下拋虎口裏截臂骨。扛紐羊頭帶蹄兒倒賣十伍貫。〔唱〕他道是馬前劍撲手有三十解。〔外呈答云〕好唱也好唱也〔折拆驢云〕隨邪的弟子孩兒那裏唱的好。〔下〕

第二折

〔外扮香官領張千上〕〔香官云〕萬里雷霆驅號令。一天星斗煥文章。小官乃降香大使是也。方今聖人在位。天下太平。八方寧靜。黎庶安康。端的是處處樓臺聞語笑。家家院落聽歡聲。今日是三月二十八日。乃是東嶽天齊大生仁聖帝聖誕之辰。小官奉命降香一遭。端的是人稠物穰。社火喧譁。別的社火都賽過了也。還有這一場社火。乃是那吒社。未曾酌獻。張千與我喚將部署來者。〔張千云〕理會的。部署相公喚你哩。

〔部署領打擂四人上〕〔部署云〕依古禮鬪智相搏。習老郎捕腿拏腰。賽堯年風調雨順。許人人賭賽爭交。自家部署的便是。今日是三月二十八日。是東嶽聖誕之辰。俺預備社火。賽神酌獻。都停當了也。有香官相公呼喚。須索見相公。走一遭去。〔見科云〕相公。部署來了也。〔香官云〕那吒社社火停當了麼。〔部署云〕相公都停當了也。〔香官云〕今年頭對是誰。〔部署云〕今年頭對是獨角牛。二年無對手了。則有今年一年哩。〔香官云〕若是今年無對手呵。銀碗花紅表裏段匹。都是他的。與我喚過獨角牛來。〔部署云〕理會的。喚將獨角牛來者。〔張千云〕理會的。獨角牛安在。〔獨角牛上云〕打遍乾坤無對手。獨占那吒第一人。自家獨角牛的便是。我在這泰安州東嶽廟上。每年三月二十八日東嶽聖誕之辰。我在這露臺上。跌打相搏爭交賭籌。二年無對手了。今年是第三年也。有香官呼喚。須索走一遭去。〔部署云〕獨角牛。香官相公喚你哩。〔做見科〕〔香官云〕你便是獨角牛。〔獨角牛云〕小人便是。〔香官云〕你二年無對手也。則有今年。若是再無對手呵。這銀碗花紅表裏段匹。就都賞你。香客還未全哩。等香客來全了時。脫剝下來擂三遭。〔獨角牛云〕理會的。那一箇好男子好漢。敢出來擂三合麼。〔正末同折拆驢上云〕〔正末云〕叔叔。來到了麼。〔折拆驢云〕孩兒。來到也。那露臺上便是獨角牛。你看那狗骨頭生的那箇模樣。你近的他。你便過去。你若近不的他。咱家去了罷。〔正末唱〕

【正宮端正好】我來到這泰安州。我可便不住您兀那招商店。那廝便緊和我釘釘膠粘。把一池綠水可也渾都占。可怎生不放俺這傍人僭。

〔獨角牛云〕那一箇好漢。敢出來與我獨角牛擂三合。〔正末唱〕

【滾繡毬】他將那名姓呼。志氣來呫。他在那露臺上光閃。果然是名不虛傳。他可也忒自專。說大言。自誇輕健。可是他空說在駿馬之前。我打這廝東頭不說可在這西頭說。我打這廝上口不呫下口呫。無恥無廉。

〔云〕哥哥報復一聲。小人是深州饒陽縣人氏。姓劉。是吃劉千。特來與獨角牛來廝擂。〔部署做報科云〕喏。外面有箇人。特來與獨角牛來賭擂。〔香官云〕着他過來。〔正末做見科云〕大人。小人是深州饒陽縣人氏。姓劉。是吃劉千。特來與獨角牛來廝擂。〔香官云〕則怕你近不的他麼。你可有甚麼親人。〔正末云〕見有我叔叔在門首。〔香官云〕叫你那叔叔進來。〔正末云〕叔叔。大人喚你哩。〔折拆驢做見科云〕大人。小人是折拆驢。（香官云）你是那小的甚麼人。（折拆驢云）小人是他叔叔。（香官云）你既是他叔叔。那獨角牛可利害。拳頭上無眼。倘若還有些高低。可如之柰何。他既要摶擂呵。你便親手立張文書。方纔放他廝擂去。（正末云）叔叔。不妨事。你則管寫與他。（折拆驢做寫文書科云）大人。小人寫了文書也。（香官云）你畫上字。（折拆驢云）小人畫了字也。（香官云）既然畫了字也。您過去廝擂去。（折拆驢云）咱且在一壁者。（香官云）部署。香客來全了麼。（部署云）來全了也。（香官云）着那獨角牛脫剝下。遶着露臺搊三遭。（部署云）理會的。兀那獨角牛。香客全了也。你脫剝下搊三遭。（獨角牛做脫剝了科云）這東壁廂。有甚麼好男子好漢。出來劈排定對。爭交賭籌來。（獨角牛折拆驢打科）（折拆驢趓科）（獨角牛云）東壁廂無有敢在西壁廂。這西壁廂有好男子好漢。出來與我爭交賭籌來。（又打折拆驢科）（折拆驢又趓科）（獨角牛云）西邊廂沒有。敢在東邊。（折拆驢云）呸。你則認的我。（正末云）我上的這露臺來。我和他擂去。（部署搽科云）兀那小廝靠後。（折拆驢吐門戶科）（部署云）你來怎的。（折拆驢云）我來噴水來。（部署云）兀那小廝。你看那獨角牛。身凜凜。貌堂堂。一箇好漢。恰便似煙薰了的子路。墨灑就的金剛。你這等面黃肌瘦。眼嵌縮腮。一搭兩頭無剩。你可到的那裏。則怕你近不的他也。（正末唱）

【倘秀才】哎。你覷看的每休將咱來指點。您可休量小人不是箇馳名的這好颩。打這廝囊裏盛錐自出尖。獨角牛。有讐冤。打這廝說大言。

（獨角牛云）兀那小的。你這等一箇瘦弱的身軀。要和我兩爭交賭籌廝打呵。你會辭你家中父母不曾。

（正末唱）

【白鶴子】誰不道你威凜凜。誰不道我瘦懨懨。誰不道你有能奇。誰不道我無扎墊。

（獨角牛云）兀那折拆驢。這箇是你姪兒。我看這小廝。面黃肌瘦。一搭兩頭無剩。他休說和我擂。着部署扯開藤棒。我則一拳。我就打做他一箇螃蠏。（折拆驢云）你要打譚。我和你打箇譚。休題那螃蠏。俺孩兒動起手來。打的他七手八脚。一迷哩横行。則怕打破你那蓋。（獨角牛云）我和你再打箇譚。如今部署扯開藤棒。

我一脚踢做你箇煎餅。〔折拆驢云〕休題那煎餅。俺孩兒打起來。諕的你軟癱。〔部署云〕甚麼軟癱。〔折拆驢云〕煎餅可不軟癱。〔正末唱〕

【白鶴子】你笑我身子兒尖。可也使不着臉兒甜。本對也可不道三角瓦兒阿可赤可兀的絆翻了人。則我這一對拳到收贏了你箇厮。

〔部署云〕看頭合擂。左軍裏一箇右軍裏一箇。不要揪住褪兒。不要拽起袴兒。手停手穩看相搏。〔正末與獨角牛擂科〕〔獨角牛倒科〕〔折拆驢云〕倒了也。〔獨角牛云〕不倒不倒。〔折拆驢云〕休題那不倒。背着糙米還家去。那箇是不搗。〔獨角牛云〕不算交。〔折拆驢云〕可知道不算交。把那鼻涕來沾靴底。那的是不算膠。〔部署云〕看第二合擂。左軍裏一箇右軍裏一箇。休要揪住褪兒。不要拽起袴兒。手停手穩看相搏。〔正末唱〕

【倘秀才】我恰纔吐架子左閃來右閃。我踢了箇提過脚裏臁也那外臁。嘴縫上直拳並塌那厮臉。着這厮頭完擂。早着拳打這厮自專。

〔部署云〕獨角牛。你有拳打將去。劉千你有脚踢將去。休要揪住褪兒。不要拽起袴兒。手停手穩看相搏。〔擂科〕〔獨角牛倒科云〕我輸了也。〔折拆驢拏空桶做傾科云〕我着你爛羊頭喫一頓。〔正末唱〕

【伴讀書】贏了的休談羨。輸了的難遮掩。打這厮自獎自誇自手鑑。休想道虎嚇的咱家歪。併一千合者波休想劉千喘。睬睬睬使不着你那句美也那唇甜。

【笑歌賞】看看看的每俺俺俺這完擂不甚險。您您您老的每休埋怨。告告告那部署休心倦。哥哥哥你水莫噴。您您您鼓輕攧。來來來來來嗒休把這排場占。

〔部署云〕相公。劉千贏了獨角牛也。〔香官云〕既然劉千贏了也。將那銀碗花紅表裏段疋都賞劉千。加他做深州饒陽縣縣令。着他走馬赴任。便索長行。〔折拆驢云〕孩兒也。恰纔還是你。若是我。我腰節骨都

攙折他的嗒。回家去來。〔正末唱〕

【尾聲】打一拳有似着一劍。踢一脚渾如剁一鎌。這廝人也憎鬼也嫌。無處發付那千層樺皮臉。可又早顛氣了馳名第一颩。〔同折拆驢下〕

〔香官云〕劉千去了也。小官不敢久停久住。左右那裏將馬來。回大人話走一遭去。獨角牛施呈威風。欲贏取羊酒花紅。被劉千爭交跌打。方顯是天下英雄。〔同下〕

第四折

〔孛老兒上云〕歡來不似今朝。喜來那逢今日。老漢劉太公的便是。誰想劉千跟着他叔父去泰安州。與獨角牛劈排定對去了。說道孩兒贏了也。先拏將花紅銀碗錦襖兒來。我不信。使的出山虎打聽去了。這早晚敢待來也。〔正末扮出山虎上云〕自家出山虎便是。跟着劉千哥哥泰安州去。俺哥哥贏了也。我先將花紅銀碗錦襖去叔父跟前報箇喜信去咱。〔唱〕

【雙調新水令】獨角牛無對整三年。則今番賽還了他那口願。說劉千一箇展值看官滿懷錢。端的是名不虛傳。看了那幾合擂不曾見。

〔孛老兒云〕出山虎孩兒來了也。你哥哥在那泰安州與那獨角牛怎生劈排定對。你說一遍。我試聽咱。〔正末云〕父親。俺劉千哥哥贏了也。我將着這錦襖子銀碗花紅。父親跟前來報喜信來也。〔孛老兒云〕既然你哥哥贏了獨角牛也。怎生兩家相搏。你試說一遍。我試聽咱。〔正末唱〕

【夜行船】獨角牛肥膜相搏呵吁。他則落的一聲喘。可是他空說在駿馬之前。他則待舉意兒贏。他其心兒不善。可是他捉住鼓自開一遍。

〔孛老兒云〕你那哥哥等閑住呵。會那箇在左邊。那箇在右邊。怎生遮截架解。你說一遍。我試聽咱。〔正末唱〕

【川撥棹】獨角牛氣衝天。他向那露臺上說大言。賣弄他能拽直拳。快使橫拳。你比俺劉千絶後光前。去也鄭州出曹門較遠。都部署將藤棒傳。

〔孛老兒云〕怎生擂鼓篩鑼。吶喊搖旗。你試說一遍咱。〔正末唱〕
【七弟兄】鼓兒着撒邊。撒邊。〔云〕手停手穩看相搏。〔唱〕你可便看。咱拳合手停各自尋機變。一箇拳沉腳重謹當先。俺哥哥身輕體健能挪展。
〔孛老兒云〕俺劉千與獨角牛怎生劈排定對。你試再說一遍。我試聽咱。〔正末唱〕
【梅花酒】呀。獨角牛拽大拳。劉千見拳來到跟前。火似放過條蠶椽。出虛影到他胸前。劉千使腳去手腕上剪。他敢迤逗的到露臺邊。接住腳往上掀。胖身軀怎回轉。膂力的是劉千。
【喜江南】滴溜撲人叢裏騰的腳稍天。俺哥哥他將那渾錦襖子急忙穿。早笙歌引至廟門前。獨角牛自專。則他那輸了的臉兒可憐見。
〔孛老兒云〕既然贏了也。俺一家兒都往深州饒陽縣縣令之任去。到大來歡喜殺我也。俺孩兒心懷意滿。且休論他長我短。獨角牛輸與劉千。俺得了花紅銀碗。

題目　般般社火上東嶽

正名　劉千病打獨角牛

施仁義劉弘嫁婢雜劇

楔子

〔沖末扮李遜抱病同旦兒春郎上〕〔李遜云〕腹中曉盡世間事。命裏不如天下人。小生姓李名遜。字克讓。祖居汴梁人氏。嫡親的三口兒家屬。渾家張氏。孩兒春郎。小生幼習儒業。今春應過舉。新除錢塘爲理。至望京店染起疾病。不能動止。我這病。覷天遠。入地近。眼見的無那活的人也。大嫂你去熬口粥湯我食用。〔旦兒云〕理會的。〔下〕〔李遜云〕春郎。將過桌兒來。將紙墨筆硯來。〔春郎云〕父親。桌兒紙墨筆硯俱在此。〔李遜云〕春郎。你看你母親熬粥湯去。〔春郎云〕理會的。〔下〕〔李遜云〕我爲甚支轉他子母二人。小生平日之間。與人水米無交。我倘若有些好歹。爭柰嬌妻幼子。歸於何處。使我切切在心。拳拳在念。我聞知洛陽有一人。姓劉。名弘。字元溥。此人有疎財仗義之心。我如今修一封書。等我身亡之後。着他子母二人。投奔劉弘員外。我寫這書者。李遜也。你怎生做那讀書的人。我與劉弘素不相識。這書上敍甚麼寒温的事。則除是恁的。我仿春秋一椿故事。宰國臣與乞成子赴壁一事。白者是素也。我與他素不相識。紙者居也。正意的則是托妻寄子。劉弘員外是讀書的人。見其書解其意呵。收留他子母二人。若見其書不解其意啊。李遜也。也是我出於無柰。春郎。喚你母親來。〔春郎同旦兒上〕〔春郎云〕父親。母親來了也。你放精細者。〔旦兒云〕員外。喝口粥湯兒者。〔李遜云〕大嫂。我那裏喫的粥湯。趁我這一回兒精細。分付您者。〔旦兒云〕員外。你有何言語囑付也。〔李遜云〕我若身死之後。您子母二人。將着這封書呈。直至洛陽。投奔劉弘伯父去。他見是我的書呈。必然收留您子母二人也。〔春郎云〕理會的。父親精細者。〔李遜云〕大嫂。春郎。我這病越沉重也。您扶着我者。便好道鳥之將死。其鳴也哀。人之將死。其言也善。一聲長嘆淚凝眸。堪恨春郎志未酬。幼子嬌妻無所托。一封書信緊相投。孤窮李遜今朝喪。天使文人不到頭。屍骸未入棺函內。一靈先到洛陽遊。大嫂。春郎。我也顧不的你也。〔做死科〕〔下〕〔旦兒同春郎做哭科〕〔旦兒云〕哎約。員外也。則被你痛殺我也。春郎。便將你父親焚化了。寄在報國寺裏浮坵着。俺將着書呈。投奔洛陽劉弘員外去來。〔春郎云〕理會的。母親。您孩兒將父親的骨殖。寄在這南薰門外報國寺裏。俺子母二人。則今日直至洛陽。投奔劉弘伯父去。哎約。父親。則被你痛殺我也。〔同旦兒下〕〔太白星上云〕閬苑仙家白錦袍。海山銀闕宴蟠桃。三峯月下鸞聲遠。萬里風頭鶴背高。貧道乃上界太白金星是也。職掌人間賞善罰惡錄料長短之事。行善者增添福祿。作惡者減算除年。因赴天齋以回。親見下方洛陽有一人。姓劉。名弘。字元溥。此人是箇巨富的財主。爭柰有二事缺欠。一者夭壽。二者乏嗣。貧道按落雲頭。化做一雲遊貨卜的先生。與此人說箇詳細。有何不可。來到這市廛中。遠遠的望着劉弘。這早晚敢待來也。〔正末上云〕老夫洛陽人也。姓劉。名弘。字元溥。年四十五歲也。某家洛陽祖居乃三輩也。我祖父劉從古。我父劉明叔。某是劉元溥。祖宗以來。所積家財。萬貫有餘。爭柰到我行。乏其後嗣。我平生所望者。止是此也。我今日上的長街。來探幾個老士夫。喫幾杯悶茶者。下次小的每。把那馬來牽的靠後些兒。休衝撞着相識朋友。我信步閑行者。〔見科〕〔太白云〕兀的不是劉弘。我叫他一聲。劉弘。劉元溥。〔正末云〕誰呼我的名。呀呀呀。一個鬚髮盡白的老先生。好道貌也。我這洛陽城中。未嘗見這箇老先生。作揖老先生。〔太白云〕稽首。〔正末云〕如何識在下。〔太白云〕我識你是劉弘。你可不識貧道。我是箇雲遊貨卜的先生。我善能風鑑。〔正末云〕先生既會相呵。何不與在下決疑者。〔太白云〕我看你是箇巨富的財主。你今年多大年紀也。〔正末云〕在下拙年至四十有五也。〔太白云〕哦。你四十五歲。劉員外。我這陰陽不順人情。我說則說。你則休煩惱。你有兩椿兒缺欠不全。〔正末云〕敢問老先生。可是那兩椿兒缺欠。〔太白云〕員外。你一者夭壽。壽不過五旬而亡。止有五年的限次也。〔正末做悲科云〕哎約。劉弘也。恰纔師父道壽不過五旬而亡。止有五年的限次。劉弘也。你是看書的人。豈不聞子夏云。死生有命。富貴在天。何懼之有。這個不妨事。敢問師父那一椿呢。〔太白云〕這一椿最當緊。你當來乏嗣無兒也。〔正末做悲科云〕師父。你打人呵休打着那痛處。說人呵休說着那短處。更做道是陰陽不順人情者波呵。〔唱〕

【仙呂賞花時】我和這貨卜的先生可在這路上逢。他恰纔上下端詳觀了我這面容。〔太白云〕據富貴不在石崇之下也。〔正末唱〕他道我據富貴若石崇。〔太白云〕爭柰你壽夭也。〔正末唱〕爭柰我其壽可也不永。〔太白云〕你多有資財。則是少個兒童也。

〔正末唱〕他又道我多財祿更少個兒童。〔帶云〕則一句。〔唱〕
【幺篇】道的我恍惚如同兀那一夢中。〔云〕這陰陽不順人情。不可以不信也呵。〔唱〕我
這裏稽首躬身問箇吉凶。〔云〕師父道在下夭壽。師父道在下絕嗣。師父如何全美的壽數。如何
得有這子嗣。師父一發與迷人指路者。〔太白云〕你問貧道如何得這子嗣。如何得全你這壽數。劉弘。你肯依
貧道八箇字。便能彀全美也。〔正末云〕師父是那八箇字。〔太白云〕你自牢記者。是婚姻死葬鄰保相助。行好
事。積陰功。若依此語。自然增添福壽也。〔正末云〕謝指教。謝指教。嗨。好言語也。婚姻死葬鄰保相助。這八個字。
俺道秀才每口裏念的則是顛倒爛熟的。未嘗有人行的到也。〔唱〕他道着我行好事積陰功。
〔云〕師父。再有甚麼指教。〔太白云〕則不貧道一人。兀的不又一人來也。疾。〔下〕〔正末回頭科云〕在那裏也。
呸呸呸。好大風。眯了眼也。眯了眼也。作揖老先生。可那得箇人來。師父也。那壁無人。可怎生連他也不見了也。
青天白日。知他是神也那是鬼也呵。〔唱〕却怎生平地下起一陣家這迅風。〔云〕我問師父。
再有何指教。他道則不我來。兀那後面又有一箇來也。賺的我回頭。連他也不見了。好是奇怪殺人也。〔唱〕
怎麼急回頭索早不見了那皓首的俫可則敢那一箇家老仙翁。〔下〕

第一折

〔卜兒同淨王秀才上〕〔卜兒云〕花有重開日。人無再少年。休道黃金貴。安樂最直錢。老身姓王。嫁的夫主
姓劉。是劉弘員外。這箇是我的姪兒是王秀才。家私裏外解典庫。都虧了這箇孩兒。〔淨王秀才云〕一八得
八。二八一十九。三八二十六。四八一十七。這麼一本帳。若不是我呵。第二箇也算不清。〔卜兒云〕孩兒也。你
辛苦。俺也知道。〔淨王秀才云〕姑娘。這家私裏外。許來大箇解典庫。我又寫又算。那等費心。姑夫不知人。這
兩日見了我。輕便是罵。重便是打。若是姑夫今日來家時。姑娘。你說一聲方便。我也好在家裏存活。〔卜兒
云〕少要這等言語。孩兒也。你姑夫探望相識朋友去了。你收拾下茶飯。這早晚敢待來也。〔淨王秀才云〕
我安排下茶飯。等姑夫來食用。我且再算帳者。一八得八。〔正末上云〕下次小的每。把那馬來牽的望後院
裏去。〔淨王秀才云〕一八得八。〔正末做見王秀才科〕〔正末云〕王秀才。你劖的還算哩那。〔淨王秀才云〕

這老兒今日越哏了也。〔做作揖科〕〔正末云〕婆婆。我今日上的長街市上。不曾見一箇相識朋友。遇着箇鬍髮盡白的老先生。他道他是相士。上下覷了我這面目。他道我平生所欠者有兩椿。我便問他道。師父也。是那兩椿。他便道。第一來夭壽。壽不過五旬而亡。我止有五年的限也。這箇也不打緊。第二椿當來乏嗣無兒也。〔淨王秀才云〕姑夫家來惱懆。我道爲甚麼來沒正經。姑夫無了子嗣。各人的造物。你可怎麼埋怨我。干我甚麼事。強盜也生男長女。你兩箇自家無用。倒埋怨我。〔卜兒云〕老的也。這先生也能算也。〔正末云〕婆婆。想喒兩口兒爲人可也不會行那歹來。我說莫不是這錢財上積趲的多了麼。所以上妨害了喒這子嗣。想喒這世間人。無錢的可又難過。抵死積趲的多了。卻又於身無益。此言信有之也呵。〔唱〕

【仙呂點絳脣】我本是箇巨富的明儒。開着座濟貧的典庫。爲財主。貫滿京都。掌着那萬萬貫的這多財物。

【混江龍】想喒這人貧人富。原來這天公暗裏自乘除。〔帶云〕想喒這世間人。有錢的卻無子。有子的卻無錢。婆婆。這箇道理。你省的麼。有甚麼難見處。〔唱〕貧的每多生些些子嗣。喒這富的每便廣積些些金珠。則爲那貧無這謟以謨收的些些存孑的法。喒則被富之餘也兀的不明放着一箇殺身的術。這世裏甘貧的無慮。越富的貪圖。饑貧的廣有。猛富的多餘。我想那嫌貧的彼富。愛富的愚夫。固窮的不濫。靠富的空虛。我則待守清貧得樂矣在其中。端的可便不義富我道來於我也則是如雲霧。喒這人眼前貧波富。可則也則是兀那枕上的這榮枯。

〔云〕王秀才近前來。我問你。我當初開這解典庫。我正意是怎生來。〔淨王秀才云〕這個。姑夫老人家。一法老的糊突了。爲甚麼開這解典庫。常言道早晨栽下樹。到晚要乘涼。可不道喫酒的望醉。放債的圖利。也則是將本圖利來。〔正末云〕噤聲。我幾曾圖利息。我正意的那我則是賑人之貧波周人之急。婆婆。誰想這廝去那解典庫中。治下許多的弊病。顛倒與我身上爲害。我上的長街市上。那一箇相識朋友每不看着我下言語。道您這廝忒不中。更慳波吝波苛波剋波。俺兩口兒無兒。都是你這廝在這解典庫中。治下弊病。都折罰了也。兀那廝。你省的那君子愛財。取之有道麼。〔淨王秀才云〕姑夫。爲人憎愛中半。佛也不得人道是哩。

君子不羞當面。我有甚麼弊病處。對着姑娘。你就說。〔正末唱〕

【油葫蘆】則這君子惜財有道上取。誰似你忒無法度。〔淨王秀才云〕怎麼無法度。拏住作踐的。打五棍。吊在樹上。怎麼無法度。〔正末唱〕人道你忒慳忒吝忒心術。〔淨王秀才云〕我有甚麼心術處。〔正末云〕兀那廝。那的是你那心術處。〔唱〕人家道那把時節將爛鈔你強揣與。巴的到那贖時節要那料鈔。教他贖將去。〔淨王秀才云〕他拏將鈔來討。沒的不與他去不成。〔正末云〕兀那廝。你聽我說你那弊病。你則休賴。〔淨王秀才云〕我有甚麼弊病。〔正末唱〕你將焦赤金化做了淡金。〔淨王秀才云〕姑夫。也不必鬧。也容易。從今後人拏的高麗銅來。我也當金子留下。等人來贖。可把金子賠他便了也。〔正末云〕你看波。這高麗銅不別。這金子不別。這椿也罷。〔唱〕你把好珍珠寫做了蚌珠。〔淨王秀才云〕也容易。從今後拏將魚眼睛來。當珍珠留下。等人要。可把珍珠賠他。〔正末云〕你看波。這魚眼睛不別。珍珠不別。這兩椿也不當緊。〔唱〕人家一領簇新的衣。你去那典場上。你便從頭的覷。〔云〕是人家那簇新做出來的衣服。帶兒也不會綴。袵兒也不會疊的。倒哩人家急着手用那錢使。將來到你這廝行當那錢。這廝提將起來看了一看。昧着你那一片的黑心。下的筆去那解帖上批上一行。〔唱〕呀。這廝便寫做甚麼原展汚了的舊衣服。

〔淨王秀才云〕裁衣不及段子價。這箇也是我向家的心也。〔正末唱〕

【天下樂】噤聲賊也。豈不聞道財上分明大丈夫。〔云〕比喻說到今月初一日。把這號改到那月初二來贖。你這廝。〔唱〕但那日數兒過來波。餘你休想道肯放那贖。〔云〕這初二日來贖。道員外不在解典庫裏。明日來。不付能到那初三日來贖。你道員外人情去了不在家。〔唱〕這廝兀那愛錢的心。他百般裏推此二箇事故。〔卜兒云〕老的。他爲甚麼那。〔正末唱〕他則待日要所增。〔云〕初三日不贖與那人。初四合當贖與那人。你又不贖與他。婆婆。你知道他那初四日不贖與那人的緣故麼。〔卜兒云〕可更是怎生〔正末唱〕這廝直熬到箇月不過五。〔云〕過了五箇日頭。索你怎生問他要一箇月的利錢。賊醜生也。〔唱〕你倚仗着我這幾貫錢索則麼以擲的些窮人家每着他無是處。

〔卜兒云〕老的。有句話和你說。你潑天也似家私。寸男尺女皆無。你依我安排一杯酒。把俺那爺娘親眷。都請將來。陪一句話。我與你娶一箇年紀小的生的好的。近身扶侍你。若是得一男半女。可不好那。〔正末云〕婆婆。休這般說。〔唱〕

【那吒令】你待陪千言萬語。托十親九故。娶三妻兩婦。待望一男半女。〔卜兒云〕老的。你娶一箇罷波。〔正末云〕日月逝矣歲不我延。〔唱〕我青鏡曉來看則這白髮添無數。〔云〕我如今不小也。〔唱〕我如今暮景桑榆。

〔云〕天也。想劉弘兩口兒為人。也不曾行歹也呵。〔唱〕

【鵲踏枝】我要一箇家廝兒無。我要一箇家女兒無。〔云〕天若可憐見劉弘。或兒或女。降與劉弘一個。果若劉弘無那兒女的分福。索一頭的生將下來就在那褥草上便着天厭了者波。〔唱〕天也我問甚麼那跛臂瘸臁者麼。他那眼瞎頭禿。〔卜兒云〕員外。甫能得一箇。又眼瞎頭禿。不如不要也。〔正末云〕婆婆。你道的差了也。〔唱〕則但能勾便替咱去上墳波祭祖。大嫂也也強如咱眼睜睜鰥寡孤獨。

〔卜兒云〕老的。也俺有的是那錢鈔。或是好孩兒討一箇。好女兒買一箇。與俺壓子嗣。可不好那。〔正末云〕你說的差了也。那箇終久則是假的也呵。〔唱〕

【寄生草】你道要女兒着錢贖箇婢。要廝兒着鈔買一箇軀。待着他抽胎換骨可便為兒女。待着他當家主計為門戶。你又待着他拖麻拽布臨墳墓。豈不聞魚目似珠不成珠。却不道碔砆似玉非為玉。

〔云〕王秀才。四隅頭與我出出帖子去。道劉弘員外放贖不要利。再不開解典庫了也。〔淨王秀才云〕可不好。打甚麼不緊。則用我寫的一寫。〔做寫科云〕刷刷刷刷刷刷來刷刷刷。寫就了也。我貼去。我出的這門來。四隅頭貼起帖子來。大小人都聽着。劉弘員外家放贖不要利。拏本錢來則管贖了原物去。姑夫帖子貼好了。〔正末云〕王秀才。把那解典庫與我關閉了者。〔淨王秀才云〕不開解典庫。罷。落的我閑着快活哩。〔正末云〕　孩兒也。你近前來。俺兩口兒無了這子嗣。都是你在這解典庫中致下的弊病。因此上折乏了俺子嗣也。你今日便與我離了這門。休在我這家裏住。便與我出去。〔淨王秀才做看卜兒科云〕着我出去。便出去了罷。受他這們閑氣做甚麼。〔卜兒云〕　孩兒也。着你出去哩。〔淨王秀才云〕　姑娘。如今端的着誰出去。〔卜兒云〕着你出去。〔淨王秀才云〕哦。原來着我出去。呸。可怎麼好。撇揹殺我也。苦阿。是了麼。你家當初有甚麼來。支着箇破蘆席棚。安着箇破沙鍋。常煮着鍋巴喫。你如今富貴了。虧了誰來。好歹虧了王秀才。我替你家開了解典庫。掙下了這等前堂後館。走馬門樓。金銀器皿。不知其數。你這等富貴。都是王秀才掙的。今此一日。要把我趕將出去。罷罷罷。好苦惱阿。好苦惱阿。我出去。我出去。我辭別了姑夫姑娘。我就出去了。罷。便好道此處不留人。自有留水處。哦。是留人處。〔做拜科云〕王秀才。我在你家裏。也不曾喫了閑茶閑飯。我從那清早晨起來。光梳了臉。洗淨了頭。呸。又顛倒了。屈着脊梁。挺着脖子。把着一管筆。從早晨直寫到晚。怕我說一箇字。今日着我出去。我去了則便罷。受你的氣。我出去。我出去罷罷罷。辭別了姑夫姑娘。我說我去阿。我若出了這門。收進多少。放出多少。這一本亂帳。都要你整理哩。〔正末云〕快與我出去。〔淨王秀才云〕真箇要我出去。姑夫。我在家裏。那一般兒不做。掏火棒兒短強似手。不刺下般的趕我出去呵。罷罷罷。男子漢家。頂天立地。噙齒戴髮。帶眼安眉。連皮帶肉。帶肉連皮。休說我是箇人。便是那糞堆掏開。也有口氣。你今日着我去。苦惱也。我離了你家門。憑着我這一對眼。一雙手。驢市裏替人寫契。一日也討七八兩銀子。也過了日月。我說我去也。你不辭我也不辭你。這一遭。我其實的去也。〔又做拜科〕〔正末云〕你看這廝。〔淨王秀才云〕　姑夫。想您兒三四歲兒。姑娘帶將我來到這家裏。虧姑夫擡舉的成人長大。知道的。是你老人家改常。不知道的。則說我生事要出去哩。各盡其道。罷罷罷。我去我去。我如今一脚的出了這門。使不的你可使人來趕我。我是箇直人。我可不來了。你可也不要扯扯拽拽的。我也不回來了。可使不的你擺酒着人與我和勸。我其實不回來了。兩脚車上裝七箇人。也不必再三再四的了。我則這一遭。辭了姑夫姑娘。我就出去了罷。〔做拜科〕〔起身往東邊走科云〕姑娘姑娘。扯一扯兒來麽。〔卜兒云〕你去便去了罷。〔淨王秀才云〕放了手。扯我怎麽。呢誰又來你家裏來。則你家裏飯好喫。姑娘勸一勸兒麽。〔卜兒云〕我不勸。〔淨王秀才云〕連你也是這等。罷罷罷。我和你兩箇恩斷義絕。血臟牽車兒扯斷這條腸子罷。我出去。我出去。下次小的每。搬出我那行李來。打過一輛大車來。先把那板箱來放上。擡上那豎櫃。把那鋪蓋來捲了。包一包。把靴襪都放上。菜罎菜罐都放上。那鍋也放上。要做飯喫哩。那破簍子丟了罷。裏脚放在鍋裏。牽過那驢子來套上。打動打動。阿列阿列。去了罷。那裏去。我有甚麽呢。那裏有那板箱豎櫃來。沿身打沿身。身上的衣裳。肚裏的乾糧。兩箇肩髈擡着箇口。每日則是喫他家的。便好道這大樹底下好乘涼。一日不識羞。十日不忍餓。把這羞臉揣在懷裏。我還過去。〔做入門科云〕哦。我一脚的出了這門。這地就無人掃。〔做打算盤看文書科云〕一八得八。〔正末云〕王秀才。你怎的。〔淨王秀才云〕你老人家說了幾句。誰和你一般見識。〔正末云〕你看這廝。門首覷者看有甚麽人來。〔淨王秀才云〕理會的。〔李春郎同旦兒上〕〔李春郎云〕小生李春郎是也。離了望京店。與母親來到這洛陽。母親。我問人來。則這裏便是劉弘伯父宅上。門首立着個人。我試問他者。作揖哥哥。〔淨王秀才云〕那裏來的。〔李春郎云〕是親眷。〔淨王秀才云〕這兩日賣五錢銀子一箇。〔李春郎云〕是甚麽。〔淨王秀才云〕你說是青絹。〔李春郎云〕是親戚。〔淨王秀才云〕哦。是親戚。〔李春郎云〕萬望哥哥報復一聲者。〔淨王秀才云〕你且在這裏。等我報復去。〔見正末科云〕姑夫。門首有親眷來也。〔正末云〕婆婆。你聽波。我恰纔說了他幾句話。他故意的將這等言語來激惱我。我若是有個親戚。我挑着燈籠兒也取將來也。我肯着你這廝在我這裏。這般定害我那。〔淨王秀才云〕你看麽。我則但開口錯了牙關。他說是親眷來。〔正末云〕你道是親眷。是男子也是婦女人。〔淨王秀才云〕我則不會仔細看。我去看者。〔做出門科云〕你是男子也是婦人。〔李春郎云〕是子母二人。〔淨王秀才云〕我知道。你則在這裏。〔做見正末科云〕一子母。〔正末云〕敢是子母二人。〔淨王秀才云〕姑夫說的是。〔正末云〕着他過來。〔淨王秀才云〕理會的。姑夫道。着您過去哩。〔春郎同旦兒做見正末科〕〔正末云〕一個穿孝的女子。婆婆。你休受他的禮。兀那小大哥。你那裏人氏。姓甚名誰。因甚上來到這此處。你慢慢的說一遍我聽者。〔李春郎云〕小生汴梁人氏。〔淨王秀才云〕精脊梁睡石頭。〔正末云〕怎麼說。〔淨王秀才云〕他說是汴梁。〔正末云〕是他那地名靠後。〔李春郎云〕父親姓李名遜。字克讓。應過舉。得了錢塘縣令。到於望京店上。染病不能動止。臨命終時。俺父親修書一封。若我有些好歹。您子母二人。將着書呈直至洛陽。投托劉弘伯父去。自父親身亡之後。小生將着書呈一逕的投奔伯父來。〔正末云〕有書呈。將來我看。〔李春郎云〕有書呈。母親將書來。〔春郎遞書科〕〔淨王秀才云〕你這廝好無禮。你知道入城問稅。入衙問諱。俺這裏門司有限。你知道我這裏有甚麼體面。拏書來。你靠後。〔做喬軀老遞書科云〕你那裏有這麼體面。〔李春郎云〕也沒甚好。〔正末拆書科云〕守魯奉呈尊兄劉弘閣下開拆。〔淨王秀才云〕你錯走了。你如今出的順城門。高房子長旛杆那裏便是。〔正末云〕那的是那裏。〔淨王秀才云〕呸。那是閔中閣了。〔正末云〕辱弟李遜謹封。〔淨王秀才云〕罷了。誤了你老子證候了。着他把頭髮披開。頂門上着碗來大艾焙灸。豁開他兩箇耳朵。他就好了。〔正末云〕他封皮上是這般寫。你看這廝靠後。封皮上有字。就裏不知寫着甚麼哩也呵。〔唱〕

【醉中天】我這裏先把封皮來去。展放開他這箇寄來的書。〔云〕大嫂。不會掉下一張。〔卜兒云〕員外。不會掉下。〔正末云〕小大哥。你近前來。我問你。則這一封書。索別有書呈。〔李春郎云〕伯父。止則是這一封書。別無書呈。〔正末云〕既是這等呵。你且靠後些。好是奇怪也呵。〔唱〕却怎生徹尾從頭一字無。〔云〕李克讓也。你既是我的兄弟呵。〔唱〕你却怎生不把這寒溫來敍。你將着這雪白紙呵也好也好。咱知他的意趣。你那滿懷的心腹事。這漢向我行十分的訴。

〔云〕婆婆。你省的這個禮麼。則這一張白紙。我便見出那人的心來。白紙二字。白者是素也。紙者是居也。他與我素不相識。着他寫甚麼的是。紙者是居也。正意的那則是托妻寄子與我。婆婆。市廛中那老先生道甚麼來。他道着俺行好事。積陰功。今日這般善事上門也。喒不可以不行也。〔卜兒云〕員外。凡百的事。則隨你主意也。〔正末云〕則除是這般。小大哥。近前來。你休作疑惑。聽我說與你。想你那亡父在時節。曾和我作經商買賣。一席酒之間。我和他言行相投。他曾拜我八拜。我爲兄。他爲弟。不想今日兄弟不幸身亡了也。您子母兒每來的正好。休別處去。則在家裏住。〔李春郎云〕謝了伯父。〔正末云〕你那亡父的灰櫬兒在那裏。〔李春郎云〕見在南薰門外報恩寺裏寄着哩。〔正末云〕王秀才。你便與我南薰門外將那李克讓的骨櫬兒取將來。高原選地。破木造棺。建起墳塋呵。我自有箇祭祀的禮物。〔淨王秀才云〕下次小的每。便去南薰門外報恩寺裏。取將李克讓那把骨殖來。若取將來。我自有箇埋殯的道理。〔正末云〕小大哥。你那清德喚做甚麽。〔李春郎云〕您孩兒是李春郎。〔正末云〕這箇是你的胎諱。你那清德呢。〔李春郎云〕伯父跟前怎敢稱呼表德。〔正末云〕怕做甚麽。〔李春郎云〕您孩兒李彥清。〔正末云〕好好好。你那亡父在時節。曾叫你學甚麽藝業來。〔李春郎云〕亡父在日。着您孩兒攻書來。〔正末云〕便好道萬般皆下品。惟有讀書高。〔李春郎云〕不是您孩兒說大言。天下文章一石。您孩兒頗攬九斗九升在懷。〔淨王秀才云〕好哥。你快走。管的他穿。管不的他喫。〔正末云〕怎的。〔淨王秀才云〕你不聽的他說。他那一頓吃九斗九升哩。〔正末云〕他說他那文章哩。〔淨王秀才云〕三箇夏布做一頂。〔正末云〕怎的。〔淨王秀才云〕你說蚊帳。〔正末云〕他說他那文字哩。〔淨王秀才云〕這兩日虼蚤丁出屁來。又蚊子。〔正末云〕小大哥。或詩或詞。作一首來我看。〔李春郎云〕伯父指甚爲題。〔正末云〕單指着您子母二人投奔我便是題目。〔李春郎云〕理會的。〔做寫科〕刷刷刷刷刷刷刷刷刷來刷刷刷。〔淨王秀才云〕好也擑搶肺喫哩。〔李春郎遞詩科云〕伯父。詩就了也。〔淨王秀才做拏詩科云〕你又來了。好箇沒記性的拏來。〔做遞科〕〔正末云〕小大哥。你好能染也。暮史朝經務進修。〔淨王秀才云〕妙妙法蓮花經。〔正末云〕你怎的。飄零踪跡寄神州。十年勳業頻看數。千里家山空倚樓。公瑾處貧曾謁魯。仲宣到此錯疑劉。尊賢若肯垂青顧。便是書生得志秋。〔淨王秀才唱科〕喧滿鳳凰樓。一了有這句唱。〔正末云〕你看這廝。婆婆。恰纔嬸子兒拜我時。有些氣喘。我可也難問他。你問嬸子兒。因何這般氣喘。〔卜兒云〕嬸子。你如何這般氣喘。〔旦兒云〕不瞞伯娘說。有亡夫半年身孕也。〔卜兒云〕員外。恰纔我問嬸子來。他說有半年的身孕。在家裏住呵。則怕不方便麽。〔正末云〕婆婆。你與我收拾了後面那所宅兒者。〔卜兒云〕員外。西頭閑着那所宅兒。着他子母兒每住。却不好那。〔正末云〕婆婆。你也道的是。王秀才。你與我收拾了西頭那所宅子者。〔淨王秀才云〕那房子賃與人了。〔正末云〕你看波。我昨日日西時。打那裏過來。尙兀自貼着帖子。寫着道此房出賃。今日這早晚。可早賃與人也。〔淨王秀才云〕他昨日半夜裏就搬過來了。〔正末云〕不拏住他犯夜。〔淨王秀才云〕他揀的時辰。〔正末云〕快與我收拾了者。〔淨王秀才云〕姑夫。不要鬧。我則趕了他去則便罷。可怎麼好。我纔喫了他一隻鷄。〔做轉身假趕科云〕哥哥。你可休怪。如今姑夫家有箇親眷來了。要這房兒與他住哩。你搬了去罷。無柰何搬一搬。怎麼不肯。你有些甚麼家活搬不了。先把那破床檯出去。一張舊桌子兩張折板凳再有些甚麼家活。一箇做飯的鍋。就把那尿鱉子放在鍋裏罷。一家兒好乾淨人家。〔轉身向正末云〕姑夫有了房子也。〔正末云〕收拾了也。那但是人家使用的那喫食物件動用家事。一年四季的柴米。你都休着少了者。〔淨王秀才云〕理會的。柴米油鹽醬醋茶。應用家活都有了。〔卜兒云〕員外。你看他子母兩箇。一身重孝。來俺家來則怕不利麼。〔正末云〕婆婆。你休那般說。〔唱〕

【尾聲】喒人這生死也在於天。端的這善惡也由人做。我則是可憐見他孤寒的子母。〔云〕洛陽城中許多的財主。他怎生不別人家去。〔唱〕豈不聞投人須投大丈夫。〔卜兒云〕着他子母二人回去罷。〔正末唱〕不爭喒趕離了門顯的喒也不辨一箇賢愚。〔卜兒云〕員外。齎發他些錢物。着他回去罷。〔正末唱〕我本待與些錢物。也則是濟惠他這窮儒。則這的便是將有餘兒可也補不足。〔卜兒云〕員外。似俺兩口兒這等受用快活。可也強似他子母每也。〔正末云〕婆婆。喒兩口兒爲人。不如他子母兒每。他子母兒每強似喒。〔唱〕我。如今空蓋下他這般畫堂錦屋。眼前面折罰的喒來滅門波絕戶。〔云〕古人言有錢無子非爲貴。他這等有子無錢的。也不是貧。喒人一日死到頭來休說是這些箇家緣。〔唱〕便說若堆金到那北斗。〔云〕婆婆。喒死時節。將的去麼。〔唱〕可則那的也待何如。〔正末同衆下〕

第二折

〔外扮蘭孫上云〕悶似湘江水。涓涓不斷流。有如秋夜雨。一點一聲愁。妾身襄陽人氏。裴使君之女。小字蘭孫。父親裴使君在襄陽爲理。不幸被歹人連累身亡。無錢埋殯。妾身直至洛陽尋不見一箇親眷。妾身無計所柰。我插一草標。自己賣身。但賣些錢物。埋殯我那父親。也是我孝順之心。來到這長街市上。好是羞慘人也。看有甚麼人來。〔淨扮媒婆上云〕妾身做事實僂儸。娶女招夫我說合。親筵喜事來尋我。能言快語做媒婆。自家官媒婆的便是。有劉弘員外。數番家分付我。着我替他尋箇女孩兒。不曾有。今日我往長街市上走一遭去。〔做見科〕〔媒婆云〕一箇女孩兒。頭上插着一箇草標兒。不知是真箇賣也。是鬭人耍哩。我試問他者。小姐。你插着這草標兒。你是真箇賣也那。你是鬭人耍。你要多少錢。〔蘭孫云〕要五百貫長錢。〔媒婆云〕既然是真箇。這裏有箇員外。要你到他家裏。有喫有穿。你跟我去來。〔蘭孫云〕我跟將你去來。〔同媒婆下〕

〔正末同卜兒淨王秀才上〕〔正末云〕婆婆。市廛中那老先生。說的那言語。甚是好的當也呵。〔卜兒云〕老的。這陰陽不可信他也。〔正末唱〕

【中呂粉蝶兒】那相士觀覷了我這容儀。他道我壽不及那五十餘歲。〔帶云〕天那。想劉弘兩口兒爲人也不曾行那歹也。〔唱〕莫不我與人交有甚麼言行相違。〔帶云〕不是我自詔。〔唱〕俺一家兒夫憐婦貧。更和這妻敬老。俺又不曾道是欺瞞着天地。天網恢恢。我一會家想穹蒼也有一箇偏僻。

〔卜兒云〕老的。你道的差了。天有萬物於人。人無一物於天。天有甚麼偏僻那。〔正末云〕既無偏僻呵。〔唱〕

【醉春風】既不索可怎生短命死了顏回。却怎生延年老了盜跖。我想那鶴長鳧短不能齊。〔云〕想喒這世間的人。有錢的却無子。有子的却無錢。婆婆。這箇道理。你省的麼。〔唱〕百般的參不透這箇道理。況這世裏完備有幾。劉弘我道來絕嗣的不似你。當日那伯道無兒。似這等古人也乏嗣。何況道是卜生我這些箇絕繼。

〔卜兒云〕老的。我想來。你偌大年紀了也。〔正末云〕婆婆。你休這般說。好事若藏心肺腑。言談語笑不尋常。

好着我難道。〔卜兒云〕家中有的是小的每。你收拾一兩箇。近身扶侍你。得一男半女。也是俺劉家子孫。可不好那。〔正末唱〕

【普天樂】置兩三處家繡羅幃。娶五七箇丫鬟婢。待着他生男長女。又不着他去倒紵翻機。他銜一片家嫉妬心。無半點兒賢達的意。聽的道海棠身邊有些春消息。他背地裏使心機。尋箇打當的牙搥。〔帶云〕婆婆。喒命裏有那兒女分福。〔唱〕問甚麼樊素小桃。都一般開花結子。〔帶云〕喒命裏無的呵。〔唱〕喒正是那止渴思梅。

〔云〕門首觑者。看有甚麼人來。〔淨王秀才云〕理會的。看有甚麼人來。〔媒婆引蘭孫上〕〔媒婆云〕來到也。〔做見王秀才科云〕有一箇好　孩兒。要嫁與人家。你報復去道。有媒婆在門首。〔淨王秀才云〕你是甚麼人。我央及你的事。你到了不完成我。〔媒婆云〕有箇女孩兒在這裏。〔淨王秀才云〕在這裏可好也。〔媒婆云〕 見在門前哩。〔淨王秀才云〕你則在這裏。我和姑夫說去。〔做見卜兒打耳喑科〕〔正末云〕王秀才有甚麼話。不好明白說。〔淨王秀才云〕媒人在門首哩。〔正末云〕甚麼媒人。〔卜兒云〕老的。你不知道。我常時分付媒人。不問婦人女兒。尋一箇來。他不敢對你說。〔正末云〕既然這等。着他每過來。〔淨王秀才云〕理會的。媒人。着你引他過去哩。〔媒婆做見科云〕老員外。員外娘子。我尋將這箇女孩兒來與員外。生的十分顏色。無錢埋殯他父親。則要五百貫長錢。〔正末云〕王秀才。打發媒人回去。與他五兩銀子。是五塊兒。〔淨王秀才與媒婆銀子科云〕 理會的。拏銀子來與媒人來。與你五兩銀子。你去罷。〔媒婆云〕多多的謝了老員外。〔做出門數科云〕我出的這門來。且住。員外與我銀子是五塊兒。這王秀才有些快落鈔。我試數一數。一塊兩塊三塊四塊。則四塊。少一塊。〔媒婆做見正末科云〕老員外。着王秀才與五兩銀子。他則與我四兩。是四塊。〔正末云〕王秀才。我着你與他五兩銀子。是五塊。你怎生與他四兩銀子。是四塊。〔淨王秀才云〕這箇姑夫。五兩銀子。一兩一塊。是五塊兒。你敢花了眼。拏來我數與你看。一塊兒。兩塊兒。三塊兒。四塊。〔淨王秀才做捽袖科云〕 兀的不是一塊兒。你掉在這地下了。〔正末云〕你看他波。〔媒婆云〕是你袖子裏丢出來的。〔做拾銀子科云〕我落他些銀子兒。買羊肚兒喫去來。〔下〕〔卜兒云〕老員外。着那孩兒參拜你。〔正末云〕着他過來。〔蘭孫做見拜科〕〔正末云〕兀那女孩兒。你那裏人氏。姓甚名誰。因甚上自己賣身。你慢慢的說一遍我聽。〔蘭孫云〕妾身襄陽人氏。〔淨王秀才云〕好姐姐。你快走。我家用不着你這等人。〔正末云〕怎的。〔淨王秀才云〕他快扯砲。〔正末云〕怎的快扯砲。〔淨王秀才云〕是襄陽砲。〔蘭孫云〕裴使君之女。小字蘭孫。俺父親在襄陽爲理。不幸被歹人連累身亡。停喪在地。無錢埋殯。妾身直至洛陽尋不着一箇親眷。因此上自己賣身。但賣的些小錢物。或是與人家廚頭竈底。或人家作婢爲奴。說兀的做甚。一路上千辛萬苦。我行孝道則因父母。但能彀一席地埋殯了父親。便是裴蘭孫平生願足。〔正末云〕好箇孝順的孩兒也。育女孩兒的。他那亡父的骨殖兒早則有主。有兒的更是不消說。〔卜兒云〕一箇好孝順的姐姐也。〔正末唱〕

【白鶴子】這孩兒爲無錢缺着葬禮。他賣身體置那墳圍。這孩兒他知重情可便敬那爺娘。這孩兒孝感意便驚天地。

〔云〕我看了這箇女孩兒。那烈女傳上的故事。他一樁樁可也無差處。〔唱〕

【么篇】這孩兒賽楊香跨虎心。有賈氏斬龍計。方信道趙貞女羅裙包土可也築墳臺。我可尋那曹娥女覓父投江水。

〔卜兒云〕老的。我看了這箇小姐中珠模樣。可也中擡舉。着他近身扶侍。你意下如何。〔正末云〕婆婆。你是甚麼言語。早是那孩兒離的遠。不聽見。倘若聽見呵。把咱當做甚麼人家看承。他貧賤煞者波。他是那官宦人家小姐。咱富貴煞者波。則是箇庶民百姓。你省的。那履雖新。不可加之於首。冠雖弊。不可棄之於足。這等話你再也休題。〔唱〕

【上小樓】大嫂也。你從來可便三從四德。這孩兒他千嬌百媚。你看那牙似瓠犀。頸若蝤蠐。手似柔荑。你看他那紺髮齊。綠鬢堆。高盤雲髻。〔帶云〕一天的那秀氣。都生在這箇姐姐身上。〔唱〕則是一箇玉天仙可便降臨在凡世。

〔卜兒云〕你不用他。我有處用他。〔正末云〕你怎生般用他。〔卜兒云〕我梳洗處着他架手巾。鋪席頭上繫護衣。我教他打水運漿。執盞擎盃。掃床疊被。那些兒不用了他。〔正末云〕你敢忒富貴過了麼。〔唱〕

【幺篇】你那梳洗處着架手巾。鋪席上繫護衣。你待着他擔水運漿。搬茶供飯。你又待着他過盞擎盃。這孩兒則恁的閑立地。呵。更那堪他便嬌柔波無力。〔帶云〕你好是哏毒也呵。〔唱〕怎下的着他拈輕掇重。可便掃床也波疊被。

〔云〕小姐。你父親的骨殖在那裏。〔蘭孫云〕俺父親的骨殖。在南薰門外報恩寺裏寄着哩。〔正末云〕王秀才便與我去南薰門外報恩寺內。將那裴使君的骨殖取將來。便與我高原選地。破木造棺。建起墳塋了呵。我自有箇祭祀的禮。小姐後堂中換衣服去。〔蘭孫云〕理會的。〔下〕〔正末云〕王秀才。你近前來。我問你。您姑夫平日間主的事如何。〔淨王秀才云〕這箇姑夫。你是甚麼人。你平日間主張一百樁事。九十九樁都是。那一樁也將就的過。〔正末云〕孩兒。今日是好日辰麼。〔淨王秀才云〕天黃道。地黃道。日月雙黃道。子丑寅卯。今日正好。過了今日。明日不好。〔正末云〕我今日待與小姐成就些婚配的道理。我心裏則主不定也。我和王秀才兩箇商量者。我問你。與小姐三千貫奩房斷送。不少麼。〔淨王秀才云〕姑夫。要偌多做甚麼。則一千貫也彀了。〔正末云〕金銀玉頭面三副。不少麼。春夏秋冬衣服四套。不少麼。孩兒也。你道不少麼。〔淨王秀才云〕絹帛布草衣服。儘彀了也。〔正末云〕你道不少麼。我心裏便歡喜也。王秀才。與我西頭請將小秀才娘兒兩箇來者。〔淨王秀才云〕姑夫。這事你主定了。又請他做甚麼。〔正末云〕你則請的他來呵。你身上的事務。便是完備了也。〔淨王秀才云〕理會的。我知道。我出的這門來。則這裏便是小秀才在家麼。〔旦兒同李春郎上〕〔李春郎云〕母親。門首不知誰喚門哩。我開開這門。〔做見科云〕王秀才哥哥請坐。〔淨王秀才云〕小秀才。一向管顧不周。便是我在下有些喜事。請你寫箇休書。〔李春郎云〕是婚書。〔淨王秀才云〕呸。呸。是婚書。也不要緊。我教與你寫。任從改嫁。並不爭論。呸。可是休書了。來到了。我報復去。嬸子。你加一美言。我重重的相謝你。〔李春郎云〕放心。小生知道。〔淨王秀才云〕姑夫。小秀才來了也。〔正末云〕請的來了。

〔李春郎云〕伯伯。伯娘。〔正末云〕嬸子兒。管顧不周。小秀才。你看書也不會。〔旦兒云〕多多稟告伯伯娘。春郎每日看書。〔正末云〕後堂中請出小姐來者。〔淨王秀才云〕梅香。轉報竃窩裏。拖出小姐來者。〔蘭孫上云〕父親。母親。您孩兒來了也。〔淨王秀才做扯衣服科云〕衣服不整。朋友之過。〔正末云〕小姐。休下拜者。你且一壁有者。嬸子兒。今日請將您來。別無甚事。因為這一十八歲蘭孫小姐。此女子非常人之家。他父親是裴使君。曾在襄陽為理。不幸他被歹人所累。身亡無錢埋殯。止有這一女子。長街市上。自己賣身。賣五百貫長錢。埋殯他父親。不想正遇着老夫。我將裴使君的骨殖。高原選地。破木造棺。建了墳塋了也。我今待與小姐成就些婚禮的道理。嬸子兒。陪與小姐三千貫奩房斷送。金銀玉頭面三付。春夏秋冬四季衣服。我要將這一十八歲蘭孫小姐。配與李春郎為妻。嬸子兒。你意下如何。〔旦兒云〕似此呵。怎生報答伯伯伯娘也。春郎。謝了伯伯伯娘者。〔李春郎做拜科〕〔正末云〕王秀才。您姑夫主的勾當。可是如何。〔淨王秀才云〕你到主我那脚後跟。〔李春郎云〕索是謝了哥哥。〔淨王秀才云〕謝您老子頭蹄。〔卜兒云〕老的。你差了也。他又來投奔俺。又管顧他。倒賠奩房斷送。又與他箇媳婦兒。你和他是甚麼親眷。〔正末唱〕

【快活三】則這陪緣房是咱的志氣。配良姻是我的陰騭。咱這般疎財仗義禮當宜。〔帶云〕咱兩口兒做着這般善事。着那外人說出去呵。〔唱〕顯的我這夫克己你箇妻賢惠。

〔卜兒云〕他拏將一張白紙來。和他有甚麼親也。〔正末唱〕

【朝天子】白紙上雖無甚麼墨跡。既然他每寄子波那托妻。今日箇便伊同咱兩箇便為了這交契。〔帶云〕既是和咱做了親眷也。索〔唱〕俺必索那傾心吐膽將他廝惠濟。〔帶云〕一箇婚姻。一箇是死葬。咱將着那金子銀子。那裏尋這般好勾當做去來也。〔唱〕若是我便順着人的情呵也是我便合着這天意。〔旦兒做悲科云〕伯伯伯娘。媳婦兒也不敢要。則今日辭別了伯伯伯娘。俺子母二人回去也。〔正末云〕嬸子兒。並不曾說甚麼言語。我和您伯娘商量小姐的奩房斷送。並不曾說甚麼言語。嬸子兒省煩惱。〔正末做見卜兒科云〕我問你。這凡百的一家人家。有箇家長麼。莫不俺這男子漢主了的這椿勾當。信着你這等的言語。肯則那等干罷了麼我做了的那好勾當。着你這幾句話波。兀的不壞盡了也。我問你。那的是你那三從四德。則這的便是你那三從四德不是。爲孩兒每這些喜慶的勾當。你則再言語。我就不信也。〔卜兒云〕俺和他是甚麼親。〔正末云〕嬸子兒。可止不過您伯娘有些閑言剩語道了呵。我肯依的他來。李春郎孩兒也。喒本是一重兒親來。因着小姐面上。喒越親波越厚了也。〔唱〕從今後你箇嬸子兒〔帶云〕春郎。〔唱〕和你箇姪兒喒可都是一家一計。〔卜兒扳正末科云〕凡百事好歹有箇商量。〔正末唱〕你好不會做那人也則到如今也索更爭甚麼。我波那共你。〔淨王秀才云〕我本待不說來。氣撇破我這肚皮。他姓甚麼。你姓甚麼。〔正末云〕賊醜生。干你甚事。〔唱〕論甚麼姓劉也那姓李。〔淨王秀才云〕他在那裏住。你在那裏住。〔正末唱〕不在於你。也者麼他住在江南也那塞北。〔淨王秀才云〕拏將一張白紙來。知他是甚麼親眷也。不似你忒獨主。〔正末云〕噤聲。賊醜生也。〔唱〕豈不聞道四海內皆是兄弟。

〔淨王秀才云〕我兒也。一塊肉到於我口裏。你奪將去了。更待干罷。我今夜三更三點。跳過牆去。我把你一家兒都殺了。〔李春郎云〕伯父。他說出來做出來。〔正末云〕孩兒也。他則不說出來。少不的做下來也。則今日好日辰。收拾了琴劍書箱。便索上朝取應去。一來與您餞行。第二來就到墳頭辭了您父親。便索長行。來到也。孩兒拜了你父親者。嬸子兒。你拜了兄弟者。蘭孫小姐。我將你父親骨殖也取將來了也。你拜了者。拜了者。嬸子兒。你今日臨行也。我有句言語。說的明白了。您便行。想當初喒本不親。着孩兒言稱道。這的父親不親呵。怎生留俺在家中住許多時來。想當初。你父親捎將來的書。封皮上有字。就裏則是一張白紙。白者是素也。紙者是居也。故言則是托妻寄子在老夫跟前。今日你夫妻子母。上朝取應去也。那的是俺下場頭也。〔唱〕

【耍孩兒】既來托我爲交契。我不曾見伊家面皮。你和咱素日不相識。知道也那臨危向妻子行留遺。〔云〕你和我做兄弟。〔唱〕憑着這半張白紙爲交友。

隔着這千里關山廝認義。我明知你是容妻子安身計。他知我恤孤念寡。救困扶危。

（旦兒云）當日止不過一封書與伯伯。多承看待如此。（正末唱）

【四煞】一封書寄與咱。你夫情我盡知。今日紅粧共秀才。您兩箇爲門對。豈不聞書中有女顏如玉。路上行人口勝碑。君子喻於義。也強如巡寺院布施與錢物。遶廟宇禱告神祇。

（蘭孫云）父親。您孩兒臨行。也有句話敢說麼。（正末云）甚麼話。但說不妨。（蘭孫云）有蘭孫的父親在這裏葬埋着。則怕到冬年節下。月一十五。澆不了的漿水與俺父親澆半碗兒。燒不了的紙錢。與俺父親燒一陌兒。蘭孫死生難忘也。（正末云）孩兒。我知道。春郎孩兒近前來。休說道這伯父我是國家白衣卿相。可怎生用些小錢物。贖買將箇小的來。可與你爲妻。你休這般道。（旦兒云）伯伯。俺怎敢說這等的言語也。（正末唱）

【三煞】他祖宗是官宦家。他父親爲宰相職。他今日賣身不幸到咱家裏。與你箇賢達的孀子兒爲兒婦。我配你箇清俊的書生作正妻。你可休覷的微賤看的容易。莫把這堂中珍寶。你可休看承做牆上泥皮。

（李春郎云）則今日好日辰上朝求官應舉走一遭去。（正末云）春郎。到的帝都闕下。則要你着志者。（李春郎云）放心。你兒這一去。好歹要中科名也。（正末唱）

【二煞】想着那對寒窗受苦辛。跳龍門奪富貴。九經三史從頭覷。萬言長策朝中獻。一舉成名天下知。有一日身及第。頭直上打一輪皂蓋。馬頭前列兩行朱衣。

【尾聲】則要你頻頻的我根前寄一紙書。（李春郎云）伯父。孩兒知道。（正末云）你若到的帝都闕下。缺少盤纏。怕你寫不及書信呵。你則道箇口信來。老夫也教人捎些盤纏去。（唱）則要你常當的教我這兩口兒知。〔云〕貪煩惱。却忘了安復嬸子。嬸子兒。這些時衣服茶飯供給不到處。是必休怪也。〔唱〕這些時應不到處可也是俺自家的禮。〔李春郎云〕伯父此恩異日必當重報也。〔正末云〕孩兒。你休那般說。〔唱〕這恩念報不報知不知。哎兒也那的可不在於你。〔下〕

〔淨王秀才冲上云〕好也。你那裏去。我兒也。一塊好肉到我口邊廂。你奪了我的去了。有這箇道理。你在這裏許多時節。我也有好處在你身上。來到今日。你敢如此般也。呵過來受死。〔李春郎跪科云〕哥哥。干小生甚事。我得了官。慢慢的來報答你。〔淨王秀才云〕阿呀。罷罷罷。你去你去。〔唱尾聲科〕你與我頻頻的寄一紙書。常常的着這王王王秀才知。這恩念你報不報知不知。當哩的打哩打哩哩。〔下〕〔李春郎云〕母親。則今日收拾了行裝上朝取應。走一遭去。伯父恩臨天地知。上朝取應敢教遲。一舉首登龍虎榜。十年身到鳳凰池。〔同旦兒蘭孫下〕

第三折

〔李遜扮增福神上云〕中和直正烈英才。玉帝親臨聖勅差。休道空中無神道。霹靂雷聲那裏來。吾神乃上界增福神是也。生前乃是汴梁李遜。字克讓是也。在生之日。廣覽詩書。一舉狀元及第。新除錢塘爲理。至望京店。不幸染其疾病。不能動止。臨命終時。柰嬌妻幼子。無處歸着。聞知洛陽劉弘。恤孤念寡。救困扶危。故修書一封。明則是托妻寄子。小聖辭世。他子母二人。到於洛陽。見了劉弘。此人見其書。解其意。將他子母收留。如親相待。教春郎讀書成人。又配蘭孫女爲妻。春郎一舉登科。皆劉弘員外之大德也。小聖在生之日。與人水米無交。死歸冥路。今以正直爲神。上帝點檢人間善惡文簿。洛陽劉弘。有兩椿缺欠。夭壽乏嗣。小聖在玉帝前展脚舒腰。叩頭出血。言劉弘每事皆善。出無倚之喪。嫁貧寒之女。乞告一子。見今十三歲。乃劉奇童是也。恐防員外不知詳細之因。故托夢說知。就裏駕起雲端。直至洛陽劉弘宅上。托一夢境。走一遭去。〔裴使君扮城隍上云〕霹靂響亮震山川。蒼生拱手告青天。有朝雨過雲收斂。兇徒惡黨又依然。小聖乃西川五十四州城隍都土地。生前乃襄陽裴使君是也。吾神在襄陽爲理時。所行事有法。治百姓無虞。不與薄倖之人相跟不與邪僻之人遊徑。君子行正。不容小人。被羣寇所勒。身亡無錢埋殯。柰陽間別無甚得力兒男。止有一女。小字蘭孫。直至洛陽尋親不遇。行其孝敬之心。插一草標。自己賣身於市。誰想劉弘員外。聞知宦官之家。不忍以貴為賤。倒賠奩房斷送。配合與李春郎為妻。今春郎為官。我女受五花官誥。駟馬高車。為夫人縣君之職。光顯裴氏門庭。皆賴恩人劉弘之德也。小聖死歸冥路。皇天不負吾德。正直為神。因朝玉帝。點檢善惡文簿。觀見洛陽劉弘。有二事缺欠。一者夭壽。二者乏嗣。夭壽者。小聖在玉帝前展腰舒脚。叩頭出血。訴奏劉弘每事皆善。上帝勅賜二紀之壽。一紀十二年。二紀二十四年。員外本合該命不過五旬而亡。着員外直活到七十有四。方盡天年。恐防員外不知詳細。今夜晚間駕起祥雲。直至劉弘宅上。報恩答意。走一遭去。〔李遜云〕雲頭起處。何方聖者。〔裴使君云〕那壁是甚處靈神。〔李遜云〕吾神乃上界增福神是也。〔裴使君云〕 生前何人。〔李遜云〕生前乃汴梁李遜字克讓是也。那壁尊神。何方聖者。甚處靈神。〔裴使君云〕吾神乃西川五十四州城隍是也。〔李遜云〕生前何人。〔裴使君云〕生前襄陽裴使君是也。〔李遜云〕莫不是蘭孫之父麼。〔裴使君云〕然也然也。那壁尊神。莫不是春郎之令尊麼。〔二神同跪科〕〔李遜云〕然也然也。親家請起。生前不能相會。〔裴使君云〕死後彼各為神。〔李遜云〕尊神何往。〔裴使君云〕吾神乃為劉弘嫁婢之恩。未能答報。尊神何往。〔李遜云〕小聖為劉弘員外托妻寄子之恩。未能答報。俺二神駕起祥雲。同到劉弘宅上。報恩答義。那走一遭去。〔同裴使君下〕〔正末同卜兒倈兒上〕〔正末云〕自從他娘兒兩箇去後。我這婆婆。跟前所生一子。喚做奇童。長年十三歲也。天生識字。我着他七歲上攻書。指萬物為題。課賦。一箇好聰明兒也。兒也。我是你誰。〔倈兒云〕你是我爹爹。〔正末云〕兀的不歡喜殺老夫也。〔唱〕

【越調鬬鵪鶉】則俺這頑子奇童。學儒人的秀士。他從那乳齔裏胎齠。敢則是朝經暮史。他可便受辛苦十年。望功名也。則是半紙。這箇小廝。是箇好兒。他可便廣覽羣書。多知故事。

【紫花兒序】是他望空裏取句。走筆成章。課賦吟詩。看名人書傳。習禮儀文字。他生而知之。一壁廂誦周易。說着論語。講着孟子。這孩兒聰明天賜。

他從那七歲攻書。多不到十載過師。
〔云〕婆婆。天色晚了也。引的孩兒後堂中歇息去。老夫閑看幾行書者。〔卜兒云〕理會的。孩兒也。俺後堂中歇息去來。〔卜兒同倈兒下〕〔正末唱〕
【凭欄人】今夜觀書不待孜。忽的神魂好着我難動止。比及到更深宿睡時。我權且曲肱而枕之。
〔做睡科〕〔李遜同裴使君上〕〔李遜云〕按落雲頭。可早來到也。尊神請。〔裴使君云〕尊神請。〔李遜云〕劉弘劉元溥。〔正末唱〕
【鬼三臺】咱親自凝眸視。恰纔覺一振香風過耳。見二神立在堦址。都一般腰金衣紫。〔李遜云〕你休驚莫怕也。〔正末唱〕諕的我兢兢戰戰軟了四肢。慌慌亂亂自三思。何方聖者離祠。您是甚處神靈至此。
〔云〕那壁是何方聖者。甚處神靈。劉弘一誤二錯。觸犯着上聖。望上聖寬恕。何不通名顯姓者。〔李遜云〕恩人請起請起。小聖非外道邪魔。吾神乃上界增福神是也。〔正末云〕生前何人。〔李遜云〕生前乃汴梁李遜李克讓是也。〔正末云〕莫非是春郎之父麼。〔李遜云〕然也然也。春郎子母。多蒙恩人垂顧。想員外有山海之恩。小聖無毫毛之報。我與你叮嚀的說破着。員外備細的皆知。小聖在生之日。螢窗雪案。暮史朝經。坐守的棘闈暖。步折的桂枝芳。纔得瓊林酬素志。豈期旅邸染沉痾。病在膏肓。命垂頃刻。怕甚麼祿盡衣絕。赤緊的撇不下妻嬌子幼。我之命以聽於天。他子母安身何處。小聖囊無調藥之資。居無錐扎之地。使小聖展轉徬徨。無計可施。聞足下海量寬洪。柰素日不爲交友。欲修尺素。款拂花箋。濃磨香翰。深蘸紫毫。往常時作詞賦掃千言。當日箇敍寒溫了無一字。與長者又不曾相會在酒社詩壇。着小聖寫甚麼平安動止。聞長者開東閣好士尊賢。所以將空書托妻寄子。小聖命掩黃泉。他子母便踐程途。到於宅上。長者你那高明遠見。博學廣文。見其書。解其意。施惻隱之心。恤孤念寡。識認下子母。另置宅安居。如骨肉五服之親。待衣食四時足備。更與裴蘭孫萬貫粧奩。成就了李春郎百年繾綣。今春郎奮身辭白屋。平步上青霄。李春郎飛黃騰達。賴長者恩榮德化。小聖死歸冥路。乃至天庭。爲生前秉性忠直。主東嶽增福之案。掌人間生死輪迴上帝。因檢善惡文簿。因見洛陽劉弘。夭壽乏嗣。上帝問其故。小聖回言。鑒面色本合絕嗣覆宗。論心地理當有兒繼祖。上帝勑賜一子奇童是也。此子生的形容典雅。骨格清奇。久後若憑他冠世文才。覷富貴有如拾芥。待到開春。禹門三級浪。平地一聲雷。凭時節乘肥馬。衣輕裘。居館閣。坐琴堂。長者。則爲你施婚姻死葬之恩。着你享子女玉帛之美。你去那冥冥中積下陰德。今日箇朗朗的填還你那陽報。說兀的做甚。都則爲李春郎無處安身。謝長者齎發的列鼎重裀。賜一子奇童養老。這的是窮李遜知恩報恩。〔正末云〕這位尊神。何方聖者。甚處靈神。何不通名顯姓者。〔裴使君云〕吾神非外道邪魔。乃西川五十四州城隍是也。〔正末云〕生前何人。〔裴使君云〕生前乃襄陽裴使君是也。〔正末云〕莫非是裴蘭孫之令尊麼。〔裴使君云〕然也然也。恩人請起。蘭孫女子。多蒙垂顧。聽吾神慢慢的說一遍。小聖堅持節操。鎮襄川。專與黎民解倒懸。居官清正。空囊客。可憐也死無招魂一陌錢。女子賣身爲葬殮。深蒙長者痛哀憐。衣衾棺槨皆俱備。殘軀以得葬高原。長者道宦門孝女難爲婢。配合春郎夙世緣。小聖生前正直無私曲。死後復承上帝宣。典祀城隍西蜀郡。血食香火至心虔。長者之德高如華嶽三峯頂。深如滄海萬波淵。英靈每念恩人德。在心不忘意懸懸。一生榮貴多財祿。嗟乎二事不周全。乏嗣者那壁尊神乞賜奇童子。夭壽者小聖特拜青詞玉殿前。言長者你不欺暗室遵天律。不由邪徑仿先賢。恤孤念寡由心造。救困扶危出自然。孔子道富而好禮人之本。貧而樂道德之源。俛首俯不怍於地。舉頭仰不愧於天。上帝特降丹書字。勑賜二紀壽綿綿。我說兀的做甚。休言秉性皆由命。禍福從心太上傳。婢妾却如親女嫁。今日箇方知元溥得延年。〔正末云〕多謝了二位尊神也。〔唱〕

【調笑令】裴使君便是蘭孫是你女孩兒。〔裴使君云〕俺一逕的來報恩答義也。〔正末唱〕您兩箇爲報恩臨來到此。〔李遜云〕則爲你夭壽乏嗣也。〔正末唱〕爲咱家夭壽乏其嗣。〔裴使君云〕俺天庭上奏准明白了也。〔正末唱〕您去那天宮上保奏青詞。從昨宵親奉玉帝旨。〔云〕一箇是增福神。〔唱〕這箇爲土地判斷陰司。

〔李遜做推正末科云〕休推睡裏夢裏疾。〔李遜同裴使君下〕〔正末云〕尊神尊神勿罪也。原來是南柯一夢。天色明了也。後堂中請將他娘兒兩箇來者。〔卜兒同倈兒上〕〔卜兒做見科云〕老的也。爲甚麼大驚小怪的。〔正末云〕您娘兒每後堂中歇息去了。我身子有些困倦。略睡些兒。我則見燈燭下披袍秉笏立於我面前。我道何方聖者。甚處靈神。通名顯姓。一箇是春郎的父。一箇是蘭孫的父。他都爲了神。我本當五十歲上身亡。他去上帝行奏過。賜與我二紀之壽。一紀十二年。二紀二十四年。我直活到七十四歲上死。我本當乏嗣無兒。賜與我一子。乃是奇童。臨去時又說着孩兒上朝求官應舉去。必然爲官。若是孩兒得了官呵。俺家裏妻財子祿。都完完全全的也。王秀才。〔淨王秀才上云〕來了來了。姑夫喚我做甚麼。〔正末云〕王秀才。你領着孩兒上朝應舉去。比及你回來時。我好親事踏下一門與你。〔淨王秀才云〕老兒你哄我好兩遭兒了。姑夫放心。我領將孩兒去。〔正末唱〕

【尾聲】若是你爲官稱了平生志。有一日大限臨頭那時。若你箇小解元得爲官。將你這雙老爺娘放心死。〔同衆下〕

第四折

〔李春郎扮官人領祗從上云〕雷霆驅號令。星斗煥文章。小官李彥清。自離了劉弘伯父。可早十三年光景也。到於帝都闕下。一舉狀元及第。今謝聖人可憐。着小官爲主司考卷。開放嬰童舉場。今場有一嬰童解元。年一十三歲。名曰奇童。小官問其故。原來是劉弘伯父孩兒。小官想伯父山海恩。臨未曾答報。小官聖人跟前訴說劉弘伯父托妻寄子一事。聖人大喜。着小官加官賜賞。小官就與母親說知。將小官妹子桂花與奇童爲妻。今日領了聖人的命。不敢久停久住。收拾行裝。同母親直至劉弘伯父宅上。一來加官賜賞。二來報恩答義。走一遭去。積功累行濟人貧。多蒙訓教得成人。今日崢嶸顯耀登八位。去來報答劉弘伯父恩。〔下〕

〔正末同卜兒上〕〔正末云〕婆婆。自從王秀才領的孩兒上朝取應去了。未知得官也不曾。哎。兒也。兀的不想殺我也。〔卜兒云〕老的也。你省煩惱。孩兒得了官。好歹回來也。〔雜當上云〕是呵。自家報登科的便是。聞知劉弘老員外家劉奇童。得了嬰童解元。我往他家報喜。討些錢鈔使用。有何不可。可早來到也。不必報復。自己過去。老員外喜也。大舍得了嬰童解元也。〔正末云〕與那報登科記的五兩銀子。〔雜當云〕多謝了老員外。〔下〕〔正末云〕婆婆。恰纔報登科記的來。說道孩兒得了官也。那邵堯夫戒子伯溫曰。吾欲教汝爲大賢。未知天意肯從否。〔唱〕

【雙調新水令】人皆養子可便望聰明。俺孩兒自從那蒙童兒裏上朝取應。當日那寒窗下熬煎殺俺那小秀才。今日箇貢院裏歡喜殺俺老公卿。聖旨教御筆標名。俺孩兒白身裏受朝命。

〔淨王秀才同倈兒引祗從上〕〔倈兒云〕左右接了馬者。我見父親去。〔做見正末科〕〔云〕父親。您孩兒得了嬰童解元也。〔淨王秀才云〕姑夫賀萬千之喜。奇童做了嬰童解元也。小哥哥好才學。到的貢院中。今場貢官喚他過來。你吟四句詩。小秀才道。指甚爲題。貢官道。指河裏的船。便是題目。不打草便作四句詩。好才也。詩曰。河裏一隻船。岸上八箇拽。若還斷了索。八箇都喫跌。姑夫你不知大人說又有加官賜賞。我說姑夫我這親事這遭可准成着。〔正末云〕謝天地安排筵會慶喜也呵。〔唱〕

【水仙子】龍樓鳳閣九重城。新築沙堤宰相行。白身裏八位中除參政。將皇家俸祿請。十年前誰識你箇書生。掃蕩的蠻夷靜。指麾的日月明。從今後天下咸寧。

〔李春郎引旦兒蘭孫桂花同上〕〔李春郎云〕可早來到也。左右接了馬者。〔做見正末科云〕劉弘望闕跪者。〔正末云〕裝香來。〔做跪科〕〔春郎云〕聽聖人的命。爲你出無倚之喪。嫁孤寒之女。因此聖人見喜。你本是龍袖裏嬌民。堪可做朝中宰相。劉弘加你爲本處的縣令。你妻爲賢德夫人。奇童爲嬰童解元。都着您列鼎重裀。聖人喜的是義夫節婦。愛的是孝子順孫。今日箇加官賜賞。一齊的望闕謝恩。〔正末云〕感謝聖恩也。〔李春郎云〕伯父。認的您孩兒李彥清麼。〔正末唱〕

【沽美酒】多虧你箇李彥清。〔李春郎云〕我舉保奇童兒弟來。〔正末唱〕你便保舉俺這小匡衡。則俺這張元伯多虧你箇范巨卿。可俺托賴着當今聖明。依隨着漢陳平。

〔李春郎云〕據着伯父的德行。不弱如先賢古人也。〔正末唱〕

【太平令】將俺似王粲梁鴻比並。把俺似那蘇秦共傅說般看承。可俺又無那閔損顏淵德行。端的更勝似呂望甘羅封贈。〔李春郎云〕加你爲洛陽縣令之職也。〔正末唱〕遙受着洛京縣令職名。聖人道積善之家必有餘慶。

〔李春郎云〕伯父有請母親都在於門首哩。〔正末云〕既然如此。請您母親相見者。〔衆做見科〕〔旦兒上云〕妾身春郎母親是也。當日無倚之時。投奔於伯伯門下。蒙伯伯收留存濟。又將蘭孫小姐配與春郎爲妻。及蒙齎發盤費上朝應舉。誰想孩兒得了頭名狀元。皆賴伯伯之恩也。當日夫亡之時。已有半年身孕。所生一女。小字桂花。如今一十四歲。見將着房奩斷送伯伯。休嫌貌陋。情願配與奇童爲妻。以報厚恩也。〔正末云〕又蒙嬸子將所生之女桂花。與孩兒爲妻。元的不喜殺老夫也。則今日做一箇慶喜的筵席。〔李遜同裴使君上〕〔李遜云〕吾神乃增福神是也。這位是都城隍。按落雲頭。劉弘宅上報恩答義去來。〔做見科云〕恩人。你休驚莫怕。吾神乃增福神是也。生前乃是李克讓。想當日他子母孤寒。蒙恩人收留養濟。小聖在玉帝前叩頭乞告。上天所賜一子奇童是也。恩人你歡喜者。〔正末云〕感謝上聖。休驚莫怕。吾神乃都城隍是也。生前乃是裴使君。當日吾女蘭孫。自己賣身。蒙恩人收留。自賠奩房斷送。配與春郎爲妻。此德此恩。何以報答。小聖在玉帝面前。叩頭出血。增汝壽算二紀。以報厚恩也。恩人你歡喜者。〔正末云〕感蒙上聖也。爇香來。〔唱〕

【折桂令】俺一家兒祭賽你箇城隍增福威靈。〔二神云〕奇童皆是俺二神之功也。〔正末唱〕保護的俺十二三歲蒙童。金榜上標名。〔李遜云〕吾神又將小女桂花。配與奇童爲妻。則爲你恤孤念寡。敬老憐貧。因此感動天地也。〔正末唱〕想當初都只爲這箇劉弘。騰雲駕霧。直至天庭。〔李遜云〕奉上帝敕令。特來增福延壽也。〔正末唱〕您兩箇奏上帝。把咱家壽增。保舉的俺輩輩兒崢嶸。〔云〕聖賢那。〔唱〕量這一箇愚魯的鯫生。無德無能。俺一家兒禮拜磕頭。感謝神明。

劉玄德醉走黃鶴樓雜劇

第一折

〔冲末諸葛亮領卒子上云〕前次春花桃噴火。今日東籬菊綻金。誰似豫州存大志。求賢用盡歲寒心。貧道複姓諸葛。名亮。字孔明。道號臥龍先生。瑯琊陽都人也。在於臥龍岡辦道修行。自玄德公請貧道下山。拜為軍師。頭一陣博望燒屯。殺夏侯惇十萬雄兵。片甲不回。不想曹操不捨。親率領八十三萬雄兵。來取新野。來至三江夏口。主公命某過江。問東吳借水兵三萬。周瑜為帥。黃蓋為先鋒。俺兩家合兵一處。拒敵曹操。貧道祭風。周瑜舉火。黃蓋詐降。燒曹兵八十三萬。片甲不回。今曹操敗走華容路。貧道領關張二將。追趕曹操。說與趙雲眾將。緊守赤壁連城。休要有失。則今日追曹操走一遭去。施謀略平欺管樂。領雄兵密排軍校。先拏住百計張遼。直趕上奸雄曹操。〔下〕〔外扮周瑜領卒子上云〕腹中韜略隱黃公。匣藏寶劍掣青龍。坐籌帷幄貧壯士。決勝千里作元戎。某姓周名瑜。字公瑾。乃廬江舒城人也。某幼習先王典教。後看韜略遁甲之書。某每回臨陣。無不幹功。幼年間曾與長沙孫策同堂學業。孫策已亡。後佐於江東孫權麾下。為大將之職。因劉關張着孔明軍師過江。問俺江東借俺赤壁連城。暫且屯軍。俺主公拜某為帥。黃蓋為先鋒。領水軍數萬戰於赤壁之間。某與孔明併力而攻。將曹兵八十三萬。一火焚之。皆某之功。又折了俺手將黃蓋。誠恐此人久後乘勝必取荊州。某想赤壁之戰。非干己讐。折某虎牙之將。某常懷深恨。未曾報讐。某聞知諸葛孔明領眾將往華容路。追趕曹兵去了。乘此機會。某設一計。俺這江東有一樓。名曰是黃鶴樓。設一會。乃是碧蓮會。我脩一封書。差手將魯肅。直至赤壁連城。請劉玄德過江赴會。若劉玄德來時。某暗設三計。頭一計酒至半酣。席間問其強弱。應答不合某心。用劍斬之。第二計着大將于樊。把住樓門。一切人等。不放上下。若無某令箭。許下樓。第三計酒酣之際。要劉備順情歸吾。意有不從。擊金鍾為號。伏兵盡舉。擒住劉備。困於江東。不放回赤壁連城。方稱某平生之願。設計已定。小校與我喚將魯肅來者。〔卒子云〕理會的。魯肅安在。〔魯肅上云〕自小曾將武藝習。南征北討慣相持。臨軍望塵知敵數。對壘嗅土識兵機。某乃魯肅是也。某文通三略。

武解六韜。十八般武藝。無有不拈。無有不會。今佐於江東孫權手下爲將。正在教場中習演武藝。元帥呼喚。不知有甚事。須索走一遭去。說話中間。可早來到也。小校報復去。有魯肅在於門首。〔卒子云〕理會的。喏。報的元帥得知。有魯肅在於門首。〔周瑜云〕着他過來。〔卒子云〕過去。〔做見科云〕元帥呼喚小將。那裏使用。〔周瑜云〕喚你來別無甚事。我與你這封書。你過江直至赤壁連城。請劉玄德去。若見了玄德。你道俺元帥在黃鶴樓上安排筵宴。請玄德公過江赴碧蓮會。你小心在意。疾去早來。〔魯肅云〕小將得令。則今日領着元帥將令。直至赤壁連城。請玄德公過江赴碧蓮會。走一遭去。雲山水陸俱完備。定計鋪謀驅鐵騎。赤壁相邀玄德公。謹請早赴碧蓮會。〔下〕〔周瑜云〕玄德公也。若你不來時。萬事罷論。若來呵。便插翅也飛不過這大江去。排兵布陣用心機。魯肅疾去莫延遲。玄德若赴碧蓮會。不還荊州不放回。〔下〕〔劉備領卒子上云〕駿馬雕鞍紫錦袍。胸襟壓盡五陵豪。有人來問宗和祖。附鳳攀龍是故交。小官姓劉名備字玄德。大樹樓桑人也。某有兩箇兄弟。二兄弟姓關名羽。字雲長。是這蒲州解良人也。三兄弟姓張名飛。字翼德。是這涿州范陽人也。俺三人結義在桃園。曾對天盟誓。不求同日生。則求當日死。一在三在。一亡三亡。俺弟兄三人。自從南陽臥龍岡請下孔明師父來。拜爲軍師。自博望燒屯。殺夏侯惇十萬雄兵。片甲不回。曹操不捨。親領雄兵百萬。來取新野。某遣孔明軍師過江。結好於東吳。借起軍馬數萬。拜周瑜爲帥。與曹操戰於赤壁。火燒曹兵百萬。大敗而回。某屯軍於赤壁城中。有俺孔明師父。言先取荊州爲本。後圖西蜀未爲晚矣。今孔明軍師領雲長張飛取荊州去了。未見回還。小校門首覷者。看有甚麼人來。〔卒子云〕理會的。〔魯肅上云〕某乃魯肅是也。奉着周瑜元帥的令。持着書呈前來赤壁連城。請玄德公黃鶴樓上赴碧蓮會去。可早來到也。小校報復去。有周瑜元帥差魯肅持書在於門首。〔卒子云〕理會的。〔做報科云〕喏。報的元帥得知。有東吳國周瑜元帥手下魯肅持書來見。〔劉末云〕周瑜持書呈來。不知主何意。着那下書的人過來。〔做見科〕〔劉末云〕來者何人。〔魯肅云〕小將乃東吳國周瑜手下魯肅是也。奉俺元帥的將令。持書一封。請玄德公過江。黃鶴樓上赴碧蓮會去。〔劉末云〕將那書來。我看這書咱。〔看書科云〕越殿裏王大德劉公閣下開拆。周瑜謹封。〔拆書科云〕我拆開這封皮。書曰。高皇創業。良將安邦。立明君二十四帝。統國祚四百餘年。目今獻皇在位。

建安十三年歲在戊子。因曹操乃是奸臣。欲圖漢室。天時不順。大率雄師。戰於赤壁。明公乃王室之胄。英才蓋世。衆士慕仰。若水之歸海。用諸葛之神機。憑關張之智勇。借瑜吳主江東水軍。恃長江險阻之勢。納部將黃蓋之能。火烈風猛。雷鼓大振。北軍大敗。瑜與明公水陸並進。追至南郡。曹仁敗於夷陵。孔明等追操未還。仗公之威德也。今因武昌有黃鶴樓。瑜設碧蓮會。敬請明公以賀近退曹兵。共享清平之世。坐敘契闊之情。俯賜降臨。幸勿間阻。伏惟高照不宣。東吳大帥周瑜頓首百拜書。越殿襄王玄德公府下。〔看畢書科云〕書中的意。我盡知道了也。兀那魯肅。你先回去。說與你元帥。我便來也。〔魯肅云〕出的這門來。不敢久停久住。回元帥的話去。蒙差遣心勞意攘。劉玄德須當一往。黃鶴樓暗釣鯨鼇。難逃這天羅地網。〔下〕〔劉末云〕魯肅去了也。〔卒子云〕去了也。〔劉末云〕今有周瑜請我赴宴。我待不去來。想當初赤壁鏖兵之時。多虧了周瑜元帥助俺破曹。我待去來。爭奈孔明師父與兩箇兄弟不在。我喚劉封來與他商議。小校與我喚將劉封來者。〔做喚劉封科〕〔淨劉封上云〕六韜三略不會習。南征北討要相持。高頭戰馬牽過來。從早到晚上不得。某乃劉封是也。我十八般武藝。件件不通。諸般不會。自破曹之後。俺屯軍在赤壁連城。俺二叔叔雲長。三叔叔張飛。同軍師諸葛。西征曹軍去了。止有趙雲和某鎮守着赤壁連城。正在竈窩裏打盹。父親呼喚我。想來左右是着我喫酒。見父親一遭去。可早來到門首也。小校報復去。有劉封來了也。〔卒子報科云〕喏。報的主公得知。有劉封來了也。〔做見科〕〔劉封云〕父親喚您孩兒有何事商議。〔劉末云〕劉封。喚你來別無甚事。今有江東周瑜。差人持書呈來。請我黃鶴樓上赴宴。喚你來商議。你意下如何。〔劉封云〕父親。想東吳國周瑜。好意請父親赴會。若不去呵不惹的他怪。不妨事。則管去。若有好歹。您孩兒來接應父親。〔劉末云〕雖然這等。我還不會與趙雲商議。〔劉封云〕父親。你沒正經。您孩兒主張了便罷。又叫他來怎的。〔劉末云〕小校與我喚將趙雲來者。〔正末扮趙雲上云〕某乃真定常山人也。姓趙名雲。字子龍。見佐玄德公麾下爲上將之職。今日玄德公請俺衆將。不知有甚事商議。須索走一遭去。可早來到也。小校報復去。道有趙雲在於門首。〔卒子云〕喏。報的主公得知。有子龍將軍來了也。〔劉末云〕着他過來。〔卒子云〕過去。〔做見科〕〔正末云〕元帥喚趙雲。有何事商議。〔劉末云〕趙雲。喚你來別無甚事。今有周瑜。請我過江黃鶴樓上赴碧蓮會。我特來請你商議。我去好。不去好。〔正末云〕元帥要赴碧蓮會。敢不可去麼。〔劉末云〕怎麼不可去。〔正末云〕則怕周瑜有歹意。〔劉末云〕周瑜他便有歹心。憑着俺孔明師父用計衆將英雄。量他到的那裏。〔劉封云〕父親想周瑜無歹意。他助咱軍馬赤壁鏖兵破了曹兵百萬。如今他請父親飲酒。有甚麼歹意。便有歹意呵。憑着俺二叔叔雲長。三叔叔張飛。又有老官人趙雲。又有姪兒劉封。又有諸葛軍師。俺人強馬壯。量他到的那裏。〔正末云〕噤聲。〔唱〕

【仙呂點絳唇】賣弄你馬壯人強。驅兵領將。東吳往。咱可便同共商量。商量的都停當。

〔劉末云〕周瑜請我飲酒。他豈有歹意。〔劉封云〕哎。老趙。想俺父親在襄陽會上。也不同小可也。〔正末唱〕

【混江龍】不比那襄陽會上。他則待與心兒圖謀漢家邦。〔劉封云〕想周瑜破了百萬曹兵。他正是擎天玉柱。架海金梁。他有甚歹意。父親你赴宴走一遭去。有甚麼事。〔正末唱〕你道他是擎天的玉柱。架海金梁。纔殺退霸道奸雄曹孟德。那周瑜不弱。如與劉滅楚的這漢張良。索仔細。莫荒唐。涉大水。渡長江。看了這黃鶴樓勝似他那宴鴻門。覷了他這碧蓮會更狠如臨潼上。〔劉封云〕他見俺父親不得不敬。務要走一遭去。〔正末唱〕他遣來使相請。咱可便不去落的這何妨。

〔劉封云〕老趙。你閑言剩語的。父親休聽他。你赴宴走一遭。料着不妨。〔劉末云〕子龍將軍。劉封也說的是。那周瑜他敬意請我。我若不去呵。則道我怕他哩。〔正末云〕元帥。道的箇筵無好筵。會無好會。不可去也。〔劉封云〕老趙。你越老的糊突了。憑着我十八般武藝。無有不拈。無有不會。他若有歹心呵。我殺的周瑜片甲不回。〔正末云〕噤聲。劉封。你說差了也。〔劉封云〕我怎麼說的差了也。〔正末唱〕

【油葫蘆】哎。你箇一勇性的劉封不忖量。你做不的些兒好勾當。〔劉封云〕想周瑜請俺父親飲酒。你左攔右當。必有僥倖。〔正末唱〕惱的我氣撲撲忿怒夯胸膛。咱正是低着頭往虎窟龍潭創。却正是合着眼去那地網天羅裏撞。〔劉末云〕子龍將軍。那周瑜安排筵宴。請我飲酒。豈有歹意。〔正末唱〕你道他飲玉甌。在畫堂。〔劉封云〕父親說的是。他若有歹意呵。憑着父親坐下的盧馬。把檀溪河也跳過去了。料着不妨事。〔正末唱〕憑着這的盧戰馬十分壯。怎跳過那四十里漢陽江。

【天下樂】無撚指黃鶴樓敢番做戰場。我想。那周瑜有智量。明晃晃列着刀共槍。魚不可離了水。虎不可離了岡。他可敢安排着惡戰場。

〔正末云〕主公。周瑜差誰來請主公來。〔劉末云〕周瑜差手將魯肅下請書來。趙雲。怕你不信。請書在此。

〔正末云〕將書來我看。〔唱〕

【後庭花】拏着這虛飄飄的紙一張。上寫着黑真真字幾行。他則是仗劍施威計。埋伏打鳳凰。這件事不尋常。那裏有風波千丈。我言語不是謊。

〔劉末云〕憑着俺三兄弟張飛英勇。可量他到的那裏也。〔正末唱〕

【金盞兒】你道是張翼德氣昂昂。性兒剛。〔劉封云〕俺三叔叔張飛。十八騎人馬。在那當陽橋上。喝了一聲。橋塌三橫水逆流。諕的曹兵倒退三十里遠。〔正末唱〕在那當陽橋喝退了曹丞相。據着他一衝一撞賣弄高強。〔劉封云〕憑着俺三叔叔坐下烏騅馬。手中丈八矛。萬夫不當之勇。〔正末唱〕倚仗着當二軍不剌剌烏騅騎。敵萬夫光燦燦丈八點鋼槍。〔劉封云〕俺三叔安喜縣鞭督郵。又在石亭驛中將袁祥提起腿攢的花紅腦子出來。不妨事。父親走一遭去。〔正末唱〕你休賣弄安喜縣鞭督郵。石亭驛摔袁祥。

〔劉末云〕子龍將軍。你放心。想周瑜當此一日。助俺破曹。他與俺結爲脣齒之邦。他今日請我赴會。豈有歹心。你緊守城池。我赴罷宴便來也。〔正末云〕我勸元帥不聽。堅意的要去。你小心在意者。〔劉末云〕子龍將軍。你放心。不妨事。〔劉封云〕老趙。你多慮。料着不妨事。〔正末唱〕

【尾聲】他那裏明明的捧着瑤觴。暗暗的藏着軍將。用計鋪謀怎防。着主公坐在那難走難逃筵會上。你心下自索參詳。自度量。不比尋常。他則待賺虎離窩入地網。〔劉封云〕哎。趙叔。你不知道。那黃鶴樓近在水邊。若水長呵。我安排戰船。搭起浮橋。接應我父親。他便跌下水去。落的他睡一覺。〔正末唱〕那黃鶴樓接天水長。翻波滾浪。〔正末云〕若主公不聽趙雲諫當呵。〔唱〕知他是甚風兒吹過漢陽江。〔下〕

〔劉封云〕老趙。你去。我父親他也不聽你說。父親走一遭。則管噼食去。〔劉末云〕劉封。你與趙雲緊守着城池。則着三五騎人馬。跟我過江。直至黃鶴樓上赴宴走一遭去。子龍心下莫躊躇。今朝上馬踐程途。過江親赴碧蓮會。直至那黃鶴樓上見周瑜。〔下〕〔劉封云〕父親去了也。爲甚麽我齎發的俺父親過江去。那周瑜是箇足智多謀的人。俺父親若有些好歹。他這箇位。就是我承襲。憑着我這般好心腸。天也與我半椀飯喫。

〔下〕

第二折

〔諸葛亮領卒子上云〕筆頭掃出千條計。腹內包藏萬卷書。貧道諸葛亮是也。領關張二將。追趕曹操於華容路上。我夜觀乾象。玄德公有難。誰想周瑜請玄德公黃鶴樓上飲宴去了。周瑜他要傷害玄德公。量你怎出貧道之手。想當日赤壁之間。貧道問周瑜要一枝令箭鎮壇。貧道留到今日。我將此箭藏在拄拂子裏面。憑此箭着主公無事而回。令人與我喚將關平來者。〔卒子云〕理會的。關平安在。〔關平上云〕善變風雲曉六韜。將門累世顯英豪。能征慣戰施勇猛。父子堅心輔聖朝。某乃大將關平是也。俺父親是關雲長。頗柰曹操無禮。追趕俺至三江夏口。孔明師父求救於孫權。孫權助俺水軍三萬。俺師父將曹操百萬雄兵。在赤壁之間。一火焚之。今曹操脫命而走。師父同俺父親。追趕到華容路。安營下寨。今有軍師呼喚。不知有甚事。須索走一遭去。可早來到也。小校報復去。道有關平來了也。〔卒子云〕理會的。喏。報的軍師得知。有關平來了也。〔諸葛亮云〕着他過來。〔卒子云〕理會的。着過去。〔見科〕〔關平云〕師父呼喚關平。那廂使用。〔諸葛亮云〕關平。則今日將着暖衣拄拂子。直至黃鶴樓上。與伯父送暖衣。走一遭去。小心在意。疾去早來。〔關平云〕理會的。則今日辭別了師父。直至黃鶴樓上。與伯父送暖衣拄拂子。走一遭去。跨下征𩣺有似風。黃金甲襯錦袍紅。關平豈敢違軍令。不分星夜到江東。〔下〕〔諸葛亮云〕關平去了也。令人說與姜維。扮做一漁翁。手上寫八箇字。是彼驕心褒。彼醉必逃。主公見了。自有脫身之計。隨後着雲長張飛。蘆花深處。接應玄德公去。一枝箭頭刻成功。八箇字救出英雄。蘆花岸張飛等候。周公瑾恥向江東。〔下〕〔淨扮姑兒上〕〔唱〕

【豆葉黃】那裏那裏。酸棗的林兒西裏。您娘教你早來家早來家。恐怕那狼蟲咬你。來摘棗兒摘棗兒。你道不會摘棗兒。口裏核兒那裏來。張羅張羅。兒箇狠呵。跳過牆呵。諕殺你娘呵。

〔云〕我做莊家不須誇。厭着城裏富豪家。喫的飯飽無處去。水坑裏面捉蝦蟆。〔唱〕

【禾詞】春景最爲頭。綠水青泉遶院流。桃杏爭開紅似火。王留。閑來無事倒騎牛。村童扶策懶凝眸。爲甚莊家多快樂。休休。皇天不負老實頭。

〔云〕自家村姑兒的便是。清早晨起來。頭不會梳。臉不會洗。喝了五六碗茶。阿的們大燒餅。喫了六七箇。纔充了饑也。我要看些田禾去。那小廝每說。兀那田禾裏有狼。我是箇女孩兒。怎麼不怕那狼虎。我不免叫伴哥兒。同走一遭去。伴哥兒行動些兒。〔正末扮禾倈上云〕伴姑兒你等我一等波。〔唱〕

【正宮端正好】則聽的一姑把二哥來叫。〔禾旦云〕俺看田苗去來。〔正末唱〕東莊裏看取此田苗。落荒休把這山莊遶。喒可便尋一條家抄直道。

〔禾旦云〕俺這江南。青的是山。綠的是水。你看那漁舟唱晚。響窮彭蠡之濱。鴈陣驚寒。聲斷衡陽之浦。家家採下茶苗。杜鵑春啼曉。夏蟬高噪綠楊枝。秋蟬晚噪。俺莊家好快活也。〔正末唱〕

【滾繡毬】俺這裏對青山。堪畫描。端的是景物好。你覷那紅葉兒秋蟬晚噪。俺這裏家家採下茶苗。〔禾旦云〕俺江南好煖和也。〔正末唱〕則這江南地煖風寒少。俺這裏春夏秋冬草不凋。綠水千條。

〔禾旦云〕你看那黃菊近東籬。村老忙將騹驢騎。牛金牛表扶策走。只喫的東歪西倒醉如泥。受用有誰知。紫袍金帶雖然貴。其實不如俺淡飯黃虀麤布衣。伴哥兒。我打東莊裏過來。看了幾般兒社火。吹的吹。舞的舞。擂的擂。不是我聰明。我一般般都記將來了也。〔正末云〕伴姑兒道。我恰纔打那東莊頭過來。看了幾般

兒社火。我也都學他的來了也。〔禾旦云〕伴哥兒。我不會見。你試學一遍咱。〔正末云〕試聽我說一遍咱。〔唱〕

【叨叨令】那禿二姑在井口上將轆轤兒乞留曲律的攪。〔禾旦云〕瞎伴姐在麥場上將碓兒搗也搗的。〔正末唱〕瞎胖姐在麥場上將那碓臼兒急并各邦的搗。〔禾旦云〕那小厮們手拏着鞭子哨也哨的。〔正末唱〕小厮兒他手拏着鞭桿子他嘶嘶颼颼的哨。〔禾旦云〕牧童兒倒騎着水牛叫也叫的。〔正末唱〕那牧童兒便倒騎着箇水牛呀呀的叫。〔禾旦云〕俺莊家好快活也。〔正末唱〕一弄兒快活也麽哥。一弄兒快活也麽哥。〔禾旦云〕俺莊家五穀收成了。甚是安樂。〔正末唱〕正遇着風調雨順民安樂。

〔關平躧馬兒上云〕自幼攻習學六韜。南征北討建功勞。下寨安營依三略。赤心敢勇保皇朝。某乃關平是也。父乃關雲長。俺父親隨軍師諸葛同叔父張飛。追襲曹兵去了。某奉軍師將令。有俺伯父往江東黃鶴樓上請赴碧蓮會去了。軍師差某與俺伯父送暖衣去。來至這半途之中。遇着這三條路。不知那一條路往江東去。正行之間。兀的不是兩箇莊家。我問他一聲咱。〔禾旦云〕伴哥兒。一箇官人來也。你向前答應答應。〔正末唱〕

【倘秀才】那匹馬緊不緊疾不疾蕩紅塵一道。風吹起脖項上絳毛纓一似火燎。他斜挽起團花那一領錦戰袍。端的是人英勇馬咆哮。〔關平云〕兀那莊家。你住者。我和你有說的話。〔正末唱〕他那裏高聲兒叫住着。

〔關平云〕兀那莊家。你休驚莫怕。你近前來。我不是歹人。我問你這三條路。不知那一條路。往江東黃鶴樓上去。你試說與我。〔正末云〕官人。你往江東黃鶴樓上去。我說與你。這一條路。你則牢牢的記着。〔關平云〕你說。我記着。〔正末唱〕

【貨郎兒】你過的這乞留曲律蚰蜒小道。聽說罷官人你記着。你過的一橫淵搭一橫橋。更有那倒塌了的山神廟。〔關平云〕再有甚麼記號。〔正末唱〕破牆匡草團瓢。轉山坡過嶺橋。河裏魚兒水不着。春夏秋冬草不凋。貪看雲中鶻打鴈。你可休離俺這山莊。可便錯去了。

（關平云）兀那莊家你這江南地面一年四季怎生春種夏鋤。秋收冬藏。從頭至尾慢慢的說一遍。我試聽咱（正末唱）

【尾聲】俺這裏風調雨順民安樂。百姓每鼓腹謳歌賀聖朝。則這一帶青山堪畫描。四野田疇景物好。倒大來無是無非（關平云）多生受你慢慢的去（唱）可兀的快活到老。（下）

（禾旦云）官人恰纔俺伴哥唱了去也。我也唱一箇官人聽。（禾旦唱）

【楚天遙】重重疊疊山。曲曲灣灣水。山水兩相連。送伊十萬里。送你幾時回。兩行悽惶淚。莊家每快活。枕着甜瓜睡。

（云）官人忙便罷。若閑時。家來教你打幾箇搊拾。（下）（關平云）問了路逕也。將着這暖衣直至黃鶴樓上見伯父。走一遭去。漫辭憚途路艱難。也不怕江水潺潺。送暖衣黃鶴樓上。着伯父急早回還。（下）

第三折

（周瑜領卒子上云）安排打鳳牢龍計。准備興邦立國機。某乃周瑜是也。我遣魯肅持書一封。直至赤壁連城。請劉玄德赴會。此人欣然而來。某今日在此黃鶴樓上安排筵宴。等待劉玄德。他此一來中我之計。英雄甲士暗藏在壁衣之後。令人樓下覷者。若劉玄德來時。報復我知道。（卒子云）理會的。（劉末上云）憶昔當年涿郡東桃園結義會英雄。紛紛四海皆兄弟。誰似三人有始終。某乃劉玄德是也。今有周瑜元帥差魯肅請我黃鶴樓上赴碧蓮會。離了赤壁連城。可早來到這江東黃鶴樓下。令人報復去。道有劉玄德至此也。（卒子報科云）喏。報的元帥得知。劉玄德至此也。（周瑜云）道有請。（卒子云）理會的。有請。（周瑜見科云）呀呀呀。玄德公。一自霜松露菊。鴻雁秋風。大戰於赤壁之下。彼各兩分。嘆光陰迅速。日月逡巡。奈關山迢遞。途路跋涉。恨不能一面之會。使某刻石而記於心懷。雕木而印於肺腑。某常思玄德公信義愈明。德服內外。

嚴正而不失其道。追景昇之顧。則情感三軍。戀義兵之隨。則甘於同敗。終濟大業。某常思玄德公往昔之好。
今具濁酒菲肴。敢勞玄德公。屈高就下。枉駕來臨。誠為周瑜萬幸也。〔劉末云〕元帥。自赤壁相別。久不得會。
元帥破曹操百萬雄師。有如此重恩。未能答報。今日感蒙置酒張筵。劉備何以克當。〔周瑜云〕玄德公。自建
安之秋。九月既望。猛風烈火。水陸并進。人馬燒溺。北軍大敗。曹操引軍步走。某與玄德公襲至南郡。曹操殘
兵饑疫。死者甚衆。某想當時共討曹操。正所謂扶三綱。立人極。誅亂臣賊子。於千百載之下。使古今信義。無
時而不明也。若非除殘去穢。今日箇焉能坐視江陵。某常思玄德公。無時不掛於心。某故此遠勞尊體也。
〔劉末云〕元帥深通虎略。善曉龍韜。展濟世之神機。運安邦之妙策。掃除殘暴。剿滅奸邪。真乃天下英雄。誠
為廟堂偉器。今日重會尊席。實乃劉備萬幸也。〔周瑜背云〕某着軍兵四面埋伏。威懾劉備。看此人有懼怯
之心麼。玄德公。俺江東鄙瑣。雖是箇微末境界。你看那江濤險峻。山勢嵯峨。今日俺宴會此樓。四圍眼景觀
之不足。玄德公。你看俺這樓外之景咱。〔劉末看科云〕元帥。黃鶴樓乃江南之勝景。某推開這吊窗。我試倚
欄觀看咱。好是奇怪也。他既請我赴會。可怎生四面八方兵山相似。劉備也。你尋思波。早是不來呵也罷。我
自有箇主意。元帥。是好景致也。元帥。此樓外四圍之景。山川秀麗。草木清奇。西北有大江之險。東南望翠嶺
之巔。乃吳主興隆之地。真乃為霸業之鄉。誠為虎踞龍蟠之勢也。〔周瑜云〕玄德公可休要作疑。某周瑜我
並無歹心。俺盤桓數日。慢慢的回去。小校。擡上果桌來者。〔卒子云〕理會的。果桌在此。〔周瑜云〕令人將酒
來。斟滿者。玄德公。量周瑜有何德能。有勞玄德公遠遠而來。蔬食薄味。不堪奉用。玄德公滿飲此杯。〔劉末
云〕劉備碌碌庸才。着元帥置酒張筵。元帥先請。〔周瑜云〕玄德公請。〔劉末云〕將酒來。元帥滿飲一杯。〔周
瑜云〕 酒且慢行。看有甚麼人來。〔關平上云〕某乃關平是也。奉軍師將令。直至黃鶴樓。與伯父送暖衣去。
可早來到也。小校報復去。我是關雲長的孩兒。奉俺軍師將令。着某與俺伯父送暖衣來。〔卒子云〕你則在
這裏等候着。我報復去。〔報科云〕喏。報的元帥得知。有關平在於樓下。來見元帥。〔周瑜云〕關平此一來有
何事。着他上樓來。〔卒子云〕着你上樓去。〔關平做見科〕〔周瑜云〕關平你此一來有何事。〔關平云〕小將
奉俺軍師將令。與伯父送暖衣來。〔周瑜云〕既然與你伯父送暖衣來。將酒來。着關平飲一杯酒。〔關平云〕

小將不能飲酒。〔劉末云〕關平。你回去見孔明軍師。你說道元帥請我赴碧蓮會。飲宴罷。我可便來也。〔關平云〕伯父飲罷宴。早些兒回來。您姪兒先回去也。下的樓來。不敢久停久住。回軍師話。走一遭去。〔下〕〔周瑜云〕關平去了也。令人將酒來。玄德公滿飲此杯。〔劉末云〕元帥請。〔周瑜云〕再將酒來。玄德公滿飲一杯。〔周瑜放杯科云〕小校。與我喚一箇精細伶俐的來。〔卒子云〕理會的。兀那樓下有聰明伶俐的。着一箇上樓去。答應元帥。〔淨扮俊俏眼兒上云〕若論乖覺非是謅。跳下床來不洗臉。精細伶俐敢為頭。道我是智慧聰明俊俏眼。自家于樊的便是。元帥見我聰明伶俐。與了我箇異名兒。叫做俊俏眼。不問遠方那裏來的人。我就認的他。我把他的膽認破了。我着他苦一世。元帥此一喚我來。則是賞我幾鍾酒喫罷了。我見元帥去。〔做見科云〕元帥喚小的有何事。〔周瑜云〕我道是誰。原來是于樊。玄德公。這小的喚做于樊。我見他聰明乖覺。別的不打緊。他一雙好眼。不問遠方來的人。不是我這國的。他便認將出來。我見他精細伶俐。與了他箇異名兒。喚做俊俏眼。〔劉末云〕這小的是一對好眼。〔俊俏眼云〕我頻頻兒的。〔周瑜云〕兀那俊俏眼。我與玄德公飲酒。替我掌着令。你見我這對令箭麼。〔俊俏眼云〕小的每見。〔周瑜云〕你將着一枝。我收着一枝。你與我把着樓門。一切人等。不許放上放下。如有下樓的。對上我這枝箭的。你便放他下樓去。如無令箭的。休道是別人。就是我。你也不許放下樓去。〔俊俏眼云〕得令。就是我老子。我也不放他。〔做下樓科云〕為甚麼俺元帥不着別人把這樓門。別人不會幹事。元帥見我精細伶俐。喚我做俊俏眼。我這兩箇眼不問甚麼人。我便就認出他來。他怎生瞞的過我。我把住這樓胡梯。有令箭的。放下樓去。無令箭的。休想我放他下樓去。〔正末扮姜維上云〕某乃大膽姜維是也。因周瑜請俺主公黃鶴樓上赴會去了。孔明軍師在我手裏寫着兩行字。我扮做箇漁夫。將着這對金色鯉魚。黃鶴樓上推獻好新。走一遭去。〔唱〕

【雙調新水令】我將這錦鱗魚斜穿在綠楊枝。舞西風晚涼恰至。殘荷凋翡翠。紅葉染胭脂。景物宜時。〔云〕我纜住船者。〔唱〕我這裏上江岸步行至。

〔云〕我來至這黃鶴樓也。我打聽的周瑜差他那心腹人。喚做俊俏眼。把着樓胡梯。我怎生推一箇乍熟兒。他說我姓張。我便姓張。他說我姓李。我便姓李。我則得上的這樓去呵。我自有箇主意。先見他去者。〔俊俏眼做眲睡科〕〔正末云〕這廝睡着也。我着這廝喫一箇巴掌道。〔做打淨科〕〔俊俏眼做驚科云〕是誰打我來。〔正末云〕道你認的我麼。〔俊俏眼云〕我認的你。有些面熟。你敢是魚兒張麼。〔正末云〕誰道是蝦兒李來。〔俊俏眼云〕你那裏去來。〔正末云〕我聽的元帥在這黃鶴樓上筵宴。我將着這一對金色鯉魚。元帥跟前獻口味來。〔俊俏眼云〕是一對好金色鯉魚也。你前日許了鮮魚兒鮮蝦兒。你許下我。你怎生不送來與我。〔正末云〕你怎生舉薦我 一舉薦。我把這魚元帥跟前獻了。到明日你來我那船上來。我着你蝦兒魚兒挑一擔來。可不好。〔俊俏眼云〕 休說謊。我如今便替你說去。你明日好鮮蝦兒鮮魚兒。可與我挑一擔來。你則在這裏。我替你說去。〔俊俏眼做上樓見科〕〔周瑜云〕這廝做甚麼。〔俊俏眼云〕樓下有一箇打魚的。見元帥這裏飲酒。獻一對金色鯉魚與元帥跟前獻好新來。〔周瑜云〕打魚的獻口味。你認的他麼。〔俊俏眼云〕小的每認得他每日在這江邊打魚。他喚做魚兒張。〔周瑜云〕既然你認的。着他過來。〔俊俏眼做下樓見正末科云〕 我替你說過了也。着你過去哩。休忘了我的鮮魚兒鮮蝦兒。明日送來。〔正末云〕我這蓑衣斗笠。放在這裏。〔俊俏眼云〕你放下。我替你看着。〔正末上樓科〕〔周瑜云〕兀那廝。你甚麼人。〔正末云〕小人是這打魚兒的小張兒。〔周瑜云〕你來做甚麼來。〔正末云〕聽知的元帥在此筵宴。小的每無甚麼孝順。將着這一對金色鯉魚。元帥跟前獻口味來。〔周瑜云〕玄德公。他知道俺在此飲酒。將這一對魚來獻新。〔劉末云〕也是他孝順的心腸。〔周瑜背云〕我如今指着這魚。雙關二意。亂道數句。我譏諷這大耳漢。看他知道麼。〔周瑜對劉末云〕玄德公。俺今日在此樓上飲酒。感的這野人來獻新。不才周瑜亂道數句。玄德公跟前呈醜咱。〔劉末云〕劉備洗耳願聞。〔周瑜云〕這魚他在那碧波中遊戲。不隄防撒網垂鈎。則為他失計吞食。今日落在俺漁翁之手。魚也。你也難回淵浪。自損你那殘生。你若是做小伏低。我着你活撥撥的遠趁江湖。你若是弄巧呈乖。我着你須臾間除鱗切尾。你可也難逢子產。今日箇正遇着楊脩。魚也。你若是肯隨順呵。我着你享崢嶸獨步過龍門。你若是施逞能強。着你受金刀肝腸皆粉碎。〔劉末云〕 元帥高才高才。〔劉末背云〕這匹夫好無禮也。他指着此魚譏諷我。則除是這般。元帥。小官也有數句亂談。單題着此魚。元帥汚耳。〔周瑜云〕某願聞咱。〔劉末云〕這魚生於水底。長在煙波。趁風濤滾滾入東吳。不隄防悞落在漁翁手。這魚他將那絲綸垂鈎。怎牽萬丈鯨鰲。鱗甲生輝。斬眼着江翻海沸。錦鱗隨浪。湧身發忿跳龍門。若遇春雷試看蟄龍歸大海。吐霧噴雲入大淵。騰身雷震動山川。那時頭角崢嶸際。攪海翻江上九天。〔周瑜背云〕這廝好無禮。也他着言語譏諷我。如今待要走向前去。一劍揮之兩段。着人便道。周瑜乃江陵大帥。酒酣之際。殺了劉備。着後代史官點筆。罵名不朽。待不如此來。可不乾走了這大耳漢。我如今將機就計。着這漁翁推切鱠。走向前去。一劍刺了劉備。着後人便道劉備着箇漁翁殺了。可也不干我事。兀那漁翁。你近前來。你是土居也那寄居。〔正末云〕孩兒每是這江東部民土居。〔周瑜云〕哦。原來是俺這江東的部民。孩兒也。你再近前來。你與我做箇心腹人。可是憑的。〔正末云〕小人理會的。〔周瑜云〕兀那漁翁。你這魚是針鈎上釣來的。是網索上打來的。〔正末云〕元帥。這魚也不是扳罾撒網。聽小人說一遍。〔周瑜云〕你說。我試聽咱。

〔正末唱〕

【殿前歡】這魚兒他自尋思。可是他爲吞香餌可便中鈎兒。〔周瑜云〕這魚可在那裏來。〔正末唱〕他在那水晶宮裏相傳示。〔周瑜云〕兀那漁翁。你將這魚除鱗切尾。逗鹽加醬。當面製造。急忙下手。某帶酒也。〔睡科〕〔正末唱〕誰承望命在參差。任漁公自三思。空有翻波志。他可便眼見的在鋼刀下死。這魚兒比並着玄德。你與我仔細尋思。

〔劉末低問科云〕姜維。敢是軍師教你來。〔周瑜醒科云〕兀那廝。你不切鱠。說甚麼哩。切鱠。〔又睡科〕〔正末唱〕

【夜行船】小可漁夫該萬死。又不曾差說了言詞。進忠言玄德可也無不是。〔周瑜怒科云〕你則依着我。下手切鱠。〔又睡科〕〔劉末驚科云〕兀那小張兒。好生的切鱠。〔正末云〕小人理會的。〔正末切鱠科云〕元帥。小人切了銀絲鱠也。〔周瑜不醒科〕〔正末云〕他睡着了也。〔正末舒手科〕〔唱〕你休看手梢兒。我手心裏公事。

〔劉末看云〕寫着彼驕必褒。彼醉必逃。軍師的計策。我知道了也。〔正末唱〕

【水仙子】你休戀那玉簫銀管飲金巵。你將這碧蓮會筵席且告辭。〔劉末云〕軍師說甚麼來。〔正末唱〕俺軍師把元帥多傳示。〔劉末云〕關張二弟。會說甚麼來。〔正末唱〕這其間在江邊敢沒亂死。〔劉末云〕軍師再說甚麼來。〔正末唱〕俺軍師細說言詞。〔劉末云〕俺軍師可怎生不着人接應我那。〔正末唱〕這其間安排着軍校。〔劉末云〕可在那裏接應〔正末唱〕在堤圈楊柳枝。〔劉末云〕我怎生得過這江去。〔正末唱〕先安排下箇漁船兒。

〔周瑜醒科云〕兀那廝。你說甚麼哩。其中有奸詐。小校那裏。把這廝拏下樓去殺壞了者。〔卒子云〕理會的。

〔劉末云〕元帥息怒。量他則是箇打魚的人。有甚麼奸詐處。看小官面皮。饒了他罷。〔周瑜云〕看玄德公面皮。將這廝搶下樓去。這廝敢泥中隱刺。〔正末唱〕

【尾聲】小人怎敢泥中刺。〔周瑜云〕若不看玄德公的面皮。殺了這廝多時了。〔正末唱〕休休休可不道大官不覷簾下事。〔正末云〕我下的這樓來。〔俊俏眼云〕你獻了那口味也。〔正末云〕我獻了口味也。我那蓑衣斗笠呢。〔俊俏眼云〕兀的不是。明日替我送將蝦兒魚兒來。〔正末唱〕恰便似火上澆油。命掩參差。暢道萬語千言。二回兩次。若不是玄德公言詞。險此兒三尺龍泉劍下死。〔下〕

〔周瑜云〕將酒來。玄德公滿飲一杯。〔劉末云〕元帥先飲。〔周瑜云〕接了盞者。玄德公。你出一酒令。俺橫飲幾杯咱。〔劉末云〕小官不敢。〔周瑜云〕便好道東家置酒客製令。〔劉末云〕哦。着小官行箇酒令。元帥差矣。正是以能問於不能。以多問於寡。小官焉敢在元帥跟前行令。正是弄斧於班門。小官行一杯酒。請元帥行箇令。小官依令而聽之。〔周瑜云〕既然玄德公不肯出令。某不敢違命。某周瑜出一令。單為席間取一笑耳。論這古往今來。誰是英雄好漢。言者當理當敬酒。言者不當罰涼水飲之。玄德公請開談。〔劉末云〕元帥不問。小官也不敢多言。若論自古英雄。昔日魯公項羽。謂之好漢。〔周瑜云〕項羽他怎生是英雄好漢。〔劉末云〕昔日魯公姓項名羽。字籍。乃臨淮下湘人也。幼失父母。雄威少壯。力能舉鼎。勢勇拔山。喑嗚叱咤。目有重瞳。劉項相持。共立懷王。統兵北路。虎視咸陽。詐設鴻門會。火燒阿房宮。渡河交戰。九敗章邯。滎陽城火焚紀信。倚勇烈威鎮諸侯。贏沛公七十二陣。左有龍且。右有范增。楚漢元年五月五日。自號爲西楚霸王。豈不爲好漢也。西楚重瞳獨霸強。暗嗚叱咤志軒昂。拔山舉鼎千斤力。自古英雄說霸王。元帥。一箇好霸王也。〔周瑜云〕玄德公差矣。項羽乃項燕之子。項梁之姪。雖力舉千斤。能勇而不能怯固也。那項羽鵰心蹈釁向惡從鄙。微利不時。毒苦天下。殺宋義奪印。後入關背約。坑新安無辜之卒。殺軹道已降之主。劫墓取財。開宮戀女。屠虜咸陽士庶。燒阿房宮院。弒義帝於江中。佐遷諸侯於別地。他稱爵稱尊。所過無不殘滅。無所容於天地之間。那項羽不聽韓生之諫。不納范增之言。被淮陰跨夫盜粟韓信。逼至烏江。自刎陰陵。他豈爲英雄好漢。霸王英雄今自刎烏江。玄德公。你道的差了。你罰涼水。某則飲酒。〔劉末云〕元帥息怒。是小官差了也。元帥上酒。小官罰涼水。〔周瑜云〕玄德公。俺不論古往英傑。則論方今之世。誰是英雄好漢。〔劉末云〕元帥言道。不論古往英傑。則說方今之世。誰是英雄好漢。元帥。想方今之世。曹操爲之好漢。〔周瑜云〕曹操怎生是英雄好漢。〔劉末云〕想曹操籌謀廣運。智略多端。心如曲珠。意有百幸。夜臥丸枕。日服鴆酒三杯。威伏漢室。自爲大將軍封武平侯。挾天子以擅征伐。尋爲丞相。贊拜不名。入朝不趨。劍履上殿。自立爲魏公。加九錫。納其三女爲貴人。進位於諸侯之上。宮禁侍衛。莫非曹氏之人。曹操以雄兵百萬。虎將千員。左有百計張遼。右有九牛許褚。獨霸許昌。虎視中原。豈不謂之好漢。豪傑滾滾競山川。孟德奸雄掌大權。戰將千員兵百萬。一箇曹公英勇占中原。元帥。一箇好曹操也。〔周瑜云〕玄德公。你又差了也。想曹操奸雄足智。任俠放蕩。然托名漢相。實爲漢賊。功非扶漢。意在篡君。仗兵勢雄威。霸許都之地。雖然討袁紹。破呂布。下關西。定荊州。他那其事雖順。其情則逆。他夜臥丸枕。日服鴆酒。不離了許昌之地。某等合兵。一舉而焚於赤壁之下。他豈爲英雄好漢。曹操奸雄今不離許昌。玄德公。你又道的差了。你再罰涼水。某則飲酒。〔劉末云〕是是是。小官又差了也。元帥飲酒。小官罰涼水。〔周瑜云〕玄德公。俺不論古往今來英雄好漢。則說俺二人。誰是英雄好漢。〔劉末云〕哦。元帥言道不論古往今來。也不論方今之世。則說今日俺二人飲酒。誰是英雄好漢。〔背科云〕可着我說甚麼的是。則除是這般。元帥。非小官饒舌。不才劉備。乃景帝玄孫。中山靖王劉勝之後。然漢之宗葉。柰懦弱孤窮。紛紛世亂。因未遇隱於樓桑。今發忿崢嶸。受天恩官居越殿。堪恨曹操奸雄。威權太重。羣臣皆懼。漢室宗枝。盡皆隱姓埋名。然劉備將寡兵微。我則待立劉朝。復興漢世。非小官之能。一托軍師諸葛神機。二賴關張二弟之勇。非小官自誇。曹兵百萬。稱羽飛二弟爲萬人敵也。若論漢室英雄。小官劉備我是英雄好漢。〔周瑜云〕玄德公。你怎生是好漢。你又差了也。你既然有蓋世之才。而無應卒之機。斬之不能禁釋。誰不知你是孤窮劉備。你在新野。被曹操領兵追襲。不敢領兵攻拒。棄妻子而奔於夏口。若不是關張二弟扶持。這其間定死在奸雄之手。劉備孤窮兮倚仗關張。玄德公。你又道差了也。〔劉末云〕是是。小官失言。元帥是好漢。〔周瑜云〕我怎生是好漢。〔劉末云〕想曹操統一百萬雄兵。到此三江夏口。被元帥則一陣破曹於赤壁之間。殺得曹操片甲不回。元帥豈不是好漢。〔周瑜云〕則這一句。纔合着我的心。玄德公言者當也。昔日霸王英雄兮自刎爲江。曹操英雄兮獨占許昌。劉備英雄兮倚仗關張。赤壁鏖兵兮美哉周郎。〔做笑科云〕將酒來。你也飲一杯。我再飲一杯。〔劉末云〕元帥再飲一杯。〔周瑜云〕且住者。我恰纔貪歡喜多飲了幾杯酒。覺我這酒上來了。我權時歇息咱。〔做猛睡科云〕周瑜也。你好麄心也。我若睡着了呵。倘或玄德公盜了我這箭呵。不乾走了他。則除是這般。玄德公。你慢慢的佳幾日去。我與你身上無歹意。周瑜若是有歹心呵。你見我這一枝箭麼。我撇箭爲誓。丢在這江裏。〔周瑜做撇箭丢在江裏睡科〕〔劉末做慌科云〕嗨。我指望盜他這枝令箭下樓去。誰承望他撇折了。丢在這江裏。我怎能勾下這樓去。軍師也。你既然差關平來。送暖衣拄拂子來與我。可怎生無計救我回去。〔劉末做拏拄拂子攧地科云〕我何日得過這江去。〔劉末見拄拂子響科云〕好奇怪也。這拄拂子裏面。可怎生這般響。我試仔細看咱。原來是兩截兒的。我把你拔開看咱。兀的不是一枝箭。我看咱。這箭不是周瑜的箭。可怎生得到軍師手裏。軍師你好強也。有了這箭也。我與你下這樓去。〔做下樓科〕〔俊俏眼云〕那裏去。〔劉末云〕有元帥將令。着我回去。〔俊俏眼云〕你有令箭麼。〔劉末云〕我無令箭呵。怎生能勾下樓去。〔俊俏眼云〕將來我看。〔劉末云〕兀的不是令箭。〔俊俏眼云〕正是一對。既有了令箭。你去。〔劉末云〕我下的這樓來。劉備也。你好險也。若不是軍師之計。我幾時能勾過這江去。軍師也。則你這彼驕必褒真良將。彼醉必逃思故鄉。周瑜也。比及一醉酒醒尋玄德。那其間我片帆飛過漢陽江。〔下〕〔周瑜做醒科云〕霸王英雄兮自刎爲江。曹操奸雄兮獨占許昌。劉備孤窮兮倚仗關張。赤壁鏖兵令美哉周郎。皇叔。〔後俏眼云〕黃鼠做了添換了。〔周瑜云〕劉備安在。〔後俏眼云〕他下樓去了。〔周瑜云〕誰着你放他下樓去了。〔後俏眼云〕他傳着元帥將令。將着元帥的令箭因此上我放他去了。〔周瑜云〕住住住。我的令箭。我記的𢫬折了。丟在這江裏。他怎生又有這枝令箭來。〔後俏眼云〕他將着元帥的令箭。小的不敢不放他回去。〔周瑜云〕他怎生又有這枝令箭來。〔猛見拄拂子科云〕兀那箇是甚麼東西。〔後俏眼云〕這箇是諸葛亮差關平送來的拄拂子。〔周瑜云〕你將來我試看。〔做看科云〕元來這拄拂子是空的。這裏面藏着令箭。他那裏得我這枝令箭來呵。我想起來了也。他祭風時。問我要枝令箭鎮壇。我又中這懶夫之計也。我正是使碎自己心。笑破他人口。既然走了。更待干罷。我如今便差甘寧凌統韓當程普四將。領兵追趕劉備去。務要擒拏將他來。忙差軍校去如飛。統兵領將急忙追。若還趕上劉玄德。永困江東誓不回。〔同下〕

第四折

〔劉封領卒子上云〕帥鼓銅鑼一兩敲。轅門裏外列英豪。三軍報罷平安喏。買賣歸來汗未消。某乃劉封是也。自從我的父親過江黃鶴樓上赴宴去了。音信皆無。俺父親本不去。可是我送的父親去了。若是軍師來呵。我自有言語支對他。左右那裏。門首覷者。軍師來呵。報復我知道。〔卒子云〕理會的。〔孔明上云〕決勝千里施謀略。坐籌帷幄掌三軍。幼年隱跡南陽野。複姓諸葛號臥龍。貧道諸葛孔明是也。頗柰曹操無禮。他領八十三萬雄兵。與某交戰。俺主公結好於江東。吳王遣周瑜為帥。黃蓋作先鋒。貧道祭風。周瑜舉火。黃蓋詐降。關張伏路。殺曹兵大敗虧輸。亂軍中走了曹操。貧道領關張追趕。某夜觀乾象。見主公有難。某急差關平。後差姜維。接應主公去了。某料俺主公無事回還。貧道今日收兵。回於赤壁連城。可早來到也。左右接了馬者。報復去道有軍師下馬。〔卒子云〕理會的。報的將軍得知。軍師下馬也。〔見科〕〔劉封云〕呀呀呀。早知軍師來到。只合遠接。接待不着。勿令見罪。〔孔明云〕劉封。俺主公安在。〔劉封云〕苦苦苦。我父親麼。正在帳中閑坐。不想周瑜使魯肅將書來。請我父親過江黃鶴樓上飲宴。我便道父親不可去。軍師又不在。則怕父親有失。我左右當不住。俺父親一人一騎過江。黃鶴樓上赴會去了。〔孔明云〕誰着你父親一人一騎過江。黃鶴樓上赴會。假若你父親有失呵怎了。我不和你說。等你兩箇叔叔來。看你怎生回話。〔劉封云〕這箇。軍師干我甚麼事。〔關末上云〕憑吾義勇扶劉主。一桿青龍立漢朝。某關雲長奉軍師的將令。着某在華容路等曹操。不想亂陣間走了曹操也。今日回營見哥哥軍師去。可早來到也。小校接了馬者。報復去道有關某來了也。〔卒子云〕理會的。喏。報的軍師得知。有二將軍來了也。〔孔明云〕道有請。〔卒子云〕有請。〔見科〕〔孔明云〕雲長。曹操安在。〔關末云〕關某在華容路上。等着曹操交戰。亂陣中不想走了曹操也。〔孔明云〕既是他走了也。不必追趕。〔關末云〕住住住。我哥哥玄德公安在。〔孔明云〕二將軍。你休問我。問你姪兒劉封去。〔關末云〕劉封。你父親安在。〔劉封云〕二叔息怒。自從叔叔同軍師去之後。不想周瑜遣魯肅持一封書。請我父親過江黃鶴樓上赴會去。我便道。他那裏筵無好筵。會無好會。則怕周瑜那廝生歹心。你休去。我父親惱了。扯出劍來要殺我。我害慌趓避了。俺父親不想就上馬。一人一騎過江去了。〔關末怒云〕好也落。你怎生齎發哥哥過江去。若有疎失怎了。把這廝拏住。一壁等三兄弟來。俺一同的問這廝。〔劉封云〕二叔叔。不干孩兒事。若三叔叔來。勸一勸。〔孔明云〕左右那裏。門首覷者。等張飛來。報復我知道。〔卒子云〕理會的。〔正末扮張飛上云〕某乃張飛是也。奉軍師將令。華容路上追趕曹操。不想曹操見某。走了也。回軍師話。走一遭去。左右那裏。接了馬者。〔卒子云〕理會的。〔正末唱〕

【南呂一枝花】撥回獅子身。滴溜撲跳下烏騅騎。舒開狻猊爪。〔正末見劉封走科云〕劉封那裏去。〔唱〕我這裏揝住錦征衣。嘴縫上拳搥。手指定奸讒嘴。我拷你箇忤逆賊。〔劉封云〕三叔息怒。〔正末云〕你父親那裏去了。〔劉封云〕周瑜請的過江飲宴去了也。〔正末唱〕你怎生齎發的我哥哥去他那四十里長江那壁。

【梁州】則爲那周公瑾兩三杯酒食。更壓着那一千箇他這党太尉的筵席。我跟前莫得誇強會。若還他無災無難。無是無非。若有些箇爭競。半米兒疎失。來來來。我和你做一箇頭敵。則我這村性子不許收拾。割捨了。喝曹操諕了他那三魂。鞭督郵拷折你這脊背。休惱番石亭驛摔袁祥撞塌頭皮。若還得回。俺哥哥無事來家內。使心量有好細。船到江心數十里。則怕他背後跟追。

（劉封云）三叔。您姪兒當不住父親。他堅意的要去。不干我事。（正末唱）

【隔尾】休得要臨崖勒馬收韁急。直等的船到江心那其間補漏遲。點手兒傍邊喚公吏。你與我麻繩子綁者。柳樹上高高的吊起。直等的俺哥哥無事來家任恁時索放了你。

（云）令人與我將劉封吊起來者。（做吊淨科）（劉封云）三叔。我又不會欠糧草。怎生吊起我來。（正末云）令人報復去道有張飛來了也。（卒子云）理會的。喏。報的軍師得知有三將軍張飛來了也。（孔明云）道有請。（卒子云）理會的。有請。（見科）（正末云）軍師。張飛來了也。（孔明云）一壁有者。（正末云）二哥勿罪也。（孔明云）小校門首覷者看有甚麼人來。（卒子云）理會的。（劉末上云）歡來不似今朝。喜來那逢今日。小官劉備是也。誰想周瑜有傷害某之心。酒酣之際。眈睡着了。多虧軍師妙計。小官以此得脫。回還。可早來到也。左右接了馬者。兀的不是三兄弟張飛。兄弟也。喒爭些兒不得相見也。（正末云）哥哥來了也。（唱）

【隔尾】俺哥哥到黑龍江流的是潺潺水。（淨云）爹爹救我咱。（正末唱）紅蓼堤邊吖吖的叫喚誰。（劉末云）兀那吊的是誰。（正末唱）是你那孝子曾參可人意。（劉末云）三兄弟。爲甚麼吊起他來。（正末唱）見哥哥無些箇信息。怕有些箇疎失。因此上將他在柳樹梢頭着他便吊望着你。

（劉末云）兄弟。不干劉封事。饒了他者。（孔明云）主公煞是驚恐也。（劉末云）若不是軍師神機妙策。鋪謀定計呵。劉備怎能勾回還也。（正末云）收拾戰船。我和他交戰去。務要拏住周瑜與俺哥哥報讎。有何不可。

（孔明云）三將軍既然今日主公回來了也。休得躁暴。（正末唱）

【絮蝦蟆】軍將便似魚鱗砌。槍刀便似鴈翅般齊。我又索與你迎敵。自從桃源結義。又在徐州失配。不曾相持對壘。不曾翻天倒地。我無處發付氣

狄青復奪衣襖車雜劇

第一折

〔冲末范仲淹領張千上〕〔范仲淹云〕職列鵷班真棟梁。恩霑雨露坐琴堂。調和鼎鼐安天下。燮理陰陽定
萬方。老夫姓范名仲淹。字希文。幼習儒業。在長白山修學。我與友人温習經書。賫粟米二升。作粥一器。斷虀
數莖。酢汁半盂。燬而啗之。後成大儒。今輔佐大宋。見今八方無事。四海晏然。山河一統。萬國來朝。謝聖恩可
憐。加老夫爲天章閣學士之職。今奉聖人的命。有西延邊賞軍一事。葛監軍奏曰。每年秋七八月。犒勞三軍。
今冬十一月並臘月。軍士勞苦。未蒙賜恩。今奉聖人之命。着老夫將五百輛衣襖扛車。上西延邊賞軍去。老
夫想來。可用能幹之人。隨路防護。今有聳勝營中有一人。乃汾州西河縣人也。姓狄名青。字漢臣。此人十八
般武藝皆全。除非此人可去。左右與我喚狄青來者。〔張千云〕理會得。狄青安在。〔狄青上云〕赳赳威風貌
虎軀。六韜三略有誰如。爲人不把功名立。枉作乾坤大丈夫。某姓狄名青。字漢臣。汾州西河縣人也。自幼學
成十八般武藝。寸鐵在手。有萬夫不當之勇。今在聳勝營中做一個軍健。漢人口順。都叫我做小健兒狄青。
今有范大人呼喚。不知有甚事。須索去走一遭。早來到此也。令人報復去。道有狄青來了也。〔張千云〕理會
得。報的大人得知。狄青來了也。〔范仲淹云〕着他過來。〔張千云〕理會得。過去。〔狄青見科云〕大人呼喚狄
青。那廂使用。〔范仲淹云〕狄青。今爲西延邊賞軍。有五百輛衣襖扛車。無人可去。奉聖人命。知你驍勇過人。
武藝精熟。加你爲押衣襖扛車大使。上西延邊賞賜三軍。小心在意。回還自有重用你處。收拾披掛。便索登
程。〔狄青云〕得令。自今日收拾軍裝。押衣襖扛車。走一遭去。奉命親差去賞軍。威嚴勇力有誰倫。扛車衣襖
臨邊上。慿時回報受皇恩。〔下〕〔范仲淹云〕狄青收拾軍裝去了也。憑着此人英雄。必有輔國之志。定亂之
術。若幹事回來。再有計議。老夫回聖人的話。走一遭去。衣襖俱完就。扛車准備齊。狄青親押赴。回奏敢稽遲。
〔下〕〔正末扮王環上云〕老夫王環是也。幼年間東蕩西除。南征北討。多與大宋出力。今已年紀高大了也。
將這一副全粧披掛。並軍器等物。於街市貨賣。爲油甲一副。皂羅袍一領。鵲樺弓一張。鳳翎箭一壺。黃面具

一箇。紅抹額一條。三尖兩刃大桿刀一柄。撒髮盔一頂。幼年臥霜眠雪。豈知今日無用也呵。〔唱〕

【仙呂點絳唇】則我這劍戟藏收。臂無錦鞲。衣袍舊。馬善人熟。想往日威風起。

【混江龍】玉門關後。老將軍無比陣雲收。若題着安邦定國。受賞封侯。擐甲披袍騎戰馬。到不如去拽耙扶犂使耕牛。尋幾個漁樵作伴將柴門扣。心忙意急。壯志難酬。

〔云〕這兵器披掛。便那裏有人買。我與你再閑游翫咱。

【油葫蘆】遙指南山景物幽。我自趁逐。閑來游翫與悠悠。我則見碧滔滔水面上波紋皺。更那堪翠巍巍山色晴嵐秀。相交的野外人。作伴的村下叟。喜的是扶犂拽耙深耕耨。止不過春種與秋收。

【天下樂】時遇豐年五穀收。百姓每歌謳。心意投。俺若是做莊農快活何處有。若有那二頃田。和他這一耙牛。倒大來千自在百自由。

〔云〕這披掛一物一主。看有甚麼人來。〔狄青上云〕五百衣襖延邊去。萬里平沙拒北番。某狄青是也。今蒙聖人的命。升我做押衣襖車大使。就着我押五百輛衣襖扛車。前往西延邊賞軍去。爭柰無一付披掛兵器。我如今去這街市上。買一付披掛兵器。走一遭去。遠遠的望見一個老將軍。守着一付披掛兵器。不知他是賣也不賣。我向前去問他一聲。怕做甚麼。〔做見科狄青云〕支揖老將軍。你這一付披掛。可是賣也不賣。〔正末云〕我這衣甲要賣。〔狄青云〕要多少錢。〔正末云〕要一千貫。〔狄青云〕老將軍。不值許多價錢。〔正末云〕壯士。你聽我說與你咱。

【那吒令】這領袍用皂羅做就。這副甲。着烏油漆就。這面具。是生金鑄就。鵲樺弓碧玉稍。鳳翎箭搭上絃彀。那三尖刀兩刃鋒秋。

〔狄青云〕別的不打緊。我看這一口刀咱。是一把好刀也。〔狄青做輪刀科〕〔正末唱〕

【鵲踏枝】他那裏說緣由。逞搊搜。(帶云)是一個好漢也呵。(唱)他入手輕輪。武藝滑熟。這口刀落與你介冑抵一千個壯士疑眸。

(云)你要用這兵器。你將去。我則問你姓甚名誰也。(狄青云)老將軍。小人姓狄名青。字漢臣。汾州西河縣人氏。奉聖人的命。教我押五百輛衣襖扛車前往西延邊上賞軍去。就加我為押衣襖扛車大使。爭奈無一副披掛兵器。今日肯分的遇着老將軍。小人上告老將軍。這付衣甲老將軍肯與小人麼。(正末云)原來你是狄青。(唱)

【寄生草】咱兩個纔相見。心意投。英雄只說英雄手。他賢良只說賢良口。則俺這英雄志氣冲牛斗。他若是相持廝殺統戈矛。端的是強中更有強中手。

(云)狄青。你來。我與你這付披掛。你以後得志呵。那其間還我錢鈔也未是遲哩。(狄青云)多謝了老將軍。我若久以後得志呵。此恩必當重報也。(唱)

【尾聲】這紅抹額似火霞飄。金面具威風赳。大桿刀輕輪在手。平定了乾坤四百州。施展你那武藝滑熟。統戈矛有一日建節封侯。恁時節方顯男兒得志秋。則我這氣衝着牛斗。胸懷錦繡。我則待播清風萬古把名留。

(下)

(狄青云)誰想今日遇着這老將軍。與了我這一付衣甲兵器。若到邊境。便遇着敵兵也不怕他。衣甲兵器都有了也。則今日押衣襖扛車走一遭去。披袍擐甲荷鋼刀。奉使邊庭不避勞。衣襖賞軍須國惠。須將忠勇報皇朝。(下)

第二折

(范仲淹領張千上云)忠誠報國為良吏。留取芳名載汗青。老夫范仲淹是也。今差狄青押衣襖車。前去西延邊賞軍去。不想到於河西國。被史牙恰和咱雄邀截了衣襖扛車。趕入黑松林去了。老夫奉聖人的命。差飛山虎劉慶。前去取狄青首級。為此人倚酒慢公。失誤了衣襖扛車。說與劉慶。若是狄青奪將衣襖車來。將功折過。若奪不將回來。二罪俱罰。若回來時。我自有箇主意也。奉使遣狄青倚酒慢軍情。遂差劉慶去。剽首早回程。〔下〕〔淨店小二上云〕買賣歸來汗未消。上床猶自想來朝。為甚當家頭先白。一夜起來七八遭。自家店小二的便是。在這牢山店賣酒為生。紛紛揚揚下着如此般大雪。挑起這草稕兒。燒着這鏇鍋兒熱。看有甚麼人來。〔狄青上云〕披堅執銳為軍健。天寒地凍奉公差。某乃狄青是也。自從奉命押着這衣襖扛車。西延邊賞軍去。衣襖扛車先行了也。來到這牢山店。紛紛揚揚下着這般大雪。天氣寒冷。兀的不是個酒務兒。我買幾鍾酒吃了呵。慢慢的行。兀那賣酒的。有酒的麼。〔店小二云〕官人有酒。請進酒務兒裏。〔狄青做入酒務兒科云〕店小二。打二百錢酒來。醲的着熱。我喫了好走。〔店小二云〕理會得。有了酒也。〔狄青云〕將來我慢慢的飲。看有甚麼人來。〔正末扮劉慶上云〕某乃飛山虎劉慶是也。小健兒狄青押衣襖車去。被番軍都奪將去了也。狄青不知在何處。今奉大人將令。差我催狄青去。出的門來。撞着這般寒冷天氣。好大雪也。〔唱〕

【南呂一枝花】我與你拽扎了我紅納襖。牢拴住白氈帽。〔帶云〕好大雪也呵。〔唱〕恰便似顛狂飛柳絮。我則見紛紛的剪鵝毛。頭直上瑞雪飄飄。如萬對蝴蝶鬧。正彤雲罩紫霄。又遇着酷冷天寒。將令差違拗了。誰敢承招。

【梁州】恰過了五七層山坡隘角。早來到十數處野水橫橋。我與你湯風冒雪登長道。寒風颯颯。冷霧瀟瀟。將令嚴整。暮景良宵。往來是半月十朝。誰敢道怠慢分毫。〔帶云〕這一遭。〔唱〕我我我雖不是北狄南蠻。來來來又不是天涯海角。呀呀呀過了此無爺娘的水遠山遙。不由我自猜自焦。失悞了閫外將軍號。我急行動軍健腳。不見了扛車何處抓。可怎生無一箇消耗。

〔云〕可早來到這牢山店。某有些飢渴。我買幾鍾酒湯湯寒咱。〔云〕兀那賣酒的。有酒麼。〔店小二云〕官人有酒。請進酒務兒裏來。〔正末做入酒務兒科云〕打二百錢酒來。〔店小二云〕理會得。官人。有了酒也。〔正末做喫了酒做起身科〕〔店小二做扯住科云〕你不還我的酒錢。你就走了。〔正末云〕我是個打差的人。那得那錢來還你。〔狄青做問科云〕店小二。爲甚的大驚小怪的。〔店小二云〕官人不知。這個人喫了二百錢酒。他不還錢。便要走去。〔狄青云〕看起來他是箇衙門中辦事的人。小二哥。我替他還了這錢。兀那君子。你姓甚名誰。你爲甚麼到此處。你說一遍咱。〔正末云〕某乃飛山虎劉慶。奉大人的將令。差我去催小健兒狄青衣襖扛車。那廝違了半箇月假限。我若見狄青那弟子孩兒呀。鼻凹裏足打他五百鐵索。〔狄青云〕則我便是狄青。〔正末云〕早是我不曾說你甚麼。〔狄青云〕你罵的我勾了也。你來時。曾撞着甚麼人來。〔正末云〕我來迎着一簇番官。將衣襖車奪將去了。我趕在蓬科裏。我見他。他不曾見我。皂鵰旗上寫着道大將史牙恰。他奪了你那衣襖車去了。你剗地在這裏喫酒。大人將令。你若趕上復奪了衣襖扛車。將功折罪。雖悮了半月假限。其罪可免也。我和你趕那衣襖扛車去來。〔狄青云〕說的是。喒兩個趕去來。未知這話是實麼。〔正末唱〕

【牧羊關】我從來無虛謬。你心中自恁約。違了限半月期高。俺元帥殺斬權謀。你這件事非同一箇草草。你趕的上奪了呵不見罪。你趕不上呵將你來怎躭饒。我便有那渾身是口也難分曉。則你那好前程可惜斷送了。

〔狄青云〕俺兩個趕那衣襖車去來。〔同下〕〔店小二云〕我閉了這板闥。噇飯去也。風雪天身上寒冷。肚裏飢且喫冰凌。〔下〕〔昝雄躧馬兒領回回卒子上云〕爍爍銀盔氣勢強。珊珊鐵鎧帶寒霜。西河隊裏惟吾勇。凜凜英名四海揚。某乃李滾手下大將昝雄是也。某文強武勇。膂力過人。久鎮河西國。某手下有雄兵百萬。戰將千員。某使一桿方天畫桿戟。萬夫不當之勇。今有小健兒狄青。押着五百輛衣襖扛車。前往西延邊上賞軍去。路打此處過。某將衣襖扛車盡皆奪了。我差人護着。趕入黑松林去了也。我在此專等着後來的軍馬。這杏子河邊。我敲開這冰飲馬咱。〔狄青同正末躧馬兒領卒子上〕〔狄青云〕某乃狄青是也。劉慶。俺行動些。〔正末云〕阿哥。來到這杏子河邊也。你見麼。兀那一個番將。敲冰飲馬哩。〔狄青云〕他是誰。〔正末云〕

他是番將昝雄。〔狄青云〕他是昝雄。我射他一箭。〔正末云〕阿哥。你休射他。倘射的着他。萬事都休。若射不着他。你騎着龍也似快的馬。你便走了。他拏住我呵。我的腦子做不的主也。〔狄青做拏箭科〕〔正末唱〕

【哭皇天】他款把雕弓搭。我頓斷金縷絲。紫金鈚搭上絃。撚轉鳳翎稍。〔正末搬臂膊科〕〔狄青云〕你爲何搬我。〔正末唱〕我爲甚搬住他這臂膊。射中呵亦無話說。射不中。喒有災殃。你若是躭的下。躭的下便發箭鏊。〔狄青云〕我這箭發無不中。中無不倒。倒無不死也。〔正末唱〕你那箭發無不中。中無不倒。

〔狄青云〕兀那番官。〔昝雄回頭科〕〔狄青射箭科云〕着去。〔昝雄中箭科〕〔下〕〔正末唱〕

【烏夜啼】箭離弦似一點流星落。我則見滴溜撲墜落在鞍鞽。〔狄青云〕我箭射了昝雄。俺尋那衣襖扛車去來。〔正末唱〕也是他今日災星照。他枉劬勞。喒不索心焦。〔狄青云〕趕上史牙恰。一刀劈下馬來。〔正末唱〕若遇着史牙恰刀併見箇低高。奪了那衣襖車便是把冤讎報。〔狄青云〕我不用排兵布陣。就要了衣襖車來。〔正末唱〕也不用排軍校。你端的逢山開道。遇水疊橋。

〔狄青云〕喒趕那衣襖車去來。〔正末云〕這裏有兩條路。那野牛嶺上一條大路。嶺下一條小路。阿哥。我沿河路上行。你往嶺上去。你若見番官呵。你將那刀尖兒招一招。我便知道。若剽了他的首級。摘了他的虎頭金牌。帶在腰間。俺兩箇分兩路趕他去來。〔狄青云〕你也說的是。喒兩箇去來。〔同下〕〔車頭領車扛上云〕衣襖扛車五百輛。推至延邊去賞軍。自家車頭的便是。跟着狄將軍。領着這五百衣襖扛車。都被番官搶了。如今趕着扛車。往黑松林裏去。前途扛車行動些。番官趕將來了也。〔史牙恰躧馬兒領回回卒子上云〕塞北沙陀爲頭領。番將叢中第一人。某乃大將史牙恰是也。某手下的番將。人人英勇。個個威風。能騎劣馬。快拽硬弓。今有狄青押着衣襖扛車。被某都搶了。趕將黑松林去。兀的那押扛車人作急的行。后面則怕有人趕將來也。〔狄青躧馬兒上云〕某乃狄青是也。我上的這野牛嶺來。正行之間。見河邊岸上旗招。莫不敢有番軍來麼。〔做見科云〕果然是一簇番軍。旗上寫着大將史牙恰。兀的不是衣襖車。我復奪去也。〔史牙恰云〕來者何人。〔狄青云〕某乃狄青是也。兀那番將。快與我丟下扛車。〔史牙恰云〕你敢廝殺麽。〔狄青云〕量你這番將到的那裏。着他喫某一刀。〔做刀劈科〕〔史牙恰中刀科〕〔下〕〔狄青喚正末科云〕劉慶你來。我刀劈了史牙恰了也。〔正末上云〕好將軍也。〔唱〕

【牧羊關】史牙恰排軍校。狄將軍武藝高。紅抹額火燄風飄。鞍上將如北海的蛟龍。坐下馬似南山獸澆。狄將軍施英勇。史牙恰顯麁豪。史牙恰束手纔爭鬭。狄將軍去他頂門上搖叉的則一刀。

〔狄青云〕某箭射了昝雄。刀劈了史牙恰。劉慶你先回去。我復奪了衣襖扛車。趕退番軍。我便回大人的話去也。〔正末跪科云〕阿哥我家中還有八十歲的老母無人奉養。你怎生可憐見將這昝雄的金牌。史牙恰的三叉紫金冠與我。賣些錢鈔。侍養老母可不好也。〔狄青云〕這牌與冠都與你。你就將着這兩顆首級先往大人府裏獻功去。我押這衣襖車我隨後便來也。〔正末唱〕

【尾聲】鶴隨鸞鳳飛還遠。人伴賢良志轉高。那將軍施躁暴。這將軍是勇躍。奪了車扛。取了衣襖。昝先鋒着箭鑿。史牙恰則一刀。這狄青恰似活神道。他輕輪着那三尖兩刃剛刀。把些個敗殘軍落荒他可都趕去了。〔下〕

〔狄青云〕劉慶將着首級去了也。他這一去。必然先與我報功。兀那車頭押着衣襖扛車上西延邊走一遭去。箭射昝雄死。刀劈牙恰亡。復奪衣襖扛。此功第一場。〔下〕

楔子

〔淨黃軫上云〕朝中宰相五更冷。鐵甲將軍都跳井。則有一個跳不過。跳在裏頭撲鼕鼕。自家黃軫是也。奉大人將令。着我催小健兒狄青衣襖扛車去。來到這半路中。兀的遠遠一個人來也。〔正末上云〕某乃飛山虎劉慶是也。將着兩顆首級大人府裏獻功去也。〔黃軫云〕兀的不是飛山虎劉慶。劉慶你將這兩顆首級往那裏去。〔正末云〕這個是昝雄史牙恰的首級。將着往大人府裏。與狄青報功受賞去。〔黃軫云〕且住者。我若得這兩顆首級。拏到大人府裏。這功勞都是我的。我問他咱。劉慶。你將這兩顆首級與我。我多與你些錢鈔。你去養活你那母親。可不好也。〔正末云〕這呆廝好要便宜。狄青復奪了衣襖扛車。箭射死了咎雄。刀劈了史牙恰。我將着這兩顆首級。大人府裏與狄青獻功受賞去。你待要倒好了你也。〔黃軫云〕則除是恁般。劉慶。你看那澗底下兩箇大蟲鬭。〔正末云〕在那裏。我看一看咱。〔黃軫做推正末下澗科云〕我將劉慶推下澗去也。我得這兩顆首級。大人府裏獻功受賞去也。把劉慶推下澗去。得首級正好賴功。〔下〕〔正末做上澗科云〕黃軫好無禮。將我推下澗去。若不是多年樹葉子厚。那得我的命來。你要賴狄青的功。我直至大人府裏。與狄青做箇大證見也。〔唱〕

【賞花時】推我在深澗裏登時一命虧。我若到帥府爭知他饒過你。狄將軍英雄有誰及。若我不分一箇曲直。必索要別辨箇是和非。

〔云〕想此人好無天理也。〔唱〕

【幺篇】嘗言道湛湛青天不可欺。若順了人心失了正理。天網是恢恢。若論着狄青的這武藝。我則待對倒了他這箇賴功的賊。〔下〕

第三折

〔李滾上云〕旗開雲日晃金戈。避暑乘涼至黑河。北塞閑中行樂處。逍遙馬上翫沙陀。某乃大將李滾是也。我手下有兩員大將。一箇是咎雄。一箇是史牙恰。今有一箇小健兒狄青押五百輛衣襖扛車前往西延邊賞軍去。我差他兩員大將。邀截了衣襖扛車。聞知小健兒狄青復奪了衣襖扛車。與俺北番交鋒。未知輸贏勝敗。使的個報喜探子去了。這早晚敢待來也。〔正末扮探子上云〕一場好廝殺也呵。〔唱〕

【商調集賢賓】貪慌忙棘針科抓住戰衣。殺敗了一個小河西。行不動山岩下歇息。立不住東倒西敧。眼張狂手似撈凌。行不動一絲無力。那將軍相持廝殺。對壘有軍來誰敢迎敵。喧天般發喊聲。就地凱征鼙。名傳於世。委實無敵。〔正末見科云〕報報報。喏。〔唱〕寰中第一。

〔李滾云〕好探子也。從那陣面上來。你看那喜色旺氣。探子來的意如何。穿花度柳疾如梭。中軍帳內低低問。兩下軍兵那廝多。史牙恰怎生與狄青廝殺來。探子你喘息定。慢慢的說一遍。〔正末云〕將軍。聽我慢慢的說一遍咱。〔李滾云〕我聽你慢慢的說一遍。〔正末唱〕

【後庭花】殺的那血成河如聚水。死尸骸山岸般堆。疎林外槍刀響。土坡前戰馬嘶。莫迎敵。誰曾見崎嶇的山勢高阜處遙望者見一將來的疾。雄赳赳將鎧甲披。威凜凜戰馬嘶。紅抹額似火燄飛。皂羅袍似霧黑。烏油甲甚整齊。鳳翎箭端的直。鵲榫弓偃月起。那將軍黃面皮。三尖刀兩刃齊。人和馬走似飛。喝一聲如霹靂。唬的人魂魄飛。

【雙鴈兒】俺這壁急慌忙撲倒了這雲月皂雕旗。把槍刀不撇了。等甚的。喒顧命逃生早回避。他來的雄勢威。惜不的甲馬催。

〔李滾云〕喒雄在杏子河飲馬。那狄青怎生發箭來。你再說一遍來。〔正末唱〕

【醋葫蘆】昝雄那裏飲戰馬。狄青背后隨。昝雄他英名赳赳豎神威。狄將軍怒將金鐙踢。不離了今日界河的這兩岸要相持。

〔李滾云〕那狄青急取雕翎箭。忙拈寶雕弓。連珠箭砲窩裏飛來。一點油絃頭上迸出。探子你喘息定。慢慢的說一遍。〔正末唱〕

【醋葫蘆】狄將軍將玉轡提。相對敵。走獸壺順手取金鈚。鳳翎箭水光端的直。弓彎着神背。更壓着漢朝李廣養由基。

〔李滾云〕那狄青右手兜絃。左手推靶。弓開似那曲律山頭蟒。望着鼻凹一點星。你慢慢的說一遍。〔正末唱〕

【醋葫蘆】狄青將右手兜。左手推。斟量着遠近覷箇高低。則他那猿猱臂膊使着氣力。撼山般威勢。轉回頭斜望着昝雄射。

〔李滾云〕那狄青去那飛魚袋內拈弓。走獸壺中取箭。弓開的十分滿。箭去的九分疾。弓開如半彎秋月。箭

發似一點流星。使臂力忙將弓靶推。虎筋絃迸出紫金鈚。雕翎箭撞開樓頷帶。三思臺吞滿畫桃皮。你慢慢的再說一遍咱。〔正末唱〕

【醋葫蘆】箭着處支楞楞撇了畫戟。撲簌簌掉了豹尾腦楂的落馬馬空回。彎着弓插着箭忙整理。將一頂紫金冠撞碎。三思臺吞滿畫桃皮。

〔李滾云〕箭射死沓雄。史牙恰怎生和他交戰來。你慢慢的再說一遍咱。〔正末唱〕

【醋葫蘆】一箇在河道東。一箇在臨路西。都不曾答話便相持。却便似黑殺神撞着個霹靂鬼。槍強刀會。棋逢對手好相持。

〔李滾云〕一個使的是槍。一個使的是刀。殺氣騰騰罩碧霄。天愁地慘冷霧飄。有如山前猛虎鬪。恰似蛟龍出海濤。一個憑三略。一個顯六韜。交馬過處逞英豪。從來自有將軍戰。不似今番槍對刀。是一場好廝殺也呵。你再說一遍。〔正末唱〕

【醋葫蘆】史牙恰槍去的疾。狄將軍刀去劈。刀迎槍舉足律律火光飛。見槍來躲過着刀去劈。我則見連肩帶臂。恰便似錦毛彪撲倒一個玉狻猊。

〔李滾云〕箭射死沓雄。刀劈了史牙恰。天朝威風浩大。猛將英雄。再不敢調遣番兵。俺則索投降納貢便好道。饒你深山共深處。到頭都屬帝王家。探子。你且回本營中去。〔正末唱〕

【尾聲】你與我疾快走。莫迎敵。得便宜只恐怕落便宜。他每都響瑲瑲笑將金鐙踢。割的這人頭耳鼻。打着面勝軍旗。齊和着他這凱歌回。〔下〕

〔李滾云〕狄青贏了也。俺兩員將輸了也。再不敢侵犯邊境。俺這裏收拾進貢寶貝。見聖人走一遭去。天朝上將顯威風。刀劈牙恰射沓雄。准備方物朝大國。進貢稱臣享太平。〔下〕

第四折

〔范仲淹領張千上云〕王法條條誅濫官。刑名款款理無端。為官清正天心喜。作宰為臣民意歡。老夫范天章是也。今有狄青失了衣襖扛車。我差飛山虎劉慶。取狄青首級去了。不見回來。隨後又差黃輅接應他去了也。令人門首覷者。若來時報的老夫知道。〔淨黃軫上云〕兩顆首級實難得。賴了賞賜喫喜酒。自家黃軫的便是。自從將劉慶推在澗裏。得了這兩顆首級。則說是我的功勞。大人府裏報功受賞去。可早來到也。令人報復去。道有黃軫得勝回來。〔張千云〕理會得。報的大人得知。有黃軫來了也。〔范仲淹云〕着他過來。〔張千云〕理會得。過去。〔黃軫見科云〕大人。我箭射昝雄。刀劈史牙恰。將這兩顆首級特來報功。〔范仲淹云〕既然如此。老夫盡知。這功勞都是你的。若狄青來時。必無輕恕。令人門首覷者。狄青來時。報復我知道。〔狄青上云〕膂力過人胆氣冲。橫刀匹馬取交鋒。復奪衣襖全忠孝。今日狄青建大功。某乃狄青是也。復奪了衣襖車。杏子河箭射死昝雄。野牛嶺刀劈了史牙恰。將兩箇首級。着飛山虎劉慶大人府裏受賞去了。我趕了那敗殘兵。今日得勝而回。見大人走一遭去。可早來到也。令人報復去。道有狄青來了也。〔張千云〕理會得。報的大人得知。有狄青來了也。〔范仲淹云〕着他過來。〔張千云〕理會的。過去。〔狄青做見科云〕大人。狄青得勝回營也。〔范仲淹云〕狄青。你知罪麼。〔狄青云〕狄青不知甚罪。〔范仲淹云〕黃軫將着首級。先來報功。你怎生不知罪。〔狄青云〕大人。某杏子河箭射死昝雄。野牛嶺刀劈死史牙恰。復奪衣襖扛車回來。是我之功也。〔范仲淹云〕你倚酒慢公。失悞了衣襖扛車。若不是黃軫復奪將回來。可怎了也。刀斧手推轉狄青斬訖報來。〔狄青云〕可着誰人救我也。〔正末上云〕某乃飛山虎劉慶是也。昨日黃軫奪了我兩顆首級。推我在澗裏。若不是樹葉子厚呵。那裏討我這條命來。我直至大人府裏。與狄青做箇證見。走一遭去也。

〔唱〕

【中呂粉蝶兒】我這裏步步剛捱。病身軀恰纔安泰。行不動東倒西歪。脚剛移。身強整。魂靈兒不知箇所在。也是我運拙時乖。誰承望這一場頗奈。

【醉春風】這冤恨重如山。咱寃讎深似海。不走了你箇奸滑傚倖賴功賊。黃軫也你暢好是歹歹。我與你折證的明白。狄青他一心忠孝。搭救他這場災害。

〔云〕可早來到也。〔見狄青科云〕我道是誰。原來是狄將軍。〔狄青云〕劉慶。你在那裏來。黃軫賴我功勞。大人見罪。將我要殺壞了。你索救我咱。〔正末云〕將軍你放心。我與你做一箇大證見。〔正末見云〕大人寃屈也。〔范仲淹云〕劉慶。你有何寃屈。〔正末云〕小人不寃屈。狄青寃屈。〔范仲淹云〕狄青怎生寃屈。〔正末云〕當日大人差劉慶去催衣襖車。不想大雪裏正撞見狄青。我說你違了半月假限。又失了衣襖車。被史牙恰奪將去了。狄青聽的說了。我和狄青就趕那衣襖車去。來到那杏子河邊。下着大雪。〔唱〕

【紅繡鞋】當日箇瓊填滿東郊南陌。粉粧成殿閣樓臺。見一簇番兵擁將來。狄青在火坑中逃了性命。今日向雲陽內受非災。我救這一箇苦相持梁棟材。

〔范仲淹云〕誰射死咎雄來。〔正末云〕是狄青一箭射死咎雄來。〔唱〕

【上小樓】一來是時間免災。二來與將軍除害。狄青那裏怪眼圓睜。剔竪神眉。怒目張開。狄青那裏顯手策。使氣概。英雄慷慨。則他那咎先鋒那一場災害。

〔范仲淹云〕你說狄青射死了咎雄。那史牙恰是誰刀劈了來。〔正末云〕狄青射死了咎雄。來到野牛嶺上。見一簇番兵。皂雕旗上。寫着大將軍史牙恰。狄青一人一騎。提上不曾答話。兩馬交戰。則一刀劈了史牙恰。〔唱〕

【十二月】那將軍其實壯哉。那一會氣夯破胸懷。史牙恰提槍出陣。狄將軍縱馬前來。狄將軍刀起處他如何掙闔。那將軍威凜凜英勇身材。

【堯民歌】我則見滴溜溜撲落下戰鞍來。明晃晃響璫璫的戰鑼篩。來時節遮天映日繡旗開。去時節一仰一合把身歪。恰便似嬰也波孩。驅兵索戰來。這廝可擔水在河頭賣。

〔范仲淹云〕劉慶。你道狄青箭射死了咎雄。刀劈了史牙恰。這兩顆首級。可怎生得到黃幹手裏來。〔正末云〕當此一日。大人差劉慶催衣襖扛車去。狄青箭射死了咎雄。刀劈了史牙恰。復奪了衣襖扛車。他將兩顆首級與劉慶。大人府裏獻功。不期到路上撞着黃軫。奪了我首級。又把我推在澗裏。若不是多年樹葉子厚。那得我那性命來。大人這功勞都是狄青的。大人心下自參詳。黃軫賴功損忠良。箭射刀劈番將死。流傳千古把名揚。〔唱〕

【尾聲】我見來。我見來。殺的那史牙恰無回劃。想狄將軍蓋世功勞大。保護着一統山河萬萬載。

〔范仲淹云〕老夫盡知也。原來是黃軫混賴狄青的功勞。將黃軫推轉殺壞了者。狄青你聽者。爲你復奪了衣襖扛車。箭射昝雄。刀劈史牙恰。有此功勞。加你爲征西都招討金吾上將軍。狄青你望闕跪者。聽聖人的命。則因你敢勇相爭。憑謀略收捕賊兵。真梁棟世之虎將。據英雄天下馳名。黃面具千般殺氣。烏油甲萬道威風。野牛攢刀斬牙恰。杏子河箭射昝雄。施勇烈揚威耀武。秉忠心永鎮邊庭。加你爲總都大帥。定家邦天下元戎。朝金闕躬身叩首。立乾坤帝業興隆。今日箇加官賜賞。保皇圖萬載昇平。

題目　黃軫軍前賴功勞

正名　狄青復奪衣襖車

摩利支飛刀對箭雜劇

第一折

〔沖末徐懋功領卒子上云〕少年錦帶掛吳鉤。鐵馬西風塞草秋。全憑匣中三尺劍。坐中往往覓封侯。老夫姓徐。雙名世勣。祖居曹州離狐縣人也。自立大唐以來。頗有章句。以功名而取富貴。今謝聖人可憐。加某為英公軍師之職。今有海東一十六國。與俺大唐年年進貢。歲歲來臣。聞知高麗國不順俺大唐。新收一員上將姓蓋名蘇文。官封大將摩利支。領十萬雄兵。在鴨綠江白額坡前將各處進貢。都邀截了。又下將戰書來。單搦俺大唐名將與他交鋒。夜來聖人作一夢。夢見與摩利支交戰。忽然見一白袍小將。跨騎白馬。手持方天畫桿戟。一陣殺退摩利支。天子問白袍小將那裏人氏。姓甚名誰。白袍小將言曰。我家住在虹霓三刀。天子灑然驚覺。可是南柯一夢。聖人着老夫圓此一夢。老夫想來。這虹霓者是絳也。三刀者是州也。這箇應夢將軍。必然出在絳州龍門鎮。奉聖人的命。就出黃榜招擢義勇好漢。着張士貴先去絳州龍門鎮。招擢義軍去了。許多時不見回還。我今親身直至絳州。催趲義軍走一遭去。張士貴休避辛勤。出黃榜曉諭多人。普天下招擢好漢。必然有應夢將軍。〔下〕〔孛老兒同卜兒旦兒上〕〔孛老兒云〕急急光陰似水流。等閑白了少年頭。月過十五光明少。人到中年萬事休。老漢絳州龍門鎮大黃莊人氏。姓薛。是薛大伯。嫡親的四口兒家屬。婆婆王氏。媳婦是柳迎春。孩兒薛驢哥。不肯做莊農的生活。每日家則是刺鎗弄棒。舞劍輪叉。我說起來。他母親護在頭裏。薛驢哥那裏去了也。〔旦兒云〕薛驢哥不知那裏去了也。〔孛老兒云〕媳婦兒不問那裏。尋將薛驢哥來。〔卜兒云〕媳婦兒依着你公公。不問那裏尋將他來。〔旦兒云〕理會的。下次小的每前街後巷不問那裏。尋將薛驢哥來。說他父親尋他哩。〔正末上云〕自家絳州龍門鎮大黃莊人氏。姓薛名仁貴。嫡親的四口兒家屬。一雙父母年高。我自小學成十八般武藝。無有不拈。無有不會。俺父親母親。每日則着我使牛耕種。薛仁貴也。幾時是我那發達的時節也呵。〔唱〕

【仙呂點絳唇】萬里青霄。四方明照。行仁道。俺父親他則着我耕種鋤鉋。

似恁的幾時上凌煙閣。

【混江龍】我如今五陵年少。不能彀奪旗撦鼓顯英豪。恰便似天邊老鴈。更和那雲外孤鶴。我不能彀邊塞上統軍居帥府。丹墀內束帶立於朝。我乾受了半生苦志十載劬勞。姜太公渭河邊垂釣。伍員在丹陽縣吹簫。待進來眼前有八荒荊棘。待退來腦後有萬丈波濤。我如今脩不成活計。壘不就窩巢。每日家苦淹淹守定這座大黃莊。空着我便眼巴巴盼不到長安道。我不能彀奮青雲雕鶚。我倒不如那傲夏日鷦鷯。

（云）薛仁貴也。幾時是你那發達的時節也呵。（唱）

【油葫蘆】空着我每夜思量計萬條。閑遙遙的何日了。看別人臥重裀食列鼎喜任消。一會家我運不行似喫着迷魂藥。一會家我志不成似喫着無心草。聖人道。貧不憂富不驕。我這裏怨天公安排得我便無着落。困蟄龍久隱在草團瓢。

【天下樂】幾時能彀宮殿風微燕雀高。我這裏便量也波度。不由我心內焦。則我那上天梯若還尋覓着。龍能彀致雨風。虎能彀奮牙爪。將我這平生志須應了。

（見旦兒科云）大嫂做甚麼。父親尋我來不曾。（旦兒云）薛驢哥。你在那裏來。父親母親尋你哩。你過去見父親去。（正末云）我見父親去。（做見孛老兒科）（孛老兒云）薛驢哥你來了也。（正末云）父親母親。您孩兒來了也。（孛老兒云）你那裏去來。（正末云）我使牛去來。（孛老兒云）你看他着言語支對我。你使牛去來。耕了多少田地。（正末云）我耕了二畝田地。（孛老兒云）好也。你去了一日。則耕了二畝田地。媳婦兒。將棒子來。我打這廝。（正末唱）

【那吒令】我這裏見父親。煩煩惱惱。（卜兒云）老的。休打孩兒。且饒過這一遭者。（正末唱）

母親那裏勸着。俺父親他㤼㤼懆懆。〔旦兒云〕哎約。這箇父親。今日也說打。明日也說打。不付能尋將來。父親可又不打他。〔正末云〕噤聲。〔唱〕他那裏嘴不剌的他也聒聒噪噪。〔孛老兒云〕我說着他。他倒尋媳婦兒的不是。孩兒也。你也似不的那閔子賢曾參孝。〔正末唱〕我似不的那閔子般賢。我學不的曾參般孝。和你一箇瞽瞍把我閑瞧。

〔孛老兒云〕黃桑棍拷折你腰。近不的你。我告到官中。着你坐下牢底來。〔正末唱〕

【鵲踏枝】動不動黃桑棒拷折腰。是不是坐囚牢。我可甚恭儉溫良。你可甚善與人交。〔孛老兒云〕你不做莊農生活。每日則是刺鎗弄棒。你怎麼能彀長進。〔正末唱〕有一日長全我這六梢。〔孛老兒云〕你可待往那裏去。〔正末唱〕我可敢飛騰過萬里青霄。

〔孛老兒云〕俺莊農人家。欲要富土裏做。欲要牢土裏鉋。你說你會武藝。你就在這草堂上數演一遍。我試看者。〔正末云〕我在這草堂上數演一遍。父親母親。你試看者。〔唱〕

【寄生草】我若是臨軍陣。惡戰討。遮莫他撲碌碌隊伍在這殺場上鬧。亂紛紛土雨在空中落。慢騰騰殺氣頭直上罩。遮莫便骨剌剌雜彩繡旗搖。遮莫便撲鼕鼕畫鼓征鼙噪。

〔孛老兒云〕孩兒也。俺則做莊農的好也。〔正末云〕父親。如今絳州龍門鎮。貼起黃榜。招安義勇好漢。您孩兒要投義軍去。不知父親母親意下如何。〔孛老兒云〕孩兒也。想着俺兩口兒眼睛一對。臂膊一雙。則看着你哩。你去了呵。可着誰人養活俺也。好也不要你去。歹也不要你去。〔卜兒云〕老的也。俺兩口兒偌大年紀也。則看着孩兒一箇。休着孩兒去。〔正末唱〕

【後庭花】休將你這歹孩兒留戀着。枉把我這功名來躭悞了。〔孛老兒云〕你這一去。憑着你甚麼武藝那。〔正末唱〕憑着我這四海五湖量。〔孛老兒云〕孩兒也則做莊農罷。〔正末唱〕我怎肯深村裏窮到老。〔孛老兒云〕兩陣之間。你怎生與他拒敵。〔正末唱〕你看我便顯英豪。聽您這歹孩兒言道。馬頭前若撞着。仗英雄顯榮耀。〔卜兒云〕孩兒也。便好道父母在堂。不可遠遊也。〔正末唱〕見母親留戀着。老家尊心內焦。

〔孛老兒云〕好共歹不要你去。〔正末云〕父親。您孩兒若不去呵。〔唱〕

【青哥兒】休阿枉惹的鄉人鄉人恥笑。〔云〕父親。您孩兒盡忠不能盡孝也。〔唱〕我報不的哀哀父母劬勞。〔孛老兒云〕孩兒也你伴着那沙三伴哥王留飲酒耍子可不好。〔正末唱〕我可甚麼人伴賢良智轉高。〔孛老兒云〕你聽的誰說來。〔正末唱〕則聽的絳州人道。黃榜上名標。我將這義軍來投了。骨剌剌擺開旗號。一馬相交。琩玎的箭對了飛刀。輕舒猿猱。磕答的搭住征袍。滴溜撲摔下鞍轎。將背唐朝高麗一隻手搭住頭梢。把那厮揣揣的拖來到。

〔孛老兒云〕孩兒也。便好道心去意難留。留下結冤讎。去則去。得官不得官。你則早些兒回來。休着老漢憂心也。〔正末云〕則今日好日辰。辭別了父親母親。便索長行也。〔卜兒云〕孩兒也。你這一去。得官不得官。則要你早些兒回來。休着我憂心也。〔正末云〕大嫂。你在家中好生看覷一雙父母。我若為了官呵。你便是夫人縣君也。〔旦兒云〕住住住。薛仁貴。父親在上。依着妾身說呵。可以待時守分耕種為活。堪可度日。侍奉一雙父母。不強似名利奔波。你堅心要去。我未知你的主意如何也。〔正末唱〕

【尾聲】我則要身到鳳凰池。有心待標寫在凌煙閣。與敵兵相持戰討。下寨安營邊塞遙。我胸中虎略龍韜。看殺氣陣雲高。蕩征塵土雨瀟瀟。則我這馬到處賊兵都退了。〔孛老兒云〕你這一去。憑着你些甚麼手策也。〔正末唱〕倚仗我撥天關手爪。憑着我這撼乾坤勇躍。搭着我這一腔鮮血立唐朝。〔下〕

〔孛老兒云〕孩兒去了也。這一去他必然為官也。老漢無甚事。回我那家中去也。眼觀旌捷旗。耳聽好消息。

〔同下〕

第二折

〔淨扮張士貴領卒子上云〕自小從來為軍健。四大神州都走遍。當日箇將軍和我柰相持。不會打話就征戰。我使的是方天畫桿戟。那廝使的是雙刃劍。兩箇不會交過馬。把我左臂廂砍了一大片。着我慌忙下的馬。荷包裹取出針和線。我使雙線縫箇住。上的馬去又征戰。那廝使的是大桿刀。我使的是雀畫弓帶過雕翎箭。兩箇不會交過馬。把我右臂廂砍了一大片。被我慌忙下的馬。荷包裹取出針和線。着我雙線縫箇住。上的馬去又征戰。那廝使的是簸箕大小開山斧。我可輪的是雙刃劍。我兩箇不會交過馬。把我連人帶馬劈兩半。着我慌忙跳下馬。我荷包裏又取出針和線。着我雙線縫箇住。上的馬去又征戰。那裏戰到數十合。把我渾身上下都縫遍。那箇將軍不喝采。那箇把我不談羨。說我廝殺全不濟。嗨。道我使的一把兒好針線。某乃張士貴是也。海外有一十六國。惟待平奠高麗國。高麗國他不強。手下新收一員上將。姓蓋名蘇文。官封大將摩利支。脊背上有五口飛刀。三口得用。百步之外。能取上將之首級。統領數萬人馬。在於鴨綠江白額坡前安營下寨。將天下各處的進貢盡皆邀截了。又下將戰書來。單搦俺大唐名將出馬。與他拒敵。某奉聖人的命。着某與軍師徐懋功在這絳州龍門鎮貼起黃榜。招安義軍好漢。今日三日光景也。並無那投軍的好漢。小校門首覷者。但有軍情事。報復我知道。〔卒子云〕理會的。掛起黃榜。看有甚麼人來。〔正末上云〕自家薛仁貴的便是。自從離了家中。來到這絳州也。你看那做買做賣的。是好熱鬧的城池也呵。薛仁貴。幾時是你那發達的時節也呵。〔唱〕

【正宮端正好】看別人雲滾滾省臺登。看別人雲滾滾省臺登。幾時能彀鬧穰穰公侯做。則他那謁朱門。緣木求魚。則這書中自有他這黃金屋。將我便久困在紅塵路。

【滾繡毬】每日家聽鐘聲山寺裏齋。趕宿頭古廟裏居。有那等財主每聽笙簧。則在那畫堂深處。如今那有學的酩子裏韞匵藏諸。我看了這今世圖。這時務。枉了我交語。赤緊的滿眼裏不辨賢愚。存的我這胸中三卷黃公略。我愁甚麼架上三封天子書。恰便似餓虎當途。

〔云〕兀那裏一簇人鬧。敢是那黃榜。我分開這人叢。揭了這黃榜者。小校報復去。道有一莊農。在於門首。

〔卒子云〕甚麼人揭了黃榜。你則在這裏。我報復去。〔報科云〕喏。報的元帥得知。有一莊家農夫。揭了黃榜也。〔張士貴云〕莊家他不去使牛去。來我這裏有甚麼勾當。着他過來。〔卒子云〕着過去。〔正末見科云〕喏。大人。小人黃榜在身。不能施禮。〔張士貴云〕這廝倒一條好漢。前頭看着恰似望後仰着。後頭看着恰似望前合着。好漢。狗背驢腰的。哦。是虎背熊腰。兩條臂膊恰似欄杆。兩箇拳頭恰似石鼓。兩條腿恰似井樁。一箇肚皮恰似簸箕。腦袋恰似栲栳。脖子恰似一條麻線。兀那廝。你那裏鄉貫。姓甚名誰。對我說一遍。我試聽者。

〔正末云〕聽小人慢慢的說一遍者。〔唱〕

【快活三】小人在龍門鎮是我祖居。〔張士貴云〕你可在那裏居住。〔正末唱〕大黃莊有我的家屬。〔張士貴云〕你從小裏習學甚麼武藝來。〔正末唱〕自小裏習文演武用工夫。〔張士貴云〕你可來俺這元帥府做甚麼。〔正末唱〕特地來奪富貴爭名目。

〔張士貴云〕你開的弓蹬的弩麼。〔正末唱〕

【朝天子】遮莫待開弓也那蹬弩。〔張士貴云〕你敢揚威耀武麼。〔正末唱〕揚威也那耀武。〔張士貴云〕你敢陣面上相持去麼。〔正末唱〕我情願陣面上相持去。〔張士貴云〕我就用你在我軍陣中做箇小卒。你意下如何。〔正末唱〕但能彀軍陣裏做一箇小卒。〔張士貴云〕我着你合後當先。你敢去麼。〔正末唱〕遮莫便合後等當先去。〔張士貴云〕兀那廝。你是軍健漢。逢山開路遇水疊橋。你敢去麼。〔正末唱〕遮莫待遇水疊橋。逢山開路。〔張士貴云〕你敢施威敢射虎麼。〔正末唱〕我可便敢施威敢射虎。〔張士貴云〕就用了這廝。〔正末唱〕大人若是用度用度了這勇夫。我馬到處寫滿了您那功勞簿。

〔張士貴云〕這廝說大言。你馬到處寫滿了功勞簿。瞞不過衆人。我做了三十年總管。那功勞簿上。怕有我一箇字兒。兀那廝。你不知道。說那摩利支。身凜凜貌堂堂。恰便似煙薰的子路。墨灑就的金剛。橫裏一丈。豎裏一丈。剔留禿魯。不知甚麼模樣。看了你這麼黃甘甘骨崖崖。一搭兩頭無剩。則怕你近不過那摩利支。他也小覷你也。〔正末唱〕

【四邊靜】摩利支將咱欺負。陣面上不刺刺的馬到處。他飛刀起難遮護。我箭發似流星般去。若見那箇匹夫。輕舒我這虎軀。(云)到來日三枝箭對了他那三口飛刀。不刺刺甲馬當先揪住袍。揝住帶滴溜撲摔在塵埃。(唱)我格支支攙折了那廝腰脊骨。

(張士貴云)這廝說大話。格支支攙折他腰脊骨。你長把摩利支腰脊骨攙折了便好。你廝殺的眼花了。你把我揉採住。攙折了我的腰脊骨。可怎麼了。兀那廝。你說了這半日。你可姓甚麼。(正末云)小人姓薛。(張士貴云)薛甚麼。(正末云)名仁貴。(張士貴云)這廝無禮也。可不道入城問稅。入衙問諱。我是總管張士貴。你是薛仁貴。你又貴。我又貴。這賤的着誰買。這廝悞犯大官諱字。(正末云)大人與小人改箇名字。(張士貴云)這廝也說的是。我替你改薛寫謝薛。(卒子云)百忙裏切字。(張士貴云)改做楔子兒。(卒子云)不好。(張士貴云)不好。改做雪裏梅。(卒子云)不好。(張士貴云)看了你這等箇模樣。好好就喚做窮雪裏。(正末云)謝了大人。(張士貴云)兀那廝。十八般武藝。甚麼打頭。(正末云)弓箭打頭。(張士貴云)你拽的硬弓麼。(正末云)拽的硬弓。(張士貴云)拿一石米的弓來與他拽。(卒子云)理會的。一石米的硬弓。(張士貴云)你拽。(正末云)這弓軟不中使。(張士貴云)再換那石五米的弓來與他拽。(卒子云)石五米的硬弓在此。(張士貴云)與他拽。(正末云)這弓又軟不中使。(張士貴云)討那兩石米氣力的弓來與他拽。(卒子云)兩石米的弓在此。(張士貴云)與他拽。(正末云)這弓軟不中使。(張士貴云)拿那鎮庫銅胎鐵靶寶雕弓來着他拽。(卒子云)那裏取去。(張士貴云)東庫裏尋去。(卒子云)東庫裏無有。(張士貴云)西庫裏尋去。(卒子云)西庫裏無有。(張士貴云)去家裏討。(卒子云)家裏無有。說元帥隨身帶着哩。(張士貴云)說我隨身帶出來了。可在那裏。等我想哦。我想起來了。原來可在我這頭庫裏着他拽。(正末云)大人這箇便是那鎮庫銅胎鐵靶寶雕弓。大人要幾箇滿。(張士貴云)這廝說大口。這一張弓是日南交趾國進將來的。聖人賜與了我。着我拿到家中。綁在梁上。我渾家大小七八十口人。打着千斤望下墜。也不曾墜的這弓開一些兒。你說道你拽三箇滿。休說道是三箇滿。你則拽的開一些兒。我也就用了你。(正末云)

一箇滿。兩箇滿。三箇滿。呀。拽折了這張弓也。〔張士貴云〕好漢好漢。兩輪日月。六合乾坤。也不曾見這麼好漢。把這腐篾兒拽做兩截。你常在這裏。拽折了弓。也罷了。上陣處拿將來的弓。你都拽折了。可不悮了我大事。這廝做的箇損弓折箭。這廝氣力大。小校推出轅門外。殺壞了者。〔正末云〕着誰人救我也呵。〔徐懋功上云〕老夫徐懋功是也。今因張士貴在這絳州招安義軍。許多時也。着老夫催趲義軍去。我來到帥府門首也。一簇人圍着一箇莊家後生。兀那小的。你得何罪犯。元帥要殺壞你。若說的是呵。我與你做主。〔正末唱〕

【齊天樂】當街裏馬頭來攔住。聽小人從頭細說當初。〔徐懋功云〕你那裏人氏。姓甚名誰。〔正末唱〕小人是農夫。大黃莊有我的家屬。來時節歡娛。到的這龍門鎮揭黃榜過去。正犯着大人名諱。他道是不用俺這村夫。磕答的弓拽折。急惱的元帥怒。他道我該斬該徒。

〔徐懋功云〕既然這等。正是英雄好漢。元帥怎生道要殺壞了你那。〔正末唱〕

【紅衫兒】軍兵牢拿住。綁在長街去。好教我氣長吁氣長吁。仰面嚎咷哭。大人也薛仁貴委實的啣寃負屈。

〔徐懋功云〕刀斧手且留人者。我見元帥。自有箇主意。令人報復去。道有軍師下馬也。〔卒子云〕喏。軍師下馬也。〔張士貴云〕道有請。〔卒子云〕有請。〔見科〕〔張士貴云〕軍師鞍馬上勞神也。〔徐懋功云〕元帥。招義軍不易也。〔張士貴云〕請坐。看茶來喫。〔徐懋功云〕元帥招了多少英雄好漢。〔張士貴云〕軍師。自你去後三日。並無一箇蠅蠓狗蚤。來投義軍的。〔徐懋功云〕你道不曾有一箇。小校。着那莊家後生過來。〔正末見科云〕喏。〔徐懋功云〕元帥。你道無一箇。這小的得何罪犯。你要殺壞了他。〔張士貴云〕軍師。說起他的罪過來。大似狗蚤。他走將來。看着我也不施禮。他說馬到處寫滿功勞簿。瞞不過你。我做了三十年總管。功勞簿上。怕有我一箇字兒。這箇也罷了。他又要撧折了摩利支的腰脊骨。老子。他常把摩利支腰脊骨撧折了。便好。殺的他眼花了。把我拿住。撧折腰脊骨。我殘疾一世兒。這箇也罷。我說你拽的弓麼。拿將來的弓嫌軟。

與他那鎮庫銅胎鐵靶寶雕弓。着他拽。你說這廝無禮麼。他把一根席篾兒撚做兩斷。則爲他損弓折箭。氣力忒大。因此上拿出去殺壞了。（徐懋功云）這箇正是好漢。元帥未曾與摩利支交鋒。先殺一箇軍士。做的箇於軍不利。老夫不敢自專。乞元帥尊鑑不錯。（卒子慌報云）喏。摩利支索戰。（徐懋功云）元帥。摩利支索戰。他若敢跟的元帥破摩利支去。贏了將功折過。輸了二罪俱罰。元帥意下如何也。（張士貴云）既是這等。看着軍師面皮。饒了那廝者。（徐懋功云）兀那薛仁貴。你敢跟的元帥。破摩利支去麼。（正末云）我敢去。我敢去。（徐懋功云）你用甚麼衣甲頭盔鎗刀器械。（正末云）我用白袍白甲素銀盔。丈二方天畫桿戟。踍下騎一匹白馬。要一張硬弓。我自有七枝連珠箭。（徐懋功云）元來正是天子應夢的將軍。說與軍正司。便關與他衣甲頭盔鎗刀器械。薛仁貴。你小心在意者。你若得了勝。自有加官賜賞。（張士貴云）便領與他衣甲。跟將我廝殺去。（正末云）大人放心也。（唱）

【尾聲】願吾皇懾夷狄。降邊國。千千年九五飛龍齊天福。願吾皇永坐着宗廟舊家邦。老萬萬載百二山河壯帝居。到來日看排兵列士卒。蕩征塵。騰土雨。旱路上土。水面上浮。成不的功。變不的虎。我直殺的他吶不的喊。搖不的旗。放心也我着他便擂不的鼓。（下）

（張士貴云）軍師。你緊守營寨。我與摩利支交戰。走一遭去。大小三軍。聽吾將令。三通鼓罷。拔寨起營。到來日忙擂破鼓。急篩歪鑼。聚豆腐軍一萬。妳妳軍八千。人人英雄。喫飯處拚命當前。箇箇很慵。都在帳房裏打盹。俺這裏大旗頭。小旗頭。偏能喫飯。放下筯。撇下碗。肚裏又饑。張獨子。李獨子。忙輪麁拐。常秃廝。王秃廝。頭似鹽梅。宋長官。劉長官。偷人家貓狗。小賈兒。小魏兒。搶人家肥鷄。到晚夕下寨安營。到來日看俺相持。俺見他來。諕的俺一齊落馬。諕的俺丟了箭。撇了甲。掉了頭盔。他那裏雄赳赳。氣昂昂。一箇箇都是好漢。我領着些無鼻子。少耳朵。駝着腰。瘸着腿。都是些鷹嘴刺梨。（卒子隨下）（徐懋功云）元帥領白袍小將。與摩利支相持廝殺去了。老夫不敢久停久住。回聖人話。走一遭去。奉命親差豈自由。興師遣將統戈矛。海東名將休誇勇。應夢英雄出絳州。（下）

楔子

〔摩利支騎馬兒引卒子上云〕昨夜西風透錦袍。將軍呵手撚弓鞘。休言十載寒窗苦。不比征夫半日勞。某乃大漢高麗國人氏。姓蓋名蘇文。官封摩利支。凡爲將者。要知天文。曉地理。觀氣色。辨風雲。某文通三略法。武解六韜書。三略者。一曰天略。二曰地略。三曰人略。六韜者。一文韜。二武韜。三龍韜。四虎韜。五豹韜。六犬韜。此乃是黃公三略法。呂望六韜書。俺軍中有七要。是那七要。一要仁。二要信。三要賞。四要罰。五要謀。六要勇。七要變。坐籌帷幄之中。決勝千里之外。排白虎得勝轅門。列黃旛豹尾帳下。錦衣使者。肩擔着赤羽旌幢。清秀兒郎。手持着吳鈎越戟。陣前列五運轉光旗。帳下擺順天八卦蓋。五運轉光旗者。有虎鴉旗。日月旗。龍鳳旗。得勝旗。轉光旗。八卦蓋者。是乾坎艮震巽離坤兌。俺這裏軍不斷不齊。將不嚴不整。令字旗催促先鋒。帥字旗爲軍中眼目。豹纛旗開。犯令者不論親疎。得勝旗搖。收軍望封官賜賞。軍隨印轉行直正。罪若當刑先言定。在朝休悞天子宣。莫違閫外將軍令。現在海東有一十六國。與大唐年年進奉。累歲稱臣。惟有俺高麗。不順大唐。某脊背上有五口飛刀。三口得用。百步之外。能取上將首級。久鎮在鴨綠江白額坡前。將各處進奉。都邀截了。下將戰書去。單搦大唐名將出馬。聽知總管張士貴領兵前來。要與某拒敵。量他到的那裏。某則今日點就三軍。與張士貴相持。走一遭去。大小三軍。聽吾將令。到來日甲馬不得馳驟。金鼓不得亂鳴。不許交頭接耳。不得語笑喧呼。但違令必當斬首。到來日都要擐甲與披袍。兵士列鎗刀。風捲龍蛇影。雜彩繡旗搖。南山射猛虎。北海斬長蛟。逢山須開道。遇水要疊橋。人人施勇猛。箇箇顯英豪。一箇箇頭頂金盔腕懸鞭。驅兵領將數十員。拿住總管張士貴。放心血濺東南半壁天。〔下〕〔淨張士貴領卒子騎馬兒上云〕某乃總管張士貴是也。如今與摩利支交戰去。大小三軍。擺開陣勢。塵土起處。摩利支這早晚敢待來也。〔摩利支騎馬兒上云〕　某乃摩利支是也。大小三軍。擺開陣勢。那壁廂塵土起處。來者何人。〔張士貴云〕你來者何人。〔摩利支云〕某乃大將摩利支。是你爹爹。〔張士貴應云〕哎。風大不聽見。〔三科〕〔摩利支云〕你是何人。〔張士貴云〕某乃總管張士貴。是你的孫子哩。〔卒子云〕你怎麼道與他做孫子。〔張士貴云〕我怎麼道是孫子。如今交馬處。無三合。無兩合。則一合拿將我過去。他拿起刀來。恰待要殺。罷。饒了你。他是我的孫子哩。〔卒子云〕也殺了。〔摩利支云〕量你到的那裏。與我操鼓來。〔做交馬科〕〔張士貴云〕我也近不的他。我與你走了罷。走走走。〔下〕〔摩利支云〕這廝輸了也。量你走的到那裏。我不問那裏趕將去。〔正末騎馬兒上云〕大小三軍擺開陣勢者。來者何人。〔摩利支云〕你來者何人。〔正末云〕某乃大唐大將薛仁貴是也。你敢相持麼。〔摩利支云〕薛仁貴有張士貴被我殺敗了。量你到的那裏。與我操鼓來。〔正末唱〕

【仙呂賞花時】那廝便耀武揚威說大言。怎敢今番奪衆權。〔摩利支云〕我飛刀起。〔正末云〕箭對了。〔摩利支云〕飛刀起。〔正末云〕箭對了。〔摩利支云〕飛刀起。〔正末云〕箭對了。〔摩利支云〕五口飛刀對了我三口。留着兩口防身。不中。我也近不的他。撥回馬。我與你走走走。〔下〕〔正末唱〕他那裏飛刀起。我這裏箭離絃。殺的他身軀倒偃。我見他撥回馬走當先。

【么篇】你可甚爲看青山懶贈鞭。看的俺唐十宰公卿如芥蘚。遮莫他變做神鬼化做飛仙。〔云〕待走往那裏去。〔唱〕離不了天涯和那海邊。〔云〕衆軍校跟我去來。〔唱〕我與你直趕到他這箇燄魔天。〔下〕

第三折

〔高麗將上云〕顯耀英才天地中。衝衝志氣展長虹。夷狄之國多雄壯。赳赳威名鎮海東。某乃高麗大將是也。俺國有一十六國。與大唐年年進奉。累歲稱臣。惟有俺高麗國。不順大唐。可是爲何。某手下有一員上將。姓蓋名蘇文。官封摩利支。脊背上有五口飛刀。三口得用。百步之外。能取上將首級。久鎮在鴨綠江白額坡前。某聽的大唐家病了秦瓊。貶了敬德。兵微將寡。我差人下將戰書去了。單攝大唐名將出馬。與俺摩利支交戰。未知輸贏勝敗。使的箇報喜探子去了也。這早晚敢待來也。〔正末扮探子上云〕一塲好廝殺也呵。

〔唱〕

【越調鬭鵪鶉】走的我汗似湯澆。渾身上水洗。恰離了亂攛攛軍營。急煎煎盼不到元帥府裏。兩隻腳飛騰。一聲兒喘起。苦士家傾敗國。惡戰敵人。着箭踉蹌。身歪馬中鎗。驚急裏腳失。

【紫花兒序】熖騰騰火燒了寨柵。浪滔滔水渰了營壘。不剌剌馬踏碎了
城池。英雄虎將。世上無敵。難及。一箇箇擐甲披袍。那氣勢耀武揚威。擂鼓
篩鑼。吶喊搖旗。
〔見科云〕報報報。喏。〔高麗將云〕好探子也。他從那陣面上來。我則見喜色旺氣。一張弓彎秋月。兩枝箭插
寒星。三尺劍掛小貂裘。四方報急閩探子。五花營內。來往有似攛梭。六隊軍卒。上下有如交頸。七尺軀肩擔
着令字旗。戴一頂八角紅纓桶子帽。久久等待你許多時。實實的細說你那軍情事。探子。你喘息定。慢慢的
說一遍。〔正末唱〕
【寨兒令】鼓震的山嶽摧。喊一聲鬼神悲。蕩征塵翻滾滾天日輝。領雄兵
迎敵。厮殺相持。〔云〕出馬來出馬來。〔唱〕則聽的高叫一聲似春雷。
〔高麗將云〕這壁廂是俺摩利支出馬。好將軍也。頂盔擐甲。掛劍懸鞭。彎弓插箭。張士貴見了俺摩利支。可
是怕也不怕。探子。你喘息定。慢慢的再說一遍。〔正末唱〕
【么篇】垓心裏耀武揚威。陣面上擂鼓奪旗。摩利支冠簪着金獅豸甲。掛
着錦唐猊。坐下馬渾一似赤狻猊。
〔高麗將云〕俺摩利支。戴一頂描星辰晃日月龍海獸玲瓏三叉紫金冠。披一副遮的刀迎的箭黃金
打柳葉砌成的龜背唐猊鎧。穿一領晃日月爍人目猩猩血染西川十樣無縫錦征袍。跨下騎一匹兩耳尖
四蹄輕胸膛闊尾靶細日行千里胭脂馬。輪一口獸吞頭蘸金鑌冷颼颼逼人寒百斤合扇大桿刀。張士貴
輸了也。〔正末云〕有一白袍小將出馬。好將軍也。馬騎西海雪麟兒。人若天王玉戟枝。高叫摩利支休得走。
今日箇白袍將等待許多時。〔高麗將云〕你可慢慢的再說一遍。〔正末云〕大唐家一員白袍小將出馬。好
將軍也。〔唱〕
【鬼三臺】他又不曾言名諱。不使甚別兵器。他使一條方天畫桿戟。身穿
着白袍白甲頭戴着素銀盔。猛見了恰便似西方神下世。這一箇合扇刀

望着腦蓋上劈。那一箇方天戟不離了軟脅裏刺。這一箇恨不的揣揣的扯碎了黃旛。那一箇恨不的支支的頓斷豹尾。

（高麗將云）一箇白龍馬蕩散征塵。一箇胭脂馬衝開殺氣。白袍將四縫盔倒展雙纓。摩利支三叉冠斜飄雉尾。摩利支搖定犀角靶。白袍將搭上紫金鈚。（正末云）摩利支見刀不中。和和和。連撇起三口飛刀。白袍將見箭不中。着着着。連射三枝神箭。刀中仁貴唐朝失箭射番兵遼國休。連撇刀不中唐朝白額虎。則一箭射退遼東錦毛彪。（高麗將云）你可慢慢的說一遍。（正末唱）

【禿廝兒】兩員將各施武藝。兩員將比並高低。他兩箇棋逢對手難摘離。兩員將費心機。好蹺蹊。

【聖藥王】摩利支命運低。那將軍分福催。則他這英雄虎將世間稀。這一箇颼颼的刀去劈。那一箇着着的箭發疾。⿰王吉玎璫相對在半空裏。足律律迸一萬道家火光飛。

（高麗將云）摩利支輸了也。白袍小將贏了也。天命有感用機謀。展土開疆立帝都。遼兵正中連珠箭。聖明天子百靈扶。探子無甚事。自回營中去。（正末唱）

【尾聲】高麗家休占那中原地。年年進金珠寶貝。十萬里錦繡江山。願陛下永坐定蟠龍兀金椅。（下）

（高麗將云）摩利支輸了也。白袍小將贏了也。俺收拾方物。與大唐進奉走一遭去。饒你深山共深處。到頭都屬帝王家。（下）

第四折

（徐懋功領卒子上云）老夫徐懋功是也。今有總管張士貴。領白袍小將。與摩利支相持廝殺去了。聽知的張士貴大敗虧輸。若不是薛仁貴當住海口。三箭定了天山。怎能彀殺退遼兵。聖人已知。將他父母家屬。取赴京師。賜宅居住。老夫在此帥府。安排筵宴。犒勞三軍。就要加官賜賞。令人請他父母去了。怎生不見來。令人門首覷者。若來時。報復我知道。〔卒子云〕理會的。〔淨張士貴上云〕某乃張士貴是也。昨日喫那摩利支殺的我大敗虧輸。早是我的馬快走。爭些兒着他拏將去了。我便走了。聽的人說薛仁貴三箭定了天山。殺退了摩利支。又無人知道。則說是我的功勞。誰敢說我甚麼。我見了聖人。則說是我的功勞。誰敢與我對話。必然又加官賜賞。小校報復去。道有張士貴來了。〔卒子云〕理會的。〔報科云〕喏。張士貴來了也。〔徐懋功云〕着他過來。〔卒子云〕着過去。〔做見科〕〔張士貴云〕軍師恕罪。劍甲在身。不能施禮也。〔徐懋功云〕張士貴。你征摩利支如何。〔張士貴云〕我贏了也。我把摩利支殺的他片甲不歸。口咬殺高麗大將屁綳殺摩利支。都是我的功勞。將酒來。與我擡手喫三鍾。軍師。你就加了官。我家裏喫酒兒去也。〔徐懋功云〕噤聲。小校與我拏下張士貴者。你剗的還戲說哩。你被摩利支殺的大敗虧輸。若不是薛仁貴當住海口。怎能彀殺退遼兵。三箭定了天山。聖人已知也。這功勞都是薛仁貴。你賴他的功勞。本合該斬首。饒你項上一刀。則今日打爲庶民。永不敘用。又出轅門去。〔張士貴云〕罷了。今番賴不成這功了。打爲百姓也罷。作莊農去也。苦莊三頃地。伏手一張鋤。倒能彀喫渾酒肥草雞兒。可不快活。我是張士貴。苦莊三頃地。一頓三碗飯。喫的飽了炕上睡。〔下〕〔徐懋功云〕令人與我請將薛仁貴的父母來者。〔卒子云〕理會的。〔做喚科〕〔孛老兒同卜兒旦兒上〕〔孛老兒云〕老漢薛大伯的便是。自從薛驢哥投義軍去了。音信皆無。今有大人。取俺三口兒到京師。見大人去來。可早來到也。令人報復去。道有薛仁貴父母在於門首。〔卒子云〕理會的。〔報科云〕有薛仁貴父母在於門首。〔徐懋功云〕道有請。〔卒子云〕有請。〔做見科〕〔孛老兒云〕大人呼喚俺三口兒有何事。〔徐懋功云〕你是薛仁貴一雙父母。可都老了也。你且在那班部叢中有者。〔孛老兒云〕老漢理會的。〔徐懋功云〕令人與我請將薛仁貴來者。〔卒子云〕理會的。〔正末上云〕某薛仁貴是也。誰想有今日也呵。〔唱〕

【雙調新水令】則我這布衣孜換紫襴新。誰想我撥天關一聲雷震。青霄飛鳳鳥。黃閣上畫麒麟。〔云〕當初若依着我父親呵。〔唱〕守着他那水館深村。尚兀自捱不出那貧困。

〔云〕可早來到也。小校報復去。道有薛仁貴來了也。〔卒子云〕理會的。〔報科云〕薛仁貴來了也。〔徐懋功云〕道有請。〔卒子云〕有請。〔做見科〕〔正末云〕軍師呼喚薛仁貴有何事也。〔徐懋功云〕薛仁貴望闕跪者。聽聖人的命。爲你殺退遼兵多有功勞。加你爲天下兵馬大元帥。謝了恩者。〔正末云〕大人可憐見。小人不敢受這官職。〔徐懋功云〕聖人與你封官賜賞。你因何不受。〔正末云〕大人。薛仁貴家中有一雙父母。年紀高大。無人侍養。因此上不敢受這官職。〔徐懋功云〕此人忠孝雙全。薛仁貴。兀那班部叢中有兩口兒老的。你試看去者。〔正末做看科〕〔唱〕

【甜水令】我在這班部叢中。秉笏披袍。抽身忙褪。我這裏獨步出轅門。〔孛老兒云〕一箇大人來了也。〔正末唱〕我則見他便老弱尫羸。腰屈頭低。霜髯雪鬢。〔孛老兒云〕兀的諕殺老漢也。〔正末云〕兀的不是我父親母親也。〔唱〕年邁箇也。堂上雙親。

〔孛老兒云〕媳婦兒。扶著你母親靠後些。〔正末云〕休道俺父母不老。〔唱〕

【折桂令】和我那賽楊香憔悴了精神。〔孛老兒云〕大人你是誰。〔正末云〕父親母親。你認的你孩兒薛驢哥麼。〔孛老兒云〕誰是薛驢哥。〔正末云〕則您孩兒便是薛驢哥。〔孛老兒云〕孩兒你做了官也。兀的不歡喜殺老漢也。〔正末唱〕我這裏便展腳舒腰。安樂者波。堂上雙親。〔卜兒云〕大人請起。兀的不諕殺老身也。〔正末唱〕我如今狀貌堂堂。威風赳赳。志氣凌雲。〔孛老兒云〕孩兒也。你如今得了箇甚麼官也。〔正末唱〕我如今下馬爲朝中宰臣。上馬爲閫外將軍。〔孛老兒云〕孩兒你多受了些辛苦也。〔正末唱〕我受了些熱血相噴。萬苦千辛。恰便似翻滾滾的雪浪裏逃生。您兒今日箇便跳過龍門。

〔徐懋功云〕您一家兒望闕跪者。聽聖人的命。爲你多有功勞。忠孝雙全。加你父親爲老評事之職。賜金千兩。香酒百瓶。玉柱杖一條。謝了恩者。〔孛老兒云〕感謝聖恩。孩兒也。大人的命。陞我爲老評事。賜金千兩。香酒百瓶。玉柱杖一條。兀的不歡喜殺我也。〔正末唱〕

【喬牌兒】酩子裏添笑忻。十載受勞困。老來也又得官一品。〔云〕父親。您孩兒不道來。〔孛老兒云〕你道甚麼來。〔正末唱〕你兒道是改家門有定准。

〔孛老兒云〕孩兒也大人賞我黃金千兩。香酒百瓶。玉柱杖一條。喜歡殺老漢也。〔正末唱〕

【掛玉鉤】索強如段段田苗可便接遠村。〔孛老兒云〕這箇原來是玉柱杖。〔正末云〕這玉柱杖〔唱〕索強似您打麒麟的黃桑棍。〔孛老兒云〕又與俺香酒百瓶也。〔正末云〕父親。您休喫了。留者。〔孛老兒云〕留者做甚麼。〔正末唱〕咱可索答荷天公雨露恩。〔孛老兒云〕孩兒也。休題舊話。〔正末唱〕我將這勇烈施逞盡。〔孛老兒云〕我老漢老了也。拂綽了土滿身。梳掠起白髭鬢。這的是一日爲官強似千載爲民也。〔正末唱〕拂綽了土滿身。梳掠起白髭鬢。這的是一日爲官。索強似千載爲民。

〔徐懋功云〕您一家兒望闕跪者。聽聖人的命。薛仁貴。則爲你多有功勳。如今加你爲征東兵馬大元帥。金吾上將軍。你父月支三品俸。你母爲太平郡夫人。你妻爲賢德夫人。您聽者。統干戈掃蕩征塵。秉忠心建立功勳。方天戟寰中罕有。連珠箭世上絕倫。平高麗重安社稷。保華夷再整乾坤。加你爲征東司馬。鎭偏邦征虜將軍。薛大伯賜金千兩。望金鑾拜謝皇恩。

題目　薛仁貴跨海征東

正名　摩利支飛刀對箭

瘸李岳詩酒翫江亭雜劇

第一折

〔冲末扮東華仙領八仙同仙童上〕〔東華云〕萬縷金光燦碧霞。三山海島暎仙家。片片綵雲風散盡。融融麗日照東華。貧道乃東華紫府少陽帝君是也。吾傳太清之道。隱於崑崙山中。以東華至真之氣。碧海之上。蒼靈之墟。脩真養性。累積善功。以成正道。掌管玉霄紫府洞天福地三島十洲蓬萊之境。貧道德傳於世天上天下。三界十方。登仙得道。名記丹臺。方得成道。我閑騎白鹿遊三島。笑跨黃鶴翫九州。貧道因赴天齋以回。為西池王母殿下。金童玉女有一念思凡。本當罰往酆都受罪。上帝好生之德。着此二人往下方酆州託化為人。金童乃是牛璘。玉女是趙江梅。恐防此二人到於人世之間。戀着那酒色財氣。人我是非。迷却仙道。悠八仙之中。可差那一位下方度脫此二人去。〔鍾離云〕上仙。貧道舉一人。乃是鐵拐李。此人神通廣大。變化多般。能造逡巡酒。善開頃刻花。因此上去的也。〔東華仙云〕既是這等。便着鐵拐李岳直至下方。度脫此二人走一遭去。還歸正道。返本朝元。貧道自有箇主意。一任教兔走烏飛。用道法點化心回。待二人功成行滿。同共赴閬苑瑤池。〔下〕〔卜兒上云〕花有重開日。人無再少年。休道黃金貴。安樂最值錢。老身姓劉。夫主姓趙。不幸夫主早年間辭世。別無甚得力兒男。止有一女。乃是江梅。未曾許聘他人。近新來招了箇女婿。姓牛。是牛璘。家中頗有幾貫財錢。人皆員外呼之。員外去那江邊蓋了一座亭。名曰是翫江亭。每日與俺女孩兒。在翫江亭上飲酒。下次小的每扶侍着。去翫江亭上飲酒去。小心在意者。一壁廂便說與牛員外。早些兒回來。老身無甚事。且回後堂中去也。〔下〕〔淨牛員外領家童上云〕俺起早。道起早。禮拜三光天未曉。在城多少富豪家。不識明星直到老。小可人酆州人氏。姓牛名璘。家中頗有些資財。人口順。都將我員外呼之。平日之間。好打雙陸。下象棊。折牌道字。頂真續麻。無所不通。無般不曉。嫡親的三口兒家屬。有母親在堂。渾家姓趙。小字江梅。我這大姐生而聰明。長而智慧。我為大姐。在這江那邊蓋了一座亭。名曰是翫江亭。今日是大姐生辰貴降之日。我要在家裏安排筵席。則怕那六人親眷每來攪了我這筵席。故意的在此翫江亭上安排酒餚。早上着人請大姐去了。不見到來。小的每江上看者。若大姐來時。報復我知道。〔正旦引梢公梅香上〕〔梢公云〕來哎。來哎。不要慌。不要慌。哎。一家和氣。孝爲先。奉侍雙親了。總歡然。人生在世長安樂了那。焚香頂禮。則箇謝皇天呵。噲噲。〔正旦云〕妾身鄞州人氏。姓趙。小字江梅。嫡親的三口兒家屬。母親在堂。夫主姓牛名璘。家中頗有幾貫資財。人口順。將俺員外呼之。俺員外在江那邊蓋了一座亭。名曰是翫江亭。今日是我生辰賤降之日。牛員外在翫江亭上。安排酒果。與我做生日。須索走一遭去。是好受用也呵。〔唱〕

【仙呂點絳唇】則我這寶篆氤氳。麝蘭香噴。家滋潤。瑞氣迎門。端的是人物偏丰韻。

【混江龍】則我這髻鬟雲鬢。更和這玉搔珠結應時新。金鈿笑靨。翠點眉顰。穿的是雲繡雙肩絨錦襖。更和那冰絲六幅蕩湘裙。端的是梳妝的儀態天然俊。俺便是箇富家的仕女。勝似他這宰相佳人。

〔云〕梢公纜住船。〔梢公云〕理會的。小人攛下脚踏板。請娘子上岸。我去兀那柳陰直下歇息去也。〔下〕〔正旦云〕上的這岸來。到這亭子上也。〔牛員外云〕呀呀呀。早知大姐來到。只合遠接。接待不着。恕牛璘之罪。大姐請坐。〔正旦云〕員外。量妾身有何德能。着員外如此用心也。〔牛璘做遞酒科云〕下次小的每擡上果桌來者。將酒來。與大姐遞一盃。大姐滿飲一盃。我無甚麼與大姐。金銀玉頭面三副。每一副二十八件。每一件兒重五十四兩。怕大姐愛逛時都戴在頭上。壓破頭。可不干我事。〔正旦云〕員外。喒有這錢便親。無錢便不親。你還少我多哩。〔唱〕

【金盞兒】俺如今正青春。笑歡欣。〔牛員外云〕再將來紗羅紵絲三十疋。權爲手帕。休嫌輕微也。〔正旦唱〕量這些〻浮財兒休把我真心引。〔牛員外云〕小生數月前。着人往各處去買時新的案酒果品。今日與大姐慶賀貴降也。〔正旦唱〕費了你許多錢物。與賤妾做生辰。〔牛員外云〕爲這幾件頭面兒不打緊。我半年前。裏倒下金子。雇人匠累絲廂嵌。何等的用心哩也。〔正旦唱〕愛才郎偏着意。量這些〻頭面兒不關親。我則理會的易求無價寶。端的便難買俺這少年人。

〔牛員外云〕大姐請穩便。等牛璘前後執料去者。下次小的每將一應的船隻都攏住者。靠到這岸邊來。連環鉤搭。一隻連住一隻。可是為何。則怕有那閑雜人來攪了我這筵席。我不道的饒了你哩。將酒來。慢慢的飲幾盃。看有甚麼人來。〔鐵拐扮先生上云〕世俗的人。哎。跟貧道出家去來。我着你人人成仙。箇箇了道也。一脚高蹻一脚輕。鬅鬆短髮數星辰。世人休笑蒼蒼拐。我這拐攪的黃河徹底清。貧道上八仙鐵拐李岳是也。今奉上仙法旨。有金童玉女一念思凡。罰在下方鄜州。金童為男子身。玉女為女子身。金童是牛璘。玉女是趙江梅。牛璘有萬貫家財。在趙江梅家作贅。今日是趙江梅生辰貴降之日。本待家中安排酒餚。怕有六人親戚打攪。此人在江那邊蓋了一座亭。是翫江亭。此人在亭上飲酒。將船隻都攏在江那邊去了。則說貧道過不去。疾。牛璘那稽首。〔見科〕〔牛員外做驚科云〕好一箇道貌非俗的先生。師父你從那裏來。〔先生云〕我從天上來。〔牛員外云〕掉下來跌破頭。〔正旦云〕員外你過來。我問他者。甚箇獺先生。〔牛員外云〕大姐。他是箇出家兒人。休毀謗他。〔先生云〕趙江梅也跟貧道出家去來。〔正旦云〕師父。你來做甚麼。〔先生云〕我來與你做生日來。〔正旦云〕你來與我做生日。梅香。擡了他那羊。擔了他那酒。有甚麼與我做生日。〔先生云〕俺出家兒人。一鉢千家飯。孤身萬里遊。那得那羊酒來。我有四句詩。與你上壽。〔正旦云〕將來我試看者。好寫染也。詩曰。一樹寒梅恰正開。可憐春盡落香堦。仙家冷眼偷窺覷。移向瑤池檻內栽。這四句詩可也道的好。〔先生云〕您卻不得知道哩。我與您做師父。您與我做箇徒弟。跟的我出家去來。〔正旦云〕你與俺做師父。俺與你做徒弟。你聽者。〔唱〕

【醉中天】你怎管那驪邪院裏三臺印。錯猜做蓬萊洞裏那箇真人。哎。你一箇一脚的先生驀入俺門。我急索把你箇吾師來問。你莫不是四皓。八仙七真。〔云〕我猜着了也。〔唱〕你則是箇上八洞裏的齊孫臏。

〔先生云〕他嗓磕我這條腿哩。趙江梅牛璘。您跟我出家去來。我有十箇字。便着你做神仙也。〔正旦云〕是那十箇字。〔先生云〕為甚不爭名。會與高人論。〔做笑科〕〔正旦云〕這十箇字不道着俺。單道着你。〔先生

云〕怎生道着我。〔正旦云〕爲甚不爭名。會與高人論。你聽者。〔唱〕

【金盞兒】你則是怕當軍。佬爲民。兩樁兒曾與高人論。你有則得半仙之分。你更不去真速離了。八仙洞。飛下那九天門。你則是箇逍遙雲外客。特地來點化俺這世間人。

〔牛員外云〕大姐出家兒人。休毀傷他。收拾了酒餚。看船隻。喒回去來。師父。俺出不的家。梢公那裏。〔梢公上云〕小人攛下脚踏板。請員外娘子上船。〔先生云〕您兩箇好緣分薄淺也。〔正旦云〕師父。俺出不的家。喒回去來。〔唱〕

【尾聲】俺這梅他粉包了心。檀黃嫩。插在那銀瓶裏宜得水温。如麝如蘭香噴噴。端的有欺霜傲雪的精神。呰。你箇許真人白日飛昇。比不的岳陽樓下枯乾了的柳樹神。他也無那神仙的福分。則有些江梅丰韻。冷清清今夜待黃昏。〔下〕

〔牛員外云〕大姐上船。喒回去來。〔下〕〔先生云〕牛璘。趙江梅。你兩箇好緣薄分淺也。你若肯跟貧道出家去。我着你使寒暑不侵其體。養日月不老其顏。龍蟠金鼎。煉華池一液浸通。玉戶金闕。使姹女嬰兒鎖定。我着他身登紫府。朝三清位拜真人。名記丹臺。使九族不爲下鬼。我與他閻王簿上除名字。紫府宮中立姓名。指開海角天涯路。引的迷人大路行。〔下〕

第二折

〔店小二上云〕造成春夏秋冬酒。醉倒東西南北人。若是空心喫一盞。登時蟄的肚皮疼。小可人是箇賣酒的。在此開着箇酒店。但是南來北往經商客旅。做買做賣。推車負擔。都來我這店裏喫酒。我這酒店十分興旺。是這牛員外的酒店。他閑常不來。一箇月便和我算一遭帳。昨日着人來說。今日要來與我算帳。我打掃的酒店乾淨。看有甚麼人來。〔牛員外上云〕小可人牛璘的便是。自從亭子上與大姐做生日去。見了那箇先生。他着我跟他出家去。不知怎生。這幾日睡裏夢裏。但合眼便則是見那箇先生。先生道是。咦。牛璘。跟貧道出家去來。喫他也纏的我慌也。我這裏開着箇酒店。多時不會去算帳。一來算帳。第二來就趕那先生去。
說話中間。可早來到也。店小二。〔店小二云〕員外來了也。有請。〔牛員外云〕我這幾日不會與你算帳。〔店
小二云〕員外一向不會算帳。今日可算一算帳。買米十五石。使銀十五兩二錢七分半。〔牛員外云〕住。我
且不與你算帳。你把那前後門都與我重重疊疊的關閉的牢者。休放一應閑雜人來。我這裏坐一坐。釃一
瓶好酒來。我自家喫幾鍾。〔店小二云〕員外且不算帳。要喫酒呵。有乾榨酒。聽的員外來。我就倒上一桶涼
水。我關門就釃酒去。我把這前後門都關閉了。我回他話去。員外。前後門都關閉了也。員外。酒在此。〔牛員
外云〕你去。我自家喫幾鍾。〔店小二云〕理會的。〔先生上云〕貧道鐵拐李岳是也。有牛璘在店肆中算帳。
他那裏是算帳。他則是趕貧道。可早來到也。他這門更關着。則道貧道人過不去。這裏不顯神通。那裏顯神
通。疾。牛璘那。跟貧道出家去來。〔牛員外失驚科云〕師父。你從那裏來。住。你敢從天上來麼。〔先生云〕這廝
他攙了我的也。〔牛員外云〕師父請坐。師父你喫酒麼。〔先生云〕不拘葷素。便是酒我也食用。〔牛員外云〕
此處是牛璘的酒店。等牛璘安排些酒來。與師父喫。店小二。你來。〔做打科云〕我着你把那前後門都與我
重重疊疊關閉的牢者。我對你說甚麼來。我趕這先生。你怎生放過他來。〔店小二云〕爹你不信。你看我前
後門都關閉的牢牢的哩。〔牛員外云〕既是關閉着這門。他可從那裏來。〔店小二云〕他敢往貓道裏鑽過
來。〔牛員外云〕安排酒來。師父滿飲一盃。〔遞酒科云〕師父不知此處是牛璘的箇酒店。酒怕無有。爭柰無
有案酒。師父略坐一坐。等牛璘去買些新鮮的案酒。新鮮的果品來與師父同飲幾盃。有何不可。〔先生云〕
你看案酒去。〔牛員外做出門科云〕店小二。後槽上有風也似快馬。背一匹來。我那裏是買案酒。這先生纏
的我慌也。如今我騎着這馬。這等郊野外。一來賞翫景致。二來就趕這先生。那走一遭去。〔下〕〔先生云〕牛
璘那。〔笑科云〕燕雀豈知鴻鵠志。頑童不解老仙機。牛璘也。你怎生瞞的過貧道。他推買案酒。騎着風也似
快馬。去那郊野外趕貧道。投到你到郊野外趕我。我先到郊野外等着你。他不肯訪道尋真。戀榮華愛物貪
嗔。推買物山中去趕貧道。我出荒郊先等牛璘。〔下〕〔店小二做哭科云〕阿呀。來麼來麼。你看我那造物。今
日員外來算帳。帳也不會算的成。他着我把前後門都關閉了。不知那裏走將箇先生來。着俺員外出家去。

他潑天也似家私。他怎肯出家去。他騎着快馬。趕那先生去了。我思量起來。可不是苦阿。若他每都去了。我也趕那先生去也。〔下〕〔先生上云〕貧道鐵拐李岳是也。說話中間。可早來到這郊野外。在此等候牛璘。這早晚敢待來也。〔牛員外騎馬兒上云〕自家牛員外的便是。將那先生穩在那酒店裏。我騎着風也似快馬。來到這荒郊野外。下的這馬來。將這馬拴在這樹上。你看這青山綠水。闊澗陡崖。端的好景致也。〔牛員外做見先生科〕〔先生云〕牛璘那。〔笑科云〕你敢來尋我來。〔牛員外云〕我趕你來。〔先生云〕你來這裏做甚麼來。〔牛員外云〕我來飲馬來。你可來這裏怎的。〔先生云〕我特喂你箇牛來。〔牛員外云〕我那裏省的他謎言謎語的。我來趕他。他到先等着我。師父。你在牛璘家中。可也定害的我多了。我如今饑又饑。渴又渴。師父。你可與我回席者。〔先生云〕也罷。我與你回席。〔牛員外云〕師父。你既要請我。這滿地裏又無房舍。〔先生云〕你要房舍。疾。看房舍。青堂瓦舍。雕梁畫棟。琴碁書畫。靠凳椅桌。〔牛員外云〕哎約。哎約。你看那前堂後閣。東廊西舍。走馬門樓。琴碁書畫。條凳椅桌。幔幕紗廚。香球吊掛。好房舍。好房舍。可無酒吃。〔先生云〕你要酒喫。〔牛員外云〕可知要喫酒哩。〔先生云〕牛璘。你見我這拐麼。款款在手。輕輕搖動。地皮開處便是酒。你嚐。〔牛員外做驚科云〕哎約。師父將拐劃一劃。地皮就開了。師父。這是酒。這酒不是酒。是水。〔先生云〕三點水着箇酉字。疾。你嚐。〔牛員外云〕今番可是酒。我試嚐者。好酒也。可怎生頭裏嚐着是水。師父寫了三點水着箇酉字。墜下去就是酒。好酒。端的是醍醐灌頂。甘露灑心。好酒。師父。酒也有了。可無有眼前景致。〔先生云〕你見那枯樹麼。〔牛員外云〕我見。〔先生云〕疾。花開爛熳。春景融和。賞花飲酒。〔牛員外云〕阿阿。努嘴兒了。放嫩葉了。阿阿。打骨朵了。阿阿。開花兒了。你看那桃紅柳綠。梨花白。杏花紅。芍藥紫。荼蘼淡。牡丹濃。山茶綻。臘梅開。杜鵑啼。流鶯語。春景融和。百花爛熳。阿約。好花木。好花木。牛璘也要你尋思波。我趕他。他到先在這裏等着我。我說師父。你在牛璘家中。可也定害的多了。我如今饑又饑。渴又渴。師父可與我回席者。他道你着我回席。着我說這滿地裏又無房舍。他將那袍袖一拂。就是房舍。我道有了房舍。無有酒喫。他說你要喫酒。他將那拐去那地皮上劃一劃。地皮開處就是酒。我道有了酒無眼景。他說你見那澗下的枯樹麼。我說見。他將那袍袖。去那枯樹上一拂。就是花木。牛璘。你試尋思者。我會聽得人說。寒波造酒。枯樹開花。他便是大羅神仙。這不是寒波造酒。兀的不是枯樹上開花。他不是神仙。誰是神仙。若是今番錯過。後會難逢。你則管裏戀着那酒色財氣。人我是非。便好道盡日往東行。回頭便是西。罷罷罷。則今日跟着師父出家去。師父稽首。牛璘情願跟師父出家去。〔先生云〕既然跟貧道出家去。更改了衣服。頭挽雙髽髻。身穿着粗布袍。腰繫雜彩絛。手拏漁鼓簡子。口念着黃庭道德真經。道可道。非常道。名可名。非常名。凡百的事。則要你忍者。氣無強弱志爲先。努力須行莫換肩。捱的這番難境界。更添脊骨一番天。〔牛員外云〕理會的。〔做出門科云〕我如今怕不待跟師父出家去也。可還有這匹馬拴在這裏。我解下這馬來。把這挽手兒插在這鞍子上。馬也。我如今跟師父出家去也。我可也不騎坐你也。你去那有水有草的去處去。若有人遇着你。着那人收留住你騎坐。你去。你去。師父的言語。既要跟我出家去。不是這般打扮。着我頭挽雙髽髻。身穿粗布袍。腰繫雜彩絛。脚下行纏八答鞋。手拍漁鼓簡子。口念黃庭道德經。道可道。非常道。名可名。非常名。凡百事則要你忍者。罷罷罷。說兀的做甚。我不戀嬌妻幼子。棄捨了銅斗兒家緣。恰纔解放了雕鞍駿騎。從今後牢拴定意馬心猿。〔下〕〔先生云〕打徹利名關。終到小境處。牛璘恰纔見了此小境頭。便跟貧道出家去。等此人修行三年五載。那其間說與他長生之法。未爲晚矣。哎。你箇貪財漢棄卻家財。做神仙免離塵埃。削除了六根清淨。同共赴閬苑蓬萊。〔下〕〔正旦同梅香上云〕妾身趙江梅。牛員外在翫江亭上。見了那箇癩九生。跟他出家去了。今日說道。俺員外化瓦糧來也。梅香門首覷者。若來時報復我知道。〔唱〕

【南呂一枝花】良辰曉霧濃。美景韶光麗。草茵輕荏苒。則他這桃李任芳菲。春日遲遲。檻外黃鶯嚦。簾前紫燕飛。幸開懷宴樂歡娛。俺可便宜賞翫。情甘意美。

【梁州】則俺這深閨女風流可也怎比。則俺那富家郎典雅誰及。也是俺前生有分今生會。受用的綺羅畫閣。錦繡屏幃。寶珠裝嵌。玉砌金堆。今日箇壽筵開玳瑁尊席。酒頻斟玉斝金盃。擺列着齊臻臻多嬌媚絲竹笙簧。盤堆着美甘甘香噴噴珍饈的這味美。呀呀呀安排着香馥馥喜佳餚異品堂食。豈知就裏。俺牛員外全不管家活計。我全不解他其中的意。每日家淡飯黃虀忍着肚饑。你怎能彀到閬苑瑤池。〔云〕梅香門首覷者。看有甚麼人來。〔梅香云〕理會的。〔牛員外打漁鼓簡子上〕〔唱道情曲云〕年少青春正好脩。一口咬破鐵饅頭。滋味得時合着口。穩取白日赴瀛洲。〔又〕未生我時誰是我。生下我來我是誰。今日方知我是我。休也合眼知他誰是誰。〔又〕纔離閬苑下蓬瀛。舉步輕擡不見踪。世人不識吾名姓。則我是油嘴光邊夾腦風。〔又〕 身穿羊皮百衲衣。饑時化飯飽時歸。雖然不得神仙做。則我是趓奸避懶磣東西。〔又〕身在公門道在心。道心不與利心同。船到江心牢把棹。箭安弦上慢張弓。爐中有火休添炭。扇遇涼時莫助風。臨危不與人方便。休也念盡彌陀總是空。〔又〕我是天臺一先生。逍遙散澹在心中。靈丹妙藥都不用。吃的是生薑辣蒜大憨葱。空心將來則管喫。登時螫的肚裏疼。〔唱〕

【十二月】穿的是麻袍和這草履。〔云〕啞。是草鞋。錯唱了草履。便也罷。則是難爲我唱了。從頭都改過哩。也罷也罷。一言既出。駟馬追而不及。我若不改了。顯的我就無才學了。〔唱〕 穿的是麻袍和這草鞋。更強似着綠穿白。我伴的是鮎魚和這鯉魚。鋪的是稈草茅柴。採的是不老長生的藥材。俺可便每日家廝捱。〔云〕你不知道怎麼捱。俺師父有兩箇徒弟。一遞一日打柴。他打柴。我學道。我打柴。他學道。該我我便去。該他他便去。他不去。我肯去。〔唱〕俺可便每日家廝捱。

【堯民歌】我則待要引着狗騎着貓逍遙散澹乘輿歌曲過南臺。〔云〕我是出家人。我心裏待要往南臺就往南臺。要往北閘口去。誰敢當攔住我。〔唱〕我則待靠着水偎着山小小低低急留圪刺椽兒棒兒拴拴抓抓蓋一座茅廬那幽哉。一似那亂紛紛急穰穰蜂衙蟻陣受禁害。稽首則不如跟貧道打簡子摑漁鼓搶着喫摑着喫抹油嘴無憂無慮那開懷傷也波哉。尋着李太白。我着你便一箇人生一身疥。

【錦上花】則不如我展放開愁眉。休爭閑氣。今日容顏。老似昨日。古往今來。我須盡知。賢的愚的貧的共富的。到頭這一場難逃那一日。則不如快活了一日。一日便宜。百歲光陰七十又早稀。鹹的酸的香的共臭的。

【清江引】、落花滿園春又早歸。滿耳笙歌沸。馬足車塵中。蟻陣蜂衙內。呆漢㗂。你尋一坨兒穩便處閑坐的。

【又】江裏海裏都是水。無一答兒閑田地。你也無柴擔。我把漁船繫。呆漢㗂。尋一坨兒穩便處閑坐的。

【又】金剛本是泥塑的。塑的來偌高的。存又存不的。走又走不的。呆漢㗂。尋一坨兒穩便處閑坐的。

〔云〕自家牛璘的便是。自從跟的師父出了家。真箇快活也。俺出家人閑來坐靜。悶來遊訪。尋仙問道。飡松啖柏。遊山翫水。簪冠披氅。惜氣養神。飲風吸露。打漁鼓。攧簡子。挽髽髻。懸織袋。誦南華。尊太上。講道德。說真言。無榮無辱無拘繫。我是那怕當差的趓奸賊。今日無甚事。街上閑行。道可道非常道。名可名非常名。街上閑行。看有甚麼人來。〔見梅香科〕〔梅香云〕兀的不是姐夫。〔牛員外云〕梅香來了。嗄。你快走。我如今不比往常了。我如今做了神仙了。道可道非常道。名可名非常名。忍着。〔梅香云〕我和我姐姐說去。姐姐。你看姐夫。不知甚麼打扮。你看他去。〔正旦云〕在那裏。我試看者。牛員外。甚麼打扮。你家裏來。〔牛員外云〕魔頭來了。來了。放手休扯我。我今日不比往日。我如今出了家。做了神仙了。忍着。〔正旦云〕請家裏來。〔唱〕

【隔尾】你披着這半截家竹桶閑行立。你可甚麼一部笙歌出入隨。幾曾見子弟舍裏新添了箇八仙隊。不爭你在這裏。俺門前立地。着人道出落着你箇先生。少可有二十嘴。

〔云〕你家裏來。〔牛員外云〕我家去。你看着人。則怕師父瞧見我家去。〔入門科云〕梅香有茶將一鍾來。我喫了去罷。〔正旦云〕員外請坐。〔牛員外云〕你這等羅羅喨喨的。〔正旦云〕員外請坐。〔牛員外云〕不敢坐。〔三科了〕〔牛員外倒科云〕跌了腰子。〔正旦云〕你爲甚麼不敢坐。〔牛員外云〕俺出家兒人。行如風。立如松。睡如彎狗。精神不走。一手扳脚。一手搗口。若還番身。不敢換手。若是換手。大姐你怎麼聞呢。〔正旦云〕梅香將梳子來。與員外梳起這頭髮者。〔牛員外云〕不敢梳頭。我受了髻了。〔正旦云〕這箇呢。〔牛員外云〕這箇是成道髻。〔正旦云〕這箇呢。〔牛員外云〕是大悲髻。〔正旦云〕這箇呢。〔牛員外云〕留着與姐姐插針。〔正旦云〕員外你爲甚麼出了家來。〔牛員外云〕你不知。自從與你做了生日。我就跟那先生出了家。〔正旦云〕你白日裏在那裏喫飯。晚間在那裏宵宿。你說一遍。我試聽者。〔牛員外云〕我要喫飯呵。走到那飯店門前打箇稽首。便是白煠腰子。爊煎草鞋。要喫酒呵。走到那酒店門前打箇稽首。惱兒酒。乾榨酒。冷酒熱酒。喫了便走。要喫茶呵。走到那茶坊裏打箇稽首。粗茶細茶。冷茶熱茶。喫了便拏。白日街市上打着漁鼓簡子。到晚來或是庵裏。或是觀裏。蓋一床羊皮被。鋪半片破蘆席。端的是一鉢千家飯。孤身萬里遊。到大來快活也。〔正旦云〕打甚麼不緊。〔唱〕

【牧羊關】你原來喝人些些殘湯水。喫人些些剩飯食。枉饑餓的你黑乾憔悴。〔牛員外云〕我白日裏遶定街前。到晚來宿在觀裏。〔正旦唱〕白日裏遶定街前。到晚來宿在他這觀裏。〔牛員外云〕我蓋一床羊皮被。鋪半片破蘆席。到大來好是快活也。〔笑科〕〔正旦唱〕蓋一床羊皮被。鋪半片破蘆席。怎如俺錦帳繡羅幃。員外㘄那裏。有那笙歌左右隨。

〔云〕員外。誰是你的師父。〔牛員外云〕與你做生日的那先生。便是我師父。〔正旦云〕那箇犞先生。是你師父。你見他甚麼景象。〔牛員外云〕那一日在那郊野外。師父請我喫酒。我見他寒波造酒。枯樹開花。因此上跟他出了家。〔正旦云〕怎生是寒波造酒。〔牛員外云〕你要見酒麼。我可沒拐。你見我這漁鼓。款款的在手輕輕的搖動。地皮開處。疾。你嚐。〔正旦云〕那裏是酒。清水。〔牛員外云〕可知是水哩。還不會下麴子哩。三點水着箇酉字。墜下。疾。你嚐。〔正旦嚐科云〕是好酒也。〔牛員外云〕你要看花木麼。〔正旦云〕可知要看花木哩。〔牛員外云〕你見那枯樹歷疾。看花。〔正旦云〕是好花木也。〔牛員外云〕這的是寒波造酒。枯樹開花。師父傳與我金丹大道。着我休說與人哩。師父聽見。罷了罷了。我就是死。〔正旦云〕這的便是寒波造酒。這的便是枯樹開花。打甚麼不緊。〔唱〕

【紅芍藥】你和他每日煉脩持。可待要說是談非。〔牛員外云〕俺師徒二人。這一向在山中脩煉。師父也離不的我。我也離不的師父。喫飯的工夫也沒了。〔正旦唱〕你與他每日不曾離。直這般廢寢忘食。〔牛員外云〕我與你做箇師父。你與我做箇徒弟。我把手揑腕。傳與你金丹大道。可是如何。〔正旦唱〕我則道因箇甚的。我這裏便謝吾師說破玄機。廝抹着肩胛手相攜。說您那弄盞傳盃。

〔牛員外云〕那一日師父在那郊野外。與我回席。我十分的醉了也。〔正旦唱〕

【菩薩梁州】你道是先生。與你回席。灌的你十分沉醉。長留做甚薄醅。真乃是水酒三杯。〔先生上云〕牛郎說與趙江梅。〔牛員外做喫驚科云〕道可道。非常道。名可名。非常名。〔笑科〕〔正旦唱〕你道是牛郎說與趙江梅。〔云〕可也怪不着也。〔唱〕你可甚麼一枝泄漏春消息。他別人銅斗兒般好家計。指空劃空信着你。你攛調的他棄子拋妻。

〔先生云〕他不合說與外人知。〔正旦唱〕

【賀新郎】你道是他不合說與外人知。〔先生云〕打這廝口發虛言。〔正旦唱〕你打他口發虛言。你大古裏腳踏着實地。〔先生云〕我踏罡步斗驅邪祟。仗着劍書符呪水。〔正旦唱〕則你那踏罡步斗驅邪祟。你仗劍書符也那呪水。休阿則你那不濟事謊話兒休題。〔先生云〕跟我出家去呵。我着你全身無病疾。遠害免災危。〔正旦唱〕你着俺全身無病疾。遠害免災危。見如今拄着一條粗拐。瘸着一條腿。那些箇滿川縛虎意。猶自說兵機。

〔先生云〕哽。你先行。隨後便來也。〔牛員外云〕師父。你見甚麼來。〔先生云〕青衣童子。請貧道赴天齋哩。

〔牛員外云〕哦哦哦。您見麼。我也不見。〔正旦云〕牛員外還了俗着信着你波。〔唱〕

【尾聲】你幾時得瑤池宴罷能踏金砌。你不着左右人扶怎下玉梯。好一會弱一會。連麻頭續麻尾。空着我念八陽金經喝到有一車氣。〔先生云〕我與你做箇師父。您與我做箇徒弟。〔正旦唱〕做徒弟又執迷。做師父的滞殢。〔云〕休道是你。〔唱〕便跳出您那七代先靈勸不得。〔下〕

〔先生打耳喑科云〕牛璘近前來。可是喑的。〔牛員外云〕理會的。〔先生云〕恰離紫府下瑤池。再向人間登一直度脫了你箇好酒貪盃的牛員外。則你手裏要那不信神佛的趙江梅。〔同下〕

第二折

〔卜兒上云〕老來漸覺朱顏減。羞對菱花兩鬢斑。老身是趙江梅的母親。俺孩兒與牛員外做伴。老身吃穿衣飲。都是員外看管。自從那一日在翫江亭上。與俺女孩兒做生日去。見了箇瘸先生。後來員外不知怎生就跟的他出家去了。老身想來。偌大的箇家當。俺娘女每怎生執掌的住。下次小的每。便說與江梅。着他去城裏城外。前街後巷。或是庵裏觀裏。不問那裏。尋將他來。勸的他回心轉意。還了俗。執掌家當。尋將來呵。報復我知道。老身無甚事。後堂中執料家當去也。眼望旌節旗。耳聽好消息。〔下〕〔牛員外同雜當上云〕出家扮道最稀奇。漁鼓簡子手中提。飡松啖柏爲活計。不管人間閑是非。書符呪水先怕鬼。乘鸞跨鳳不敢騎。昨朝因打山頭過。被這大蟲咬了我皮。自家牛璘的便是。師父的言語。今日箇魔頭至此。知他是那箇魔頭。來到長街市上。我試閑行者。〔正旦上云〕妾身趙江梅的便是。自從牛員外。他出家去了。可早半年光景也。今日是俺母親慶壽之辰。妾身多飲了幾盃酒。母親的言語道。你怎生不勸牛員外。他出家去了。偌大的箇家當無人看管。你去前街後巷。尋他來家看管家當。可着我那裏尋他去。〔做問科云〕哥哥每。你會見俺那牛員外來麼。〔雜當云〕恰纔過去了。〔正旦云〕哥哥休怪來。〔又問科云〕哥哥每曾見牛員外來麼。〔雜當云〕你則認的我說道恰纔過去了。〔正旦云〕哥哥休怪來。〔又問科云〕哥哥曾見牛員外來麼。〔雜當云〕

過去了。〔正旦回身科〕〔雜當云〕好人則是好人。這等弟子。則是弟子。〔正旦打雜當科云〕你說我甚麼哩。偏你娘不喫酒。〔打科云〕哥哥休怪來。改日家裏喫茶。〔雜當云〕喫你娘耳根。你正是先打後商量。〔下〕

〔正旦云〕順父母言情。呼爲大孝。須索走一遭去。〔唱〕

【中呂粉蝶兒】今日箇橫飲金甌。喫的來醉醺醺不知一箇前後。〔云〕若見俺牛員外呵。〔唱〕我和他話不相投。我可便見他呵。相逢處。這一場廝逗。將他那衣快忙揪。拽起這綠羅裙指拳裸袖。

【醉春風】若見俺爭條也似可憎人。舒開我這葱枝般纖細手。若是這謝天香揪住馬丹陽。我看他怎生便走。走。我作念的他一寸眉攢。盼望的我九迴腸斷。思量的我兩眉僝僽。

〔做見牛員外科云〕兀的不是牛員外。〔牛員外云〕魔頭來了也。〔正旦云〕趓的我好也。你爲甚麼出了家。

〔牛員外云〕大姐。你看你那模樣。少吃些酒。越瘦了你也。〔正旦云〕你爲甚麼出了家。〔牛員外云〕你聽者。我如今不比往常。我如今蓋茅庵。撇了謝家樓也。〔正旦唱〕

【石榴花】你道是蓋茅庵撇了俺這謝家樓。〔牛員外云〕將恩愛變爲仇。〔正旦唱〕你道是將恩愛變爲仇。〔牛員外云〕我隨緣過的便合休。〔正旦唱〕你道是隨緣過的便合休。〔牛員外云〕我與你做箇師父。〔正旦唱〕打一箇稽首。〔牛員外云〕兀的不是也。〔正旦唱〕便要回頭。〔牛員外云〕我清風明月爲知友。〔正旦唱〕倚仗着你清風明月爲知友。那的是閬苑神洲。〔牛員外云〕我每日家麻縧草履垂袍袖。〔正旦唱〕你道你那麻縧草履垂袍袖這的是你拄杖恰過頭。

〔牛員外云〕我每日家翫水遊山。〔正旦唱〕

【鬬鵪鶉】你則待要翫水遊山。怎如俺眠花臥柳。〔牛員外云〕我每日家暮禮晨參。〔正旦唱〕你道是暮禮晨參。怎如俺野眠泥宿。〔牛員外做喝科云〕你見麼。青龍白虎。請我赴天齋哩。〔正旦唱〕這廝便見景生情信口謅。兀的可不笑破人口。〔牛員外云〕你見那白虎青龍麽。〔正旦唱〕我不見那白虎青龍。你則是箇腌臢癩狗。

〔牛員外云〕大姐。天色晚了也。你還家去罷。我也還庵中去也。〔正旦云〕牛員外。我醉了也。你背我家去。你若不背我。我須打你也。〔牛員外云〕罷罷罷。我背着你還家去來。天色晚了也。你家去了罷。〔正旦唱〕

【十二月】你可便堅心兒強口。他可便不害那慚羞。〔牛員外云〕我這般躬身叉手。曲脊低頭。背着你。街上人都捻舌排說我哩。〔正旦唱〕長街上躬身叉手。我見他便曲脊低頭。長街上惹的人家嘴口。不爭你壓背着嬌羞。

〔云〕喒兩箇有箇比喻。〔牛員外云〕你聽的人說喒兩箇似箇甚麽那。〔正旦唱〕

【堯民歌】呀着人道牧童歸去倒騎牛。呀敢抵多少一千箇劉盼盼鬧衡州。這的是前街後巷滴滴蹬蹬馬和牛。這的是戀酒迷花風風魔魔下場頭。〔牛員外云〕我如今去見了師父說知。着你跟我也做神仙去。〔正旦唱〕休也波謅。待學馬平州去也我可也做不的劉行首。

〔牛員外做回身科云〕我着你乘鸞跨鳳做我的仙友。你怎麽到惱我。你去了罷。〔正旦唱〕

【耍孩兒】我身將跨鳳乘鸞友。都做了參辰卯酉。〔牛員外云〕我如今等閑恩愛等閑休。〔正旦唱〕你道是等閑恩愛等閑休。空着咱一任難酧。〔牛員外云〕我如今飽諳世事慵開口。〔正旦唱〕你如今飽諳世事慵開口。會盡人間只點頭。把浮生夢都參透。撇了這酒色財氣。真箇是譚馬丘劉。

〔牛員外云〕喫你也纏殺我也。我回庵中去罷。〔正旦打一掌科云〕你那裏去。〔唱〕

【二煞】我為甚先打你這頭。〔牛員外云〕你為何贈我這一摮。怎麽說。〔正旦唱〕我則是到來年喫賤牛。則你那一天和氣恩情厚。你行處春日春風動。你過處春山春水流。你模樣忒出醜。〔牛員外云〕我模樣忒出醜哦。他也則是嗓磕我這牛哩。你再有何比並。〔正旦唱〕你抛了這朝雲暮雨。則恐怕悞了你那春種秋收。
〔牛員外云〕這一日你怎生則嗓磕我這牛。罷。我趕了你罷。〔正旦云〕你那裏去。〔唱〕
【尾聲】準備着硬繩去你那鼻竅裏穿。〔牛員外云〕你怎生則嗓磕我這牛。〔正旦唱〕麄鞭仗把你那跨骨上丢。則你那偷寒送煖村皮肉。我教你綽見我這麄兒望風兒似走。〔同下〕

第四折

〔牛員外同正旦上〕〔牛員外云〕大姐。我送你來到家也。你聽者。則俺這出家兒受用。強似您這富家郎。
〔正旦云〕牛員外。你說甚麼哩。〔牛員外云〕則俺這出家兒受用。強似您這富家郎。〔正旦唱〕
【雙調新水令】則您這出家兒受用似俺那富家郎。哎。你箇鼓盆歌老先生休強。喫了些無是非的稀解粥。忍了些受饑餓瘦皮囊。空着我腹熱腸慌。則不如葫蘆提喫的來粉紅樣。
〔云〕牛員外。我這一會身子有些困倦。我要睡也。〔牛員外云〕你要睡着。梅香打鋪你睡。拏枕頭來。〔正旦云〕我不要枕頭。我枕着你腿睡。〔牛員外云〕也罷。隨你枕着睡罷。〔正旦做睡科〕〔牛員外云〕你睡着了也。疾。大睡一覺。着他見一箇境頭。趙江梅你母親喚你哩。〔下〕〔正旦做醒科云〕母親呼喚。我與你走一遭去。〔下〕〔牛員外同先生冲上云〕牛璘。則你手裏要趙江梅出家。我與你這條拐。撐篙搖艣扶舵都在這根拐上。〔牛員外云〕假似這水深。這拐短可怎了也。〔先生云〕水長一尺。拐長一尺。水長一丈。拐長一丈。我着一時能棄捨同共赴仙家。〔同牛員外下〕〔牛璘倒扮梢公上云〕師父去了也。江梅這早晚敢待來也。〔正旦上云〕母親呼喚。前有大江攔路。怎生得過去。兀那梢公。將船來渡我過去。我與你船錢。〔牛員外云〕我撐過這船來。我攛下這脚踏板。上船上船上船。〔正旦云〕梢公。你在這裏做甚麼哩。〔牛員外云〕我專則在這裏渡人。上船來上船來。〔正旦上船科〕〔牛員外云〕我撐開這船。來到這半江中。有天有地。有你有我。大姐。你肯隨順我便罷。你若不肯隨順我呵。你見我這拐麼。則一拐打在你這水裏。〔正旦唱〕

【川撥棹】這廝狠心腸。沒道理別勢樣。好教我急急忙忙。腹熱腸慌。〔牛員外云〕阿罷了。歪了船淹上水來了。踏着這邊晃一晃。看他怕也不怕。〔正旦唱〕這廝他撐的箇小船兒搖搖晃晃。我心中慌上慌。我心中忙上忙。〔牛員外云〕你若肯與我做箇渾家便罷。你若不肯呵。這裏怕你飛上壁去。〔正旦唱〕

【七兄弟】這廝便指望。大綱要成雙。〔牛員外云〕你走的那裏去。〔正旦唱〕百般的不肯將咱放。身軀兒左右怎遮攔。手脚兒怎生難遮當。〔牛員外做打科云〕你既不肯着去。〔牛員外做脫衣服科〕〔正旦唱〕

【梅花酒】呀誰承望這一場。我恰纔身命在長江。面對着沙灘。空腹熱腸慌。不見捲雲濤波浩浩。翻滾滾水茫茫。誰承望這一場。〔先生上云〕趙江梅你省也麼。〔正旦云〕師父弟子省也。〔唱〕我則道是畫眉郎。睡夢裏廝魔障。

【喜江南】呀。今日箇劉行首省悟也波馬丹陽。不求白日赴仙鄉。落花深處水茫茫。俺可便翫賞。今日箇拜三清同赴上天堂。

〔先生云〕牛璘趙江梅。你省了麼。您二人功成行滿了也。跟貧道見上仙去來。你本是大羅神仙。在人間數十餘年。今日箇功成行滿。跟貧道證果朝元。

題目　牛員外得悟平康巷

正名　瘸李岳詩酒翫江亭

海門張仲村樂堂雜劇

第一折

〔冲末扮同知同大旦搽旦淨王六斤張千上〕〔同知云〕花下曬衣嫌日淡。池中濯足恨魚腥。花根本豔公卿子。虎體鵷班將相孫。小官完顏女直人氏。完顏姓王。僕察姓李。自跟着狼主累建奇功。加某爲蓟州同知之職。嫡親的三口兒家屬。我有兩箇夫人。大夫人張氏。二夫人王氏臘梅。這箇是我大夫人帶過來的。姓王。是王六斤。我有箇岳父。是海門張仲。在朝爲官。因年老如今致仕閑居。今日是我生辰之日。同僚官都來與我賀壽。大夫人我則怕你父親來。他來則說閑話。攪了我酒席。王六斤但有人都請過來。則有我那丈人。休着他過來。〔王六斤云〕理會的。〔防禦上云〕絲綸閣下文章靜。鐘鼓樓頭刻漏長。獨坐黃昏誰是伴。紫薇花對紫薇郎。小官蓟州防禦是也。自中甲第以來。累蒙擢用。今聖恩可憐。加小官爲蓟州府尹之職。今日是同知相公生辰貴降之日。與他上壽走一遭去。可早來到也。張千報復去。道有小官在於門首。〔張千云〕理會的。報的大人得知。有防禦大人在於門首。〔同知云〕道有請。〔張千云〕理會的。有請。〔防禦見科云〕相公。今日是相公壽誕之日。小官特來相賀。〔同知云〕量小官有何德能。着相公用心也。〔做遞酒科云〕將酒來。相公滿飲一杯。小官也飲一杯。慢慢的飲酒。看有甚麼人來也。〔正末扮張孝友上云〕老夫姓張名仲字孝友。幼年會爲縣官。因爲老夫年邁。致仕閑居在南宮蓟州城南海門臨村。蓋了座堂。名曰是村樂堂。老夫有箇女孩兒。嫁與這蓟州同知。今日是同知生辰之日。老夫遣些酒禮。與同知上壽走一遭去也呵。〔唱〕

【仙呂點絳唇】我如今樂矣忘憂。暮年衰朽。甘生受。虛度了春秋。每日家詩酒消白晝。

【混江龍】遣家童耕耨。老夫則待愛莊農種植樂田疇。我無福穿輕羅衣錦。有分着麄絹麄紬。我則索睡徹三竿紅日曉。覺來時一壺濁酒再扶頭。我將世事都參透。幻身軀似風中秉燭。可憐見便似兀那水上浮漚。

〔云〕想俺這閑居的是好快活也。〔唱〕

【油葫蘆】每日家遙指南莊景物幽。指望待住的久。這的是祖宗基業子孫收。我和這等愚眉肉眼難相賜。凡胎濁骨難相守。世間有三件事。我如今都一筆勾。到如今世財紅粉高樓酒。休爭氣看看白了少年頭。

【天下樂】休休休人到中年萬事休。我如今孤也波身。孤身可便得自由。端的是飄飄一葉不纜輕舟。假若我便得些些自由。沒揣的兩鬢秋。爭如我便且修身閑袖手。

〔云〕可早來到也。張千報復去。道有老夫在於門首。〔張千云〕理會的。報的大人得知。有老相公來了也。〔同知云〕道有請。〔張千云〕理會的。有請。〔見科〕〔同知云〕呀呀呀。父親。請請請。〔大旦云〕父親來了也。父親萬福。〔正末云〕老夫今日備了些些酒禮。特來賀壽。將酒來。我與同知遞一杯。〔同知云〕量您孩兒有何德能。着父親用心也。〔正末做遞酒科云〕同知請。再將酒來。老相公滿飲一杯。〔防禦云〕老相公請。〔正末云〕老相公請。〔飲酒科〕〔正末云〕將酒來。孩兒飲一杯。再將酒來。王都管喫。〔王六斤云〕您孩兒不敢。〔大旦云〕父親。小夫人不會喫酒哩。〔正末云〕一來老夫年紀高大。第二來與府尹相公攀話。忘了與二夫人把盞。夫人休怪老夫。〔搽旦云〕不敢不敢。〔同知云〕下次小的每看酒來。〔正末云〕休把盞。我與老相公閑攀話者。〔搽旦背云〕一席好酒。走將這老子來又打攪了。〔防禦云〕住住住。小官久聞老相公村樂堂的景致。你說一遍。我試聽者。〔正末云〕老夫那村樂堂上。一年四季。春夏秋冬都有景致。聽我慢慢的說一遍者。〔唱〕

【村里迓鼓】正值着那麗人天氣。恰正是那太平的時候。趁着他這花紅和柳綠。遶着這社南社北。他每則在兀那莊前莊後。他每都攜着美醞。穿紅杏拖翠柳。我直喫的笑吟吟醺醺的帶酒。

〔防禦云〕老相公。夏間再有甚麼景致。說一遍者。〔正末唱〕

【元和令】錦模糊江景幽。翠崚嶒遠山岫。正是稻分畦蠶簇麥初熟。我是箇老人家閑袖手就着這古堤沙岸那答兒綠陰稠纜船兒執着釣鉤。

（防禦云）老相公收綸罷釣新酒活魚是好幽樂也（正末唱）

【上馬嬌】我將這錦鯉兜網索收。就着這村務酒初熟。恰歸來半醉黃昏後。暮雨兒收看牧童歸去倒騎牛。

（防禦云）秋間可是如何（正末唱）

【遊四門】秋間恰正是敗荷萍裏正方秋。呀呀的寒雁過南樓。恰正是荷枯柳敗芙蓉瘦風力冷颼颼。看霜降水痕收。

（防禦云）老相公這秋間的景致還有幾般清幽再說一遍者。（正末唱）

【勝葫蘆】我則見淺碧粼粼露遠洲。滴溜溜紅葉一林秋。怕的是明日黃花蝶也愁。做子孟嘉莊上。就淵明籬畔。老夫酒醒時節再扶頭。

（防禦云）冬暮間天道可是怎生也（正末唱）

【後庭花】冬間老夫待尋梅訪故友。踏雪裏沽豔酒。寶篆焚金鼎。濁醪飲巨甌。我和你意相投酒筵中不彀者莫再約住林下叟就村務將琴劍留。

（防禦云）酒彀了老夫告回也（正末云）早哩且坐的也（唱）

【柳葉兒】直吃到二更時候。笑喧譁交錯觥籌。直待吃的月移梅影黃昏後。心相愛意相投醉時節衲被蒙頭。

（同知打淨王六斤云）王六斤我分付你甚麼來不應親者強來親也。（正末云）可不道對客不得嗔狗。我本待去了來。恰纔王都管喫了幾下打我試安撫他者王都管（唱）

【單雁兒】我向來打了箇稽首。你身上的是非只爲我恰纔多開口。這的是我做下事可着你承了頭。可你敢休和老夫記冤讎。

〔王六斤云〕老相公。您孩兒不敢也。〔正末唱〕

【尾聲】我見他呵羞。我則推箇逃席走。〔防禦云〕老相公再飲幾杯。〔拖下坐科〕〔正末唱〕請你一箇府尹官人放手。〔云〕同知。〔唱〕你可怎全不隄防你那腦後憂。這的是你戀着金枷玉鎖遭囚。我則怕你久已後。枉了將你閑憂。我正是莫與兒孫作馬牛。你如今貪杯戀酒。〔云〕你到的臥房中將的鏡子來。照你那面皮去波。〔唱〕則被這酒灌的你來黃乾黑瘦。你正是養家活計下塌頭。〔下〕

〔防禦云〕相公酒彀了。多多的定害。左右將馬來回家中去也。〔下〕〔同知云〕大夫人我說你這父親不達時務來。便則說閑話。把我那一席好酒都攪了。罷罷罷。防禦相公也去了。安排酒。殽後堂中飲酒去來。爲官受祿居州郡。安享榮華樂事多。今日畫堂開玳宴。洞房猶是聽笙歌。〔同下〕

第二折

〔搽旦上云〕妾身是同知相公的小夫人。有大夫人是張氏。他帶將一箇小的來是王六斤。我見這小的聰明。我着他近身邊伏侍我。俺兩箇有些不伶俐的勾當。相公歇息了也。我叫六斤來者。〔做叫科〕〔王六斤上云〕下次小的每前後收拾。夫人叫我哩。〔六斤見搽旦科云〕你叫我怎的。我打發相公睡哩。〔搽旦云〕相公歇息了也不曾。〔王六斤云〕歇息了。〔搽旦云〕喒這裏不自在。去後花園亭子上去來。〔王六斤云〕也好也好。俺去來。〔同下〕〔正末扮叟刺上云〕洒家是箇關西漢。岐州鳳翔府人氏。在這薊州當身役。與這同知相公做着箇後槽。喂着一塊子馬。一塊子好馬也呵。〔唱〕

【南呂一枝花】同知着我不將差罰當。專把征駝喂。喂的似按板肥。好馬也我與你刷鏼的恰便似潑油光。索與你收拾了鋪不。把駿騎牽在槽上。草料也拌上一筐。我與你拖着那半片席頭。美也我與你急轉過前廳後堂。

【梁州】眷的是側傚傚廚房中暄熱。愛的是寬綽綽過道裏風涼。夜深也

無一箇人來往。半片席斜鋪在地下。兩塊磚掇在頭行。正天炎似火地熱
如爐。過道裏不索開窗。洒家道來則這的便似天堂。我與你直挺挺忙撥
倒身軀。就着這涼滲滲席墊着我這脊梁。美也就着那風颼颼掮着我那
胸膛。愁的是後晌晌晌。我恰纔煑料切草都停當。安排下攪草棒。喂的他
槽上的征驗有些肚囊。料煑到上半磁缸。
〔云〕洒家與你睡一覺者。〔做睡科〕〔王六斤同搽旦上云〕慢慢的走。赤赤赤。〔搽旦六斤做跳正末身上
過〕〔打科〕〔正末云〕哎約。哎約。甚麼人劈劈潑潑則管裏打。〔六斤云〕是我都管。〔正末云〕都管。都管。你
忒休都管了。〔六斤云〕夫人也在這裏。〔正末云〕夫人夫人。這早晚在這裏有甚勾當。我別處睡去便了也。
〔下〕〔搽旦云〕六斤也。我為你躭驚受怕。你休負了我心也。〔六斤云〕我若負心。我就該死也。〔正末上〕
〔唱〕
【賀新郎】是誰人這早晚不尋常。俺的把曲檻斜穿。呀的將角門兒開放。
是誰人這早晚往花園裏撞。這廝引定誰家一箇豔妝。莫不是求食賣笑
的紅妝。〔云〕好也囉。〔唱〕荒淫怎坐夫人位。除了名字有何妨。着這箇浪包摟
一迷裏胡廝謊。若拏賊做箇證見。我着他望穿堂打會關防。〔拏六斤科〕〔唱〕
【梧桐樹】你可便休想我把伊輕放。這公事決聲揚。往往同知將他向。好
也囉將一箇腌盆兒掇在他頭直上。
〔云〕有賊也。有賊也。〔搽旦云〕這弟子孩兒無禮。我在這裏直料來。有甚賊麼。〔六斤云〕妳妳。與他些東西。
買他不語。〔搽旦云〕我與他這枝金釵兒。〔六斤云〕兀那爪子也。你不要言語。我與你這枝金釵兒。〔正末
云〕你做的歹勾當。倒與我枝金釵兒。〔六斤云〕悄悄的休教同知聽見。〔正末云〕同知這早晚做了箇糟
得惱了也。〔同知上云〕兀那廝。你說甚麼哩。〔正末云〕早是爪子不會說相公甚麼。〔同知云〕你也罵的我
彀了也。你怎麼大呼小叫的。〔正末云〕相公他兩箇在這坨兒哩。〔六斤同搽旦罵科云〕爪驢爪弟子孩兒。

爪畜生。〔三科了〕〔正末唱〕

【四塊玉】不索你廝掩藏。休倔強。〔同知云〕好是奇怪也。你回去罷。〔正末云〕洒家知道。〔唱〕我急走的去那廚房中我點着燈光。若是實呵小人請功賞。早來箇可便黑洞洞的。如今照耀的來便明朗朗。請同知你覷這二人的氣象。

〔搽旦云〕同知休聽這弟子孩兒胡言漢語的。〔同知云〕氣象怎的。小夫人你在這裏做甚麼來。〔正末云〕他兩箇在這坻兒哩。〔搽旦同六斤罵科云〕爪驢爪弟子孩兒俺在這裏做甚麼來。〔正末唱〕

【哭皇天】氣的我一跳三千丈。〔同知云〕兀那後槽有甚麼勾當你實說。〔正末云〕不是洒家在相公跟前說呵。〔唱〕相公若不信呵自覷當。不是我私過從硬主張。喒你莫不便要一紙從良。一箇是夫人。一箇是伴當。〔帶云〕你既是夫人。更深半夜蘭堂畫閣裏不睡。〔唱〕黑洞洞的向一坐花園裏花園裏有甚勾當。你向那撲堂的土上尚兀自抑下這脊梁。

〔搽旦云〕是這驢打滚來。〔正末云〕那箇人肯做這等勾當。〔唱〕

【烏夜啼】請同知自向跟前望。夫人爲甚麼汗塌溼殘妝。〔搽旦云〕是露水珠兒滴在我臉上來。〔正末唱〕都管爲甚粉貼在鼻梁。〔六斤云〕我有些怕後打了箇白鼻兒。〔正末云〕夫人說波都管說波可怎生不言語。〔唱〕不似那昨來箇爪驢爪賊爪馬叫吖吖的眼睛荒。〔云〕好也。〔唱〕不信你那撲撲的小鹿兒心頭撞。打疊起無顏色無情況花言巧語數黑論黃。

〔同知云〕你說他兩人有甚麼顯證。〔搽旦云〕有甚麼顯證。你拏出來。〔正末云〕要見顯證。金釵兒便是顯證。〔同知云〕小夫人。這金釵兒不是你的。〔搽旦云〕我恰纔着花枝兒抓在地下。這爪子拾了我的。他不還我。〔同知云〕夫人也。你這金釵兒吊了好幾遭了也。〔正末唱〕

【尾聲】則這金釵兒是二人口內的招伏狀。更壓着那十字街頭犯由榜。

這公事不虛誑。道得來揑住喉嗓。請你箇請你箇水晶塔的官人都莫偏向。做賊來見贓。殺人來見傷。這的是都管的奸情唆狗。不是這後槽的謊。〔下〕

〔搽旦云〕相公。你歇息去。〔同知云〕夫人。你執料去罷。我歇息去也。〔下〕〔搽旦云〕六斤。我和你說。這等爪子在家裏打攪。我明日則教同知趕了他去罷。俺兩箇可不自在也。〔六斤云〕妳妳。我則是磕頭罷了。〔搽旦云〕收拾了門戶。我歇息去也。〔同下〕

楔子

〔同知同搽旦王六斤上〕〔同知云〕昨日被後槽鬧炒了一會也。〔搽旦云〕那箇弟子孩兒。不似好人。偷東摸西。打發他去了罷。〔同知云〕夫人說的是。六斤。與我喚將那後槽出來。〔六斤叫科云〕理會的。後槽安在。〔正末上云〕相公喚洒家有甚勾當。我須見相公去。〔六斤云〕兀那爪子。為你磨了我半截舌頭。要放你回去哩。〔正末云〕謝了哥哥。〔見同知科云〕相公喚洒家有甚的勾當。〔同知云〕兀那廝。你當幾時後槽了。〔正末云〕我該當一年。〔同知云〕當一年。還有多少時。〔正末云〕我當了半年了。〔同知云〕罷。我饒你半年。放你回去罷。〔正末云〕相公。我去也。我拜相公兩拜。〔同知云〕你拜了我。你也拜夫人兩拜麼。〔正末云〕我不拜夫人。〔同知云〕你怎生不拜。〔正末云〕我曲不下這腰。洒家腰疼。〔同知云〕你若不拜呵。我不放你回去。〔正末云〕我葫蘆提拜兩拜罷。〔唱〕

【雙調新水令】同知着洒家下班去不喚再休來。便有那包龍圖把他也難賽。我則怕那王伯當潑喬才。久後生心。〔云〕干我甚的事來。〔唱〕知他是和尚在鉢盂在。

〔同知云〕兀那廝。去罷。〔正末做叫六斤科云〕唆狗。唆狗。〔六斤云〕門口有傳神的叫我哩。弟子孩兒。我叫做唆狗。我出這門來。〔正末云〕阿哥。可不道唆狗也。我去也。好處你便說些。歹處休說。阿哥。我去也。〔六斤云〕你去也。我知道。〔三科了〕〔正末叫六斤云〕唆狗。唆狗。〔六斤云〕他又叫我。我出的這門來。〔正末云〕

阿哥。〔六斤云〕可早兩遭也。〔正末云〕他是二夫人。你是伴當。你兩箇有這等勾當。道不的瓦罐不離井口破。我去也。〔六斤云〕你去罷。我知道了。〔正末回頭招手科〕〔六斤見科〕〔云〕敢是唆狗。〔正末云〕這廝可攙了我的。〔下〕〔同知云〕後槽去了也。夫人。俺後堂中飲酒去來。〔同下〕〔搽旦上云〕自家小夫人的便是。我如今和王六斤兩箇不得自在。我要合一服毒藥來。或是茶裏飯裏着上。藥殺了同知。我和王六斤永遠做夫妻。喚將六斤來。〔六斤上云〕妳妳。你喚我做甚麼。〔搽旦云〕我和你不得自在。你合一服毒藥來。藥殺了同知。我和你永遠做夫妻。可不好那。〔六斤云〕我知道。〔搽旦云〕好孩兒不枉了。門首看着。則怕相公來家。〔六斤云〕理會的。〔同知上云〕小官衙門中回來。身子有些不好。夫人。安排一椀酸湯來我吃者。〔大旦云〕我做去。〔大旦拏湯上科〕〔搽旦云〕拏來我嘗一嘗。沒滋味。姐姐。你去取些鹽醋來。〔大旦下〕〔搽旦云〕可拏那藥來。放在椀裏。〔大旦上云〕有了鹽醋了也。〔搽旦云〕姐姐。我纔和他急聒了幾句。相公有些怪我。你拏這湯去。〔大旦云〕相公。酸湯你喫一口兒。〔同知驚科〕哎約。怎生火光迸散。誰做的湯來。〔搽旦云〕姐姐做的。〔同知云〕好夫人。我怎生歹着你。你有這等歹心。將大棒子來。〔搽旦云〕相公。你不要打他。他是你兒女夫妻。做這等勾當。你告他去。我是證見。〔同知云〕你也說的是。我家裏打他。私置牢獄。我去衙門裏告防禦大人。走一遭去來。〔下〕〔防禦領張千上云〕小官防禦是也。今日在衙門中閑坐。令人門首覷者。看有甚的人來。〔同知上云〕可早來到也。不必報復。我自過去來。〔做見跪科云〕相公與我做主者。〔防禦云〕相公請起。有甚的事。〔同知云〕有我大夫人是兒女夫妻。他合毒藥害我。相公與我做主者。〔防禦云〕相公。你是同僚官。我難問。〔同知云〕相公。你若不問。我上司告去。〔防禦云〕住住住。我問便問。誰是原告。相公。〔同知云〕我有二夫人做狀頭。合毒藥的是王都管。藥丈夫的是大夫人。並不干小夫人之事。相公與我做主者。〔防禦云〕相公。我自有主意。〔同知云〕相公回去也。〔下〕〔防禦云〕這樁事我也難問。張千。說與張本。着他好生問。這樁事問成了呵。可來回我的話。將馬來。我且回私宅中去也。〔下〕

第二折

〔牢子上云〕手執無情棒。懷揣滴淚錢。曉行狼虎路。夜伴死屍眠。自家是五衙都首領。今有同知的大夫人二夫人和王六斤。下在這牢裏面。與我拏將出來。（大旦搽旦同王六斤上）（搽旦云）俺兩箇又無罪過。俺這裏坐的看有甚麼人來。（牢子云）不要大驚小怪。則怕有提牢官來。（正末扮令史上）（咳嗽科云）我姓張名本。是這汾州西河縣人氏。做着箇令史。口則說箇令史也難。要知律令。曉史書。方可做的箇令史。（做回頭科云）後興同知相公叫我牢裏問事去。着你娘做些酷累來。我知同知家道上好生不明。正之在人。格之在己。休道前程苟貪。上察推天心。下察推地意。明有禍福相隨。暗有鬼神相報。然後爾俸爾祿。民膏民脂。下民易虐。上蒼難欺也呵。（唱）

【商調集賢賓】我從那幼年間將吏道文字把。我去那儒吏上少書滑筆。尖上斟量一箇輕重。案款內除減了增加。我則待惜黎民戶減了差徭。須是我愛莊農一犂兩耙。則俺那同知好將攔狀插。前廳上審問撒達。這廝每其中必暗昧。就裏決爭差。

【逍遙樂】我與你親身臨牢下。自審箇虛實。辯箇真假。

（云）來到這牢門首也。扯動這繩子。（牢子做驚科云）來了來了。是提牢官來了。我開門去。（牢子開門撞正末頭倒科）（牢子云）哎約哎約。可怎麼好。原來是提控。撞倒他怎麼了。（正末云）這箇是甚麼門。（牢子云）這箇是牢門。（正末云）可知是牢門。牢門裏門上拴一條繩子。繩子上拴着鈴子。有人來扯動這繩子。裏面那鈴子鐸琅響一聲。你便不合攢出得腦來。假若有那刼牢的來。一棍子打殺你。你死不爭。孩兒也。你不帶累他那官長麼。（牢子云）提控說的是。（牢子做拿起笠子看科云）壞了笠子了。（正末云）着箇補笠子的補了者。（牢子云）理會的。（正末云）開了這門。我進去。（做見大旦搽旦科）（正末云）這箇是甚麼人。（牢子云）這兩箇是夫人。這箇是都管。（正末做努嘴科）（牢子做拏旦六斤云）過來跪者。（大旦搽旦六斤做跪科）（搽旦云）我又無罪過。我跪者看他怎麼放我起來。（正末問牢子云）你姓甚麼。（牢子云）我不醒。（正末云）你姓甚麼。（牢子云）哦。你問我姓甚麼。我姓王。（正末云）龐。（牢子云）王。（正末云）黃。（牢子云）提控。我寫與你看。三畫中間一豎是王。（正末云）你是三畫王。（牢子云）我正是三畫王。（正末云〕三畫王把墨來。〔牢子云〕這一場苦又不善了。我又不是太醫。着我把脈。沒奈何。官差。依着他。〔牢子拏正末手把脈科云〕一肝二膽三脾。〔正末云〕做做甚。〔牢子云〕你說着我把脈來。〔正末云〕是硯瓦上磨的。〔牢子云〕那箇是墨。〔正末云〕是。〔牢子云〕無了墨了。〔正末云〕土地龕子上有塊墨。〔牢子云〕理會的。他這有心記事我尋去真箇有一塊墨。提控有了墨了。〔正末云〕三畫王硯瓦上灰吹了者。〔牢子向正末吹科〕〔正末眯了眼科〕哎喲哎喲。〔牢子云〕嗨眯了提控眼也。〔正末云〕媳婦兒媳婦兒過河來打打米米。〔牢子云〕甚麼打打米米。〔正末云〕拏過來。〔牢子云〕靠前跪着。〔正末云〕你姓甚麼。〔六斤云〕我姓王。〔正末云〕龐。〔六斤云〕王。〔牢子云〕提控提控。他也是三畫王。〔正末云〕你也是三畫王。〔牢子云〕提控正是三畫王。〔正末云〕王甚的。〔六斤云〕王都管。〔正末云〕你都管誰。〔六斤云〕家前院後。都是我執料。叫我做王都管。〔正末云〕寫官名。〔六斤云〕我是王六斤。〔正末做寫科云〕責狀人王六斤又六斤。〔牢子云〕沒我則這般道。〔正末云〕兀那廝。你招了者。〔六斤云〕你着我招甚麼。〔正末云〕要你招了者。〔六斤云〕你着我招甚麼。〔正末唱〕

【醋葫蘆】我這裏輕輕的將你那手腕兒揑。款款的將他這脚面兒踏。你若是招成了。我將你廝提拔。你身上休惹的粗棍子打。㗂嗒兩人好生的說話。〔六斤云〕干我甚事。寃屈也。〔正末唱〕沒來由村醜生吽吽。

〔云〕責狀人王六斤又六斤。〔搽旦云〕我又無甚麼罪過。誰聽你那言語。我家裏去也。〔正末云〕三畫王。他說甚。〔牢子云〕他說他無罪過。他要家裏去。〔正末云〕三畫王。〔牢子云〕有。〔正末云〕你待開了箇牢門。教他去。〔牢子云〕理會的。我待開開這牢門。〔正末云〕你去你去。可又不敢去。你覷的我箇頭似土塊。氣的我翻上倒下的。壁上孩兒。一簇簇畫的來不會哭。手裏拏定把槌兒打你妳妳眉楞骨。這箇姐姐是箇夫人。你也是箇夫人。這箇姐姐。似鳳凰飛在梧桐樹。自有傍人話短長。〔唱〕

【么篇】你可休把人來廝笑話。覷的人來似糞渣。打官司處使不着你粉鼻凹。覷不的鋪眉苫眼喬勢殺。〔搽旦做扭揑科〕〔正末云〕我那裏受的他。〔唱〕百忙裏

便弔腰撒跨。〔云〕三畫王。將大棒子來。〔牢子云〕理會的。有。〔正末唱〕半合兒勘你箇攢蛆
扒。
〔同知上云〕小官同知的便是。有我那大夫人。因奸合毒藥藥丈夫。我告防禦大人。誰想防禦相公不整理。
分付與張本外郎他問這椿事。那箇人又難說話。則怕他不知道我這家務事。我與他說一聲去。來到這牢
門首。拽動這牽鈴索。〔牢子云〕來了來了。不知甚麼人。拽動這牽鈴索。我開開這牢門。〔做開門科云〕原來
是同知相公。〔同知云〕張千。我家那椿事。如今怎麼樣。〔牢子云〕張令史正問着這椿事哩。〔同知云〕你說
一聲。道我在門首。有話和他說。〔牢子云〕理會得。〔見正末科〕〔正末做寫科云〕同知。〔三科了〕〔牢子云〕
牢門首有同知相公有請。有說的話。〔正末云〕你便道。外郎。牢門首有同知相公。怎麼你走到我身邊廂。同
知同知。着我寫了兩三箇同知。〔牢子云〕誰着你寫來。相公請提控說話。〔正末出門見同知科云〕相公。你
來這裏有甚麼事。〔同知云〕張本。你不知道。我家那椿事。藥丈夫是那大夫人。合毒藥的是王六斤。並不干
我那二夫人事。我和你說一聲。〔正末云〕相公。你既知道。你自家問了罷。我行胡擺亂擺。你不擺。三畫王你
關了門者。〔牢子云〕開了牢門。則怕磕你一箇骨都。〔正末云〕三畫王。關了牢門。〔牢子云〕是我關了牢門。
〔倈兒上云〕我是憋執法的孩兒。我爹爹在牢裏問事。我娘着送飯我去。來到這牢門首。〔做見同知與唱
喏科〕〔倈兒云〕吞之。〔同知云〕這箇是張本的孩兒。你那裏來。〔倈兒云〕我爹爹在牢裏問事哩。我娘着
我送飯去。〔同知云〕來來來。與你這貫鈔。替我買箇蒸餅來。〔倈兒云〕我知道。我買去。〔下〕〔同知云〕我支
轉了他。將這一餅黃金。我放在這飯罐裏。他若見。自知其意。〔倈兒上云〕吞之。沒了蒸餅了。還你鈔。〔同知
云〕我不要。就與你罷。〔倈兒云〕我不敢要。〔同知云〕爲什麼不要。〔倈兒云〕俺爹爹知道。則道我受私哩。
〔同知云〕憋舍。着您爹爹休嫌少。〔倈兒叫牢子科云〕牢子哥哥開門來。〔牢子做開門科云〕我開開這門。
原來是憋舍。你來做甚麼。〔倈兒云〕我來送飯來。〔牢子見正末科〕〔正末云〕王六斤王六斤。〔牢子云〕憋
舍。〔正末做慌科云〕接赦。接赦。開了牢門。裝香來。請官請官。〔牢子云〕做什麼請官。〔正末云〕你道接赦。接
赦。兀那三畫王。你來。你來。我姓張也那我姓憋。〔牢子云〕提控。這箇是我說的差了也。〔正末云〕教他過來。

〔牢子云〕理會的着你過去哩。〔正末云〕你娘家裏做什麼來。〔倈兒云〕俺娘家裏扎麻鞋哩。〔正末云〕一腿子麻鞋是甚麼哩賣二百文小鈔三口子老小盤纏是甚飯。〔倈兒云〕和和飯〔正末云〕着你娘做些酷累來又是和和飯來。〔倈兒云〕打你妳妳嘴胡說吃了罷甚麼酷累酷累〔正末做抄飯怕科〕〔唱〕

【幺篇】則被這金晃的我這眼睛兒花臘搽謊的我這手脚兒軟剌答可若是官司知道怎割殺。〔云〕後興〔唱〕你可是那裏每將來你與我疾道者常好是心粗膽大天也天也則被此二小冤家送了這箇懵知法。〔云〕後興你牢門首見誰來。〔倈兒云〕見同知來〔正末云〕同知說甚〔倈兒云〕他說着你爹爹休嫌少。

〔正末唱〕

【後庭花】頗柰這箇打關節的姜子牙。你待搭救這犯奸情的女浣紗。你則怕蕭相國差行了事。好好好哎你箇包龍圖能治家。〔云〕三畫王〔牢子云〕有〔正末唱〕你與我換上沉枷。〔牢子云〕理會的上枷。〔正末唱〕你可休將人來者剌。來日箇坐草衙大人行把狀插。小夫人必事發。王都管必定殺。

【柳葉兒】呀請你箇大夫人休怕。浪包摟項帶沉枷說着教他喪膽亡魂怕。休那裏括剌剌叫吖吖合毒藥則是你箇蛆扒。

〔云〕三畫王打着者。〔搽旦云〕並不干我事都是大夫人來〔正末云〕打着者。〔牢子打六斤科云〕理會的。招了者招了者。〔六斤云〕我吃不過這打罷罷罷是我來〔搽旦云〕是我來是我來不要打我招了便了。〔正末云〕他可道招了也點了紙畫了字三畫王將紙來封了這罐兒者〔牢子云〕將紙來封了這罐兒。〔正末云〕三畫王開了牢門。〔牢子開門科〕〔云〕理會的開了門也〔正末見同知科〕〔同知云〕張本你問的事如何。〔正末做扯住同知科〕〔唱〕

【尾聲】向前來扯住他這公事怎干罷。把你上梁不正相公拿。原告人一步一棍子打把他干連人監下。折證在薊州府尹相公衙。

〔正末並王六斤搽旦牢子同下〕〔同知云〕這事不中也。我去央及防禦相公去者。〔下〕〔防禦上云〕我着張本問那樁事未知如何怎生不見來回話。〔同知上云〕我去央及防禦相公去者。〔做見科〕〔同知云〕相公這一件事不好了也。我見張本的孩兒送飯去飯罐兒裏我做上一箇金子。不想張本封了飯罐兒他如今要上司告去哩。可怎了也。〔防禦云〕他若上司告去你便不能勾做這同知也。則除是你丈人張仲他若認了你便無事了。〔同知云〕他如今怪我他如何肯認。〔防禦云〕都在我身上。俺如今同去央及張仲去來。

〔同下〕

第四折

〔張千排衙上云〕喏。在衙人馬平安。擡書案。〔府尹上云〕清廉居府治。持法敢辭難。斷獄能平允。民情得自安。小官乃府尹是也。今日坐早衙。張千。說與那六房吏典有甚麼該僉押的文書將來我看。〔張千云〕告的相公得知。止有薊州申將一紙。王六斤合毒藥用金打點那箇文書來。人犯還未到哩。〔府尹云〕張千。若來時。報復我知道。無甚事。我且回後堂中去來。一自爲官十數年。公平廉謹始稱賢。但得心地無私曲。功名富貴總由天。〔正末扮張仲上云〕老夫張仲在這村樂堂閑坐。觀着這四面真山真水。是好景致也呵。〔唱〕

【雙調新水令】我則見幾行新鴈寫秋雲。畫堂中一天風韻。看梅山清隱隱。拖素杖那觀門外水粼粼。野館山村。便着那丹青手畫不盡。

〔同知同大旦上云〕夫人這件事則除你父親認了俺便無事也。〔大旦云〕我理會的。喒見父親去來。〔同知云〕俺見父親去來。〔大旦云〕你則在門首我先過去。〔大旦做哭科〕〔正末云〕孩兒你那裏去來。怎生不言語。〔唱〕

【步步嬌】往常孩兒楊柳腰枝多丰韻。臉似桃花般嫩。今日可怎生憔悴損。我則見綠慘紅愁減了精神。爲何因。背地裏將啼痕來揾。

〔云〕孩兒你爲甚麼來。你說。〔大旦云〕父親如今有同知的小夫人因與王六斤做下不伶俐的勾當。合毒藥下在湯內。同知看將出來。他賴是你孩兒來。有同知將俺具告到官。被張令史推問明白。有同知將金一餅。放在張令史飯罐內。救他小夫人。被張令史將金封記在官。要去上司告去。若去呵。這同知的官便難保也。怎生看你孩兒面皮。則說是父親來。若認了這金呵。可也好也。〔正末云〕他如今在那裏。〔大旦云〕見在門首。〔正末云〕你着他進來。〔大旦云〕理會的。同知。你自過去。〔同知見正末科云〕父親。這幾日怎生不見你來家吃茶。〔正末云〕我可是敢來麼那。〔唱〕

【殿前歡】怕不待敍寒溫。〔云〕同知。你不知道。〔同知云〕父親道甚麼來。〔正末唱〕又着你道不應親者強來親。只因咱多話着你心懷恨。休怪咱波女婿郎君。〔同知云〕我一逕的來告父親來。〔正末云〕你告我怎麼。〔唱〕放着你那築坟臺女趙貞索甚麼閑評論。兩箇人相般弄。一箇疊屍的伯當。一箇是賢德夫人。

〔同知云〕父親有這餅金。若父親肯認了。我便無事來。〔正末云〕老夫不知是甚麼金子。〔正末推同知出門科防禦云〕同知。這一樁事如何。〔同知云〕相公。俺岳父不肯認這金。相公你怎生勸一勸來。〔防禦云〕不妨事。都在我身上。〔見正末科云〕老相公有這一餅金子。你若認了。同知相公便是無事的人也。〔正末云〕老夫不知甚麼金子。〔唱〕

【川撥棹】我幾曾見勸和人。打關節處廝勤指。賣弄你巧語花言。施展精神。你常好是不依本分。這家私我無半文。掌王條理庶民。

【喜江南】過來波包龍圖門中麵糊盆。〔做推防禦出門科〕〔防禦云〕好無禮也。不認便罷。怎麼推出我來。更待干罷。拏過那大夫人來。與我打着者。〔做打大旦科〕〔大旦云〕父親救我者。〔正末云〕是我惡說了他來。〔唱〕常言道口是禍之門。打關節府尹怒生嗔。我這議論便有那殺人的公事我招承。

〔防禦云〕既然如此。俺同見官去來。〔衆虛下〕〔府尹張千上云〕聆音能鑒貌。好僞自昭彰。小官府尹是也。昨日蘄州申到王六斤等一干人犯。張千。你與我律上廳來。〔張千云〕理會的。〔做拏王六斤搽旦大旦同知張仲上〕〔見科〕當面。〔衆跪科〕〔府尹云〕合毒藥是誰來。〔王六斤云〕是我來。〔府尹云〕送金是誰來。

十探子大鬧延安府雜劇

第一折

〔沖末孛老兒卜兒旦兒同上〕〔孛老兒云〕段段田苗接遠村。太公莊上戲兒孫。雖然只得鋤鉋力。答賀天公雨露恩。老漢延安府人氏。姓劉。雙名榮祖。嫡親的四口兒家屬。婆婆王氏。這箇是老漢的兒媳婦兒。我有一箇孩兒。喚做劉彥芳。在京師做着箇把筆司吏。時遇着清明一百五。家家上墳祭祖。拜掃墳塋。婆婆。俺准備些肥草雞兒。黃米酒兒。俺去那祖墳裏。燒一陌紙去。若要富。敬上祖。婆婆。你和媳婦兒先去。我封鎖了門戶便來也。〔卜兒云〕老的也。你去前後執料的停當者。我與媳婦兒先去。你隨後便來也。〔同旦兒下〕〔孛老兒云〕婆婆和媳婦兒先去了也。我收拾了酒食。封鎖了門戶。上墳走一遭去。〔下〕〔卜兒同旦兒上〕〔卜兒云〕 老身是劉榮祖的那渾家。今日清明寒食一百五。家家戶戶上墳祭祖。燒錢烈紙。媳婦兒俺先行。你公公隨後便來也。喒慢慢的行。〔淨扮葛彪領張千上〕〔葛彪云〕朝為田舍郎。暮登張子房。出的齊化門。便是鑾鹿房。小官姓葛。名彪。字蝌醬。我是蛤蝌醬的便是。父親是葛監軍。我是權豪勢要之家。累代簪纓之子。我打死人不償命。常川則是坐牢。時遇春間天道。萬花綻錦。柳綠如煙。我去踏青賞翫。我多領些伴當。但是人家好女孩兒。我拖着便走。我出的這城來。〔卜兒旦兒行走科〕〔葛彪云〕下次小的每。你見麼。你看那柳陰直下。一箇年老的婆婆。領着一箇年紀小的大姐。你去說一聲。借他那大姐。與俺那壁官人遞三杯酒。綴三根帶兒。叫我三聲義男兒。我就上馬去也。〔張千云〕理會的。〔張千做見卜兒科云〕支揖媽媽。〔卜兒云〕哥哥萬福。有甚麼話說。〔張千云〕那壁官人的言語。借你那年紀小的大姐。與俺官人遞三杯酒。叫三聲義男兒。俺官人上馬便去也。〔卜兒怒科云〕這廝好無禮也。他人妻。良人婦。怎生替你把盞。他的娘肯替我男兒把盞麼。〔張千云〕不干小人事。是俺官人說來。我回話去便了也。〔張千見淨科〕〔葛彪云〕他來也不來。〔張千云〕他不肯來。他說道。你的娘肯替他男兒把盞麼。〔葛彪云〕他說甚麼。〔張千云〕他那媽媽子說道。着你的娘。肯替他老公遞三杯酒。叫三聲義男兒。他纔着他媳婦兒來哩。〔葛彪云〕誰這般道。〔張千云〕是那壁老媽媽子說來。（葛彪云）打這弟子孩兒。我有娘呵。要他替我把盞。你過來。我自己問他去。媽媽下拜哩。（卜兒云）官人。你騎着馬哩。有甚麽話說。（葛彪云）我恰纔着伴當來說。借那壁姐姐替我把一杯酒兒。叫我三聲義男兒。我便去也。（卜兒云）甚麽言語。你的娘肯與俺男兒把盞麽。（葛彪云）這婆子無禮也。你怎麽敢罵我。你不認的我。我是葛監軍的舍人。是葛蝌醬。下次小的每。衆人打他娘。（卜兒同旦兒做倒科）（張千云）衙內打殺他兩箇了也。（葛彪云）休說打死兩箇。打死二十箇值甚麽。打死也馬咬馬踢馬蹝。你不揀那裏告去。說是葛蝌醬打死了你也。喒家去來。（同張千下）（孛老兒上云）老漢收拾了家中。封鎖了門戶。來到這郊野外。兀的不是我家婆婆和媳婦兒。爹爹可是怎麽來。（做哭科）（街坊上云）兀那老的。你不知道。您這娘兒兩箇是葛監軍的孩兒着你那大姐替他把盞。叫他三聲義男兒。爲他不肯。將他娘兒兩箇都打死了來。（孛老兒云）哥哥。你不說呵。我怎麽知道。他是權豪勢要之家的人。這裏無人近的他。我且將他娘兒兩箇的屍首。淺土兒培埋着。我直到京師。有我的孩兒劉彥芳。見在衙門中辦事哩。我到的京師。尋見孩兒。和他商量了。去那大大的衙門裏告他去。婆婆。則被你痛殺我也。欲賞三春景。翻做滿懷愁。尋我孩兒去。必定報寃讎。（同街坊下）（淨龐衙內領張千上云）花花太歲爲第一。浪子喪門世無對。堦下小民聞吾怕。勢力並行龐衙內。小官姓龐名勳。官拜衙內之職。我是那權豪勢要之家。累代簪纓之子。我嫌官小不做。馬瘦不騎。我打死人又不償命。如同那房簷上揭一塊瓦相似。我的岳父是葛監軍。見在西延邊鎮守。小舅子是葛彪。我郎舅兩箇倚仗着我岳父的勢力。誰人敢近的。我小官見在開封府執掌事務。前日有我小舅子。暗暗的寄一封書來與我。着我拆開看。誰想俺小舅子打死兩箇人的命。那苦主要行詞告狀。有人說道。他是葛監軍的孩兒。無人近的他。則怕他來我這開封府裏告狀來。我自有箇主意。張千。你衙門首看着。不問大小事務來告。你不要攔當他。張千喝攛箱放告。（孛老兒上云）老漢來到這京師。尋找孩兒劉彥芳。與他說知呵。那其間下狀告他也未是遲哩。我來到這衙門首。怎生得一箇人來。打聽我孩兒信息。可是好也。（劉彥芳上云）人道公門不可入。我道公門好修行。若將曲直無顛倒。脚踏蓮花步步生。小生姓劉。雙名彥芳。本貫是延安府人氏。嫡親的四口兒家屬。見今一雙父母。並小生的渾家。在於延安府居住。小生在此開封府。做着箇把筆司吏。跟隨這龐衙內大人辦事。今日相公陞堂。坐起早衙。小生有幾樁文卷未曾銷繳。去往大人跟前僉押。走一遭去。可早來到這衙門首也。〔做見孛老兒科云〕兀的不是我父親。父親。你爲甚麼來到這裏來。〔孛老兒哭科云〕孩兒。你不知道。當朝一日。是清明一百五。上墳燒紙。你母親和你媳婦兒先行。我在家執料。封鎖了門戶。不想你母親行至半路。撞見一箇葛彪。他調戲你媳婦兒。因不從。就打死你媳婦兒。馬踏殺你母親。本待那裏告狀來。那裏人說。他是權豪勢要之家。這裏也無人近的他。你去京師大衙門裏告他去。我一徑的尋你來商量了呵。去大衙門裏告他去來。〔劉彥芳做哭科云〕母親也。則被你痛殺我也。父親。你但放心。這箇葛彪。是葛監軍的孩兒。我如今在這開封府。跟着這龐衙內大人跟前辦事哩。大人好生可憐見。我將這一樁事。苦苦的大人跟前哀告。必然與我做主。父親。你則去那裏告去來到這衙門首。父親。你且在這裏。我先過去大人跟前告去。〔做見衙內科〕〔龐衙內云〕劉彥芳。你來有何事幹。敢有人欺負你。你說。這箇小的。是我手下一箇典吏。刀筆上十分通曉。他便是劉彥芳。你有甚麼事務來稟。我與你做主。〔劉彥芳跪科〕〔龐衙內云〕孩兒也。誰人敢欺負你。你是我手下的箇人。欺負你。便是欺負我一般哩。張千。不便與我拏去。〔劉彥芳跪科云〕大人可憐見。與你孩兒每做主者。小生延安府人氏。嫡親的四口兒家屬。小生在衙門中。跟隨着大人辦事。家中見有一雙父母。並小生的渾家。見在延安府居住。時遇清明節令。父母與小生的渾家。同上墳去。行至郊外。撞見一箇倚勢挾權的葛彪。馬踏死小生的母。又打死我的渾家。孩兒每待告天。天又高。待告地。地又厚。大人可憐見。與孩兒做主者。〔龐衙內云〕這廝可無禮也。你放心。我與你做主。別人也近不的他。〔背云〕這樁事正是我那小舅子的勾當。則除是這等。劉彥芳。你的事我替你整理。我的事你替我辦。你且與我攢造文書去。〔劉彥芳云〕大人。不知有多少文書。〔龐衙內云〕也無多。則有三千車文書。〔劉彥芳云〕與小人幾日假限。〔龐衙內云〕與你三日假限。我便要完。〔劉彥芳云〕與小生多少典吏攢造。〔龐衙內云〕你則獨自一箇寫。〔劉彥芳云〕大人可憐見。三千車的文書。與小人三日假限便要完。便有那七手八脚。也攢造不來。〔龐衙內云〕劉彥芳。你罵誰哩。我姓龐。你說道七手八脚。你比並我是螃蟹。張千。拏枷來上了枷。將這廝下在死囚牢裏去。〔劉彥芳云〕小人是原告。〔龐衙內云〕我則枷的是原告。〔劉彥芳云〕兀的不冤屈殺我也。〔孛老兒見劉彥芳云〕孩兒。你爲甚麼來。〔劉彥芳云〕父親也。這事不中也。〔孛老兒云〕孩兒。你怎麼來。〔劉彥芳云〕你不知道。他爲頭裏聽的您孩兒說了。便要與我做主。後來着我攢造這三牛車文書。我便說着多少人攢造。他便道則你獨自一箇。我便道與我幾日假限。他便道與你三日假限。我便道我有七手八脚。也寫不出來。他道我罵他是螃蟹。要將您孩兒下在死囚牢裏去。我恰纔問人來。他是葛彪的姐夫。父親也。你不問那裏。大大的衙門裏告他去。父親。你救我者。天那。可着誰人與我做主也。〔下〕〔孛老兒云〕天那。誰想龐衙內是葛彪的姐夫。俺造了關門狀也。我婆婆和媳婦兒都無了也。孩兒又下在牢中。要我這性命做甚麼。不揀那裏。大大的衙門裏告他去。好冤屈也。着誰人與我做主也。〔下〕〔龐衙內云〕張千。將那廝下在牢中去了也。早是告着我。告着別人。可怎了也。一壁寫書。着我岳父得知。這事不中。到來日我去相府中。稟過此一件事。我慢慢的掠荅這廝。左右將馬來。我回私宅中去也。定計巧安排。死人則情埋。有人來纏我。一頓大劈柴。〔下〕〔孛老兒上云〕老漢劉榮祖是也。天那。誰想俺家遭着這場横事。老漢偌大年紀。可那裏每告去。來到這大街上。我好冤屈也。着誰人與我做主者。〔做哭科〕〔正末領張千上云〕小官姓李名圭。字均玉。本貫河南府人氏。幼年頗勤於學。自中甲第以來。累蒙遷用。官拜廉使之職。今奉聖人的命。爲因西延等處。多有官濁吏弊。民間好生冤枉。下情不能上達。上命點差小官。私行體察。我如今更換了衣服。領着張千。長街市上。私行走一遭去。想俺這爲官的。都只要奉公守法也呵。〔唱〕

【仙呂點絳脣】見如今四海無虞。八方黎庶。皆豐富。樂業安居。普天下都託賴着當今福。

【混江龍】爲官的食君之祿。則要盡忠守節侍鑾輿。投至的封妻廕子。使婢驅奴。若不是雪案螢窗將黃卷讀。怎能勾烏靴象簡紫朝服。我則待要守清廉播一箇萬古留名譽。嗜人要一生諂佞。枉負了七尺身軀。

〔孛老兒云〕冤屈也。可誰人與我作主也。〔正末云〕有那等爲官爲吏的。陷害良民。小官職居清廉。理當正

直除奸革弊也呵。（唱）

【油葫蘆】則為那吏弊官濁民受苦。差小官親體伏。有一等權豪勢要狠無徒。他則待要倚強凌弱胡為做。全不怕一朝人怨天公怒。若有那啣冤的來告訴。小官可也無面目施行那徒流笞杖。我可便依著條律不徇私的何以得民服。

【天下樂】方信道秉正公直是大丈夫。我可便猶也波豫。自應付。我則待赤心報國將社稷扶。我則待要將良善舉。我則待把奸惡除。我一心兒敢與民做主。

（孛老兒云）天那。誰人與我做主。我尋一箇死罷。（正末云）兀那裏一簇人鬧。我試看者。一箇老人家。你這般尋死覓活的。有甚麼冤屈的事。你和我說者。（孛老兒云）你這廝。是那裏來的莊家後生。兀的不屈殺我也。你納你那稅糧絲絹去。你管我怎的也。（正末云）你有甚麼冤枉的事。你與我說者。（孛老兒云）我便和你說。你也管不的。（正末云）我雖是管不的。你我試猜者。（唱）

【寄生草】莫不是打官司人連累。莫不是告田宅爭地土。莫不是爭差鬭毆人欺負。則管裏搥胸跌脚狠憂慮。則見他尋死覓活因何故。（孛老兒做搶白正末科云）不干你事。你休管我。（正末唱）哎。你箇無運智的村沙忒村沙。有甚麼不明白冤枉咱行訴。

（孛老兒云）冤屈也。（正末唱）

【六幺序】他不住高聲叫。則見他仰面哭。他連聲兒短嘆長吁。這老子有甚冤屈。大叫高呼。他撲簌簌泪點如珠。（孛老兒做罵正末科云）不曉事的精驢禽獸畜生。管你的勾當去。悞了你納稅糧。你管我做甚麼。天那。屈殺我也。（正末唱）他指鼻凹罵到有二十句。罵的我羞答答倒褪身軀。（做叫科云）張千。（唱）你悄聲兒引到無人處。我可便抬了笠子。脫了衣服。(做脫衣服科)(孛老兒云)爺爺我死也。老漢不認的。大人可憐見。

(正末唱)我見他慌悚躊躇。左右支吾。緊慢相逐。跪在街衢哀告賓伏。則見他一來一往將咱來便當住。(做冷笑科云)你恰纔不道來。(唱)悞了我納稅去。(云)兀那老子你說你那詞因(孛老兒云)老漢不認的。大人可憐見。老漢是這延安府人氏。姓劉雙名榮祖。嫡親的四口兒家屬。當朝一日清明節令因上墳來到荒郊野地。撞見一箇倚勢挾權的官人。喚做葛彪。他走馬躧死我的婆婆。又打死了我的媳婦兒。老漢來到京師告他。有龐衙內。倒把我的孩兒劉彥芳下在牢裏去了。今日得見大人。便似撥雲見日。昏鏡重磨。柔軟莫過溪澗水。不平地上也高聲。懷揣萬古軒轅鏡。照察喞冤負屈人。(正末云)這廝好無禮也呵。(唱)這廝每惡黨兇徒。敗壞風俗。將好人家惡紫奪朱。他那爺不良兒又跋扈。則向那小民行挾細拏麁。我放敵頭委的和他做。豈不聞人心似鐵。官法如爐。

(孛老兒云)大人可憐見。與俺這百姓每做主者。(正末云)兀那老子。我是按察司廉使。那葛彪是權豪勢要的人。別處也近不的他。你跟我丞相府裏告去來。(孛老兒云)大人可憐見。與老漢做主者。(正末云)你放心也。(唱)

【尾聲】不索你痛嚎咷。准備着伸冤去。則除是宰相府與你箇貧民做主。你那人命官司事不虛。便差人提取無徒。我若是責了招狀。敢着他目下身殂。我教他赴法雲陽上木驢。(孛老兒云)大人說的話有准麼。(正末唱)你休猜做謬語。我敢和他實做。(云)小官既爲廉使。豈避權豪。則是與民除害也。(唱)將我這正直的名姓播皇都。(同孛老兒下)

第二折

(范仲淹領張千上云)博覽羣書貫九經。鳳凰池上敢崢嶸。殿前曾獻昇平策。獨占鰲頭第一名。小官姓范名仲淹。字希文。生而寒門。長居白屋。曾於僧舍講書。受清貧苦進學業。一舉進士及第。除翰林秘書教授。因毋喪去官。復起之後。遷吏部員外郎。權知開封府事。小官輕財好士。養其四方遊士。治義田千畝於吳中。疎遠宗族。皆有贍給。每臨政事。決斷不滯。明其黜陟。如有班部監司。不才官吏。一筆勾消。永不敍用。聖人知小官訪察精審。舉薦無差。官拜天章閣待制之職。今有延安府等處官吏酷虐。枉屈良民。奉聖人的命。差監察廉使李圭。馳驛爲巡按決獄。此人廉潔清幹。則今日便着李圭。直至延安府等處。清理文卷。走一遭去。則爲他志節堅剛守四方。廉能公正作賢良。濫官汚吏除民害。決斷分明獻表章。〔下〕〔經歷領張千上云〕博覽詩書立業成。名標金榜受皇恩。爲官正直於家國。永保皇圖享太平。小官乃府經歷是也。幼習儒業。頗看詩書。雖然未到三公位。也是皇家忠孝臣。小官在此相府。爲其首領。府衙宰相。每朝差委。豈敢差錯半毫。分當今聖主。皇恩寬厚。雨露增加。爲因八府宰相。辦事辛勤。賜御酒百瓶。湯羊十隻。犒勞八府宰相。遣小官安排筵宴。張千。與我喚箇廚子來打料帳。〔張千云〕理會的。這裏有箇廚子。最乾淨伶俐。我試叫他者。〔做叫科云〕廚子在家麼。〔淨廚子上云〕我做廚子實是標。偏能蒸作快烹魚。諸般品物全不愛。只在人家偷胡椒。自家廚子的便是。那箇叫我哩。我去看者。〔做出門科云〕阿哥喚我做甚麼。〔張千云〕經歷大人喚你做些兒生活哩。〔廚子云〕小人便去。可早來到衙門首也。〔張千云〕你則在這裏。我報復去。〔見科云〕相公。廚子來了也。〔經歷云〕着他過來。〔張千云〕廚子。着你過去。〔廚子做見科云〕相公。喚小人有甚麼生活做。〔經歷云〕兀那廚子。今有八府宰相。在省堂筵宴。喚你來打箇料帳。八府大人的分飯燒割湯品。添換不許少了。你怎生擺布。你說。我試聽。先買一隻好羊者。〔廚子云〕相公。如今好肥羊得買。〔張千云〕怎生得買。〔廚子云〕七箇沙板錢買一隻。重一百二十斤。大尾子綿羊至賤。〔經歷云〕張千。就與他七文錢。則問他要一百二十斤的大尾子綿羊。〔廚子云〕相公。這兩日羊貴了。〔張千呈答科云〕得也麼。〔廚子云〕一應湯水都是我。管各要古怪。爽口鑽腮。〔經歷云〕安排了筵席也。張千門首覷者。大人每下馬時。報復我知道。〔張千云〕理會的。〔呂夷簡淨回回官人漢兒官人女直官人達達官人衆官同上〕〔呂夷簡云〕幼習詩書道業隆。吾家三輩正儒風。調和鼎鼐名臣子。累代官居八府中。小官姓呂。名夷簡。字坦夫。祖乃龜祥。父乃蒙亭。叔乃蒙正。小官幼承父祖遺訓。頗習經典。朝廷任用賢良。官拜中書平章領省之職。小官屢進賢才。任用者乃范仲淹。文彥博。會公亮。司馬光。富弼。陳堯佐等。皆小官所薦也。今蒙聖人可憐。見小官擢用良才。銓衡人物。
褒貶必當。激濁揚清。御書方正忠良四字。勅賜懷忠之碑。方今禮樂與行。肅靖海內。託賴聖人洪福。小官等
早朝已退。賜御酒十瓶。就於相府。會衆官員飲宴。可早來到也。經歷安在。（經歷見科云）大人。小官久候多
時也。（呂夷簡云）准備的筵會如何。（經歷云）大人。筵宴都安排完備了也。今人擡上果桌來者。（張千云）
理會的。（呂夷簡云）衆官人每敢待來也。（淨龐衙內上云）小官衙內龐勣是也。今有劉彥芳的這一樁事
未完。我正要稟知大人去。說在丞相府裏飲酒。不免的走一遭去。說話中間。可早來到門首也。張千報復去。
道有龐衙內在於門首。（張千云）理會的。（做報科云）報的大人得知。有龐衙內在於門首。（呂夷簡云）着
他過來。（張千云）理會的。着過去。（龐衙內做見科云）大人。龐勣有稟覆的事。（呂夷簡云）衙內有甚麼稟
覆的事。（龐衙內云）大人。小官無事。可也不來。我手下有一箇典吏劉彥芳。我爲公事。教他攢造文書。他毀
罵我。他說七手八脚。我也寫不的。他明知我姓龐。是龐衙內。他把我比並做螃蟹。當做品食之類。把我責在
鍋裏通紅了。或是醬烹。或是做鮓。我不害疼。他毀罵大官。小官特來稟知。（呂夷簡云）龐勣。這箇是你衙門
裏小的每。打甚麼不緊。你那裏自發落去罷。（龐衙內云）謝了大人。小官回去也。（呂夷簡云）龐勣。俺八府
宰相今日飲宴。你就在此飲幾杯酒回去。（龐衙內云）小官知道。（回回官人云）安排酒來。衆宰相飲幾杯
者。（衆做飲酒科）（龐衙內施禮科云）大人恕罪。（回回官人云）與他酒吃者。（龐衙內做飲酒科）（回回
官人云） 經歷拏那土木八來。（經歷云）有令人拏過那廚子來。（廚子跪科）（回回官人云）兀那廚子。聖
人言語。着俺這八府宰相在此飲酒。你安排的茶飯。都不好吃。霍食買在必牙。有甚麼好吃的。郭食木兒哈
哂鷄。郭食呵廝哈哂馬。郭蘇盤曷廝哈哂羊。郭食羊哈哂牛。郭食曷廝哈哂鵝。哈哩凹甜食下。都是三菩薩。
濟哩必牙吐吐麻食。偖安桌食所兒叭霍食買在必牙。燒羊裏無滷汁。軟羊裏少杏泥。圓米飯不中吃。安排
的茶飯無滋味。經歷與我拏出去打四十者。（張千云）理會的。（做打廚子科云）一十二十三十四十。出去。
（廚子做出門科云）辛苦了一日。倒打了我一頓。這苦告訴誰的是。（正末領孛老兒上）（正末云）小官李
廉使。須着劉榮祖。宰相府裏投文去來。兀那老的。你跟着我去宰相府裏告狀去。我與你申訴情由。大人每

好歹與你做主也。我若不領你去。着誰人領你去也呵。〔唱〕

【正宮端正好】我若是順人心。便是我虧天理。似這等啣冤負屈誰知。有這等兇徒惡黨可便憑權勢。他可便往往的把良民累。

〔云〕兀那老的。〔唱〕

【滾繡毬】到官中他共你。別辯箇是與非。豈不聞人性命關天關地。堪恨那不公平奸佞的龐勣。將他箇媳婦兒一命虧。馬踏翻他年老的妻。又將他箇原告人親兒枷起。好將那殺人賊六問三推。可不道明明的王法可便休輕犯。更和那湛湛青天不可欺。莫得躭遲。

〔云〕來到這相府門首也。〔做見廚子科云〕兀那廝你為甚麼事這等煩惱。〔廚子跪科云〕大人可憐見。小人是箇廚子。昨日相府裏經歷大人喚小人做了一日一夜。眼也不會合。今日倒說小人燒羊裏無滷汁。歎羊裏無杏泥。圓米飯不中吃。燒鵝燒鷄說不肥。臨了將我打了四十。似這等苦楚。那裏告去。〔做哭科〕〔正末云〕這的打甚麼不緊。〔唱〕

【呆骨朵】則為他製造的湯水無滋味。你可甚調羹處燮理鹽梅。怎能彀做茶飯五味俱全。則您那和鼎鼐四時皆失。您治民無決斷。他可也怎見這庖官罪。〔回回官人云〕俺幾曾吃一口加味湯。〔正末唱〕他道是他幾曾吃一口加味湯。我道來您可便都不是宰相職。

〔云〕兀那廚子。一壁有者。我替你大人跟前說去。〔廚子云〕理會的。〔正末云〕兀那老的。你則在這裏有者。我過去見大人去。令人報復去。道有廉使李圭在於門首。〔張千云〕理會的。〔做報科云〕報的大人得知。有李廉使在於門首。〔呂夷簡云〕着他過來。〔張千云〕理會的。着過去。〔正末做見科〕〔呂夷簡云〕李圭。你那裏來。〔正末云〕大人。小官有稟復的事。〔龐衙內背云〕這椿事不知他知也不知。〔正末云〕可怎生有龐衙內在此。〔龐衙內云〕廉使恕罪也。〔正末唱〕

【倘秀才】你見了也這李廉使都眉南面北。多管是那相公每饑嗔的這飽喜。則為我無過犯難投宰相機。您肺腹我須知。都則為飲食。

（龐衙內云）大人龐勳這一會兒身上不好肚裏疼。（呂夷簡云）李圭你有甚事。（正末云）小官正來衙門中見一箇老的聲寃叫屈。小官就領他來見大人來。（呂夷簡云）在那裏。（正末云）見在衙門首。（呂夷簡云）拏過來。（張千云）理會的。（拏李老兒見科）（呂夷簡云）兀那老的。你那裏人氏。姓甚名誰。有甚麼啣寃負屈的事。你說。我與你做主。（李老兒云）告大人停嗔息怒。老漢細說緣故。西延邊是我祖家。延安府是我住處。時遇着清明節令。家家去上墳祭祖。來到那荒郊野地。撞見一箇倚勢的官人。說葛彪便是他名目。馬驟死老漢的婆婆。又打殺俺一箇年紀小的媳婦。待告來無處告。待分訴那裏分訴。我一徑的來到京師。去那大衙門裏聲寃負屈。我向那龐衙內跟前告他。好也囉。誰想他是葛彪的姐夫。便着俺孩兒攢造文書。三年車載的無數。他道與你三日假限。第四日便要完備。俺孩兒道。則我獨自一人。便是那七手八脚。整治不出。他道我做螃蟹。不由分說。將孩兒下在牢獄。眼前面放着箇鰥寡孤獨。送的我一家兒滅門絕戶。龐衙內葛衙內倚勢挾權。龐衙內葛衙內強要人家寶貝珍珠。龐衙內葛衙內強奪人家名人書畫。龐衙內葛衙內強奪人家婦女。龐衙內葛衙內有失人倫禮數。龐衙內葛衙內敗壞風俗。今日老漢見你箇清耿耿忒正直無私曲宰相官人。與俺這離着鄉背着井忍着寒受着冷苦懨懨窮滴滴無挨倚的百姓做主。（龐衙內云）廉使。聖人的命。教衆位大人在此飲酒。你領將人來告狀。你好多攬事也。（正末唱）

【滾繡毬】非干咱自攬是非。聽小官說就裏。豈知道你倚權豪殺人的詳細。你也索問原告人案驗虛實。你不將王法依平。將百姓欺早難道寸心不昧。（龐衙內云）李廉使你無箇面皮。好歹也看俺一殿之臣。你也忒多攬事。（正末唱）呀。你箇龐衙內可是那秉正忠直。（龐衙內云）投到我來。大人每都知道了也。（正末唱）則你那衙門關節可便靈如卦。豈不聞路上行人口勝碑。天網恢恢。

（呂夷簡云）這樁事。都是龐勳的勾當。你倒在這相府中巧言令色說過瞞過這官府。你是何道理也。（龐

衙內云〕李廉使。我和你往日無冤。近日無讐。你怎生領將人來告狀。你大古來是壘卵諫忠臣荀息也。〔正末唱〕

【倘秀才】我雖不是壘卵諫忠臣荀息。你叫怎麼問牛喘愛民的丙吉。少罪波劉文靜魏賢臣徐世勣。俺須是我。我見官裏。我和你奏知。

〔呂夷簡云〕這樁事都是龐勣。故令妻舅打死平人。向親族返栩原告。你的罪非輕。本待拏下你來。不曾得大人的言語。你且一壁有者。李圭。你領將這老子去。你就問這樁事。我奏知聖人。自有箇主意也。〔正末云〕謝了大人。〔唱〕

【一煞】你是箇昧血心欺良善圖榮貴。豈不聞陰發遲陽顯疾。作事欺公逃不離。陷害了他人。強姦民嬌婦。胡推打妝聾仗岳父門楣。犯不道衍愆縲。受戚畹行兇吃祿。更無那為國於家。倚權衡越理徇私。衙一片奸雄巧智。依法律盡凌遲。

【尾聲】我便死呵。做一箇堅剛節操忠直鬼。不似那壞法欺公諂佞賊。失了人倫。差了道理。倚仗着為官更有權勢。常把良民又去欺。馬踏死他親娘。強要他妻。倒把平人下在牢內。若到朝中說就裏。那其間赴法遭刑待怨誰。償人命的官司。須要你當罪。〔云〕便好道殺人的償命。〔唱〕你看我納下頭皮去來我和那廝做到底。〔下〕

〔呂夷簡云〕李圭去了也。此人有如此廉能公正。不避權豪。如此輩人鮮矣。龐勣。你知罪麼。你妻弟打死平人。你又將原告下在牢中。敢不中麼。常言道畫地為牢。誓不可入。獄中苦楚。與死為隣。你須是掌刑法的人。豈不知道斷獄不公。聽訟不審。淹禁囚繫。慘酷用刑。此者乃國之典憲。不獲已而用之。爾等倚強凌弱。背公向私。你可甚以禮義而教親。則民不怨矣。孔子曰。舉直錯諸枉。則民服。舉枉錯諸直。則民不服。書曰欽哉。惟刑之恤哉。聖人以仁政寬恤為本。可不體乎。龐勣你聽者。不以王條理庶民。平將人命順私情。欺公壞法奸猾吏。怎做朝中社稷臣。〔下〕〔漢兒官人云〕呸。龐勣。你妻舅打死平人。你又反因了他原告。這箇是你做的勾當。是何理也。聖人說舉直錯諸枉則民服。舉枉錯諸直則民不服。三人行必有我師焉。擇其善者而從之。其不善者而改之。聖人云君子行德以全其名。你這等小人行貪以忘其身。常言道營於利者多患。輕於諾者寡信。茂木豐草有時而落。物有盛衰安宜自若。龐勣。你所爲非理。所行不公。你這等人。和你說出甚麼來。則道俺官人不知道。你聽者。龐衙內做事忒歹。欺瞞俺八府臣宰。公廳上則你橫行。教人將你怎生遮蓋。〔下〕〔女直官人云〕龐勣。你知罪麼。你妻舅打死平人。又反因他原告。敢不可麼。你須是掌法的人也。爲臣者要廉能功幹。竭力盡忠。於民有益。於國有功。一無邪僻之心。常存文行忠信。你全不肯秉正直堅心報國。專則待倚權豪仗勢欺人。這等人我和你說出甚麼來。龐勣奸狡昧神祇。所事瞞人分外爲。妻舅倚勢傷人命。倒將原告下風雷。偏心便要平人死。湛湛青天不可欺。良民陷害遭囚困。壞法欺公陋面賊。全無報國忠君意。不把王條秉正直。枯腹豈知經史意。愚人倚仗勢家威。兩眼望錢貪利賂。一心則待喫堂食。扭曲做直胡弄事。戀酒迷花喬所爲。反因原告非其罪。屈勘平人法度違。逆天行事的無徒子。怎與皇家作柱石。〔下〕〔達達官人云〕龐衙內也。結斯沌羅嘅。你恰走將來。把俺筵席都攪了。你的妻舅馬踏死平人。又打殺他媳婦兒。你又來這裏告他。你好生無禮。我是箇達達人。不省的你這中原的勾當。我雖是箇達達人。落在中原地面。我坐着國家琴堂。請着俸祿。一應的文案。我敢差了些兒麼。你休說我是箇達達人。我也會讀漢兒文書。你可甚詳明吏理。可許從政。你妻弟行兇。順私親反因原告。仗勢用刑。豈不聞囹圄之苦。度日如歲。無罪之人。死於非命。咎將誰歸。不思刑者國家之典。所以代天糾罪。豈爲官吏逞忿行私者乎。龐勣你聽者。守職居官民父母。徇私用法壞王條。無知猾吏傷人命。你罪犯彌天不可饒。〔下〕〔回回官人云〕呸。兀那龐勣。你恰纔說道他罵你。可原來你舅子馬踏殺他婆婆兒。奪了他媳婦兒。又將他孩兒下在牢裏。這的是你的是他的是。你休說我是箇回回人。不曉的這漢兒的道理。俺爲官的。則要調和鼎鼐燮理陰陽。我和你說出甚麼來。投至俺得坐都堂。皆因是苦盡甘來。俺爲官的。則要報國安民。誰教你害百姓苦要錢財。你教他攢造三牛車的文書。他說道七手八腳。寫不出來。你姓　本是龐勣。你道他罵你。你聽者。龐勣做事忒歹。欺瞞俺八府臣宰。那的是你燮理陰陽。甚的是調和鼎鼐。他則道了七手八脚。你說他罵你做螃蟹。是有那螃蟹麼。你見人家好歆呵便要胡鉗。他若不與你呵。你可着你那祗從人團膞將上來。你見人家好婦人。便吐涎吐沫。恨不的睜着眼手脚忙抬。認廳上則你橫行。犯下來怎生遮蓋。我還有幾句兒比並說與你記在心懷。我恰纔待要責着你來。你又硬頭硬腦。俺八府宰相正飲酒哩。不知你從那裏扒找將來。我如今就拿你去着酒戧着。衆大人蘸薑醋喫一頓拼瞌。你明日犯了事。着人把你鉗住。直等的去了頭。剝了腿。揪了臍。揭了蓋。纔顯出你那黃來。你這龐勣做事模糊。斷事全不如杜甫。說言語必丟僕答。呸。你那口恰似我的屁股。〔下〕〔經歷云〕呸。龐衙內。你羞麼。你妻舅打死平人。你倒反因了他的原告。你聽者。俺但凡為官者。請皇家俸祿。坐國家琴堂。與民雪寃辯枉。行政從公。囹圄無久繫之囚。黎庶有歌謠之誦。你全無那玄齡如晦之忠心。腹懷着林甫俊臣之奸佞。你覷軍民如草芥。視百姓如蓬蒿。你這等人。乃沐猴衣冠之輩。馬牛襟裾之材。你聽者。不將仁政化居民。倚強凌弱害平人。反因原告居縲絏。權豪勢要順私情。為官的常思治國平天下。每懷忠孝報朝廷。奸貪狡倖龐衙內。呸。萬代流傳做罵名。〔下〕〔龐衙內云〕呸。喫了這場沒滋味。左右將馬來。我去酒鋪裏。喝幾甌涼酒去來。本是一衙內。只要把人昧。人命不為輕。且去喫一醉。〔下〕〔衆做打呸科〕〔廚子云〕 今朝造化低。四十打了皮。喝上三瓶酒。睡到日頭西。〔下〕

第二折

〔范仲淹領張千上云〕仁政安天下。忠誠立大邦。老夫天章閣待制范仲淹是也。今為鎮守西延邊監軍葛懷愍之子。乃是葛彪。往往欺壓良民。將平人打死。州縣官員。不敢拿問。皆因此人倚仗權勢。今有廉使李圭。奉命去延安府等處巡按。今奉聖人的命。賜與勢劍金牌。將此一樁事。着他就決斷明白。先斬後奏。今着老夫齎與他勢劍金牌。着李圭直至延安府勘問此一樁公事去。若勘問成了。即便申文書老夫知會。勅賜金牌勢劍行。王條專斷不平人。李圭巡按親勘問。決定無徒正典刑。〔淨葛彪領張千上云〕好耍好耍。房上跑馬吊將下來。跌了左胯。小官葛彪是也。這兩日有些眼跳。為此一樁人命事。我寄書與我姐夫去了。不見回信。今日無甚事。私宅中閑坐。看有甚麼人來。〔張千李萬上張千云〕自家張千的便是。這一箇是李萬。牽着李廉使大人的言語。着我兩箇請葛彪大人去。可早來到門首也。祗候人報復去。道有李廉使大人差張千李萬來請大人。〔祗候云〕理會的。報的大人得知。有李廉使大人的伴當。來請大人說話。〔葛彪云〕必定是我姐夫廳衙內回信來了。着他過來。〔張千李萬做見科〕〔葛彪云〕你那裏來的祗候人。〔張千云〕小人是延安府來的祗候人。李廉使大人的言語。道有書呈在那裏。着小人每來請大人。親自到延安府李大人家取書呈去。〔葛彪云〕也說的是。左右將馬來。我親自到延安府取書呈去也。目下便登程。二人隨後跟同去取書信。便得見緣因。〔同下〕〔葛監軍領卒子上云〕三尺龍泉萬卷書。皇天生我意何如。山東宰相山西將。彼丈夫兮我丈夫。某乃葛懷愍是也。某文通三略。武諳六韜。望塵知敵數。對壘識兵機。賞罰嚴明攻戰必勝。多得守邊之策。每回臨陣。無不幹功。聖人可憐。加某爲監軍都統節制天下兵馬元帥征西大將軍之職。某今隨帳。威勢偏別。攏白虎得勝於轅門。列黃幡豹尾於帳下。錦衣壯士肩擔着赤鬚旌幢。清秀兒郎。手持着吳鈎越戟。陣前列五運轉光旗。帳下擺順天八卦。蓋五運轉光旗者。有虎牙旗日月旗龍鳳旗得勝旗轉光旗。八卦蓋者。是乾坎艮震巽離坤兌。軍不斷不齊。將不嚴不整。令字旗催報先鋒。帥字旗爲軍中眼目。寶纛旗開。犯令者不論親疎。得勝旗搖。收軍罷盡。望封官賜賞。俺這裏軍隨印轉。行直正罪。若當刑先言定。在朝休誤天子宣。莫違俺這閫外將軍令。某鎮守西延邊上。某有一子。乃是葛彪。因踏青在城外走馬。悞傷人命。被巡按廉訪使李圭。將我孩兒捉獲到官。毆打問理。頗奈此人無禮。量你是箇芥子大小官職。到的那裏。某只今便差十箇能行快走的探子。直至延安府勾將李圭來。傳令親將軍士。差能行探子。踐塵埃。若見李圭休縱放。不分星夜緊勾來。〔下〕〔正末領張千排衙上〕〔正末云〕小官監察巡按李廉使是也。因延安府官濁吏弊。酷虐害良民。今奉聖人的命勅。賜勢劍金牌。教小官便宜行事。先斬後聞。兀那大小官員。六房吏典。

我非是私來也呵。〔唱〕

【中呂粉蝶兒】我可便奉勅承宣。理刑名勘理文卷。察清濁黜陟官員。有那害良民。違公道。我着他身加刑憲。但有那負屈伸冤。訴情由我行分辯。

【醉春風】揩直下威凜凜列公人。書案邊懍懍懍排右吏典。我則待去奸邪立一統正直碑。把名姓來顯顯。為政於民。為臣報國豈辭勞倦。

〔云〕我差人拿那葛彪去了。這早晚敢待來也。〔葛彪領張千李萬上〕〔葛彪云〕某乃葛彪是也。可早來到這門首也。張千。你先報復去。說道某來了也。〔張千報科云〕報的大人得知。拏將葛彪來了也。〔正末云〕拏將過來。〔張千云〕拏過去。〔葛彪云〕他不出來接我。我自過去。李廉使我來了。有甚麼書呈將來我看者。〔正末云〕兀那廝。你怎生打死平人。因何不跪着。〔葛彪做不跪科〕這箇廉使。我做甚麼打死人來。我不跪。並然不干我事。〔正末云〕你不招。更待干罷。張千。拏下去打着者。〔張千云〕理會的。〔做打科〕〔葛彪云〕哎約哎約。李廉使。你不要歪纏。我不會惹下事。打出屁來了。〔正末唱〕

【迎仙客】我覷了他目下情審了。他口中言這官司你可也怎的免。使不着你倚豪強更那堪仗勢權。又不比攀指干連。你與我便從實說把招伏串。

〔葛彪云〕我可做甚麼打死人來。不干我事。〔正末云〕張千。將那廝且拿在一壁有者。〔張千云〕理會的。〔淨探子兩箇上云〕自家是箇軍。身上穿着青。白日裏鋪裏睡。到晚偷人家惹。我兩箇是西延邊上能行快走的兩箇探子。一箇是李得中。一箇是胡亂歇。俺兩人奉着元帥的、言語。有延安府廉使李圭。着俺兩箇星夜拿將他來。來到這衙門首。你這裏有李圭麼。大人的言語。着俺來拿他。張千報復去也。不必喫酒飯。不必要盤纏。快跟將我去來。〔張千云〕理會的。〔報科云〕大人。有兩箇小軍來勾大人來。〔正末云〕着過來。〔張千云〕理會的。着你過去。〔做見科〕〔正末云〕你是甚麼人。〔探子云〕俺兩箇是西延邊上葛元帥差來。你跟着我走走走。〔正末云〕這廝好無理也。你男子打死平人。怎敢到來勾我。拏下這廝去跪者。〔張千云〕理會的。〔正末唱〕

【白鶴子】我親蒙着聖主差。你為元帥鎮延邊。你孩兒為人命犯了王條。我可便依國法非私怨。

〔云〕拏下去打四十。搶出去。〔張千云〕理會的。二十三十四十。出去。〔探子哭科云〕我則道有喫的有錢鈔。倒喫了一頓打。氣出我箇四句來了。我今做事沒來由。因為勾人惹場愁。打我拖翻則管打。張千是箇狗骨頭。〔下〕〔探子兩箇上云〕奉令莫消停。星火疾便行。擒拿李廉使。來見葛監軍。俺兩箇一箇是飯當災。一箇是世不飽。奉着元帥的將令。着俺去延安府拿李圭去。來到這衙門首也。李圭快出來。元帥有勾。〔張千報云〕大人。又有兩箇小軍來勾大人來。〔正末云〕拿過來。〔張千云〕理會的。着你過去。〔做見科〕〔正末云〕你是甚麼人。〔探子云〕元帥着俺勾你來。〔正末云〕拿下去跪者。他鎮邊庭。我辦公事。他怎敢勾我來。

〔唱〕

【白鶴子】他氣呸呸惡勢煞。雄赳赳扣廳前。一箇箇猛虎也似走將來。我直拷的他羊兒般善。

〔云〕拿下去打四十。〔張千云〕理會的。三十四十。出去。〔探子云〕氣出我箇四句來了。大人做事忒喬。拿住我則管便敲。俺兩箇自家暖痛。頭燒酒呷上幾瓢。〔下〕〔探子兩箇上云〕親奉元戎將令。差擒拿廉使到廳增。若還捉住不輕放。管取同他一路來。俺是元帥府裏勾軍的。我是佯不睬。他是不知道。俺奉着元帥將令着俺拿李圭去。來到這衙門首也。李圭快出來。元帥有勾。〔張千云〕大人。又有兩箇人來勾也。〔正末云〕拿過來。〔張千云〕理會的。着過去。〔做見科〕〔正末云〕拿下去跪者。〔張千拿跪科云〕跪者。〔正末唱〕

【白鶴子】你兩三番勾喚咱。將言語口中傳。粗棍子拷你皮膚。我便是打你那監軍面。

〔云〕拿下去打四十。搶出去。〔張千云〕理會的。三十四十。出去。〔探子云〕打殺我也。你不去倒打我。氣出我箇四句來了。也則為違條犯法。着我來一逕勾拿。他扣廳打我一頓。想起來都是傻瓜。〔下〕〔探子兩箇上云〕身輕能過嶺。腳疾走如風。俺兩箇是元帥府裏勾軍的。一箇是喬搗碓。一箇是任傻瓜。奉着元帥的將令。着俺拿李圭去。來到這衙門首也。李圭快出來。元帥勾你哩。〔張千報科云〕大人。又有兩箇人勾來了。〔正末云〕拿過來。〔張千云〕理會的。着過去。〔正末云〕拿下去跪者。〔做跪科〕〔正末唱〕

【白鶴子】見威風雄赳赳。一箇探袖弁揎拳。俺這裏不弱似嚇魂臺。便似壓着閻王殿。

〔云〕拿翻打四十。搶出去。〔張千云〕理會的。二十三十四十。出去。〔探子哭云〕打殺我也。你不肯去。倒打我。我到元帥府裏慢慢的和你說話。李圭做事忒不中。差我的他是葛監軍。一些錢鈔不會有。一頓打的我羊兒風。〔下〕〔探子兩箇上云〕兩腿疾如箭。一心急似風。俺兩箇是葛監軍的小軍兒。一箇是疙瘩頭。一箇是壁虱臉。俺奉元帥的將令。着俺勾李廉使去。可早來到這衙門首也。李圭快出來。元帥有勾。〔張千報科云〕大人。又有兩箇人來了也。〔正末云〕拿過來那裏跪者。〔張千云〕理會的。過去跪者。〔做拿跪科〕〔正末唱〕

【白鶴子】他父為官如泰山。兒犯法罪彌天。我若是避權豪順人情。枉躭着箇為風憲。

〔云〕打四十。搶出去。〔張千云〕理會的。二十三十四十。出去。〔探子云〕打殺我也。我兒也。你由他。你由他。廉使不識耍。不肯違王法。勾也勾不去。倒喫了他一頓打。〔下〕〔正末云〕張千與我拿過葛彪來。〔張千云〕理會的。〔正末云〕葛彪你召了者。〔葛彪云〕並不干我事。你又不敢打我。〔正末云〕拿下去打着者。〔張千云〕理會的。〔打科〕〔葛彪云〕老兒你不要惹事。你打了我。看你怎麼見我父親。哩哎約。打殺我也。〔正末唱〕

【快活三】這償人命是你的罪愆。倒將咱死熬煎。不招呵一命喪黃泉。〔葛彪云〕大人。看俺父親的面皮。我送對燒鵝兒你吃。饒了我罷。〔正末唱〕我可便管甚麼那監軍的面。

〔葛彪云〕你好沒臉。打殺我也。〔正末唱〕

【朝天子】也是你那命蹇。你休想我便可憐。篤速速打考的身軀顫。打的他皮開肉綻跪在堦前。將你那造惡的形骸變。則你那犯法違條死而無

怨。怎禁你那老無知忒自專。勘問的這事完。我可回那帝輦。〔云〕做兒的打死平人。做爺的擅勾臺省官員。〔唱〕俺兩箇便親自到金鑾殿。

〔云〕這廝不招。打着者。〔張千云〕理會的。〔做打科〕〔葛彪云〕罷罷罷。是我打死他媳婦。馬踏殺他婆婆來。我都招了也。〔正末云〕招狀是實。畫了字。將長枷來枷了。下在死囚牢中去。〔張千云〕理會的。〔拿葛彪下〕

〔正末云〕小官親造文書。回大人的話去也。〔唱〕

【啄木兒尾聲】教百姓每曉諭的知。將殺人賊斬在市廛。舉直錯諸枉民無怨。雖不是包龍圖的機變。將我這秉忠直名姓入凌烟。〔下〕

第四折

〔范仲淹領張千上云〕老夫范仲淹是也。有監察廉使李圭。在西延邊申將文書來。說葛彪打死人命一事。勘問已成了也。老夫今奉聖人的命。着老夫疾馳驛馬。親往延安府結證此事。就陞賞李圭。不敢久停久住。延安府結證走一遭去。奉命承差不暫停。緊馳驛馬出神京。官封能幹加三品。罪斷權豪按五刑。〔下〕〔葛監軍領卒子上云〕某乃葛監軍是也。頗柰李圭無禮。將勾去的人都打了。更待干罷。某統領三軍。直至延安府。拿住李圭。報了冤讎。方稱我平生願足。統領雄兵聚戰鞍。匣中輕掣劍光寒。李圭縱有論天表。不報冤讎誓不還。〔下〕〔正末領張千上云〕小官李圭是也。今奉聖人的命。勘問葛彪打死平人事。招伏已完了。聽知的早晚有天使至此也。今日陞廳。聚大小官員。六房典吏。接應天使去也呵。〔唱〕

【雙調新水令】爲臣盡節敕整綱常。報君恩敬於事上。漢廷汲黯忠。唐室魏徵良。見如今千載名揚。萬古流芳史記談揚。一箇箇凌烟閣畫圖像。

〔云〕左右衙門首覷者。看有甚麼人來。〔張千云〕理會的。〔葛監軍上云〕某乃葛懷愍是也。統領三軍。到於延安府。不放三軍寸箭不許帶進城去。三軍都在城外紮營。我親自見李圭去來。可早到門首也。張千報復去。道有葛監軍在於門首。〔張千云〕理會的。喏。報的大人得知。有葛監軍來了也。〔正末云〕他不自過來着我接待他去。〔張千云〕俺大人說來。你不自過去。待教俺大人接待你。〔葛監軍云〕此人這等權重。我試看者。原來有勢劍金牌在此。葛懷愍也。你可不來麼。我自過去有說話。好難請喚也。李圭。〔正末云〕好無禮也。葛懷愍。〔葛監軍云〕你怎敢屈勘平人。〔正末云〕你怎敢擅離汛地。〔葛監軍跪科〕〔正末云〕我身居臺省。執掌提刑。你不遵號令。私離邊庭。我問你波。〔唱〕

【沉醉東風】則你那七禁令何當是你掌。〔云〕我問你來了呵。〔唱〕則你那三軍印寄付與誰行。少罪波逃軍營的姜太公。離寨柵的諸葛亮。辱沒殺晉尹鐸。保障金湯。你為兒子行兇做爹的撇了戰場。〔云〕為將者一輕二慢三盜四欺五背六亂七悞。〔唱〕請你箇行號令的監軍自想。

〔葛監軍云〕這事不中了也。廉使。咱是一殿之臣。看我和你舊時顏面。我一時不是了。怎生饒過俺父子之罪也。〔正末云〕兀那葛懷愍。你的兒子打死平人。你又擅離汛地。平欺俺臺省官員。更待干罷。〔唱〕

【沽美酒】我可也敢和你做一場。休想我便肯輕放。倚着你父子每權豪勢力強。你怎敢擅離了邊庭地方。忒欺公忒無狀。

【太平令】也不索用長詞短狀。直和你見鑾輿打一會官房。〔范仲淹冲上云〕老夫范仲淹是也。可早來到延安府也。〔張千云〕范學士大人下馬也。〔范仲淹云〕甚麼人大驚小怪的。〔正末唱〕正遇着天臣宰相。使不着你狂言抵當。他可便倚仗勢強。將人命事不償。〔云〕做兒的打死平人。做爺的擅離汛地。〔唱〕大人也他罪難容徒流笞杖。

〔范仲淹云〕張千。將一行人律上廳來。〔張千云〕理會的。〔張千拿劉彥芳李老龐衙內同上〕〔跪科〕〔范仲淹云〕一行人聽老夫下斷。李圭你行公正。輔助朝廷。有決斷不懼權臣。陞你為尚書之職。理文卷撫恤安民。劉彥芳無辜囚禁。為人命被害傷親。無點李吏役考滿。祥符縣主簿安身。劉榮祖本鄉養老。賞賜與十兩白銀。葛懷愍擅離汛地。棄牌印私度關津。縱容子致傷人命。削兵權免死充軍。龐衙內扭直為曲。罷官職貶為庶人。正犯人行兇葛彪。欺百姓敗壞人倫。市曹中當刑處斬。依律條曉諭分明。有罪的分明決斷。受賞的望金鑾拜謝皇恩。

魯智深喜賞黃花峪雜劇

第一折

（沖末扮宋江同吳學究引小僂儸上云）自小為司吏。結識英雄輩。姓宋本名江。綽名順天呼保義。某姓宋名江。字公明。曾為鄆州鄆城縣把筆司吏。因帶酒殺了閻婆惜。官軍捉拿甚緊。自首到官。脊杖了八十。迭配江州牢城營。因打梁山過。遇着哥哥晁蓋。打開了枷鎖。救某上梁山。就讓某第二把交椅坐。哥哥三打祝家莊身亡。衆兄弟拜某為頭領。我聚三十六大伙。七十二小伙。威鎮於梁山。俺這梁山寨名水滸泊。號梁山。縱橫河闊一千條。四下方圓八百里。東連大海。西接咸陽。南通鉅野金鄉。北靠青濟兗鄆。有七十二道深河港屯。數百隻戰艘艨艟。三十六座宴臺。聚百萬軍糧馬草。聲傳宇宙。五千鐵騎敢爭先。名播華夷。三十六員英雄將。俺這梁山。一年喜的是兩箇節令。清明三月三。重陽九月九。時遇重陽節令。放衆兄弟每下山去賞紅葉黃花。三日之後。都要來全。若有違禁某的將令的。必當斬首。小僂儸。你去傳了我的將令。學究哥。俺無事。後山中飲酒去也。宋公明武藝堪誇。吳學究又無爭差。衆頭領都離寨柵。下去賞紅葉黃花。（下）（扮店小二上云）曲律杆頭懸草稕。綠楊影裏撥琵琶。高陽公子休空過。不比尋常賣酒家。小人是這草橋店賣酒的便是。今日清晨早間。挑起草稕兒。燒的旋鍋熱。看有甚麼人來。（劉慶甫同旦上云）黃卷青燈一腐儒。九經三史腹中居。學而第一須當記。養子休教不讀書。小生姓劉。名慶甫。濟州人氏。嫡親的兩口兒。家屬渾家李幼奴。小生學成滿腹文章。未曾進取功名。爭柰許了泰安神州燒香三年。今年是第三年也。燒香已回。到這草橋店上。大嫂。俺去那酒務兒裏喫幾杯酒。慢慢的行。兀那賣酒的。有酒末。（店小二云）官人請家裏來。這箇閣子乾淨。（慶甫云）打二百文長錢酒來。（店小二云）有有有。我篩的這熱。官人兀的酒。我再看些甚麼好菜蔬來。（慶甫云）賣酒的。休放閑雜人過來。俺慢慢的飲幾杯。（店小二云）官人。您則管飲酒。無甚閑雜人來。（淨扮蔡衙內引張千上云）花花太歲為第一。浪子喪門世無對。堦下小民聞吾怕。則我是勢力併行蔡衙內。自家蔡衙內的便是。表字蔡疙疸。我是那權豪勢要的人。嫌官小做不的。馬瘦騎不的。打死人不償命。長在兵馬司裏坐牢。我打死人如在房上揭一片瓦相似。不到半年。把瓦都揭淨了。一聲下雨。我可在露天地裏住。時遇重陽九月九。張千架着小鷂子。郊外踏青賞翫去。可早來到也。兀的不是箇小酒務兒。賣酒的。你有乾淨閣子兒。〔店小二云〕有有有。這閣子乾淨。大人請坐。〔蔡淨云〕篩酒來我吃。〔店小二云〕不是熱酒來了。大人請自在飲酒。〔蔡淨云〕我且吃一鍾。〔慶甫云〕大嫂。我央及你唱一箇小曲兒。〔旦云〕我不會唱。〔慶甫云〕你好歹唱一箇曲兒。我吃不的悶酒。〔旦做遞酒科云〕慶甫。你飲這一杯酒。我唱箇曲兒你聽。〔唱〕

【南駐雲飛】 盞落歸臺。不覺的兩朵桃花上臉來。深謝君相待。多謝君相愛。㗖孳尊奉多才。量如滄海。滿飲一杯。暫把愁懷解。正是樂意忘憂須放懷。

〔慶甫云〕好好好。我吃一鍾。大嫂。你也吃一鍾。〔蔡淨云〕兀那賣酒的。隔壁是甚麼人唱。〔店小二云〕官人。俺這裏無唱的。〔蔡淨云〕弟子孩兒。他那裏吃酒唱哩。〔店小二云〕哦。是箇秀才。引着他渾家。在此飲酒唱哩。〔蔡淨云〕你道無唱的。你問那秀才借他渾家來。與我遞三杯酒。叫我三聲義男兒。我便上馬。啞不啞剌步就走。〔店小二云〕着誰去。〔蔡淨云〕着你去。〔打科〕〔店小二云〕我去便了。〔慶甫云〕賣酒的。你來有甚麼話說。〔店小二云〕不干小人事。那蔡衙內聽的你唱。問秀才借嫂子。與他遞三鍾酒。叫三聲義男兒。便上馬啞不也。〔慶甫打店小二科云〕他姑娘肯叫我三聲義男兒末。〔店小二云〕不干我事也。〔蔡淨云〕他肯借末。〔店小二云〕不肯。我吃他打了幾下。他說你的姑娘肯叫他三聲義男兒末。〔蔡淨云〕我有姑娘。肯受他的氣。〔做見科云〕你借與我遞三鍾酒。叫我三聲義男兒。又不壞了你的。〔慶甫云〕他人妻良人婦。沒這等道理。〔蔡淨云〕你不認的我。我是蔡疙疸。你怎敢罵我。將繩子來。吊起他來。〔旦云〕似此怎了。大人饒過他者。〔蔡淨做打科云〕姐姐休管他。你放心。我直打死他。〔慶甫云〕天也。着誰人救我也。〔正末扮楊雄上云〕某宋江手下第十七箇頭領病關索楊雄是也。俺這梁山。一年有兩箇節令。是清明三月三。重陽九月九。宋江哥哥放俺三日假限。是好秋景也呵。〔唱〕

【仙呂點絳唇】九月重陽。暮秋霜降。閑雲往。滿目山光。對景堪遊賞。

【混江龍】猛然觀望。見賓鴻擺列兩三行。枯荷減翠。衰柳添黃。我則紅葉滿目滴溜溜枝上舞。可這黃菊可都噴鼻香。端的是堪寫在圍屏上。看了這秋天景致。怎不教宋玉悲傷。

〔云〕那裏這般響。我猜着了也。〔唱〕

【油葫蘆】是這澗水潺潺波浪響。我這裏便聽了半晌。元來是這水聲山色趁秋光。則聽啾啾唧唧聒耳山禽唱。謊的那呆呆鄧鄧的麋鹿赤留出律的撞。見人呵急張張屈屈的走。更那堪驚驚顫顫的慌。我這裏手分開蘆葦吸溜疎剌的攩。〔云〕驚起一件好物也。〔唱〕驚起那沙暖宿鴛鴦。

〔云〕報報喏。金鞭指路。聖手遮攔。〔唱〕

【天下樂】見一座摧塌了山神古廟堂。我這裏思也波量。端的着誰上香。你看那拖拖沓沓喬供養。〔云〕貪看山神廟。悞了我行路也。〔唱〕我這裏登峻嶺。驀淺崗。見一道放牛羊小徑荒。〔云〕遠遠的一箇小酒務兒。好是悽慘人也呵。〔唱〕

【醉中天】我見一箇小店兒淒涼像。野犬吠汪汪。破蘆蓆搭在舊水床。將一張無尾的題頭放。醉仙幾尊畫在石灰壁上。草稕兒滴溜溜斜挑在牆頭上。

〔云〕行說着話。可早來到也。〔做入店見科云〕小二哥。有乾淨閣子末。〔店小二云〕官人請坐。〔正末云〕打二百文長錢酒來。我不這般乾吃你的。來來。我與你些碎金銀做本錢。〔店小二做揣入懷裏科云〕不要也罷。〔正末云〕這廝口道不要。可揣在懷裏。將酒來。〔店小二與酒科〕〔正末吃酒科云〕小二哥。時遇九月九節令。家家正好歡喜飲酒。那裏這般啼哭。〔店小二云〕官人。那廂兩口兒吃酒。這廂箇官人。要那秀才的渾家。替他遞三杯酒。因他不肯。將那秀才吊着打。因此上那秀才啼哭。〔正末云〕你不好勸他一勸。〔店小二

云〕我勸他來。連我打的不着忙。他是箇權豪勢要的人。我不敢勸他。〔正末云〕我將這酒寄在這裏。等我
勸他去。〔店小二云〕哥。你休去。〔正末做採店小二跌科云〕不干你事。我勸去。〔做採蔡淨科〕〔蔡淨聽店
小二科〕〔正末做解劉慶甫科〕〔做拔蔡淨三科了云〕喏。客官。〔蔡淨云〕走到土地廟裏來了。怎生喏喏。
〔正末云〕官人。我是箇過路的。這箇人是你的伴當。那侵你使數的。你爲何吊着他打。拐帶了你多少銀兩。
你若說的是呵。我與你行究。〔蔡淨云〕一箇好聰明人也。我說起這廝的罪過來。大似狗蚤。這廝和他渾家
唱着吃酒。我着賣酒的與他說去。着他渾家替我遞三杯酒。叫我三聲義男兒。我便上馬回去。這廝說着我
姑娘與他遞三杯酒。叫他三聲義男兒。纔着他渾家來。我若有姑娘呵。肯着他渾家遞酒。你說可是我的是。
可是他的是。〔正末做指蔡淨科云〕恁的呵。是你的不是。〔蔡淨做怒科〕誰道我的不是。來這廝無禮。怎生
敢道我的不是。〔正末唱〕
【醉扶歸】你這廝無道理荒淫相。你怎生迤逗人家女紅妝。他別人行路
夫妻在旅店上。你是箇大膽的行兇黨。〔云〕兀那廝。我和你有箇比喻。〔蔡淨云〕喻將何
比。〔正末唱〕假若是你的媳婦者波我走將來挨挨搶。〔云〕你若不見呵。萬事都休。你若
見了呵。〔唱〕你恨不的一跳三千丈。
〔蔡淨做跌科云〕哎約。哎約。正跌着我這哈嚽兒骨頭。我敢打你也。〔正末云〕你這廝打來。〔蔡淨做打正
末科〕〔正末做打淨倒科〕〔唱〕
【金盞兒】我從來性兒剛。我可也不索商量。那裏去則我這拳着處撲的
塵埃中躺。打這廝鼻凹眼曠抹着處傷。我見他磣可可唇齒綻。血模糊打
塌鼻梁。怎禁我搜搜的拳去打。〔蔡淨云〕不中。我與了你走走走。〔下〕〔正末云〕這廝走了也。
〔唱〕急走裏摸摸的脚尖仰。
〔做解劉慶甫科〕〔慶甫云〕恰纔多虧了哥。救了小生性命。〔正末云〕兀那秀才。你那裏人氏。姓甚名誰。你
慢慢的說一遍者。〔慶甫云〕小生濟州人氏。姓劉。雙名慶甫。渾家李幼奴。因泰安神州燒香已回。來到這草

橋店上飲酒。撞見這箇權豪勢要的蔡衙內。強要我渾家把盞兒。我不肯。他吊起小生來。若不是哥來呵。那得我性命來。敢問哥姓甚名誰。（正末云）我不是歹人。（慶甫云）誰敢說哥是歹人。（三科了）（正末云）則我是宋江手下第十七箇頭領病關索楊雄的便是。哥俺不是歹人。（慶甫云）你是賊的阿公哩。小生則怕到前面又撞見他。怎了。（正末云）兀那秀才。你到前面無事便罷。若有事呵。你上梁山來告俺哥。我與你做主。（慶甫云）謝了哥哥。小生到梁山上告誰。（正末唱）

【尾聲】你告俺哥哥宋公明。（慶甫云）他是哥哥的誰。（正末唱）他是我親兄長。（慶甫云）哥哥姓甚名誰。（正末唱）則我是病關索 一身姓楊。（慶甫云）你生牢記者。（正末唱）着我心中自暗想。（慶甫云）若不是哥哥呵。那的那性命來。（正末唱）俺端的志氣昂昂。（慶甫云）多謝了哥哥。（正末唱）我從來本高強。不是我說短論長。他若欺負你來梁山告俺宋江。（慶甫云）則怕又撞見他。怎了也。（正末唱）那廝更十分不良。將平人屈漾。

（慶甫云）則怕宋江哥哥不肯與我作主末。（正末云）投到你去呵。（唱）我與你待先說話衷腸。

（慶甫云）大嫂。俺休往大路上去。喒往小路上去。則怕撞見蔡衙內。怎了。（旦云）你也說的是。則怕撞見那賊漢。強奪的我去了。不能與你相見。我這裏有箇棗木梳兒。與你做信物。久以後見了這梳兒便和見我一般。（慶甫云）我收了這梳兒。久以後見了這梳兒。便是信物。俺休離了。大嫂。俺走走走。（下）（店小二云）走將這幾箇人來。酒也賣不成。整嚷了這一日。收了鋪兒。往鐘鼓司學行金斗去來。（下）（劉慶甫同旦做慌上云） 走走走。（蔡做冲上攔住科）好也。那裏去。打的我好也。我將他渾家馱在馬上。我拐他去十八層水南寨裏去也。走走走。（下）（慶甫云）天也。誰想正撞着蔡衙內。將我渾家奪在馬上去了。我別處告。近不的他。直往梁山上告宋江哥哥。走一遭去。大嫂。則被你疼殺我也。（下）

第二折

（宋江同吳學究引小僂儸上云）綠樹重重映碧天。遠溪一派水流寒。觀看此景真堪羨。獨占人間第一山。某乃宋江是也。三日前放衆兄弟每下山去賞紅葉黃花去了。今日是第三日也。小僂儸。聚將鼓響。衆頭領來時。報復我知道。〔小僂儸云〕得令。〔關勝同李俊燕青花榮雷橫盧俊義武松王矮虎呼延灼張順徐寧上云〕梁山泊出名顯姓。殺官軍無人敢近。三十六結拜爲兄。祖輩傳大刀關勝。某大刀關勝是也。俺衆頭領下山。賞紅葉黃花。今日是第三日。俺上山見哥哥去來。可早來到也。小僂儸報復去。道俺衆頭領來了也。〔小僂儸云〕喏。報的得知。有衆頭領來了也。〔宋江云〕都着過來。〔小僂儸云〕着過去。〔衆做見科〕〔關勝云〕宋江哥喏。學究哥喏。俺衆頭領都來了也。〔宋江云〕您都來了。小僂儸門首覷着。看有甚麼人來。〔劉慶甫上云〕小生劉慶甫是也。被蔡衙內將我渾家奪將去了。上梁山告宋江太保去。可早來到也。休放冷箭。〔小僂儸云〕你是那裏來的。〔慶甫云〕小生是箇秀才。敬來告狀。〔小僂儸云〕喏。山下有箇秀才來告狀。〔宋江云〕着他過來。〔小僂儸云〕下了吊橋。兀那秀才。着你過去。〔見科〕〔宋江云〕秀才。你那裏人氏。姓甚名誰。你有甚麼負屈的事。你說一遍。〔慶甫云〕太保。小生濟州人氏。姓劉。雙名慶甫。渾家李幼奴。因往泰安神州燒香以回。來到草橋店飲酒。遇着箇權豪勢要的蔡衙內。將我渾家強奪的十八層水南寨去了。小生一徑的上山來告太保。說兀的做甚。柔軟莫過溪澗水。不平地上也高聲。懷揣萬古千秋鏡。照察啣冤負屈人。〔宋江云〕兀那秀才。你且一壁有者。學究哥。此事也不可點差。着小僂儸問三聲。誰敢去十八層水南寨打探事情去。〔小僂儸云〕兀那三十六人。那箇好男子漢。敢去十八層水南寨打探事情去。〔三科了〕〔正末上云〕有有有。我敢去。〔唱〕

【南呂一枝花】俺哥哥傳將令二三四番。可怎生無一箇承頭的。來一箇燕青將面劈。那一箇楊志頭低。那裏也大膽姜維。問着呵一箇箇緘口無人言對。你可便怕相持對壘。〔云〕似恁的呵。〔唱〕你可便枉住在梁山。兀的不辱沒殺俺哥哥保義。

【梁州】聽的道撲水寨多兇少吉。呀。來來來不是這李山兒囊裏盛錐。〔云〕可早來到也。小僂儸報伏去。道有山兒李來了也。〔小僂儸云〕理會的。報報喏。有山兒李逵來了也。〔宋江云〕學究哥。山兒李逵來了也。此人性如烈火。直似弓絃。等他來時。左使機關。看他說甚末。小僂儸着他過來。〔小僂儸云〕着你過去。〔正末做見宋江科云〕宋江哥哥學究哥哥喏。衆兄弟每喏。〔宋江云〕兄弟也。喒弟兄每都不義了也。〔正末云〕哥怎生不義了也。〔宋江云〕我喚着你怎生來遲。〔正末唱〕喒雖然不結義在桃園內。〔云〕俺哥哥做學幾箇古人。〔宋江云〕你做學那幾箇人。〔正末唱〕俺做學那關張和劉備。〔宋江云〕你可似誰。〔正末唱〕您兄弟一似箇張飛。〔宋江云〕有衣呵呢。〔正末唱〕有衣呵同穿着。〔宋江云〕有飯呵呢。〔正末唱〕有飯呵同喫。〔宋江云〕有馬呵呢。〔正末唱〕有馬呵不剌剌大家同騎。〔宋江云〕兄弟也。我使喚你可肯去末。〔正末唱〕哥哥你使喚着我怎敢不依隨。〔宋江云〕你可敢往那裏去。〔正末唱〕者末去那西天西大象口敲牙。者末待入南山寨子路。我與你活拔下虎尾。〔宋江云〕更有呢。〔正末唱〕可者末待遇敵軍獨自箇相持。〔宋江云〕兄弟則要你道的應的者。〔正末唱〕我道得應得。〔宋江云〕你會甚麼武藝。〔正末唱〕十八般武藝咱都會。〔宋江云〕少賣弄精細。〔正末唱〕不是我賣弄精細。〔宋江云〕再有甚麼本事。〔正末唱〕舞劍輪鎗弁騙馬。則消的我步走如飛。

〔宋江云〕兄弟也。山下有一箇人。好生英雄。你可敢近他末。〔正末云〕哥也他比這兩箇古人若何。〔宋江云〕可是那兩箇古人。〔正末唱〕

【哭皇天】莫不是再生下張車騎。〔宋江云〕張車騎是張飛。這箇人又利害似他。〔正末唱〕莫不是重生下胡敬德。〔宋江云〕尉遲敬德也不如他。〔正末云〕哥也張飛比他如何。〔宋江云〕張飛不如他。〔正末云〕敬德比他如何。〔宋江云〕也不如他。〔正末云〕哥您兄弟比他如何。〔宋江云〕你也不如他。〔正末唱〕阿惱的我磕叉叉斧砍人。〔宋江云〕俺這裏敲牛宰馬做箇慶喜的筵席。〔正末唱〕你則待穩拍做筵席。〔宋江云〕山兒你怎生強嘴也那。〔正末唱〕不是李山兒便強嘴。〔云〕哥也。您兄弟有功勞來也。〔宋江云〕你有甚麼功勞。〔正末唱〕小可如我鄆州東平府帶着枷披着鎖。我跳三層家那死囚牢。比那時節更省我些氣力。〔宋江云〕你三日不殺人呵呢。〔正末云〕我三日不殺人呵。〔唱〕我渾身上下拘繫。〔宋江云〕三日不放火呢。

〔正末云〕我三日不放火呵。〔唱〕倚着那石牆下呵盹睡。〔宋江云〕我哄他者。山兒。我着你殺人。〔正末唱〕

【烏夜啼】算也。聽的道殺人放火偏精細。〔宋江云〕怎生殺人放火。你說一遍者。〔正末唱〕顯出我些英勇神威。輕輕的展放猿猱臂。若是那無知。恰便似小鬼兒見鍾馗。若惱犯放火殺人賊。那去。我可便各支支攧的腰截碎。〔宋江云〕說你強。誇他會〔正末唱〕說我強。誇他會。男兒志氣。顯盡我雄威。

〔宋江云〕小僂儸喚將那秀才來。與他相見者。〔劉慶甫上〕〔做見正末科云〕哥哥。他是人也是鬼也。〔宋江云〕兀那秀才。你不要怕。他是十三太保山兒李逵。你將那上項事。對山兒說。他便與你做主。〔慶甫云〕哥我濟州人氏。姓劉。雙名慶甫。渾家李幼奴。來到草橋店上飲酒。被箇權豪勢要的蔡衙內。將我渾家奪的十八層水南寨裏去了。哥哥。與小生做主者。〔正末云〕兀那秀才。你有甚麼信物。〔慶甫云〕有這張棗木梳兒是信物。我那渾家若見了呵。他便認的也。〔正末云〕你放心。我知道也。〔慶甫云〕謝了太保。〔宋江云〕山兒。我問你。這一件事。你若到於山下。你怎生打那廝。拿那廝。你說一遍。我試聽者。〔正末云〕哥也。您兄弟怎生拿他。怎生打他。我敷演一遍。哥哥試聽者。〔宋江云〕你試說。我試聽者。〔正末唱〕

【牧羊關】則我這拳着處滴溜撲着那廝身占土。〔宋江云〕那廝掙起來呵呢。〔正末唱〕急起來着那廝嘴搵地。〔宋江云〕那廝若走了呵呢。〔正末云〕那廝欲待走走那去。〔唱〕我這裏破步撩衣。指東畫西。說南也道北。此一隻脚將那廝□□跳。兩隻手將那廝腿脡提。我腕頭齊着力。那去。我可便攧無徒在這兩下裏。

〔宋江云〕兄弟。你去不的。〔正末云〕哥。您兄弟怎生去不的。〔宋江云〕看你那茜紅巾紅衲襖乾紅搭膊服綳護膝八答鞋。你便似那烟薰的子路。墨洒的金剛。休道是白日裏。夜晚間撲着你。也不是恰好的人。你可怎生打扮了去。〔正末云〕哥也。休道是白日裏。晚夕揣模着你兄弟。也不是箇恰好的人。我更改了這衣服。打扮箇貨郎兒去。〔宋江云〕可那裏得這衣服鼓兒來。〔正末云〕有有。山寨在那官道傍邊。躲在一壁等着。

那做買賣的貨郎兒過來。兀那貨郎兒。借與我鼓兒使一使。說箇借時呵。萬事罷論。若說箇不借。一隻手揪住那廝衣領。一隻手搭住脚腕。滴溜撲摔箇一字交。闊脚踹住那廝胸脯。舉我這夾鋼板斧來。覷着那廝嘴縫鼻凹裏磕叉。我恰待要砍。哥也休道是鼓兒。他連擔兒也與了您兄弟。〔宋江云〕兄弟也。你好問他要。你下山去則要你忍事饒人。〔正末云〕哥也假似別人罵您兄弟呵呢。〔宋江云〕忍了。〔正末云〕打您兄弟呵呢。〔宋江云〕忍了。〔正末云〕哥也。他則管裏打呵呢。〔宋江云〕那箇則管裏打。你少還他些兒。〔正末云〕哥也。我還他這些兒。〔宋江云〕忒少。〔正末云〕我還他這些兒。〔宋江云〕也少。〔正末云〕哥也。我還到這裏。怕做甚麼。〔宋江云〕呵。打殺人也。則要你輕着些兒。兄弟也。你到的水南寨。見了那婦人。怎生說話。你試說一遍我聽者。〔正末云〕哥也不嫌絮繁。聽我說一遍者。〔唱〕

【絮蛤蟆】我打扮做箇貨郎兒。擔着些零碎去尋那箇豔質。他來買我些東西。〔宋江云〕可是甚麼物件那。〔正末唱〕也有挑線領戲。也有釵環頭篦。他若問我是誰。我索將他支對。那廝將我罵毀。我不鄧鄧火起。我見揪住頭梢。挽住衣袂。滴溜撲摔下。那廝揝基拳搥心窩裏。使靴尖踢。打這廝無道理。無見識。羊披着虎皮。打這廝狐假虎威。

〔宋江云〕兄弟。你休避驅馳。則今日便索長行也。〔正末云〕哥哥。你放心也。〔唱〕

【尾聲】我與你沿村轉疃親尋覓。四大神州捉逆賊。我若還撞着你。揪住頭梢。揝住領戲。我將那廝滴溜撲摔下。那廝揝基。我將那廝死羊兒般。到拖將來俺這箇山寨裏。〔下〕

〔宋江云〕山兒去了也。我便差魯智深接應將去。學究哥無甚事。後山中飲酒去來。衆小校聽咱分付。今日箇該您題捕。伏路處俏語底言。不許您結笑喧呼。人人要擐甲披袍。箇箇要開弓蹬弩。若違了某的將令。斬首級決無輕恕。〔衆下〕

第三折

〔淨扮蔡衙內同旦上云〕自從拐的這婦女人。來到這水南寨裏。誰來的到這裏。今日我吃酒去也。渾家。你則在家裏。你可休出門去。我便來也。我把這地下篩下灰。不許你行動。拿篩過來。着上些灰。我篩下灰者。〔做篩科〕〔做看科云〕嗨。不會出門。可早跚下脚印。〔外做打科云〕得也麼。就來。〔蔡淨云〕呸。是我跚的。〔又做篩科云〕你便走動。我便知道。灰也篩了。我與你一箇馬子。投到我來家。要這一馬子濕濕。你可不要把米湯茶攙在裏頭。我着箇乾淨盞兒舀出來。嚐。我若嚐出來。把你那兩條腿還打做兩條腿。〔下〕〔旦云〕悶似 一江水。涓涓不斷流。有如秋夜雨。一點一聲愁。自家李幼奴的便是。自從被這賊漢。將我拐到這水南寨裏來。不知我那丈夫劉慶甫。在於何處。音信皆無。我心中好是煩惱。那賊漢出去了也。我在這閑坐。看有甚麼人來。〔正末上云〕自家黑旋風是也。奉着俺宋江哥哥將令。去水南寨裏打探事情。尋劉慶甫渾家喚做李幼奴。須索走一遭去。〔唱〕

【正宮端正好】遶村坊。尋門戶。一徑的打探箇實虛。恰便似竹林寺有影無尋處。我問那蔡衙內在何方住。

【滾繡毬】希壤忽濃泥又滑。失流疎剌水渲的渠。赤留出律驚起些野鴨鷗鷺。我這裏急煎煎整頓了衣服。急周各支蕩散了鎗竿篗。急彪各邦踏折了劍菖蒲。見一道小路兒荒疎。

【倘秀才】我則見水圍着人家一簇。中間裏疊成一道旱路。則聽則聽的狗兒咬各邦搗碓處。我這裏擔着零碎。踐程途。我與你覓去。

〔云〕買來買來。賣的是調搽宮粉麝香胭脂柏油燈草。破鐵也換。〔旦上云〕慚愧也。今日可怎生有箇貨郎兒在於門首。我開開門。我試看。〔旦做見正末科云〕是箇貨郎兒。哥哥萬福。〔正末云〕不敢不敢也。〔唱〕

【倘秀才】我這裏見姐姐忙道好處。〔云〕好人家。好家法。惡人家。惡舉動。他也不荒不恾。〔唱〕他那裏掩着袂。貨郎兒萬福。他那裏荒喚箇萬福。我這裏問姐姐商量你可也買甚麼物。〔旦云〕你賣的是那幾件兒物件。你數與我聽。〔正末唱〕我這裏一一說。從頭初。聽貨郎兒細數。

〔旦云〕你試數。我試聽者。〔正末唱〕

【滾繡毬】銅鈠兒是鸂鶒。〔旦云〕再有甚麼。〔正末唱〕鑞鐶兒是金鍍。〔旦云〕可再有呢。〔正末唱〕縷帶兒是串香新做。〔旦云〕再有甚麼希奇的物件。〔正末唱〕有這箇錦裙襴法墨玢梳。更有這繡領戲絨線鋪。翠絨花是金縷。符牌兒剪成人物。這箇錦鶴袖砌的雙魚。更有那艮工打就的純剛剪。〔旦云〕可再有甚麼物件。〔正末唱〕有。有。更有那巧匠做成棗木梳。除此外別無。

〔旦云〕將來我試看者。〔做接梳哭科云〕便好道見鞍思駿馬。視物想情人。這梳兒是我與劉慶甫的。可怎生到這貨郎手裏來。我試問他者。哥哥。恰才從那裏來。你路上可撞見甚麼人來。這梳兒是甚麼人與你來。哥哥。你試說者。〔正末云〕我見來。我見來。我在那官道傍遠坡子。一壁見一箇秀才。搥胸跌脚。啼天哭地。他問道兀那貨郎兒。你往那裏做買賣去。我便道去水南寨做買賣去。他便道你替我寄箇信。我便道你寫他寫不得。與了這箇木梳兒。權當一箇信物。教我尋他那渾家。我那裏尋的是。〔旦云〕哥哥。那人氏姓甚名誰。他渾家可姓甚麼。動勞哥哥說一遍者。〔正末唱〕

【倘秀才】那秀才濟州人氏。姓劉名甚麼慶甫。〔旦云〕他媳婦是誰。〔正末唱〕他媳婦姓李。〔旦云〕哥哥是李甚麼。〔正末云〕我把來忘了。我試想者。〔唱〕小名喚做甚麼幼奴。〔旦云〕他正是我的丈夫。〔正末云〕你好愛便宜。趕着貨郎叫丈夫。〔旦云〕那秀才是我的丈夫。〔正末唱〕兀那秀才原來是你的丈夫。〔旦云〕阿。好煩惱人也呵。〔正末唱〕你可道莫煩惱莫啼哭。我與你做主。

〔旦云〕是真箇好慚愧也。謝了哥哥。〔正末云〕姐姐。那賊漢那裏去了。〔旦云〕那賊漢不知那裏吃酒去了。〔正末云〕姐姐。你收拾下。那賊漢這早晚敢待來也。〔蔡衙內冲上云〕弟兄每少罪也。五瓶酒酸了三瓶。灑了兩瓶。吃了些酒脚兒。醉了也。〔做見正末云〕這廝是甚麼人。在俺家門口。村弟子孩兒。精驢禽獸。〔正末

唱〕

【叨叨令】他走將來無高低罵到我三十句。〔蔡淨云〕我打這廝。〔做打正末科〕〔正末唱〕哎約哎約他颼颼颯颯的這棍棒如風雨。〔蔡淨云〕這箇是甚麼攙折了。〔正末唱〕急周各支攙折我些紅匙筯。〔蔡淨云〕這鼓子要他怎麼踹破了。〔正末唱〕壞了買賣也他則一脚踢破我蛇皮鼓。〔云〕俺哥哥說來着我忍事饒人。〔唱〕哎我其實可便忍不的也波哥。忍不的也波哥。不鄧鄧按不住心頭怒。

〔云〕兀那廝。你敢打末。〔蔡淨云〕我敢打你這廝。〔正末做打淨科〕〔唱〕

【鮑老兒】打這廝好模樣歹做處。你是箇強奪人家女嬌娥。一隻手便把領窩捽。麄指頭掐雙目。是箇越嶺拔山嘯風虎。豈怕你箇趁霜兔。打這廝將無做有。說長道短。膽大心麄。

〔淨云〕打的我好辣也。我近不的他。走走走。〔下〕〔正末云〕這廝走了也。姐姐。你隨我去來。〔唱〕

【尾聲】我今日尋着你箇李幼奴。分付與你劉慶甫。你兩口兒歡喜重圓聚。我直要拿住無徒報了您那苦。〔同旦下〕

第四折

〔淨扮小和尚上云〕老老禪僧不下堦。蛾眉八字似刀裁。有人問我年多少。兩箇耳朵一箇歪。貧僧是這雲岩寺裏一箇小和尚。這寺是蔡衙內家佛堂。我今日打掃的僧房乾淨。看有甚麼人來。〔蔡淨走上云〕白日不做虧心事。半夜敲門不吃驚。自家蔡衙內的便是。我這兩日有些眼跳。着這梁山泊夥人攪的我不自在。十八層水南寨裏住不的了。我如今往雲岩寺裏躲避他去。這寺是俺家佛堂。誰敢來打攪。說話中間。可早來到也。小和尚那裏。兀那小和尚。有乾淨僧房末。你打掃一間。我要住哩。〔和尚云〕大人有。則這頭一間僧房乾淨也。不必打掃。大人就在這裏面安下。〔蔡淨云〕兀那小和尚。打掃我的僧房乾淨。我如今吃酒去也。我就來也。我若回來。你與我買下些好酒兒好羊頭。退的乾淨。煑的爛着。鴨蛋買下些。我來便要吃酒。若無呵。我去你禿頭上直打五十箇栗爆。我去了便來也。〔下〕〔和尚云〕理會的。老子也。好性兒分付不許多。早是我認下些賣肉的主顧。徒弟連忙打掃鋪下床。安上帳子。擺上桌櫈。安排下酒肉。沒奈何。俺正是在他矮簷下。怎敢不低頭。賣肥羊肉。我也要咽他些骨頭哩。衙內去了也。看有甚麼人來。〔正末扮魯智深上云〕衆兄弟每。得罪得罪。改日還席。〔唱〕

【黃鍾醉花陰】酒不醒貧僧怕見走。雲岩寺權爲宿頭。且時住。暫停留。混踐您些兒改日爲友。常言道措大謁儒流。自古道客僧投寺宿。

〔云〕天色昏晚了也。尋一箇宵宿去處。來到這雲岩寺門首。我試喚門者。小和尚開門來。〔和尚做應科云〕來也來也。我開開這門。〔做見科〕〔正末云〕問訊。天色已晚。特來借一箇宵宿。〔和尚云〕師父。則有頭一間房乾淨。可有蔡大人在裏宵宿。吃酒去了。你快休惹他。他利害。他便來也。則怕不中。〔正末云〕不妨事。我不連累你。自歇息去。〔和尚云〕嗨。可怎了。你仔細着。快休惹他。天色晚了。我跳牆去來。〔下〕〔蔡淨醉科上云〕好酒也。好酒也。雲岩寺裏歇息去。和尚每睡了也。這的是我的僧房。推開門。裏面黑洞洞的。燈也無有。〔做摸着正末頭科云〕　這和尚無禮也。我分付着把羊頭退的乾淨。上面是毛尾。〔正末做打蔡淨科〕〔蔡淨又摸科〕〔正末又打科〕〔三科了〕〔蔡淨云〕這手脚應了。我點起燈來。我看一看。〔做點燈看科云〕阿狗頭上紅。面上黑帶着紅。一箇黑紅和尚。蔡衙內哎。〔正末做爭科云〕是我的僧房。〔蔡淨做又正末科云〕這箇和尚。釘子定住了。你敢爭我的僧房。〔正末云〕且休說你的僧房。就是你的僧房。咱兩箇賭廝打。打的過便要僧房。〔蔡淨云〕我這一對拳剪鞭哩。你着我單火輪。〔正末云〕你打多少好漢。〔蔡淨云〕我打五十條好漢。〔做輪臂膊科云〕右火輪也打五十條好漢。看雙火輪。〔做雙火輪科〕〔正末云〕則不如單火輪倒好。打將來。〔蔡淨做打正末科〕〔正末唱〕

【喜遷鶯】這一箇無徒禽獸。〔蔡淨云〕扯了衣服。〔正末唱〕將偏衫袖亂扯胡揪。〔蔡淨云〕我搊搜也不是善的。〔正末唱〕賣弄你搊搜。氣沖牛斗。煩惱似長江不斷流。打這廝出盡醜。〔蔡淨云〕老子也怎末撞見他。〔正末唱〕不索你憔憔惱惱。不索你悶悶愁愁。
〔蔡淨云〕我是玲瓏剔透的人。倒怕你。〔正末唱〕
【出隊子】賣弄你玲瓏剔透。美也。撞見愛廝打的都領袖。〔云〕我打三顆頭。〔蔡淨云〕我還你六條臂那三顆頭。〔正末唱〕打你箇軟的欺硬的怕鑞鎗頭。你是箇無道理無仁義酒魔頭。打你箇強奪人家良人婦。你是箇喫劍頭。
〔蔡淨云〕這廝利害。一對拳剪鞭相似。我可怎末了。〔正末唱〕
【刮地風】你性命當風秉蠟燭。俺似水上浮漚。病羊兒落在屠家手。喒兩箇怎肯平休。這廝更胡尋歹鬭。故來承頭。〔蔡淨云〕打殺我也。寺裏和尚都來救我。〔正末唱〕怕有那寺院中埋伏着。您都來答救。我着這莽拳頭向這廝嘴縫上丟潑水難收。則一拳打你箇翻筋斗。來叫爹爹的呵休。
〔蔡淨云〕我着這莽拳頭往這廝嘴上丟潑水難收。則一拳打你箇翻筋斗。來叫爹爹有甚麼羞。哎約。這秃弟子孩兒打殺我也。我拐了他渾家。誰和你說來。〔正末唱〕
【四門子】黑旋風與我先說透。〔蔡淨云〕干你甚麼事。〔正末唱〕你是箇強奪人家女艷羞。不索你憂。不索你愁。潑賤貨性命不過九。不索憂。不索愁。打這廝將沒作有。
【古水仙子】那那女艷羞。你拆散了他鸞交和鳳友。待飛來難飛。待走來怎走。身軀似不纜舟。炎騰騰水上澆油。一隻手便把衣領揪。一隻手搯住衣和袖。滴溜撲摔翻一箇肉春牛。
〔衆頭領上做拿住蔡淨科〕〔正末云〕拿住了蔡衙內也。拿着見宋江哥哥去來。〔唱〕
【尾聲】叵奈無徒歹禽獸。摘心肝扭下這驢頭。與俺那梁山泊宋公明爲案酒。

〔宋江沖上云〕拿住蔡衙內也。與我拿出去。殺壞了者。您一行人聽我下斷。則爲你蔡衙內倚勢挾權。李幼奴守志心堅。強奪了良人婦女。壞風俗不怕青天。雖落草替天行道。明罪犯斬首街前。黑旋風拔刀相助。劉慶甫夫婦團圓。

題目　李山兒打探水南寨

正名　魯智深喜賞黃花峪

龍濟山野猿聽經雜劇

第一折

〔冲末扮長老引小僧上詩云〕佛祖流傳一盞燈。至今無滅亦無增。燈燈朗耀傳千古。法法皆如貫古今。貧僧乃龍濟山修公禪師是也。貧僧自幼出家。一心向善。常只是參訪師祖。問道修因。三乘便覽。五教皆通。了明道性。悟徹禪心。貧僧遊訪天下名山。至此龍濟山中。見此座山根盤百里。作鎮萬方。秀麗清奇。望之如畫。端的是奇山覽秀。綠水托藍。真乃是洞天之處。福地之鄉。貧僧就于此處結廬棲處在此。常是參明心地。念佛看經。一絕凡塵數十餘年。却正是孤山守靜。心澄徹悟。徹菩提般若音。貧僧自臨于此。只領僧徒數人。春來自種耕耘。秋至親收些穀黍。供給二時齋飯。每與俗輩不通交接。貧僧喜來栽竹棲丹鳳。悶後移松養臥龍。貧僧恰纔參罷禪。至此庵前。且自閑行遊玩咱。〔正末扮樵夫上云〕小人是這山下一箇打柴的樵夫。姓余名舜夫。小人雖是個樵夫。幼習儒業。爭奈家業凋零。功名未遂。常只是在此山中採樵為生。想俺這讀書的。空有經綸濟世之才。藝產的在此窮暴之中。好是傷感人也呵。〔唱〕

【仙呂點絳唇】空學得五典皆通。九經皆誦。成何用。剗的將儒業參攻。受了十載寒窗冷。

【混江龍】我將周易講誦。毛詩禮記貫胸中。春秋討論。史記研通。不能勾治國安邦朝帝闕。常只是披霜帶月似簷中。我可便胸藏牛斗。志隱霓虹。文章錦綉。氣壓雷風。怎能勾身居臺省。智輔皇宗。治平國政。廣播儒風。幾時鯨鰲一躍禹門中。鵾鵬萬里青霄奮。這便是文章有用。顯耀亨通。

〔云〕小生想窮通貴賤。皆是命也。〔唱〕

【油葫蘆】想着那顏子簞瓢陋巷中。孟子便窮通是儒道宗。養浩然只恁般氣冲冲。想着那車書一統山河共。却怎生衣冠不許儒人共。聰明的久困在閑。愚蠢的爵祿封。自俺那寒窗風雪十年凍。不知俺受貧的却也甚日樂。

【天下樂】每日家淡飯黃虀腹內充。常好是忽也波忽。怎受這般窮。嘆今生這恁般運未通。守清貧書舍間。伴殘燈曉夜攻。幾時得遂功名一笑中。

（云）小生担着這担柴。玩罷經書。却去山中打柴薪歸家去。近新來採薪的較廣。將這四山外的柴。却也都打盡了也。止有龍濟山有些樹木。小生今日去那山中採些柴薪。說話之間。却早來到也。是一座好山也。你看怪石嵯峨。奇泉崛𡾰。花開掩暎。樹影婆娑。是好景致也。（唱）

【醉扶歸】只見那山頂依仙洞。澗底隱蛟龍。勝似巫山十二重。五彩般祥雲湧。堪可與仙家受用。既不是者波却怎嶺外飛着雙鳳。

（云）我進的山來呵。原來有一座道庵。庵門首一個師父。好貌相。青旋旋的元頂。光燦燦的數珠。比城市中僧人甚是不同。向前拜見那師父。有何不可。師父問訊咱。（禪師云）兀那君子。因甚至此。俺這山林瀟灑。古寺荒涼。惟仙人可往。豈俗士能通。我貧僧居山數載。未嘗得遇也。（正末云）小生塵凡俗士。陋巷儒生。名未成而潛閭里。功未遂而隱荒村。負薪爲業。採木爲生。悞入仙山。偶臨法座。幸遇師顏。實乃小生萬幸也。（禪師云）貧僧閑居山野。隱一身之清幽。閑向荒林。遠半世之人我。道微德淺。豈足稱哉。行者看茶來。（行者云）理會得。（禪師云）君子既臨于此。同玩這山中景致咱。（正末云）你看真山真水。是好景致也呵。（唱）

【村裏迓鼓】我子見碧霄碧霄雲控。綠岩綠岩畔風動。有他那蒼松古柏。見一派寒泉出迸。你看那桃花噴火。楊柳拖烟。依稀庵洞。更有那鸞鳥鳴。芝蘭秀。桂柏榮。呀。粧點的清幽寺擁。

【元和令】大雄殿瑞靄濃。禪堂外曉烟重。我只見那和風麗日春正濃。花柳鮮百樣同。山茶吐錦曲闌中。散一陣煖香風。

【上馬嬌】堦邊又花影重。林前又桃蕊紅。山共水四圍中。我只見奇峯峻嶺高低聳。道苑又重叢。春色花暗融。

【後庭花】我只見直雲霓覓仰大空。更和這接着蒼虛切利宮。縹緲烟籠柳。飄搖風撼着松。我只見遍西東。悠然如夢。怎如俺步青霄三島峯。玩名山千萬重。

【柳葉兒】感謝尊師相陪奉。拜禪林禮義謙恭。我凡夫得遇蓬萊洞。我這裏意匆匆。拜別了重下雲峯。

（禪師云）君子。却不道相逢一席話。勝讀十年書。本當留你在此閑遊幾日。爭奈荒疎的去處。却也不堪你的儒生居住。却也弗罪也。（正末云）小生生涯纏繞。世路牽纏。豈敢久留于此。小生就拜辭了師父。我便下山去也。（禪師云）君子弗罪也。（正末唱）

【尾聲】我自索下山峯。離仙洞。再入逕遶遶紅塵道中。我將這勝跡觀絶意氣融。過奇山異水疊重。索強似五雲峯。更勝似岱岳巔峯。回首白雲千道沖。不必比俺閻浮世界中。甚可與天宮相縱。却正是梵王親建一座紫霄宮。（下）

（禪師云）行者。那個君子去了也。（行者云）去了也。（禪師云）此人雖是個樵夫。真乃儒人君子。看他言談之間。到有些意趣。貧僧與他却正是漁樵閑話一會。此人若肯進取呵。必有崢嶸的氣象也。貧僧無甚事。我回後山中吃齋去也。（下）

第二折

（行者上詩云）添香洗鉢在林泉。要悟如來般若經。若把靈臺渾無染。自然覺悟已分明。貧僧乃是龍濟山普光寺裏的行者。可是自幼出家至此。參隨着修公禪師。爲其行者。常只是修因作悟。念佛看經。俺這師父是個了達的祖師。在此山內修行了數十餘年也。俺師父每日朝則是誦經禮佛。夜則打坐參禪。我貧僧先把這法堂打掃干淨。我去香積廚中。安排下齋飯。等候師父吃用也。（下）（正末扮猿猴兒上唱）

【南呂一枝花】赤力力輕攀地府欹。束刺刺緊撥天關落。推斜華岳頂。扯倒玉峯腰。怒時節海浪洪濤。閑時把江湖攪。向山林行了一遭。顯神通變化多般。施勇躍心靈性巧。

【梁州第七】我恰纔向寒泉間乘涼洗濯。早來到九臯峯戲耍咆哮。我將這蒼松樹上身輕跳。我却便拈枝弄葉。摘幹搬條。垂懸着手脚。倒掛着身腰。一番身千丈低高。片時間萬里途遙。我我我也曾在瑤池內偷飲了瓊漿。我我我也曾在蓬萊山偷摘了瑞草。我我我也曾在天宮內鬧了蟠桃。神通不小。只爲我腸中有不老長生藥。呼風雨逞威耍。我在林下山前走幾遭。常好是樂意逍遙。

〔云〕小聖乃是龍濟山中一個道妙靈仙是也。我在此山中千百餘年。常只聞經聽法。推悟玄宗。今日覷見僧堂中却也無人向前聽咱。呵。真個僧房門閉着。我試進去咱。〔唱〕

【四塊玉】一隻手將門扇來搖。兩隻脚把門桯來跳。我將他香棹輕推椅鞓搖。壁簷前攜手窗櫺搭。我將這香爐手內提。把火燈頭頂着。把鉢盂嶮踢倒。

〔云〕我在這僧房裏面好是散心咱。〔唱〕

【隔尾】我這裏將箒塵不住在堦址掃。忙將這鐃鈸手內敲。只聽得樹葉響嘶零零。我只怕有人到。好着我左瞧右瞧。原來是風擺動簷頭殿鈴索。

〔云〕上的禪床我坐一坐咱。〔禪師上云〕貧僧方才在後山中禪堂入定。猛聽得佛殿內不知是何人在此遊玩。我試向佛殿門前看是甚的。呵呵呵。原來是個玄猿在此作戲。我且不覷破他。只在此看他怎生作戲。〔正末云〕我下的禪床來呵。那壁供桌上放着物件。我自看去。〔禪師云〕他元來在此這般作戲也。我是再看咱。〔正末唱〕

【牧羊關】我將這經文從頭念。袈裟身上穿。把幢旛傘蓋拿着。飲了些胆瓶中淨水馨香。嗅了些瓦鼎內沉檀縹緲。我這裏上側畔蒲團倒近經案吹笙簫。我這裏轉身跳躍觀覷了。
〔云〕此一會料想無人來至。窺如來經典。穿佛祖袈裟。非小可。故經云。着衣聽法。獲福無量。必生忉利天宮。
〔禪師云〕此猿雖有善緣。未居人類。難以超昇。此猿恐怕他扯碎了經文。毀傷了佛像。我着他見個景頭。必然大悟也。疾。山神安在。〔外扮山神上詩云〕中和正直列英才。玉笥親臨聖敕差。休道空中無神道。霹靂雷聲那裏來。小聖本處山神是也。祖師有喚。不知有何法旨。〔禪師云〕山神聽吾法旨。你看禪堂內玄猿窺我經典。着我袈裟。汝可驚嚇他一回。此猿以後必成正果。愼勿傷害。貧僧且回山中去也。〔下〕〔山神云〕兀那業畜。休得無禮。怎敢來俺法堂作戲。佛殿嬉遊也。〔正末云〕却怎生是了也。〔唱〕
【罵玉郎】他將這殿門來攔住高聲叫。我這裏心驚顫。心驚顫腿鞋搖。〔山神按劍科云〕你怎生敢擅來此處也。〔正末唱〕我見他龍泉劍扯沙魚鞘。〔山神云〕既來此處。安得逃生也。〔正末唱〕他可便忿怒增。殺氣高。威風耀。
〔山神云〕這的是佛祖之處。法寶金經。你怎敢來戲弄。吾神拿住你。必無輕恕也。〔正末唱〕
【感皇恩】呀。諕得我無處歸着。難走難逃。〔山神云〕早出來受死也。〔正末云〕怎生是好也。〔唱〕我去那法床邊遮。經廚畔躲。紙窗間瞧。〔山神云〕你早出來受死也。〔正末唱〕他却又連聲叫吼。好教我意急心焦。便有那騰雲的手策。番身術。怎爲作。
〔山神云〕叵耐業畜無禮。百般的不出這佛殿來。我親自捉拿。〔做捉科〕〔正末唱〕
【採茶歌】告尊神且擔饒。嚇得我五魂消。再不敢僧房佛殿逞逍遙。將我這性命登時間殺壞了。怎能勾瑤池獻果到青霄。
〔山神云〕本當殺壞了你。上天尚有好生之德。且饒過你罷。再不許你在此作戲也。〔正末云〕感謝尊神。
〔唱〕

【尾聲】再不敢身登山嶺逍遙樂。來向禪堂閑戲躍。我自去洞裏深藏理玄妙。把靈光悟曉。將經文聽了。修一個般若心便是正果了。〔下〕

〔山神云〕此獮猿去了也。他雖是個猿精。却有如來覺性。久以後必然成真悟道也。吾神回禪師話。走一遭去也。俺師父廣有神通。爲玄猿山內縱橫差吾神親身顯化。那其間必悟玄宗。〔下〕

第三折

〔禪師領行者上詩云〕佛法惟心不可量。無邊妙意廣含藏。有朝得悟真如相。便是靈山大法王。貧僧修公禪師是也。自從昨日不想那道妙玄猿來俺這龍濟山作戲。我恐此猿初悟三寶。貧僧已差山神趕散去了。昨日伽藍來報道。今日此猿復脫真形。來此聽講。我在法堂中等候。若來時。貧僧自有個主意。這早晚敢待來也。行者。你門首覷着。若有人來。報復我知道。〔行者云〕理會的。〔正末扮秀士上云〕小生姓袁名遜。字舜夫。本貫峽中人也。小生幼遂功名。官居輦下。因唐朝明宗胡人暮年昏惑。小生遠其利害。全其生命。江湖散蕩。山野遊遨。小生想俺爲官的。經了多少崎嶮也呵。〔唱〕

【中呂粉蝶兒】見了些塵世榮華。羡功名一場風化。看他每鬧垓垓鬪逞奢華。每日家插宮花。斟御酒。常只是胸襟寬大。名利交加。到如今都做了漁樵閑話。

【醉春風】經了些翻滾滾惡塵途。受了些急穰穰世事雜。想着那人生否泰在須臾。敢不是假假。利鎖名韁。居官受祿。到如今都一筆勾罷。

〔云〕小生來到這座山中。看了這座山。比與他山甚是不同也呵。〔唱〕

【紅繡鞋】一縷縷遊雲直下。半泓泓秋水交加。有他那蒼松叢內鳥音雜。一壁廂烟籠樹。一壁廂霧侵霞。恰便似小蓬萊移在這搭。

〔云〕小生進的這山中。來到這寺門。見一個行者。門首立着。兀那行者。你道峽中一秀士。聞知太師發心弘濟。特來座下聽講。〔行者報科云〕門首有一個秀士。特來聽講。〔禪師云〕呵呵呵。是此人來了也。貧僧自有個主意。道有請。〔行者云〕理會得。先生。俺師父有請。〔相見科正末云〕不才袁遜。乃陋巷愚夫。山林鄙士。忝列儒流。幼登科甲。不以功名為念。退隱于林泉。遨遊于湖海。久聞吾師道性圓融。法心弘濟。小生千里而來吾師座下聽講。〔禪師云〕貧僧道踈學寡。豈知玄宗之旨。莫曉元頓之乘。敢勞先生千里而來也。〔正末云〕小生袁遜。峽山中人也。族大以蕃。不樂仕進。獨遜有志功名。明宗胡人。暮年昏惑。賢士良才。莫得而進。留滯數年。竟無所就。有知己者薦為端州巡官。念瘴鄉惡土。實不願行。彼又勸之曰。子蹇困如此。尚暇擇地哉。不得已。攜家祗任。未踰年。妻妾子女喪盡。憔悴一身。遂不復仕。往來江湖間。惟尋山望水。謝擾擾於名場。問道參禪。談空空於釋部。側聞尊宿建大法幢。不憚遠來。求依淨社。攢眉蹙額。固非嗜酒之淵明。舉手敲推。頗類苦吟之賈島。如蒙不棄。夫復何求。小生有詞一首。于太師行呈醜咱。不識以為何如。〔遞詞科〕〔禪師看云〕好寫染也呵。〔念詞科〕竊以生一拳夢幻之身。蓋由惡業。熟三峽烟霞之路。亦自善緣。凡居覆載之間。悉在輪廻之內。恭惟龍濟山主修公禪師。性融朗月。目泯空花。衍術數則允過于圖澄。逞神通則端逾于杯渡。菩提本無樹。機鋒肯讓于同袍。明鏡亦非臺。泡影等觀于浮世。十方瞻仰。四衆皈依。若如遜者。天地毫毛。山林踪跡。悲來抱樹。誰憐悽惻其傷弓。窮則投林。暇從容于擇木。無家可返。有佛堪依。痛茲妻子之淪亡。坐此功名之汨沒。逢人舞劍。業非通臂之才。過寺題詩。忽動歸山之興。乾旋坤轉。無端變化幾湮沉。春去秋來。管得繁花有枯槁。伊欲出類而拔萃。除非舍妄以歸真。指示迷途。使入涅槃之路。引歸覺岸。端登般若之舟。惟願慈悲和南攝受。〔念畢云〕先生有如此高才絕學。兼通內典。如何棄捨功名。〔正末云〕聽小生說一遍。

〔唱〕

【石榴花】太師一一問根芽。小生也曾得志貫京華。不圖富貴顯撐達。只恐怕違條犯法。因此上隱迹歸家。樂雲山散誕無牽掛。抵多少年八十馳步烟霞。雖居陋巷心無掛。便是那一世拙生涯。

〔禪師云〕先生。却不道富貴功名。人人皆羨。以先生理先王之道。傳儒教之風。學之以禮。習之以道。十載青燈苦志。一朝榮顯家門。為儒官者。可以出金門入紫闥。享琴堂之祿位。受聖主之洪恩。據先生之學。胸藏錦綉。腹隱珠璣。端的是有賈馬之才。能蘇張之謀略。如何在急流中退步也。〔正末云〕太師不知。諺語有之。用舍之道。行藏之中。不可不慮也。〔唱〕

【鬭鵪鶉】想咱人塵世榮華。却便似朝霜暮霞。空學星斗文章。逃不出蕭何律法。今古興亡可鑒察。小生也不戀那。我無意爲官無福受高車駟馬。

〔禪師云〕先生。豈不聞爲官者。打一輪皂蓋。列兩行朱衣。親戚稱羨。鄉黨賓服。比那出家。較是不同也。〔正末云〕太師。你那裏知道小生的心事也呵。〔唱〕

【滿庭芳】我寧可衣冠不加。我樂的是山林清趣。我再不告蝶陣蜂衙。將心猿意馬都拴罷。能棄却了玉鎖金枷。怕的是紅塵混雜。愁的是業海交加。隱遁在桑田下。向白雲那榻。小生樂道出河沙。

〔禪師云〕先生的意。貧僧盡知了也。先生。爭奈你若頂巾束髮。在我教謂之沐猴而冠。若使削髮披緇。在公教謂之儒名墨行。若斯二者。何以處之。〔正末唱〕

【上小樓】太師道衣冠不佳。你教我皈依削髮。却不道心本元明。色相皆空無點差。只待要念經文。參話頭。塵緣棄下。便是那禮禪師永無牽掛。

〔禪師云〕先生既是如此。却也可也。既臨此庵。且向山中遊玩一回咱。〔正末云〕是一座好山也呵。〔唱〕

【耍孩兒】恰便似青螺放頂雲霄中插。高接凌空彩霞。你看俺奇山秀水兩交加。繞僧堂禪室堪佳。果然是依爲佛祖菩提處。堪作禪僧寂靜家。端的是真圖畫。小生心胸豁暢肺腑清嘉。

〔禪師云〕既是堅心在此修行。行者就與我打掃的僧房乾淨。與先生居止也。〔行者云〕理會的。〔禪師云〕且去僧房安歇。到來日聽講。〔正末云〕謝了師父。〔唱〕

【尾聲】誰想我火宅中一跳身。洪濤中出海涯。我寧個寺中拜禮如來塔。我只待悟三教真如大藏法。〔下〕

〔禪師云〕此人非是峽山中袁遜。他乃是野猿所化。他先化做一個樵夫。托名侯玄。來訪貧僧。貧僧未會說破。他前日此猿又來經堂作戲。貧僧與他一個景頭。今日化臨此處。我觀此猿善根將熟。我來日升堂以罷。此人必悟宗風。證果朝元而去。行者便說與衆僧道。我來日在佛殿內升堂說法。就請袁秀才前至法座聽講。〔行者云〕理會的。〔禪師云〕貧僧無甚事。且回法堂。打坐參禪去也。〔下〕

楔子

〔正末上云〕小生袁遜。自從棄捨了功名。尋訪于此山中。與修公禪師座下。聽講此經文佛法。倒大來耳根清淨。小生恰纔齋食已罷。在此僧房中閑玩此經文咱。〔行者上云〕小僧行者便是。奉師父法旨着我請袁秀才來日法堂中聽講。可早來到僧房門首。我自過去。袁先生問訊。〔正末云〕行者此一來。有何事幹。〔行者云〕奉師父法旨。着我來請先生明日聽講。〔正末云〕我已知道了。小生至此山中。又遇聖會法筵。也則是小生有福也呵。〔唱〕

【仙呂賞花時】到來日親赴禪堂來聽講。參悟如來般若鄉。小生剪畫燭炷明香。禮拜尊師法王。我却便求接引入天堂。〔下〕

第四折

〔外扮守座淨扮小僧雜扮衆僧丑扮行者同正末上外云〕三寶巍巍道可尊。四生六道盡依憑。出言善解人天福。見性能傳佛祖燈。貧僧乃龍濟山大慈寺內守座是也。貧僧幼歲出家。捨俗為僧。堅修三際。精通五教。悟無生之大法。究微妙之心宗。貧僧常只是朝陽補衲。對月閒經。久居此寺。修習多年。貧僧為修公禪師座下第一個徒弟。衆僧秀士。却來聽講。昨日有我師父分付道。今日乃升堂說法。貧僧領着衆僧。安排下香燈花果。禪床淨几。等師父出來升座。大衆動着法樂者。〔禪師上升座云〕如來法座此間安。般若惟心一語傳。今日山僧重進步。三途踏破死生關。〔執拄杖云〕策杖攛扭震地來。昇平四海顯胸懷。遂把邪魔推出去。咸令大衆正宗開。梵剎住尾合西東。妙理親傳般若通。惟露親機無準的。那時一任出其蹤。〔拈香云〕此香不從千聖得。豈向萬機求。虛空觀不盡。大地莫能收。動之則豎窮橫遍。靜之則今古無傳。透十方之法界。勳四大之神州。爇香爐中。祝皇王之萬歲。願太子之千秋。（垂鈎云）今日移舟到海津。絲竿常在手中伸。烟霞側畔潛身坐。獲得成功一巨鱗。大衆若有那門居士。禪苑高僧。參學未明。法有疑礙。今日少伸問答。有麽。（小僧云）有有有。敢問我師。如何是春。（禪師云）門前楊柳如烟綠。檻外桃花向日紅。（小僧云）如何是夏。（禪師云）流水帶花穿港陌。夕陽將樹入簾櫳。（小僧云）如何是秋。（禪師云）秋色入林紅黯淡。水光穿竹碧玲瓏。（小僧云）如何是冬。（禪師云）雲里高山頭白早。海中仙果子生遲。（小僧云）多謝我師。今日且歸林下。來日問禪。（禪師云）大衆還有精進的佛子。俊秀禪和。未悟宗機。再來問答。有也是無。（衆僧云）有有有。敢問我師。如何是西來意。（禪師云）九年空冷坐。千古意分明。（衆僧云）如何是法身。（禪師云）野塘秋水漫。花塢夕陽遲。（衆僧云）如何是祖意。（禪師云）三世諸法不能全。六代祖師提不起。（衆僧云）多謝我師。且歸林下。來日問禪。（禪師云）大衆中有知音的居士。達道的善人。悟真機未能解。敢出來問答。有也是無。（守坐云）有有有。敢啓我師。貧僧特來問禪。（禪師云）問將來。（守坐云）如何是曹洞宗。（禪師云）不萌草解藏香象。無底籃能捉活龍。（守坐云）如何是臨濟宗。（禪師云）機如閃電。活似轟雷。（守坐云）如何是雲門宗。（禪師云）三旬可辦。一鏃遼空。（守坐云）如何是法眼宗。（禪師云）言中有響。句裏藏鋒。（守坐云）如何是口口仰宗。（禪師云）明暗交加。語默不露。（守坐云）如何是不二法門。（禪師云）無法可說。（守坐云）多謝我師。且歸林下。來日問禪。（禪師垂鈎云）一柄綸竿在手頭。碧溪安在甚攸攸。清風明月襟懷闊。鈎得金鱗出水遊。衆中還有四方善友。明達檀那。未開宗旨。請來問答。却是有也無。（正末云）有有有。小生袁遜。忝于我師座下。特來問禪。（禪師云）問將來。（正末云）敢問我師。如何是妙法。（禪師云）合着口。（正末云）如何是如來法。（禪師云）四十九年三百餘會。（正末云）如何是祖師法。（禪師云）九年不語聲振五天。（正末云）如何是道中人。（禪師云）萬緣都不染。一念自澄清。（正末云）如何是正法。（禪師云）萬法千門總是空。莫思嘲月更吟風。這遭打出番觔斗。跳入毗盧覺海中。泉石烟霞水木中。皮毛雖異性靈通。勞師爲說無生偈。悟到無生總是空。（正末云）多謝禪師偈言點化。小生實非人類。乃此山中得道老猿。未經聖僧羅漢點化。不得超升。初則變化儒樵。蒙師教誨。已識禪真半面。次則真形入師禪堂。授我經典。衣我袈

裟。蒙師待以不死。今日座下。又蒙真詮數語。點化歡心。其實的參透得淨也。〔唱〕

【雙調新水令】今日一心參透祖師禪。我將這大圓明片時間發見。靈臺無汚染。丹府絕塵纏。本性天然。真如相悟當面。

〔禪師云〕今日法筵大衆畢會。人天共同相聽。切以禪分五派。教演三乘。始因一花之燦爛。中分五葉以流芳。世尊法演于西天。達摩心傳于東土。人人悟偈。個個皈依。咸生頓悟之心。宗共入華嚴之法藏。〔下座云〕先生也。貧僧不知。果有如此大根大器悟圓頓之機。〔正末云〕若非師父開悟迷途。小生今日豈能了達。

〔唱〕

【駐馬聽】師父你道德淵深。親傳妙理會人天。禪機應變。果然是十方賢聖仰師顏。這的法佛是僧保俚真詮。惟心與意當時展。不可言。真乃是西天佛祖親身現。

〔云〕師父。徒弟問求一個話頭。〔禪師云〕無色無相萬法空。體自如來般若同。若把諸緣都放下。俱在毗盧頂上峯。〔正末云〕徒弟省了也。我是個萬種嘍囉林大郎。千般伎倆木巢南。從今踏破三生路。有甚禪機更要參。〔唱〕

【沉醉東風】妙理俄然便顯。心如五業清清。將他這色相來靈光現。似一潭秋水澄淵。體自如如不用言。便是如來教典。

〔云〕無去亦無來。心花五葉開。塵緣都放下。位正寶蓮臺。〔做坐化科行者云〕師父。看袁秀才坐化歸空去了也。〔禪師云〕哎。誰想此人言下大悟真機。歸空去了。貧僧就與他親身下火。〔偈云〕棄了色身入法身。朗明心地絕纖塵。吾今為汝親傳偈。速至吾生般若門。踏盡天涯並海角。回頭却是舊家村。貧僧恰纔散罷禪。不想袁生坐化。貧僧下火已入荼毗已了。貧僧無甚事。後堂食齋飯去也。〔下〕〔聖僧羅漢上云〕釋迦拈花悟本心。加舍惟笑遇知音。燈燈相照傳千古。朗朗光明直到今。貧僧乃西天阿羅漢是也。今日盧陵郡龍濟山中。一個千載玄猿。常與修公禪師聽經聞法。了然大悟。就于野塘秋水漫。花塢夕陽遲。寺中坐化。正果歸空。

貧僧在此等候他。這早晚敢待來也。(正末上云)小生千載玄猿。托名袁遜。自于寺中修公祖師座下問罷禪一言大悟。坐化身亡。你看金童引接。玉女相隨。果是好境界也。

【沽美酒】我則見降霞飄五彩鱗。慶雲生半空見。有他那寶樹奇花滿殿前。更有這蓮池碧蓮真個罕曾見。

(云)這是那裏也。(金童云)此處非凡地天宮境界中。(正末云)是好景致也呵。(唱)

【太平令】恰便是九重闕蓬萊宮殿。五雲鄉紫氣依然。動仙音清霄普遍。列幢幡飄搖皆現。也是俺有緣遇着善緣。賀飛騰入率陀天院。

(聖僧云)袁遜夫你來了也。(正末云)你徒弟來了也。稽首。(聖僧云)只因你舍妄求真。修因果行。今日返本歸真位至西方九品蓮池地步。(正末云)誰想今日呵。(唱)

【折桂令】師父道登西方九品蓮池。都只為悟徹無生。今日個平步上青天。再不去那山內聞經。林頭抱影。澗底吟泉。我今日脫皮囊凡胎盡傳。上靈山佛國依然。也是苦志心堅。穩駕清風。飛上青天。

(聖僧云)袁生此間已是西方極樂世界。只因你一心向善問道修真。致有今日。你看祥雲靄靄。紫氣騰騰。慈悲接引。善信偕行。果然是步步踏金蓮也。袁生。你聽者。只因你一念真心。悟如來般若玄音。脫皮毛聞經聽法。改形容參訪師林。了然徹無生道妙。須明透萬法洪深。除却了輪廻六道。免去了苦海潛津。赴西方蓮開見佛。臨極樂親到雷音。今日個成真證果。禮如來法座皆欽。(正末云)也是我有緣也呵。(唱)

【殿前歡】今日個得升天。悟真如性海道心虔。祥雲影裏真佛現。拜禮慈顏。顯祥光萬道傳。絢瑞彩千條現。散天花雲端中見。果然是人間少有世界難全。(下)

題目　大惠堂脩公說講

正名　龍濟山野猿聽經

二郎神醉射鎖魔鏡雜劇

第一折

〔冲末扮二郎引衆上開云〕喜來折草量天地。怒後擔山趕太陽。我是那五十四州都土地。三千里外總城隍。吾神姓趙名昱字從道。幼年曾為嘉州太守。嘉州有冷源二河。河內有一健蛟。興風作浪。損害人民。嘉州父老。報知吾神。我親身仗劍入水。斬其健蛟。左手提健蛟首級。右手仗劍出水。見七人拜降在地。此乃是眉山七聖。吾神自斬了健蛟。收了眉山七聖。騎白馬白日飛昇。灌江人民。就與吾神立廟。奉天符牒玉帝勅加吾神為灌江口二郎之位清源妙道真君。玉帝勅令。着吾神鎮守西川。因打這玉結連環寨過。有那吒三太子鎮守此處。吾神就探望兄弟走一遭去。然後回西川也未遲哩。吾神統領本部下神兵。直至玉結連環寨。相訪那吒三太子走一遭去。〔下〕〔正末扮那吒引衆上云〕小聖乃那吒神是也。為因小聖降十大魔君八角師陀鬼鐵頭藍天鬼獨角逆鱗龍無邊大刀鬼。更有四魔女。天魔女地魔女運魔女色魔女。為降衆多妖魔。加小聖八百八十一萬天兵降妖大元帥。手下有副元帥野馬貫支茄。首將是藥師大聖。統領天兵。鎮玉結連環寨。非小聖之能也。〔唱〕

【仙呂點絳唇】皆是天將英雄。地神簇捧。施英猛。憑着我變化神通。都降了十大魔君洞。

【混江龍】則為這玉皇選用。封我做都天大帥總元戎。我將這九天魔女。覰的似三歲孩童。則我這斷怪降妖施計策。除魔滅祟建奇功。擺列着長鎗闊劍。各執着短箭輕弓。週遭有黃旛豹尾。乘騎着玉轡銀驄。前後列朱雀玄武。左右列白虎青龍。遵差命黃巾力士。聽當直黑煞天蓬。分勝敗山澤水火。辨輸贏天地雷風。映曉日愁雲靄靄。遮青霄慘霧濛濛。獸帶飄征旗颭颭。魚鱗砌鎧甲重重。鳳翅盔斜兜護頂。獅蠻帶緊扣當胸。繡毬落似千條火滾。火輪舉如萬道霞烘。人人慷慨。箇箇英雄。我搖一搖疏喇喇外道鬼神驚。撼一撼赤力力地戶天關動。騰雲駕霧喚雨呼風。

（二郎引手將上云）吾神乃二郎神是也。來到這玉結連環寨。報道有清源妙道真君特來相訪。（報科）（末云）道有請。（見科）（末云）哥哥間別亡恙。（二郎云）吾神特來相訪賢弟。（末云）哥哥爲何至此。（二郎云）吾神因朝玉帝已回。往此玉結連環寨經過。特來相訪賢弟。（末云）多謝哥哥探望。將酒過來。（把盞科）（末唱）

【油葫蘆】則這渺渺雲山千萬重。阻隔喒兩弟兄。不期今日喜相逢。喒兩箇十年來纔把這罇席共。便休題一盃未盡笙歌送。喒說的這話正投。吃的這酒正濃。既然契厚爲昆仲。喒今日休放酒盃空。

（二郎云）吾神帶酒也。賢弟請波。（末唱）

【天下樂】我這裏便親手高擎碧玉鍾。走斝飛觥。喒兩箇興正濃。（二郎醉科云）吾神帶酒了也。（末唱）我見他前合後偃酒力擁。（二郎云）兄弟路途遙遠。急難前行。（末唱）俺這裏人如虎。更那堪馬似龍。（二郎云）兄弟吾神要回西川去哩。（末唱）覷西川則是一陣風。

（云）你諸神將隨意歌舞一回。勸俺哥哥一盃。（衆作歌舞勸酒科）（二郎云）酒彀了也。（末云）您四魔女何不做天魔隊舞。也來勸俺哥哥一鍾。（魔女作歌舞勸酒科）（二郎云）久聞兄弟弓馬熟閑。今在此玉結連環寨會演習武藝來麼。（末云）您兄弟在此寨中常常演習武藝。（二郎云）將的弓箭來。推出紅心朵子去。我看兄弟射幾箭者。（末云）鬼力將過弓箭來者。（鬼力云）理會的。兀的不是弓箭在此。（末做拏弓箭科）（唱）

【醉扶歸】我這裏忙把虎軀來聳。拽滿寶雕弓。遠覷着兀良則是一望中。我這裏款款放輕輕送。（做射箭科云）着箭。（鬼力云）正中紅心。（三箭中科）（末唱）不是我誇強賣弄。一箭箭把紅心來中。
（二郎云）兄弟也。不枉了武藝高強。將弓箭來。我也射三箭。爭柰吾神帶酒也。（拿弓科）（末唱）
【金盞兒】我見他手拈着弓。箭離了桶。端詳了弓箭無偏縱。弓開箭去渺無踪。（二郎云）着箭。（鬼力云）正中紅心。（兩射科）（二郎云）西北下一點着箭。（外響亮一聲科）（末唱）箭去呵就地上火光三萬丈。雷吼似五千聲。則聽的震天關如霹靂。徹上下半天紅。
（二郎云）那裏這般響亮一聲。（末云）哥哥。你的不是了也。那裏是天獄。有三面鏡子。一面是照妖鏡。一面是鎖魔鏡。一面是驅邪鏡。三面鏡子鎮着數洞魔君。不知射破那一面鏡子。走了那一洞妖魔。倘或驅邪院主見罪。如之柰何。（二郎云）似此怎了也。是吾神的不是了也。吾神也不敢久停。便索回西川去也。（末唱）
【尾聲】這聲響誟的三界鬼神驚。震的萬里乾坤動。則聽的山塌天摧地崩。不似你心中無忖量。誰着你秋月般拽滿雕弓。箭去半天紅。不辨西東。慘霧陰雲罩着碧空。這一箭恰便似摔碎玉籠。飛騰彩鳳。早則麽頓開金鎖走蛟龍。（下）
（二郎云）吾神不敢久停久住。恐防玉帝得知。駕起祥雲。便回西川去也。（下）（外扮牛魔淨扮百眼背枷鎖慌上云）吾神乃九首牛魔羅王是也。兄弟是金睛百眼鬼。俺二人誤犯了天條。罰俺在鎖魔鏡裏受罪。玉帝勑令。鎖魔鏡破。方才得出天獄。不知是那一位神祇。射破鎖魔寶鏡。俺二人逃命得出。則怕上聖得知。捉拏我二人。不敢久停久住。便往黑風山黑風洞裏去來。（下）（扮韓元帥上云）小聖韓元帥是也。不知那一位神祇。射破鎖魔鏡。走了兩洞妖魔。金睛百眼鬼。九首牛魔羅王。恐防玉帝得知。有驅邪院主法旨。着小聖追趕兩洞妖魔。去的遠了也。趕不上。回驅邪院主去也。（下）（外扮驅邪院主上云）太極初分天地中。驅神使將顯神通。金闕書名朝上帝。掌判驅邪鎮北宮。貧道乃驅邪院主是也。今有那吒神與二郎飲酒。比試武藝。二郎神一箭射破鎖魔寶鏡。走了兩洞妖魔。金睛百眼鬼。九首牛魔羅王。我差韓元帥追趕去了。怎生這早晚不見回來。〔韓元帥上云〕小聖韓元帥。趕不上兩洞妖魔。回上仙話去。〔見科〕〔韓云〕小聖趕不上兩洞妖魔。回上仙法旨。〔院主云〕韓元帥二郎神射破鎖魔寶鏡。箭上有二郎名字。則今朝一日差天神背縛貧道的法旨。直至西川與二郎說知。令他與那吒三太子。擒拿兩洞妖魔去。若拿住將功折罪。拿不住呵。二罪俱發。說與天神。小心在意。速去疾來。〔下〕

第二折

〔二郎上云〕小聖二郎是也。在玉結連環寨。與那吒演習武藝。因帶酒射破鎖魔寶鏡。不知走出那一洞妖魔。恐防上帝得知。怎生是了。鬼力們看覷着。若有天神。報復我知道。〔末扮天神上云〕小聖乃天神是也。爲二郎神與那吒三太子演習武藝。一箭射破鎖魔寶鏡。走了金睛百眼鬼。九首牛魔羅王。小聖奉驅邪院主法旨。差小聖報知二郎神與那吒。擒拿兩洞妖魔去。駕起祥雲。直至西川。報知二郎。走一遭去。〔唱〕

【南呂一枝花】我親奉着東華聖帝差。謹領着北極尊神令。駕祥雲離帝闕。乘彩鳳下天庭。怎敢消停。早來到北極西川郡。則爲那玉帝行宣限的緊。二郎因當日酒飲了三巡。因此上惹起今朝禍根。

【梁州】則爲那有膽量的那吒帥首。管待那無尋思的妙道真君。他平生武藝施逞盡。賣弄他神通廣大。倚仗着筋力無倫。拽的弓開秋月。忽的箭去流星。誰想走了百眼金睛。那牛魔王死裏逃生。他如今暗點下山鬼和那山精。俺如今准備下天兵和那地兵。則要你箇二郎神千戰千贏。符到奉行。東華教玉帝勅如來命。怎敢道遲慢了半箇時辰。今日箇須當定罪名。怎敢道容情。

〔云〕來到也。報復去。聽驅邪院主法旨。〔鬼力報云〕報的上聖得知。有天神來到也。〔二郎云〕道有請。〔見科〕〔二郎云〕早知尊神來到。只合遠接。接待不着。勿令見罪。〔末唱〕

【隔尾】小神廳上開勅令。二郎去階前仔細聽。你不合射透驅邪院鎖魔鏡。則你的罪名。罪名又不輕。你去那玉闕天庭將是非來整。
〔云〕驅邪院主法旨爲你射破鎖魔寶鏡。走了金睛百眼鬼。九首牛魔羅王。着你與那吒神。領本部神兵。擒拏兩洞妖魔去。若拏住將功折罪。如拿不住。罰往天獄受罪。二郎聽得了麼。〔二郎云〕尊神你但放心。原來走了這兩洞妖魔。則今日擒拿他走一遭去。量這孽畜。到的那裏。〔末唱〕
【牧羊關】見如今如來怒。玉帝嗔。你罪過我待說一言難盡。爲當日酒飲了三巡。今日裏禍臨着自身。你若是施謀略驅邪祟。顯神力滅羣精。恁時如來處饒了你那愆罰。恁時節玉皇行免你罪名。
〔二郎云〕尊神。想吾神神通廣大。變化多般。我則今日與那吒神。領本部下神兵。擒獲此業畜。走一遭去。〔末唱〕
【罵玉郎】我平生正直無私徇。你休怠慢。莫消停。你索用心機打破他那迷魂陣。除免你那腹內愁。頓脫了眉上鎖。釋放了心頭病。
【感皇恩】你須索捨死忘生。建立功勳。則要你顯神通。施謀略。逞精神。〔云〕若拿不住呵你〔唱〕告與那那吒太子。他可敢掃蕩魔君。他也敢擒妖怪。拿孽畜。領天兵。
【採茶歌】若是您箇二郎神。顯英靈。威伏天下鬼神驚。滅盡妖魔那時分。恁時神鬼得安寧。
〔二郎云〕則今日親率天兵。擒拏金睛百眼鬼。九首牛魔王。走一遭去。天神且自放心。我隨後便擒將兩洞妖魔來也。〔末唱〕
【尾聲】則要你鞭敲金鐙回軍陣。統領天兵疾便行。降妖魔。須用功。敢相持。敢戰爭。將妖魔便誅盡。三尖刀劈那廝腦門。斬妖劍將那廝粉骨碎分身。若拿住妖魔呵那時節證了本。〔下〕

〔二郎云〕天神去了也。吾神與那吒同領本部下神兵。擒拿兩洞妖魔。走一遭去。大小神兵。聽吾神旨。三通鼓罷拔寨起營。我也不用天兵神將。顯神通變出本相。若拿住兩洞妖魔。直獻到九重天上。〔下〕〔牛魔王上云〕巨口獠牙顯化身。呼風喚雨駕祥雲。三界神祇聞吾怕。我是那變化多般牛魔神。吾神乃九首牛魔王是也。兄弟是金睛百眼鬼。因俺二神誤犯天條。鎮在鎖魔鏡裏受罪。不想被二郎神射破鎖魔鏡。俺二人得出天獄。躲在黑風山黑風洞裏。奈那吒無禮。他與二郎統領天兵。擒拿俺二人。量他到的那裏。吾今日便點鬼兵。與那吒二郎鬭勝走一遭去。鑼鼓響喊殺連聲。點鬼兵提備相征。顯神通變出本相。直趕到玉闕天庭。〔下〕〔百眼鬼上云〕我做妖魔一百箇眼。箇箇眼似亮燈盞。昨日害眼討眼藥。費了五十對青魚膽。吾乃金睛百眼鬼是也。哥哥去了也。點手下鬼兵。與那吒鬭勝走一遭去。忙差鬼怪喚山精。狐兎猿鶴都點名。若把那吒活拿住。一人賞一箇大燒餅。〔下〕

第三折

〔末扮那吒同二郎上云〕衆神將擺布的嚴整着。〔末唱〕

【越調鬭鵪鶉】冷颼颼殺氣飄颻。氣昂昂精神抖擻。雄赳赳斷怪除妖。威凜凜踏罡步斗。沉點點帥印懸腰。明晃晃雙鋒在手。馬似熊。人似彪。左右列合後先鋒。簇擁着元戎帥首。

【紫花兒序】鳳翅盔簪纓款按。鎖子甲戰襖高提。獅蠻帶納袴輕兜。直趕遍三千世界。搜尋遍四大神州。統領着戈矛。若撞見那兩箇妖魔吃劍頭。半合兒也不勾。殺的那廝無處安身。有地難投。

〔二郎云〕大小天兵擺布的嚴整。〔末云〕擺開陣勢者。〔唱〕

【金蕉葉】四魔女休離了我左右。八角鬼鎗刀在手。大刀鬼鎮守着山岩洞口。獅陀鬼牢把定天關地軸。

〔二郎云〕擺開陣勢者。塵土起處。必然是兩洞妖魔來也。〔牛魔王同百眼鬼上云〕大小鬼兵。擺開陣勢。來者何人。〔末云〕吾乃那吒神是也。〔二郎云〕吾乃清源妙道真君二郎是也。你來者何人。〔牛魔王云〕吾神乃九首牛魔王。兄弟是金睛百眼鬼。敢鬭勝麽。〔二郎云〕天兵操鼓來。休教走了兩洞妖魔。〔末唱〕

【調笑令】他那裏賣口。則管裏絮無休。他道他世上寰中無對手。他道他陰符戰策曾窮究。將兵書念得滑熟。喒兩箇橫鎗躍馬且交半籌。敢則一陣裏抹了芒頭。

【禿廝兒】火輪起金蛇亂走。鞭梢動驟損驊騮。我則見絲絲戰塵遮了日頭。早尋走路便搜求。無箇緣由。

【聖藥王】他將那軍校收。弓箭丟。人慌馬亂怎收救。你爲帥首。怎的休。俺領着天兵神將緊追求。去來專拿住恁時休。

〔牛魔王云〕近不的他走走走。〔下〕〔二郎云〕走了兩洞妖魔。大小天兵。跟我趕將去。〔同下〕〔牛魔王百眼鬼慌上云〕背後趕將來了。如何是好。〔二郎云〕天兵下了天羅地網者。休要走了兩洞妖魔。〔末唱〕

【雪裏梅】你看我運機籌。喒兩箇遇着敵頭。殺的他進退無門。死生也那難救。將身軀來倒縮。

【古竹馬】顯志酬這場征鬭。殺妖魔千死千休。我和你敢做敵頭。不喇喇緊驟驊騮。我便款兜慢收。揎袍捋袖。征驂馳驟。顯神通變化搊搜。到今日怎地干休。你少憂莫愁。我率領天兵。顯耀神威。走石吹砂風亂吼。

【么篇】顯出我六臂三頭。密匝匝列着戈矛。齊臻臻統領貔貅。這廝命休。盡頭。大小天兵齊下手。諕的他荒荒亂亂。心驚膽戰。悲悲切切。鬼哭神愁。

〔二郎云〕天神與我拿住者。〔衆神做拿住二妖科〕〔二郎云〕將過兩箇妖魔執縛定見上帝去來。〔末唱〕

【尾聲】今日將牛魔王百眼鬼都拿住也方纔罷手。我得勝也引軍回。直殺的妖魔望風兒走。〔同下〕

第四折

〔驅邪院主上云〕貧道乃驅邪院主是也。因為二郎與那吒神在玉結連環寨飲酒。射破鎖魔寶鏡。走了兩洞妖魔。金睛百眼鬼。九首牛魔羅王。今差二郎與那吒同領本部神兵擒拿去了。未知輸贏勝敗。使將箇報喜的神探子打探去了。這早晚敢待來也。〔末扮探子上云〕一場好鬭勝也呵。〔唱〕

【黃鍾醉花陰】兩下裏交鋒喊聲起。差小聖到天兵陣裏看勝敗。辨真實。若說着那吒。衆神將應難比。

【喜遷鶯】驀一片黑雲疾。一徑的差咱〔見科〕〔末云〕報報喏。〔唱〕來報喜。〔院主云〕好探子也。兩足輕挪似捽風。一聲報探語如鐘。兩處神兵分勝敗。盡在來人啓口中。俺二郎與那吒領大小神兵怎生擒拏兩洞妖魔來。你喘息定。慢慢說一遍。〔末唱〕若說着那吒雄勢。你看那衆天將後面跟隨。其實我則見盈天殺氣。一箇箇一人人能戰敵。他每便顯武藝。撲咚咚征皮鼓凱。刮喇喇擂鼓奪旗。

〔院主云〕俺這壁那吒出馬。三頭颭颭。六臂輝輝。三頭颭颭顯神通。六臂輝輝降妖怪。量那業畜到的那裏。你再說一遍者。〔末唱〕

【出隊子】齊臻臻天兵擺列。惡哏哏尋對壘。鼕鼕鼓響似春雷。火火火雜彩旗遮了太極。則見那二郎神當先戰馬嘶。

〔院主云〕俺這壁二郎神出馬。他神通廣大。變化多般。身長萬餘丈。腰闊數千圍。面青髮赤。巨口獠牙。二郎變化顯神通。掣電轟雷縹緲中。領將驅兵活灌口。殺敗那法力低微牛魔神。探子。你慢慢再說一遍。〔末唱〕

【刮地風】則見那百眼鬼軍前高叫起。喒兩箇比試高低。那吒神怒從心上起。可早變化了神威。顯着那三頭六臂。六般兵器。一來一往。一上一下。有似高飛。我見那吒神有氣力。顯出那變化容儀。

【四門子】牛魔王怎當神雄勢。他見了也走如飛。〔院主云〕俺這壁是那吒出馬。三頭六臂顯神威。變化多般敢戰敵。他是那玉結連環都帥首。殺的那霧罩乾坤天地迷。探子。慢慢的再說一遍。

〔末唱〕那吒神大叫如霹靂。顯神通敢更疾。那業畜荒怎敢道遲。引殘兵望東走似飛。那吒神。好似狠轉好是疾。直趕到黑風洞裏。

〔院主云〕俺這壁兩員神將出馬。選幾箇呼的風喚的雨偏能廝殺。騰的雲駕的霧快顯神通。有大鬼和小鬼能輪大斧。有雷聲和霹靂亂散頑兵。殺的那金睛百眼難逃命。牛魔羅王武藝低。二郎驅使天兵將。那吒顯耀虎狼威。你慢慢的再說一遍。〔末唱〕

【古水仙子】騰騰騰火熖起。見見見火輪上烟迷四下裏。火火火降魔杵偏着颼颼颼火星劍緊劈。他他他繡毬兒高滾起。呀呀呀牛魔王怎生支持。來來來縛妖索緊綁住。是是是回軍也。齊將金鐙響。俺俺俺得勝也。盡和凱歌回。

〔院主云〕拏住兩洞妖魔也。探子也無甚事。你自回去。〔末唱〕

【尾聲】得勝也回軍那此二雄勢。那潑妖魔怎生支持。將他那衆妖魔盡拏回天陣裏。〔下〕

〔院主云〕二郎神與那吒。拏住兩洞妖魔也。殺氣騰騰萬道光。鬼怪山精遍地亡。一場大戰妖魔怕。方顯神通法力強。〔下〕

第五折（王季烈云此爲趙清常校抄內本第四折與是本第四折探報曲白情文全異語無複沓今錄爲第五折）

〔驅邪院主領鬼力上〕〔院主云〕貧道乃驅邪院主是也。今有二郎神與那吒。擒拏九首牛魔王金睛百眼鬼去了。探子回報已拏住兩洞妖魔也（王云原本無此十二字照各本探報之例增）鬼力望者。若拏將來時。報復我知道。〔鬼力云〕理會的。〔正末同二郎神領衆神拏牛魔王百眼鬼上〕〔二郎神云〕小聖二郎神是也。同那吒拏住兩洞妖魔。俺見驅邪院主去來。〔正末云〕今日拏住兩洞妖魔了。咱見上聖去來。〔唱〕

【雙調新水令】則爲這逞雄威射貼顯英豪。不思那一一魔神頓開鎖鑰。疎狂惹罪愆。縱意犯天條。今日箇引動兵刀。俺可便軀邪鬼統軍校。

〔二郎神云〕可早來到也。鬼力報復去。道有二郎神同那吒。擒拏住兩洞妖魔來了也。〔鬼力報科〕〔院主云〕着他過來。〔鬼力云〕着過去。〔二郎神同正末做見科〕〔二郎神云〕上聖小聖與那吒神拏將兩洞妖魔來了也。〔院主云〕當初二郎神怎生射破鎖魔鏡。走脫兩洞妖魔來。你試說一遍者。〔正末唱〕

【喬牌兒】對神天將罪犯招。則爲那二郎神性麄躁。他將那寶雕弓拽滿懷中抱。珐玎的把青銅射破了。

〔院主云〕那吒神。當日二郎神怎生正射着鎖魔寶鏡。你再說一遍。我試聽者。〔正末云〕二郎神正射着紅心射貼。忽見正北上一點光明。二郎神又放一箭。正射破了鎖魔鏡也。〔唱〕

【鴈兒落】不想那二魔神將性命逃。奮惡氣生殘暴。奉天符玉帝勅。着俺這衆神將都來到。

【得勝令】呀四下裏神將一週遭。二魔神猶自逞麄豪。則我這繡毬千團火。二郎神輕輪動三尖兩刃刀。驟戰馬相交。見殺氣遮籠罩。俺輕舒展猿猱。將他那二魔神拏住了。

〔院主云〕與我拏過那兩洞業畜來。〔鬼力做拏二妖魔科〕〔院主云〕與我拏過那兩洞妖魔。因你造業太重。鎮壓在鎖魔鏡受罪。被二郎神射破寶鏡。逃難得脫。豈知今日拏住　聽者。您不合飲酒赴會。與二郎神比試武藝。射破了鎖魔寶鏡。潑妖魔得脫趓避。損生靈造業極多。犯天條無邊大罪。將妖魔押入酆都。衆神將復還本位。

題目　三太子大鬧黑風山

正名　二郎神醉射鎖魔鏡

漢鍾離度脫藍采和雜劇

第一折

〔冲末扮鍾離上詩云〕生我之門死我戶。幾個惺惺幾個悟。夜來鐵漢自尋思。長生不死由人做。貧道覆姓鍾離。名權。字雲房。道號正陽子。因赴天齋已回。觀見下方一道青氣。冲于九霄。貧道觀看多時。見洛陽梁園棚內。有一伶人。姓許名堅。樂名藍采和。此人有半仙之分。貧道直至下方梁園棚內。引度此人走一遭去。我着他閻王簿上除生死。紫府宮中立姓名。指開海角天涯路。引得迷人大道行。〔下〕〔旦同外旦引倈兒二淨扮王李上淨云〕 俺兩個一個是王把色。一個是李薄頭。俺哥哥是藍采和。俺在這梁園棚內勾欄裏做場。這個是俺嫂嫂。俺先去勾欄裏收拾去。開了這勾欄棚門。看有甚麼人來。〔鍾離上云〕貧道按落雲頭。直至下方梁園棚內勾欄裏走一遭。可早來到也。〔做見樂牀坐科淨云〕這個先生。你去那神樓上或腰棚上看去。這裏是婦人做排場的。不是你坐處。〔鍾云〕你那許堅末尼在家麼。〔淨云〕老師父。略等一等便來也。師父有甚麼話說。〔鍾云〕等他來時。我與他說話。〔淨云〕師父略坐一坐。哥哥敢待來也。〔正末上云〕小可人姓許名堅。樂名藍采和。渾家是喜千金。所生一子是小采和。媳兒藍山景。姑舅兄弟是王把色。兩姨兄弟是李薄頭。俺在這梁園棚勾欄裏做場。昨日貼出花招兒去。兩個兄弟先收拾去了。這早晚好勾欄裏去。想俺做場的非同容易也呵。〔唱〕

【仙呂點絳唇】 俺將這古本相傳。路歧體面。習行院。打諢通禪。窮薄藝知深淺。

【混江龍】 試看我行針步線。俺在這梁園城一交却又早二十年。常則是與人方便。會客週全。做一段有憎愛勸賢孝新院本。覓幾文濟饑寒得溫煖養家錢。俺這裏不比別州縣。學這幾分薄藝。勝似千頃良田。

〔云〕來到這勾欄裏也。兄弟有看的人麼。好時候也。上緊收拾。〔淨云〕我方才開了勾欄門。有一個先生坐在樂牀上。我便道。先生。你去神樓上或是腰棚上那裏坐。這裏是婦女每做排場的坐處。他倒罵俺。〔正末云〕好歹你每冲撞着他來。我自看去。〔做見科云〕稽首。老師父。〔鍾云〕你那裏散誕去來。〔正末云〕這先生你與我貼招牌。老先生不知。街市上有幾個士夫。請我吃了一盃茶。因此上來遲。〔鍾云〕我在這勾欄裏坐了一日。你這早晚纔來。寧可樂待于賓。不可賓待于樂。我特來看你做雜劇。你做一段甚麼雜劇我看。〔正末云〕師父要做甚麼雜劇。〔鍾云〕但是你記的。數來我聽。〔正末云〕我數幾段師父聽咱。〔唱〕

【油葫蘆】甚雜劇請恩官望着心愛的選。〔鍾云〕你這句話敢忒自專麼。〔正末唱〕俺路歧每怎敢自專。這的是才人書會剗新編。〔鍾云〕既是才人編的。你說我聽。〔正末唱〕我做一段于祐之金水題紅怨。張忠澤玉女琵琶怨。〔鍾云〕你做幾段脫剝雜劇。〔正末云〕我試數幾段脫剝雜劇。〔唱〕做一段老令公刀對刀。小尉遲鞭對鞭。或是三王定政臨虎殿。〔鍾云〕不要別做一段。〔正末唱〕都不如詩酒麗春園。

【天下樂】或是做雪擁藍關馬不前。〔鍾云〕別做一段。〔正末唱〕小人。其實本事淺。感謝看官相可憐。〔云〕王把色。你將旗牌帳額。神幀靠背。都與我掛了者。〔淨云〕我都掛了。〔正末唱〕一壁將牌額題。一壁將靠背懸。〔云〕有那遠方來看的見了呵。傳出去說梁園棚勾欄裏末尼藍采和做場哩。〔唱〕我則待天下將我的名姓顯。

〔云〕老師父。你去腰棚上看去。這樂牀上不是你坐處。這是婦女做排場。在這裏坐。〔鍾云〕我則在這樂牀上坐。〔正末云〕這潑先生好無禮也。我看了你不是俺城市中人。則是個雲游先生。河裏洗臉廟裏睡。破窨裏住。也無有菴觀。不是我笑你。一生也不見勾欄。〔鍾云〕你是甚麼好馳名的行院。〔正末云〕大古里你是廣成子漢鍾離。休看你吃的。只看你穿的。且丟了你那羊皮者。〔唱〕

【那吒令】據着你那口食離糟麩膳緣。身遇着薄藤冠駕軒。我則道穩跨着仙鶴上天。〔鍾云〕我遊遍天下。不會見你這個末尼。〔正末唱〕太平身插入市樓。將天下都游徧。一對脚背地裏叫聲冤。

〔鍾云〕你做場作戲。也則是誆人錢哩。〔正末唱〕

【鵲踏枝】你道我誆人錢。胡將這傳奇扮。〔云〕則許官員上戶財主看勾欄散悶。我世不會見個先生看勾欄。〔唱〕幾曾見歌舞叢中出了個大羅神仙。〔云〕沿門兒乞化。又無那好的與你。〔唱〕指大衆抄化些郎頭粲䭔。〔云〕那化緣處攢令各整集攢湊上來。見那錢物多也。利心又早動也。〔唱〕你又不納常住自攢做家緣。

〔鍾云〕你這等每日做場。你則爲你那火院幾時是了。不如俺出家兒受用快活。〔正末云〕俺世俗人要吃有珍羞百味。要穿有綾錦千箱。我見你出家兒受用來。〔唱〕

【寄生草】你比我喫淡飯推黃菜。我比你揀口食換套穿。你每日茶房酒肆勾欄裏串。將着個瓦缽木鉢白磁礶。抄化了些羅頭磨底薄麩麵。〔云〕這家酒店裏推出來。那家茶房裏搶出去。〔唱〕吃了些吹歌妓女酒和食。待古里瑤池王母蟠桃宴。

〔云〕兀那潑先生你出去。擾了一日做場。〔鍾云〕我看做場。不出去。〔正末云〕既然他不出去。王把色鎖了勾欄門者。〔淨云〕哥哥也說的是。把這門鎖了。看他在裏面怎地。〔正末云〕兀那潑先生你聽者。今日攪了俺不會做場。若是明日再來打攪。俺這衣飯。我選幾條大漢。打殺你這潑先生。〔唱〕

【賺煞】你合不着聖賢機。我覷不的他人面。我看你幾時到蓬萊閬苑。則你那六道輪迴怎脫免。使不的你九伯風顛。〔云〕我鎖了勾欄門。看你怎生出的去。〔唱〕遮莫你駕雲軒。白日昇天。怎敢相饒到面前。〔云〕你若惱了我。十日不開門。我直餓殺你。〔唱〕則你那身軀不堅。擭的你那眼睛不見。〔云〕你既爲出家人。比似你看勾欄呵。〔唱〕你學那許眞君白日上青天。〔同下〕

〔鍾云〕今日我來度脫藍采和。那廝愚眉肉眼。不識貧道。你鎖了勾欄門。貧道更行不出去。疾。開了門者。此人若不見了惡境頭。怎肯出家。明日是他生日。疾。洞賓你也下方來走一遭。不脫塵凡俗世緣。豈知就裏是

神仙。功成行滿登仙界。憑時白日上青天。〔下〕

第二折

〔二淨上云〕今日是藍采和哥哥貴降之日。衆弟兄送將些禮物來。安排下酒果。與哥哥上壽。哥哥嫂嫂有請。〔正末同旦上云〕今日是我生辰之日。衆火伴又送禮物來添壽。兄弟將壽星掛起。供養擺上。裝香來。今日喜慶之日。喒慢慢的吃幾盃。〔唱〕

【南呂一枝花】白蓮插玉瓶。黃篆焚金鼎。斟一盃長壽酒。掛一幅老人星。來賀長生。感承你相欽敬。量小人有甚麼能。動勞你火伴隣里街坊。謝承你親眷相知弟兄。

〔云〕衆弟兄既來知重我。却不要散了。喒慢慢的吃酒。〔唱〕

【梁州】直吃的簌簌的紅輪西墜。炎炎的玉兎東生。常言五十而後知天命。我年過半百。諸事曾經。人有靈性。鳥有飛騰。常言道蠢動含靈。做場處誰敢消停。〔云〕喒行院打識水勢。〔唱〕俺俺俺做場處見景生情。你你你上高處捨身拼命。喒喒喒但去處奪利爭名。若逢對棚。怎生來粧點的排場盛。倚仗着粉鼻凹五七並。依着這書會社恩官求些好本令。〔云〕君子務本。本立而道生。〔唱〕那的愁甚麼前程。

〔淨把盞科云〕哥哥飲一盃壽酒。〔鍾離上云〕今日是藍采和生辰之日。度脫他走一遭去。早來到門首也。〔做哭三聲笑三聲科正末云〕王把色是聽的麼。誰人在門首唱叫。〔淨云〕哥哥也閑管事。知他是誰。俺則吃酒。〔正末唱〕

【賀新郎】是誰人啼天哭地兩三聲。〔云〕我開開這門。原來是這潑先生。好無道理也呵。〔唱〕可做的魘鎮俺家私。你端的是扇搖百姓。〔鍾云〕你去告我去。我不怕你。〔正末唱〕喒告去來到官司呵。和你敢無干淨。〔云〕我待告你去呵。着老的便道你是個上戲臺的末尼。和他那風魔先生一般見識。〔唱〕看着我生辰面不和你相執挣。〔云〕今日我生辰。我是壽星。不和你計較。〔鍾云〕誰是壽星。〔正末云〕我是壽星。〔鍾云〕你今日是壽星明日敢做了災星也。〔正末云〕這先生好無禮也說這等不吉利的話。〔唱〕你休這般胡做胡稱。〔鍾云〕這句話又不會傷着你。〔正末唱〕這言語也不中使。這言語也不中聽。你敢化些淡虀湯且把你那皮囊撑。〔鍾云〕我見你受用。〔正末唱〕可知可知俺吃的是大饅頭闊片粉。你吃的是菜餕餡淡虀羹。

〔云〕這潑先生打攪俺吃酒。王把色閉上門者。衆弟兄每坐着。則管裏吃酒。〔鍾云〕他那裏肯省悟。他若不見惡境頭。他不肯出家。兀那許堅。你若跟貧道出家去呵。逍遥散誕。清閑快樂。倒大來幽哉。〔正末云〕我知你做神仙的道路。〔鍾云〕你既知道。你說來我聽。〔正末唱〕

【鬬蝦蟆】見人家排齋供。請先生念懺經。正面兒掛下一幅三清。檀越人家念經。荒忙准備齋供。見放一軸老君。掛下十王神幅。待詔他也世情。說着的便決應。畫的十分可磣。怎覷那般行徑。我則見城獄裏畫何真。油鑊油鐺。裏頭札定。偌多生靈。都是俺俗人。元來無一個和尚先生徐神翁道無干淨。這句話不覷聽。我這等末尼你這等先生。

〔鍾云〕着此八見個惡境頭疾。〔下〕〔祗候上云〕藍采和開門來。大人言語。喚你官身哩。〔正末云〕又是誰喚門哩。〔祗候云〕大人喚官身哩。〔正末云〕我今日好的日頭。着王把色去。〔祗候云〕不要他。要你去。〔正末云〕着李薄頭去。〔祗候云〕也不要他。〔正末云〕着王把色引着粧旦色去。〔祗候云〕都不要。只要藍采和去。〔正末云〕我正是養家二十口。獨自落便宜。罷罷。我去官身走一遭去。〔同下〕〔淨云〕安排下酒肴。等哥哥回來慢慢的喫。〔下〕〔孤扮官人上云〕貧道呂洞賓是也。奉鍾離師父法旨。着粧做州官。因此處有個伶倫。姓許名堅。樂名藍采和。有神仙之分。度脫不省。因他悞了官身。我着人拘喚去了。左右拿過藍采和來者。〔正末上云〕呀。可怎了也。悞了官身。大人見罪。見今拘喚。須索見咱。〔做見跪科孤云〕你知罪麼。不遵官

府。失悞官身。拿下去扣廳打四十。准備了大棒子者。〔正末唱〕

〔哭皇天〕諕的我半晌家如凝掙。悠悠的去了魂靈。則聽的樂臺上呼喚俺樂名。諕的我悠悠的喪了三魂又不見分毫動靜。我怠慢失悞了官身。連忙點綴便要招成。偌來粗細荊杖子臨身比俺那勾欄裏淡交疼。〔孤云〕扣廳打四十下下打着者。〔正末唱〕更過如包待制涅幾曾見行院來負荊。

〔鍾上云〕他又早害怕也。〔正末云〕教誰人救我咱。〔鍾云〕藍采和你省悟了麼我說的你不信。如何。〔正末唱〕

〔烏夜啼〕這先生言語真實信。果然道壽星做了災星。眼睜睜不敢往前進。不敢明聞。誰敢道是彈箏想咱人是仲尼行。怎道得犯着蕭何令。〔云〕想聖人的言語說着都不信。〔唱〕一個個難憑信。都做了狂言詐語信口胡噴。

〔鍾云〕你爲甚麼來。〔正末云〕爲我失悞官身。大人扣廳打我四十。師父救我咱。〔鍾云〕我救了你。你可跟我出家麼。〔正末云〕救了我情願出家去。〔鍾云〕你且在一壁。〔見孤科云〕相公。〔孤云〕早知師父到此。只合遠接。接待不着。勿令見罪。〔鍾云〕藍采和得何罪犯。〔孤云〕失悞官身。合口罪犯。〔鍾云〕肯與我做徒弟麼。〔孤云〕師父要時。情願與師父。左右拿過來。兀那藍采和。你可有命。若不是師父來。扣廳打四十。師父要你做個徒弟。饒了你罪過。跟了師父去。〔正末云〕謝了師父大人。則今日跟着師父出家去也。〔唱〕

〔尾聲〕再不將百十口火伴相將領。從今後十二瑤臺獨自行。我那時財散人離陪下情。打喝處動樂聲。戲臺上呼我樂名。我如今渾不渾濁不濁醒不醒。藍采和潑聲名貫滿州城。幾曾見那扮雜劇樂官頭得悟醒。〔下〕

〔鍾云〕藍采和既然今日回心出家。等此人功成行滿。同赴閬苑瑤池。〔下〕

第二折

〔旦上云〕妾身是藍采和的渾家。當日俺男兒做生日吃酒。喚官身去了。不見回來。有人說他跟着師父出家去了。不免喚兩個小叔叔來商議者。〔二淨上云〕自從哥哥喚官身去了。不知所在。若是出了家。怎麼了。咱今日尋他去來。〔同下〕〔正末拍板引俫兒上云〕自從跟着師父出家到大來好幽哉也呵。金陵故國本是吾鄉。數徧到此會諫李王。李王不聽。只恐怕惹禍招殃。金陵不住。直至汴梁勾欄中得悟。再不入班行。唐巾歪裹板撒雲陽。腰繫編帶舞袖衫長。倒大來幽靜也呵。〔唱〕

【正宮端正好】腰間將百錢拖。頭上把唐巾裹。舞綠衫拍板高歌。逐朝走向街頭過。有幾個把我相着麼。

【滾繡毬】哎你個小業魔。可怎生纏定我。我可也不將他喝掇。遇着我的喜笑呵呵。〔衆俫扯科正末唱〕你將我拍板來奪。我則怕錢串兒脫。爭此些把綠藍摑破。遇着我便打打奪奪。你這火奶腥未落朱顏子。纏定那十二初分藍采和養性無那。

〔俫云〕師父與我一文錢。〔旦上云〕這不是藍采和。你在那裏來。家去罷。〔正末云〕稽首。你都是誰。〔旦衆云〕我是你渾家。這是你兄弟。這是你孩兒。〔正末唱〕

【倘秀才】再不聽耳邊廂焦焦聒聒。兒女是金枷玉鎖。道不的兒女多來冤業多。閑時節手執着板。悶來時口揚着歌。誰似我快活。

〔旦云〕你回家去收拾勾欄做幾場戲。俺家盤纏。你再出來。〔正末唱〕

【滾繡毬】從今後我獨自個。休想我做過活。再不去喬粧扮打拍攛掇。再不去戲臺上信口開合。〔云〕你又着我做場處。喚王把色李薄頭快疾快疾。〔唱〕又着俺媳婦每那一火。快疾忙去梳裹。不爭我又做場又索央衆父老每粧喝。〔淨云〕自從哥哥去了。勾欄裏就沒人看。〔正末唱〕爲甚麼勾欄裏看的十分少。則你那話不投機一句多。〔淨云〕你說風話哩。〔正末唱〕不是我風魔。

〔旦云〕着你家去你不肯去。你跟着師父學了些甚麼。〔正末云〕師父教我唱的是青天歌。舞的是踏踏歌。

(旦云)你對俺敷演一遍我聽。(正末舞科念)踏踏歌。藍采和。人生得幾何。紅顏三春樹。流光一擲梭。埋者埋。拖者拖。花棺彩轝成何用。箔捲像臺人若何。生前不肯追歡笑。死後着人唱挽歌。遇飲酒時須飲酒。得磨跎處且磨跎。莫恁愁眉常戚戚。但只開口笑呵呵。營營終日貪名利。不管人生有幾何。有幾何。踏踏歌。藍采和。(旦云)你休出家。跟的我家去來。(正末唱)

【快活三】假若是無常到怎奈何。(云)婆婆。你去波。(唱)我如今得磨跎處且磨跎。待學莊子鼓盆歌。悞了我亡身禍。

(旦云)既然你出家做神仙。我也跟你出家去。如何。(正末云)你出不的家。(唱)

【朝天子】行院每攢家私過活。(旦云)都是一般行院。你多拿了幾文錢出來。我務要平分。(正末唱)問甚麼你死我活。(云)見別人朝來暮去斡家做活。瞞心昧己。(唱)那一個肯依本分隨緣過。(云)我如今閑來看一卷道德經。困來睡一覺。(唱)但得合處把我這眼皮兒合。得臥處和衣兒臥。(旦云)都攏着你看。你那兄弟幼子嬌妻許多家眷。怎下的撇了俺去出家。(正末唱)攏列着幼子嬌妻兒孫許多。(云)則聽得悞了官身那一日扣廳要打四十。若不是師父救了我呵。(唱)假若是我無常誰替我。(旦云)既是這等。你也度脫我出家去。(正末唱)你待着不合把你來度脫。(旦云)你回去罷。不濟事。(正末唱)赤緊的我也在壕中坐。

(旦云)你家去罷。料想你也不得神仙正果。(正末唱)

【尾聲】雖然俺便不得正果。把你個賢妻度脫。你且與我安樂守分隨緣過。只落得一日清閑兀的不快活殺我。(下)

(旦云)你不回家。俺家去來。(同下)

第四折

(旦兒同二淨上淨云)自從藍采和跟着師父出家去了。可早三十年光景。王把色我如今八十歲。李薄頭七十歲。嫂嫂九十歲。都老了也做不的營生。他每年小的便做場。我們與他擂鼓。我去先收拾擂鼓者。看有甚麼人來。〔正末上云〕自從跟師父出家三十年也。師父說我功成行滿。今日同赴瑤池閬苑到大來好幽哉也呵。〔唱〕

【雙調新水令】道門中法禮煉修持。俺師父度了個樂官徒弟。俺師父明明的使道法。暗暗的說禪機。待和我同赴瑤池。怎承望有今日。

〔云〕我過的山崦來見一所果園杏花爛漫開回頭一池好菱也。一塊好霜也。一片好雪也。我想起來杏是春。菱是夏。霜是秋。雪是冬。可怎生四季失序也。〔淨動鼓樂科正末唱〕

【慶東園】那裏每人烟鬧。〔云〕是樂聲響哩。〔唱〕是一火村路岐。料應在那公科地。持着些鎗刀劍戟。鑼板和鼓笛。更有那帳額牌旗。行院每是誰家。多管是無名器。

〔云〕原來是一火行院。我問你是誰家。〔旦云〕俺是藍采和家。〔正末云〕你是藍采和家誰。〔旦云〕我是你渾家。他兩個是你兄弟王把色李薄頭。〔正末云〕可怎生都老了。〔淨云〕自從哥哥去了三十年光景。我八十歲。兄弟七十歲。嫂子九十歲。可知都老了也。〔正末唱〕

【沽美酒】嘆光陰忒緊急。嗟歲月苦奔馳。重惜浮生如夢裏。我如今省得。無生死絕名利。

【太平令】咱須是吾兄我弟。幼年間逐隊相隨。止不過逢場學藝。出來的偌大小年紀。這個道七十。那個道八十。婆婆道九十。這廝淡則淡到長命百歲。

〔淨云〕你是誰。〔正末云〕則我就是藍采和。〔淨云〕你去了三十年。還不老。只是這等模樣。〔正末云〕我去了只三年光景。你怎生都老了。〔淨云〕我們都是老人家。你正是中年。還去勾欄裏做幾日雜劇。卻不好。

〔正末唱〕

【川撥棹】你待着我做雜劇。扮與上貪是非。待着我擂鼓吹笛。打拍收拾。莫消停殷勤在意。快疾忙莫遲疑。

【七弟兄】那時。我對敵。不是我說嘴。我着他笑嘻嘻將衣服花帽全新置。舊么麽院本我須知。論同場本事我般般會。

【梅花酒】他每都想到的。論指點誰及。做手兒無敵。識緊慢遲疾。（淨云）哥哥你那做雜劇的衣服等件不曾壞了。哥哥你揭起帳幔試看咱。（正末唱）聽言罷心內喜。不由我笑微微。我揭開帳幔。則（做揭科）（鍾離洞賓在內坐科鍾云）許堅。你凡心不退哩。那（正末唱）諕的我悠悠魂魄飛。我則道我哥哥我兄弟。我姊妹我姨姨。似南柯夢驚回。

【收江南】呀。原來是開壇闡教漢鍾離。有洞賓師父緊相隨。我這裏雲陽板撒上堦基。你都來這裏。八仙相引赴瑤池。

（鍾云）許堅。你不是凡人。乃上八仙數內藍采和是也。今日功成行滿。同登仙界。你聽者。許堅心下莫猜疑。仔細叮嚀說與伊。這位洞賓道號純陽子。則道是逍遙散誕漢鍾離。

題目　引兒童到處笑呵呵
　　　老神仙擱手醉高歌

正名　呂洞賓點化伶倫客
　　　漢鍾離度脫藍采和

趙匡義智娶符金錠雜劇

楔子

〔冲末趙匡義領卒子上云〕自小學成文武全。紛紛五代亂征煙。花根本豔公卿子。糾糾成名膽力堅。某姓趙。雙名匡義。祖居河南人也。父乃趙弘殷。見為殿前都指揮使之職。生俺弟兄二人。兄乃匡胤。學成文武全才。俺弟兄二人。結下十箇弟兄。京師號為十虎。有俺哥哥領衆弟兄每去關西五路操練去了。未曾回還。即今柴梁王之世。天下已寧。時遇春間天氣。此處汴梁人煙輳集。士戶極多。廣有名園花圃。有聖人命。聞知汴梁太守符彥卿家。有一所花園。名喚聚錦園。園中多有花木。是京師第一處堪賞之處。如今着傾城士戶都去他家園中遊賞。一來以應良辰。第二來壯觀京師一郡。衆弟兄都不在。止有鄭恩兄弟在家。我早間着人請他去了。若來時。與他商議。俺同去走一遭。賞翫花木。有何不可。他這早晚敢待來也。〔鄭恩上云〕某鄭恩是也。祖居山後朔州人氏。平生勇烈。膽量過人。與京師趙大郎等十人。結為刎頸之交。號為十虎。曾遊遍關西五路。打天下英雄。盡皆拱手。俺趙太郎哥哥。同石守信等關西操練去了。某因趙二舍匡義在家。弁大哥一雙父母。則怕被人欺負。以此上我不曾去。匡義哥哥呼喚。不知甚事。須索走一遭去。來到也。令人報復去。道有鄭恩來了也。〔卒子報科〕〔做見科〕〔鄭恩云〕二哥。呼喚您兄弟那廂使用。〔趙匡義云〕兄弟。喚你來不為別。今有聖人的命。着傾城士戶都去符家園內賞春。我一徑請你來。與你同共走一遭去。〔鄭恩云〕二哥說的是。即今春天。既有聖命。俺兄弟二人走一遭去。〔下〕〔淨韓松上云〕我做官人奇妙。閑去好擲杯珓。家裏終日無事。街上尋人廝鬧。自家姓韓。是韓松。我是那權豪有勢之家。我父親是大興縣里長。俺公公是宛平縣總甲。以此上我這等倚勢胡為。遇着個軟善的。我和他鬬打。但遇着箇好漢。我就跑到柳州。今日是新春之日。有符家一園好花。聖人着我們去賞花去。我有兩個伴當。好生了的。我如今叫他來計議。胡纏歪纏何在。〔淨胡纏歪纏上胡纏云〕在下生的無比。也會買柴糴米。世上許多好人。則我兩箇油嘴。自家姓胡。名叫胡纏。這箇是我姪兒。叫做歪纏。我兩箇是韓松大舍的兩箇伴當。我兩箇諸事沒用。則會油嘴。正在家裏沒處尋思。韓大舍叫我們。一准是那裏吃三鍾了。〔歪纏云〕我們過去來。〔做見科韓松云〕哎。這早晚纔來。〔胡纏云〕你叫我們怎麼。〔韓松云〕你原來不知道。如今有聖人的命。着傾城士戶都去符家花園裏賞花去哩。我和你兩箇走一遭去好麼。〔胡纏云〕多帶些碎銀子。我們去來。我三人真箇好耍走了去不用騎馬。符家園今日賞春。喫醉了滿街丟瓦。〔同下〕〔外扮符彥卿同夫人上符彥卿云〕下官姓符。雙名彥卿。祖居京兆長陵人也。幼習儒業。頗看詩書。自中甲第以來。累蒙柴梁王擢用。頗有政聲。除小官為汴京府尹之職。這箇是小官夫人張氏。為因我家中有一所花園。是朝廷所賜的。其中花木無邊。目今百花開放。聖人命着傾城士戶都來園內賞翫花木。我有一女。乃是符金錠。長年一十八歲也。夫人。孩兒在那裏。〔夫人云〕大人。我想如今有聖人命。着傾城士戶人等。都來賞翫花木。俺如今叫出女孩兒來。着他休出繡房。則怕有人看見。〔符彥卿云〕夫人說的是。梅香。轉報後堂中。喚出小姐來者。〔正旦扮符金錠領淨梅香上云〕妾身符金錠是也。長年一十八歲。未曾許聘他人。正在繡房中閑坐。父親母親呼喚。須索走一遭去。〔做見科正旦云〕父親母親。您孩兒來了也。有何事。〔符彥卿云〕為因三春天氣。後園中百花開放。聖人命着傾城士戶都來賞翫。你今年已長成。倘有人見你呵。怎生是好。〔正旦云〕父親。此事有何難處。您孩兒到那日則不出繡房便了也。〔符彥卿云〕孩兒說的是也。〔夫人云〕兒也。則為你青春年少。未曾許聘他人。因此上俺老兩口兒憂心也。〔正旦云〕母親。你則放心也。〔唱〕

【仙呂賞花時】母親道年長青春未配人。我拚了箇雨打梨花深閉門。我怎肯將名利似浮雲。〔夫人云〕孩兒。你則不出門呵便了也。〔正旦唱〕我從來有中忠信。〔云〕父親母親。你但放心。梅香。俺回去來。〔唱〕我又索紗窗下捱黃昏。〔同梅香下〕

〔符彥卿云〕孩兒回去了也。既然有聖人命。着一壁廂着人打掃花園前後乾淨。待人遊翫則箇。夫人。俺回去來。〔同下〕

第一折

〔趙匡義鄭恩同上趙匡義云〕符家園圃真堪賞。柳綠花紅景物奇。某趙匡義是也。這箇是鄭恩兄弟。俺兩箇去符彥卿花園內賞翫新春之景。與兄弟酒肆中多飲了幾杯酒。來遲了些。兄弟。兀的士戶人等都散了也。俺回家去罷。〔鄭恩云〕二哥。還早哩。投到俺兩箇賞罷春呵。天色可也未晚哩。來到這花園門首。俺進去來。〔趙匡義云〕兄弟。你看那桃紅柳綠。萬物爭姸。是好景也。〔鄭恩云〕二哥。這一會兒人也靜了。我且坐一坐。看有甚麼人來。〔正旦領梅香上正旦云〕妾身符金錠。昨日父親母親囑咐我說道。今日有傾城士戶。都來俺花園中賞春。着妾身休出繡房。怕有人看見。妾身在房中坐了一日。光景。這早晚賞春的人可也都回去了。我心中悶倦。領着梅香閑看一遭去。有何不可。〔梅香云〕姐姐。花園中是好耍子兒。休辜負了春景也。

〔正旦云〕一年之前。春爲歲首。是好光景也呵。〔唱〕

【仙呂點絳唇】你看那綠柳低垂。燕雛成對。鶯聲碎。花老芳池。一派遊春意。

〔梅香云〕姐姐。你不肯出來帶攜我耍一會。只在房裏坐。好不悶也。〔正旦唱〕

【混江龍】非是我懶臨園內。隔花陰怕有外人知。自從我初離繡幕。蓮步輕移。春事已隨流水去。落花空惹杜鵑啼。冷清清花影疎林內。我則見山光隱隱。綠柳依依。

〔梅香云〕姐姐。這一會兒可也無人走動。我們去那湖山畔閑耍一會兒去來。〔正旦云〕你也說的是。俺去來。〔梅香云〕姐姐。你試看這裏的景致。比那前頭又不同了。〔正旦云〕是好一派佳景也。〔唱〕

【油葫蘆】二月江南鶯亂啼。遶花陰雙燕飛。則見那鞦韆閑控玉人歸。〔梅香云〕可惜我們不曾拿的酒來。姐姐。你且在這裏耍。我去崇文門外頭買兩瓶酒來你喫。〔正旦唱〕便休將詩酒爲佳致。可不道山翁之興何須醉。〔梅香云〕姐姐。你看那梨花桃花杏花開的真是好看。〔正旦唱〕梨花開雪片粧。桃花放紅熖飛。你看那浸浸紅杏燒林際。端的可也不盡眼中題。

〔梅香云〕無一箇人也呵。〔正旦唱〕

【天下樂】抵多少宴罷青樓月下歸。不由我猜疑。心上喜。〔梅香云〕姐姐。你喜歡甚麼。〔正旦唱〕牡丹風似人搖錦機。趁風和花草香。落殘紅襯燕泥。我則索慢行過芳樹底。

〔鄭恩云〕哥哥你見麼。一箇女子來了。〔趙匡義云〕好箇女子也。我聞知符彥卿有箇女孩兒是符金錠。此女子必是也。兄弟俺躲在這花陰下。看他往那裏去也。〔梅香云〕姐姐天氣還早哩。一發散心耍一會。〔正旦唱〕

【那吒令】我行來這裏。到櫻桃樹底。轉湖山迤邐。過薔薇架西。步香塵款款呵。怕流鶯亂飛。〔梅香云〕姐姐一年之中惟春最好也。〔正旦唱〕一年中春最好。九十日偏明媚。近黃昏煙霧霏霏。

〔匡義云〕兄弟你遠着些。我吟一首詩嘲撥他看他說甚麼。〔詩曰〕姮娥離月殿。織女渡天河。不遇知音者。空勞長嘆多。〔正旦云〕甚麼人吟詩。好清新之句也。〔唱〕

【鵲踏枝】我這裏猛聽的。似呆癡。又不是月下星前。暗約偷期。不由我聽沉了半晌。是誰人亂作胡爲。

〔梅香云〕姐姐怕他怎麼。左右也沒人。你也作一首詩看他說甚麼。〔正旦云〕不中。則怕有人聽見呵。怎了也。〔唱〕

【寄生草】又不曾待月在西廂下。聽琴在旅店裏。踏青惹下瀰天罪。賞春光引起鴛鴦會。看羣花誤到天台地。〔云〕我依着你。我吟一首詩看他說甚麼。紫燕雙雙起。鴛鴦對對飛。無言勻粉面。只有落花知。〔趙匡義云〕好箇聰明女子也。我出去見他一面。怕些甚麼。〔做見科云〕小娘子拜揖。〔正旦云〕先生萬福。一箇好聰明俊秀才。〔唱〕我見他烏紗小帽晃人明。久以後必然金榜題名諱。

〔趙匡義云〕動問小娘子是誰氏之家。姓甚名誰。〔正旦云〕妾身符金錠是也。先生高姓大名。〔趙匡義云〕

小生趙弘殷之子。趙匡義是也。敢問小娘子多少年紀也。〔正旦唱〕
【醉中天】正二九青年際。〔趙匡義云〕會許聘他人不曾。〔正旦唱〕不曾得見良媒。獨倚紗窗懶畫眉。〔趙匡義云〕小娘子。小生願爲媒證。許聘他人。可不好那。〔正旦唱〕多謝你相週濟。爭奈咱姻緣事遲。誠難躲避。我又怕惹蜂蝶泄漏春機。
〔淨韓松領淨胡纏歪纏冲上〕〔韓松云〕自家韓松的便是。天色早便早哩。我們來的遲了些兒也。走一遭耍子去來。〔做見科云〕一箇小娘子。你是那裏來的。跟了我家去來。〔鄭恩做見科云〕這廝好無禮也。〔正旦唱〕
【金盞兒】也是我命低微。惹災危。若是俺尊堂知道可也甘當罪。〔趙匡義云〕這廝合死也。〔正旦唱〕他那裏指拳裸袖皺雙眉。〔韓松云〕這箇是甚麼人。我怕你不成也。〔正旦唱〕那裏也畫堂歡宴早。難道是花下燕鶯期。
〔胡纏云〕大舍不要惹他。則他是趙二舍。那箇是鄭恩。你惹他。干打殺你。我們去了罷。〔韓松云〕由他。我明日使人來問這門親事。不怕你不嫁我。我們且回家裏去來。〔同歪纏胡纏下〕〔鄭恩云〕他們可去了。二哥。俺也去了罷。〔正旦云〕二舍。你去了罷。則怕俺父親來。我也回去也。〔唱〕
【賺煞尾】不承望有今朝。到着我愁無計。又怕俺雙親得知。忙步金蓮趁早回。休忘了蝶使蜂媒。〔趙匡義云〕小娘子。我便着官媒來議親也呵。〔正旦唱〕便休要忒延遲誤了佳期。准備蘭堂宴罷歸。〔家童冲上云〕姐姐。相公有請。〔梅香云〕叫我們哩。我去來。〔正旦唱〕你休要喧喧鬧起。再無箇商議。〔云〕二舍。你休怪。我去也。〔唱〕抵多少青樓歌罷宴酣回。〔同梅香家童下〕
〔鄭恩云〕二哥。這箇小娘子原來是符太守之女。恰才那個韓松若不是去了。我不到的饒了他哩。〔趙匡義云〕兄弟。你休這般說。此事不許一箇人知道。俺回家中去來。因來到符氏花園。惹下了一段姻緣。久以後必然匹配。那其間顯俺英賢。〔同下〕

第二折

〔淨韓松領淨胡纏歪纏上韓松云〕自家韓松是也。昨日走到符家花園裏耍去。不想撞見他家箇女人。且是生的好。有趙匡義在那裏調戲他。着我惱了。若不是他兩箇說。險不着那鄭恩爛羊頭打我一頓。如今怎麼稱的我的心。〔歪纏云〕這箇不打緊。你如今叫將一箇媒人來。賞他幾兩銀子。着他去說這門親去。怕他不肯也怎麼。〔韓松云〕兄弟說的是。我昨日着人請下那箇媒婆陳媽媽。他這早晚敢待來也。〔淨媒婆上云〕我做媒人兜答。一生好喫蝦蟆。若還要我說親。十家打脫九家。老身是這京城裏一箇媒婆。姓陳。我好不生得聰明。正在家裏喫芝蔴豆腐茶哩。有韓大舍着人來請我。不知爲甚麼。我走一遭去。來到也。不要報復。我自過去。〔做見科〕〔韓松云〕我請了你這一日。纔走將來。〔媒婆云〕你請我來怎麼。〔韓松云〕我如今央及你一莊事。符彥卿家有個女孩兒。叫做符金錠。你與我說親去。若成了。我送你十箇大銀子。〔媒婆云〕這箇不打緊。我如今就去。一箭上垛。你則管放心。我走一遭去。〔下〕〔胡纏云〕好了。他去了。必然這事成了。我們且後面閑耍去來。〔韓松云〕說的是。喒去來。〔同下〕〔趙弘殷同夫人領家童上趙弘殷云〕腰金衣紫受天恩。累輩居官教子孫。自從五代興王業。民物雍和氣象新。某姓趙。雙名弘殷。祖居河南府人也。幼習韜略。深看遁甲之書。這是夫人李氏。自從殘唐五代以來。朝屬梁而暮屬晉。天下大亂。即今柴梁王即位。某拜官殿前御林軍都指揮使之職。某有二男二女。長者匡胤。次者匡義。一女乃是滿堂。有俺趙匡胤去關西替我操練去了。止有二哥匡義在家。近日不知怎麼染其疾病。不能動止。夫人。怎生是好。〔夫人云〕老相公。我想俺匡義孩兒。爲人軟善。前日與鄭恩去符家花園裏賞花回來。就一臥兒不起。百般醫治不可。怎生是好也。〔趙弘殷云〕夫人。我想來則怕孩兒害的病證。有些暗昧。我早鬪着人請他姐姐去了。若來時。我自有箇主意。這早晚敢待來也。〔張光遠羅彥威上張光遠云〕某張光遠是也。這箇將軍乃是羅彥威。俺是趙匡胤的朋友。號爲十虎。俺叔父着他去關西操練去了。俺弟兄每舍不得。送他到關西回來。來到家中。聽的說道二哥匡義染病不能動止。兄弟。俺看望一遭去來。〔羅彥威云〕哥哥。俺趙匡義哥不知怎生有病。俺若不看一看。顯的俺弟兄每無情分了。來到也。家童報復去。道有俺二人來了也。〔家童做報科〕〔做見科張光

遠云〕叔父。俺衆弟兄每望的遲了。二哥病證若何。〔趙弘殷云〕兩箇賢侄且請坐。等您衆朋友都來全了
時。慢慢與你商議。這早晚敢待來也。〔石守信王審琦上石守信云〕某石守信是也。這位將軍乃是王審
琦。俺們兄弟送趙大郎關西操練去了。回來說道匡義哥哥在家染病。不知如何。俺弟兄每看望一遭去來。
〔王審琦云〕來到了也。家童報復去。道有俺弟兄二人得知探望。〔家童做報科〕〔做相見科王審琦云〕叔
父。俺弟兄每探望來遲。二哥病體安樂否。〔趙弘殷云〕二位賢侄。且少待片時。恁弟兄都來全了時。我與您
計議。這早晚敢待來也。〔周霸李漢昇上周霸云〕某周霸是也。這箇兄弟乃是李漢昇。俺是趙匡胤的兄弟。
俺弟兄十人。端的是過如管鮑分金義。勝似關張仁德心。今日關西已回。剛到家中。聽知二哥匡義在家染
病。我須索走一遭去。〔李漢昇云〕哥哥。這匡義哥哥爲人軟弱。誠恐有人欺負。俺與你報仇去。說話中間。來
到了也。家童報復去。道有俺二人來了也。〔家童做報科〕〔做見科李漢昇云〕叔父。俺弟兄每來了也。〔趙
弘殷云〕二位賢侄商議。怎生不見孩兒楊廷幹史彥昭來。〔李漢昇云〕他兩箇走路哩。便到也咱呵。〔趙弘
殷云〕既然這等呵。等他那兩箇來時。我自有主意。這早晚敢待來也。〔楊廷幹史彥昭上楊廷幹云〕某楊
廷幹是也。這箇兄弟是史彥昭。俺是趙匡胤的兄弟。他關西操練去了。俺都送他去。止留了鄭恩在家中。說
道匡義哥在家中染病。衆弟兄都先去了。兄弟。俺行動些。〔史彥昭云〕哥哥。俺來了也。家童報復去。道有俺
二人來了也。〔家童做報科〕〔做見科史彥昭云〕叔父。俺來遲了也。勿罪也。〔趙弘殷云〕不敢。不敢。你請坐。
〔張光遠云〕叔父。俺衆弟兄來全了。敢問匡義哥的病體怎麼得來。〔趙弘殷云〕您聽我說。當此一日。匡義
與鄭恩到的符家花園裏賞春去。回來不知怎生。就一臥而不起。這幾日好生沈重也。〔羅彥威云〕既然這
等呵。俺看一看去如何。〔趙弘殷云〕恁衆人休怪。這兩日有些沈重。不敢着您見他。我恰纔着人請他姐姐
去了。等來時。我自有箇主意。家童安排酒殽。與衆位賢侄洗塵咱。〔張光遠云〕不敢。既是這等。俺不必飲酒。
衆兄弟每。俺且回去。等二哥病體痊痾時。再來探望。叔父休怪。俺去來。趙匡義病體昏沉。道着俺箇箇憂心。
等明日若還痊痾。必然要問箇來因。〔同衆下〕〔趙弘殷云〕他衆弟兄去了也。他姐姐這早晚敢待來也。
〔正旦扮趙滿堂上云〕妾身趙弘殷的女孩兒。小字滿堂。俺父親生俺子女三人。大兄弟趙匡胤。二兄弟趙

匡義。將妾身嫁與汴京王節度王朴爲夫人。俺大兄弟遊關西操練去了。未曾回來。有俺二哥匡義。不知怎生來染其疾病。父親着人來請。我須索走一遭去。我想俺趙匡義兄弟。不知爲何也呵。（唱）

【南呂一枝花】俺須是官員仕宦家。又不是黎庶閭閻客。俺兄弟養成彪虎志。久以後必有騰天才。好着我心下疑猜。恨不的兩步爲一驀。急煎煎不放懷。俺兄弟因懨懨病在膏肓。猛可裏便苦騰騰石沉大海。

【梁州】自從俺已有了徐鄉二子。怕甚麽令巍峨王氏三槐。俺門中未有三千客。出來的談天論地。胸捲江淮。不離了龍韜虎略。弓箭旗牌。展胸襟個個英才。論機謀轉轉安排。大兄弟虎狼叢惹事招非。刀劍洞天寬地窄。死生巢一迷裏裁排。威哉。壯哉。博一箇腰金衣紫官三代。暗地裏自分解。不知是暑濕風寒天降來。不見箇明白。

（正旦云）可早來到也。家童報復去。道有妾身來了也。（家童云）理會的。（報科云）老相公。有小姐來了也。（趙弘殷云）道有請。（家童云）理會的。有請。（做見科）（正旦云）父親母親。您孩兒來了也。（趙弘殷云）孩兒也。你來了也。我此一請你來。因爲你兄弟趙匡義不知怎生一臥兒不起。染其疾病。怎生是好也。（正旦云）父親。您孩兒試猜俺兄弟這病證咱。（趙弘殷云）孩兒也。你若猜着呵。我心中方纔放心。（正旦唱）

【隔尾】他莫不是功名不遂心無奈。（趙弘殷云）不是。（正旦唱）他莫不是思念哥哥不下懷。（趙弘殷云）不是。（正旦唱）莫不是少欠人錢使人怪。（趙弘殷云）不是。孩兒你都猜不着。（正旦唱）這謎兒怎猜。我實難布擺。天那。莫不他鬪打相爭受了些二外人的歹。

（趙弘殷云）孩兒也。你不知。我說與你。他自從與鄭恩孩兒去符家園裏閑耍了一會。回來一臥兒不起。（正旦云）既是這等呵。兄弟在那裏染病哩。（夫人云）見在書房裏歇臥哩。（正旦云）既然這等呵。我去看一看便知分曉也。父親母親。你少待。我看兄弟去也。（虛下）（趙弘殷云）孩兒看趙匡義去了也。夫人。俺且去後堂中去來。〔同夫人家童下〕〔鄭恩扶趙匡義上趙匡義云〕心間無限事。不敢告他人。某趙匡義是也。自從符家花園內見了符金錠小姐。他深有顧盼我之意。不期韓松領着人走將來。言三語四的。鄭恩兄弟要打他。那廝每都走了。我以此上感了一口氣。歸到家中一臥兒不起。不覺數日光景也。父親母親好生憂心。百般醫治不能痊可。今日好生沉重。兄弟也可怎生是了也。〔鄭恩云〕二哥你放心。將息你這病。我明白與父親說了呵。便與你成就一門親事。〔趙匡義云〕兄弟親事成與不成。可也不打緊。則是我心中不忿韓松那廝。兄弟。俺慢慢的共話。看有甚麼人來。〔正旦同家童上家童云〕姑娘。這箇不是二哥的書房。他在裏面睡哩。〔正旦云〕不須報復。我自過去。〔做見科〕〔趙匡義云〕呀呀呀。姐姐。病體在身。不能答禮。姐姐休怪也。〔正旦云〕鄭恩兄弟在此也。〔鄭恩云〕姐姐。我爲二哥身子不快。不曾敢離左右也。〔正旦云〕兄弟也。你怎生就這等清減了那。〔唱〕

【牧羊關】見兄弟面色兒懨懨瘦。容顏兒漸漸改。怎生來形體如柴。〔云〕兄弟。你這病我試猜咱。〔趙匡義云〕姐姐。你試猜咱。〔正旦唱〕莫不爲身事難求。莫不爲經營買賣。〔趙匡義云〕不是。你猜不着。〔正旦唱〕莫不是霜露侵肌體。莫不是月下被風篩。〔趙匡義云〕都不是。〔正旦唱〕止不過心念別姻眷。一莊莊我自猜。

〔趙匡義云〕姐姐。則一句話。料猜着些兒了也。〔正旦云〕哦哦哦。兄弟你這病原來爲如此來。〔唱〕

【罵玉郎】我這裏聽言道罷添驚怪。有甚麼難分訴。你與我訴箇明白。你莫不在章臺走馬垂楊陌。〔趙匡義云〕姐姐。我這病則爲前日賞春去。遇着箇女子。以此上得了這箇病證也。〔正旦唱〕您將那心上愁。腹內思。說與我方何礙。

〔鄭恩云〕姐姐。二哥賞花去。不期遇着符太守之女符金錠。以此上得了這箇病也。〔正旦云〕這箇打甚麼不緊哩。〔唱〕

【感皇恩】呀。便着你魚水和諧。你也可穩放寬懷。我如今遣官媒。親問候。便有箇好音來。〔趙匡義云〕姐姐。你不知韓松那廝。倚逞權豪。他要強娶他哩。〔正旦云〕不妨事。〔唱〕

遮莫他官居一品。怕甚麼日轉千街。憑着俺人力勇。弟兄多。便着他有非災。

〔趙弘殷同夫人冲上云〕孩兒也。我聽的多時。我盡知道了也。〔正旦唱〕

【採茶歌】父親你走將來快安排。今日箇洛陽花酒一時來。〔趙匡義云〕姐姐。那韓松若知道呵。必然與俺爭競也。〔正旦云〕不怕他。〔唱〕統領軍卒驅士馬。我着他閒咱名姓命先衰。

〔正旦云〕父親。母親。兄弟原來因符金錠惹下這場疾病。兄弟也。如今着你姐夫王朴替你去問這門親事去。你可意下如何。〔趙匡義做好了拜科云〕多謝了姐姐。我無了病也。〔正旦云〕慚愧也。兄弟病好了也。父親母親。我回家去也。我便着王朴與兄弟說這門親事去。兄弟你放心。我回去也呵。〔唱〕

【煞】心中愁悶當時解。參透韓松大會垓。兄弟你今朝且就待。我忙回住宅。自有箇計劃。便着你花燭筵開會賓客。〔下〕

〔夫人云〕嗨。趙匡義原來為如此之事。女孩兒着王朴與他說親去了。孩兒可也病體就好了也。老相公。俺回後堂中去來。〔趙弘殷云〕夫人說的是。俺回去來。〔同夫人家童下〕〔趙匡義云〕俺姐姐知道我心中的事。他着姐夫去題親事去了。成與不成。我自有箇主意。鄭恩兄弟。跟我回後面散心走一遭去來。〔同下〕

第三折

〔符彥卿領張千上云〕小官符彥卿是也。今因太平之世。時逢豐稔之年。春來天氣。萬花開放。吾家後面有一園。乃是聚錦園。聖人之命。着大小士民都在我這花園中賞玩。我着俺女孩兒符金錠不要出閨門。人煙散後。他往園中看花。我着家童喚將他來。不想孩兒這幾日有些身子不快。可不知為何也。有夫人在後面看孩兒哩。張千。門首望着。一切事情便來報小官知道。〔張千云〕理會的。〔淨媒婆上云〕自家官媒婆是也。今奉着韓松大舍的言語。他說那一日因在符太守花園裏見了他家符金錠。生的標致。他與他十錠大銀子做財禮。着我問他親去。可早來到也。張千報復去。道有你嬸子在這裏。〔張千云〕你看他沒正經。我報知大人去。〔報科云〕報的大人得知。有媒婆在家門首。〔符彥卿云〕着他過來。〔張千云〕理會的。着你過去哩。〔媒婆見科云〕老相公且喜了。媒婆來說一莊親事來與家裏小姐。〔符彥卿云〕你說是甚麼人家的兒男。〔媒婆云〕老大人。是本處韓大人家大舍韓松。他送十錠大銀子與你。把小姐與他為妻。可是好那。〔符彥卿云〕好好好。你且在這裏。等我夫人來。俺共同商議。〔王朴上云〕祖代為官立業堅。忠扶社稷保山川。每懷報國存忠正。掃蕩奸邪在目前。小官姓王名朴。字原之。祖居河東太原人也。祖代為官。扶持唐室。方今梁主在位。加小官節度使之職。有我妻趙氏。乃是殿前都指揮使趙弘殷之女。有我兩箇妻舅。大舅趙匡胤。二舅趙匡義。大舅往關西五路操練去了。有我二舅病不能動止。我着他姐姐看他去。回來說。為因那日符太守花園內賞春。遇見他女兒符金錠。生的有些顏色。欲要娶他為妻。無人去題親。小官今日直到符太守家。問這一莊事。走一遭去。可早來到也。張千報復去。道有小官來了也。〔張千云〕理會的。〔報科云〕喏。報的大人得知。有王節度使在於門外。〔符彥卿云〕道有請。〔張千云〕理會的。有請。〔王朴見科云〕符彥卿。且喜。且喜。小官來舉保一莊親事來。〔符彥卿云〕大人有何親事。誰氏之家。姓字名誰。〔王朴云〕大人。是我外家趙弘殷二舍趙匡義。敬着小官來這一莊親事來也。〔媒婆云〕這事不好了。我看老符怎麼主張哩。〔符彥卿云〕大人則一件。恰纔這韓大人的孩兒韓松。又着這官媒來問親。大人今日來題親。又是同僚官之子。此事請夫人來計議如何。張千。請夫人來者。〔張千云〕理會的。夫人有請。〔夫人上云〕妾身符彥卿的夫人是也。自從前日聖人的命。着傾城百姓都在我花園中賞翫。有俺女孩兒符金錠。也去花園中看了一遭。回來。這兩日在繡房中倦拈針指。身子不快。不知為何。今日相公在前廳上着人來請我。須索走一遭去。可早來到也。〔張千報科云〕報的大人得知。夫人來了也。〔符彥卿云〕道有請。〔夫人見科云〕相公。妾身來了也。有何事商議也。〔符彥卿云〕夫人。請你來不為別。如今王朴大人來說。趙二舍來問俺女孩兒親事。這媒婆與韓松來問親。這兩家都好。小官不曾敢許。特待夫人來商議。可與誰家好。〔夫人云〕相公。既然這等。兩家都好。則一件。憑俺女孩兒主張。如今俺臨街搭一綵樓。着大小人等往樓下過。着俺孩兒拋繡毬兒。打着那一箇。就着他來娶。妾身倒陪房奩。斷送。擇日過門。妾身不敢自專。相公心下如何。〔符彥卿云〕夫人言者當也。許一家不許一家。着他嗔怪。張千。便合綵樓者。〔張千云〕理會的。〔同衆做擡上綵樓科張千云〕夫人。綵樓搭停當了也。〔符彥卿云〕張千傳報繡房中請出小姐來。〔張千云〕理會的小姐相公有請。〔正旦符金錠領梅香上正旦云〕妾身符金錠是也。自從那一日在花園中見了趙匡義所吟之詩。這兩日不由的我心神蕩漾。身子不快。可不知爲何也呵。咱〔梅香云〕姐姐。你也沒正經。那一日見了那一箇人。你這兩日茶不茶飯不飯。想他怎麼的也。〔正旦云〕梅香。你那裏知道。那想此人一表非俗。吟的詩清字正。委實少有也呵。〔唱〕

【中呂粉蝶兒】一會家心下。念想。這姻緣怎生主張。我在那繡房中自在參詳。〔梅香云〕姐姐。你則揀着好姐夫嫁了便罷也。〔正旦云〕你那裏知道也。〔唱〕我須知你主意。則着我別尋投向。〔梅香云〕姐姐。你便想我那姐夫。不知我那姐夫想你也不想你也。〔正旦唱〕你這箇無禮的梅香。你將我假支吾故來抵當。

【醉春風】則我這情意那人知。心中常念想。何時得配燕鶯期。終日則是想想。行至庭前。心中傒倖衆人凝望。

〔云〕可早來到也。張千報復去道有妾身來了也。〔張千報科云〕大人。有小姐來了也。〔符彥卿云〕着孩兒過來。〔正旦同梅香做見科云〕父親母親。您孩兒來了也。〔符彥卿云〕孩兒來了也。喚你來不爲別。今有王大人來題親。着你嫁趙匡義。又有這媒婆來說。着你嫁韓松。未知你心裏要嫁那一處。你對我說去。我自有箇主意。〔正旦云〕父親母親。你聽孩兒說一遍咱。〔唱〕

【迎仙客】父親你聽拜稟訴衷腸。這親禮兩家兒兩家兒可便那下裏強。〔王朴云〕小姐。你則心順的便成也。〔正旦唱〕我若是肯依隨。休要講主張在尊堂。〔夫人云〕你休要這般說。我自有箇主意也。〔正旦唱〕母親。你便有主張休謙讓。

〔媒婆云〕小姐依着我的心。你嫁韓松強似嫁別人。他家衣服也穿不了。〔正旦云〕噤聲。〔唱〕

【紅繡鞋】狠媒證人前閑強。你着我嫁韓松羅錦千箱。我則待布襖荊釵守寒窗。〔媒婆云〕他家那飲饌也用不了。〔正旦唱〕便做道珍羞百味。乾使碎你那好心腸。〔媒婆云〕你可嫁也不嫁。〔正旦唱〕勸你這強媒人休再往。

〔媒婆云〕你則依着我嫁了韓松者。〔夫人云〕媒婆。你不是這等說。如今等樓下不拘軍民人等。着孩兒拋下繡球兒去。則打着他的。便與他爲妻。〔符彥卿云〕夫人說的是。等有過來過往的人。着孩兒拋下繡球兒去者。〔韓松同胡纏歪纏上〕〔韓松云〕自家韓松的便是。我着媒婆去了。今日搭了綵樓也。我樓下搶了繡球兒。便着人來娶他。有何不可。〔歪纏云〕小哥。你休慌。一定是你的了。〔胡纏云〕仔細着。來到綵樓跟前也。

〔符彥卿云〕孩兒。上綵樓拋繡球兒去。〔正旦同梅香做上樓科〕〔正旦云〕來到這樓上也。樓下不是韓松。他知道俺家拋繡球兒。故他來樓下來往行走。〔梅香云〕小姐。你則把繡球兒丟下去。打着醜的。你若不嫁他。我替你去。〔正旦云〕這梅香好笑人也呵。〔唱〕

【上小樓】他在那人前鬧嚷。指望待成親名望。看不上他一來一往。施展衣服賣弄輕狂。〔梅香云〕小姐。你則丟下那繡球兒去來罷。〔正旦唱〕你着我將繡毬兒。忙擲下韓松身上。可不教那有情人每朝指望。

〔正旦云〕梅香。怎生不見趙匡義來。〔趙匡義同鄭恩上〕〔趙匡義云〕某趙匡義是也。來到這綵樓下。鄭恩兄弟。俺過去來也。〔鄭恩云〕哥兀的不是韓松。他也在這裏。〔正旦云〕梅香。兀的不是趙匡義來了也。〔梅香云〕你丟下繡球兒去罷。〔正旦云〕他既來了。你慌的做甚麼。〔唱〕

【幺篇】他那裏慢慢的來。我這裏暗暗的慌。羞的我不敢擡頭。連忙遮面。無處潛藏。〔梅香云〕繡球兒在這裏。丟下去罷。〔正旦唱〕一見了繡毬兒。心中悒怏。我着他霎時間共同鴛帳。

〔韓松云〕伺候着。七八丟下繡球兒來也。〔正旦云〕梅香。將過繡球兒來。〔梅香云〕繡球兒有了也。〔正旦云〕梅香。將繡球兒也。你則有准者。〔做拋下繡球科正旦唱〕

【般涉調耍孩兒】我這裏可嚀覷了他模樣。辦着片志誠心使央。我則見

軍民士戶在樓前。誽的我不敢名揚。〔梅香云〕姐姐丟下去罷。〔正旦唱〕我待要時
間抛擲心中懼。又則怕錯了教他向那廂。〔梅香云〕姐姐。你則望着我這趙姐夫抛了罷。
〔正旦唱〕你也有心偏向。我將這繡毬兒抛下。准備着齊整的陪房。
〔正旦云〕我望着這趙匡義身上丟下去。〔做抛下繡球科趙匡義做接了科韓松做奪了繡球科云〕是我
的。你將的那裏去。兩箇兄弟。俺得了繡球兒也。俺回家去來。〔同胡纏歪纏下〕〔鄭恩云〕這廝好無禮也。是
你的繡球兒。他奪的去了。更待干罷。俺打這廝去來。〔符彥卿云〕趙匡義。你休趕他去。我見繡球兒已是你
的。你明日揀好日辰來娶。休要致怨。小姐。你下樓來。先回去罷。〔正旦同做下樓科云做見科下〕〔唱〕
【煞尾】到今日趁了心。繡毬兒有忖量。至來朝約定同鴛帳。成就了一世
兒夫妻慢慢的賞。〔同梅香下〕
〔符彥卿云〕金錠孩兒回後堂中去了也。王朴。也是天家所轃。我有心將孩兒許與趙二舍。不想繡球兒正
打中他也。〔王朴云〕相公。今日天使其然。繡球兒正打着趙匡義兄弟。不期被韓松搶了繡球兒去了。大人。
怎生計較也。〔夫人云〕相公。雖然他搶的去了。只着趙二舍擇日辰來娶親。俺則嫁與他家便了也。〔王朴
云〕多謝相公夫人。趙匡義。你且回家去罷。你丈人丈母。着你擇吉日良辰來娶小姐哩。〔趙匡義云〕多謝
了泰山也。鄭恩兄弟。恰纔這韓松就我手中搶了繡球兒去了。某欲待就樓下打鬧起來。恐防驚誽了小姐
也。〔鄭恩云〕哥哥。俺明日娶嫂嫂。正往韓松家門首過。此事須索做計較也。〔趙匡義云〕這箇不打緊。你近
前來。我說與你。〔做打耳喑科云〕可是恁的。〔鄭恩云〕哥。此計大妙。某便與他衆人說知也。俺且回家去來。
〔趙匡義云〕既然今日事已完成。擇了吉日良辰來娶小姐。俺回去來。因賞春遇着嬌姝。他生的美貌誰如。
綵樓上繡球打中。穩情取畫閣深居。〔同鄭恩下〕〔媒婆云〕老相公。看起來這莊事已准。你則嫁與趙二舍
了。罷罷罷。我回去也。相公大人。恕罪。〔下〕〔王朴云〕多謝了相公夫人。小官回去。擇吉日良辰着的我趙大
人娶小姐也。小官回我丈人的話。走一遭去。〔下〕〔夫人云〕相公。他每都回去了也。俺女孩兒已是許與趙
匡義。不期他繡球又打中他。皆是前生姻緣也。〔符彥卿云〕夫人說的是也。俺收拾小姐的房奩斷送便了。

俺無甚麼事。且回後堂中去來。符金錠美貌高強。端的是世上無雙。結綵樓招着佳婿。穩情取天下名揚。

〔下〕

楔子

〔趙弘殷領張千上云〕趙匡義已成佳眷。擇吉日配合姻緣。小官趙弘殷是也。則因俺孩兒趙匡義遇着符太守之女。一心要娶他爲妻。我着他姐夫王朴去問這一門親事。不期有韓松又着人來問符小姐。他父親搭起綵樓。着小姐擲繡毬。不想正打着俺孩兒。有韓松強搶了繡毬去了。今日着俺小姐同張光遠羅彥威等衆人娶去了。小官在家中安排下酒餚。若娶過小姐。俺一家兒慶賀飲酒。張千。俺後堂中收拾酒餚都完了也不曾。〔張千云〕理會的。酒餚都完了也。〔趙弘殷云〕俺無甚事。且回後堂中去來。〔下〕〔淨韓松同淨胡纏歪纏上韓松云〕自家韓松是也。我着官媒婆問符彥卿的女孩兒去。不知怎麼趙二舍也着人來問。他家搭起綵樓來。着那孩兒拋繡毬兒。一箇繡毬兒剛打在趙二舍懷裏。着我搶了來了也。今日不與我爲妻。與趙家做新婦。恰纔迎娶的過去了。他必然往我這門前過來也。兩箇兄弟。俺等他過來。奪下轎來。就往家裏扯着走。如何。〔歪纏云〕哥哎。你則放心。則有你兄弟一箇。管你整齊喫一頓才罷。〔胡纏云〕你箇傻弟子孩兒。則憑着我這一雙手兩隻脚。不管他有多少好漢。我若怕他。老韓一家兒喫山藥。〔韓松云〕你每且不要嚷。兀那遠遠的不是鼓樂來了也。〔正旦扮趙滿堂同梅香上云〕妾身趙滿堂是也。那一日來看了我兄弟趙匡義。他一心要符金錠爲妻。我着俺相公王朴去符家問親。他搭起綵樓拋繡毬。正拋着俺兄弟。今日擇吉日良辰。着妾身去娶他。衆兄弟每簇擁小姐的轎子後堂便來也。梅香俺行動些。〔梅香云〕夫人妳妳。你看兀那韓家門前一簇人嚷。則怕有些鬧炒麼。〔正旦云〕不妨事。俺慢慢的行着。〔韓松云〕這箇小娘子從那裏來。我試問他一聲。支揖哩。小娘子你會見那娶親的來了也不曾。〔正旦云〕他每在後堂便來也。你問他怎的。〔韓松云〕沒有。我問一聲。兀那不遠遠的來了也。〔張光遠羅彥威等卒子擡轎子外動鼓樂打燈籠衆上。住張光遠云〕你每擡着小姐慢慢的走。望趙二舍私宅裏去來。〔韓松云〕兀的不來到也。兀那符金錠。快下轎來。去我家裏去來。〔石守信云〕甚麼人。遠着些。驚諕着小姐。〔歪纏云〕和那廝說甚麼。奪了往家去罷。衆人一齊下手罷。〔韓松云〕你每不要討死喫也。我揭開這轎簾試看咱。〔做見鄭恩科〕〔鄭恩云〕兀那韓松。你認的我麼。我是你的公公哩。〔韓松云〕原來不是小姐。可是這箇大漢。俺不要惹他。〔衆做脫衣服科〕〔張光遠云〕韓松少走也。〔衆做打三漢科〕〔韓松云〕不中了也。人手多。俺走走走。〔同二淨下〕〔正旦云〕衆兄弟每不要打他了。你看你嫂嫂以前擡過去也。我回家去來。你看你趙二舍去。我着王朴來慶喜也。〔鄭恩云〕姐姐好一箇計策也。打的那匹夫落荒的走了。今日事已完成。衆弟兄每俺一同回去來。〔正旦云〕是好計策也呵。〔唱〕

【仙呂賞花時】今日箇婚姻纔定准。虧了英雄十數人。〔鄭恩云〕姐姐。若不是此計。怎生瞞過他也。〔正旦唱〕我若是半霎兒到家門。端的是機謀可使敬謹。〔云〕你見了俺父母呵。〔唱〕也少不的排佳宴。可兀的慶新婚。〔同梅香下〕

〔鄭恩云〕姐姐回家去了。衆弟兄俺同共與趙匡義哥哥慶賀去來。符小姐已娶回家。強韓松枉受波查。定巧計成其婚配。方顯俺名播天涯。〔同下〕

第四折

〔趙弘殷同夫人領卒子上趙弘殷云〕綵樓高結成佳配。得會新婚豈偶然。某趙弘殷是也。自從韓松搶了繡毬去了。多虧了鄭恩等衆弟兄瞞過了他。今日吉日良辰。娶符金錠孩兒過門來也。安排酒宴與匡義孩兒慶喜飲酒。夫人。都安排停當了不曾。〔夫人云〕都停當了也。則等他衆人來時。慢慢的飲幾盃。這早晚敢待來也。〔符彥卿上云〕某符彥卿是也。自從與孩兒成親之後。不覺數日光景也。今日俺親家安排酒殽。與趙匡義並俺孩兒慶喜飲酒。着人來請。我須索走一遭去來。到也。小校報復去。道小官來了也。〔卒子云〕理會的。〔報科云〕大人。有符彥卿來了也。〔趙弘殷云〕道有請。〔卒子云〕理會的。有請。〔做見科〕〔符彥卿云〕親家請坐。少待片時。等衆人都來全了時。慢慢的飲幾盃。這早晚敢待來也。〔張光遠羅彥威石守信王審琦同上張光遠云〕自從匡義成親後。費盡英雄一片心。某張光遠是也。這三位兄弟乃是羅彥威。石守信。王審琦。自爲趙匡義要娶符金錠。有韓松與俺放對。被俺鄭恩兄弟詐粧符金錠。坐在轎子裏。韓松果然領着手下人趕將來。被俺衆人一頓打。將他打回去了。今已成親了也。今日叔父與俺匡義慶賀。須索走一遭去。(石守信云)哥哥。我想俺這弟兄每這等英雄。怎生肯放過韓松那廝。若有俺匡胤哥哥在呵。有一場好大禍。量他到的那裏也。(羅彥威云)我想韓松可也十分無禮也。(王審琦云)今日事已完了。來到門首也。小校報復去。道有俺四箇弟兄來了也。(卒子做報科做見科)(張光遠云)叔父。俺弟兄每來了也。(趙弘殷云)您衆人每多多的辛苦也。且少待。等衆弟兄每來全了呵。我自有主意。這早晚敢待來也。(周霸李漢昇楊廷斡史彥昭上周霸云) 十虎威名天下罕。英雄糾糾鎮京華。某周霸是也。自從三位弟兄。乃李漢昇。楊廷斡。史彥昭。俺都是京師十虎將。因爲俺趙匡義二哥娶了符金錠。打了韓松一頓。已成其親了。今日俺叔父安排慶賀酒。俺須索走一遭去。(李漢昇云)哥哥。我想今日趙弘殷叔父安排慶賀筵席。這一遭心中好是喜慶也。(楊廷斡云)這鄭恩兄弟。但到處便要惹事。可也虧他也。(史彥昭云)來到也。小校報復去。道有俺弟兄每來了也。(卒子做報科)(做見科史彥昭云)叔父勿罪。俺弟兄都來了也。(趙弘殷云)您且少待。等匡義孩兒來時。俺慢慢的慶賀。這早晚敢待來也。(王朴鄭恩上王朴云)英雄壯士般般勇。設計施謀件件能。某王朴是也。這位將軍。乃是鄭恩。自從俺妻弟趙匡義因與韓松放對。要娶金錠。多虧了鄭恩坐在轎子裏。瞞過韓松。被俺痛打了一頓。成了親事。今日俺父親安排酒殽慶賀。須索走一遭去。(鄭恩云)我想韓松十分無禮。若不是二舍的好事呵。我一頓直打死那匹夫。今日叔父與俺慶賀。須索走一遭去。來到也。小校報復去。道有二人來了也。(卒子做報科)(做見科鄭恩云)叔父。您孩兒來了也。(趙弘殷云)鄭恩多虧了你也。你且少待。等匡義孩兒並媳婦兒來時。一同慶賀。這早晚敢待來也。(趙匡義上云)新婚燕爾安排了。洞房今日會佳賓。某趙匡義是也。多虧鄭恩併衆兄弟之力。娶了符金錠。今日俺父親安排酒殽與俺慶賀。須索走一遭去。來到也。不須報復。我自過去。(做見科趙匡義云)父親。您孩兒媳婦來了也。(趙弘殷云)孩兒來。你且少待。這一席酒。敬意的則是與你兩口兒慶賀。等你媳婦兒來時。一同飲酒。(正旦扮符金錠同梅香上正旦云) 妾身符金錠。自從拋了繡毬兒。本是俺趙匡義接了。不期韓松奪了去。妾身則嫁了趙匡義。有韓松又來追趕。多虧鄭恩躲在轎子裏面。將他打的回去了。今日父親與俺慶賀新婚。安排筵宴。

須索走一遭去也。〔梅香云〕小姐。你可稱了心也。〔正旦云〕梅香。你那裏知道也呵。〔唱〕

【雙調新水令】我雖是洞房無用的女妖嬈。不錯了聖人之道。夫妻是正理。休信外人教。不負了夜月花朝。當日箇綵樓上衆人鬧。

〔正旦云〕可早來到也。令人報復去。道妾身來了也。〔卒子云〕理會的。〔報科云〕大人。有小姐來了也。〔趙弘殷云〕着孩兒過來。〔卒子云〕理會的。有請。〔正旦同梅香做見科正旦云〕父親。妾身來了也。〔趙弘殷云〕孩兒。你看這筵會擺列的齊整麽。〔正旦云〕端的是好筵會也。〔唱〕

【沈醉東風】則聽的聒耳笙歌鬧炒。珍羞端的奇標。新婚今日成。受了那多少閑焦燥。謝神天保護的便堅牢。〔符彥卿云〕多虧了妙計。今日纔得成就也。〔正旦唱〕今日箇夫婦團圓成就好。〔鄭恩云〕小姐。這一場也多虧了我也。〔正旦唱〕多謝你箇仁兄智巧。

【雁兒落】情理這韓松使燥暴。腦背後都來到。俺這裏鄭恩暗暗的藏。他那裏不住聲高高的鬧。

〔趙弘殷云〕他臨後怎麽去了來。〔正旦唱〕

【得勝令】呀。打的是無處亂奔逃。那其間怒氣怎生消。纔得今朝定。則他這將軍箇箇勞。〔符彥卿云〕既虧了鄭恩。俺慢慢的謝他也。〔正旦唱〕父親你量度。便把他恩臨報。鄭恩你休焦。今日箇婚姻已定了。

〔趙弘殷云〕小姐。你將綵樓上抛繡毬兒的事說一遍。俺試聽咱。〔正旦云〕聽我將綵樓上的事說一遍咱。〔唱〕

【甜水令】當日箇物穰人稠。爭頭鼓腦。着人歡笑。尋不見往日燕鶯交。投至得今日開筵。傳盃弄斝。夫妻相照。費盡了多少心苗。

〔鄭恩云〕當日在綵樓下。若不是彥卿大人勸呵。韓松打死多時也。〔正旦唱〕

【折桂令】繡毬兒往下剛抛。不承望他准備着好心。暗暗的偷瞧。發會村濁。將別人喜事奪了。〔鄭恩云〕依着我的心。就打死了也罷。衆人都勸我到着那廝無禮也。〔正旦唱〕俺如今事成也再休要計較。且開懷沈醉醄醄。酒泛瓊瑤。樂動簫韶。玳筵排錦簇花攢。端的是堪畫堪描。

〔趙弘殷云〕小校將酒來。着孩兒與他父親遞一盃酒者。〔卒子云〕理會的。〔做擡果卓科正旦云〕將酒來。與我父親遞一盃。〔做把盞科〕這盃酒父親先飲。〔符彥卿云〕孩兒還從趙親家來。〔趙弘殷云〕這酒往常便當某飲。今日正當親家飲這盃也。〔符彥卿云〕是是是。小官先飲。孩兒。你可休要跪者。〔正旦做跪科云〕不敢不敢。〔唱〕

【沽美酒】父親你休動勞。你孩兒正當報。則因那養育二十年將我這性命保。指望終身待老。別離事在今朝。

〔王朴云〕等您飲罷酒。說與您詳細也。〔正旦唱〕

【太平令】多虧你箇恩人說道。將親事不錯分毫。都則爲韓松暴虐。將平人姻緣打落。〔趙匡義云〕夫妻皆是前定。豈他人能破的也呵。〔正旦唱〕呀。我這裏說着。念着。笑倒。險些兒無着無落。

〔王朴云〕今日箇天下喜事。夫妻團圓。聽我與您下斷。您本是柴世忠良。一箇箇胆量高強。則因爲賞春之景。來到你符氏門牆。趙匡義花下閑走。正見您年小紅粧。既結下目前姻眷。搭綵樓招做新郎。有韓松依權挾勢。遣官媒故意商量。惱犯了鄭恩兄弟。施手段顯耀剛強。詐粧做青春婦女。韓松見魂魄皆亡。今日箇已成婚配。開筵會酒泛觴。趙匡義文武兼濟。符金錠本性温良。今日箇夫妻完備。一齊的拜謝吾皇。

題目　強風情韓松搶繡毬
正名　趙匡義智娶符金錠

張公藝九世同居雜劇

第一折

〔正末領大末二末三末淨行錢上〕〔正末云〕老夫姓張名公藝。壽張縣人氏。嫡親的四口兒家屬。老夫所生三箇孩兒。大的張悅。第二張珝。第三箇張英。大的箇治家。第二箇習文。第三箇習武。這三箇孩兒。家私裏外。都是俺這三箇孩兒的。自北齊至隋到今九世同居。曾蒙兩朝旌表門閭。人呼為義門張氏。老夫自來仗義疎財。為鄉里欽敬。尊稱曰長者相呼目今聖人治世。上托着萬萬歲主人洪福。下托着祖宗陰德。似我這般人家天下罕有也。〔大末云〕父親。有甚麽修身齊家的事。訓教您兒者。〔正末唱〕

【仙呂點絳脣】九世同居。故家喬木。傳今古。則俺這遠近宗族。端的是上下皆和睦。

【混江龍】尊卑有序。俺一團和氣靄門閭。立身的有士農工賈。傳家的有禮樂詩書。想着那累代功名天下有。似俺家滿門忠孝世間無。為男的孝於父母。做女的善侍公姑。人力衆數百家眷。田宅廣無限倉庾。親戚同高樓大廈。朋友共肥馬輕車。樂天年幽居田野。播芳聲喧滿江湖。但存忠孝以齊家。不求榮顯學干祿。常能如此。更待何如。

〔大末云〕父親想咱一家兒人家自祖宗以來九世同居富貴香華。皆因是祖宗陰德也。〔正末云〕您衆孩兒不知。我說與你聽者。〔唱〕

【油葫蘆】似俺般富貴榮華天付與。俺端的心自足。〔大末云〕喜遇明君治世。〔正末唱〕時遇着舜天堯日樂安居。堪嘆的是西山日迫桑榆暮。喜的是高堂月日芝蘭聚。自北齊千乘君。大隋仁聖主。省差徭免賦稅加優恤。見如今旌表耀門閭。

〔二末云〕俺祖輩以來。多受皇家褒獎也。〔正末唱〕

【天下樂】兩度天書出帝都。家也波聲。傳父祖。一家兒孝慈成化俗。士民俱讚揚。鄉閭皆敬伏。俺端的播清風一萬古。

〔大末云〕父親。今日是八月十五日月旦之日。中堂上設祭祀之禮。請父親拈香。〔正末云〕着行錢擡過那香卓來者。〔淨行錢做擡香卓科云〕偌多的人偏要使我做着這箇行錢。好不氣長也。我擡過香卓來了。〔正末拈香科云〕老夫張公藝自祖宗以來九世同居。上托着明君治世。國泰民安。俺一家兒虔誠告祝也。〔唱〕

【那吒令】銀臺燒絳燭。祥煙散華屋。沉檀炷寶爐。輕風飄翠縷。金盃奠酥醽。清香噴玉壺。陳饌饈。排樽俎。排列在堦除。

【鵲踏枝】左右行列昭穆。定親疏。追思這祖考音容。洋洋乎在生規模。再拜虔誠告祝。保護一家兒上下無虞。

〔大末云〕拜告已畢。請父親陞堂。以序長幼之禮。〔正末云〕今日月旦。子孫中居長者。各分班次。〔二末做見科〕〔正末云〕張文玉近前。所習何業。〔二末云〕您兒攻書哩。〔正末云〕讀甚麼書。〔二末云〕父親。您孩兒雪案螢窗。朝夕勤勞。攻習經史。您孩兒無書不讀。托祖宗遺德。父親餘廕。學成滿腹詩書。您孩兒聞知大開學校。招賢納士。您孩兒待要應舉走一遭。〔正末云〕孩兒也。聖人道。學則庶民之子爲公卿。不學則公卿之子爲庶民也。孩兒的便是也。〔唱〕

【寄生草】你做須做文章伯。學則學君子儒。可不道書中自有千鍾粟。你爲人要比連城玉。濟時須作擎天柱。〔帶云〕孟子云。窮則獨善其身。達則兼善天下。〔唱〕你達時腰金佩紫掌絲綸。不達時論黃數黑尋章句。

〔三末做見科〕〔正末云〕張武傑所習何業。〔三末云〕您兒學武藝哩。〔正末云〕吾聞詩禮傳家。此子棄文就武。亦各言其志也。曾讀武經七書麼。〔三末云〕您兒讀來。〔正末云〕用兵貴乎隨機應變。勿學趙括膠柱鼓琹。不能成其事也。〔三末云〕父親。您孩兒學成滿腹兵書戰策。如今聖主選用良才。招納四方傑士。您孩兒文武兼濟。若到舉場。必然重用。得了一官半職。光顯門閭。可不好那。〔正末唱〕

【么篇】你學濟世安邦策。按六韜三略書。則要你識安危。動變驅兵旅。察虛實攻守安營戍。分奇正左右依行伍。但能彀雄赳赳虎豹帳中居。煞強如冷淸淸鸚鵡洲邊住。

〔云〕老夫年紀高大也。無多神思。孩兒每衆多也。有爲官的。也有守莊產的。也有爲商賈的。齊向前來。聽我訓誨也。〔唱〕

【六么序】我這裏頻囑付。孩兒每自暗伏。休得恣荒淫酒色。歡娛。爲儒的早趁三餘。篤志詩書。休得閑遙遙惰却身軀。少年莫道儒冠誤。索將他經史熟讀。聖人言不貳過不遷怒。脩其天爵人爵從諸。

〔云〕孩兒也。你兩箇學的文武全才。即今便上朝應舉去。則要你着志者。〔二末云〕您孩兒即今便行也。

〔正末唱〕

【么篇】想爲官的要辨賢愚。休要弄權術。愛恤民庶。教化風俗。一片心常思報主。想民瘼不易除。爲農的竭力耕鋤。休教他田野荒蕪。到頭來勤苦是亨衢。飽衣煖食供朝暮。不勤時倉廩空虛。禮義廉恥爲先務。毋忝爾祖。以保身軀。

〔云〕爲官更有幾件分付你也。〔唱〕

【賺煞尾】便好道養育受親恩。仕宦食天祿。這的是父生汝君王食汝。自古君親兩不殊。不中忠孝天理何如。愼其獨似十目視十手指嚴乎。〔帶云〕則要你上合天心下協民望。〔唱〕天網恢恢本不踈。你索温恭自虛。制節謹度。行藏須鑒聖賢書。〔同下〕

第二折

〔外扮王伯清上云〕家業消乏命運乖。父喪不舉意悲哀。讀書萬卷青燈下。曉夜淒淒不放懷。小生姓王。名澄。字伯清。乃江右王原舉之子。小生年幼。不想父親亡化過了。止有老母在堂。家私窮薄。停柩在家。無錢埋殯。父親生前時說有張公藝。此人平昔仗義疎財。父親在時與他有一面之交。今日無計所柰。待要投托此人去。儻若有些小財物。殯葬父親。可不是好。不敢久停久住。我須索走一遭去也。憂心切切難驅遣。謁托張公大丈夫〔下〕〔正末領行錢上云〕老夫年過七旬。不覺的老邁。待將家私分付與孩兒每。來心上有幾件不了的事。索分付孩兒每辦下。以盡平生之願。想人生光陰易老也呵〔唱〕

【南呂一枝花】鏡添白髮新。人對黃花瘦。光陰駒過隙。世事水浮漚。寒暑相逐。烏兔搬昏晝。昨日春今日秋。過中年萬事俱休。空枉了堆金北斗。

【梁州】我不願生前貴顯。但只願身後名留。此生多感皇天祐。有乾柴細米。肥馬輕裘。千箱羅綺。百味珍羞。倚晴空高閣重樓。捲飛雲綠幕銀鈎。我我我有芝蘭晚節森森。是是是對松菊終朝唱酬。嗨嗨嗨嘆桑榆暮景優游。回頭故友。十年間阻干戈後。寄音信細窮究。半上青雲半土坵。題起來兩淚交流。

〔云〕烏兔如飛。日月逝矣也。〔唱〕

【隔尾】逐朝青鏡容顏瘦。一枕黃粱夢境熟。往事回頭盡參透。吾心已休。甘心退守。老却當年釣鰲手。

〔云〕下次小的每。與我喚將張悅來者〔大末上〕〔見科云〕父親喚您兒有甚事訓教。〔正末云〕孩兒也。我年紀高大了。一切家私都分付與你。我心上有三件未了的事。我說與你。你辦下。盡我數年清樂。豈不快哉。〔大末云〕父親有那三件未了的事。父親頭一件事怎生。您兒不知。父親試說者。〔正末云〕頭一件與我請箇明師。立一箇義學。但鄉中人家孩兒。儘他來讀書。酒食束脩。我家自辦。左右兩齋。明窗淨几。盖一座書樓。

要整齊者。〔大末云〕知道了。〔正末唱〕

【牧羊關】有一等要讀書的家私薄。更無錢辦束脩。因此上有志難酬。似這般淨几明窗。煞強如桑樞甕牖。〔帶云〕這書樓休覷的小可也。〔唱〕這書樓是一箇未變化魚龍窟。是一箇未發達的鳳凰樓。但能彀禮樂從先進。一強如您鄉閭出下流。

〔大末云〕父親。第二件是甚麼。〔正末云〕你如今撥二頃田莊的錢粮。與我別收下者。〔大末云〕另收下何用。〔正末唱〕

【么篇】莊田與我親標撥。錢粮與我別項收。恐有那一等受貧窮朋友干求。儻有那連喪不舉的人家。久定難成的配偶。〔大末云〕喪不舉呵。怎的。〔正末唱〕喪不舉呵。我與他齋僧道營墳墓。〔大末云〕婚不了呵。如何。〔正末唱〕女不嫁呵。我與他辦首飾置衾綢。須教他嫁娶心無憾。免得他居喪禮不周。

〔云〕下次小的每。門首看著。有甚麼人來。〔大末云〕理會的。〔王伯清上云〕小生王伯清是也。因父喪不舉。到此張公藝家借些小錢物。埋殯父親。可早來到也。兀那門公報復去。道有王原舉之子來見老員外。〔行錢云〕理會的。〔做報科云〕報的員外得知。有王原舉之子來見員外。〔正末云〕行錢。當初王原舉。與老夫有一面之交。請他過來。〔行錢云〕理會的。有請。〔王伯清做見施禮科〕〔正末云〕孩兒也。你有甚麼事。來到此處也。〔王伯清云〕不瞞長者說。我父親曾與長者有一面之交。我父不幸。身亡三載。停柩在堂。無錢殯葬。止有老母在堂。並無親故。想長者有疎財仗義之心。全望長者可憐。借些錢物。以葬我父親。若蒙俯允。此恩不忘也。〔正末唱〕

【紅芍藥】他從頭至尾說因由。和我也兩淚交流。他道父亡三載久停留。並無一箇親識追求。則你那文齊來福未酬。則要你顯男兒得志之秋。〔正末做悲科〕老夫一一記在心頭。我必有箇主意相周。

〔正末取銀子鞍馬衣服科云〕這拾兩銀子。與你埋殯父親。你埋殯了父親。你上朝求官應舉去。這拾兩銀子與你做盤纏。這鞍馬權與你代步。孩兒你則着志者。〔王伯清做謝科云〕多謝了長者也。〔正末云〕路遠不及弔問。休怪也。〔王伯清云〕不敢不敢。〔行錢云〕我倒好笑。拏着細絲銀子兒鞍馬衣服。白與了別人去了。我整日家與他做買賣。倒不與我。真乃是夾腦風也。〔正末唱〕

【菩薩梁州】你與我疾便登舟。休辭生受。顯文章魁首。免你那倚門尊母憂愁。蟾宮獨步占鼇頭。門庭改換傳家後。此言語不虛謬。不枉了燈窗學業脩。萬古名留。

〔王伯清云〕就如今辭了長者。若王澄異日發達時。此恩必當重報也。〔正末云〕王伯清去了也。孩兒。我與你說。未了早有這等窮薄的來。喒齎助他些盤纏。豈非美事。更有一件心上事。你與我辦者。〔大末云〕再有甚麼事。〔正末云〕你與我蓋造池亭園館一所。我要每日散心悅情。世間萬事。總是一場春夢。想我爲人在世。此心足矣。〔大末云〕您兒謹依尊命也。〔正末唱〕

【罵玉郎】聲名不落他人後。心已遂。更何求。人情世事皆虛謬。想如今故友稀。嘆鬢邊白髮新。喜榻上青氈舊。

〔大末云〕父親。你平生所樂何事也。〔正末唱〕

【感皇恩】呀。愛的是山水清幽。喜的是菊松芳秀。伴風月兩閑人。渺乾坤雙醉眼。樂詩酒一儒流。閑散心青山故友。暫忘機滄海盟鷗。夢羲皇。謝塵世。臥糟丘。

〔行錢云〕你老人家偌大年紀。正好吃酒耍子兒哩。〔正末唱〕

【採茶歌】做一箇醉鄉侯。老風流。得優游處且優游。對酒當歌開笑口。一杯消盡古今愁。

〔云〕分付你的言語。你牢記着。〔大末云〕您孩兒理會的。〔正末唱〕

【煞尾】把我那西園池館從新構。北院山亭即便脩。留得閑身漫迤逗。栽花種柳。攜琴載酒。我和那松竹梅花做心友。〔衆下〕

〔淨扮貢官領張千上云〕小官姓賦名皮表德字要鈔。奉聖人的命。今春開放選場。天下文武舉子。都來應舉。着小官做箇知貢舉官。小官想來。我這一頭兒買賣可也。張千開放舉場。看有甚麼人來。〔淨扮張狂李柰上〕〔張狂云〕小子姓張。家住在金魏陶姜。〔李柰云〕則我是果珍李柰。家住在菜重芥薑。〔張狂云〕小子姓張是張狂。兄弟是李柰。俺二人學成文武。故來應舉。可早來到也。門裏人報復去。道有兩位能文善武的秀才。特來應舉。〔張千做報科云〕報的大人得知。外面有兩箇秀才。特來應舉。〔貢官云〕着他過來。〔張千云〕着過去。〔做見科〕〔貢官云〕兀那兩箇是甚麼人。〔張狂云〕是應舉的秀才。〔貢官云〕你來應舉。會吟詩麼。〔張狂云〕會吟詩會課賦。丟了斧子拽的鋸。〔貢官云〕這壯士。你來應舉。〔李柰云〕學生我來應舉。〔貢官云〕你會甚麼武藝。〔李柰云〕我十九般武藝都會。〔貢官云〕只有十八般武藝。偏你十九般。那一般呢。〔李柰云〕我會打筋斗。〔貢官云〕這廝潑說。且一壁有者。〔二末同三末上〕〔二末云〕兄弟。喒弟兄兩箇。自從辭別了父親。上朝取應。可早來到舉場中也。俺過去見貢官去也。〔三末云〕哥哥。俺見貢官去來。門裏人報復去。道有兩箇秀才特來應舉。〔張千做報科云〕報的大人得知。有兩箇秀才特來應舉。〔貢官云〕着他過來。〔張千云〕着過去。〔貢官云〕兀那兩箇是甚麼人。〔二末云〕俺是應舉的秀才。〔貢官云〕那箇呢。〔三末云〕我來應武舉。〔貢官云〕您都一壁有者。〔王伯清扮官人上云〕自小習學看九經。一朝及第望身榮。治民有法知條令。報答吾皇水土恩。小官王伯清是也。江右壽張縣人也。自幼攻習文墨。父喪家貧。三載不舉。聞知張公藝長者恤孤念寡。敬老憐貧。出無倚之喪。嫁孤寒之女。小官出於無柰。投於張公藝。借些錢物。埋殯我父親。不想此人與我埋葬之資。又與銀兩衣服鞍馬。將父親殯葬已畢。小生上朝取應。見了聖人。日不移影。應對百篇。加小官爲黃門侍郎之職。今春大開舉場。選用文武英才。着小官爲考官總裁。如今到場中考試文武。走一遭去。可早來到也。〔做見科〕〔貢官云〕相公恕學生接遲也。〔王伯清云〕有秀才來到也不曾。〔貢官云〕相公請坐。有四秀才來應文武舉。您過來見相公。〔見科〕〔王伯清云〕秀才那裏人氏。

〔二末云〕小生江左壽張縣人氏。姓張名珝。是張公藝之子。〔王伯清云〕張公藝。莫不是九世不分居的張公藝麼。〔二末云〕然也。〔王伯清云〕是名家之子。會讀那一經來。〔二末云〕小生非敢大言。九經皆通。〔王伯清云〕你且一壁有者。〔二末云〕理會的。〔王伯清云〕兀那壯士。你那裏人氏。〔三末云〕某乃壽張縣。姓張名英。乃張公藝第三箇孩兒。〔王伯清云〕習那一家兵書戰策。〔三末云〕某習黃公三略法。呂望六韜書。〔王伯清云〕你且一壁有者。這箇秀才姓甚名誰。〔張狂云〕小生姓張。是張狂。〔王伯清云〕你通那一經。〔張狂云〕頗曉九經。〔王伯清云〕這箇壯士姓甚名誰。〔李桼云〕小生姓李。是李桼。〔王伯清云〕你讀那一家兵書戰策。〔李桼云〕黃公三略法。〔貢官云〕這兩箇秀才。倒做的官。倒好耍子。〔王伯清云〕兀那知貢舉官。你看這秀才每的文卷。都做下了不會。如做的完備了。都收將來我看者。〔貢官云〕你這秀才每的文卷。都做完了不會。連忙趲着做將來。大人要看哩。〔二末云〕文卷都做完備了。〔貢官云〕既然做的完備。將來我與大人看去。你們輳下些人事兒送我。〔做收文卷呈遞科云〕大人。文卷都有了也。〔王伯清云〕將來我看。〔做看科云〕這張狂。李桼。經書不通。怎麼做的秀才。趕出去。這張珝文如錦繡。筆走龍蛇。堪做頭名狀元。這張英機謀廣大。策論熟滑。堪做武舉狀元。小官不敢久停久住。回聖人的話。走一遭去。〔下〕〔貢官云〕我也不會要你銀子。你也不得官做。我家去也。〔下〕〔二末云〕一舉首登龍虎榜。十年身到鳳凰池。〔同三末下〕〔張狂云〕兄弟。別人做了狀元。把喒趕出來。喒一人唱兩句兒。回家去來罷。〔二淨唱〕

【雙調清江引】別人做了狀元喜滿腮。喒兩箇如之桼。他兩箇都爲三品官。齊向金堦拜。喒兩箇躲在那背巷裏悄悄的家去來。〔同下〕

第三折

〔正末同大末行錢上〕〔正末云〕自從將家私付與孩兒每。倒大來好清閑也。〔唱〕

【正宮端正好】人事尚炎涼。世態輕中忠信。似這般不義富於我如浮雲。小人若得十年運。早忘了貧時分。

【滚繡毬】向人前敢自尊。胡議論。出言語無半星兒謙遜。氣昂昂傍若無人。倚仗着千兩金。萬兩銀。見一等窮相識並不做問。若見他富豪人便和氣。若雷陳他親的是朱樓翠閣風流子。他敬的是白馬紅纓衫色新。何足云云。

（云）行錢門首看者。看有甚麼人來。（行錢云）理會的。（使命上云）雷霆驅號令。星斗煥文章。小官乃使命是也。有一及第書生王伯清在聖人前保奏壽張縣張公藝。見今九世同居。奉聖人的命差某問他有何齊家之道。不敢久停久住。須索走一遭。說話中間。可早來到也。令人報復去。道有天朝使命在於門首。（行錢云）理會的。（做報科云）報的員外得知。有天朝使命在於門首。（正末云）呀呀呀。我索接待去。（做接科云）早知天使來到。只合遠接。接待不着。勿令見罪也。（唱）

【倘秀才】傳聖旨天臣到門。忙驚訝心中自忖。有甚事傳言達至尊。擡香案。引兒孫。向前接引。

（使命云）聖命至此。張公藝。你焚香接待也。（正末唱）

【脫布衫】炷金爐寶篆氤氳。遙瞻拜玉闕丹宸。頓首誠惶謝恩。有何事感蒙君問。

【小梁州】止不過草芥微軀一庶民。隱跡山村。（使命云）聖人的命。問你九世不分居。有何齊家之道。（正末唱）聖人問齊家之道何因。爲甚麼家和順。九世不曾分。

【幺】老夫自小蒙家訓。止不過慈愛寬仁。非老夫能家無他論。則我這齊家之本。誠意與脩身。

（使命云）你有何言語。我與你上達也。（正末云）將紙墨筆硯過來者。（行錢云）紙筆在此。（正末唱）

【醉太平】紙光如素粉。墨濃似春雲。抵多少蘸霜毫筆陣掃千軍。（做沉吟科）口無言自哂。待對這萬言長策無高論。待答那表章無學問。（做寫忍字科）寫到百十箇忍字對天臣。望傳達至尊。

〔使命做怒科云〕你這等是不敬上。聖上差我來問你九世不分居的緣故。你寫上許多忍字。儻若聖人問。我這忍字着小官怎生回答。好沒道理也。〔正末云〕天臣息怒聽老夫細說。我齊家之道。止不過在此忍字而已。〔唱〕

【叨叨令】假如道飯食不周衣服不備爲下的道心偏遜。恭敬不至禮節不到爲上的道他生忿。上責下下怨上。卽漸的生嗔恨。上不慈下不孝必定相爭論。〔帶云〕我家不分呵爲何。〔唱〕彼各都忍了也波哥。彼各都忍了也波哥。因此上父爲子隱上下家和順。

〔使命云〕原來是如此。我怎知道也。〔正末云〕天使。不則齊家之法。有此忍字。上至宰臣。下及庶民。皆有此忍能忍者全身保命。不忍者喪家取禍。天使聽我說一遍。〔使命云〕你說。小官試聽者。〔正末唱〕

【隨煞尾】這忍字向不平心上安刀刃。呵心地清能忍清涼絕鬭紛。守口如瓶要安分。防意如城主忠信。能忍呵怨恨成歡讎變恩。不能忍呵因恩愛爲讎喜作嗔。能忍呵誰是誰非盡休問。他弱他強莫爭論。能忍呵寬裕溫柔保六親。你若要遠害全身。止不過在於忍。〔下〕

〔使命云〕誰想這忍字上。有如此齊家之道。小官不敢久停久住。回聖人話。走一遭去。忙馳驛路心何急。回奏天庭達聖聰。〔下〕

第四折

〔王伯清上云〕小官王伯清是也。自從父親亡化已過。無錢殯葬。曾去壽張縣投托張公藝。多謝此人贈我花銀十兩。衣服盤纏。回家殯葬父親。已後小官一舉登第。官至黃門侍郎。小官曾在聖人面前保奏此人九世不分。遣使命問此人。答以忍字百餘。龍顏大喜。就差小官開讀詔書。贈絹百疋。免他一應差役。旌表門閭。小官乘此夏便。就將原借銀兩等物送還。以表寸心。小官不敢久停久住。直至壽張縣走一遭去。〔下〕〔正末領行錢上〕〔正末云〕兩箇孩兒上朝取應去了。未知得官也不曾。着老夫輾轉思慮。看有甚麼人來。〔雜當上云）自家是箇報登科記的。如今張老員外的兩箇孩兒。都得了官也。往他家報箇喜信去。問人來則這箇便是張員外家。我自過去。（見科）員外。你的兩箇孩兒。都做了狀元也。（正末云）是真箇。將五兩銀子來與他。（雜當云）多謝了員外也。（二末三末領祗候擺頭踏上）（二末云）小官張玥是也。這位是兄弟張英。俺二人到的帝都闕下。一舉狀元及第。又蒙王伯清保奏。着俺錦衣還鄉。擺開頭踏。慢慢的行者。（行錢云）員外。有他弟兄兩箇。都得了官。擺着頭踏來家了。（正末云）是一派好樂聲也。（外做動樂科）（唱）

【雙調新水令】揭清天一派動簫韶。聚春風玉驄爭道。錦爛斑仙仗擁。花爛熳彩樓高。縣宰官僚。頭踏盡來到。

（二末云）遠遠的是父親。左右接了馬者。（見科云）父親。俺弟兄二人。都得了頭名狀元也。（正末唱）

【駐馬聽】天路迢遙。萬里春風拂繡袍。街衢喧鬧。九天恩雨到蓬蒿。黃華使者下雲霄。聖明天子旌忠孝。門閭氣勢豪。翬飛輪奐祥煙繞。

（做入門科）（王伯清上云）可早來到也。左右接了馬者。令人報復去。道有使命在於門首。（行錢云）理會的。員外。有使命在於門首。（正末云）使命至也。我索接待也。（做接見科云）早知使命前來。只合遠接。接待不着。勿令見罪也。（王伯清云）張公藝你聽者。因你九世不分居。風俗忠孝。家道雍睦。差小官特來加官賜賞也。（正末云）感謝聖恩也。（王伯清云）請長者坐受小官一禮。以伸報謝也。（正末唱）

【殿前歡】天使索劬勞。事君王束帶立於朝。承宣走馬長安道。胸捲江濤。（王伯清云）長者請坐受禮也。（正末唱）偶迎逢一面交。惹議論諸公笑。則道是沒見識村夫傲。（王伯清云）長者有德。小官年幼也。（正末唱）俺年高呵則是箇山林潦倒。您年幼呵則當代的英豪。

（王伯清云）長者你記得小官麼。（正末唱）

【川撥棹】彷彿記舊丰標。偶相逢恐認錯。老人多病年高。老景蕭條。僻處荒郊。多因是間別久時間忘了。隔關河途路杳。

〔王伯清云〕長者受禮。小官因父喪不舉。多蒙長者厚贈。以葬其父。此恩寸心不忘。吾乃王原舉之子王伯清是也。〔正末唱〕

【七兄弟】天臣道了。老夫記着。那一朝。爲父喪足下親來到。〔云〕多蒙厚賜也。〔唱〕謝君不責禮輕薄。〔王伯清做遞銀子與正末科云〕長者當時所賜銀兩。今在此奉還也。多蒙長者厚贈。葬我父親之恩也。〔正末唱〕暫周急怎敢思君報。

〔云〕這銀兩我決不受也。〔王伯清云〕長者你收了者。〔正末唱〕

【梅花酒】今日箇事已了。乃朋友之交。我投以木桃。君報以瓊瑤。感足下情分好。並不受半分毫。〔行錢云〕這些銀子你不要我拏去買酒喫哩。〔正末唱〕謝天臣敬重老。對縣宰衆官僚。他舉金盃勸香醪。談今古恣酬酢。喜歡會在今朝。

【收江南】呀。不覺的淋漓酒濕錦宮袍。春風滿面樂醄醄。一聲長笑海山高。想離多會少。霎時間一鞭春色馬蹄遙。

〔王伯清云〕聖人知你九世不分居。又兼疎財仗義。差小官與你加官賜賞也。〔正末唱〕

【鴛鴦煞】感君王親賜皇宣詔。謝天臣遠踐紅塵道。送別臨歧。走馬還朝。唱道頓首誠惶。瞻天拜表。感謝深蒙雨露恩難報。華胄遙遙。千古清風播皇閣。

〔王伯清云〕你一行人跪者。聽我下斷。聖明朝四海安康。行王道褒奬忠良。張公藝九世同居。天顏悅喜氣洋洋。張瑀爲頭名狀元。張英乃武舉棟梁。更賜與色絹百疋。承恩命滿袖天香。立牌坊孝義之門。免差徭萬古名揚。今日箇加官賜賞。一家兒拜謝吾皇。

題目　忠孝門三朝旌表

正名　張公藝九世同居

閥閱舞射柳捶丸記雜劇

第一折

〔沖末耶律萬戶領小番上〕〔耶律萬戶云〕胡馬咆哮虜地寒。平沙漠漠草斑斑。兒郎驍勇多雄壯。赳赳威風鎮北番。某乃北番耶律萬戶是也。俺這番邦。兵強將勇。海闊山高。四時不辨秋冬。八節豈知歲月。夜觀北斗。便曉東南。每着皮裘。不知冷熱。一陣陣撲面黃沙。寒滲滲侵人冷氣。三春盡無桃杏。百里那得桑麻。四時亦無耕種。全憑搶虜爲家。某麾下番兵浩大。猛將英雄。馬肥人壯。不時在邊搶虜。今屯軍在延州。將各處進貢邀截下。某今下將戰書去。單搦大宋家名將出馬。與某交戰。別辨輸贏。方顯威風北虜強。密排劍戟迸寒光。旗開馬到施驍勇。大宋英雄拱手降。〔下〕〔韓魏公上云〕聖治無爲四海安。小臣何幸列鵷班。孜孜奉國忠良志。草寇賊兵透膽寒。老夫姓韓。名琦。字稚圭。乃相州人氏。嘉祐中某年二十進士及第。當時太史官奏曰。日下五色雲現。是以朝廷將老夫重任。累遷授以平章。次後拜相。聲揚貫滿四方。歐陽脩云。老夫臨大節。決大事。垂紳正笏。不動聲色。而措天下如泰山之安。謂之社稷之臣。老夫自笑。正所謂聲聞過實。君子恥之。皆賴聖人在位。天下太平。頗柰北番虜寇無禮。侵犯邊境。某想虜寇乃是蜉蝣撼大樹。可笑不自量。今奉聖人的命。着老夫傳與八府宰相范仲淹等。舉名將一員。疾去剿除賊寇。若得勝回還。加官賜賞。我想那匈奴鼠竊。豈堪論。選將驅兵統大軍。若到邊庭揮劍戟。管教頃刻定煙氛。〔下〕〔范仲淹領祗從上云〕博覽羣書貫九經。鳳凰池上敢崢嶸。殿前曾獻昇平策。獨占鰲頭第一名。老夫姓范。名仲淹。字希文。祖居汾州人氏。後徙蘇州。居住吳縣。幼習儒業。頗通經史。一舉進士及第。隨朝數載。孜孜忠孝。耿耿正直。聖人可憐。官拜兵部尚書。正授天章閣大學士之職。方今四海晏然。黎民樂業。頗柰雁門關耶律萬戶無禮。此人不遵天命。侵犯邊境。不時出沒。搶虜各處進貢之物。聖人大怒。着老夫在此省堂。聚會八府商議。舉將興師。剿除賊寇。令人門首覷者。衆官人每若來。報復我知道。〔祗從云〕理會的。〔呂夷簡上云〕調和鼎鼐理陰陽。兩手揩磨日月光。判斷山河揮翰墨。權衡秉政輔朝綱。小官姓呂。名夷簡。幼習文墨。博覽羣書。聖經賢傳。無不通曉。一舉成名。官拜大司徒之職。方今聖人在位。四海咸寧。八方無事。真乃太平之世。小官今日正在私宅看書。祇從人來報。范天章大人。在於省堂。會俺衆官議事。須索走一遭去。可早來到也。令人報復去。道有呂夷簡來了也。〔祇從云〕理會的。〔做報科云〕報的大人得知。有呂夷簡來了也。〔范仲淹云〕有請。〔祇從云〕理會的。有請。〔見科〕〔呂夷簡云〕大人。今日喚小官來有何事商議。〔范仲淹云〕大人少待。文彥博來時。報復我知道。〔文彥博上云〕龍樓鳳閣九重城。新築沙堤宰相行。我貴我榮君莫羨。十年前是一書生。小官姓文。名英。字彥博。本貫西川人也。自幼以文墨爲事。科場一舉。名中三魁。累蒙遷轉。謝聖人可憐。官拜大司空之職。正在書房中閑坐。祇從人來報。有范天章學士有請。須索走一遭去。可早來到也。令人報復去。道有文彥博來了也。〔祇從云〕理會的。〔做報科云〕報的大人得知。有文彥博來了也。〔范仲淹云〕有請。〔祇從云〕理會的。有請。〔文彥博做見科云〕大人。小官來了也。〔范仲淹云〕大人少待片刻。衆位官人來全時。有事計議也。〔淨扮葛監軍上云〕 我做將軍出醜。平生則會喫酒。若還上陣廝殺。跳下馬來便走。某姓葛。名監軍。字監軍。我文講趙錢孫李。一口氣直念到周吳鄭王。演武善能平定天下。直舞到表正萬邦。因我文武雙全。官拜監軍之職。我一生不尚文翰。專則好飲酒耍笑歡樂之事。正在捲棚內鬬鵪鶉。有范天章學士令人來請。不知有甚事。須索走一遭去。來到也。令人報復去。道有葛監軍老大人至此也。〔祇從云〕理會的。〔做報科云〕報的大人得知。有葛監軍在於門首。〔范仲淹云〕着他過來。〔祇從云〕理會的。着過去。〔葛監軍做見科云〕老先生恕罪。劍甲在身。不能施禮。若還施禮。我就是蝦蟆養的。〔范仲淹云〕葛監軍且一壁有者。等衆官來全了時。有事商議。令人門首覷者。等衆官來時。報復我知道。〔祇從云〕理會的。〔陳堯佐上云〕謹侍朝廷爲宰輔。鼎鼐調和理庶民。心無邪僻行直正。封妻蔭子顯家門。小官姓陳。名堯佐。字希元。西川閬州人氏。父乃陳省華。嚴法教子。小官攻習孔孟之籍。學成五經之典。到於帝都闕下。一舉狀元及第。隨朝數載。謝聖恩可憐。加小官爲翰林院大學士之職。今有范天章奉聖人的命。在於省堂。會俺八府衆官。不知有甚事商議。小官在此等候唐御史一同見大人去。這早晚敢待來也。〔正末扮唐介上云〕小官姓唐。名介。字子方。祖居江陵人也。幼習經史。自中甲第以來。累蒙擢用。今謝聖恩可憐。官封御史之職。早間奉聖人的命。着俺衆官都到省堂。不知有甚事須索走一遭去。（做見陳堯佐科）（陳堯佐云）呀呀呀。唐大人。今有范天章奉聖人的命。在於省堂會俺八府衆官。不知有甚事商議。小官在此等候。一同見大人去。小官想來俺爲臣者要謹待朝廷。忠於君王。孝於父母。治國齊家。言行忠信。直正公勤。調和鼎鼐。燮理陰陽。於民有益。潤國有功。扶持聖主。便是俺爲臣者補報皇恩也。（正末云）陳大人想爲臣者方信道掌條法。正天心順治國官清民自安。（唱）

【仙呂點絳唇】宰臣每燮理陰陽。聖朝卿相。一箇箇忠君上。立國安邦。扶持萬載山河壯。

（陳堯佐云）當今聖人治世。德化千邦。萬國進貢。內外文臣武職。端的是赤心扶聖主。堅意保皇朝。（正末唱）

【混江龍】文臣武將。申明教化振綱常。文臣每扶持社稷。武將每肅靜邊疆。常則要守法奉公理庶民。屏邪除佞進忠良。見如今明君治世。乾坤旺。

（陳堯佐云）當今聖人。孝治天下。臣宰良賢。堅剛節操。秉性忠直。端的是秋毫無所犯。直正坐都堂也。（正末唱）俺若是一心行正。落一箇萬古名揚。

（陳堯佐云）說話中間。可早來到也。左右人報復去。道有唐介陳堯佐在於門首。（祗從云）理會的。（做報科云）報的大人得知。有唐介陳堯佐在於門首。（范仲淹云）道有請。（祗從云）理會的。有請。（正末陳堯佐同見科）（正末云）老相公衆官人勿罪也。（陳堯佐云）老相公會俺八府衆官有何事商議也。（范仲淹云）您衆官人每都來了也。老夫非爲私事。奉聖人的命。爲因直北雁門關外有一人。乃是耶律萬戶。見今手下有數十萬雄兵。此人虎視羣雄。侵擾邊境。他不從俺調。今要統兵征伐。爭奈此人英雄難敵。十分利害。奉聖人的命。着老夫會您衆官商議。可保舉那一員上將。收捕虜寇去。您衆官人可以深思也。（正末唱）

【油葫蘆】則說那虜寇軍兵似虎狼。端的是難堵當。（范仲淹云）說此人英雄赳赳。狀貌堂堂。十分驍勇也。（正末唱）你道他雄威赳赳氣昂昂。見如今無名草寇侵邊上。他正是撩蜂剔蝎將殘生喪。（范仲淹云）今日會您衆官。可保那一員名將。收捕草寇去也。

〔正末唱〕今日箇會衆官。這件事要主張。如今這英雄中選一箇元戎將。則
要他擒賊首伏戎羌。
〔范仲淹云〕若保舉那一員名將。擒拏了草寇。自有重賞加官也。〔正末唱〕
【天下樂】那其間廕子封妻請重賞。則這元也波戎。他將那金印掌。蕩征
塵滿野迷日光。擁旌旗排隊伍。統戈矛擺戰場。穩情取掃殘胡一陣亡。
〔葛監軍云〕衆老大兒。我道是誰。原來是虜寇耶律那箇小畜生。我擒拏他有如撲蒼蠅一般。量他有何難
哉。您衆官人每也不必計較。也不必保舉人。我拏耶律萬戶走一遭去。〔呂夷簡云〕住住住。葛監軍。等俺衆
官人再做商議也。〔正末云〕葛監軍。可不道將在謀而不在勇。自古用將非輕。須用大臣保舉。豈可自薦。
〔葛監軍云〕我說虧你還做管事的人哩。且休說我刀馬武藝。我見今為監軍之職。我倒不合去。倒舉別人
去不成。〔正末云〕監軍。豈不聞楚漢爭鋒時。沛公手下名將數十員。皆不得掛印登壇。直待蕭何舉薦韓信。
方拜為帥。遂能破楚與劉。監軍。聽我說與你者。〔唱〕
【哪吒令】想當日指鴻溝沛公和那霸王。運籌策。有范增共子房。驅鐵騎。
有周勃項莊。〔云〕想韓信在項羽手下不得意時。〔唱〕則做的箇執戟郎。他難施展江
湖量。他因此上背暗可便歸降。
〔葛監軍云〕昔日韓信三薦登壇。不是我誇口。那箇若薦我一薦。我連缸都蹬起來。〔正末云〕想韓信在沛
公手下。沛公不識韓信。韓信黨夜私奔也。〔唱〕
【鵲踏枝】若不是漢蕭相。舉賢良。不是他三薦登壇。怎能勾建節封王。
〔云〕到後來韓信成了功呵。〔唱〕逼的一箇楚重瞳至陰陵路上。他掣龍泉自刎烏
江。
〔范仲淹云〕葛監軍。便好道欲解倒懸之厄。須仗希世之才。今虜寇侵擾邊境。須憑良將征之。您衆官務要
保舉得力之人。攻拒草寇。平定寰區也。〔葛監軍云〕老大人最是箇聰明尚斯文的人。且休說我的人材貌

相。若論我腹中的兵書委的有神鬼不測之機。有捉鼠拏貓之法。我曾一箭射殺一箇癩蝦蟆。一槍扎死一箇屎蜣螂。憑着我這麼手段量那虜寇打甚麼不緊。〔范仲淹云〕唐相公。聖人着您八府宰相各人保舉破虜之人。您衆官在此。可端的保舉何人去也。〔正末云〕相公小官舉一人。乃是婁宿太尉之子。完顏女直人氏。小字延壽馬。此人驍勇膽略過人。善能騎射。先帝手中待罪在雲中歇馬。他手下有十萬精兵。若得延壽馬來。覷草寇一鼓而下。有何難哉。〔范仲淹云〕唐相公。你說延壽馬驍勇過人。未知此人那刀馬武藝相持對壘如何。你說一遍。我試聽者。〔正末云〕此人寸鐵在手。有萬夫不當之勇。〔唱〕

【寄生草】他端的能征戰。有膽量。他覷那二層鹿角如平蕩。你看那七重圍子直沖撞。他去那千軍隊裏尋賊將。〔淨云〕雖然他會武藝。他是箇待罪歇馬的人。又無甚麼官職。他怎生掌的兵權。〔正末唱〕你道閑身怎敢掌兵權。可不道皇家選用中忠良將。

〔淨云〕你無分曉。我為監軍。你倒不保我。倒保延壽馬。他怎生破的草寇。對着八府在此。那延壽馬破不的耶律萬戶。他去不的。〔呂夷簡云〕住住住。唐侍御。葛監軍道延壽馬去不的。他是監軍。他當去。如今怎生着侍御保延壽馬為先鋒。葛監軍為合後。恁的如何。〔正末云〕既然這般。葛監軍你為合後。延壽馬為先鋒。你兩箇都到雁門關取齊。則要你得勝而回。〔范仲淹云〕既是這般呵。等取回延壽馬來時。老夫自有主意。陳大人。〔陳堯佐云〕小官有。〔范仲淹云〕你今為使命。休避驅馳。直至雲州宣命延壽馬去。將他在前罪犯盡皆饒免。復還他舊職。就領他手下十萬雄兵。與參謀使李信便赴京師。破虜之後。再有賜賞加官。則今日便索長行。老夫自今便去奏知聖人也。〔陳堯佐云〕小官理會的。〔正末云〕陳相公。國家用人之際。你不避驅馳。便索登程也。〔陳堯佐云〕相公。小官既為人臣。當以盡力。豈辭勞倦。〔正末唱〕

【尾聲】則今日齎聖勅出皇都。馳驛馬須行上。直至那雲州地方。說與那延壽馬將軍疾便往。〔范仲淹云〕着延壽馬與參謀使李信便赴京師。〔正末唱〕命參謀轉運軍糧。他若是領兒郎。擺列着闊劍長槍。恁時節得勝也鞭敲金鐙響。〔范仲淹云）他若破虜之後。自有重賞封官。（正末唱）穩情取封官重賞。不枉了我舉賢才的當。（云）若得了勝呵。（唱）那其間衣錦却還鄉。（下）

（陳堯佐云）小官則今日辭別了老相公。出的這門來。不敢久停久住。將着宣詔帥印。直至雲州。取延壽馬。走一遭去。奉命承宣離玉墀。雲州去取棟梁材。小官若見延壽馬。不分星夜赴京來。（下）（葛監軍云）老大兒怨罪。若取回延壽馬來。我和他比試武藝。纔見我老葛手段。我出的這門來。左右將馬來。我往私宅中跑一遭去。我做元戎實有才。堪宜掛面虎頭牌。擒住虜寇不輕放。按着鼻子咬他腮。（下）（范仲淹云）陳堯佐去了也。若宣回延壽馬來。老夫自有箇主意。回聖人話。走一遭去。昔日常何薦馬周。蕭何施計舉韓侯。勦除胡虜干戈定。朝見天顏拜冕旒。（同呂夷簡文彥博下）

第二折

（李信領卒子上云）泰山頂上刀磨缺。北海波中馬飲枯。男子三十名不立。枉作堂堂大丈夫。某乃延壽馬將軍手下參謀李信是也。某幼通二典。廣覽三謨。長而號令精嚴。深得行兵之策。佐於元帥手下。俺元帥鋪謀運智。對壘迎敵。千戰千勝。萬夫難當。今元帥手下有十萬雄兵。因得罪在雲州歇馬。俺元帥自從到此。每日則是操兵練士。演習弓馬。今日元帥巡綽邊境去了。着某看守着營寨。小校轅門首覷者。但有一應軍情事。報復與我知道。（卒子云）理會的。（正末扮延壽馬上云）自家完顏女直人氏。小字延壽馬。乃婁宿太尉之子。幼習先王典教。後看韜略遁甲之書。十八般武藝。無有不拈。無有不會。為某累建奇功。襲先父之職。因為有過。在這雲州立功。已經數載。今日領着衆兒郎每巡邊境而回。想俺為將者。（唱）

【南呂一枝花】則要他黃公三略習。將呂望六韜記。擺順天八卦。蓋列五運轉光旗。赳赳雄威。齊臻臻東西隊。密匝匝前後圍。錦衣郎槍掛珠瓔。繡襖將旛懸畫戟。

【梁州】響璫璫鑼鳴金鏡。撲鼕鼕鼓響征鼙。英名久鎮雲州地。端的是人如猛獸。馬似狻猊。弓開玉靶。箭發金鈚。衆兒郎將武藝溫習。怕朝廷重用當爲。一時間虎倦龍疲。憑着我運籌策領將驅兵。辨風雲武藝對壘。憑着我八門陣廝殺相持。端的委的花根本豔存苗裔。延壽馬有名器。輩輩爲官享重職。顯耀光輝。

〔云〕可早來到也。左右接了馬者。報復去。道有延壽馬來了也。〔卒子云〕理會的。〔做報科云〕報的參謀得知。有元帥來了也。〔李信云〕元帥來了也。我索迎接去。〔做迎接正末科云〕元帥有請。元帥鞍馬上勞神。〔正末云〕參謀守寨不易也。〔李信云〕元帥請坐。小校轅門首覷者。看有甚麼人來。〔陳堯佐冲上云〕小官陳堯佐。奉聖人的命。前往雲州。宣延壽馬爲破虜寇元戎。小官行了數日。來到雲州。帥府門首。左右接了馬者。令人報復去。道天朝使命至此。〔卒子云〕理會的。〔做報科云〕報的元帥得知。有天朝使命至此也。〔正末云〕有使命至此。小校裝香來。我索接待去。〔做接科〕〔陳堯佐見正末科云〕延壽馬望闕跪者。聽聖人的命。將你那在前過犯。盡皆饒免。復還舊職。今有塞外耶律萬戶作叛。邀截貢獻。侵犯邊疆。意欲命將出師。誅勦此賊。有八府宰相唐介。舉汝爲帥。卽與參謀使李信。星夜赴京。領受敕印。向前征勦。你謝了恩者。〔正末云〕感謝聖恩。〔見科〕〔陳堯佐云〕據將軍如此雄威。覷草寇何足道哉。〔正末云〕想某到此。歇馬可早數年光景也。今日差小官征勦耶律萬戶。打聽得此人好生英勇。只怕小官近不的他。〔唱〕

【四塊玉】則說他有見識。則說他多智謀。〔陳堯佐云〕將軍有伊呂之才。管樂之術。憑着你手下將勇兵強。無人可及。〔正末唱〕你道我將勇兵強有誰及。爭奈待罪犯歇馬在這雲州地。〔陳堯佐云〕據將軍文武高強。智勇並行。手下軍校。人人敢勇。箇箇當先。誰人可敵。〔正末唱〕小官可也武藝低。手下可也軍校微。〔陳堯佐云〕將軍掛了元戎印者。若是遲誤。便抗違宣敕也。〔正末唱〕我怎敢道違宣敕。

〔陳堯佐云〕將軍與參謀使李信。領你手下十萬雄兵。休避驅馳。便索長行也。〔正末唱〕

【哭皇天】既宣詔誰敢相迴避。今日箇便登程須索把軍校齊。元帥印忙掛上。傳號令您聽者。指日把胡巢淨洗。說與那參軍副帥。合後先鋒。支撥

隊伍。調遣軍卒。對陣處喧天吶喊。鑼鼓聲催。顯的俺這大將軍大將軍有八面威。擺列着戈矛斧鉞。更和這槍刀劍戟

【烏夜啼】俺這裏人強馬壯英雄隊。擺列着雜彩征旗。陣雲高塵土遮天日頭戴金盔身掛唐猊。勦除了殘胡小醜逆天賊。托賴着聖明君洪福同天地。直趕到沙陀地。把那廝生擒斬首穩情取得勝而回。

〔陳堯佐云〕將軍你若到於京師見了聖人領兵拒敵則要你赤心報國竭力盡忠若破了虜寇得勝而回。那其間凌煙閣上標名丹鳳樓前畫影書入青史萬代流傳古今不朽也〔正末云〕大人想俺爲臣者當以盡忠報國也〔唱〕

【尾聲】誰敢望麒麟閣上標名諱。我則待狠虎叢中決勝敵。平定了沙陀將大功立。托當今聖德把匈奴每淨洗。博一箇萬代名揚係時節喜。〔同李信下〕

〔陳堯佐云〕延壽馬去了也。此人但若領兵。必然破了虜寇。小官回聖人話走一遭去。全憑三略運機謀。爲大帥統領戈矛。勦除了匈奴賊寇受皇恩拜相封侯。〔下〕

楔子

〔范仲淹同文彥博呂夷簡葛監軍領祗從上〕〔范仲淹云〕燮理陰陽爲輔弼。調和鼎鼐理鹽梅。忠肝義膽扶王業。立國安邦作柱石。老夫范仲淹是也。今因虜寇作亂侵擾邊庭。唐介侍御舉薦延壽馬已着陳堯佐中書直至雲州宣延壽馬回朝至今尚不見到。令人門首覷者來時報我知道。〔祗從云〕理會的。〔正末同陳堯佐李信上〕〔正末云〕小官延壽馬是也。蒙聖恩着陳中書取俺爲將。離了雲州行了旬日。已到了京師。參謀使把軍馬屯紮城外。喒見大人去來。〔陳堯佐云〕將軍俺離了雲州來到京師相府門首也。左右接了馬者。令人報復去。道有陳堯佐宣延壽馬回還也。〔祗從云〕理會的。〔做報科云〕報的大人得知有陳堯佐宣延壽馬回還也。〔范仲淹云〕語未懸口果然宣至了也。道有請。〔祗從云〕理會的有請。〔做見科〕〔陳

堯佐云〕大人。小官宣延壽馬回京也。〔范仲淹云〕久聞將軍雄才大略。弓馬熟閑。有萬夫不當之勇。千戰千贏之力。真爲世之虎將。〔正末云〕大人。據小官才輕德薄。智窮量淺。何足掛念。〔范仲淹云〕將軍。宣你來不爲別事。今有虜寇耶律萬戶侵犯邊庭。無人可敵。延壽馬。你望闕跪者。聽聖人的命。將你在前的過犯。盡皆饒免。復還舊職。着你爲前部先鋒。葛監軍爲合後。統領人馬。在雁門關取齊。征伐虜寇。着參謀李信。領兵截殺。則要您奮勇當先。得勝而回。另有加官賜賞。望闕謝了恩者。〔正末云〕感謝聖恩。大人。某覷虜寇。有如翻掌。量他何足道哉。〔唱〕

【賞花時】我這裏深謝皇恩擢用臣。量這箇愚魯村夫有甚能。〔范仲淹云〕將軍有管仲之才。穰苴之略。〔正末唱〕將我似田穰苴的量看承。謝你箇舉賢才的晏嬰。〔范仲淹云〕將軍。則要你馬到成功也。〔正末云〕大人放心。〔唱〕將醜虜生擒住獻入這帝都城。〔下〕

〔葛監軍云〕延壽馬去了也。衆位大人恕罪。我則今日擒拏虜寇去。我出的這門來。大小三軍。聽吾將令。則要你人人逞戰。箇箇胡纏。刀劍出鞘。弓弩上弦。捨命廝殺。都要當先。憑着相貌英雄能戰討。舞劍輪槍世上少。兩陣之間若還輸。夾着綿羊望家跑。〔下〕〔李信云〕葛監軍去了也。某領兵截殺走一遭去。因虜寇侵擾邊庭。遣英才統領雄兵。施謀略相持對壘。穩情取得勝還京。〔下〕〔范仲淹云〕延壽馬去了也。憑着此人智勇謀略。量虜寇何足道哉。小官不敢久停久住。回聖人話。走一遭去也。調和鼎鼐文官職。統領貔貅武將能。文武齊心盡忠孝。不信江山不太平。〔同文彥博呂夷簡下〕

第二折

〔耶律萬戶領小番上云〕〔萬戶云〕番番番地惡人犇。騎劣馬。坐雕鞍。飛鷹走犬。野水青山。俺這裏渴飲羊酥酒。饑餐鹿脯乾。鳳翎箭手中常撚。寶雕弓背上斜彎。林前酒醉胡旋舞。丹青寫入畫圖間。某乃耶律萬戶是也。某手下有雄兵百萬。戰將千員。屯軍在居延川。近聞延壽馬與葛監軍領兵前來與某交戰。量他到的那裏。小番與我喚將阻孛党項二將來者。〔小番云〕理會的。阻孛党項安在。〔二淨扮阻孛党項上云〕〔阻孛云〕

我做番官實希詐。陣前對手鬪吾怕。打圍不會射獐猅。則好水中撈蝦蟆。某乃阻孛是也。〔党項云〕我做番
將有名聲。六韜三略不曾聞。本待發心吃齋去。則是無處買麵巾。某乃党項是也。俺二人在耶律萬戶手下
爲將。騎不的劣馬。不好扯硬弓。聽的廝殺。拽起衣服。往帳房裏則一溜煙。昨日巡邊境去。拏住一個偷老鼠
的。今日耶律萬戶呼喚。不知有甚事。俺見萬戶走一遭去。〔党項云〕可早來到也。小番報復去道。有俺二將
來了也。〔小番云〕理會的。〔做報科云〕報的元帥得知。有阻孛党項來了也。〔萬戶云〕着過來。〔小番云〕理
會的。着過去哩。〔二淨做見科〕〔党項云〕喚俺二將。那廂使用。〔萬戶云〕喚您二將來。別無甚事。今有延壽
馬與葛監軍領兵前來。與俺交戰。撥與你二將三千番兵。你爲前哨。與葛監軍相持去。則要你小心在意者。
〔阻孛云〕得令。俺二將奉元帥將令。領三千番兵。與延壽馬葛監軍迎敵。走一遭去。大小番將。聽我發放。人
人戴七頂頭盔。〔党項云〕傻廝也。七頂頭盔可怎麽戴。〔阻孛云〕我兒也。你那裏知道。七頂頭盔戴起來。他
那邊看見好長漢。那人人戴七頂頭盔。把那鎖子甲連環甲柳葉甲匙頭甲八九層披在身上。〔党項云〕八
九層甲傻重的。可怎麽披。〔阻孛云〕你不知道。好遮箭。我騎一匹撒因的抹鄰。衆小番都騎癩象。把擔桿當
做長槍。沒傍牌。就是臉上。也不怕射了鼻子。也不怕射了眼睚。瞎了眼。倒是乾淨省的。也算做一員上將。到
來日領番兵敢戰征夫。〔党項云〕全無那智勇機謀。〔阻孛云〕不會騎撒因抹鄰。〔党項云〕也不會弩門速
門。〔阻孛云〕好米哈喫上幾塊。〔党項云〕打剌孫喝上五壺。〔阻孛云〕莎塔八了不去交戰。〔党項云〕殺將
來牙不牙不。〔下〕〔萬戶云〕二將去了。某領本部下人馬。直至雁門關。與延壽馬葛監軍相持。走一遭去。七
小番兵。聽某將令。說與那能征好戰的番官。捨死忘生的家將。一箇箇腕懸着虎爪狼牙棒。沙魚皮鞘插鴈
翎刀。明晃晃耀日爭光。背靜處老小安營下寨。野陀赤手牽着駱駝。必赤赤懷揣着文簿。赤五色石。手架着
蒼鷹。里列馬赤口傳着將令。都是那能征敢戰的北番軍。捨死忘生沙寨子。馬壯人強。隊伍齊。猛風吹颭皂
雕旗。驅兵領將侵邊境。不到中原誓不回。〔下〕〔葛監軍上云〕某乃葛監軍是也。領兵到雁門關外。會合延
壽馬一同征進。那延壽馬的軍馬不見到。俺整頓軍馬先殺他一陣。奪箇頭功。却不好麽。擺開陣勢。塵土起
處。早有番兵來也。〔阻孛党項躧馬兒領番兵上云〕〔阻孛云〕某乃阻孛是也。這箇是我姪兒党項。俺二人奉

耶律萬戶將令。同領三千番兵。與延壽馬葛監軍交戰。走一遭去。把都兒與我擺開陣勢。兀的不是天朝人馬來了也。〔做見科〕〔阻孛云〕來者何人。趁早下馬受降。但道箇不字。我都哈剌兒了。〔葛監軍云〕某乃大將葛監軍是也。你來者何人。〔阻孛云〕俺二將不是別人。某乃耶律萬戶手下阻孛党項是也。你敢與某交戰麼。〔葛監軍云〕這廝說大言。小校操鼓來。〔做戰科〕〔阻孛云〕看了這虎剌孩武藝委實高強。俺兩箇夾着馬跑了罷。〔同党項番兵下〕〔葛監軍云〕這廝近不的某。走了也。看北番家有何名將出馬。〔耶律萬戶躧馬兒領番兵上〕〔萬戶云〕某乃耶律萬戶是也。大小番兵。擺開陣勢。來者何人。〔葛監軍云〕某乃行不更名。坐不改姓。則我便是大將葛監軍。你來者何人。〔萬戶云〕我便是耶律萬戶。量你何足道哉。你敢與某交戰麼。〔葛監軍云〕交戰麼。我來和你耍來了。我和你決戰九千合。小校操鼓來。〔做調陣科〕〔葛監軍云〕我近不的他。走走走。〔下〕〔萬戶云〕這廝走了也。遠遠的一彪軍馬來了。〔正末躧馬兒同李信領卒子上〕〔正末云〕大小三軍。擺開陣勢者。〔唱〕

【越調鬭鵪鶉】戰鼓聲催。三軍布擺。發喊連天。遮籠日色。憑着俺將勇兵強。威風氣槪。施戰韜。顯妙策。急颭颭雜彩旗搖。明晃晃槍刀器械。

〔李信云〕將軍。俺這一場征伐醜虜。不弱如古之名將。排兵布陣也。〔正末唱〕

【紫花兒序】不弱如秦白起坑卒破趙。不弱如燕樂毅奮勇收齊。不弱如唐李愬雪夜平淮。〔李信云〕將軍。俺統大勢雄兵。當與皇家出力也。〔正末唱〕我如今掌兵權掛印。蒙聖主親差。誰敢道是推捱。我若是破不得賊兵和姓改。憑着俺威風勢大。托賴着聖主洪巍。穩情取將虜寇擒獲。

〔萬戶云〕來者何人。〔正末云〕我乃大將延壽馬是也。你是何人。〔萬戶云〕我乃耶律萬戶是也。恰纔你那葛監軍。被某殺敗了也。量你何足道哉。〔正末云〕這廝好無禮也。衆將操鼓來。〔做調陣科〕〔唱〕

【調笑令】喝一聲陣開。好着我怒盈腮。好着我怒盈腮。呀不剌剌一騎征驗走到來。則見他橫槍驟馬將咱搠。你更怕我力盡筋衰。〔萬戶云〕兀那延壽馬。

量你那武藝。到的那裏。及早下馬受降。免你一死。〔正末唱〕我將這合扇刀舉起劈他腦蓋。我教你目前見橫禍非災。

【禿廝兒】撲鼕鼕征鼙鼓凱。響瑲瑲助陣鑼篩。見征塵蕩蕩雲霧靄。我看你怎生捱。可便支劃。

【聖藥王】我將這猿臂舉。驟征駞撞滿懷。把鋼刀舉起覷箇明白。他可便難措手。忙架解。四下廂軍兵滿野暗伏埋。着去則一箭生射下那廝戰鞍來。

〔做射死耶律萬戶科〕〔李信云〕將軍是好武藝也。則一箭射死耶律萬戶。一來托賴聖人洪福。二來是將軍之功能也。〔正末云〕射死了耶律萬戶也。衆軍校跟隨着某。追殺那敗殘軍去來。〔唱〕

【尾聲】今日箇感吾皇因恩福齊天大。殺的他遍野屍山血海。今日箇破草寇得功回。聖明主永掌山河萬萬載。〔同李信下〕

第四折

〔外扮范仲淹領祗從人上〕〔范仲淹云〕胸中志氣凌霄漢。腹內詩書貫斗牛。老夫范仲淹是也。今為唐學士舉薦延壽馬。與耶律萬戶交戰去了。有飛報前來。被延壽馬大破虜寇。得勝回京。奉聖人的命。今日是五月端午蕤賓節令。御園中一來犒勞三軍。二來設一太平筵會。衆官慶賀蕤賓節令。都要打毬射柳。安排筵會已完備了。祗從人門首覷者。衆官人每來時。報復我知道。〔祗從云〕理會的。〔呂夷簡文彥博陳堯佐上〕〔呂夷簡云〕萬卷詩書遵孔孟。一襟清氣溢乾坤。小官呂夷簡是也。因為延壽馬破了耶律萬戶。得勝回京。奉聖人的命。時遇五月蕤賓節令。都要打毬射柳。宴賞太平之世。可早來到也。令人報復去。道俺衆官來了也。〔祗從云〕理會的。〔做報科云〕報的大人得知。有衆宰相每來了也。〔范仲淹云〕道有請。〔祗從云〕理會的。有請。〔做見科〕〔呂夷簡云〕呀呀呀。大人。俺衆官人每來了也。〔范仲淹云〕衆大人每來了也。老夫奉聖人的命。因為延壽馬破了耶律萬戶。今設一太平宴。等延壽馬與葛監軍來。論功行賞。令人門首覷者。若來時。報復我知道。〔祗從云〕理會的。〔淨葛監軍上云〕我做將軍實是能。累經惡戰建奇功。但若廝殺腰便轉。聽的相持肚裏疼。某葛監軍是也。因爲耶律萬戶作亂。奉聖人的命。差某同延壽馬破耶律萬戶去。南無阿彌陀佛天尊。不瞞天地說。論我的那武藝。那裏近的耶律萬戶。我和他交戰不過十合。被他殺的我碎屁兒直流。我便走了。後有延壽馬與他交戰。被延壽馬一鏃喉箭。射死了耶律萬戶。我如今到元帥府。則說是我射死了耶律萬戶來。橫豎我的面皮比他大些。這功勞都是我的。可早來到也。令人報復去道有葛監軍得勝回還也。〔祗從云〕理會的。〔做見科云〕報的大人得知。有葛監軍得勝回還也。〔范仲淹云〕着他過來。〔祗從云〕理會的。着過去。〔葛監軍做見科云〕衆老大兒每。某已來了也。有酒拏來我先打三鍾。然後猜枚行令耍子。〔范仲淹云〕葛監軍你來了也。某奉聖人的命。今日會您衆官員在此。着老夫論功行賞。葛監軍你去戰耶律萬戶。有何功勞。〔葛監軍云〕不是我老葛誇大言。到的雁門關。見了耶律萬戶。我和他戰二百合。不分勝敗。着我佯輸詐敗。那廝趕將來。被我一鏃喉箭射死了。得勝還營。有好打刺孫拏兩碗來與我解困。〔范仲淹云〕住住住。延壽馬將軍安在。〔葛監軍云〕你還問他哩。我則說怎麼一箇好延壽馬。到的兩陣之間。着我一箭射死了耶律萬戶。不知他跑的那裏去。誰見他影兒來。〔范仲淹云〕噤聲。你未來時。先有飛報。說你被耶律萬戶殺的大敗虧輸。却是延壽馬一箭射死了耶律萬戶。你怎生說是你射死了他來。〔葛監軍云〕我若賴他的功勞。我就喫蜜蜂兒的屎。我就是桃疙疸的兒子小桃疙疸兒。老大兒。本是我射死來。〔范仲淹云〕也憑不的你說。等延壽馬來時。您二人自己對證明白。我着人請延壽馬去了。這早晚敢待來也。〔正末同李信上〕〔正末云〕小官延壽馬是也。當日虜寇侵犯邊境。某與葛監軍領兵。到於彼處。將賊兵一鼓平收。得勝班師。今有聖人的命。着范學士迎接設宴。犒勞衆將。幸遇蕤賓節令。聖人的命。在西御園設一宴。名曰太平蕤賓宴。會有衆官員都去射柳擊毬。小官須索走一遭去。〔唱〕

【雙調新水令】忻逢佳節滿皇都。賀端陽樂年歡助。則見那錦衣懸綵仗。繡襖間公服。擺列着玉葉金簇。端的便屯滿御園路。

〔李信云〕將軍。可早來到帥府也。令人報復去道某與延壽馬將軍來了。〔祗從云〕理會的。〔做報科云〕報的大人得知。有延壽馬同李參謀二位將軍來了。〔范仲淹云〕道有請。〔祗從云〕理會的。有請。〔做見科〕〔范仲淹云〕呀呀呀。二位將軍來了也。途路驅馳。老夫奉聖人命。在此御園中設一宴與您論功行賞。時遇蕤賓節令。着您大小官員都要射柳打毬。將軍。你看這御園中景致。端的是榴花噴火。綠柳拖煙。紅紫芳菲。堪描堪畫。正好宴賞也。〔正末云〕大人。這御園中是好景致也。〔唱〕

【喬牌兒】我則見榴花恰噴吐。翠柳映微露。茸茸芳草生香浦。勝丹青如畫圖。

〔范仲淹云〕令人安排酒餚。與衆大人每。翫賞端陽。開懷暢飲。然後射柳擊毬。堦下有輪槍舞劍。耍棍打拳的人。喚幾箇來筵前遣興。祗從人與我喚將那部署來者。〔祗從云〕理會的。部署安在。〔外扮部署領打拳打棍四人上〕〔部署云〕輪槍舞劍顯高強。跌打全憑膂力剛。百藝精通天下少。名播寰區四海揚。自家是本處的部署。時遇五月蕤賓節令。大人在西御園安排筵宴。喚俺去那裏跌打耍拳。衆徒弟每跟着我見大人去來。〔做見科云〕大人。喚俺有何事分付。〔范仲淹云〕兀那部署。時遇蕤賓節令。奉聖人的命。在此園中安排筵宴。與衆宰輔論功行賞。有能打棍打拳的。喚將出來。筵前服侍。〔部署云〕有兀那幾個打拳的教手每。上露臺來耍一會拳。服侍衆位大人每。〔衆做耍桿子打拳科〕〔打住〕〔打棍的打住〕〔范仲淹云〕看了這部署每打拳耍棍。真箇高強。您且回去罷。〔部署云〕理會的。衆徒弟每俺服侍了大人每也。俺且回去來。〔下〕〔范仲淹云〕延壽馬將軍。想當日虜寇做亂。侵犯邊境。你與葛監軍。端的是誰射死耶律萬戶來。沒有憑據。你兩箇射柳打毬。若射着柳打過毬門的。這功勞都是他的。賜與他黃金千兩。香酒百瓶。錦袍一領。玉帶一條。還有加官賜賞。若射不着柳。打不着毬門。便是賴人功次。聖人賜與老夫勢劍金牌。着我先斬後奏。您衆官員都近前射柳。〔衆都射柳科了〕〔正末云〕相公。小官與他射柳。〔范仲淹云〕先着葛監軍射柳。看他武藝如何。〔葛監軍云〕老大人。這功勞本是我的。着我和他射柳。有何罕哉。耶律萬戶被我則一鎖喉箭射死了。量這箇柳枝打甚麼不緊。我覷他如捻爛杏而已。衆大人們。看在下射柳。〔做射箭科云〕着去。〔淨做射不着科〕〔范仲淹云〕葛監軍射不中柳也。你且在一壁有者。可着延壽馬射柳去。〔正末云〕該小官

射也。左右將馬來。〔做上馬科〕〔唱〕

【雁兒落】錦標就地鋪。翠柳皆傍豎。則聽的簫韶彩仗擺。更和那鼓吹聲喧助。

〔云〕將弓箭來。〔唱〕

【得勝令】呀我在這鞍上整彪軀。手內月彎弧。遠步馬通先路。則他那雙蹄口內吐。俺則辨箇贏輸。取勝如神助。〔做射柳中科云〕射中了也。〔唱〕柳中這金鏃。〔云〕監軍。〔唱〕我和你敢再賭。

〔范仲淹云〕延壽馬射中了柳也。葛監軍。你衆官可打毬門去。〔葛監軍云〕這箇可也不大緊。頭裏不干我事。是我這馬眼又把來走過去了。這打毬門我從小裏可弄的熟。等我先打。〔衆做打毬門科〕〔葛監軍做打科云〕過去。〔做打不中科〕〔范仲淹云〕葛監軍又打不中也。延壽馬將軍。你打毬門去。〔正末云〕理會的。左右收了弓箭者。〔正末做打毬門科〕〔唱〕

【川撥棹】見花柳似錦模糊。賀蕤賓如畫圖。彩索靈符。酒泛菖蒲。丹漆盤包金角黍。巧結成香艾虎。

〔范仲淹云〕若還打過毬門的。聖人勅賜黃金千兩。香酒百瓶。錦袍玉帶。兀那軍士。擺列的嚴整者。〔正末唱〕

【七弟兄】明晃晃擺着利物。齊臻臻列着這士卒。武將每一箇箇有機謀。施逞那武藝高強處。我恰纔穿楊射柳定贏輸。上雕鞍驟馬當先去。

【梅花酒】呀你可便看我結束。頭巾砌珍珠。繡襖子絨鋪。鬧粧帶兔鶻。撲鼕鼕鼉鼓。凱骨剌剌錦旗舒。您可也衆稱許。款款的驟龍駒。輕輕的探身軀。杓棒起月輪孤。彩毬落曉星疎。

〔做打過毬門科〕〔唱〕

【喜江南】呀。我則見過毬門一點透明珠。見文武將盡歡娛。金銀玉帶共香醑。聖人便賜與。則願的萬年千載永皇圖。

〔范仲淹云〕葛監軍射柳打毬。都在完顏將軍之下。那擒那耶律萬戶的功。端的是完顏將軍的了。你便更有何話說。〔葛云〕罷罷罷。我也不與他爭了。做了他的功罷。俺自先回去也。〔范仲淹云〕葛監軍靠後。延壽馬將軍你近前來。為你射中了賊寇。殺退番兵。今日穿楊射柳。打過毬門。葛監軍為你遇敵怯戰。賴人功賞。摘了牌印。罷了監軍。今日慶設筵宴。犒勞功臣。一壁廂歌兒舞女。大吹大擂。慶賞太平筵席。一壁廂動樂者。〔外動樂器舞科〕〔行酒科〕〔范仲淹云〕俺慢慢飲酒。看有甚人來。〔外韓魏公上云〕老夫韓琦是也。奉聖人的命。當日因虜寇侵邊。有八府宰相薦舉延壽馬為帥。與參謀李信。領十萬大軍。到於彼處。將草寇一鼓平收。今日得勝班師。聖人大喜。命八府宰相設宴慶賞。又遣老夫到於御園中。與眾官加官賜賞。可早來到也。左右接了馬者。令人報復去。道有韓琦奉聖人的命至此也。〔祗從云〕理會的。〔做報科云〕報的大人得知。有韓琦老相公。奉聖人的命至此也。〔范仲淹云〕眾宰輔每。有韓大人奉聖命。與您加官賜賞。俺迎接大人去來。〔做迎接科〕〔范仲淹云〕呀呀呀。老宰輔。老夫有失迎接。望大人寬恕者。〔韓琦云〕眾大人恕罪。延壽馬望闕跪者。聽聖人的命。為你統領雄兵。托賴主人洪福。旗開得勝。馬到成功。勦除匈奴。平定了醜虜。累建大功。今日加你為兵馬大元帥。俱向闕跪者。聽聖人的命。為草寇叛背朝廷。遣二將出塞屯兵。延壽馬生擒耶律萬戶。唱凱歌得勝回營。你本是將門將種。運韜略建立功勳。加你為兵馬大元帥。封三代蔭襲子孫。受誥命丹書鐵券。盡忠義永輔當今。葛懷敏心藏奸計。駕虛詞圖賴功勳。臨戰陣畏刀避箭。罷官職貶為庶人。陳綱紀賞功罰罪。受黜陟同荷聖恩。〔正末唱〕

【折桂令】今日箇賀豐年錦繡皇都。〔正末做拜科〕〔韓琦云〕當今聖主。豁達大度。寬仁厚德。萬民安樂。端的是千邦納貢朝仁主。一統乾坤永聖明。〔正末唱〕托賴着聖主寬仁德勝唐虞。〔韓琦云〕大將威嚴。平定醜虜。〔正末唱〕見如今四海安寧。千邦納土。一統車書。〔正末做拜科〕〔韓琦云〕為將者眠霜臥雪。多與皇家戮力。雖受了那百般苦楚。今日箇坐享千鍾。〔正末唱〕俺

中華語文叢書
元曲選外編（全三冊）

作　　者／本局編輯部 編
主　　編／劉郁君
美術編輯／鍾　玟

出 版 者／中華書局
發 行 人／張敏君
副總經理／陳又齊
行銷經理／王新君
地　　址／11494 台北市內湖區舊宗路二段181巷8號5樓
客服專線／02-8797-8396　　傳　　真／02-8797-8909
網　　址／www.chunghwabook.com.tw
匯款帳號／華南商業銀行　西湖分行
179-10-002693-1　中華書局股份有限公司

法律顧問／安侯法律事務所
製版印刷／維中科技有限公司　海瑞印刷品有限公司
出版日期／2019年5月台二版
版本備註／據1967年5月台一版復刻重製
定　　價／NTD 1,200（套）

國家圖書館出版品預行編目（CIP）資料

元曲選外編 / [中華書局]編輯部編. —台二版.
— 臺北市 : 中華書局, 2019.05
冊 ;　公分. — (中華語文叢書)

ISBN 978-957-8595-71-2(全套 : 平裝)

834.57　　108004116

NO.H2079
ISBN 978-957-8595-71-2（平裝）